ALLGÄUER ALPEN

Alpenvereinsführer

Ein Taschenbuch in Einzelbänden
für Hochalpenwanderer und
Bergsteiger zu den Gebirgsgruppen der

Ostalpen

Herausgegeben
vom Deutschen und vom Österreichischen Alpenverein

Band
Allgäuer Alpen
Reihe: Nördliche Kalkalpen

ERNST ZETTLER / HEINZ GROTH

Allgäuer Alpen

Ein Führer für Täler, Hütten und Berge
mit 34 Bildern auf Kunstdrucktafeln, einem Luftbild-Panorama, zwei Farbpanoramen und einer vielfarbigen Karte 1:50 000.

Bearbeitung der Tannheimer Gruppe von Helmut Dumler und Josef Heinl

BERGVERLAG RUDOLF ROTHER GMBH · MÜNCHEN

Umschlagbild:
Die Höfats vom Höhenweg Nebelhornhaus — Laufbacher Eck
Farbfoto Heimhuber

Zur Beachtung

Für die Richtigkeit der in diesem Führer gemachten Angaben können Autor und Verlag keine Haftung übernehmen, da wegen der Größe des beschriebenen Gebietes auch Mitteilungen Dritter verwendet werden mußten. Alle Benützer des Führers werden deshalb gebeten, notwendige Verbesserungen sowie zeitbedingte Veränderungen dem Verlag mitzuteilen.

11. Auflage 1979
ISBN 3 7633 1101 7
Hergestellt in den Werkstätten der Rudolf Rother GmbH, München
(1946 / 80725)

Geleitwort
für den Alpenvereinsführer Allgäuer Alpen

In der vom Deutschen und vom Österreichischen Alpenverein gemeinsam herausgegebenen Reihe „Alpenvereinsführer“ war der auf die Vorkriegszeit zurückreichende Spezialführer von Ernst Zettler in der Bearbeitung von Heinz Groth 1951 als zweiter Band des neuen Führerwerkes erschienen. Inzwischen hat sich gezeigt, daß sich die Ablösung des „Hochtourist in den Ostalpen“ durch eine Reihe einheitlich gestalteter Spezialführer bewährt hat. Der „Alpenvereinsführer“ umfaßt heute bereits 34 Bände: Allgäuer Alpen, Ammergauer Alpen, Ankogel-Goldberg-Gruppe, Benediktenwand-Gruppe, Berchtesgadener Alpen, Bregenzerwaldgebirge, Chiemgauer Alpen, Dachstein, Estergebirge und Walchenseeberge, Ferwall, Glockner- und Granatspitzgruppe, Hochschwab, Kaisergebirge, Karnischer Hauptkamm, Karwendel, Kitzbüheler Alpen, Lechtaler Alpen, Lechquellengebirge, Lienzer Dolomiten, Loferer und Leoganger Steinberge, Niedere Tauern, Ötztaler Alpen, Rätikon, Rofangebirge, Samnaungruppe, Schobergruppe, Silvretta, Stubaier Alpen, Tegernseer und Schlierseer Berge, Tennengebirge, Totes Gebirge, Venedigergruppe, Wetterstein und Mieminger Kette, Ybbstaler Alpen, Zillertaler Alpen. Die meisten dieser Führer sind — wie auch der vorliegende Band — in der Zwischenzeit überarbeitet und (teilweise sogar mehrfach) neu aufgelegt worden. An der Vervollständigung der Reihe wird ständig gearbeitet; neue Führer sind in Vorbereitung.

Möge auch diese Neuauflage des AV-Führers Allgäuer Alpen, die auf den neuesten Stand gebracht und mit mehr und besseren Bildern ausgestattet ist, den Bergsteigern ein stets zuverlässiger Begleiter sein und ihnen helfen, den Weg zu den Schönheiten der Täler und Gipfel zu finden!

Im Frühjahr 1979

Für den Verwaltungsausschuß
des Österreichischen Alpenvereins
Gedeon Kofler

Für den Verwaltungsausschuß
des Deutschen Alpenvereins
Hans Zollner

Vorwort zur 2. Auflage

Die dankenswerte Absicht des Bergverlages Rudolf Rother, München, den „Zettler“ in neuer Auflage erscheinen zu lassen, hat diesem erweiterten und auf den heutigen Stand klettersportlicher Erschließung gebrachten Allgäuführer den Weg geebnet.
Wer den Berg nur als Klettergerüst betrachtet, verliert das Schönste an ihm. Wer den Berg kennen und lieben lernen will, dem muß der Stein vertraut sein, der ihn aufbaut und die Blume, die ihn schmückt.
Es liegt aber auch auf der Hand, daß ein Kletterführer — und dies möchte der „Zettler“ bleiben — kein Lehrbuch der Geologie, Botanik oder Ethnologie sein kann. Er muß sich mit der kurzen Andeutung begnügen.
Die in die neue Auflage aufgenommenen Hinweise auf schwierige Skifahrten sollen den Skiführer nicht ersetzen. Es handelt sich in der Regel um solche Fahrten, die in keinem Skiführer zu finden sind, da sie wegen ihrer technischen Schwierigkeit für die Masse der Tourenläufer nicht in Betracht kommen. Auch diese Hinweise sind nur Anregungen für den „Zünftigen“.
Dank sei allen Helfern gesagt, die mich mit Berichten versehen haben.
Sollte sich das Büchlein als zuverlässiger Begleiter in jene hellere Welt erweisen, nach der wir uns aus dem Dunkel unseres Alltags sehnen, dann hätte es seinen Zweck erfüllt. Viel wäre erreicht, wenn unsere Jugend das Wort Josef Weinhebers in sich aufnähme:
„Ihr, die ihr tiefer steht als wir, der Erde näher und ferner ihrer Qual, ihr habt das reine Leben.“
Es gilt jenen Geschöpfen unserer Berge, die wir lieben und denen wir durch unser Verhalten als Bergsteiger den Beweis dieser Liebe schuldig sind: den Tieren und den Pflanzen.

Kempten, im Mai 1949 *Heinz Groth*

Vorwort zur 7. Auflage

In touristischer Hinsicht haben die letzten Jahre keine wesentlichen Neuerungen gebracht.
Die allgemeine Entwicklung des Fremdenverkehrs, des alpinen Schrifttums, der alpinen Randwissenschaften und des Rechts-

lebens veranlaßte jedoch eine stellenweise durchgreifende Überarbeitung der letzten Auflage. Hierbei wurde versucht, auch die neuesten Erkenntnisse der Geologie, der Kartographie und der Namenkunde in jenem beschränkten Umfange zu verwerten, der einem Führerwerk durch seine Zielsetzung vorgeschrieben ist.

Nach wie vor bin ich für Kritik, Tadel, Ergänzungs- und Verbesserungsvorschläge zu Dank verbunden.

Sonthofen, im Juni 1967 *Heinz Groth*

Vorwort zur 10. und 11. Auflage

Die letzten elf Jahre dieser entwicklungsfreudigen Zeit sind auch an der Bergsteigerei nicht spurlos vorübergegangen.

Der motorisierte Verkehr (Bergbahnen, Lifte, Bergstraßen, Hubschrauber) greift immer tiefer ins Gebirge hinein, die Bezeichnung der Schwierigkeitsgrade hat neue Wandlungen durchgemacht, ÖAV-DAV- und UIAA-SAC-Sprachgebrauch haben sich zusammengerauft, die wieder einmal weltweit angewachsene Wanderbewegung der mehr denn je erholungsbedürftigen Menschheit hat sich auch der alpinen Zone bemächtigt — all dies spricht von einem unzähmbaren Drang des Menschen zur freien Natur.

Mit dem sorgenvoll verfolgten, vorerst noch unaufhaltsam erscheinenden Wachstum des Industrie- und Siedlungsraumes geht ein oft nicht mehr wiedergutzumachendes Schwinden an Erholungsraum einher. Ihm gesellt sich Schritt für Schritt die Ärgernis gebende Verseuchung jener beiden Elemente bei, die für das Leben derer, die nach uns kommen, wichtiger sein werden als Erde und Himmelsraum: des Wassers und der Luft.

Sie zu hüten wird viel gesagt und manches getan. Sie zu bewahren kann man gar nicht genug tun.

Wir alle sind aufgerufen, mit wachsender Kompromißlosigkeit dafür zu sorgen, daß uns unsere Enkel nicht eines Tages verantwortungslos schelten.

Bettenried, Oktober 1978 Heinz Groth

Inhaltsverzeichnis

Zum Nachschlagen von Hütten-, Orts- und Bergnamen dient das Randzahlenverzeichnis am Schluß des Führers.

Seite

Verzeichnis der Abbildungen 11
Abkürzungen 13
Touristische Vorbemerkungen 14
Schrifttum und Karten 33
Geologischer Aufbau der Allgäuer Alpen 37
Allgäuer Flora 42
Naturschutz 45
Allgäuer Fauna 48
Siedlungsgeschichte, Sprache, Brauchtum 51
Wirtschaftlicher Überblick 52
Alpwirtschaft 52
Fremdenverkehr 54

A. Täler, Talorte und kleinere Wanderungen

I. Das Illertal und sein Quellgebiet 55
II. Das Ostrachtal 76
III. Das Tannheimer Tal 79
IV. Das Lechtal 82
V. Westliches Grenzgebiet 85
VI. Östliches Grenzgebiet 88

B. Hütten, Hüttenanstiege, sonstige alpine Unterkünfte

I. Oberstdorfer Gebiet 91
II. Hindelanger Gebiet 103
III. Hornbach-/Roßkargruppe 106
IV. Kleinwalsertal und angrenzender Bregenzer Wald 107
V. Bergland westlich der Iller 110
VI. Vorberge ostwärts der Iller 113
VII. Tannheimer Berge 114
VIII. Ostallgäuer Voralpen 116

C. Klettersteige, Höhenwege, Übergänge

Vorbemerkung 117
I. Klettersteige:
Vorbemerkung 118
Mindelheimer Klettersteig 119
Hindelanger Klettersteig 119

II. Höhenwege:

Vorbemerkung 125
Von der Reuttener Bergbahn zur Tannheimer Hütte . 125
Von der Tannheimer Hütte (oder vom Gimpelhaus) übers Füssener Jöchle zur Pfrontner Hütte 126
Anschluß an den Allgäuer Hauptkamm 127
Von Oberjoch zur Willersalp 127
Willersalp — Prinz-Luitpold-Haus (Jubiläumsweg) . . 128
Nebelhornhaus — Prinz-Luitpold-Haus 129
Saalfelder Weg 130
Prinz-Luitpold-Haus — Himmeleck — Kemptner Hütte 132
Kemptner Hütte — Hermann-von-Barth-Hütte — Kaufbeurer Haus (Enzensperger-Weg) 133
Kemptner Hütte — Rappensee-Hütte (Heilbronner Weg) 135
Rappensee-Hütte — Mindelheimer Hütte 138
Mindelheimer Hütte — Fiderepaß-Hütte — Kanzelwand-Bergstation 139
Taufersbergsteig (R 206 c) 140
Walmendinger Horn — Schwarzwasserhütte (R 881) . 140
Panoramaweg Ost (Oberstdorf — Hindelang) 140
Panoramaweg West (Vordere Hörnergruppe) 140
Hüttenberg / Bettenrieder Hangweg 140

III. Übergänge:

Oberstdorf — Schrofenpaß — Lechtal (Lechleiten) oder Haldenwanger Paß — Hochkrumbach 141
Oberstdorf — Salzbühel — Lechleiten 141
Oberstdorf — Steinscharte — Lechtal 142
Oberstdorf — Mädelejoch — Lechtal 142
Oberstdorf — Hindelang (oder umgekehrt) 142
Stillachtal — Einödsberg — Spielmannsau 142
Kemptner Hütte — Karjoch — Elbigenalp 143
Märzle — Marchscharte — Elbigenalp (Düsseldorfer W.) 143
Hinterhornbach — Schöneckersattel — Hermann-von-Barth-Hütte 144
Oytal — Hornbachjoch — Hinterhornbach 145
Gerstruben — Älpele — Oytal 145
Gerstruben — Hahnenkopf — Oytalhaus 145
Oytal — Himmeleck — Hinterstein 146
Willersalp — Geiseckjoch — Vilsalpsee 146
Willersalp — Köllesattel — Tannheim 146
Hinterstein — Zipfelalp — Schattwald 146

Nebelhornhaus — Obertal — Hinterstein 146
Sonthofen — Straußbergsattel — Retterschwang . . . 147
Oberstdorf — Fiderepaß — Walsertal 147
Walsertal — Gemstelpaß — Hochkrumbach (Lechtal) . 148
Walsertal — Hochalppaß — Hochkrumbach (Lechtal) . 148
Walsertal — Starzeljoch — Schoppernau (Bregenzer W.) 148
Walsertal — Hochgerach — Schönenbach 148
Rohrmoos — Hörnlepaß — Walsertal 149
Obermaiselstein — Riedbergpaß — Balderschwang . . 149
Gunzesried — Wilhelminenalp — Balderschwang . . 149
Gunzesried — Scheidewang — Hittisau 150
Grän — Vils — Pfronten 150
Nesselwängle — Musau 150

D. Gipfel

I. Allgäuer Hauptkamm vom Stillachursprung bis zum Oberjoch:

a) Rappen-Alpen 152
b) Hochlicht- und Peischel-Gruppe 157
c) Mädelegabel-Gruppe 165
d) Krottenspitz-Gruppe 188
e) Wilden-Gruppe 198
f) Hochvogel-Gruppe 215
g) Rauhhorn-Zug 236

II. Seitenkämme zum Lechtal, Illertal und Bregenzer Achental:

a) Hornbach-Kette 245
b) Höfats-Gruppe 293
c) Daumen-Gruppe 305
d) Roßzahn-Gruppe 331
e) Vilsalpsee-(Leilach-)Gruppe 337
f) Berge zwischen Breitach und Stillach 346
g) Walsertaler Berge links der Breitach 374

III. Vorberge:

a) Westlich der Iller 385
  1. Helvetische Kreide 385
  2. Flysch 387
  3. Molasse 389
b) Ostwärts der Iller 396

IV. Tannheimer Berge: 403

Randzahlenverzeichnis 474

Verzeichnis der Abbildungen

Seite

I Trettachspitze und Mädelegabel-Gruppe vom Taufersbergsteig 167
II Trettachspitze und Mädelegabel vom Vord. Taufersberg 169
III Trettachspitze von Nordwesten 173
IV Trettachspitze vom Mädelegabel-N-Grat . . 177
V Trettachspitze-Ostwand über der Trettachrinne 183
VI Kratzer vom Fürschießersattel 185
VII Südl. Höllhorn und Kleiner Wilder vom Jochspitz-NO-Kamm 199
VIII Kleiner Wilder-Westwand vom Seilhenker . 205
IX Blick vom Laufbacher Eck auf Schneck und Großen Wilden 209
X Großer Wilder-Westwand vom Seilhenker . 212
XI Hochvogel vom Fuchsensattel 223
XII Hochvogel vom Steig zum Kalten Winkel . 225
XIII Fuchskar-Nordspitze vom Aufstieg zum Glasfelder Sattel 231
XIV Fuchskarspitze: Madonna und Mittelspitze von Osten 235
XV Großer Krottenkopf vom Östlichen Mädelejoch 248
XVI Marchspitze vom Düsseldorfer Weg 254
XVII Hermannskarturm und -spitze aus dem Birgerkar 258
XVIII Wolfebnerspitze-Südgipfel von der Hermann-von-Barth-Hütte 265
XIX Wolfebnerspitze aus dem oberen Wolfebnerkar 271
XX Kreuzkarspitze vom Nördl. Söllerkopf . . 275
XXI Urbeleskarspitze mit Kaufbeurer Hütte . . 288
XXII Die vier Höfatsgipfel vom Rauheck-NW-Kamm 296

XXIII Höfats vom Himmeleck 298
XXIV Himmelhorn vom Mitteleck unterm Himmeleck 308
XXV Rubihorn von der Geißalpe 317
XXVI Luchsköpfe von Norden mit den Gappenfeldern 343
XXVII Großer Widderstein von Süden 349
XXVIII Westl. Abschluß des Tannheimer Reintals . 413
XXIX Rote Flüh und Gimpel (Normalanstiege) . . 415
XXX Rote Flüh und Hochwiesler 419
XXXI Hochwiesler- und Gimpel-Südwand 427
XXXII Gimpel-Nordwand 439
XXXIII Nordabstürze der Tannheimer Hauptkette . 451

Anstiegsskizze Rote Flüh-Südwand 418
Anstiegsskizze Hochwiesler-Südwand 425
Anstiegsskizze Gimpel-Südwand 426
Anstiegsskizze Gimpel-Nordwand 438
Anstiegsskizze Gimpel-Nordostwand „Schräger Riß" . 445
Anstiegsskizze Gehrenspitze-Nordostpfeiler 463

Die dem Führer beigegebenen Panoramen befinden sich auf der Rückseite der Karte 1:50 000.

Bildnachweise: Archiv (XXI, XXIV), H. Dumler (XXIX), L. Gerner (XXXII), H. Groth (VIII, IX, X, XX, XXIV), Hanschke (XXX, XXXI), F. Milz (II, XXI, XXV, XXVIII, XXXIII), Risch-Lau (XXVII), übrige: F. Heimhuber.

Römische Ziffern hinter der Randzahl bedeuten Hinweise auf Abbildungen.

Abkürzungen

(soweit nicht allgemein üblich)

AAV	=	Jahresbericht des
		Akademischen
		München
		Aptychenkalke
APT	=	Alpenverein
AV	=	Alpenvereins-
AVS	=	Sektion
		Alpenvereinszeit-
AVZ	=	schrift (Jahrbuch)
		(früher: ZVA)
		bewirtschaftet
bew.	=	bezeichnet
bez.	=	„Winter-Berg-
BK	=	kamerad“, früher
		„Bergkamerad“,
		ab 1. 1. 1974
		„Bergwelt“
BW	=	Deutscher Alpen-
DAV	=	verein
		Deutsch-Öster-
DÖAV	=	reichischer Alpen-
		verein
		(hinter einer Zeit-
E	=	angabe) = vom Ein-
		stieg ab gerechnete
		Kletterdauer
EOA	=	Die Erschließung
		der Ostalpen, Bd. I
Fle.	=	Fleckenmergel
Fly.	=	Flysch
geo.	=	geologischer Aufbau
Ghs.	=	Gasthaus
H	=	Haken
HD	=	Hauptdolomit
HO	=	Hornstein
HV	=	Höhenverlust
HU	=	Höhenunterschied
KÖ	=	Kössener Schichten
KR	=	Kreideschichten

L	=	Lager in AV-Hütten (Betten, Matratzen und Notlager)
Li.	=	Lias
Lit.	=	Schrifttum
m	=	Meter
Min.	=	Minuten
Mitt.	=	Mitteilungen des DAV bzw. DÖAV
Mo.	=	Molasse (Nagelfluh)
N, n	=	Norden (bei Hütten: Notlager) nördlich
NA	=	Notabstieg
NKA	=	H. v. Barth, Aus den Nördlichen Kalkalpen
Nom.	=	Namenkunde
O, o	=	Osten, ostwärts
or.	=	orographisch (in Richtung des fließenden Wassers)
P	=	Parkplatz
P.	=	Höhenpunkt
R	=	Randzahl
S, s	=	Süden, südlich
SL	=	Seillänge
SH	=	Sicherheitshaken
st	=	Stunde(n)
unbew.	=	unbewirtschaftet
urk.	=	urkundlich erwähnt
WR	=	Westen, westlich
W, w	=	Wettersteinkalk
WK	=	Winterraum
ZH	=	Zughaken
↗	=	Aufstieg
↘	=	Abstieg

Touristische Vorbemerkungen

● **1** Das Buch gliedert sich in vier Hauptgruppen: Tal, Hütte, Höhenwege, Gipfel.

Zum raschen Auffinden bediene man sich des Randzahlenverzeichnisses. Alle Verweisungen beziehen sich auf die Randzahlen.

● **2 Kartographie**

Vorbemerkung:
Die in diesem Führer enthaltenen Höhenangaben sind grundsätzlich den Alpenvereinsblättern 1:25 000 und den unten genannten Blättern des Bayerischen Landesamts für Vermessung 1:25 000 entnommen!
Wer kartographisch nicht ins Einzelne vordringen will, wird mit der diesem Führer beigelegten Karte 1:50 000 hinreichend bedient sein. Sie ist auf den neuesten Stand gebracht. Dem tiefer Schürfenden mögen folgende Quellenangaben helfen:

a) Allgäu

1:25 000: Die vom AV **herausgegebenen vorzüglichen** Blätter Allgäuer Alpen West (1963 neu bearbeitet) und Allgäuer Alpen Ost (Neuauflage 1966) beschränken sich zwar auf das Gebiet südlich von Oberstdorf. Gleichwohl bilden diese beiden Blätter für den gesamten Allgäuer Hauptkamm vom Biberkopf bis zur Notlend, für die südlichen Seitenkämme (Peischel-, Hornbach- und Roßkargruppe) sowie für alle vom Hauptkamm nach Norden ausstrahlenden Seitenkämme bis zur geographischen Breite Oberstdorfs — **also für das hochtouristisch wichtigste** Gebiet — ein modernes Kartenwerk von genügender Zuverlässigkeit und kartographischer Schönheit. Ebenfalls gut und in der Eleganz des Bildes an die AV-Karte heranreichend sind die Karten des Bayer. Landesvermessungsamtes München. Für die von der DAV-Karte nicht erfaßten Gebiete bilden sie eine wertvolle, leider nicht mehr ganz zeitgemäße Ergänzung. Dies gilt insbesondere für die Blätter Nr. 8626 (Hoher Ifen), Nr. 8426 (Oberstaufen), Nr. 8427 (Immenstadt), Nr. 8428 (Hindelang), Nr. 8429 (Pfronten), Nr. 8525 (Balderschwang), Nr. 8528 (Hinterstein). Die Blätter Nr. 8627 (Einödsbach), Nr. 8628 (Hochvogel), Nr. 8727 (Biberkopf) und Nr. 8527 (Oberstdorf) decken sich im allgemeinen mit dem von der DAV-Karte erfaßten Gebiet. Im Gegensatz zu früheren Ausgaben enthalten die Blätter der Ausgabe 1973 — II (ebenso wie die DAV-Karte) auch die jenseits der Bundesgrenze liegenden österreichischen Gebiete.

1:50 000: Bescheideneren touristischen Ansprüchen genügt die topographische Karte des Bayer. Landesvermessungsamts München, Ausgabe 1973 — II, Blätter L 8526 (Immenstadt), L 8528 (Hindelang), L 8726 (Einödsbach) und L 8728 (Hochvogel). Nützlich ist die aus diesen 4 Blättern gebildete „Umgebungskarte 8, Allgäuer Alpen".

Folgende im Bergverlag Rudolf Rother erschienenen Kartenwerke sind auf die Bedürfnisse des an einem bestimmten Gebiet interessierten Wanderers zugeschnitten: fürs Oberstdorfer Ausflugsgebiet die Wanderkarte „Allgäu Süd", fürs Tannheimer Tal die Wanderkarte „Tannheimer Tal" und für die Höhenwege zwischen Biberkopf und Oberjoch die Wanderkarte „Allgäuer Höhenwege". Recht zuverlässige Begleiter sind schließlich die vom Kompaßverlag im Maßstab 1:50 000 herausgebrachten Kartenblätter Allgäu West (Nr. 2), Allgäuer Alpen (Nr. 3), Füssen—Pfronten (Nr. 4) und Lechtaler Alpen (Nr. 24).

1:100 000: Als Übersichtskarte, aber auch für touristische Zwecke wird mit Erfolg Bl. 35 der bewährten Touristenkarte von Freytag & Berndt (Lechtaler und Allgäuer Alpen) verwendet. Im Hochgebirge kann sie die Karte 1:25 000 natürlich nicht ersetzen. Sie ist aber eine ausgezeichnete Ergänzung, insbesondere für das Bestimmen entfernter liegender Berggruppen.

b) **Tannheimer Berge, 1:50 000:** Die Blätter 114 (Holzgau), 115 (Reutte), 84 (Jungholz) und 85 (Vils) des Österr. Bundesamts für Eich- und Vermessungswesen in Wien. Die Blätter L 8530 (Füssen) und L 8528 (Hindelang) des Bayer. Landesvermessungsamtes enthalten nur Randgebiete. Ein brauchbarer Notbehelf ist die Kompaßkarte Nr. 4 (Füssen — Tannheimer Gruppe.

1:25 000: Eine befriedigende Karte auf neuestem Stand gibt es leider nicht.

c) Randgebiete

Bregenzer Wald: Bl. 22 der Kompaß-Wanderkarten im Maßstab 1:50 000 mit eingezeichneten Wanderwegen.

Lechtaler Alpen: AV-Karte Arlberggebiet 1:25 000 mit eingezeichneten Skirouten (Ausgabe 1956), AV-Karte Stanskogel bis Parzinn 1:25 000 (Ausgabe 1911), AV-Karte Heiterwand — Muttekopf 1:25 000 (Ausgabe 1912), AV-Karte Mieminger-West 1:25 000 (1964), ferner die Kompaßkarten 1:50 000 Lechtaler Alpen (Nr. 24) und Ehrwald — Lermoos (Nr. 25) sowie die Blätter 114 (Holzgau), 115 (Reutte), 143 (St. Anton), 144 (Landeck) und 145 (Imst) des Österr. Bundesamts für Eich- und Vermessungswesen in Wien 1:50 000, schließlich als Übersichtskarte 1:100 000 die oben erwähnte Freytag-&-Berndt-Karte.

Ammergauer Alpen: Topographische Karte des Bayerischen Landesvermessungsamts München Bl. 8430 (Füssen), Bl. 8431 (Linderhof), Bl. 8432 (Oberammergau), Bl. 8330 (Roßhaupten), Bl. 8331 (Baiersoien) und Bl. 8332 (Unterammergau) 1:25 000, ferner die Blätter L 8530 (Füssen), L 8330 (Peiting), L 8532 (Garmisch-Partenkirchen) und L 8332 (Murnau) 1:50 000.

d) Geologische Karten

siehe R 24.

e) Namenkunde

Die mit der Kartographie eng zusammenhängende Wissenschaft der Namenkunde würde im alemannischen Sprachraum, in dem wir uns hier befinden, ein Buch für sich beanspruchen. Da, wo es angebracht erschien, enthält der Text das Nötigste an Deutungsversuchen. Dem Wissensdurstigen kann — wenn er über alles Bescheid erhalten will — nur das Studium des ausgezeichneten Werkes von Kübler „Die deutschen Berg-, Flur- und Ortsnamen des alpinen Iller-, Lech- und Sannengebiets“ ans Herz gelegt werden. Vgl. auch AVZ 1966, 49 (Die Namen der Allgäuer Bergwelt). Eine schier unerschöpfliche Fundgrube ist das historische Ortsnamenbuch von Bayern, Bd. Landkreis Sonthofen (1974) und die Dissertation Th. Steiners über „Die Flurnamen der Gemeinde Oberstdorf“ (1973). Gipfelnamen: Schönes Allgäu 1971/56.

● **3** Die **Zeitangaben** beziehen sich stets auf Fußgänger-Marschleistungen vom zuletzt angegebenen Geländepunkt ab. Die hinter dem Ausgangsort angegebene Zeit bedeutet den Gesamtaufwand bis zum Ziel. Als Stunden-Leistung ist ein Fortschreiten von 5 km in der Ebene und ein Höhengewinn je nach

Gelände und Gangbarkeit von 300 bis 400 m im Aufstieg, von 600 bis 1000 m im Abstieg angenommen. Diese Zahlen stellen selbstverständlich nur einen ungefähren Anhalt dar. Sie ermäßigen sich bei schwierigen Bergfahrten beträchtlich. Je größer die technischen Schwierigkeiten sind, um so schwieriger ist es, einen zuverlässigen Mittelwert für den erforderlichen Zeitaufwand anzugeben. Die bei schwierigeren Bergfahrten dargestellten Zeitangaben entsprechen dem ungefähren Leistungsdurchschnitt einer erfahrenen Zweierseilschaft unter günstigen Witterungs- und Geländeverhältnissen.

● 4 **Orographie.** Rechts und links sind stets im Sinne der Bewegungsrichtung zu verstehen, wobei beim Abstieg der Rücken zum Berg gewandt ist. Bei Wasserläufen ist die Gefällsrichtung maßgebend (orographische Beschreibung).

● 5 Die **Wegbeschreibungen** in gleichförmigem Gelände ohne auffallende Punkte sind meist nur nach Richtung möglich. Unkundige mögen bedenken, daß die genaueste Bezeichnung niemals Führung oder Erfahrung ersetzen kann. Nebel, mehr noch Schneefälle, die auch im Sommer möglich sind, erschweren das Zurechtfinden und das Erkennen von Wegbezeichnungen.

● 6 **Hinweise auf hochtouristische Skifahrten.** In den Führer sind Hinweise auf hochtouristische Skifahrten im Allgäu aufgenommen. Diese Hinweise sind deshalb veranlaßt, weil die Allgäuer Alpen in der hochalpinen Zone mehr als jedes andere Gebiet der Nördlichen Kalkalpen eine schier unerschöpfliche Fülle winterlicher Tourenmöglichkeiten bieten. Sie wenden sich jedoch nur an den erfahrenen hochalpin geschulten Skiläufer. Sie beschränken sich auf solche Touren, die wegen ihrer technischen Schwierigkeit und vor allem auch wegen ihrer Lawinengefährdung für die Masse der Tourenläufer nicht in Betracht kommen.
Von ausführlichen winterlichen Routenbeschreibungen wurde bewußt abgesehen. Im Winter schreiben die Wetter- und Schneeverhältnisse die Route vor. Diese wechseln ständig. Eine Tour, die heute ohne Schwierigkeit und Gefahr unternommen werden darf, kann morgen schwierig, gefährlich, vielleicht unmöglich sein.

Die empfohlenen hochalpinen Skifahrten werden in der Regel nur bei allergünstigsten Verhältnissen gefahrlos durchzuführen sein.

Von einer Erwähnung winterlicher Bergfahrten ohne Ski wurde Abstand genommen. Die Erfahrung hat gezeigt, daß dem Tatendrang und der Erlebnisfreude unserer jungen Bergsteiger, die keine Möglichkeit haben, in den Zentralalpen Eiserfahrung zu sammeln, sehr viele Kletterfahrten, die schon unter sommerlichen Verhältnissen beachtliche Schwierigkeiten aufweisen, im Winter zugänglich gemacht wurden. Der Ausdehnung ihrer Erlebnisfreudigkeit sind hier keine anderen Grenzen gesetzt als die in ihrem Können — und in ihrer Vernunft — begründeten. Schrifttum hiezu: AVZ 1966, S. 28 ff. ((Maier, Winterbergsteigen in den Allgäuer Alpen) und AVZ 1966, S. 34 ff. (Palme, Abseitige Winterziele im Allgäu).

Auf eines muß aber zusammenfassend mit allem Nachdruck hingewiesen werden: das ist die im Hochallgäu mehr als in allen anderen Teilen der Bayerischen Alpen herrschende **Lawinengefahr.** Sie hat ihre Ursache im geologischen Aufbau der Allgäuer Berge. Diese werden von der Liasformation beherrscht.

Die Grasberge des Lias sind mit ihren steilen, gleichmäßigen und kaum von Fels durchbrochenen Flanken ideale Lawinengleitbahnen. Dazu kommt, daß sich die „Latsche des Liasberges", nämlich die Bergerle, bei Schneebelastung dem Hang in Abwärtsrichtung viel mehr anschmiegt als die sperrige Legföhre des Kalkgesteins, so daß ihre Bremswirkung auf die Schneelast wesentlich geringer ist. Daran muß jeder Skifahrer denken, der sich in diesem Gebiet aufhält! (Vgl. „Das schöne Allgäu", 1937, Seite 17 und 1953, S 171.)

Die Erfahrungen im Lawinen-Januar 1951, im Winter 1969/70 (Seealpe ob Oberstdorf), 1976/77 (Gerstruben) — um nur einige Beispiele zu nennen — haben gezeigt, daß in unseren Bergen Gebiete, die jahrzehntelang von Lawinen verschont waren, bei Eintritt besonders ungünstiger Verhältnisse plötzlich bedroht sein können. So wurde die seit Menschengedenken durch Lawinen nicht gefährdete Schlappoltalp-Hütte am 20. 1. 1951 von einer ungeheuren Lawine zerstört, das Wohnhaus mitsamt seinen Bewohnern wurde etwa 100 m bergab in einen Tobel geschleudert. Alljährlich müssen beträchtliche Mittel aufgewendet werden, um dringend nötige Lawinenschutzbauten zu errichten und zu unterhalten. Jedem, der unsere winterlichen Berge besucht und sich auf Bergfahrten begibt, kann nicht dringend genug das Studium des einschlägigen Schrifttums (Flaig, Lawinen; Dumler, Vorsicht Lawinen; Pause, Die Schule der Gefahr) empfohlen werden. Hier bedarf es nur des eindringlichen Hinweises, daß im Gebirge der Winter mit allen seinen Gefahren sehr plötzlich auch einmal mitten im Hochsommer eintreten kann, und daß die in aller Mund befindlichen alpinen Spaziergänge, wie der Heilbronner Weg, der Jubiläumsweg, der Saalfelder Weg, gefahrlos nur mit ordentlichen Bergschuhen, Kälte- und Wetterschutz sowie Mundvorrat begangen werden können. In diesem Zusammenhang bedarf es in diesem Führer, der sich mit einem so vorzüglichen Skigebiet befaßt, des Hinweises auf die Notwendigkeit, sich auch mit den grundsätzlichen Fragen des Skirechts (z. B. Verkehrssicherungspflicht der Gemeinden, Bergbahn-, Gasthaus- und Liftunternehmer, Begleiter- und Führerhaftung, Pistenordnung, Naturschutz- und Jagdrecht, Unfallhilfspflicht, Pistendienst, Eigentumssicherung, Schutz vor Ausstattungsmängeln und dgl.) vertraut zu machen.

● 7 Das, was man über alpine **Bekleidung und Ausrüstung** wissen muß, lese man in alpinen Lehrbüchern nach. Empfohlen: Bergsteiger-ABC (Seibert), Anwendung des Seiles (Schubert), Gesundheit und Bergsteigen (Erbertseder), Karte und Kompaß (Karlschmidt), Wetter und Bergsteigen (Schneider) — alle im Bergverlag Rudolf Rother.

Da sich die Profilgummisohle in den Bergen durchgesetzt hat, sei ihr hier im Hinblick auf die besonderen Bodenverhältnisse im Allgäu ein Wort gewidmet: sie hat sich auch in unseren Bergen trefflich bewährt. Voraussetzung: das Profil darf nicht abgelaufen sein! Man steigt auf dieser Sohle im Fels unvergleichlich, im trockenen Gras und auf Schnee genügend sicher. Hingegen ist sie in hartem Geröll, auf Eis, auf glitschigem Mergel, auf nassem Gras und bei Nässe überhaupt mit großer Vorsicht zu verwenden. Hier sind ihr die altgewohnten Eisen- und Stahlbeschläge, insbesondere der Tricounibeschlag, weit überlegen.

● 8 Schwierigkeitsgrade — Crux und Alptraum des Bearbeiters! Jeder hat seinen eigenen Maßstab. Keiner ist allgemein gültig. Einen Schwierigkeitsgrad am Berg kann man nur andeutungsweise umreißen. Das letzte Wort sprechen stets

Wetter, Geländebeschaffenheit im Augenblick der Besteigung und jene Imponderabilien, die über die körperliche Verfassung des Bergsteigers in seelische Bereiche greifen.

Ganz allgemein ist folgendes zu sagen: Einige Schwindelfreiheit und Trittsicherheit sollten Vorbedingungen jeder Bergfahrt, auch der leichtesten, sein. Aus diesem Grunde wurde bei der Schilderung gesicherter oder ungesicherter Höhenwege auf die Angabe von Schwierigkeitsgraden grundsätzlich verzichtet. Sie werden als Kletterfahrten überhaupt nicht gewertet.

Die hier angewandte sechsstufige Alpenskala, von erfahrenen Hochtouristen der Alpenstaaten 1947 in Chamonix erarbeitet, ist für geübte Bergsteiger (nicht also für Anfänger) bestimmt. Die Wertfassungen haben sich inzwischen etwas geändert, die Anforderungen sind gestiegen. Dem althergebrachten ÖAV-DAV-Sprachgebrauch (I = wenig schwierig, II = mäßig schwierig, III = ziemlich schwierig, IV = sehr schwierig, V = besonders schwierig. VI = äußerst schwierig) — er wird von R 230 bis R 973 c verwendet — steht der UIAA- und SAC-Sprachgebrauch (I = leicht, unschwierig, II = mäßig schwierig, III = ziemlich schwierig, IV = schwierig, V = sehr schwierig, VI = äußerst schwierig) in R 974 bis 1058 gegenüber.

Das hinter die römische Zahl der Alpenskala gesetzte — Zeichen zeigt die untere, das + Zeichen die obere Schwierigkeitsgrenze innerhalb des Grades an. Als Faustregel wird man aufstellen können: wenig schwierig (I) sind weglose Rasen- und Schrofenhänge oder Felsformationen, wenn zur Fortbewegung die Hände kaum benützt oder nur leicht unterstützend gebraucht werden müssen. Mäßig schwierig (II) ist steiles Gelände derselben Art, wo die Hände als Fortbewegungsmittel schon notwendig, körperliche Gewandtheit zur Bewältigung der Hindernisse unerläßlich sind, und ein bescheidenes Maß an Ausgesetztheit bereits Mut und Selbstüberwindung fordert. III, IV, V und VI ist dann in ständig gesteigerter Folge jede Kletterei, die für den Bewegungsvorgang in erhöhtem Maß Klettertechnik, alpine Erfahrung, Ausdauer, Schwindelfreiheit und Unternehmungsgeist voraussetzt, wobei in den oberen Stufen vielfach künstliche Hilfsmittel benützt werden (Haken, Keile, Steigleitern u. dgl.).

Dies hat zur Ergänzung der Alpenskala durch Sonderbewertung hakentechnischer Schwierigkeiten (A 0 — A 4) geführt. In den Allgäuer Alpen kommt dies nicht oft in Frage, da ihr geologischer Aufbau (anders als beispielsweise im Wetterstein, im Kaiser, im Gesäuse oder im Dachstein) Bergformen solch klettertechnischer Größenordnung sehr selten entstehen ließ. Um eine vergleichende Wertung einiger Allgäuer Kletterfahrten zu ermöglichen, sei im folgenden eine kurzgefaßte Schwierigkeitstabelle dargestellt. Dabei darf bemerkt werden, daß es schwerfällt, eine brüchige Fleckenmergelroute in eine jedem Geschmack entsprechende vernünftige Relation zu Kaiserfels zu bringen. Bei Redaktionsschluß ist aus UIAA-Kreisen zu hören, daß die Schaffung des Schwierigkeitsgrades VII erwogen wird. Die Allgäuer Alpen würden von dieser Neuerung kaum betroffen werden.

Schwierigkeitsgrad	Gebiet		
	Allgäu	Wetterstein	Kaiser
Wenig schwierig (I) (UIAA: leicht)	Mädelegabel R 289 Höfats-Wanne R 636 Urbeleskarspitze R 612 (I+) Gr. Wilder R 386 (I+)	Alpspitze über die Schönen Gänge Zugspitze vom Höllental (I+)	Hintere Goinger Halt vom Ellmauer Tor (I—) Karlspitze von Osten (I+)
Mäßig schwierig (II)	Kl. Wilder NW-Flanke R 373, Marchspitze Südgrat R 513 (II+)	Musterstein Westgrat; Gratübergang Partenkirchner zur Leutascher Dreitorspitze	Totenkirchl Führerweg; Predigtstuhl Angermannweg (II+)
Ziemlich schwierig (III)	Fuchskar-Plattenriß R 438 (III+) Trettach SW-Wand, R 309, Gr. Widderstein NW R 777 (III+), Kl. Widderstein, Blenkkamin R 377 (III+)	Musterstein-Südwand, Leberleweg; Schüsselkar spitze Westgrat; Teufelsgrat	Totenkirchl, Heroldweg (III) Hintere Goinger Halt, Nordgrat

Schwierigkeitsgrad	Gebiet		
	Allgäu	Wetterstein	Kaiser
Sehr schwierig (IV) (UIAA: schwierig)	Südl. Höllhorn, Südgrat R 363 (IV—), Krottenspitzgrat R 342, Elferkopf-Ostgrat R 797 Bschießerkante R 476 (IV+) Hermannskarspitze OW R 518 (IV+), Fuchskar, Gelbe Wand R 432 (IV+)	Hochwanner Nordwestgrat; Höllentorkopf Nordkante (eine Stelle V!); Bayerländerturm Ostwand	Predigtstuhl-Nordkante (IV—); Predigtstuhl Westschlucht
Besonders schwierig (V) (UIAA: sehr schwierig)	Kl. Daumen N-wand, R 717 (V—), Trettachspitze, Südkante, R 307 (V), Gr. Wilder, S-Gipfel, Westwand R 393 (V+), Trettach-Schwarzer Riß, R 312 (V+), Rädlergrat, R 673 (V+), Wolfebener Südgipfel, Südwand, R 551 (V+) Höfats Ostgipfel, NW, R 649 (V+) Madonna-Ostwand, R 439 (V+)	Scharnitzspitze-Südwand, Hannemann Schüsselkarspitze-Südwand Fiechtl-Herzog (V+); Ob. Berggeistturm, Westwand Öfelekopf-Südpfeiler (V+)	Fleischbank-Ostwand, Dülferweg Totenkirchl-Westwand, Dülferweg (V+); Predigtstuhl, Schüle-Diem Predigtstuhl-Westwand, Fiechtl-Weinberger (V+)
Äußerst schwierig (VI)	Schneck-Ostwand R 668 (VI)	Schüsselkar-Spitze-Südost- (VI) Ob.-Berggeistturm-Südwestwand (VI)	Fleischbank-Südostverschneidung (VI+) Fleischbank-N-Gratturm-Südostkante (VI+)

Da unsere Allgäuer Berge dank ihrem unvergleichlichen geologischen Formenreichtum jener morphologischen Einheitlichkeit entbehren, die beispielsweise das benachbarte Wettersteingebirge, den Kaiser, die Rax oder das Gesäuse zu einem zusammenhängenden Felsgebiet gleicher Erscheinungsform prägt, ist die zuverlässige Abgrenzung der Schwierigkeitsgrade besonders problematisch.
Eine erschöpfende Aufzählung aller jemals unternommenen Allgäuer Bergfahrten kann und will der Führer nicht enthalten. Er bemüht sich, das Wesentliche anzugeben.
Die gebotenen Routenbeschreibungen stellen nicht die einzige überhaupt denkbare Durchstiegsmöglichkeit dar. Die Aufzählung aller Varianten ist nicht durchführbar. Sie liegt auch nicht im Sinne des echten Bergsteigers, dem schließlich nicht das letzte Stückchen Neuland genommen werden soll, das in unseren an sich schon gründlich erschlossenen Bergen für ihn verborgen liegt. Es gibt (Gott sei Dank) noch so manchen alpinen Feinschmecker, der seine Geheimnisse lieber für sich behält.

● 9 **Gefahren.** Über die Gefahren, die dem Bergsteiger drohen, lese man in den Lehrbüchern nach, z. B. Paulcke/Dumler, „Die Gefahren der Alpen", in Walter Pause: „Schule der Gefahr" oder in der ausgezeichneten Bergwachtdarstellung „SOS in den Bergen".
Lawinengefahr siehe R 6.

● 10 Zur **Morphologie** der Allgäuer Berge: Unser Gelände unterscheidet sich in mancherlei Beziehung von dem der übrigen Nördlichen Kalkalpen. Am auffallendsten ist das Vorherrschen der mit weichen Formen gepaarten grünen Farbe in der Allgäuer Landschaft, daher auch der Name „Alpgau"! (Alp vom indogerm alb = hoch, berg, Gau = Geäue, Mehrzahl von Au, ahd. ouwa, got. ahva, lat. aqua = wasserreiches Wiesenland.)

Charakteristisch fürs Allgäu sind steile Flanken mit üppigem Pflanzenwuchs und abschüssige Hänge aus Fleckenmergeln, die bei Trockenheit kaum Halt gewähren, bei Nässe gefährlich werden.
In solchem Gelände ist der Gebrauch tadelloser Bergschuhe unerläßlich. Die Verwendung von Steigeisen kann vorteilhaft sein. Doch muß man mit ihnen umzugehen verstehen. Für den Ungeübten sind sie eine Gefahr.

Einige Allgäuer Berggruppen zeichnen sich durch besonders schroffe Aptychen- und Hornsteingrate aus, die schwere Kletterei fordern (Höfats, Himmelhorn, Schneck, Salober). Die Felsgipfel des Hauptkamms sind vorwiegend aus jäh aufragendem Hauptdolomit, in der Zone zwischen Kemptner Hütte und Hornbachjoch aus weichen Allgäuer Fleckenmergeln aufgebaut. Das mancherorts sehr brüchige Gestein (Roßzahngruppe, Hochvogel, Schafalpenköpfe!) heischt besondere Vorsicht und Übung. Lebenswichtige Bedeutung gewinnt die Geländebeschaffenheit für den hochalpinen Skiläufer. Von ihr hängt maßgebend der Grad der Lawinengefahr ab. (Schönes Allgäu 1953: „Temposchwung und Geologie" sowie März 1971 „Lawinen in den Allgäuer Bergen"). Wenn sich das Allgäu auch, was Großzügigkeit und Länge der Kletterfahrten angeht, mit dem Wetterstein, was Prallheit und Steilheit der Wandfluchten angeht, mit dem Kaiser nicht messen kann, so bietet es doch gerade wegen der Mannigfaltigkeit seiner Erscheinungsformen eine Fülle völlig verschiedenartiger Bergfahrten, die durch den außergewöhnlichen Pflanzenreichtum der Bodendecke ihr besonderes Gepräge erhalten. Die Allgäuer Berge sind wegen ihres geologischen Abwechslungsreichtums eine lehrreiche Schule für den Bergsteiger. Er wird hier nicht nur turnerische Kletterfertigkeit, sondern auch Trittsicherheit und Beherrschung der Geländeformen als Grundlage aller Bergsteigerei erlernen, darüber hinaus aber, sofern er der Natur mit offenen Sinnen begegnet, einen unvergleichlichen Anschauungsunterricht in Botanik, Geologie, Morphologie und Zoologie erhalten.

● **11** Das hauptsächlichste **Schrifttum,** soweit es für den Bergfreund von Bedeutung ist, wurde besonders zusammengestellt. Auf die Anführung rein schöngeistiger Arbeiten wurde dabei verzichtet, um den Rahmen dieses Führers nicht zu sprengen. Vgl. R 22.

● **12** Die benutzten **Quellen** sind nach Möglichkeit bei den einzelnen Beschreibungen vermerkt. Daneben wurden die Einträge in Gipfel- und Hüttenbüchern, Fahrtenberichte, persönliche Schilderungen und eigene Wahrnehmungen verwertet.

● **13** **Erschließungsgeschichte.** Zwei Namen sind mit ihr seit 1867 untrennbar verbunden: der des Juristen und Geographen Hermann von Barth und der des Landvermessers Anton Waltenberger. Historisch interessierte Bergsteiger werden in den auch heute noch gut lesbaren Gesammelten Schriften H. v. Barths eine unversiegbare Fundgrube entdecken. Die **Erstbegeher** einzelner Felswege festzustellen ist in vielen Fällen nicht möglich. Das Allgäuer Gebirge ist mehr als andere Gruppen der Nördlichen Kalkalpen sehr frühzeitig durch Einheimische begangen worden, von deren Erfolgen oft nichts an die Öffentlichkeit kam. Diese an sich sehr begrüßenswerte und wohltuende Zurückhaltung wird das Fehlen solcher Feststellungen erklären Vgl. auch AVZ 1966, 15 (Das Allgäu in der Entwicklung des klassischen Bergsteigertums) und Abt, Allgäu S. 48 ff (Erschließungsgeschichte). Die wichtigsten Ersteigungsdaten finden sich in Abschnitt D bei den einzelnen Gipfeln.

● 14 Die **Schutzhütten** des Deutschen Alpenvereins sind außerhalb der üblichen Wanderzeit in der Regel verschlossen und nur Alpenvereinsmitgliedern mit Hüttenschlüssel zugänglich. Es empfiehlt sich in jedem Fall, sich vor dem Aufstieg zur Hütte im letzten Talort nach den Verhältnissen, auch nach Brennholzvorrat zu erkundigen, damit man keine unliebsamen Überraschungen erlebt.

Das gleiche gilt von den übrigen Schutzhütten und Unterkünften, deren Bewirtschaftung öfterem Wechsel unterworfen ist. Weitere Angaben finden sich bei den Beschreibungen der einzelnen Hütten (R 101 ff.). Die Öffnungszeiten für die dem DAV gehörenden Hütten werden alljährlich in den „Mitteilungen", und zwar in der Regel in der Mai- und Juli-Nummer bekanntgegeben.

Auskünfte erhält man:

für alle im Allgäu gelegenen Hütten: in der Geschäftsstelle der Sektion Allgäu-Immenstadt des DAV, Sonthofen, im Gebäude der Stadt-Sparkasse; für alle Hütten im Oberstdorfer Gebiet: bei der Sektion Oberstdorf des DAV; für alle Hütten im Ostrachtalgebiet: bei der Ortsgruppe Hindelang der DAV-Sektion Allgäu-Immenstadt, bei den Hindelanger und Hintersteiner Bergführern und im Giebelhaus; für alle im Rappenalpgebiet befindlichen Hütten: in den Gasthäusern Birgsau und Einödsbach; für alle sonstigen Hütten in den Talausgangspunkten.

Darauf, daß manche dieser Hütten zur Wanderzeit, insbesondere an den Wochenenden, oft unerträglich überfüllt sind, sei nur am Rande hingewiesen.

● 15 Die **Alphütten** sind fast durchwegs außerhalb der Weidezeit verschlossen; während der Bewirtschaftung ist auf Unterkunft in Notfällen zu rechnen. Die von zahlreichen Skivereinigungen belegten Ski- und Alphütten (besonders im Gebiete der Balderschwanger Berge, im Gunzesrieder Tal und im Raum Steibis) gewähren dem Skiläufer zuweilen gastfreundliche Unterkunft, Nichtmitgliedern in der Regel nur in Notfällen.

Die sprunghafte Entwicklung des Massenskilaufs hatte die Einrichtung zahlreicher Alphütten und sonstiger Unterkünfte für touristische Übernachtungen zur Folge. In die unter R 101 ff. gegebene Übersicht sind derartige Hütten nicht aufgenommen worden, da sie für den Bergsteiger, also für den eigentlichen Benützer dieses Büchleins, kaum von Interesse sein werden. Im übrigen wechseln die Pachtverhältnisse laufend.

● 16 **Grenzverhältnisse.** Der Allgäuer Hauptkamm ist gleichzeitig Grenzkamm zwischen Bayern einerseits und den österreichischen Bundesländern Tirol und Vorarlberg andererseits. Die durch ihre Schönheit berühmten Allgäuer Höhenwege laufen meist auf, nicht selten jenseits der Grenze.

Die Grenzüberschreitung im Raum der Allgäuer Alpen ist von den zuständigen Grenzpolizei- und Zollbehörden auf deutscher und österreichischer Seite mit Wirkung ab 1. August 1978 im Sinne weitestmöglicher Freizügigkeit (der sich in praxi liberale Handhabung durch die Grenzpolizeiorgane beigesellt!) geregelt worden. Da derlei Regelungen erfahrungsgemäß periodischem Wechsel unterworfen sind, wird es sich empfehlen, unterwegs oder auf den AV-Hütten angetroffene Streifenbeamte zu befragen. Im übrigen findet man in den Haupttälern (Füssen, Hindelang, Oberstaufen, Oberstdorf, Pfronten) Grenzpolizeistationen, in denen man jede gewünschte Auskunft erhält.

Das Wesentliche der jetzt geltenden Regelung sei hier in aller Kürze dargestellt:

Grundvoraussetzung für jede erlaubte Grenzüberschreitung sind für Deutsche und Österreicher gültige Paß- oder Paßersatzpapiere (Personalausweis). Das gleiche gilt für nicht sichtvermerkspflichtige Drittausländer mit Aufenthaltserlaubnis in der BRD. Sichtvermerkspflichtige Drittausländer sollten sich bei beabsichtigtem Grenzübertritt bei der nächsten Grenzdienststelle im Tal vorstellen. Diese Regelung gilt in gleicher Weise für alle ständig besetzten Grenzübergangsstellen (Ach/Springen, Balderschwang, Oberjoch/Schattwald, Pfronten/Fallmühle, Eisenbahn und Straße Pfronten/Vils, Füssen/Pinswang) wie für die nicht ständig besetzten Grenzübergangsstellen, Nebenwege und Touristenzonen (s. unten), die jedoch einer zollrechtlichen Beschränkung unterworfen sind: hier darf nur zollfreier, keinen Einfuhrverboten oder -beschränkungen unterworfener **Reisebedarf** mitgeführt werden. Die nicht ständig besetzten, jedoch im Rahmen des Streifendienstes überwachten Grenzübergänge im Raum der Allgäuer Alpen sind: Lecknertal (Sonnenaufgang bis Sonnenuntergang), Hirschgund/Sibratsgfäll (1. Mai bis 30. Nov. 5 bis 22 Uhr, 1. Dez. bis 30. April 7 bis 19 Uhr), Walserschanz (ohne zeitliche Beschränkung), Mädelejoch (ohne zeitl. Beschränkung), Unterjoch/Schattwald (6 bis 21 Uhr), Wertach, Pfeiffermühle oder Pfronten-Vilstal/Jungholz (ohne zeitliche Beschränkung), Pfronten/Pfrontner Hütte/Tannheimer Tal (ohne zeitl. Beschränkung), Alatsee/Vilser Scharte/Vils (6 bis 21 Uhr), Füssen/Lechlände/Vils (6 bis 21 Uhr), Füssen/Schwangauer Gitter/Pinswang (6 bis 21 Uhr), Füssen/Pilgerschrofenweg/Tiroler Lechtal (ohne zeitliche Beschränkung), Füssen/Säulingsattel/Tiroler Lechtal (ohne zeitliche Beschränkung).

Darüber hinaus sind folgende grenzüberschreitende **Touristen zonen** geschaffen worden (von W nach O): I Hoher Hädrich —Kojenhütte, II Feuerstätterkopf—Balderschwang, III Söllereck—Haldenwanger Eck—Fellhorngebiet, IV Zirleseck—Saalfelder Weg, Rehbach—Schönkahler, Aggenstein, Säuling—Ammerwald. Die Begrenzung dieser Touristenzonen ergibt sich aus der dem Führer beigelegten Karte 1:50000 (die drei letztgenannten ausgenommen! In Zweifelsfällen Anfrage bei Grenzpolizei-Inspektion Pfronten, Tel. 08 36/261).

Für diese Touristenzonen gilt bezüglich des Grenzübertritts das gleiche wie bei den nicht ständig besetzten, jedoch im Rahmen des Streifendienstes überwachten Grenzübergängen mit der Maßgabe, daß die Grenze nur zwischen Sonnenauf- und -untergang überschritten werden sollte. Der ↘ aus der Touristenzone ins angrenzende ausländische Tal ist grundsätzlich untersagt (Ausnahme-Erlaubnis bei Grenzpolizei erfragen!).

Die vielbegangenen Höhenwege R 200, 202, 204 sowie die beiderseitigen Anstiege zum Hochvogel, Gr. Krottenkopf, Hohen Licht und Biberkopf werden wegen der mit ihnen verbundenen geringfügigen Abweichung von der Grenze nicht als Grenzübertritt gewertet, vorausgesetzt, daß man zum Ausgangspunkt zurückkehrt.

Die Tatsache, daß Touren im Führer genannt sind, die ins Gebiet jenseits der Grenze führen, bedeutet nicht, daß sie grenzpolizeilich erlaubt sind. Die Grenzziehung ergibt sich eindeutig aus den in R 2 angeführten Karten.

● 17 **Alpiner Benimm.** Die Rücksicht auf andere, insbesondere auch auf den Bergrettungsdienst, verlangt, daß man sein Vorhaben mit der eigenen Leistungsfähigkeit in Einklang bringt, daß man im letzten Quartier hinterläßt, wohin man gehen möchte, daß man stets einen Personalausweis mit sich führt (wichtig für Rettung aus Bergnot!), daß man unterwegs keinen Abfall (besonders unbeliebt sind Blechbüchsen, Plastik aller Art und Papier) in die Landschaft wirft oder am Rastplatz liegen läßt, daß man seiner Freude nicht durch Geschrei oder allzu lautstarken Gesang Ausdruck verleiht und daß man die Ohren seiner Mitmenschen nicht mit ungewünschter Musik aus mechanischen Geräten strapaziert. Im Zeitalter der Plastiktüte ist es keine Zumutung, seinen Müll zu Tal zu tragen, im Zeitalter des Streß ist es auch ein Gebot der Nächstenliebe, anderen die ersehnte Ruhe zu gönnen. Daß, wer nicht hören will, fühlen muß, gilt im Gebirge wie allerorten. Den die Natur und den Mitmenschen schützenden Gesetzen sind weder in Bayern noch in den angrenzenden Ländern Österreichs Höhengrenzen gesetzt! Dies gilt ganz besonders für die Verletzung der sehr weit reichenden Naturschutzvorschriften (vgl. R 25 c).

● 18 **Führer- und Rettungswesen.** Eine Zeitlang schien es, als sei der bis in die Urzeiten des Alpinismus zurückreichende Bergführer mit dem aufkommenden führerlosen Bergsteigen zum Sterben verurteilt. Heute ist er es sicherlich nicht mehr, im Gegenteil: mit dem immer stärker erwachenden Massentourismus erlebt er eine nicht geahnte Renaissance. Das Führerwesen ist nun auch in den Allgäuer Alpen modernisiert. Die einheimischen Bergführer (wintersüber in der Regel Skilehrer) sind meist den örtlichen Bergsteiger- und Skischulen angeschlossen. Dort ist man am besten beraten. Wie seit eh und je gilt der Grundsatz, daß die Wahl eines autorisierten Bergführers die zuverlässigste (und billigste!) Lebensversicherung ist.

Den Rettungsdienst versieht die Bergwacht (im BRK), Abschnitt Allgäu (Sitz Kempten, Königstraße Nr. 20, Ruf 08 31 - 2 46 50, Leitung und Verwaltung, zentrale Unfallmeldestelle, alpine Auskunft). Abschnittsleiter: Josef Freisinger, Gerberstr. 16, 8960 Kempten, Tel. 08 31 - 2 87 97 oder 2 35 94. Stellv. Abschn.-Ltr.: Reinhold Schraudolph, Am Faltenbach 9, 8980 Oberstdorf, Tel. 0 83 22 - 43 52.

Abschnitts-Arzt: Dr. W. Steinhart, Hörnerweg 4, 8972 Sonthofen, Tel. 0 83 21 - 38 08 oder 40 51.

Stets halte man sich vor Augen, daß die Bergwachtmänner ihren schweren Dienst ehrenamtlich verrichten. Jede Nachlässigkeit in der Planung, Vorbereitung und Durchführung einer Bergfahrt zeugt von Rücksichtslosigkeit gegen diese freiwilligen Helfer!

An folgenden Orten befinden sich Bergwachtbereitschaften, die rasch einsatzfähige Rettungsmannschaften abstellen:

Anschriftenverzeichnis des BRK-Bergwacht-Abschnitts Allgäu nach dem Stand vom 25. November 1972

Stellv. Abschnitts-Arzt: Dr. med. Andreas Graf, 8960 Kempten, Michael-Beer-Str. 21, Tel. 08 31 / 2 35 33.

Bereitschaften

Balderschwang:

Bereitschaftsleiter: Theodor Pindl, 8981 Obermaiselstein, Schulgebäude, Tel. 0 83 26 / 71 62.

Stellv. Bereitschaftsleiter: Hubert Hiemer, Wäldle 18, 8981 Balderschwang, Tel. 0 83 28 / 72.

Füssen:

Bereitschaftsleiter: Heinz Hipp, Kreuzkopfstr. 3, 8958 Füssen, Tel. 0 83 62 / 18 90 oder 08 31 / 20 22 72.

Stellvertreter: Manfred Keller, Alpenblickstr. 27, 8959 Hopferau, Tel. 0 83 64 / 10 09 oder 16 75.

Hindelang:

Bereitschaftsleiter: Engelbert Wille, Kühgasse 3, 8973 Bad Oberdorf, Tel. 0 83 24 / 521.

Stellvertreter, Albert Keck, Bürglesweg 6, 8973 Bad Oberdorf, Tel. 0 83 24 / 475.

Bereitschaftsarzt: Dr. med. H. Budach, 8973 Hindelang, Jochstraße 30, Tel. 0 83 24 / 21 66.

Hinterstein:

Bereitschaftsleiter: Xaver Zettler, 8971 Hinterstein, Sangenweg 3, Tel. 0 83 24 / 82 22.
Stellv. Bereitschaftsleiter: Siegfried Wechs, 8971 Hinterstein, Rauhornweg 1, Tel. 0 83 24 / 82 37.

Bereitschaftsarzt: Dr. med. H. Budach, 8972 Hindelang, Jochstraße 30, Tel. 0 83 24 / 21 66.

Immenstadt:

Bereitschaftsleiter: Rudolf Gantner, 897 Immenstadt, Montfortstr. 1, Tel. 0 83 23 / 82 55.
Stellv. Bereitschaftsleiter: Winfried Schmidt, Zieglerstraße 5, 897 Immenstadt, Tel. 0 83 23 / 66 01.

Bereitschaftsarzt: Dr. med. G. Geiger, 897 Immenstadt, Sonthofener Str. 34, Tel. 0 83 23 / 8926.

Kempten:

Bereitschaftsleiter: Hermann Wipper, Plabennecstr. 3, 896 Waltenhofen, Tel. 0 83 03 / 528.
Stellv. Magnus Freisinger, Ringstr. 4, 896 Kempten-Heiligkreuz, Tel. 08 31 / 9 53 38.
Bereitschaftsarzt: Dr. med. H. Lueb, 896 Kempten, Burgstallweg 1, Tel. 08 31 / 2 33 84.

Nesselwang:

Bereitschaftsleiter: Edmund Martin, Rosenweg 10, 8964 Nesselwang, Tel. 0 83 61 / 511 oder 265.
Stellv.: Helmut Martin, Freibrechts 14 bei 897 Immenstadt, Tel. 0 83 79 / 832.
Bereitschaftsarzt: Dr. med. H. Schnitzler, 8964 Nesselwang, Poststr. 10, Tel. 0 83 /61 / 31 28.

Oberstaufen:

Bereitschaftsleiter: Bäurle Werner, 8974 Oberstaufen, Jugetweg 8, Tel. 0 83 86 / 27 14 oder 20 18.
Stellv. Bereitschaftsleiter: Siegfried Blank, 897 Oberstaufen 2, Lamprechts 12, Tel. 0 83 25 / 268.
Bereitschaftsarzt: Dr. med. E. Köberle, 8974 Oberstaufen, Am Staufen 3, Tel. 0 83 86 / 515.

Oberstdorf:

Bereitschaftsleiter: Sebastian Köttel, Hs.-Nr. 36½, 8982 Tiefenbach, Tel. 0 83 22 / 53 94 oder 10 11.
Stellv.: Max Zellhuber, Trettachstr. 60, 898 Oberstdorf, Tel. 0 83 22 / 22 55.

Bereitschaftsarzt: Dr. med. Walter Kraft, 898 Oberstdorf, Am First 22, Tel. 0 83 22 / 10 40.

Pfronten:

Bereitschaftsleiter: Mathias Bertle, 8962 Pfronten-Kreuzegg, Brunnenweg 5, Tel. 0 83 63 / 81 97.
Stellv. Bereitschaftsleiter: Walter Moller, Krokusweg 11, Pfronten-Steinach, Tel. 0 83 63 / 407.
Bereitschaftsarzt: Dr. med. Gotthard Schnitzler, 8964 Nesselwang, Rieflerweg 10, Tel. 0 83 61 / 362.

Sonthofen:

Bereitschaftsleiter: Dr. Karl Peter Götzfried, 8972 Sonthofen, Bergstraße 7, Tel. 0 83 21 / 38 87 oder 40 71.
Stellv. Bereitschaftsleiter: Karlheinz Haberkorn, Goethestraße 13 b, 8972 Sonthofen, Tel. 0 83 21 / 8 18 18.
Bereitschaftsarzt: Dr. med. Walter Steinhart, 8972 Sonthofen, Hörnerweg 4, Tel. 0 83 21 / 38 08 oder 551.

Unterjoch:

Bereitschaftsleiter: Lorenz Gehring, 8973 Hindelang-Unterjoch, Sonnenstr. 32, Tel. 0 83 24 / 76 34 (bei Jackstein).
Stellv. Bereitschaftsleiter: Gottlieb Haug, Obergschwend, 8973 Hindelang-Unterjoch.

Bereitschaftsarzt:

Wertach:

Bereitschaftsleiter: Karl Frick, Enthalb der Ach 5, 8965 Wertach, Tel. 0 83 65 / 419.

Stellv. Bereitschaftsleiter: Otto Hengge, Bichelweg 32, 8965 Wertach, Tel. 0 83 65 / 584.

● 19 **Meldestellen** sind außer den vorbezeichneten Bergwacht-Bereitschaften alle Alpenvereinshütten (gleichzeitig Hilfsstellen mit Rettungs- und Verbandsmaterial), alle Land- und Grenzpolizei-Posten, alle nächst erreichbaren Gasthäuser und fast alle Alphütten, soweit sie bezogen sind. Während der Hauptreisezeit sind an Sonn- und Feiertagen in den Alpenvereinshütten Rettungsmänner des Bergwacht-Streifendienstes zu erreichen. Man überzeuge sich — wenn irgend möglich — persönlich von der Weitergabe der Unfallmeldung an die Bergwacht. Schriftliche Meldung ist vorzuziehen. Man treffe Vorkehrung, daß die Rettungsmannschaft den Unfallort rasch auffinden kann.

Im Vorarlbergischen und Tiroler Teil des behandelten Gebietes ist der mit der Gendarmerie zusammenarbeitende *Österreichische Bergrettungsdienst* (ÖBRD) zuständig; die Rettungsstellen im Kleinen Walsertal sind in

Riezlern, Ruf 0 83 29 - 261;

Hirschegg (Haus-Nr. 110, Ruf 0 83 29 - 443);

Mittelberg, Ruf 0 83 29 - 530 (Funkverbindung mit Widdersteinhütte, Rappenseehütte und Waltenbergerhaus).

Außerdem steht (außer während der Monate Mai, November und Dezember) stets eine sofort einsatzfähige Rettungsmannschaft der Kurzschule Baad-Kleinwalsertal (Deutsche Gesellschaft für Europäische Erziehung) zur Verfügung, Ruf 0 83 29 - 8 61 12. Rettungsstellen des ÖBRD im angrenzenden Tirol sind in Tannheim, Nesselwängle, Reutte (Bezirksleitung), Weißenbach, Forchach, Stanzach, Elmen, Häselgehr, Elbigenalp, Bach und Holzgau.

● **19 a Luftrettungsdienst** mit Hubschrauber hat sich im Gebirge außerordentlich bewährt. Der Bergwachtabschnitt Allgäu und die einzelnen Bergwachtbereitschaften (R 18) veranlassen auf Anforderung alles Nötige.

● **20 Rettungsgerät befindet sich in der Regel auf den Schutzhütten des DAV.**

● **21** Das **alpine Notzeichen** besteht darin, daß in regelmäßigen Zwischenräumen sechsmal in einer Minute ein sicht- oder hörbares Zeichen gegeben wird, das jeweils mit größerer Unterbrechung so oft wiederholt wird, bis Antwort erfolgt. Diese wird durch dreimaliges Zeichengeben in der Minute in regelmäßigen Zwischenräumen von je einer Minute erteilt. Bei Rettung aus Bergnot durch Flugzeuge: Auslegen farbenfroher Kleidung, Rauchsignale, in den Schnee getretene Schriftzeichen erleichtern das Auffinden aus der Luft. Bei Sichtverbindung gelten folgende Arm- oder Leuchtzeichen:

Beide Arme schräg hoch
(grünes Leuchtzeichen)

Ja (yes) auf Fragen oder
Hier landen oder
Wir brauchen Hilfe

Linker Arm schräg hoch
rechter Arm schräg abwärts
(rotes Leuchtzeichen)

Nein (no) oder
Nicht landen oder
Wir brauchen keine
Hilfe

Schrifttum

● **22**

Eine ausgezeichnete Übersicht des gesamten Schrifttums über das Allgäu gewährt die Sammlung „Neuere Allgäuer Literatur" des Heimatdienstes Allgäu in Kempten, herausgegeben von dem verstorbenen Kemptner Oberbürgermeister Dr. Merkt. Diese Bibliographie enthält alles, was in irgendeiner Form auf das Allgäu Bezug hat. Eine weitere Literaturübersicht findet sich in der vom Verfasser 1975 neu bearbeiteten 23. Auflage des altbewährten Wanderführers durch das Allgäu und die angrenzenden Gebiete von Waltenberger (Bergverlag Rudolf Rother GmbH, S. 12 ff).

Nachstehend seien die wichtigsten Schriften erwähnt, die für den Bergfreund von Belang sind. Weitere Veröffentlichungen sind bei den einzelnen Unterabschnitten angegeben.

Verschiedene Werke sind im Buchhandel vergriffen, für Interessenten jedoch in den größeren Alpenvereinsbüchereien greifbar:

H. v. Barth, Aus den Nördlichen Kalkalpen (1874, neu herausgegeben 1926);

Reiser, Sagen und Gebräuche des Allgäus (1894);

A. Rothpletz, Geologischer Führer durch die Alpen (1902);

Dr. Kübler, Die deutschen Berg-, Flur- und Ortsnamen des alpinen Iller-, Lech- und Sannengebiets (1909);

M. Förderreuther, Aus dem Allgäu (1924);

M. Förderreuther, Die Allgäuer Alpen (1928);

H. Scherzer, Geologisch-botanische Wanderungen durch die Alpen, II. Bd. Das Allgäu (1930);

M. Förderreuther, Bunte Blätter aus dem Allgäuer Volksleben (1933);

R. Zirkel-George, Oberstdorfer Bilderbuch (1938);
das im Bergverlag herausgekommene Allgäubuch von Abt (1950);
H. Zirkel, Heimatkunde für den Landkreis Sonthofen (1950/53);
Merian, Allgäu (1954 und 1972);
Günther, Das schöne Ostrachtal (1957);
Bergwacht-Abschnitt Allgäu, SOS aus den Bergen (1960);
Sonthofner Festbuch zur Stadterhebung (1963);
Georg Frey, Auf Allgäuer Bergen (1963);
Norb. Herrmann. Kempter Geschichtsbuch (1963);
P. H. Dußler, Jörg Lederer (1963);
J. Fischer, Beiträge zur Sonthofer Geschichte (1964);
F. Müller und Udo Scholz, Ehe denn die Berge wurden, eine leicht faßliche, ausgezeichnet illustrierte Abhandlung über Geschichte, Gesteine und Gestalt der Allgäuer Landschaft
A. Weitnauer, Keltisches Erbe (1965);
Weitnauer, Allgäuer Chronik — mit umfangreichem Literaturhinweis (Bildband 1962, Textband I 1969, II 1971, III 1972);
Endrös/Weitnauer, Allgäuer Sagen (1966);
Richter, Geologie der Allgäuer Alpen (1966 erschienen bei Borntraeger, Berlin-Nicolassee);
Landkreis Sonthofen in der Schriftenreihe der Landeszentrale für politische Bildungsarbeit (1968);
A. Miller, Allgäuer Bildschnitzer der Spätgotik (1969);
Günther, Deutsche Ferienziele (Allgäu 1970), und Das Kleine Walsertal (1971);
Weitnauer, Bei uns im Allgäu (1971);
Weitnauer, Allgäu-Urlaub (1971);
Baumann-Rottenkolber, Geschichte des Allgäus (4 Bde. 1973);
Thaddäus Steiner, Die Flurnamen der Gemeinde Oberstdorf (1973);
Richard Dertsch, Historisches Ortsnamenbuch von Bayern, Band Landkreis Sonthofen (1974);
Unser Landkreis Oberallgäu (Landeszentrale für politische Bildungsarbeit (1974);
Jos. Immler, Die schönsten Bergwanderungen im Allgäu (1974);
Körber, Die Allgäuer Alpen in Farbe (1975);
Kr. Zeller, So war's einmal im Allgäu (1976);

Ko. Riedmüller, Kleine Kostbarkeiten im Allgäu (Kapellen) (1976);

A. M. Miller, Aus meinem Skizzenbuch (1977);

Berktold-Huber-Kappeler, Gerstruben (1977);

Gehrmann, Der Mineralienwanderer Nr. 11 (Fundstellen in den Allgäuer Alpen, 1978).

Zirkel-Grundmann, Geschichte des Marktes Oberstdorf (bisher 3 Bände 1976 — 1979);

Rühmende Erwähnung verdienen die Quartalszeitschrift „Das Schöne Allgäu“, Kempten, der alljährlich herauskommende Allgäuer Heimatkalender und die dem Allgäu gewidmete Nr. 8/1972 des BK;

Von größeren Veröffentlichungen in der **Zeitschrift des DAV (früher DÖAV)** sind zu erwähnen:

A. Spiehler, Das Lechtal (1883);

J. Enzensperger, Die Höfats (1896);

Dr. Kübler, Das Tannheimer Tal (1898);

Dr. Eckert, Das Gottesackerplateau (1900);

v. Cube und E. Enzensperger, Die Hornbachkette (1904/08);

v. Hörmann, Vorarlberger Volkstrachten (1904);

E. Enzensperger, Zur touristischen Erschließung des Allgäus (1906);

Derselbe, Die Gruppe der Mädelegabel (1907);

Kinzl, Die Alpenvereinskarte der Allgäuer und Lechtaler Alpen (1963);

Schmitt, Allgäuer Bergsteiger-Chronik (1963);

Frey, Allgäuer Grasberge (1963);

Kornacher, Skiberge und Steilabfahrten zwischen Hochvogel und Widderstein (1963);

Iilg, Landschaft und Volkstum des Kleinwalsertals (1963).

F. Schweiger, Die Hornbachkette (1966);

E. Enzensperger, Das Allgäu in der Entwicklung des nachklassischen Bergsteigertums (1966);

Gg. Frey, Der Hochvogel (1966);

Gg. Meier, Winterbergsteigen in den Allgäuer Alpen (1966);

H. Palme, Abseitige Winterziele im Allgäu (1966);

V. Jacobshagen, Vom geologischen Aufbau der Allgäuer Kalkalpen (1966);

Thadd. Steiner, Die Namen der Allgäuer Bergwelt mit Ausblicken auf die Nachbarschaft (1966);

● **23 Führer:**

Waltenberger, Das Allgäu und die angrenzenden Gebiete (Bergverlag Rudolf Rother GmbH, 23. Auflage 1975, 24. Auflage in Vorbereitung, bearbeitet von H. Groth), für Reisende und Wanderer, die schwierigere Klettertouren meiden;

Groth, Kleiner Führer Allgäuer Alpen, 2. Aufl. 1978, für Bergwanderer;

BV-Tourenblätter, Mappe 3 (Bregenzerwald, Allgäuer und Lechtaler Alpen), bearbeitet von W. Flaig und H. Groth, 3. Auflage 1978, ausgewählte Tourenvorschläge; Erich Gebel, Der Heilbronner Weg (Neuauflage 1974, bearbeitet von H. Groth).

Groth, Kleiner Führer Ostallgäu (1976);

Groth, Kl. Führer Westallgäu (voraussichtlich 1979);

Kornacher, Allgäuer Bergland mit Vorarlberg und Ostschweiz (1974) — alle im Bergverlag Rudolf Rother.

Verwiesen sei auch auf die in der Reihe „Rothers Allgäu-Führer“ erschienenen Ortsführer:

Rund um Hindelang;
Die Jochstraße,
Fischen und Umgebung,
Immenstadt, Bühl und Umgebung,
Oberjoch,
Oberstaufen und Umgebung,
Sonthofen und Umgebung,
Hindelang und Umgebung,
Tannheimer Tal,
schließlich auf folgende, teilweise auch das Allgäu behandelnde Kletter- und Wanderführer: Werner, Klettersteigführer Nördl. Kalkalpen — Haydn, Höhenwege Nördl. Kalkalpen — Seibert, Wochenendtouren, Bayer. Hochland — Höfler, Auswahlkletterführer Nördl. Kalkalpen!

Als Führer für Fern- und Weitwanderweg, die unser Gebiet streifen, haben sich bewährt: H. Schmidt, Schwäbisch-Allgäuer Wanderweg Augsburg — Sonthofen (1978) und H. Schmidt, Fernwanderwg 5 (Bodensee — Adria), 2. Aufl. 1978.

Als kunsthistorische Führer durchs Allgäu und seine Nachbargebiete seien Dehios berühmtes Handbuch der deutschen Kunstdenkmäler, Band „Das östliche Schwaben“ (1954), Dehios Handbuch der Kunstdenkmäler Österreichs, Band Tirol

(1960), sowie das Bildhandbuch von R. Hootz, „Die Kunstdenkmäler Österreichs“ Band Tirol-Vorarlberg (1965), ferner der in der gleichen Reihe herausgegebene Band „Bayern südlich der Donau“ (1962), Reclams Kunstführer Bayern und Österreich sowie Kaspers „Kunstwanderungen“ Bd. VI (Vom Ober- zum Ostallgäu) empfohlen. Dem, der's gründlich machen möchte, dienen die im Deutschen Kunstverlag München erschienenen Bände Kempten, Füssen und Marktoberdorf der Reihe „Bayerische Kunstdenkmale“, vor allem aber Petzets Wälzer über die Kunstdenkmäler im Landkreis Sonthofen (Oldenbourg 1964).
Karten siehe R 2.

● **23 a Alpine Lehrbücher und Lehrschriften.** Paulcke/Dumler, Gefahren der Alpen; Karlschmidt, Wandern und Bergsteigen mit Karte und Kompaß; Schubert, Anwendung des Seils, Moderne Felstechnik; Seibert, Bergsteiger-ABC, Felsklettern und Eisgehen; Schneider, Wetter und Bergsteigen; Erbertseder, Gesundheit und Bergsteigen.

Geologischer Aufbau der Allgäuer Alpen

● **24** Lit.: Scherzer, Geologisch-Botanische Wanderungen im Allgäu (1930); Das Schöne Allgäu 1932, S. 171, 1938, S. 178, 229 und 1971, S. 115; Weitnauer, Bei uns im Allgäu, S. 3 ff; Müller-Scholz, Ehe denn die Berge wurden (1965) mit umfangreichem Schrifttum; Max Richter, Geologischer Führer durch die Allgäuer Alpen (1966) mit eingehendem Literatur-

verzeichnis; AVZ 1963, S. 26 ff (Allgäuer Grasberge) und AVZ 1966, S. 38 ff (Geol. Aufbau der Allg. Alpen) mit besonders umfassenden Literaturangaben.
Eine köstliche Fundgrube für den wissenschaftlich Interessierten sind die auf der Grundlage der alten DÖAV-Karte 1:25 000 herausgegebenen, leider längst vergriffenen geologischen Allgäukarten von Haniel und Ampferer sowie die 1964 von der Bayer. Landesstelle für Gewässerkunde herausgegebene geologische Karte der Ostrachtaler Alpen 1:25 000 nebst Erläuterungen. Die dem Geol. Führer Allgäuer Alpen von Max Richter beigegebene geol. Karte 1:140 000 vermag nur einen groben Überblick zu vermitteln. Das Bayer. Landesvermessungsamt plant die Herausgabe einer neuen geologischen Karte des Allgäus 1:25 000. Der Tannheimer Gruppe dient Ampferers geol. Spezialkarte Österreichs 1:75 000.
Die besondere landschaftliche Schönheit des Allgäus hat ihre Ursache in der verwirrenden Fülle verschiedenartiger Landschaftsbilder und im ständigen Wechsel des Gesteins, aus dem sich seine Berge aufbauen.
Der Allgäuer Hauptkamm (Grenzkamm) setzt sich — ausgenommen die Zone zwischen Kemptner Hütte und Hornbachjoch — aus Hauptdolomit zusammen (Kennzeichen: öde Wände und Kare, ausgedehnte Schutthalden, sehr magere Vegetation). Die erdgeschichtlich jüngere Jurazeit findet ihren Ausdruck in den Fleckenmergel-, Hornstein- und Aptychenkalkbergen des Hauptkamm-Mittelstücks und einiger Seitenkämme (z. B. Kreuzeck — Rauheck, Linkerskopf, Wildengundkopf — Schmalhorn, Fürschießer, Kegelkopf, Höfats, Schneck — Laufbachereck, Giebel). Kennzeichen: steile Grasflanken, scharfe Grate, tiefe wilde Tobel, fleckige, mergelartige Schiefer an den zahlreichen Verwitterungsstellen, reicher Tongehalt, fruchtbarer, kieselreicher Boden, üppige Flora. Dann finden wir Vertreter der noch jüngeren Kreideperiode mit ihren vegetationsarmen verkarsteten Karrenfeldern und senkrechten Schrattenkalkmauern (z. B. Ifen, Gottesacker, Besler, Stuhlwand). Diese Formation zeichnet sich durch besonderen Höhlenreichtum aus. Allein im Gottesackergebiet werden rund 80 Höhlen und Schächte gezählt. Prominentester Schacht ist das 77 m tiefe **Hölloch** im Mahdtal, das auf seinem Grund ein noch nicht restlos erschlossenes System von Höhlen mit einem Höhlensee birgt. Eine der schönsten Eishöhlen Deutschlands ist die unterm Gottesackerplateau gelegene Löwenhöhle. Daß man

sich des Wertes solcher Naturdenkmale nicht immer bewußt ist, beweist die Umfunktionierung der unter dem Kürenwald im Schwarzwassertal versteckten Ladstattschachthöhle in eine gemeindliche Fäkaliengrube.

Die Vorberge werden vom Flysch der Tertiärzeit beherrscht (z. B. Fellhorn-Schlappolt, Hörner, Sonnenköpfe, Tiefenbachereck). Kennzeichen: weiche Formen, üppige Weiden, viel Wald, nasse Wiesen, Hochmoore.

Eine besondere Eigenart zeigen die unter dem Namen „Nagelfluh" bekannten rundköpfigen Gemengsel der blumen- und wasserreichen Molasseberge im Norden (z. B. Rindalphornkette, Siplingerkopf). Es handelt sich um dem Tertiär angehörende Schichten aus Trias- und Jurakalken, Buntsandsteinen, Mergeln und mancherlei anderen Bestandteilen mit zahlreichen Versteinerungen.

Nun ist es jedoch nicht so, daß diese verschiedenen Erdzeitaltern angehörenden Gesteinsschichten säuberlich nebeneinander aufgebaut wären. Manchmal geht es kunterbunt durcheinander. Die Erklärung liegt darin, daß sich im Laufe der Erdgeschichte mehrfach ältere Gesteine auf jüngere hinaufgeschoben haben. „Wer von Oberstdorf aus nach Osten gegen das Nebelhorn schaut, der sieht über dem sanftgeböschten Flysch die steilen Wände des Hauptdolomits aufstreben. Wer die herrlichen Hochgebirgstäler des Oybachs und Traufbachs bis zu ihren hinteren Enden durchwandert, wer den wilden Sperrbachtobel oder das berühmte Bacherloch besucht, dem fällt überall auf, wie über den grünen Hängen des jüngeren Fleckenmergels, unantastbar und kühl die höchsten Gipfel aufbauend, der ältere Hauptdolomit thront. Das gleiche Bild überrascht uns an der Rappenseehütte, an der Kemptner Hütte, am Luitpoldhaus und an vielen anderen Punkten des Allgäues" (Scherzer S. 36).

Diese Andeutungen mögen genügen, um den Besucher der Allgäuer Berge darauf aufmerksam zu machen, daß er in einer gewaltigen Werkstatt der Natur wandert, und daß nichts, was um ihn her geschieht, ohne den Boden denkbar wäre, auf dem er steht.

Da sie einen besonderen Schmuck, aber auch eine besondere Eigenart ihrer Berge bilden, seien die zahlreichen Allgäuer Seen und Seelein in der Reihenfolge ihrer Höhenlage aufgezählt:

Kurze schematische Darstellung

Zeitalter, Jahresraum	Gesteinsformen	Landschaftsformen	Landschaftsbeispiele
Trias (Meeresablagerungen) 200 000 000 bis 175 000 000	a) Wettersteinkalk (marmornkompakt) b) Hauptdolomit (zuckerkörnig) c) Kössener Schichten (Rät) (mergelig)	a) Schroffe Wände und Grate, Latschenfelder b) Wände, zerrissene brüchige Grate, Geröllhalden, Latschenfelder c) Weiche Formen mit schroffen Abstürzen	a) Tannheimer Berge b) Haup-kamm (Biberkopf bis Krottenspitzen), Hornbachkette, Schafalpenköpfe, Hochvogel, Wildengr., Rauhhornzug c) Rotnase, Hundskopf, Strahlkopf, Gibelmähder, Schochen, Hahnenk
Jura (Meeresablagerungen) 175 000 000 bis 140 000 000	a) Lias-Fleckenmergel (Allgäuschichten) (dunkle Kalke, Mergel, Schiefer) b) Aptychen- und Hornsteinkalke	a) Weiche Formen, steile Grashalden, tiefeingerissene Tobel b) Scharfe, vegetationsreiche Grate, steile vegetationsreiche Wände	a) Hauptkamm (Fürschiesser, Rauheck). Bettlerrücken, Kegelköpfe, Rappenköpfle, Linkerskopf, Zeiger b) Schneck, Laufb. Eck, Salober, Giebel, Höfats, Rothornspitze, Seilhenker, Himmelhorn
Kreide (Meeresablagerungen) 140 000 000 bis 60 000 000	Mergel, Sandsteine, Kalksteine	Senkrechte Felsmauern, öde Karrenfelder	Gottesackerwände, Ifen, Besler, Grünten
Tertiär (Meeresablagerungen) 60 000 000 bis 590 000	a) Helvet. Flysch (Tonschiefer, glimmerreiche Sandst., tonr. Mergel, Kalke) b) Molasse (Nagelfluh) (Sandsteine, Zementmergel, Tone)	a) Weiche Weide- und Waldberge b) Rote stufige Mauerkronen auf üppigem Weideland-Sockel	a) Fellhorn, Schlappolt, Hörner, Sonnenköpfe, Tiefenbacher Eck, Wertacher Horn b) Rindalpen, Siplinger, Balderschwanger Berge
Ältere Eiszeit 590 000 bis 390 000	Diluvialer Schutt	Schwemmland und Geröll in den Sohlen der Gebirgstäler, Hügelland	Talböden: Birgsau, Spielmannsau, Traufbach-Dietersbach-Oytal, V. Seealp, Walser- u. Warmatsgundtal

der erdgeschichtlichen Zeitalter in den Allgäuer Alpen

Gesteinsfarbe und -härte	Kiesel- und Humusgehalt	Vegetation und Versteinerungen
a) weiß-hellgrau, hart, marmorn-kompakt b) grau-gelb mit weißen Kalkspatadern, hart, grobkörnig, oft brüchig c) braun, gelb, blau, weiche zähe Letten	a) ohne b) ohne c) Kiesel ja, humusreich	a) magere Kalkflora, sehr wenig Verst. b) magere Kalkflora, sehr wenig Verst. c) sehr stark, viele Verst.
a) dunkles Grau, gelb, schwarz, rot, weich krümelig, humos b) Aptychen: gelb, rot, weiß, Hornstein: rot, grün, bunt, sehr hart	a) Kiesel ja, Humus tiefgründig, lehmig b) Kiesel und Humus sehr reich	a) üppig, Ammoniten b) sehr reichhaltig, Verst.: tierische Kleinlebewesen
grau-weiß, harte Schrattenkalke und weichere Schichten abwechselnd	Kein Kiesel, arm an Humus	mager, Verst.: Nummuliten
a) grau-erdig, bräunlich, weich, erdig, krümelig b) grau, grünlich, schwarz, rot, hart, doch in den verbindenden Sandschichten oft brüchig	viele moorige, tonige Böden b) Kiesel ja, Humus sehr reich	a) viel Weide und Wald; Verst.: Nummuliten b) sehr reich und üppig; Verst.: Pflanzen

grau, gelb, weiß, braun, bunt.

Gesteinseigenschaften, Humusgehalt, Vegetation richten sich nach dem Aufbau der Formation, deren Abraum sie bilden.

Schwarzmilzsee 2250 m, Hermannskarsee 2216 m, Wildmahdkarsee 2190, Urbeleskarsee 2135 m, Kl. Rappensee 2070 m, Gr. Rappensee 2046 m, Östl. Laufbichelsee 2018 m, Kreuzkarlesee 2000, Hochalppaßsee 1990 m, Schochenalpensee 1988 m, Westl. Laufbichelsee 1975 m, Engeratsgundsee 1878 m, Eissee 1829 m, Luitpoldsee 1820 m, Schrecksee 1802 m, Oberer Traualpsee 1770 m, Oberer Geisalpsee 1769 m, Guggerseele 1727 m, Schlappoldtsee 1717 m, Unterer Traualpsee 1631 m, Seealpsee 1629 m, Albelsee 1600 m, Hörnlesee 1600 m, Unterer Geisalpsee 1509 m, Siegelalpsee 1250 m, Klapfsee 1200 m, Höfersee 1186 m, Schwarzwassersee 1178 m, Vilsalpsee 1168 m, Haldensee 1090 m, Leckensee 1029 m, Frauensee 996 m, Freibergsee 930 m, Christlessee 916 m, Kögelweiher 889 m, Grüntensee 883 m, Attlesee 874 m, Alatsee 868 m, Schwarzenberger Weiher 860 m, Oberstdorfer Moorsee 855 m, Grundweiher 846 m, Schwaltenweiher 836 m, Seeger See 821 m, Weißensee 787 m, Hopfensee 784 m, Schmutter Weiher 784 m, Forgensee 780 m, Sonthofener Illersee 733 m, Großer Alpsee 725 m, Kleiner Alpsee 724 m, Niedersonthofener See 704 m, Öschlesee 704 m.

(Vgl. hierzu „Das schöne Allgäu" 1937 S. 181 und 1938 S. 181, 230.) Die 7 größten Hochgebirgsseen im Allgäu: Haldensee ca. 0,7 qkm, Vilsalpsee ca. 0,6 qkm, Freibergsee ca. 0,16 qkm, Traualpsee ca. 0,09 qkm, Seealpsee ca. 0,075 qkm, Schrecksee ca. 0,06 qkm, Unt. Gaisalpsee ca. 0,033 qkm, Engeratsgundsee 0,03 qkm (also immerhin noch 30 000 qm, das sind 9 bayer. Tagwerk oder 12 nordd. Morgen). Wesentlich größer sind die Allgäuer außeralpinen Seen, etwa Forggensee 16,5 qkm, Gr. Alpsee 2,5 qkm, Grüntensee 1,7 qkm oder Niedersonthofner See 1,5 qkm.

Allgäuer Flora

● 25

Literatur:

Alpen allgemein:

a) **Bestimmungsbücher:** BLV Bestimmungsbuch Alpenpflanzen und Alpentiere — Launert, Gebirgsflora in Farben — Hegi/Merxmüller, Alpenflora — Kohlhaupt/Gams, Alpenblumen, farbige Wunder (nach Wahl zwei- oder einbändig) —

Amann, Bodenpflanzen des Waldes und Amann, Bäume und Sträucher des Waldes (beide nicht auf den Gebirgswald beschränkt).

b) Als **fotografische Augenweide:** Höhne, Pflanzen unserer Berge — Vareschi/Krause, Der Berg blüht — Kohlhaupt (wie a).

c) Für den **Schreibtisch:** die vielbändige, seit Jahrzehnten erscheinende und noch nicht abgeschlossene Große Alpenflora von Hegi — ferner der heute musealen Wert aufweisende Atlas der Alpenflora.

d) Als leichtgewichtige **Rucksacklektüre:** Kohlhaupt, Kleine Alpenflora — Höhne, Blumen im Gebirge — Wendelberger, Die Alpen blühen — Bayer. Staatsmin. für Umweltfragen, Geschützte Pflanzen — Kohlhaupt, Bunte Welt der Orchideen (deren es über 20 000 Arten in etwa 700 Gattungen gibt! In Mitteleuropa wurden 60 Arten in 27 Gattungen festgestellt. In den Allgäuer Alpen sind sie fast vollzählig vertreten!).

Speziell in den Allgäuer Alpen:

Außer Scherzers unübertrefflichen, leider längst vergriffenen, jedoch in vielen Büchereien vorhandenen „Geologisch-botanischen Wanderungen durch die Alpen“ Band Allgäu und dem ebenfalls vergriffenen Bestimmungsbuch Wengenmayrs „Exkursionsflora für das Allgäu“ gibt es leider nur ein einziges sehr anspruchsvolles, im Auftrag der Bayer. Botanischen Gesellschaft entstehendes, im Buchhandel vorerst nicht erhältliches Spezialwerk: Dr. Dörrs „Flora des Allgäus“.

Eine schier unerschöpfliche, jedoch nicht auf den Raum der Allgäuer Alpen beschränkte Fundgrube für den Botaniker sind die Jahrbücher des Vereins zum Schutze der Bergwelt in München.

Die Frage, warum die Allgäuer Berge so viel blumenreicher sind als alle anderen Teile der Nördlichen Kalkalpen, ist leicht beantwortet:

Die Verschiedenheit der aufbauenden Gesteine, die den auffallenden Unterschied zwischen den einzelnen Landschaftsbildern im Allgäu verursacht, ist auch für den weitberühmten Reichtum und die Vielfalt der Allgäuer Flora verantwortlich. Auf verschiedenen Steinen wachsen verschiedene Pflanzen.

Fleckenmergel und Flysch sind besonders humusreich. Hornstein und Aptychenkalk enthalten viel Kieselsäure. Da fühlen sich die Pflanzen wohl. Diese Berge sind bis zum Gipfel hinauf mit einem üppigen Grasteppich überzogen.

Während der Blütezeit leuchtet er in allen Farben. Die Allgäuer Mattenflora ist beispiellos artenreich. Zahlreiche Alpenpflanzen kommen in Bayern überhaupt nur hier vor. Die Ursache hierfür wird im Quarzreichtum des Gesteins gesehen, doch mag auch in unserem Gebiete der besonders starke Föhn mit seiner Fähigkeit, Pflanzensamen aus den benachbarten Urgebirgen herüberzutragen, seinen Beitrag leisten. Über den Föhn s. Schönes Allgäu Dez. 1970.

Ackerflora und sonstige Kulturbegleiter fehlen nahezu völlig. Das Allgäu ist Matten- und Wiesenland. Die wertvollsten und besten Futterpflanzen gedeihen in Hülle und Fülle. Es sind dieselben, die die Schweizer Alpwirtschaft berühmt gemacht haben (Romeye, Muttern, Adelgras!). Die Allgäuer Alpwirtschaft steht ihr nicht nach. Kehrseite der Medaille: Rückgang, wenn nicht völliges Verschwinden der Wildflora bei Überdüngung des Wiesenlandes, Vorrücken der die Düngung liebenden Kulturunkräuter!

Eine typische Begleiterscheinung der Alpwirtschaft ist die Allgäuer Lägerflora, die den durch Weidevieh reich gedüngten Boden liebt (Eisenhut, Germer, Alpenkreuzkraut, Alpenampfer, Brennesseln). Zwei Tatsachen fallen dem aufmerksamen Beobachter beim Wandern in der Strauchregion auf: vielerorts wird er die allbekannte Latsche (pinus montana, Legföhre, Zunder) vermissen und an ihrer Stelle die Alpenerle (Alnus viridis, Grünerle, Druse) vorfinden. Dann befindet er sich auf kieselhaltigem Boden, also im Flysch oder Lias-Fleckenmergel. Die Legföhre fühlt sich nur auf Kalk wohl. Ebenso ist es mit den Alpenrosen: die sonst in den Nördlichen Kalkalpen seltenere Rostblättrige Alpenrose beherrscht auf den Lias- und Flyschbergen des Allgäus das Feld. Sie ist ein „Kieselzeiger“, während die Behaarte Alpenrose den Kalkboden liebt.

Es wäre falsch zu glauben, im Allgäu gäbe es infolge der ausgeprägten Alpwirtschaft wenig oder nur minderwertigen Wald. Im Gegenteil: der die Allgäuer Waldzone beherrschende Mischwald ist besonders wertvoll. Buche, Fichte und Bergahorn teilen sich in die Herrschaft. Seltener sind Weißtanne, Eberesche, Birke, Lärche; sehr selten Arve (auf den Gappenfeldern in der Leilachgruppe, am Hochalppaß, am Ifen und am Walmendinger Horn) sowie Eibe (Prodelkamm, Hochgrat, Balderschwang, Rohrmosertal, Himmelschrofenalp, Senkelekamm bei Seeg). Vgl. „Das schöne Allgäu“ 1938, S. 146, und März 1971.

Verbunden mit den samtweichen hellgrünen Matten schaffen diese Bergwälder im Allgäu ein Landschaftsbild, das dem, was unsere Romantiker als die „ideale Landschaft“ bezeichneten, am nächsten kommt.

Naturschutz, Umweltschutz, Landschaftspflege

● 25 a

Literatur: Das Schöne Allgäu 1937, S. 357, 1968, Heft 3, 1972, S. 40 — Hinterthür, Bedrohte Schönheit — Aichele, Lebensraum Alpen — Bayer. Staatsmin. für Umweltfragen, Schützen und blühen lassen!

Der Tatsache, daß wir uns im Oberallgäu in einem einzigen Naturpark befinden, ist durch behördliche Anordnung auf gesetzlicher Basis Rechnung getragen worden. Daß dies in einer vom Fremdenverkehr extrem stark beanspruchten Ferienlandschaft Probleme aufwirft, liegt nahe. Wie so oft im Leben und in der Politik werden sie ohne Kompromißbereitschaft auf beiden Seiten nicht gelöst werden können. Auf weite Sicht — diese Einsicht sollte sich durchsetzen — wird dem Natur- und Umweltschutz der Vorrang gebühren.

Im Landkreis Sonthofen, der das gesamte Oberallgäu umfaßt, bestehen mehrere Natur- und Landschaftsschutzgebiete (in rechtlicher Hinsicht unterscheiden sie sich kaum). Sie erstrecken sich auf alle wesentlichen Teile des Hochgebirges und der vorgelagerten Ketten.

Im einzelnen sind sie bezeichnet als:

I. Naturschutzgebiete:

1. „Bärgündle, Oytal mit Höfats“, Verordnung vom 28. 8. 1970 (GVBL. S. 443), Fläche: 3850 ha.
2. „Retterschwanger Tal mit Daumen“, Verordnung vom 3. 3. 1964 (GVBl. S. 43), Fläche: 2100 ha.
3. „Hoher Ifen“, Verordnung vom 12. 8. 1964 (GVBl. S. 170), Fläche: 2430 ha.

4. „Aggenstein", Verordnung v. 7. 12. 1963 (GVBl. 64, Nr. 18), Fläche: 84,66 ha.
5. „Rottachmoos", Verordnung v. 21. 8. 1964 (GVBl. 64, Nr. 13), Fläche: 5 ha.

II. Landschaftsschutzgebiete:

1. „Allgäuer Hochalpenkette mit Einschluß der Oberstdorfer Täler bis hinaus zum Rubihorn und des Hintersteiner Tales", KreisVO vom 26. 7. 1972 (Amtsblatt v. 5. 8. 1972, Nr. 24), Fläche: 19 680 ha.
2. „Hörnergruppe", KreisVO vom 5. 8. 1965 (Amtsblatt v. 21. 8. 1965, Nr. 23), Fläche: 6700 ha.
3. „Nagelfluhkette", KreisVO vom 30. 9. 1963 (Amtsblatt v. 4. 10. 1963, Nr. 14), Fläche: 5600 ha.
4. „Grüntengebiet, Großer Wald, Deutsche Alpenstraße und Wertachtal", KreisVO vom 26. 7. 1972 (Amtsblatt v. 5. 8. 1972, Nr. 24), Fläche: 7650 ha.
5. „Grüntensee", BezVO vom 14. 3. 1966 (Amtsblatt v. 18. 3. 1966, Nr. 11), Fläche: 286 ha und 224 ha Ostallgäuer Gebiet.
6. „Großer Alpsee", KreisVO vom 10. 2. 1962 (Amtsblatt v. 10. 2. 1962, Nr. 6), Fläche 768 ha.
7. „Deutsche Alpenstraße (Ost)", KreisVO vom 28. 6. 1966 (Amtsblatt v. 9. 7. 1966, Nr. 27), Fläche: 632 ha.
8. „Tiefenberger Moos", KreisVO vom 22. 9. 1971 (Amtsblatt v. 22. 10. 1971, Nr. 28), Fläche: 400 ha.
9. „Rauhenzeller Moos", KreisVO vom 30. 9. 1963 (Amtsblatt v. 4. 10. 1963, Nr. 40), Fläche: 275 ha.
10. „Kleiner Alpsee", KreisVO von 5. 8. 1965 (Amtsblatt v. 14. 8. 1965, Nr. 22), Fläche: 23 ha.
11. „Deutsche Alpenstraße (West)", KreisVO vom 28. 6. 1966 (Amtsblatt v. 9. 7. 1966, Nr. 27), Fläche: 500 ha.
12. „Unteres Rottachtal/Illerschleife", BezVO vom 30. 1. 1967 Amtsblatt v. 10. 2. 1967 Nr. 6), Fläche: 300 ha.

Praktisch sind damit alle wesentlichen alpinen Teile des Oberallgäus nach den Bestimmungen des Naturschutzgesetzes geschützt.

Auf die sich hieraus ergebenden Folgen muß im Interesse der Erhaltung unserer Flora und Fauna eindrücklich hingewiesen werden. Möge jeder Bergwanderer beherzigen, daß man seine Liebe zur Blume nicht dadurch beweist, daß man sie pflückt, sondern dadurch, daß man sie stehen läßt, wo sie gewachsen ist. Auch die Vernunft spricht für die Beachtung dieses Gebots: Nach Art. 22 und 23 des Naturschutzgesetzes vom 29. 6. 1962 wird mit Geldbuße bis zu 1000,— DM, bei gewerbsmäßigem Handeln mit Gefängnis bis zu einem Jahr bestraft, wer dem Pflückverbot zuwiderhandelt.

Da sie den meisten doch nicht geläufig ist, sei die im neuen Naturschutzgesetz enthaltene Aufzählung der völlig, also auch außerhalb der Natur- und Landschaftsschutzgebiete **geschützten Pflanzen** dargeboten:

Straußfarn — Hirschzunge — Federgras — Türkenbund — Feuerlilie — Schachblume — Siegwurz — Blaue Schwertlilie — alle einheimischen Orchideen (z. B. alle Knabenkräuter, Frauenschuh, Waldvögelein, Kohlröserl, alle Ragwurzarten, Riemenzunge) — Felsennelke — Weiße und Gelbe Seerose — alle Akeleiarten — Küchenschelle — Alpenanemone — Narzissenanemone — Adonisröschen — Großes Windröschen — Diptam — Seidelbast — Steinrösel — alle Alpenrosenarten — Zwergalpenrose — Aurikel — alle rotblühenden Primeln — Alpenveilchen — alle Enzianarten — Gelber Fingerhut — Edelweiß — Edelraute — Kaiser-Karl-Szepter.

Nur teilweise geschützt (d. h. verboten ist das Ausgraben!) sind: Traubenhyazinthe — Maiglöckchen — Christrose — Grüne und Schwarze Nieswurz — Trollblume — Eisenhut — Sonnentau — alle Schlüsselblumenarten — Tausendgüldenkraut — Arnika — Bärlapp — Wilde Tulpe — Meerzwiebeln — Schneeglöckchen — Märzenbecher — alle anderen Schwertlilienarten — Leberblümchen — alle Hauswurz-, Steinbrech- und Leimkrautarten — Schweizer Mannschild — Geißbart — Wintergrün — Silberdistel.

Weder ausgegraben noch beschädigt werden dürfen: Eibe — Latsche — Wachholder — Sanddorn — Stechpalme.

Darüber hinaus sind in den Natur- und Landschaftsschutzgebieten (praktisch also im gesamten Ober-Allgäu) nicht nur die oben aufgezählten Arten, sondern überhaupt alle Pflanzen geschützt.

Richtschnur sei daher für jeden Bergwanderer im Allgäu: Laß die Blumen stehen wo sie wachsen. Sie danken es Dir und denen, die nach Dir kommen, durch immer wiederkehrende Schönheit. Und Du ersparst Dir Verdruß.

Einige unter Sonderschutz stehende Naturdenkmale sind eines Besuches wert. Erwähnt seien hier: Die alte Dorflinde von

Ettensberg bei Blaichach. — Verschiedene Baumgruppen und Einzelbäume in der Blaichacher Gemarkung. — Der Galgenbichel bei Bauhof, Gde Stein. — Der Findling bei Stein. — Die etwa zweitausendjährige Eibe, wenige Schritte südlich der Talstation der zum Luitpoldhaus führenden Seilbahn. — Die Bergahornalleen Sonthofen — Hindelang und Sonthofen — Blaichach (beide sind im Zuge der Straßenverbreiterung 1975 weitgehend zerstört worden). — Die Dorflinde in Bühl. — Die beiden Lärchen in der Sonthofener Bahnhofstraße. — Die Rauhenzeller Birkenallee. — Die Linde an der Straße Untermaiselstein — Unterzollbrücke. — Die alte Eibe bei der Alpe Schilpers (südl. der Unt. Lauchalp, Gemeinde Aach).

Die uralten Linden auf dem Sonthofener Kalvarienberg sind ebenso wie die Riedener Kapellenlinde ein Opfer des Sturmes und ihres Alters geworden. Ihrer Aufwertung als Naturdenkmal sieht entgegen: die auf ein Alter von mehr als 3000 Jahren geschätzte Balderschwanger Eibe (ältester Baum Deutschlands). Zum Abschluß dieses Kapitels noch einige besonders plastische Allgäuer Pflanzennamen: Batzezöpfle (Zittergras), Sumpfrodel (Sumpfläusekraut), Krottebletter (Alpenampfer), Ibedas (Eibenzweige), Lauskälbleskraut (Germer), Tüfern (Latschen), Rütz (Alpenwegerich), Romeye (Alpenrispengras), Brändele (Kohlröschen), Drusen (Grünerlen), Bergnägele (Steinröschen), Milpatenge (Aurikel).

Über „Allerlei Kraut im volkstümlichen Heilgebrauch des Allgäuers" siehe Das Schöne Allgäu, 1937, S. 259. Kleine Enziankunde: Schönes Allgäu 1978, S. 99.

Allgäuer Fauna

● 25 b

Der ungemein interessanten und artenreichen Flora der Allgäuer Bergwelt entspricht ein Reichtum an wild lebenden Tieren, wie ihn — ausgenommen vielleicht die Berchtesgadener Alpen — kaum ein anderes Gebiet in den Ostalpen aufweist.
Es würde den Rahmen dieses Führers sprengen, auch nur versuchsweise einen Überblick zu bieten.

Einige besondere Hinweise seien jedoch erlaubt:
Die Allgäuer Berge sind das reichste und schönste deutsche Hochwildrevier. Es sucht in Europa seinesgleichen. Der Gams-

wildbestand bewegt sich im Durchschnitt der letzten Jahre um 3000, der Rotwildbestand schwankt zwischen 4000 und 5000 Stück. Die Wilddichte beträgt bei Geschlechterparität 3,3 bis 3,5 je 100 ha. Dieser Reichtum führt zuweilen zu Schwierigkeiten bei der Erreichung der vorgeschriebenen Abschußzahlen. Fürs Jahresende 1978 lauten die Zahlen des **Bereichs „Rotwildring Sonthofen„:** Bestand an Rotwild 4900, Rehwild 6319, Gamswild 3079; Abschuß 1978 Rot 2086, Reh 2577, Gams 180; Abschuß-Soll 1979 Rot 2000, Reh 2608, Gams 336. Der Bergfreund wird dem Jäger durch verständnisvolles Verhalten entgegenkommen. Während der **Jagdzeit** — besonders im September, Oktober und November — halte man sich an die Hauptwege und vermeide vor allem in der Dämmerung das Gehen abseits von Wegen, um Unglücksfälle durch Verwechslung mit Wild zu verhüten. Rücksicht aufs Wild ist Gebot für jedermann und selbstverständlich nicht an die Jagdzeit gebunden. Weite Teile des Oberallgäus waren bis zur Aufhebung des Reichsjagdgesetzes Wildschutzgebiete. Ihre Begehung war nur beschränkt erlaubt. Tafeln im Gelände weisen zuweilen noch heute auf diese überholte Rechtslage hin. Die Tafeln entbehren der rechtlichen Grundlage. Wildschutzgebiete bestehen, wie der Bayerische Verfassungsgerichtshof in seiner Entscheidung vom 8. 6. 1951 klargestellt hat, nicht mehr. Der echte Bergsteiger wird den Schutz des Wildes trotzdem respektieren, denn er ist ein Freund der Natur und aller Wesen, die sie beleben. Er wird daher stets bedacht sein, das Bergwild in seinen Lebensgewohnheiten nicht zu stören.

Die Landschaftsschutz-Verordnungen stellen für ihren Geltungsbereich zum Schutz der Tierwelt insbesondere folgendes Verhalten unter Bußgeldandrohung:

a) die mutwillige Beunruhigung freilebender jagdbarer Tiere;

b) das Verfolgen, Fangen oder Töten freilebender nicht jagdbarer Tiere;

c) die Annäherung an Adlerhorste;

d) unnötiges Lärmen, das geeignet ist, die Ruhe zu stören oder Tiere zu beunruhigen;

e) Musik mittels mechanischer Geräte (Transistorradio u. dgl.);

f) Fahren und Parken mit Kfz auf Kfz-gesperrten Fuß-, Feld-, Wiesen- und Waldwegen.

Die oben angegebene Wilddichte (sie schwankt von Jahr zu Jahr geringfügig) wird von Forstwirten und Naturschützern als zu hoch bezeichnet. In der Tat wird der aufmerksame Beobachter der Szene in den Allgäuer Bergwäldern erschrekkend hohe, durch Rotwild verursachte Schäl- (insbesondere an jungen Laubbäumen) und Bißschäden feststellen. Die Jägerschaft neigt dazu, das Ausmaß dieser Schäden herunterzuspielen oder andere Ursachen (vor allem die Touristik) dafür verantwortlich zu machen. Die Wahrheit wird (wie üblich im Leben) in der Mitte liegen.

Kurzer historischer Rückblick: Die letzten im Oberallgäu erlegten Bären 1742 (Oytal), 1760 (Bärenkopf-Mittag) der letzte hier erlegte Luchs 1838 (Retterschwangtal); der letzte hier erlegte Wolf 1827 (Grünten).

Steinadler horsten in einigen abgelegenen Hochtälern des Oberallgäus (Rappenalptal, Bärgündele, Gemstel), Höchstbestand: 3 Horste.

Der im Juni 1964 im obersten Gemstel unternommene Versuch, den im Oberallgäu seit dem Dreißigjährigen Krieg ausgerotteten Steinbock wieder einzubürgern, berechtigt nach den bisherigen Beobachtungen der drei ausgesetzten und inzwischen zu stattlichen Familien angewachsenen Paare zu optimistischen Erwartungen.

Eines für die Allgäuer Berge charakteristischen Tieres sei noch gedacht: des die fetten Liasböden bevölkernden Murmeltieres, dessen schrille Warnpfiffe sich unverwechselbar vom heiseren Schrei der Gemsen unterscheiden.

Wer das Glück hat, einer Kreuzotter zu begegnen, denke daran, daß sie nur denjenigen angreift, von dem sie sich angegriffen fühlt. Sie ist streng geschützt.

Lit.: Die Jahrbücher des Vereins zum Schutz der Alpenpflanzen und Alpentiere. — Rastl, Wild im Wald und Fels. Franz Schmid, Belauschte Tierwelt — J. u. A. Graf, Der Alpenwanderer — BLV-Bestimmungsbuch Alpenpflanzen und -Tiere. P. Dahlström, Tierspuren. — Schumacher, Der Berg lebt. — Psenner, Tiere der Alpen. — Bertsch, Lebensgemeinschaften in den Alpen. — Hellmich, Tiere der Alpen. — Höhne, Tiere im Gebirge. — Speiser, Erlebnisse eines Bergjägers. — Das Schöne Allgäu 1937, S. 120, 280, 352; 1955, S. 200; 1957, S. 28, 49; März, Sept. 1967, März 1969, Sept. 1970, Juni 1971.

Die Rechtslage in Österreich hat durch das am 1. 1. 1976 in Kraft getretene Bundesjagdgesetz eine demokratischem Rechtsdenken entsprechende bundesweite Klärung gefunden. Die touristischen Interessen sind gewahrt. Wildschutzgebiete kennen weder Tirol noch Vorarlberg.

● 25 c Siedlungsgeschichte, Sprache, Brauchtum.
Nur ein knapper Überblick (Näheres: Waltenberger/Groth, Gr. Ringbuchführer Allgäu): Ureinwohner Illyrer, dann Kelten, ab 15 v. Chr. von den Römern unterworfen, die ihrerseits im 5. Jh. von den anrückenden Alemannen (Völkerwanderung!) verjagt werden. 7. und 8. Jh. Christianisierung, Regierung durch schwäbische Herzöge, ab 13. Jh. durch adelige Pfleger, die teilweise zum Raubrittertum entarten. Ab 1525 Bauernaufstände, 1567 Aufteilung: Land rechts der Iller Bistum Augsburg, links der Iller Bistum Konstanz. Völlige Verarmung und Teilausrottung durch Pest und Schwedenüberfälle (Dreißigjähriger Krieg), bis ab 1803/05 unter bayerischer Verwaltung allmählich Ordnung ins Land einkehrt. Bis 1862 Landgerichte Immenstadt und Sonthofen, Trennung von Justiz und Verwaltung. Bezirksamt (später Landratsamt) Sonthofen, 1974 im Wege der Gebietsreform Eingliederung des Landkreises Kempten in den neugebildeten Landkreis Oberallgäu (rund 130 000 Einw.) mit Sitz in Sonthofen, zugleich Eingliederung des Amtsgerichtsbezirks Sonthofen in den Amtsgerichtsbezirk Kempten. Auf unterster Ebene Verwaltungskonzentration durch Zusammenlegung zahlreicher Gemeinden und Bildung von Verwaltungsgemeinschaften.

Das von diesen Ereignissen unberührt gebliebene, durch die zweite Völkerwanderung ab Mai 1945 jedoch in seinem zahlenmäßigen Übergewicht geschwächte alemannische Element hat sich in den Oberstdorfer Iller-Quelltälern, im oberen Ostrachtal und im Westallgäu am reinsten erhalten. Im übrigen war es schon ab 1800 von dem nach Süden vordringenden breiteren und weniger klangschönen Schwäbisch abgelöst worden.

Alte **Gebräuche** halten sich in abgelegenen Bergtälern hartnäckiger als anderswo. Typisch für die Allgäuer Bergwelt ist das aus der Alpwirtschaft entwickelte Brauchtum (Alpauftrieb, Alpabtrieb, Viehscheid, Berglerball, Bartkönig, Alphornblasen). Beliebt wie überall im Gebirge sind Heimatabende mit Trachten-, Jodler-, Plattler- und Theatergruppen.

Sonthofens Eggaspiel, Oberstdorfs Wildemännletanz, die „Funken“ am Sonntag Invocavit haben ihren Ursprung in vorchristlichem Aberglauben. Ein trübes Kapitel ist die um 1860 ausgestorbene und seitdem noch nicht wieder zu überzeugender Erneuerung auferstandene Allgäuer Tracht. Das entzückende alte aus massiven Vierkanthölzern „gestrickte“ Oberallgäuer Bauernhaus gar fristet weithin nur noch museales Dasein. Modern wohnt sich's bequemer.

● 25 d Wirtschaftlicher Überblick

Erwerbsstruktur des Landkreises Oberallgäu: Industrie (Strumpffabriken, Elektrotechnik, Maschinenfabrik, Hanf/Kunststoff, 10 Brauereien, Spritzguß, Kondensmilch und Nährmittel) und Handwerk (rund 1600 Betriebe) rund 40 %, Landwirtschaft rund 20 %, Handel, Verkehr rund 13 %, Fremdenverkehr und Öffentlicher Dienst rund 27 %. Das Oberallgäu zählt zu den gebirgigsten und niederschlagreichsten Gebieten der BRD. Folge: Grünlandwirtschaft (Getreide und Hackfrüchte reifen nicht!), mit viel Wald. Ein Viertel des rund 110 000 Tiere umfassenden Rindviehbestandes wird sommersüber auf die 589 Alpen geschickt, womit 25 % des Futterbedarfs gedeckt werden. Damit kommen wir zur

Alpwirtschaft

● 25 e Das Oberallgäu ist mit 589 Alpen das größte deutsche Alpwirtschaftsgebiet. Vergleichsziffern: Landkreis Ostallgäu 32, Garmisch-Partenkirchen 48, Miesbach 164, Rosenheim 102, Traunstein 140, Berchtesgaden-Reichenhall 38, Lindau 19 Alpen. Das wertvolle Allgäuer Braunvieh verdankt seine vorzüglichen Eigenschaften den für die Graswirtschaft besonders günstigen klimatischen Bedingungen, die das Wachstum besonders nahrhafter Futterpflanzen fördern. Im Allgäu ist ebenso wie im benachbarten Vorarlberg und Westtirol der Name „Alp“ (nicht „Alm“ wie in Oberbayern) gebräuchlich. Man versteht darunter das hoch überm Tal gelegene Weidegebiet, das vom Vieh längere Zeit hindurch genützt wird, ohne daß es zu seinem Stall im Tal zurückkehrt. „Berg“ ist die volkstümliche Bezeichnung für Alp. Das Alppersonal nennt man „Älpler“ oder „Bergler“.

Wird auf der Alp Milchvieh gehalten, so ist es ein „Sennberg“. Wird nur Jungvieh gehalten, dann heißt sie „Galt-

alp". Die von den Kühen gewonnene Milch wird auf der Alp verwertet (Butter, Bergkäse, Emmentaler Käse). „Hof" nennt man den Rastplatz für das Vieh auf der Bergweide. Unter „Vorsäß" (Vorseß) versteht man eine niedriger gelegene Alp, die vor dem Beginn der eigentlichen Alpung „befahren" wird, um die dort befindliche Weide zu „frätzen" (abzuweiden).
Die Sömmerung (Älpung) dauert je nach Witterungsverhältnissen 120 bis 150 Tage zwischen Mai und September. Bei heißem Wetter bleiben die Tiere auf der Alp häufig im Stall, sie weiden dann nur nachts.

Dem Ortsfremden fällt während der Wachstumszeit die „Gassenkuhherde" auf, die morgens in langer Reihe auf eine nahe gelegene Talweide getrieben wird, von der sie abends zurückkehrt.

Die Schafzucht hat sich noch nicht wieder so eingebürgert, wie es angesichts der zahlreichen vorhandenen Grashänge in Hochlagen an sich möglich wäre. Seitens der Naturschutzstellen wird wegen der Gefährdung der Grasnarbe durch Beweidung mit Schafen Zurückhaltung empfohlen. Folgen übermäßiger Beweidung sind am Fürschießer und Linkerskopf zu erkennen. Versuchsflächen zur künstlichen Wiederherstellung der Grasnarbe am Linkerskopf.

Die Arbeit auf den Alpen wird fast ausschließlich von Männern verrichtet. Der im Allgäu vorwiegend hergestellte Hartkäse bedarf großer Milchmengen (für einen Zentner Bergkäse 660 l Milch) und hochwertigen Viehfutters. Die an diesen unvergleichlichen Käse gestellten Anforderungen hat schon Martin Luther in einem geistreichen Rätsel umschrieben: „Non argus — largus, non Methusalem — Magdalena, non Habacuc — Lazarus: caseus iste bonus!" Weniger hochwertige Milch wird zu Weichkäse (Romadur und Backsteinkäse) verarbeitet. Mancherorts wird noch der scharfe Weißlacker erzeugt. Die Arbeit auf der Alp ist hart. Sie entbehrt durchaus der Romantik, mit der sie in Romanen zuweilen verbrämt wird. Um Jakobe (25. Juli) wird die Bergkirchweih (Bergkirbe) gefeiert. Nach dem Alpabtrieb (um den 21. September herum) findet der „Viehscheid" statt. Wenn kein Tier verloren ging (durch Absturz, Steinschlag oder andere Unglücksfälle), wird das schönste Stück als Kranzkuh oder Kranzrind mit Blumen und Bändern geschmückt.

Schrifttum: Das Schöne Allgäu, 1937, S. 247, März 1970.

Während im nördlichen (außerhalb des Gebirges gelegenen) Teil des Oberallgäus großbäuerliche Betriebe mit mehr als 50 Stück Rindvieh an der Tagesordnung sind, herrscht — bedingt durch die Ungunst des Geländes — im gebirgigen südlichen Teil die kleinbäuerliche Wirtschaft vor. Die unvergleichliche Fülle der ihn auszeichnenden landschaftlichen Schönheiten gleicht diesen Mangel aus:

● 25 f Fremdenverkehr

Kaum noch ein Bauer in den Allgäuer Bergen, der es nicht fertiggebracht hätte, sein Anwesen für die Beherbergung von Gästen auszubauen, nicht selten in einem Ausmaß, das den ursprünglichen landwirtschaftlichen Hauptbetrieb zur Nebenerwerbsquelle macht (ein Gästebett bringt bei geschickter Betriebsführung soviel wie eine Kuh!). Dazu kommt, daß das Gastwirtschaftsgewerbe in den Allgäuer Bergen in den letzten 20 Jahren einen ungeahnten Aufschwung genommen hat, wie die Übernachtungsziffern der führenden Erholungsorte für 1977 beweisen: Oberstdorf rund 2 100 000 (damit an der Spitze im Alpenraum), Kleinwalsertal rund 1 500 000, Hörnergruppe rund 1 300 000, Hindelang rund 1 200 000, Oberstaufen rund 650 000, Pfronten rund 620 000, Sonthofen 450 000! Welche Umweltschutzprobleme dieser Massenansturm erzeugt, wurde unter R 25 a angedeutet. Die Situation wird schlagartig beleuchtet durch den Betrieb von 8 Kabinenseilbahnen, 23 Sesselbahnen und mehr als 170 Schleppliften in der alpinen und voralpinen Zone unseres Raumes! „Die Allgäuer Bergwelt soll die gute Stube im Lande Bayern bleiben" — das ist kein Schlagwort, sondern ernste Mahnung, die noch unberührte Landschaft der Erholung suchenden Menschheit zu erhalten.

A. Täler, Talorte und kleinere Wanderungen

I. Das Illertal und sein Quellgebiet

● 26 Aus dem Herzen des Gebirgs führt nach Norden das **Illertal.** Von zahlreichen Hochgebirgsbächen genährt, vereinigen sich die Wasser der Trettach, Stillach und Breitach am N-Rand Oberstdorfs zu dem stattlichen, nun Iller (ilar, der Eilende!) genannten Fluß, der durch sein breites, beiderseits von Moränenterrassen begleitetes Tal dem Gebirgsausgang zustrebt. Nach weniger bedeutenden Verstärkungen, von denen nur der Abfluß der Geißelpseen und die Schönberger Ache genannt seien, empfängt die Iller im Sonthofener Raum zwei beträchtliche Zuflüsse: die von W kommende Gunzesrieder Ache entwässert die N-Flanken der Flyschberge ums Riedberger Horn und die O- und S-Flanken der Nagelfluhgruppen, während die von O her aus dem Hintersteiner Tal zuströmende Ostrach mit ihren Quellbächen Bärgündele unterm Himmeleck und Obertalbach zwischen Nebelhorn und Laufbacher Eck entspringt und durch die den N-Teil des Daumenmassivs entwässernde Bsonderach (Retterschwangtal!) beträchtlich verstärkt wird. Kurz vor ihrer Mündung in die Iller nimmt sie noch die zwischen Grünten und Wertacher Horn entspringenden Wasser der Sonthofener Starzlach auf.
Das Oberallgäu, heute mit Oberstdorf und Kleinwalsertal an der Spitze der Übernachtungsziffern im gesamten nördlichen Alpenraum, gehört zu den großen alpinen Erholungszentren der Zukunft. Sommer- und Wintersaison halten sich etwa die Waage. Wer den Rummel meiden möchte, sucht sich die etwas stilleren Frühjahrs- und Herbstmonate zur Erholung aus.
Allgäuer Hauptort ist die knapp 20 km vor dem Nordrand der Allgäuer Alpen an den Ufern des Iller-Mittellaufs ausgebreitete ehemalige Römerfestung (später Reichsstadt) **Kempten, 671 m, rund 60 000** Einwohner. Näheres: Waltenberger/Groth, Reise- und Wanderführer „Allgäu und angrenzende Gebiete“, Bergverlag Rudolf Rother, 1975.
Hauptort des **alpinen** Oberallgäus ist die im weiten Talkessel südlich des Zusammenflusses von Iller und Ostrach gelegene, dank der Weiträumigkeit ihrer Fluren ungemein entwicklungsfähige Kreisstadt **Sonthofen,** vgl. R 32 ff.
Den Eintritt in die Oberallgäuer Bergwelt zwischen Immenstädter Horn und Grünten bewacht das geschichtsträchtige „Städtle“. Dies ist die althergebrachte Bezeichnung für

● 27 **Immenstadt,** 729 m, 14 000 Einw. Sehenswert: Heimatmuseum, Burgruine Laubenbergstein (Anf. 13. Jh.), Schloß Rothenfels 1550, 1604 ff, Kath. Stadtpfarrkirche (Neubau nach Brand 1705 ff). Die über der Talniederung gelegenen sonnseitigen Stadtteile lehnen sich an das anmutige Hügelgelände der nördl. ansteigenden, nach N zum Niedersonthofner See absinkenden **„Bergstatt“,** deren hochgelegene Dörfer (darunter **Diepolz,** 1037 m, höchstgelegenes außeralpines Kirchdorf im Allgäu) seit der Gebietsreform zum Stadtgebiet gehören. Westl. der Stadt liegen in weiter Mulde der **Kleine** und der **Große Alpsee**, letzterer mit Sperrzone zum Schutz wertvoller Biotope.

Schnellzugstation der Strecke München—Augsburg—)Lindau; Sessellift vom Hochried zum Mittag (1380 m, 125 km Wanderwege, Minigolf, Tennis. Badeanstalten im Kleinen und Großen Alpsee; auf letzterem Ruder- und Segelboote, Segelschule, Wasserski, Windsurfing, Camping. Freibäder, Hallenbad, Waldlehrpfad.

Kleinere Wanderungen: Schießstätte, Kalvarienberg und Tannachwäldchen mit vielen aussichtsreichen Spaziergängen über die Hügellandschaft nördlich der Stadt und Abzweigungen nach Rothenfels (Ruine) an der Missener Straße und zur Zollbrücke und Ruine Laubenberg an der Kemptner Straße. *Hornweg,* schattiger Waldweg am Fuße des Horns, beim Friedhof beginnend, mit Fortsetzung zum Kleinen Alpsee und nach Bühl am Großen Alpsee. Alpengasthof Almagnach (1½ st) an den Wildbachverbauungen im Steigbachtobel vorbei (Fortsetzung zur Seifenmoosalp zwischen Gschwender Horn und Stuiben, 1 st), Immenstädter Horn (1490 m, 2 st) mit Unterstandshüttchen, schattiger Weg.

Bühl am Großen Alpsee mit sehenswerter Wallfahrtskirche. Anlagewege am See, Kahn- und Segelfahrten. Bundesstraße (2 km) oder Hornweg (s. oben) oder schattiger Fußweg zwischen Eisenbahn und Kl. Alpsee.

Winter: Eisbahnen, Rodelbahnen; gutes Skigelände am Mittag und Gschwender Horn, mehrere Schlepplifte bis 1400 m.

● **28 Rettenberg,** 806 m, 1600 Einw., Sommerfrische mit Schwimmbad (b), Minigolf, Reitschule, schön gelegenes Pfarrdorf zwischen Grünten und Rottachberg. Jahrhunderte hindurch Sitz der bischöflich-augsburgischen Pflege, die das Oberallgäu rechts der Iller seit dem Mittelalter bis zum Beginn des 19. Jahrhunderts beherrschte. Bemerkenswerte Pfarrkirche 1728/54. Fahrstraße (Kraftpost) von Immenstadt über Rauhenzell, von Sonthofen über Burgberg, je 7 km. Ab Immenstadt auch hübscher bez. Waldweg über die Zollbrücke, 1½ st. Vom Ortsteil **Kranzegg** zweiteiliger Schlepplift zur Grüntenalp, 1477 m, mit Fortsetzungslift bis 1680 m, knapp unter dem östlichen Grünten-Vorgipfel, westl. der etwas ruhigere Kammeregg-Lift, östl. der für Anfänger besonders geeignete Breitensteinlift und der danebenliegende Adelharzlift. Gutes Skigelände. Südlich von Rettenberg **Wagneritz,** 765 m, mit Skilift, Talstation der ehemaligen, zur Zeit nicht mehr betriebenen Grünten-Seilbahn (Bergstation 1684 m).

● **29 Falkenstein,** 1116 m, höchster Punkt des langgestreckten aus Nagelfluh aufgebauten Rottachbergs überm Landschaftsschutzgebiet Rottachtal/Illerschleife und über dem in Entstehung begriffenen Rottach-Speicher, einem auf 25 Mil-

Immenstadt/Allgäu, 731 m

mit Daumengruppe, 2280 m

lionen cbm Fassungsvermögen veranschlagten Stausee von 4,8 km Länge und 1 km Breite zwischen den Dörfern **Peterstal und Moosbach.** Auf den **Falkenstein** hübsche Wanderwege je 1 st ab Rettenberg und vom benachbarten **Vorderburg,** 861 m, 550 Einw. (im Ortsteil Emmereis sehenswerte romanische Kapelle um 1200, im Ortsteil Brackenberg Ruine der Vorderburg).

● 30 **Gunzesried,** 890 m, Fahrstraße von Immenstadt und Sonthofen über Biehlerdorf, je 7 km. Von Immenstadt auch Fußweg über Mummen, etwa 1¼ st. Wanderungen (50 km mark. WW) über die Gunzesrieder Säge nach Balderschwang (R 228) und über die Alp Scheidwang nach Hittisau (R 229); Alpe Eck (R 35). Gutes Skigelände, Skischule, Schlepplift am Dorf, Sessellift zum Hotel Allgäuer Berghof auf der Alpe Eck mit anschließendem Schlepplift zum Ofterschwanger Horn vgl. R 35. Hübsche Ausflugsstraße zur Gunzesrieder Säge, 4 km (P), von hier gegen Maut für Kfz. befahrbare Straße des Alpwegverbandes zur Scheidewangalp, 8 km (P 30 Pkw), 1317 m, oder zur Hällritzenalp 6 km (P) 1445 m.

● 31 **Blaichach,** 737 m, Station an der Bahn Immenstadt — Sonthofen, 5000 Einw., Fabrikort, Zweigwerk von Bosch; in der Nähe Ruine Ettensberg. Schwimmbad, Waldlehrpfad, Wasserskilauf.

● 32 **Sonthofen,** 743 m bis 1227 m, knapp 20 000 Einw., dank seiner zentralen Lage als Touristenzentrum besonders geeignet, große Auswahl an Wanderungen und Bergfahrten. Prächtige Aussicht vom östlich überm Ort gelegenen Kalvarienberg auf die gesamte Oberallgäuer Bergwelt. Hübsche Pfarrkirche 1440, 1741, 1945 ff. Interessante Kapelle im Ortsteil Rieden (1728/1951).

Ausgezeichnetes Skigebiet. Skischlepplifte Schwäbeleholz und Westerhofen, Straußberglift in Liebenstein (s. R 67), Köpfle-Skilift in Burgberg. Sessellift Hornalpe (s. R 68), Sessellift zum Hotel Allgäuer Berghof (s. R 30, 35), Skischulen.

Kraftpostlinie nach Hindelang — Hinterstein — Oberjoch, über Fischen nach Oberstdorf, über Ofterschwang nach Bolsterlang und über Altstädten-Schöllang nach Oberstdorf, ferner über Burgberg — Rettenberg — Wertach nach Füssen, Garmisch und Innsbruck sowie über Oberjoch ins Tannheimer Tal, nach Reutte mit Anschluß zum Fernpaß (Imst — Landeck) und zum Arlberg (Holzgau — Zürs), schließlich ins Gunzesrieder Tal und nach Lindau. Eisenbahn nach Immenstadt und Oberstdorf.

Geschäftsstelle der DAV-Sektion Allgäu-Immenstadt, Eislauf- und Rollschuhbahn, Golfplatz (18 Loch) am Tiefenberger Moos, Minigolf, Heimatmuseum, Tennishalle, Tennisplätze, Waldlehrpfad, 40 km Wanderwege. Schwimmbad (b), Hallenschwimmbad, Kneippanlagen. Hotelzentrum Staiger Alp über Sonthofen mit 450 Appartements für 850 Gäste.

Kleinere Wanderungen: Kalvarienberg mit Kriegergedächtniskapelle, prächtiges Landschaftsbild, das früher in den ganzen Alpen seinesgleichen suchte, seit 1936 beeinträchtigt durch den Bau der „Ordensburg", jetzt Sitz der Bundeswehr, die auch die beiden großen im Nordteil der Stadt befindlichen ehemaligen Gebirgsjägerkasernen bevölkert.

Schwäbeleholz mit zahlreichen Wegen und Ruhebänken unmittelbar östlich des Ortes, Soldatenfriedhof für die Toten des zweiten Weltkriegs. Iller- und Ostrachauen mit Weganlagen. Über Imberg die Hänge entlang nach Liebenstein (älteste Kirche im Ostrachtal, Ursprung um 1000), oder über den Straußbergsattel ins Retterschwanger Tal, vorbei an Margarethen mit Kapelle und frühgotischen Plastiken (um 1400). Jenseits des Ostrachtals Berghofen mit sehenswertem Strigel-Altar, 1438, in der hochgelegenen Kapelle, Ruine Fluhenstein. Höhenwege beiderseits des Ostrach- und Illertals. Mautstraßen zum Sonthofner und Altstädter Hof und zum Straußberg (R 181 ff).

● 33 **Imberg,** 879 m, am Nordwestrücken des gleichnamigen Horns, auf bez. Wegen von Sonthofen her über den Kalvarienberg oder über Binswangen (Haltestelle der Kraftpost nach Hindelang), 1 st. Modern ausgebaute Fahrstraße (P). Unmittelbar westlich der Ortschaft Reste eines uralten Ulmenwaldes. Dabei eine Kapelle mit hochwertiger Madonna Multschers (1460). Schönes Skigebiet. (Zwölferkopf, Straußberg.)

● 34 **Burgberg,** 752 m, 2400 Einw., 3 km n. Sonthofen am Fuße des Grünten, auf Staatsstraße, oder Fußweg über Berghofen — Winkel zu erreichen. In der Nähe die Starzlachklamm, hübsche, ausgedehnte Waldanlagen, 30 km Wanderwege. In der Kirche Deckengemälde der Ungarnschlacht auf dem Lechfeld. Ruine Burgberg. Skilift, Segelflugplatz, Schwimmbad (b), Reithalle, Minigolf, Alpin- und Kanuschule, Ruine Burgberg.

● 35 **Alpe Eck** und **Hotel Allgäuer Berghof,** 1237 m, auf dem Nordrücken des Ofterschwanger Horns westlich der Iller. Vielbesuchtes Hotel mit Hallenschwimmbad, auf bequemen Wegen über Westerhofen, Hüttenberg, Seifriedsberg oder Ofterschwang in 2—2½ st zu erreichen. Private Autostraße gegen Maut befahrbar. Sessellift von Gunzesried bis zum Hotel, mehrere Schlepplifte am Massiv des Ofterschwanger Horns, gutes Skigebiet.

● **36** Von Sonthofen führen drei Straßen illeraufwärts im Tal nach Oberstdorf. Die sehr verkehrsreiche Bundesstraße in der Mitte überschreitet südwestlich des Ortes die Iller und führt gering steigend über Fischen und Langenwang (aufblühende Kurorte, Bahnstationen) nach Oberstdorf. Ostwärts zieht eine wenig befahrene, jedoch durchgehend geteerte aussichtsreiche Straße über die Dörfer Altstädten, Hinang, Schöllang, Reichenbach und Rubi auf den Moränenhöhen taleinwärts. Im Westen leitet eine ebenfalls aussichtsreiche, gutausgebaute Straße über Sigishofen — Ofterschwang — Bolsterlang — Obermaiselstein durch den „Hirschsprung" nach Tiefenbach und von dort nach Oberstdorf. Beide Nebenstraßen sind landschaftlich ungleich schöner als die Bundesstraße und kaum länger.

● 37 Weite Wandergebiete erschließen die vielfach verzweigten Sträßlein, welche die zahlreichen Einöden, Weiler und Ortschaften auf der landschaftlich herrlichen hügeligen Hochfläche westlich der Iller miteinander verbinden. Die Eisenbahnstrecke verläuft naturgemäß im Illertal selbst.

● **38** **Fischen,** 761 m, 7 km s. von Sonthofen, 3300 Einw., gern besucht als Sommerfrische und Wintersportplatz, Sitz der Verwaltungsgemeinschaft „Hörnergruppe" (R 39 a), uraltes Pfarrdorf (Viscina). Bemerkenswert: Friedhofkapelle 1665. Fischen ist Ausgangspunkt für die Sturmannshöhle (R 43), den Hirschsprung (R 43), die Breitachklamm (R 42), das Hörnerhaus (R 167), die Geißalpe (R 44) und für den Besuch der zahlreichen Ortschaften zu beiden Seiten des Illertals. 50 km Wanderwege, Verkehrsverein, Lesezimmer, Schwimmbad (b), Reitschule, Tennisplätze, im Winter beleuchtete Langlaufloipe, Skilifte, Skischule.

● **39 a** **Ofterschwang,** 860 bis 1260 m, 1800 Einw., beliebte Sommerfrische, Wintersportplatz. 30 km Wanderwege, Tennisplätze, Reithalle, Golfplatz (18 L.), wintersüber Zugang zum Skizirkus Gunzesried/Ofterschwang durch den Skilift aufs Ofterschwanger Horn, Skischule, Übungslifte. Bemerkenswert die hübsche Pfarrkirche (1755). Zusammen mit den reizend über die westufrige Moränenterrasse des Illertals verstreuten Dörfern **Hüttenberg,** 805 m, **Bettenried,** 815 m, **Sigiswang,** 848 m, **Schweineberg,** 843 m, **Tiefenberg,** 830 m (hier das „Nobelhotel" Sonnenalp) und einigen kleineren Weilern sowie mit den Nachbargemeinden **Bolsterlang,** 892 m, **Obermaiselstein,** 859 m, und **Balderschwang,** 1044 m, bilden

diese unter dem weltberühmten Skigebiet der „Hörner" liegenden Bergdörfer unter Federführung Fischens (R 38) die durch die Gebietsreform geschaffene Verwaltungsgemeinschaft „Hörnergruppe". Ihre Beliebtheit als Erholungsraum wird durch die sprunghaft emporgeschnellten Fremdenverkehrsziffern dargetan (vgl. R 25 f), mit denen diese landschaftlich bevorzugten Siedlungen hoch überm Illertal aufwarten.

Bolsterlang mit seiner zum Weiherkopfsattel hinaufführenden Sesselbahn ist Talstation (P 250 Kfz.) des Hörnerhauses (R 167) und damit beliebtester Ausgangspunkt für das Skizentrum Hörnergruppe (Gebiet zwischen Wannenkopf — Riedberger Horn — Ofterschwanger Horn), insgesamt rund 30 km Abfahrten auf laufend gepflegten Pisten. Minigolf, 20 km Wanderwege.
Im **Obermaiselstein** (Ausgangpunkt der Riedbergpaß-Straße nach Balderschwang, vgl. R 100, 227) Reitschule, Minigolf.
Die nach Oberstdorf führende Terrassenstraße (Omnibus Sonthofen—Oberstdorf mit Zubringer von Fischen) bringt uns schließlich durch die Enge des Hirschsprungs zum versteckt liegenden Luftkurort **Tiefenbach**, 888 m, seit der Gebietsreform Ortsteil des Marktes Oberstdorf (Tennisplätze, Reithalle, Minigolf, Skilifte) mit aus dem 15. Jh. stammender bemerkenswerter Kirche (Schönes Allgäu 1970, S. 115).

● **39 b** Landschaftlich nahezu ebenso schön sind die auf der ostwärtigen

Moränenterrasse des Illertals gelegenen, als Sommerfrischen mit Schwimmbädern beliebten Dörfer **Altstädten,** 760 m, 1500 Einw., Luftkurort, hübsches Skigelände, Rodelbahn, Skilift, Skischule, Schwimmbad, Tennis, Minigolf, Werkstätten Allgäuer Keramik, bemerkenswerte Barockkirche 1732 — **Hinang,** 830 m, **Schöllang,** 855 m, schöne Barockkirche 1726, Luftkurort, Skischule, Skilift, Schöllanger Burgberg mit Bergfriedhof, **Reichenbach,** 830 m, Kapelle mit gotischem Altar 1470 ff, Moorschwimmbad, und **Rubi,** 770 m. Alle diese Dörfer sind Ausgangspunkt für das im Sommer wie im Winter gleichlohnende Gebiet der knapp die 2000-m-Grenze erreichenden Sonnenköpfe und der Geißalpe. Es zeichnet sich, da ohne Bergbahn oder Lift zur Kammhöhe, durch köstliche Einsamkeit aus. Omnibus Sonthofen — Schöllang — Oberstdorf. Durch Gebietsreform 1975 wurde Altstädten nach Sonthofen, Schöllang nach Oberstdorf eingemeindet.

● 40 **Oberstdorf,** 815 m, 12 000 Einw., ausgedehnter Marktflecken auf breitem Plan, nahezu ringsum von Bergen eingeschlossen, ungemein reizvoll gelegen. Zu allen Jahreszeiten vielbesuchter Luftkurort; dank seiner günstigen Lage am Zusammenfluß der Quelltäler der Iller bester Ausgangspunkt für fast sämtliche Bergfahrten im Allgäuer Hauptkamm. Pfarrkirche, 1141, 1419, Neubau nach Brand (1865) in Neugotik.

Oberstdorf ist Endpunkt der Eisenbahn (durchlaufende Wagen aus Nordwest- und Norddeutschland) und Talstation der Nebelhornbahn, 843 bis 1932 m (Beförderungskapazität 600 Pers./st in Großkabinen für 60 Pers.), mit anschließendem Sessellift zum Nebelhorngipfel 2224 m. Doppelsitziger Schlepplift zum Koblat-Plateau, Doppel-Sesselbahn (Söllereckbahn) auf Schönblick, 1400 m, mit 3 Schleppliften im Bereich der Bergstation. Skizirkus in Verbindung mit dem Höllwieslift (2 km L., 520 m HU). Schlepplifte Karatsbichl, Wanne, Kühberg. AVS, Skiklub, Golfklub, Tennisklub, Eissport- und Curlingklubs, modernes Kur- und Kurmittelhaus, Kurpark, Kurkonzerte, Kneippkuren, Verkehrsamt und Kurverwaltung (Alpine Beratungsstelle). Kurabgabe. Kraftfahrverbot auf sämtlichen von Oberstdorf aus taleinwärts führenden Straßen. 2 Jugendherbergen, Krankenhaus, Heimatmuseum.

Eisstadion mit Sommer- und Winterbetrieb, 9-Loch-Golfplatz, Minigolfplätze, Tennisplätze, zwei Freischwimmbäder (Moorwasser-Badeanstalt und Freibergsee-Badeanstalt), Hallen-Wellenbad, 2 Kleinschwimmhallen. Skischulen, Skibobschule, Reitsport mit Reithalle, Drachenfliegen, Waldlehrpfad, Wildwasserfahrschule, Stellwagenfahrten in die Hochgebirgstäler, 160 km gepflegtes Spazierwegenetz. Wanderführungen durch die Kurverwaltung, Bergsteigerschule. 12 000 Fremdenbetten aller Kategorien. Ganzjährige Postkraftlinie ins Walsertal; Sommerkraftpost für Breitachklamm und zu den Königsschlössern.

Im Winter: Skigelände für alle Ansprüche, Ski-Sprungschanze Schattenberg, Skiflugschanze (an der Straße nach Birgsau), Eislaufplätze mit Eiskunstlauftrainingszentrum, Rodelbahnen, Schlittenfahrten in die Bergtäler, geräumte Fußwege, 50 km Langlaufloipe, Flutlichtpiste.

Kleinere Wanderungen: Anlagenwege an beiden Trettachufern in nächster Nähe des Ortes mit Anschlüssen flußabwärts nach Langenwang und Rubi, aufwärts ins Oytal nach Gerstruben und Spielmannsau; aussichtsreiche Wege durch die malerische Hügellandschaft am Moorweiher und Dienersberg südöstlich des Markts; Faltenbachwasserfall und Tobelweg (R 128). Kfz-Benützung in den Hochgebirgstälern nur mit Sondererlaubnis.

Im Warmatsgrund (Seitental der Birgsau) ist ein neues Skizentrum herangewachsen: Großkabinenbahn (Fellhornbahn) zum Fellhornkamm (zur Mittelstation überm Schlappoldsee, 920—1780 m, in 100-Mann-Kabinen, Gipfelbahn 1780—1967 m in 60-Mann-Kabinen, Förderleistung je Kabine 720 bzw. 400 Pers./st), Anfahrt durchs Stillach-Tal (Birgsau) 7 km bis zur Talstation in **Faistenoy,** P 1000 Pkw. **Ab hier Kfz.-Verbot!** Auf der Alpterrasse (Schlappold — Bierenwang — Möseralp — Gundsattel) ist ein System sich gegenseitig ergänzender und das Skigebiet der benachbarten (österreichischen) Kanzelwandbahn (R 60) einbeziehender Schlepplifte entstanden. In diesem Raum ist der internationale **Skipaß** Oberallgäu/Kleinwalsertal (gültig für insgesamt 140 Bergbahnen und Lifte) von besonderer Aktualität.

● 41 Freibergsee, 950 m, Gasthäuser, Badeanstalt und Kahnverleih. Bez. Wege über Loretto und den Renkstein (großer P) oder vom Ghs. „zum Adler" über die Ziegelbachbrücke (P), auch von der Zimmeroybrücke an der Birgsauer Straße (R 55) auf bez. Fußweg oder auf der Fahrstraße über Schwand zu erreichen (1—1½ st). Ein besonders empfehlenswerter Weg führt vom Ghs. „Bergkristall" (R 58) in etwa ½ st fast waagrecht hinüber zum See.

● 42 Breitachklamm — (Zwingsteg — Walserschanz —) Riezlern. Der untere Eingang der sehenswerten, von der Breitach durch den harten Schrattenkalk gesägten, bequem zugänglich gemachten Klamm liegt am Südende der Talweitung „In der Oyb" bei Tiefenbach (R 39 a) Bez. Weg von Oberstdorf (1½ st) über die Schlechtenbrücke durch ein Hölzchen gerade empor zur Walserstraße, die man beim Gasthaus „zur Gebirgsaussicht" rechts verläßt; durch Moorlandschaft jenseits hinab zum Breitachsteg und durch die Waldanlagen in den Weidachauen zur Rohrmooser Starzlachbrücke (hier zweigt rechts ein bez. Weg ab, der über den „Sessel", Whs., zum Zwingsteg und zur Walserstraße führt); gleich darauf, am Gasthaus vorbei, zum Eingang der Klamm (Eintrittsgebühr). Hierher auch von Oberstdorf oder Langenwang auf der Staatsstraße zur Breitachbrücke und auf der nach Tiefenbach führenden gut ausgebauten Straße bis zur Weidachsäge (Whs.), wo von rechts die von Obermaiselstein über den Hirschsprung kommende Straße einmündet; hier links weiter zur Oyb und zur Klamm wie oben. (Kraftpost und Stellwagen von Oberstdorf, P). Vom oberen Ende der Klamm (Durchwanderung 25 Min.) entweder zum Ghs. Walserschanz an der Landesgrenze (20 Min.) empor oder flußaufwärts über Whs. Waldhaus nach Riezlern (1½ st). Der von einer Industriellengruppe verfolgte Plan der Vernichtung der Breitachklamm durch Anlage eines der Gewinnung elektrischer Kraft dienenden Stausees oberhalb ihres Beginns scheiterte am Widerstand des Naturschutzes.

● 43 Sturmannshöhle, elektrisch beleuchtete, tiefe Höhle im Schwarzenberg mit unterirdischem Bach. Von Oberstdorf wie R 42 bis Weidach, dann rechts am Schwefelbad (jodhaltiges, einfaches Bad, urkundlich seit 1492) vorbei auf der durch Tiefenbach (R 39 a) führenden Straße zum Hirschsprung. Hierher auch ab Langenwang über Wasach und an der herrlich gelegenen Tiefenbacher Pfarrkirche vorbei, hinter der ein Richtung Hirschsprung führender Fußpfad rechts abzweigt. Beim Hirschsprung

(Wegtafeln, kleiner P) links ab und auf schattigem Waldweg in 20 Min. zum Ghs. Sturmannshöhle (2¼ st von Oberstdorf).

● 44 **Geißalp**, 1149 m, im Geißbachtal nördlich des Rubihorns, ganzjährig bew., Übernachtung.

a) Der schönste und aussichtsreichste Aufstieg führt von Oberstdorf auf dem Wallrafweg leicht ansteigend, später waagrecht durch Wald und Wiesen zum Weg Rubi-Geisalp, den man bei der Kapelle trifft (1½ st).

b) Von Oberstdorf, 1¾ st, auf der Fahrstraße oder auf dem Anlagenweg am rechten Trettachufer oder auf dem Fußweg durch das Dummelsmoos nach Rubi, ¾ st; durch die Ortschaft zum Elektrizitätswerk, wo rechts den verbauten Wildbach entlang ein schmaler Weg aufwärts führt, der dicht östlich der Ortschaft Reichenbach den von hier zur Geißalp ziehenden Alpweg trifft, ¼ st; auf diesem Weg am linken Hang des Geißbachtobels ziemlich steil empor, an einer Kapelle, 30 Min., vorbei, gleich darauf über den Geißbach und jenseits hinauf zur Geißalp. Auch im Grunde des Tobels führt ein hübscher, schattiger, jedoch ziemlich steiler Weg.
Von Schöllang, 1½ st, bez. Weg über den Stüzel.

● 45 **Oytal** (Name: Oy = Owe, Au, d. h. Wiesenland am Wasser). Dieses von steilen Flanken begrenzte Tal mit fichtenbewachsenem, ebenem Boden vermittelt den Zugang zur Gruppe der Wilden, zum Hochvogel und zum Gleitweg des Nebelhorns, zur Höfats und (über das Rauheck) zur Kemptener Hütte; ein ganzjährig bew., nach einem Brand 1957 wieder aufgebautes Ghs. (auch Matratzen- und Heulager), 1¼ st von Oberstdorf entfernt, ist im Sommer beliebtes Ausflugsziel. Auch der Wanderer, der seine Schritte nur hierher lenkt, versäume nicht, noch einige Minuten talein zu gehen, bis der Blick auf die Widengruppe mit dem Südlichen Höllhorn und der Jochspitze frei wird. Im Spätwinter bieten die von den Seewänden herabdonnernden Lawinen ein eindrucksvolles Schauspiel. Bei ungünstigen Schneeverhältnissen Lawinengefahr beim Austritt der Fahrstraße in den freien Talboden!

Vom Marktplatz Oberstdorf durch die Oststraße, am Nebelhornbahnhof vorbei, zur Mühlbrücke; die Fahrstraße führt in einer großen Schleife, an der Abzweigung des Nebelhornwegs vorbei, hinauf zur Terrasse des Kühbergs (½ st, Whs.; hierher auch auf dem nach der Mühlbrücke rechts abzweigenden Fußweg) und nun eben, mit Blick auf die Trettachspitze, südwärts um den Fuß des Schattenberges herum (¼ st) in das Oytal, in dessen Hintergrund Schneck und Nordgipfel des Großen Wilden sichtbar werden. Nach einer weiteren Viertelstunde kommt von rechts herauf der Fußweg, der von der

Mühlbrücke an der Trettach und am Oybach entlang etwas weiter, aber kühl und schattig, hereinführt. Gleich darauf verläßt die Fahrstraße den Wald und quert das geröllerfüllte Bachbett der Oy, deren Wasser häufig versickert, um erst weiter abwärts wieder zu Tag zu treten, und führt an einigen Brunnen vorbei (rechts am Waldhang Jagdhütte) durch eine Ahornallee zum Ghs. (1006 m, 1¼ st von Oberstdorf). Für Kfz gesperrt! Im Winter hübscher ADAC-Ski-Wanderweg.

● 46 **Gerstruben,** 1155 m, im Dietersbachtal malerisch gelegene Häusergruppe, 1360 urk. Alpsiedlung (cresta ruvina = Spitze eines Murenkegels), überragt vom kühngeschnittenen Westgipfel der Höfats; Sommerwirtschaft mit vier überlebenden, längst nicht mehr bewirtschafteten, dank der Initiative der Oberstdorfer Rechtler jedoch wieder instandgesetzten Bauernhöfen musealen Charakters. Die gesamte Ortschaft steht unter Denkmalschutz. Lit.: Berktold-Huber-Kappeler, Gerstruben 1977; BK Aug. 1972.

Gerstruben ist seit eh und je von Lawinen bedroht. Erst 1978 wurden wieder umfassende Lawinenschutzbauten in den gefahrdrohenden Steilhängen errichtet. Unterhalb der Häusergruppe steht am Dietersbach die aus dem 18. Jh. stammende, mit Hilfe einiger Rechtler vom Landesamt für Denkmalspflege wieder funktionstüchtig gemachte Säge mit Schaufelrad und Welle aus Holz wie von altersher.

● 47 a) Die für Kfz. gesperrte **Fahrstraße** führt vom Marktplatz in Oberstdorf an der westlichen Friedhofmauer entlang südwärts, an den von mächtigen Sommerlinden überschatteten drei Wallfahrtskapellen von Loretto (1657, 1671 und 1739, gut renoviert) ¼ st, vorbei zum „Viehscheid" (Gatter, ¼ st). Nun links empor, vorbei an der Einmündung des Anlagenweges, der von Loretto oder von der Mühlbrücke aus übers Moorbad, in **1** st hierher führt, und eben weiter, bis sich die Straße beim „Rennerblock" teilt. Rechts nach Spielmannsau (R 52), links leicht fallend (zur Linken der Oberstdorfer Golfplatz) zur „Zwingbrücke" (897 m), beim „Haseltopf" über die Trettach und jenseits (Fahrräder in den Häusern von Dietersberg am Beginn der Steigung einstellen) durch Wald empor in steilen Kehren nach Gerstruben, 2 st ab Loretto.

Das gut instandgesetzte Ghs. liegt links oberhalb der Straße.

● 48 b) Die von der Mühlbrücke in Oberstdorf an beiden Ufern der Trettach aufwärts ziehenden **Anlagenwege** — der am östlichen Ufer führende ist etwas näher — vereinigen sich bei einem Stege nach 30 Min. Der Weiterweg führt am östlichen Ufer entlang, überquert bald den Oybach (hier Abzweigung R 45) und leitet am **Ghs. Gruben** vorbei zur Zwingbrücke; weiter wie bei a).

● 49 c) Von der Fahrstraße zweigt 300 m nach der Zwingbrücke (Wegtafeln) ein Fußweg rechts nach **Gottenried** ab; bevor der Pfad den Dietersbach übersetzt, weist eine Tafel (1/4 st von der Zwingbrücke) links zum Hölltobel. Der Weg durch die sehenswerte Klamm mit drei Wasserfällen ist versichert, Vorsicht mit Kindern! Er mündet kurz unter Gerstruben wieder in den Fahrweg.

● 50 d) Vom Christlessee führt ein schattiger Fußweg (bez.) über Raut und Säge unmittelbar nach Gerstruben.

● 51 **Spielmannsau, 991 m, im Trettachtal, zu Füßen des Fürschießers mit Blick auf die „Wilden Gräben", unter der Trettachspitze.** Talort der Kemptner Hütte; **Übergänge über den** Einödsberg **zur Birgsau (R 209), durch das Traufbachtal** zum Kreuzeck (R 211) und über Kemptner Hütte, Mädelejoch ins Lechtal. Ghs. ganzjährig bew., Jugendherberge. Im Sommer Stellwagenverbindung mit Oberstdorf, für Kfz gesperrt, im Winter Schlittenfahrten und hübscher ADAC-Skiwanderweg.

● 52 Die **Fahrstraße** biegt beim Rennerblock (R 47) ins Trettachtal ein und leitet fast eben zu Füßen des Himmelschrofens südwärts zu dem wegen seiner türkisblauen Farbe berühmten **Christlessee,** übersetzt dann die Trettach und führt in stärkerer Steigung an einer hübschen Kapelle und der Mündung des Traufbachtals vorbei nach Spielmannsau (8 km, 1 3/4 st von Oberstdorf).

● 53 Auf Fußwegen durchs Trettachtal (R 48) über Gottenried (R 49), von wo ein hübscher Waldweg östlich der Trettach talein führt, um sich bei der Traufbachmündung mit der Fahrstraße zu vereinigen.

● 54 **Birgsau, 956 m. Das Tal der Stillach,** im oberen Teil **Rappenalptal genannt, vermittelt die Übergänge über den** Schrofenpaß (R 207) oder den Salzbühel (R 208) ins Lechtal und zum Arlberg sowie übers Haldenwanger Eck und Hochtannberg in den Bregenzer Wald (R 207), ferner die Anstiege zur Fiderepaß-, Mindelheimer und Rappenseehütte wie zum

Waltenberger-Haus. Über den Einödsberg führt ein Steig (R 209) nach Spielmannsau. **Das Birgsautal ist ab Talstation der Fellhornbahn für Kfz.-Verkehr gesperrt.**

● **55** a) Die Fahrstraße führt am Parkplatz unterm Freibergsee vorbei zur Zimmeroybrücke (Abzweigung nach Schwand, zur Skiflugschwanze und zum Freibergsee) und geradeaus weiter durch Wald leicht ansteigend zum „Stundenstein", jenseits kurz abwärts zur Enge des „Gschliefs" (links Grundlawinenbahnen vom Himmelschrofen, nun durch Deutschlands längste Lawinengalerie (160 m) unschädlich gemacht), aus der heraustretend der grandiose Blick auf die Mädelegabel-Gruppe frei wird. Vorbei an der Kapelle St. Wendelin (Schutzheiliger des Alpviehs; 888 m) und an der Faistenoybrücke (Talstation der Fellhornbahn, Kfz.-Endpunkt, vgl. R 221!) gewinnt die nunmehr dem Fußgänger vorbehaltene Straße (zur Wahl steht die alte, von Pferdekutschen befahrene und die moderne asphaltierte) am ehemaligen Schulhaus Anatswald vorbei das Ghs. Birgsau (ganzjährig bew.), 9 km von Oberstdorf, 2 st; im Sommer Stellwagen, im Winter entzückender ADAC-Skiwanderweg und Schlittenfahrten. Interessante Kapelle 1848 (Chor 17. Jh.) mit alpin-bäuerlichem Altar.

● 56 b) Hierher kann man auch — ungestört, wenn auch etwas zeitraubender — auf der westlichen Talseite gelangen, auf abwechslungsreichen bez. Wegen über Freibergsee, Schwand, Ringang, Faistenoy und Gundsbach, wobei verschiedenorts Stege über die Stillach das Erreichen der Fahrstraße ermöglichen.

● **57 Einödsbach,** 1115 m. Von Birgsau noch 7 Min. im Tal weiter, dann — rechts Wegabzweigung ins Rappenalptal, R 115, links über den Einödsberg und zur Trettachspitze, R 209 — in gleichmäßiger Steigung, teilweise durch Wald, hoch über der Klamm „Bächerwänd", eindrucksvolle Lawinenverbauungen (kurz vor Einödsbach rechts vom Weg Kanzel, die den Einblick ermöglicht) auf die schmale Talstufe von Einödsbach, auf das die Westwand der Trettachspitze und die Nordwände der Mädelegabel und Hochfrottspitze über steilen grünen Halden herabschauen (1/2 st, ganzjährig bew. Ghs., Stellwagen, für Kfz. gesperrt. Südlichster ständig bewohnter Punkt Deutschlands, bezaubernde Lage. Schöner und nur 20 Min. länger: auf dem verkehrsarmen Alpweg über Buchrainer Alp (vgl. R 115).

● **58 Schrattenwang,** 1400 m, beliebtes Ziel im Sommer und Winter (vgl. R 112). Vom Südwestausgang des Marktes (2 st; Kraftpost ins Walsertal bis Haltestelle Schönblick spart $^1/_2$ st — großer P —, ab hier Söllereckbahn (Doppelsessel) zum Berggasthof Schönblick) auf dem Sträßchen über die Schlechtenbrücke, dann kurz der Stillach entlang und aufwärts, vorbei am Ghs. Waldesruh und an der etwas abseits liegenden Kuranstalt Stillachhaus zu einer Wegteilung (20 Min.); beide Wege führen nach Schrattenwang;

a) der rechte führt zur Walserstraße, die man entweder sofort wieder (Wegtafel, Fußweg) oder nach $^1/_4$ st (Wegtafel, Saum- und Winterweg) nach links verläßt, um über den aussichtsreichen, teilweise bewaldeten breiten Rücken mühelos zum Schönblickhaus anzusteigen;

b) der linke Weg, die Rodelbahn, führt in gleichmäßiger Steigung am Hang entlang zum „Pavillon" (1040 m); daneben **Whs. „Bergkristall"**. Hier entweder südwestlich pfadlos die sanften Hänge hinan zum Rücken, wo man den Weg a) trifft, oder scharf rechts auf einen waagrecht zum Weg a) hinüberführenden Alppfad. Ausgezeichnetes, leichtes Skigelände, mehrere Schlepplifte. Von Schrattenwang führt ein auch im Winter viel mit Ski befahrener Weg hoch über der Talsohle nach Riezlern.

● 59 **Kleines Walsertal** (österreichische Gemeinde Mittelberg, jedoch zum deutschen Zollgebiet gehörig und zur Zeit ohne Grenzschwierigkeiten zugänglich, Personalausweis notwendig, deutsche Währung). 4500 Einw., 1 500 000 Übernachtungen. Sommerfrischen- und Wintersportzentrum mit zwei Kabinenbahnen und 30 Sessel- und Schleppliften, Schwimmbäder (b), Reitschule, Minigolf, Tennis, 150 km Wanderwege. Lit.: BK Aug. 1972 und März 1969; Günther, Das Kleine Walsertal.

Das Tal wird von der Breitach durchflossen, deren Quellbäche Starzel, Derra, Bärgund, Gemstel und Wilden sich nördlich des weit ins Illertal hinausgrüßenden Widdersteins vereinigen. Zur Rechten begleiten das Walsertal die Berge der Schafalp-Gruppe und die einförmigen steilen Hänge des Fellhorn-Zugs. Zur Linken erhebt sich die gewaltige Hochfläche des Ifenstocks, der die Wasser des Mahdtals, des Gattertals und des Hörnlebachs der Breitach zuführt. Dem Ifenstock südlich vorgelagert ist der scharfe Gratverlauf des Walmendinger Horns, von ersteren getrennt durch das vielbesuchte Schwarzwassertal. Dieses und die Täler des Starzel- und Derrabachs vermitteln die Übergänge von Hochgerach, Starzel- und Dörrenjoch ins Tal der Bregenzer Ache. Von Hochgerach führt ein weiterer Weg hinab durchs Tal der Subersach nach Sibratsgfäll und Hittisau. Bärgund- und Gemsteltal führen über die gleichbenannten Pässe hinüber nach Hochkrumbach. Modern ausgebaute Autostraße Bregenz — Schröcken — Hochkrumbach — Warth — Lechtal und Arlberg.

Das Kleine Walsertal ist mit seinen vielen zerstreuten, hoch die Hänge hinansteigenden Siedlungen, den freundlichen Dörfchen mit spitzen Kirchtürmen inmitten grüner Matten eines der großartigsten Täler der Nördlichen Kalkalpen. Schön erhalten haben sich die alten Trachten. Name: von den um 1300 aus dem oberen Rhônetal eingewanderten Wallisern. Ausgezeichnete Skigebiete besonders in der Umrahmung des Schwarzwassertals, in dessen Hintergrund die ganzjährig bewirtschaftete Hütte der AVS Schwaben liegt. AVS Walsertal. Skipaß Kleinwalsertal/Oberallgäu!
Kraftpostverbindung von Oberstdorf bis Mittelberg/Baad, außerdem zu allen Tageszügen Kraftwagen und Fuhrwerke am Bahnhof, die auch Gepäckbeförderungen übernehmen. Im Walsertal österreichische Postanstalten. Fernverbindung (Postbus) mit Bregenz über Sonthofen.

Die modern ausgebaute *Fahrstraße* (starker Kraftverkehr!) führt vom Nordwestende des Marktes zur Walser-Brücke über die Stillach und jenseits in Kehren empor, vorbei an den Villensiedlungen Jauchen und Reuthe. Hier mündet von links her der von der Schlechtenbrücke heraufkommende Fußweg ein. Die Straße steigt weiter, an der Abzweigung der Straße nach Kornau (Jugendherberge) vorbei — bald darauf kommt von links der vom Whs. „Waldesruhe“ heraufführende Fußweg, nächster Weg von Oberstdorf zur Talstation der Söllereckbahn (vgl. R 58). Nach kurzem Gefälle (Abzweigung rechts zum Zwingsteg über der Breitachklamm) zur Bundesstraße an der „Walserschanz“ (zuweilen Grenzkontrolle!), hier Abstieg zum oberen Beginn der Klamm. Die nun wieder steigende Fahrstraße bringt uns an den Höfen von Wald und Westegg (Kapelle mit spätgotischem Altar) vorbei nach

● 60 **Riezlern** (Wortstamm: roden, reuten), 1088 m, 10,5 km, mit zahlreichen Gasthöfen jeder Kategorie, Schwimmbad, Heimatmuseum, Postamt, Talstation der Kanzelwandbahn, 1068—1968 m mit Beförderungskapazität von 500 Pers./st, ausgedehntem Wanderwegenetz, Spielcasino, Tennisplätze, Minigolf, im Winter Skischulen, zahlreiche Schlepplifte in ausgedehntem Skigelände.
Kurz hinter Riezlern überschreitet die neue Straße (das alte Sträßlein führt links weiter) die Breitach (rechts Wegabzweigung ins Schwarzwassertal, vgl. R 157 a), um nach

● 61 (1/2 st) **Hirschegg,** 1122 m, anzusteigen, einem auf freier Terrasse gelegenen heilklimatischen Erholungsort (Hallenschwimmbad).
Herrlicher Blick auf die drei Schalalpenköpfe überm romantischen Wildental. Sessellift zum Heuberg, zahlreiche Skilifte, gutes Skigelände, besonders reiche Auswahl an Talspaziergängen und Bergwanderwegen. Über den Weiler Ahorn gelangen wir schließlich — kurz vor der Ortschaft zweigt die Straße nach Baad links ab — nach (5 km ab Riezlern)

● 62 **Mittelberg,** 1215 m, auf Sonnenterrasse überm Talboden gelegen, schöne Kirche (1371). Talort der Zaferna-Sesselbahn (1218—1470 m) und der Ende 1966 eröffneten Großkabinenbahn aufs 1999 m hohe Walmendinger Horn (40-Mann-Kabinen, Beförderungsleistung bergauf stündlich 480 Personen). Im Gipfelbereich der ab Mittelberger Alp, 1620 m, heraufführende Doppelsessellift. Mittelberg ist Sitz der sehr aktiven Bergsteigerschule Kleinwalsertal (auch geologische Führungen!) und Ausgangspunkt für Starzeljoch, Schafalp-Gruppe, Widderstein. Im Winter zahlreiche Skilifte, Skischule. Vom westlichen Gasthof („Widderstein“) führen zwei Fußwege hinab zur Talstraße und nach

● 63 **Bödmen,** 1158 m, einer gegenüber der Mündung des Gemstelbachs auf flachem Talboden liegenden, etwas reizlosen Siedlung, Ausgangsort für Gemstelpaß. Tennishalle,

Skilifte. Die wintersüber durch Lawinengalerien geschützte Fahrstraße endet 4 km ab Mittelberg in

● 64 **Baad,** 1244 m, dem hintersten malerisch gelegenen, ständig bewohnten Orte des Tals, Endpunkt der Kraftpost (ausreichend P). Kurzschule Baad (Deutsche Gesellschaft für Europäische Erziehung), Skilift, Kirchlein von 1851 (neubarock) als Nachfolgerin einer 1636 erbauten Kapelle. Baad ist Ausgangspunkt für Hochalppaß—Widderstein, Dörren- und Starzeljoch. Zwischen Bödmen und Baad Grundlawinenzüge; die vom Bärenkopf herabkommende große Lawine sperrte vor Errichtung der Schutzgalerien in schneereichen Jahren winters zuweilen wochenlang die Fahrstraße. Ober Ahorn von der Straße aus die dem neuesten Stand der Lawinenschutztechnik entsprechenden Lawinenverbauungen unter dem Gipfel des Heubergs sichtbar. Der durch die österreichische Raumplanung und durch die Neufassung des österr. Bundesstraßengesetzes aktuell gewordene Plan eines Tunnelbaus, der das Kl. Walsertal mit dem Mutterland verbinden soll, bewegt die Gemüter seit einiger Zeit. Gedacht wird an eine entweder das Schwarzwassertal erschließende Trasse ins mittlere Tal der Bregenzer Ache oder an einen in den Raum der oberen Bregenzer Ache führenden Tunnel mit dem Fernziel einer wirtschaftlichen Verbindung des Allgäuer Raums mit dem Bregenzerwald, dem äußeren Vorarlberg und der Schweiz.

● 65 **Starzlach-** (Rohrmooser) **Tal.** Dieses durch die eigenartigen Gottesackerwände (Schrattenkalk) gekennzeichnete Tal mündet unterhalb der Breitachklamm in die Breitach. Jenseits der Wasserscheide führt der Schönbach durch das Hirschgunder Tal hinaus in den Bregenzer Wald. Nördlich von Rohrmoos vermittelt ein niedriger sumpfiger Sattel (von ihm ist der Piesenkopf, 1629 m, über die Alte Piesenalp in 1 st zu erreichen) den Übergang nach Balderschwang im Tal der Bolgenach.

Fahrstraße nach Rohrmoos ab Tiefenbach (R 39 a) über die herrliche gelegene aussichtsreiche Sonnenterrasse von **Ferlewang** (hier kommen zwei Fußwege aus der Oyb, R 42, herauf) und durchs enge Waldtal der Starzlach zu den Weideböden der Schattwaldalp am Fuße der Kackenköpfe. Damit ist die Talweitung von

● 66 **Rohrmoos,** 1070 m, Alpgut mit Jagdhaus und Oberförsterei des Fürsten Wolfegg-Waldburg erreicht, 7 km ab Tiefenbach, P. Kapelle mit volkstümlicher Darstellung des Jüngsten Gerichts, 1587, etwas aufdringlich renoviert, eine der ältesten Holzkapellen Deutschlands. Bis hierher gegen Maut mit Kfz. befahrbar. Rohrmoos ist ein mit Gams- und Rotwild gutbesetztes Bergrevier. In diesem abgeschiedenen Gebirgswinkel wird dem Bergwanderer ganz besonders ans Herz gelegt, das Wild nicht zu beunruhigen. Dies gilt vor allem für winterliche Hochtouren. Das schlechter werdende, für Kfz. gesperrte Sträßchen führt nun südwestlich, an einer aufgelassenen Säge vorbei („alte Säge" nach 15 Min. links Abzweigung zum Hörnlepaß), zur sumpfigen Wasserscheide, 1120 m, zwischen Donau und Rhein, und jenseits fast eben an der Alp Eibele vorbei, entlang unter den gewaltigen Fluchten der Unteren Gottesackerwände, dann durch Wald talab zum Schönbach und zur Alp Schrine. Als letzte Wohnstätte auf deutschem Boden folgt Hirschgund, 956 m. Zoll und Grenzpolizei, Försterei, 1³/₄ st von Rohrmoos (kein Ghs.). Bis hierher ab Rohrmoos Langlauf-Loipe! Nach weiteren 20 Min. überschreitet die Straße beim Fugenbach die Landesgrenze und leitet nun hügelig hinaus über Sibratsgfäll (s. R 225, ab hier gute Fahrstraße) nach Hittisau (2¹/₂ st, R 100).

II. Das Ostrachtal

● 67

Die Bundesstraße führt von Sonthofen am Nordfuß des Kalvarienbergs vorbei nach Osten, berührt Binswangen und Liebenstein mit Straußberg-Schlepplift. Rechts oben eines der interessantesten Allgäuer Kirchlein, die Liebensteiner Kapelle (im 12. Jh. Liubost = campo lobosco = Wolfsanger! Von hier aus Besiedelung und Christianisierung des Ostrachtals — romanischer Grundriß, spätgotische Schnitzereien 1460—1520), älteste Kirchenglocke Schwabens (14. Jh.). Weiter durch Vorderhindelang zur Hennenmühle, wo rechts die nach Hinterstein (R 71) führende Straße abzweigt. Sie bringt uns zur Talstation des Sessellifts Hornalpe und zur geschmackvoll erneuerten spätgotischen Pestkapelle und kürzt für jene den Weg, die ohne Berührung Hindelangs das Hintersteiner Tal gewinnen wollen. Die bisher fast ebene Bundesstraße selbst führt nun allmählich steigend weiter Richtung Oberjoch (R 73). Wir zweigen links ab und erreichen damit den anmutig am Sonnenhang gelegenen Markt (7 km ab Sonthofen)

● **68 Hindelang,** 825 m, 5100 Einw., ganzjährige Kraftpostverbindung mit Sonthofen, Hinterstein und Oberjoch. Privatomnibuslinie „Komm mit" täglich mehrmals nach Oberjoch — Reutte und Oberstdorf. Bemerkenswertes Rathaus 1660 (ehem. Jagdschloß der Augsburger Fürstbischöfe). Hindelang ist vielbesuchtes Sommerfrischen- und Wintersport-Zentrum mit einem modernen Kurhaus, Kurpark, Kurkonzert, Schwimmbad (b), Tennisplätzen, Minigolfplätzen, 110 km Wanderwege. Krankenhaus, Keramikwerkstatt, Jugendherberge, Alpinschule und (einschließlich des Ortsteils Oberjoch) zwei Sesselbahnen, 14 Schlepplifte und mehrere Skischulen.

Fahrweg zum benachbarten Ortsteil

● **69 Bad Oberdorf,** 822 m, in Obstbäumen versteckte hübsche Sommerfrische am Wildbach. Am östl. Talhang Hotel Luitpold-Bad mit Schwefelquelle.

Moderne, bemerkenswert schöne Kirche mit spätgotischem

Altar von Jörg Lederer, 1519, und Madonna von Hans Holbein d. Ä., 1493. Im Ortsbereich sind noch einige der alten Nagelschmieden erhalten und in Betrieb (vgl. Schönes Allgäu 1969, S. 70).

Kleinere Wanderungen: Weganlagen am Osthang des Tals zum Wildbachtobel, zum Ehleswasserfall, Vaterlandsweg, schattig, vom Bad zur Hintersteiner Straße. Anlagen zwischen Oberdorf und Hindelang, sowie südlich des Orts an der Ostrach. Juchheschrofen (1005 m) jenseits der Ostrach, bez. Weg über die Brücke südlich des Orts, zum Alpenrosenköpfl und über die Geithruhe zum Schrofen (1 st); Hornkapelle und Horn-Whs.

● 70 Den Anschluß an die ins innerste Ostrachtal führende Straße (vgl. R 67) finden wir am S-Rand Bad Oberdorfs. Sie bringt uns zur Enge bei Bruck, das jenseits der Ostrach bleibt (hier Einmündung der aus dem Retterschwangtal zufließenden Bsonderach). Das Sträßchen folgt der Biegung des Tales nach Südosten (jenseits des Flusses Elektrizitätswerk, an der Straße der große erratische Block Wieslesstein, Hintersteins Taufpate) und steigt — links die alte, zum „Vorderen Dorf" führende Straße — vorbei an der berüchtigten Breitenberg-Riese empor zu dem auf grünem Plane zu Füßen des Rauhorns ausgebreiteten Hochgebirgsdorf

● 71 **Hinterstein,** 866 m, 5 km, im Sommer wie im Winter gern besucht. Schwimmbad, Alpinschule, Minigolf, wintersüber Skischule. Bemw. frühklassizistische Kirche, uralte Nagelschmiede.

Kleinere Wanderungen: Der unmittelbar über dem nördlichen Ortsteil herabkommende Zipfelwasserfall; der Wildfräuleinstein: Alpweg über grüne Matten zum Hinterbachhof; Futterstädel am Wege zur Willersalp; am linken Ostrachufer das „Vordere und Hintere Haidach", schöner Wald; Hölle, Eisenbreche. Das Ortsbild hat ein Charakteristikum erhalten durch die noch sehr frischen Spuren des Breitenberg-Bergsturzes im Herbst 1964, der unter Mitnahme umfangreicher Wald- und Felsabbruchflächen einen großen Teil des am linken Ostrachufer befindlichen Wiesenlandes verschüttete.

● 72 Die gutausgebaute Forststraße (Omnibus bis Giebelhaus, für private Kraftwagen gesperrt) führt in der Talsohle am östlichen Ufer der Ostrach weiter, nach Einmündung des Wegs vom Hinterbachhof über der Klamm der „Aueleswände" durch Wald aufwärts und überschreitet bei einer Lichtung „Im Auele" den Taufers- und gleich darauf den Saalhenkenbach, 928 m (Kraftwerk der Gemeinde Hindelang, Wegabzweigung zum Schrecksee). Im folgenden Wald steigt die Straße stärker an und führt hoch über der prächtigen Klamm der Eisenbreche (Wegweiser zur Kanzel über der Klamm) zur

Talweitung des Vorderen Erzberghofs — im Talhintergrund der kühne Giebel — dann fast eben am Hinteren Erzberghof (1045 m) vorbei (hier aufs linke Ostrachufer übersetzend) unter den Steilabstürzen des Schwarzenbergs hindurch (wintersüber Lawinengefahr!) zur Talgabelung am Fuß des Giebels mit dem gj. bew. (keine Übernachtung!) gemütlichen Giebelhaus, 1066 m. Es ist Ausgangspunkt für Prinz-Luitpold-Haus / Hochvogel, Nebelhorn, Himmeleck (vgl. R 139, 200 a, 202, 219).

III. Das Tannheimer Tal

● 73 Das im 13. Jahrhundert vom Ostrachtal her besiedelte Tal zieht als breite Furche von Ost nach West, mit dem Lechtal durch den Engpaß Gacht, mit dem Ostrachtal durch den weitgeschwungenen Sattel von Oberjoch verbunden. Prächtige Berge begrenzen sie im N, darunter die Wettersteinkalkzinnen von Gimpel, Roter Flüh, Kellespitze und Gehrenspitze. Im S grüßen die den Vilsalpsee einrahmenden Gipfel der Lailach-Gruppe. Der Sattel des Oberjochs wird bewacht vom Iseler im S und dem Jochschrofen im N. Die das Tal entwässernde Vils biegt bei Schattwald, von O kommend, gegen N, um in einer weiteren merkwürdigen Krümmung, die sie schließlich nach SO führt, den Lech zu erreichen. Das über 1100 m hoch gelegene Tal ist nicht nur eines der leistungsfähigsten Wintersportgebiete Tirols (20 km Langlaufloipe, 4 Skischulen, 3 Sesselbahnen, 19 Skilifte, Gesamtförderleistung 21 000 Pers./st, Skipaß fürs ganze Tal), sondern auch beliebte Sommerfrische. Von großer Bedeutung für den Fremdenverkehr des Tannheimer Tals ist die neuerbaute, von Pfronten/Fallmühle durchs Engetal nach Grän führende Verbindungsstraße. Ihr Vorteil liegt insbesondere in winterlicher Zeit darin, daß die lästigen und zeitraubenden Paßauffahrten aus dem Iller/Ostrachtal übers Oberjoch und aus dem Lechtal über den Gaichtpaß entfallen.

Die eben genannte Oberjochstraße, Nachfolgerin eines im Mittelalter von Tiroler Salzfuhrwerken viel befahrenen Weges gewinnt von Hindelang aus in mächtigen Windungen am nördlichen Talhang des Wildbachs nach 300 m Steigung das noch zur Gemeinde Hindelang gehörende Grenzdorf

● 74 **Oberjoch,** 1136 m, mit interessanter moderner Kirche. Kürzer als die 8 km lange Strecke ist der Anstieg auf der diese wiederholt kreuzenden alten Straße (1 st). Für Fußgänger am empfehlenswertesten ist der Weg durch den Wildbachtobel, die „Hölle". Kraftpostverbindung siehe R 68. Skilift zum Iselerplatz, 1200—1670 m (im Sommer als Sesselbahn im Betrieb), zahlreiche Übungslifte im Raum des Iselerlifts. Weiter östlich Gundlift, Skilift Vordere Wiedhagalpe, 1150 m bis 1500 m, und Hintere Wiedhagalpe (Grenzwieslift), dieser besonders schön für Anfänger. Moorschwimmbad.

Der schneesichere, auch im Sommer vielbesuchte Ort (höchstes Dorf Deutschlands) hat gute Gasthöfe, u. a. das ganzjährig bew. Haus Ingeburg mit Hallenschwimmbad, Kneippanlage, Sauna, Heißmoorbad. Nach N zweigt hier die über Unterjoch (5 km) und Pfeiffersäge (3 km) nach Wertach) (4 km) führende Queralpenstraße ab.

● **75** Die Straße ins Tannheimer Tal steigt von Oberjoch ab noch mäßig weiter durch Moor hinauf bis zur Paßhöhe, 1167 m (jenseits Zoll und Grenzpolizei), um dann an den Grenztafeln und bald darauf am österreichischen Zollamt *Vilsrain* vorbei (links 3 km abseits der Ausflugsort *Rehbach,* 1050 m)

● **76** **Schattwald,** 1072 m (5,5 km ab Oberjoch), zu erreichen, Pfarrkirche 1500, 1756, besuchte Sommerfrische, herrliches Skigelände, insbesondere in den unterm Ponten liegengen Seitentälern. Skilift zum Wannenjoch, 1575 m, und zur Stuibenalp, Skikindergarten!

● **77** Die Straße überschreitet die Vils, berührt die altersgrauen Holzhäuser von **Zöblen,** Kirchlein 1785. Schlepplift am Schattenhang unter der Rohnenspitze und leitet durch die breitere Talung, nochmals über die Vils setzend, nach

● **78** **Tannheim,** 1096 m, 4 km, beliebter Erholungsort, um den sich eine Anzahl zur Gemeinde gehörender Weiler lagert. Sessellift in zwei Abschnitten am Schattenhang ostwärts Tannheim zum Neunerköpfl, 1864 m, und mehrere Schlepplifte, öffentliches Hallenschwimmbad, Drachenfliegen, Alpinschule.

Barockkirche 1722/25 mit von der früheren Kirche stammendem gotischem Sakramentshäuschen; einige Häuser noch aus der Zeit der ersten Besiedlung des Tals, die von Hindelang her erfolgte; als älteste Orte gelten die nördlich der Vils liegenden beiden Weiler Gschwend und Berg; westlich von letzterem liegt die vermutlich älteste Kirche des Tales, die St.-Leonhards-Kapelle.

Tannheim ist für Tal- und Bergwanderungen zentral gelegen. Nach S leitet ein wenig ansteigendes, für Kfz. benützbares Sträßchen in 1 st zum herrlichen Vilsalpsee (P, Kahnfahrt), Talort für die Landsberger Hütte (vgl. R 191 a), Naturschutzgebiet, 1167 m.

● **79** In geringer Steigung gewinnt die Straße am nördlich abseits bleibenden **Grän,** 1133 m, vorbei (Ausgangspunkt der aufs Füssener Jöchle, 1816 m, führenden Doppelsesselbahn, der längsten Europas, Skilifte, Skischule mit Skikindergarten, Wintercamping, Rodelbahn, den **Haldensee,** 1123 m, mit gleichnamigem Weiler (Skischule) und führt um sein Nordufer (Ghs. mit Strandbad und Kahnfahrt) herum, an den Weilern Haller und Getting vorüber nach

Nesselwängle-Haller, 1150 m, Tirol

Ein beliebter, sonnenreicher Urlaubsort inmitten der großen Bergwelt. Bei uns finden Sie Urlaubsfreuden am laufenden Band. Bade- und Wassersport am Haldensee (Sportfischen, Windsurfen, Rudern, Segeln), Bergwandern und herrliche Alpenflora und Touren, die jedes Kletterherz höher schlagen lassen – eigener Bergführer im Ort.

Urlaub in Hotels, Gasthöfen, Fremdenheimen oder auf dem Bauernhof.

Auskünfte und Informationen:
Fremdenverkehrsverband 6672 Nesselwängle-Haller, Tirol
Austria, Telefon 0 56 75/64 51

● 80 **Nesselwängle,** 1146 m (7 km), mit Pfarrkirche 1732, gern besuchte Sommerfrische. Talort für die Tannheimer Hütte (vgl. R 188), Skigebiet, Sessellift zur Krinnealp, 1528 m, Skilifte. Übergänge über die Nesselwängler Scharte ins Reintal, das Sabachjoch nach Füssen, das Tiefjoch nach Reutte. Leicht fallend biegt die Straße hier nach Süden, läßt den

● 81 Weiler **Rauth,** 1139 m (Abzweigung zu dem vom Nordfuß der Leilach kommenden Birkental), rechts liegen und leitet nun fallend durch die

● 82 **Gaichtpaß** genannte Enge P. 1081 (darüber der Weiler Gaicht, 1115 m), über der Waldschlucht des Weißbachs aussichtsreich hinab nach **Weißenbach** im Lechtal, 886 m, 8 km, mit Pfarrkirche 1734/38, Sommerfrische mit schönem Schwimmbad, Talort für das waldreiche, stille, nach Rinnen-Berwang führende Rotlechtal. Bus lechabwärts nach Reutte 8 km, lechaufwärts zum Flexenpaß 66 km.

IV. Das Lechtal

● 83

Die Furche des Lechtales bildet die Ostsüdost- und Südgrenze der Allgäuer Alpen. Gleichzeitig nimmt sie die aus den Lechtaler Alpen nach Norden abfließenden Seitentäler auf. Näheres über dieses schöne Gebiet: AVF Lechtaler Alpen, 2. Auflage 1975, sowie Kleiner Führer Lechtaler Alpen, 3 Auflage 1978, von H. Groth, BV-Tourenblätter Allgäuer / Lechtaler Alpen / Bregenzerwald, Lechquellengebirge, bearbeitet von W. Flaig und H. Groth, 3. Auflage 1978, alle im Bergverlag Rudolf Rother.

Füssen, 808 m, 10 500 Einwohner, am Austritt des Lechs aus den Allgäuer Alpen; mittelalterliche Innenstadt mit der beachtlichen St.-Mang-Basilika 1701—1715 (Herkomer) auf frührom. Fundament, Krypta, 9. Jh. mit Grab des Ostallgäu-Apostels Magnus 699—772. Über der zahlreiche Kunstschätze darbietenden Stadt das ehem. Schloß der Augsburger Fürstbischöfe (1269, 1490 ff.). Wintersport (berühmtes Eisstadion, mehrere Skilifte). Näheres: Kl. Führer Ostallgäu von H. Groth (Bergverlag Rudolf Rother, 1. Aufl. 1976). Grenzübergang nach Tirol am S-Rand Füssens. Die den Lech begleitende Straße bringt uns (6 km) nach

Musau, 818 m, an der Bahnlinie Pfronten — Reutte, Ausgangspunkt für das Reintal (Otto-Mayr-Hütte, vgl. R 187), und nach **Reutte,** 854 m, 7 km, Markt urk. 1441, Sitz der

Bezirksverwaltung Außerfern, hübsches vom 18. Jh. geprägtes Stadtbild mit bemw. Pfarrkirche 1094, 1685 ff. in Breitenwang. Mächtige, auf die Römer zurückgehende 1293 ff. neu angelegte Burg (jetzt Ruine) Ehrenberg 250 bis 400 m überm Talkessel, beliebt als Sommerfrische wie als Wintersportort, in weitem Talbecken landschaftlich großartig am Lech gelegen. Alpinschule und Skischule mit Skilift. Ausgangspunkt für unzählige Bergfahrten in den Lechtaler Alpen, im Planseegebiet (Ammergauer Alpen) und in den östlichen Allgäuer, insbesondere den Tannheimer Bergen. Hahnenkammbahn (Talstation Höfen, der durch den Bergsturz Anfang 1967 bekannt gewordenen Ortschaft unterm Hahnenkamm) mit Schleppliften im Bereich der Tal- und Gipfelstation.

● **84** Die größtenteils modern ausgebaute Straße (Kraftpostverbindung von Reutte bis zum Arlberg, 79,5 km) gewinnt über Weißenbach (R 82, 8 km) und (5,5 km) **Forchach** mit Kirchlein 1674 (910 m), jenseits des Lechs die Einmündung des Tiroler Schwarzwassertals (5 km).

● **85** **Stanzach,** 940 m, Kirchlein 1774, Sommerfrische, Teppichweberei, Talort für das landschaftlich herrliche Namloser Tal. Von hier führt eine Brücke über den Lech zur Sommerfrische **Vorderhornbach** (973 m, Schwimmbad, Skilift) am Eingang des wildromantischen Hornbachtals, in dem ein für Kraftfahrzeuge befahrbares Sträßchen am Nordufer des Hornbachs meist durch Wald in 2 st nach **Hinterhornbach,** 1101 m, leitet, einem versteckten Hochgebirgsdörflein (9 km ab Stanzach), Talort der Kaufbeurer Hütte (vgl. R 153 ff.), beliebte Sommerfrische.

● **86** Die Lechtalstraße führt in dem nun geräumiger werdenden Tal (jenseits am Ostfuß der Klimspitze der Weiler Martinau) zur (5,5 km) Sommerfrische

● **87** **Elmen,** 978 m, Ausgangspunkt für das landschaftlich herrliche Bschlabertal. Nach weiteren 5 km mit prächtigem Blick auf die östlichen Gipfel der Hornbach-Kette erreichen wir das stattliche, als Sommerfrische gern besuchte Dorf

● **88** **Häselgehr,** 1006 m, Talort für das großartige Gramaistal und für den Aufstieg zum Kaufbeurer Haus durchs Hagertal. Schwimmbad, 2 kleine Glockengießereien, Eisenhammer. Hier geht die Straße aufs linke Lechufer über und gewinnt (Fußweg über Schönau zweigt ober der Kirche ab) am Weiler Kögelen vorbei das vielbesuchte (6 km)

● **89** **Elbigenalp,** 1039 m, an der Mündung des Bernhardtals. Bemerkenswerte Pfarrkirche, urk. 1399, älteste Pfarrei im Lechtal, Neubau 1664—1674 mit Karner 1399, darin der berühmte Totentanz Falgers E. 18. Jh. Talort für Hermann-v.-Barth-Hütte (vgl. R 148 ff.), Falger-Museum, Tiroler Holzschnitzschule, Schwimmbad.

● **90** Uferwechsel hinter **Bichl** (1062 m) zur (3 km) vielbesuchten Sommerfrische **Bach** (Ausgangsort für das prächtige Madautal). Hierher für Fußgänger ab Elbigenalp-Untergiblen über die nach Obergrünau führende Lechbrücke. Die Hauptstraße über Stockach bringt uns zum kulturhistorisch interessantesten Ort des inneralpinen Lechtals, nach (5,5 km)

● **91** **Holzgau,** 1114 m, an der Einmündung des Höhenbachs. Viele reich bemalte Häuser, 18. Jh. Neuromanische Pfarrkirche 1858 ff. auf Fundament 1422. Talort der Kemptner Hütte (vgl. R 125 ff.) und des Sulztals mit der imposanten Holzgauer Wetterspitze, 2898 m. Im sich zusehends verengenden Haupttal führt uns die Straße über Dürrenau und **Hägerau** (Kirchlein 1729) immer

● **92** noch kaum steigend zur beliebten Sommerfrische **Steeg** (5 km), 1122 m. Pfarrkirche 1632, 1712—1714. Ausgangsort für das idyllisch gelegene Bergdorf **Kaisers** (1522 m) im Kaisertal, nächster Übergang übers Kaiserjoch ins Stanzertal und nach Landeck

● **93** Hinter Steeg führt die nach wie vor gut ausgebaute Straße am rechten Ufer eben einwärts, an Unterellenbogen vorbei zur Einmündung des Hochalptals. (Übergang zur Rappenseehütte vgl. R 119). Gegenüber Einmündung des düsteren, aus den Lechtaler Alpen kommenden Krabachtals. Hier in Windungen hoch über der ungangbaren Lechklamm bergauf zur Abzweigung nach

● **94** **Lechleiten,** 1539 m, einem hoch über unserer Straße am Sonnenhang liegenden Weiler (Übergänge nach Oberstdorf von R 207, 208!). Kurz darauf überschreiten wir mit dem vom Hochtannbergpaß herabfließenden Krumbach die Tiroler Grenze nach Vorarlberg, als dessen erste Siedlung uns

● 95 **Warth,** 1499 m, ein frei gelegener Sommer- und Winterferienort am Fuße des gleichnamigen Horns (12 km) mit Sesselbahn, Skischule und Skiliften begrüßt. Während die Bundesstraße nun mit scharfem Knick nach S weiterführt (wintersüber wegen Lawinengefahr nicht selten gesperrt), um über die als Wintersportzentrum und Sommerfrische berühmte Walsersiedlung **Lech,** 1446 m (7 km)

● 96 den Flexenpaß, 1774 m (6,5 km und damit den Übergang in den Walgau oder zum **Arlbergpaß,** 1796 m (7 km) zu gewinnen, leitet die mit zahlreichen modernen Lawinenschutzbauten bewehrte landschaftlich großartige Tannbergstraße unter den Abstürzen des Widdersteinmassivs hindurch nach Westen über den 1679 m hohen Hochtannbergpaß hinab nach Schröcken, 1269 m, im obersten Talgrund der Bregenzer Ache, womit der Anschluß ans schweizerische Rheintal, an Dornbirn, Bregenz und den Bodensee erreicht ist.

V. Westliches Grenzgebiet

● 97 Im westlichen Raum der Allgäuer Vorberge sind außer dem reizvoll an der nach Isny führenden Straße gelegenen Dorf **Missen** (Schwimmbad, Reitschule, Minigolf, 80 km Wanderwege, wintersüber mehrere Skilifte, Skischule, einige Skiloipen im Bergstattgebiet) und den versteckt liegenden, zur **Bergstatt** (R 27) gehörenden Weilern **Aigis** (Skilift, Reitstall), **Wiederhofen** (Skilifte zur Thaler Höhe, 1166 m) und **Oberwilhams** (Skilift) noch vier Orte kurz zu erwähnen, die Ausgangspunkte für die Allgäuer Nagelfluhkette und den ihr vorgelagerten Prodelkamm sind:

An der Bahnlinie München — Lindau — Genf liegen (von O nach W) hinter Immenstadt:

Bühl und **Ratholz,** nach der Gebietsreform Stadtteile Immenstadts, Talstationen der das weitläufige Skigebiet n. unterm Prodelkamm erschließenden Sesselbahn mit einem System von Schleppliften (Skipaß!). Skischule, Skilanglauf, Eislauf, Rodeln.

Thalkirchdorf, gutes Skigebiet am Schattenhang mit mehreren Skiliften, Skischule, sommersüber Schwimmbad (vgl. BW 1975 Nr. 10, S. 70). 16 km Bundesstraße ab Immenstadt durchs **Konstanzer Tal** nach Westen, und wir sind in

● 98 **Oberstaufen,** 792 m, 6400 Einw., stattlicher, neuerdings zu bedeutendem Schrothkurort entwickelter Markt in prächtiger Lage an der Queralpenstraße (Naturschutzgebiet!) hoch über dem zur Bregenzer Ache abfließenden Weißachtal, Säntis und Altmann weit drüben in der Schweiz im Blickfeld. Bemerkenswert im Ortsbild ist die neugotische Pfarrkirche mit einer berühmten, aus dem 15. Jh. stammenden Kreuzigungsgruppe.

Oberstaufen verfügt über alle Einrichtungen, die ein Kurort von hohem Ansehen braucht: Kurhaus, Kurmittelhaus, Kurpark, Kurkonzert, Hallenbad, Schwimmbäder (b), Tennisplätze, Minigolf, Reitschule, Krankenhaus, Fachklinik. 150 km Wanderwege. Im Winter weit ausgedehntes Skigelände, Langlaufloipen, Skischulen, Skibobschule, Sprungschanze, zahlreiche Schlepplifte und Abfahrtspisten, Skipaß für alle Anlagen im Konstanzer Tal. Die Hündle-Sesselbahn am Ostrand Oberstaufens erschließt das sommerliche Ausflugs- und winterliche Skigelände um den Hündlekopf, 1112 m.

Kurzauswahl an Wanderungen:

S: Rund um Steibis (R 99), Schindelberg, Imbergbahn.

SO: Weißachtal, Buchenegg, Hündlebahn, Prodelkamm, Ehrenschwang.

O: Staufner Berg, Salmaser Höhe, Bad Rain.

NO: Kalzhofener Höhe (Mautstraße zur Jugetalp).

N: Zell (Mutterkirche Oberstaufens, 817 urk., gotische Altäre, Chorfresken 1450).

NW: Genhofen (bedeutende gotische Kirche mit interessanter Ausstattung aus der Erbauungszeit).

W: Paradies/Queralpenstraße, Oberreute mit dem in den Bregenzerwald überleitenden Sulzberger Rücken, Weiler/Simmerberg.

SW: Williser Höhenweg, Eibelesmühle, Aach (Hauptübergang in den Bregenzerwald), Hagspiel, Riefensberg (Vorarlberg).
Näheres über den Oberstaufner Raum: Groth, Kl. Führer durch die Allgäuer Alpen (1978), Groth/Waltenberger, Gr. Ringbuchführer Allgäu (1975), Groth, Kl. Führer Westallgäu (in Vorbereitung), alle im Bergverlag Rudolf Rother.

● 99 Über **Weißach** im Talgrund des gleichnamigen Flusses — ab hier 5 km s.w. zur den Eintritt in den Bregenzerwald eröffnenden Zollabfertigung **Aach** (Wintercamping) — jenseits bergauf nach (7 km ab Oberstaufen) **Steibis,** 861 m, Ausgangsort für den Imbergkamm, die westlichen Rindalpen, den Hochgrat, den Prodelkamm und das von ihm n. flankierte einsame **Ehrenschwangtal** (Kfz.-freie Straße!). Viel besuchter Wintersportplatz, beliebte Sommerfrische (der Plan, Steibis durch Errichtung eines überdimensionalen Hotel- und Appartement-Zentrums in den Blickpunkt des internationalen Fremdenverkehrs zu rücken, ist vorläufig am Widerstand des Naturschutzes gescheitert). Imberg-Sesselbahn, Schwimmbad (Ozon), Kabinenseilbahn auf den Hochgrat, 1833 m, ab Talstation Eibelesalp (P 800 Kfz., Förderleistung 600 Pers./st) am Eingang ins Ehrenschwangtal. Wintersüber Skischule Christel Cranz, gutes Skigelände, zahlreiche Schlepplifte.

● 100 Das im westlichen Bolgenachtal, also bereits im Einzugsbereich der Bregenzer Ache liegende kleine Pfarrdorf **Balderschwang,** 1044 m, 270 Einw., wegen seines Schneereichtums „Bayerisches Sibirien" genannt, konnte vor Erbauung der aus dem Illertal herüberführenden Riedbergpaß-Straße vom bayerischen Mutterland aus nur zu Fuß über die Berge oder auf dem Umweg über Oberstaufen — Hittisau, also über österreichischen Boden erreicht werden. Heute gibt es zwei Anfahrtswege: a) den althergebrachten von **Hittisau,** reizende Sommerfrische im Vord. Bregenzerwald (gute Zubringerstraßen von Oberstaufen, Bregenz, Arlberg; Station Lingenau/Hittisau an der nur noch periodisch verkehrenden Bregenzerwald-Schmalspurbahn), auf dem teilweise schmalen Sträßlein über Thorbündt (12 km) — oder: b) auf guter, modern ausgebauter, ganzjährig befahrbarer (wintersüber oft Schneeketten nötig!) Kreisstraße von Obermaiselstein (R 39 a) über den **Riedbergpaß,** 1400 m (höchste deutsche Paßstraße!), P 200 Kfz. Etwas oberhalb des Passes liegt die **Grasgehrenhütte,** 1447 m, in weitem Talkessel unterm **Riedberger Horn,** 1787 m („Deutschlands schönster Skiberg"), mehrere Schlepplifte. Der vom Postbus befahrene Riedbergpaß stellt die kürzeste Verbindung Sonthofen/Oberstdorf und Bregenz/Rheintal dar. Rund um Balderschwang (Deutschlands höchstgelegene Fremdenverkehrsgemeinde) weit über 100 km markierte Wanderwege. Wintersüber mehrere Skilifte, ausgezeichnetes Skigelände, Skischule, 15 km Ski-Langlaufloipe. Im Sommer Tennis.

VI. Östliches Grenzgebiet

● **100 a** Die von Immenstadt und Sonthofen über Rettenberg (R 28) nach Füssen und Reutte führende Staatsstraße erreicht nach 16 bzw. 18 km den in hügeliges Wiesenland gebetteten Luftkurort, aber auch industriell potenten Marktflecken **Wertach,** 915 m, 1650 Einw., bemerkenswerte Geschichte, schöne Pfarrkirche, interessante Sebastianskapelle, Müttergenesungsheim (Plastiken von I. Hoefer-Purkhold), Heimatmuseum, Schwimmbad (b), Minigolf, 30 km Wanderwege. Am 2,5 km o. gelegenen Grüntensee Sommer/Winter-Camping. Wintersüber Skischule, mehrere Skilifte, hübsches voralpines Skigelände. Wertach ist durch die nach jahrzehntelanger kriegsbedingter Unterbrechung 1977 endlich fertiggestellte Queralpenstraße mit Oberjoch (11 km) und damit sowohl mit dem Tannheimer Tal (R 73 ff) wie mit dem Ostrachtal (R 67 ff) unmittelbar verbunden. An dieser Straße liegt

● **100 b** **Unterjoch,** 1013 m, abgelegene Sommer- und Winterfrische am Fuß des Sorgschrofen (R 968). Versehrtensportheim, Tennisplatz. Wintersüber Skischule, mehrere Skilifte, schönes voralpines Skigelände. 2 km o. der Ausflugsort **Rehbach,** 1050 m in Tirol (zugelassener Grenzübergang). Kurz vor der idyllisch gelegenen **Pfeiffermühle** zweigt o. ein steil ansteigendes Sträßlein ab nach

● **100 c** **Jungholz** in Tirol, 1150 m, deutsche Zoll-Enklave wie Kleinwalsertal, Wintersportplatz und Sommerfrische mit komfortablen Hotels, Schwimmbad (b), Minigolf, Tennisplätze, Holzschnitzkurse, 25 km Wanderwege, Sommer/Winter-Camping. Wintersüber Skischule, mehrere Skilifte, Skiabfahrten am Sorgschrofen-Massiv.
Die Füssener Staatsstraße (in einigen Jahren wird sie ab Wertach/Oy ihre Fortsetzung in der von Kempten herangeführten Autobahn erhalten) bringt uns von Wertach über den Kneippkurort **Bad Oy,** 936 m, höchstgelegener heilklimatischer Luftkurort Bayerns, unmittelbar darüber am Sonnenhang der Luftkurort **Mittelberg,** 1035 m, mit dem als Badesee beliebten Schwarzenberger Weiher (Landschaftsschutzgebiet) nach (10 km)

● **100 d** **Nesselwang,** 867 m, 3000 Einw., alter Marktflecken, Höhenluftkurort und Wintersportplatz mit Schwimmbädern,

50 km Wanderwegen, Tennis, Minigolf, Drachenfliegen (Schule!), Reitschule. Wintersüber Skischule, mehrere Skilifte, ausgedehntes voralpines Skigebiet mit Ostallgäu-Skipaß, Sprungschanze, Schlittenfahrten, Rodeln, teilweise beleuchtete Langlaufloipe, Eislauf. Sesselbahn in zwei Teilabschnitten zur Alpspitze, 1576 m (längste Sesselbahn Deutschlands). 3 km s.o. von Nesselwang beginnt das Gebiet des aus 13 Dörfern bestehenden Luftkurorts und Wintersportplatzes

● **100 e** **Pfronten,** 840 m bis 900 m, 7100 Einw., mit interessanter Pfarrkirche in Pfronten-Berg (erbaut 1687). Pfronten beherbergt eine keramische Werkstatt und Feinmechanische sowie Maschinenbau-Betriebe von Weltruf. Es ist Talort für die Kleinkabinenbahn auf den Breitenberg, 1838 m (FIS-Weltcup-Abfahrtsstrecke!) mit anschließender Sesselbahn auf die Hochalpe. 50 km Wanderwege, Schwimmbad (b), Hallenbad, Krankenhaus, Erholungszentrum, Kurhaus, Kurpark, Schrothkur, Tennis, Minigolf, Reitschule, Drachenfliegen. Wintersüber: Skischulen, mehrere Skilifte, Skipaß fürs gesamte Ostallgäu, 70 km Skiwanderwege (ADAC), Schlittenfahrten, Kunsteisstadion, Rodelbahn, Holzschnitzkurse, Skikindergarten, Alpengarten.

In Pfronten/Weißach gabelt sich die nach Osten führende Straße: ostw. geht's am Weißensee vorbei nach Füssen, geradeaus über

● **100 f** **Vils** in Tirol, 830 m, zweitkleinste Tiroler Stadt. Näheres über das Östliche Grenzgebiet: Groth, Kl. Führer Allgäuer Alpen (1978) und Kl.F. Ostallgäu (1. Aufl. 1976/77), ferner Waltenberger/Groth, Großer Ringbuchführer Allgäu (1975), Bergverlag Rudolf Rother.

● **100 g** Daß Pfronten Ausgangspunkt der neuen, durchs Engetal ins Tannheimer Tal führenden Straße (Zollabfertigung!) ist, wurde bereits unter R 73 erwähnt. Mit dem Überschreiten des Wertachausflusses aus dem Grüntensee kurz vor Nesselwang haben wir das **Ostallgäu** (Verwaltungssitz dieses Landkreises: Markt Oberdorf) und damit eine voralpine Seenlandschaft (z. B. Alatsee, Attlesee, Bannwaldsee, Forggensee, Frauensee, Hopfensee, Schmuttersee, Schwaltenweiher, Seeger See, Weißensee!) von außerordentlicher Schönheit betreten.

Wer sich für sie interessiert, wird Näheres hierüber im Kl. Führer Ostallgäu (vgl. R 100 f) finden.

Das auf weite Strecken die Grenze zwischen Ober- und Ostallgäu bildende Tal der unterm Iseler (R 480 a) entspringenden **Wertach** (nach Iller und Argen drittlängster Allgäuer Fluß!) ist durch den von Augsburg nach Sonthofen führenden Schwäbisch-Allgäuer Wanderweg erschlossen (Spezialführer von Hans Schmidt, 1978).

B. Alpenvereinshütten, Hüttenanstiege, sonstige alpine Unterkünfte

Vorbemerkung:

Gute Information über den Stand der Alpenvereinshütten im gesamten Ostalpenraum vermittelt das 1978 im Bergverlag Rudolf Rother erschienene Hüttenverzeichnis des DAV und ÖAV. Wie allerorten im alpinen Raum sind die an unsere Unterkunftshäuser in puncto Unterbringung, Versorgung, Hygiene und Zugänglichkeit gestellten Anforderungen gerade in den Allgäuer Bergen mit ihren schier ins Unermeßliche gestiegenen Besucherziffern (Übernachtungszahlen von 700 und mehr je Nacht und Hütte sind keine Seltenheit!) an der Grenze des Belastbaren angelangt.
Insbesondere im Vorgebirge der Allgäuer Alpen befinden sich zahlreiche, in Notfällen auch dem Passanten zugängliche Alp- und Skihütten. Ihre lückenlose Aufzählung würde den Rahmen dieses Führers sprengen. Hier können nur die wichtigsten üblicherweise dem Gästeverkehr dienenden genannt werden.
Die angegebenen Öffnungs- und Schließungszeiten sind nicht bindend. Ihre Einhaltung hängt vom Wetter ab. In Zweifelsfällen empfiehlt es sich, im Talort nachzufragen. Vgl. im übrigen die allgemeinen Bemerkungen unter R 14, 15.

I. Oberstdorfer Gebiet

● 101 **Mindelheimer Hütte,** 2058 m, DAV, Sekt. Mindelheim.

158 L. Mitte Juni bis Anfang Oktober bew., im Winter mit AV-Schlüssel Zugang zur darunter liegenden alten Hütte (12 L.). Die Mindelheimer Hütte ist auf einem rasigen Absatz unterm Mindelheimer Köpfl mit freiem Blick auf den Allgäuer Hauptkamm landschaftlich schön gelegen. Wasser und elektr. Licht im Haus. Tel. 0 72 47/46 73. Lit.: BK Jan. 1973.

● 102 Aus dem **Rappenalptal:** Von Birgsau über die Buchraineralp (R 115) oder von Einödsbach zum ersten Steg, 1099 m, über den Rappenalpbach (R 116). Von hier (3/4 st von Birgsau, 15 Min. von Einödsbach, bez. Weg, 3 1/2 st) auf dem Fahrweg am linken Ufer talein, bald nach der am jenseitigen Ufer liegenden Breitengernalp über den Bach, 1161 m, und zur *Unteren Rappenalp.* Fast eben weiter und vor der Mündung des Körbertobels zur Teufelshütte, 1 st. Kurz nach ihr (Wegtafel) nach rechts (links im Tal geht es weiter zum Haldenwanger Eck, Schänzle und Schrofenpaß) und in vielen Kehren auf AV-Weg die ziemlich steilen Hänge empor über die Untere, 1721 m, und *Obere Angerhütte,* etwa 1900 m, zur Mindelheimer Hütte, 2½ st. Materialaufzug ab Teufelshütte. Weitere nicht markierte und schwer auffindbare Zugänge führen auf Alpwegen von Birgsau und Breitengern zur Vorderen Taufersbergalp und (landschaftlich besonders schön) auf Jägersteig aussichtsreich steigend und fallend entlang den Hängen nach Südwesten (vgl. auch R 206 c).

● 103 Von der Alp **Kühgund** am Weg zum Fiderepaß, R 221, können Geübte, die den eintönigen Weg durch das Rappenalptal vermeiden wollen, den **„Krumbacher Höhenweg"** wählen (besonders vorteilhaft für Wanderer, die von den Bergstationen der Kanzelwand- und Fellhornbahn kommen): zwischen Nordöstl. Schafalpenkopf (rechts) und Roßgundkopf (links) erblickt man südlich eine Scharte, aus der eine steile Rinne herabzieht. In und neben ihr auf gut markiertem Pfad hinan zur Kammhöhe, 2006 m, ¾ st. Jenseits im Roßgundkar rechts hinauf in eine auffallende Einsenkung der südwestlichen Begrenzungsrippe (hier mündet der Verbindungssteig von der Saubuckelscharte her, vgl. R 206 b) in das westlich anschließende, zu Füßen des höchsten Schafalpkopfes liegende Kar „Saubuckel", bis wir auf den von Birgsau über Griesgundalp — Guggerseele — Taufersbergalp zur Angereralp führenden landschaftlich außerordentlich schönen **Taufersbergsteig** treffen (R 206 c). Auf ihm zur Oberen Angeralp und weiter zur Mindelheimer Hütte (3½ st vom Kühgund, ab Birgsau 5—6 st). Hochalpine Skifahrt.

● 103 a Aus dem **Kleinen Walsertal.** Von Hirschegg oder Mittelberg über die Breitach ins Wildental und über sanfte Wiesenhänge entlang des Wildenbaches (schöner Wildental-Rundweg!) bis zum Anstieg zur Hinteren Wildenalpe, 1800 m, die auf breitem, in Kehren gebautem Wege in 2 st erreicht wird. Den ebenen Alpboden überschreitend erreicht man nach etwa 400 m, ein Gebirgswasser überquerend, den neu ausgebauten, bequem begehbaren Serpentinenweg. Er führt in vielen Kehren zur Kempter Scharte, aus der man die Hütte leicht absteigend erreicht. Hinterwildenalpe — Mindelheimer Hütte 1¼ st. (Nur für Schwindelfreie, im Winter mit Ski nicht begehbar!)

● 104 Von der Rappenseehütte, 4 st, siehe R 205.

● 104 a **Zugang im Winter vom Kleinen Walsertal** (nur für sehr erfahrene Hochalpinisten!).

Weg von Mittelberg bis zur Hinterwildenalpe wie R 103 a. Dann über die sanfte Ebene nicht zur Kempter Scharte, sondern südwestlich in der sich verengenden Talmulde in Richtung auf die zwischen Liechelkopf (rechts) und Angererkopf (links) herabführende Steilrinne. Durch diese (zuletzt extrem steil) hinauf (bei Lawinengefahr dringend abzuraten) in die rechte der beiden Scharten südöstlich des Liechelkopfes und jenseits hinab in das

nach O zur Mindelheimer Hütte führende Muldengelände. Zweite Möglichkeit (noch schwieriger): Hinauf in die Scharte nördlich des Liechelkopfes (von den drei Ausstiegsrinnen ist die mittlere die sicherste, die rechte unter allen Umständen zu vermeiden!), vgl. R 794, und nach dessen Überschreitung von N nach S in das südlich des Angererkopfes eingebettete Kar. Schwierige Hochtour (Wächten- und Lawinengefahr), die nur dem erfahrenen Bergsteiger vorbehalten bleibt.
Die früher üblich gewesenen Aufstiege

a) durch die sich zuletzt schluchtartig verengende Steilrinne zwischen Angererkopf und Mindelheimer Köpfln sowie

b) in die Einsattelung zwischen Südwestlichem Schafalpenkopf und Kempter Köpfl

werden seit langem nicht mehr begangen. Von beiden wird dringend abgeraten.

● 105 Von **Bödmen** über die Obere Gemstelalp auf bez. Weg über die Sterzerhütte am S-Fuße des Geishorns vorbei, 4 st.

● **106** Vom **Fiderepaß** (R 113) 3 st. Unmittelbar südlich der Fiderepaßhütte läßt sich der Schafalpkamm mühelos ostwärts des höchsten Schafalpenkopfes durch die Saubuckel- (auch Fidere-)scharte, 2210 m, überschreiten (markiert). Jenseits hinab ins Saubuckelkar und auf den in R 103 erwähnten „Krumbacher Höhenweg". (Schöne Winterfahrt für Geübte. Vorsicht vor Wächten am Kamm!)

● **107 Obere Haldenwangeralp** (Trifthütte) 1780 m, nördlich des Haldenwangerecks gelegen. Zugang von Einödsbach durchs Rappenalptal wie R 207 b. Mit Benutzbarkeit ohne vorherige Anfrage in Oberstdorf nicht zu rechnen.

● **108 Holzgauer Haus** (privat) und Berghotel Sonnfluh, 1512 m, ersteres 5 Min. nördlich Lechleiten, letzteres 15 Min. westl. Lechleiten; ganzj. bew.

a) Aus dem **Lechtal** s. R 94;

b) von der **Rappenseehütte** s. R 118;

c) aus dem **Rappenalptal** s. R 207 a, 208.

● **109 Bierwangalp,** etwa 1630 m,

in schöner Südlage im Alpweidegelände südlich des Fellhorns. Ausgebaute Alphütte mit reichlicher Unterkunftsmöglichkeit, sommers zuweilen, winters oft bewirtschaftet, vorzügliches Skigebiet.

a) Von Oberstdorf über Schwand, Ringang und Ebene auf bez. Wege in 3½ st.

b) Von Birgsau über Ebene auf bez. Wege in 2 st.

c) Von Schönblick über Schlappolt und Schlappoltalp in 2 st.

d) Fellhornbahn-Mittelstation (R 40) in wenigen Min.

● 110 **Kanzelwandhaus,** 1519 m (großes Haus — 200 B. — der Naturfreunde, ganzj. bew.), unterhalb der Bierwangalp am waldreichen Sonnenhang des Warmatsgundtales, dort wo die Alpenvereinskarte das Wort „Möseralp“ verzeichnet.

● 110 a **Hochleite,** 1185 m, am Südfuß des Söllerecks (privates Gasthaus).

● 110 b **Naturfreundehaus Freibergsee,** etwa 950 m. Zugang wie R 41.

● 111 **Schlappoltalp,** 1706 m, am gleichnamigen See in unmittelbarer Nachbarschaft der Fellhornbahn-Mittelstation (vgl. R 40). Zugang von Schwand und Faistenoy in der Birgsau, 2½ st. Nach Lawinenzerstörung 1951 wieder aufgebaut. Mit Benutzbarkeit nur nach vorheriger Vereinbarung zu rechnen.

● 112 Erholungsheim **Schönblick,** 1345 m, an der Bergstation der Söllereckbahn (Bergfahrt 11 Min. von der Talstation, dort P. und Postbus-H.). Tagesgaststätte in herrlicher Lage am N-Fuß des Söllerecks, von Oberstdorf auf mehreren bez. Wegen in 2½ st. Mehrere Ski-Schlepplifte, schönes Skigebiet, zahlreiche Abfahrten, vgl. R 40.

● 112 a **Berghaus Söller,** 1390 m, etwas oberhalb Schönblick, privates Gasthaus.

● 112b **Schrattenwang-Skihütte,** 1405 m, oberhalb Schönblick. Benutzbarkeit nur nach vorheriger Anfrage.

● 113 **Fiderepaßhütte,** 2070 m, DAV-Sektion Oberstdorf. Komfortabler Neubau, 100 L, bew. Pfingsten bis Mitte Oktober. In schöner Lage wenige Meter nördl. überm Fiderepaß, im Winter jedoch nur für den erfahrenen Skiläufer zugänglich. Nicht immer lawinensicher, vorherige Erkundigung in Schwand oder Mittelberg ratsam. Materialseilbahn aus dem Wildental ab Fluchtalpe mit Möglichkeit des Rucksacktransports.

a) Von Oberstdorf über Schwand, Ringang und Ebene ins Warmatsgundtal und weiter wie R 221, 5 st, bei Kfz.-Anfahrt ab P. Faistenoy/Birgsau knapp 4 st.

b) Von Mittelberg-Kleinwalsertal oder von Hirschegg zunächst wie R 103 a, dann über Alpböden, zuletzt steil in allgemein ostwärtiger Richtung zum Fiderepaß. 4 st.

c) Von der Mindelheimer Hütte in umgekehrter Richtung wie R 106. 3 st.

d) Vom Taufersberg in umgekehrter Richtung wie R 102 am Ende, 3 st.

e) Vom Berggasthof **Schönblick** (R 112) über den Kamm des Schlappolts und Fellhorns, dann ins Roßgundkar unter der Kanzelwand und durch dieses (die Roßgundalp ist verfallen) zur Kühgundalp, weiter wie a), 5 st (besonders lohnende Höhenwanderung!), oder — noch schöner, aber etwas mühsam — von der Kanzelwand hinüber zum Schüsser und westlich unter den Hammerspitzen hindurch zum Fiderepaß.

f) Seit Eröffnung der Kanzelwandbahn führt der bequemste Zugang in 2 st von der Bergstation durchs Roßgundkar und weiter wie e) zur Hütte, während die Benützung der Fellhornbahn bis zur Mittelstation (R 109) den ↗ a) auf 2½ st verkürzt.

● **114** **Rappenseehütte,** 2091 m (erbaut 1885, mehrfach, zuletzt 1966 erweitert, 400 L), auf begrüntem Hügel überm kleinen Rappensee gelegen, herrlicher Blick auf die Schafalpen jenseits des Rappenalptals. AVS Kempten, vom 20. 6. bis 15. 10. bew. Ein Winterraum im ersten Stock des Nebengebäudes mit Geschirr, Decken, 30 Matratzenlager, meist auch Holz. Materialseilbahn ab P 1178 (20 Min. oberhalb Breitengern) im Rappenalptal. Tel. 0 83 22 - 846.

● **115** a) Von **Birgsau** bequemer bez. Weg, 4 st. Auf der Straße gegen Einödsbach (für Kfz. verboten!) 7 Min. talein, dann bei Wegtafeln rechts auf dem gut ausgebauten Alpweg über die Stillachbrücke und jenseits durch Wald empor zur *Buchraineralp*, 1129 m, deren Hütten etwas rechts oberhalb bleiben. Leicht fallend hinab und entweder über den ersten Steg oder auf dem N-Ufer südwestlich talein bis zur Brücke über den Rappenalpbach, 1112 m, 50 Min. Jenseits in Kehren auf breitem Alpweg empor, an der Einmündung des von Einödsbach kommenden Fußwegs vorbei zur links bleibenden *Petersalp*, 1296 m, ½ st. Weiter auf gutem Steig in großen Kehren, teilweise durch Erlengebüsch hinan, auf eine begrünte Schulter, 1710 m, 1 st; dann die von tiefen Mergelrinnen durchzogenen Hänge der *Linkersalp* (R 122) (Gastwirtschaft Enzianhütte) querend, zuletzt in Kehren hinauf zum wenig ausgeprägten Sattel, 1919 m, östlich des Mußkopfes. Hier (Tafeln) Wegabzweigung über die Biberalp nach Lechleiten (R 118). Hier scharf links (südöstlich) und über schroffe Abstürze auf

Grashängen steiler empor zum Sattel am Seebichl (Stange), hinter dem die Hütte etwas tiefer liegt, 70 Min. Wegen der außerordentlichen Lawinengefahr im Winter und wegen der Steilheit kein Skiweg, s. R 117.

● 116 b) Von **Einödsbach** bequemer bez. Weg, 3½ st. Der Weg führt unmittelbar von der Westseite des Gasthauses hinab zum Steg über den Abfluß des Bacherlochs, 1093 m, hier ausgedehnte Wildbachverbauung und jenseits durch Wald leicht steigend auf eine Wiese. Hier Wegteilung: rechts Rappenalptal und Mindelheimer Hütte; zur Rappenseehütte am südöstlichen Ufer talein, dann ansteigend zum Weg R 115.

● 117 c) Aus dem **Hinteren Rappenalptal** zweigt 1¼ st von Einödsbach oder Buchrain entfernt (Wegtafel) bei der Körberholzstube (Teufelsstube, 1243 m) ein bez. Alpweg ab, der zunächst durch Wald, dann über freies Gelände an der Oberen Rappenalp vorbei zu dem westlichen Hange des Mußkopfes und über ihn zum Weg Rappenseehütte — Lechleiten (R 118) führt. Weiter wie dort. Vom Tal 2½ st, etwas beschwerlich, einziger Winterzugang, unterm Mußkopf lawinengefährlich.

● 118 d) Von **Lechleiten** (R 94), bez. Weg, 2½ st, leicht. Vom Dorf nordöstlich zur Lechleitner Alp, 1783 m, ½ st, bew. Unterkunft, dann am östlichen Hang des breiten, ebenen Sattels „Am Schänzle“ leicht ansteigend in einer Mulde zum höchsten Punkt der „Schloßwand“, 1876 m, und waagrecht hinüber zur *Oberen Biberalp,* ½ st, die auf den flachen Böden südlich des Mutzenkopfs (Mußkopf) liegt. Nordöstlich hinab in den tief eingerissenen Mutzentobel und jenseits noch fallend um die Westhänge des Rappenköpfels (botanisch ungemein interessant) herum zur Schafalp; nun wieder mäßig ansteigend in die breite Mulde, durch die der Abfluß des Rappensees kommt, der weiter unten den Körbertobel bildet. Ihn überschreitend, die Südhänge des Mutzenkopfes (Mußkopfs) hinauf und hinüber zum Sattel, 1919 m, 1 st, wo man den Weg R 115 trifft. Bei durchaus sicheren Verhältnissen für sehr erfahrene Läufer mit Ski begehbar, wobei der Mutzentobel tiefer unten (etwa bei P. 1600) gequert wird.

● 119 e) Aus dem **Lechtal** (Steeg) durch das **Hochalptal.** Von der ersten Kehre westlich der Lechbrücke (1137 m, von hier 3½ st, markiert, etwas Übung erforderlich) zwischen Steeg und Ellenbogen auf Alpweg durch den Hochalpwald westlich des ungangbaren Hochalptobels empor, das von Westen kommende Steinertal überschreitend und durch den Wald talein über die Mittlere Hochalpe. Nun hinauf bis vor einen großen Querriegel, vor dem der Weg sich scharf nach rechts in großem Bogen zu den rechts oben sichtbaren Hochalphütten wendet. Nicht hier hinüber, sondern im Talgrunde bleibend hinauf zu dem Querriegel. Dahinter zunächst über einen ebenen ehemaligen Seeboden, dann im Grunde des Wiesleskars empor bis zu seinen oberen schrofigen Abstürzen, die entweder gerade nach Norden durchstiegen oder (Achtung auf Steinfall!) in einer großen Geröllrinne am Nordwestfuß des Hohen Lichtes umgangen werden. Man trifft in beiden Fällen den von der Rappenseehütte zum Hohen Licht führenden Weg (R 204). Westlich eben zur Großen Steinscharte, 2263 m, und hinab zur Rappenseehütte. Bei sicherem Schnee auch mit Ski befahrbar.

● 120 f) Von **Holzgau** durch das Schochenalptal, bez. Weg, 5½ st. Nach Norden am Ufer des Höhenbachs (Heckenbachs) auf gutem Weg durch hübsche Klammbildungen talein, am Simswasserfall vorbei bis zur Brücke über den Roßgumpenbach, etwa 1320 m, 1¼ st, hier Wegteilung: Rechts über das Mädelejoch zur Kemptner Hütte (R 127), links in ungefährer Westrichtung zunächst am nördl. Ufer des Schochenalpbachs, nach 25 Min. den Karlesbach überschreitend, zur Mittl. Schochenalp, 1577 m, ¼ st.

Weiter talein, über den Bach und jenseits in Kehren zur *Hinteren Schochenalp,* 1832 m, 40 Min. Später wieder über den Bach und zu einem kleinen Kar mit dem Schochenalpsee, 1960 m, 20 Min. Hier verläßt der Weg das Haupttal und steigt zunächst in rein westlicher Richtung, später mehr nach Nordwesten wendend, empor zur Kleinen Steinscharte, 2541 m, 1½ st, wo er den Heilbronner Weg (R 204) trifft. Auf ihm zur Rappenseehütte, ¾ st. Hochalpine Skifahrt für erfahrene Läufer.

● 121 g) Vom Waltenberger-Haus siehe Heilbronner Weg (R 204).

● 122 **Enzianhütte** auf der **Linkersalp,** 1770 m.
Sommerwirtschaft mit Übernachtungsmöglichkeit, auf bez. Wege wie R 115 in 2½ st von Birgsau.

● 123 **Waltenberger-Haus,** 2084 m (erbaut 1875, erweitert 1908 und 1977, 70 L, Tel. 0 83 22 - 21 30). AVS Allgäu-Immenstadt, Pfingsten bis Anfang Oktober bew. Winterraum unter dem Erdgeschoß ohne Heizmöglichkeit. Am Rande des Bockkars zu Füßen der Berge der Guten Hoffnung hoch über dem Bacherloch gelegen. Besonders schön der Blick auf die Umrahmung des Bacherlochs. Ein Steiglein führt vom Haus wenige Min. nördlich, wo sich der Blick in das Mädelegabelkar mit der darüber aufragenden Westwand der Trettachspitze öffnet. Zugang im Winter sehr lawinengefährdet.

● 124 a) Von **Einödsbach,** bez. und vers. Weg, 2½ st; die Stufen bei der Kapelle empor, dann am rechten Talhang des Bacherlochs einwärts, am Kuhstall der Bacheralp, 1174 m, 10 Min., links vorbei, nach weiteren 3 Min. letztes Hüttchen vor dem Schutzhaus. In mäßiger Steigung talein, über Grashängen und Trümmerhalden, steinschlaggefährlich, später in Kehren und zuletzt fast waagrecht zum Talschluß in der Nähe des Schneelochs, 1½ st von Einödsbach; wieder in

Kehren hinan, dann in nördlicher Richtung auf versichertem Wege durch den nassen Felsabsturz des „Wändle" (im Winter wegen Vereisung nicht gangbar). Bei einem Grasköpfl, 20 Min., erreicht man den großen Absatz über der Steilmauer; dann über Gras und Geröll zum bald sichtbar werdenden Haus, 40 Min.

b) Von der **Rappenseehütte** siehe R 204.

● **125** **Kemptner Hütte,** 1846 m (erbaut 1891, mehrfach erweitert, 325 L). AVS Kempten, vom 15. Juni bis Mitte Oktober bew. WR (AV-Schlüssel) mit 15 L., Decken, Geschirr, meist auch Holz. Materiallift ab Sperrbachtobel-Ausgang. Tel. 08 31 - 6 36 08.

Lage auf den grünen Hängen der Obermädelealp unter den zerborstenen Mauern des Kratzers. Zugang von Spielmannsau im Winter sehr lawinengefährdet. Die unter R 126, 127 beschriebenen Wege sind Teilstücke des Europäischen Fernwanderweges Nr. 5 (vgl. R 923).

● **126** a) **Von Spielmannsau,** bez., guter (für Kfz. verbotener) Weg, 2½ st, zuerst im Talboden der sog. Oberau, an einer Kapelle und einer Alphütte vorüber, dann zeitweise ansteigend am östlichen Hang durch Wald talein zur Einmündung der bis tief in den Sommer hinein schneegefüllten Trettachrinne. Auf einem Steig über den Auslauf des im Winter und Frühjahr wegen seiner Lawinengefährlichkeit berüchtigten Sperrbachtobels, 1226 m, 50 Min. Jenseits in Kehren über steiles Gras empor zu P. 1381 („Am Knie"), Marterl, und dann ein wenig fallend talein zur zweiten Brücke über den Sperrbach, 1367 m, 25 Min. Weitere 20 Min, am Nordhang des Tales ansteigend gewinnt man den Eingang des oberen Sperrbachtobels (im Hintergrund der Muttler), durch dessen meist wasserüberronnene nördliche Wände der Pfad ansteigt. Über Grashänge weiter, am Turbinenhaus vorbei zu einem dritten Steg und in einigen Kehren zur Hütte, 1 st. Der Sperrbachtobel ist bei starkem Regen von Steinschlag und Muren bedroht.

● **127** b) Von **Holzgau,** bez. Weg, 3½ st. Vom Dorf wie bei R 120 zur Einmündung des Schochenalptals, 1½ st. Nach der Brücke in einer Kehre den westlichen Talhang des hier tief eingerissenen Roßgumpenbachs hinan, dann empor zur Oberen Roßgumpenalp, 1690 m. Nun, den Roßgumpentobel rechts

unten lassend, zuletzt nordwestl. abbiegend, über Weidehänge hinauf zum Westlichen *Mädelejoch,* 1974 m, Landesgrenze, 1 3/4 st; jenseits zunächst nordwestlich, dann nördlich in weitem Bogen über Weidehänge hinab zur Kemptner Hütte, 15 Min. Im Winter weniger lawinenbedroht als a).

● 128 **Wildenfeldhüttchen,** 1694 m, verschlossen, keine Unterkunft, Stall baufällig, nur als Unterstand benützbar. Auf ebenem Absatz zu Füßen der W-Wände des Großen Wilden.

a) Von Oberstdorf wie R 140 in 5 st.

b) Aus dem Bärgündeletal in umgekehrter Richtung wie R 215. Von Hinterstein 5 st.

c) Vom Luitpoldhaus in umgekehrter Richtung wie R 140.

d) Vom Nebelhornhaus wie R 200 a, 202, 4 st.

● 129 **Nebelhornhaus** (Edmund-Probst-Haus), 1920 m (erbaut 1890, mehrfach erweitert, 140 L). AVS Allgäu-Immenstadt, Weihnachten bis Ende Okt. bew. Auf den Hängen der Oberen Seealp frei gelegen; im Hintergrund die einförmigen Hänge des Nebelhornzugs, im S und SW weite Aussicht auf die Allgäuer Berge und den Bregenzer Wald; besonders eindrucksvoll die Höfats.
Dicht nebenan die Bergstation der Nebelhornbahn mit Hotel und Restaurant, auf halber Strecke Station Seealp (umsteigen), vgl. R 40. Sessellifte ab Bergstation 1929 m zum Nebelhorngipfel, 2224 m, und zum Koblat-Plateau, 2100 m. Schlepplifte, gutes Skigelände.

● 130 a) Von **Oberstdorf** über die **Vordere Seealp,** bez. Weg, teilweise steinig, 3 st. Durch die Oststraße über die Mühlbrücke auf der Fahrstraße zum Kienberg, bis sie sich nach rechts zum Hang hinauf wendet. Hierher auch vom Bahnhof durch die Neubaustraße beim Elektrizitätswerk links vorbei und über die Plattenbichlbrücke; dann rechts durch Anlagen und an der Schießstätte vorbei. Hier geradeaus (links) weiter, durch den Auslauf der großen Sprungschanze zur Brücke und über den Faltenbach, 1/4 st. Jenseits entweder gleich nach der Brücke (Wegtafel) nach rechts durch den **Faltenbachtobel,** hübsche Wasserfälle und Klammbildungen, oder: den *Fahrweg* noch einige Minuten verfolgend, bis eine Wegtafel nach rechts weist, wo ein Fußsteig in bequemen Kehren über den ziemlich freien Hang emporführt (Fernsprechleitung) und zuletzt flacher zu einer Alplichtung „Hafnerlesloh" leitet, wo von links ein Fahrweg heraufkommt. Auf diesem steigend weiter, dann eben durch Wald einwärts; von rechts mündet hier der Tobelweg ein, 1167 m, Tafel, 40 Min.; durch Wald in Windungen empor zum geräumigen Kessel der Vorderen Seealp, 1282 m, ¼ st, ganzjährig bew., Mittelstation der Nebelhornbahn. Wer's ganz bequem haben will, wählt die neue der Bewirtschaftung der Seealp und der Nebelhornbahn dienende geteerte Fahrstraße (für Kfz. gesperrt)! Die n.o. über der Alpe am Geißfußkamm sichtbaren Lawinenverbauungen sollen eine weitere Bedrohung der Mittelstation und der Nebelhorn-Skiabfahrt verhindern. Ab Vord. Seealp zunächst fast eben, dann ansteigend zum Talschluß, ¾ st; hier in Kehren am nördlichen, latschenbesetzten Hang empor, höher oben nach O über den „Kalten Brunnen" und unter der schon von unten sichtbaren Felswand, 1698 m, hindurch; Einmündung des Weges R 132, 25 Min. In Kehren östlich empor zum Haus, 35 Min.

● 131 b) Über das **„Gleit" bez., gut angelegter, versicherter Weg, teilweise über steile Grashänge, Trittsicherheit nötig.** Vom Oytalhause (vgl. R 45) 2½ st: talein über den Steg, dann nach 3 Min. links ab an einem Baumstumpf mit Bank vorbei, wo der Weg über die Weideflächen deutlicher wird; zunächst weit nach O unter den zweiten Wasserfall rechts vom Seealpfall hinüber, dort über die Gleitreiße empor und wieder über den Bach, 1260 m, zurück. In Kehren den freien Hang hinan, dann eine tiefe Runse, 1649 m, ausgehend nach links (Westen), dann kurz leicht fallend zum Seealpkessel, unten der Seealpsee mit 42 m Tiefe der tiefste und wohl auch der landschaftlich schönste der Allgäuer Hochgebirgs-Seen, 1628 m hoch gelegen. Die vom Bischof von Augsburg im Jahre 1660 an seinem Ufer errichtete Jagdhütte kann als erste touristische Unterkunft im Allgäu angesehen werden. In der heute dort stehenden Hütte (meist verschlossen), wenn geöffnet, beschränkte Unterkunft. Am O-Hang des Kessels zur Hinteren Seealp, 1742 m, 2 st. Weiter über sanfte Hänge nordöstlich empor gegen die Kuppe des Zeigers, unter der man den vom Luitpold-Haus kommenden Höhenweg trifft, der zu den Hütten der Oberen Seealp und dem unmittelbar darüberliegenden Nebelhornhaus führt. Man hüte sich im Abstieg, den Weg oberhalb des Seealpsees zu verlassen. Die unterhalb des Sees liegenden, zunächst gut gangbaren Halden brechen in das Oytal mit jähen Wänden ab, die schon wiederholt Opfer gefordert haben. (Vgl. R 689).

● 132 c) Von der Geißalp, bez. Weg, 3 st. Der landschaftlich schöne Weg führt am Osthang des Geißbachtales hinan über die beiden Talstufen, die der Untere, 1509 m, und der Obere Geißalpsee, 1769 m, schmücken; der Weg leitet an beiden Seen östlich vorbei; links Einmündung des bez. Weges aus dem Retterschwang (R 133), unter den Hängen des Gundkopfs, 1960 m, 2¼ st; südwestlich hinan zum Sattel zwischen diesem und dem Geißfuß, 1980 m. Jenseits in Windungen südöstlich hinab in den Kleinen Gund und ansteigend über die von P. 2062 nach Süden ausgehende Rippe in den Großen Gund. Hier Wegteilungen:

1. links unter den Südhängen des Gundkopfs hindurch und in Kehren den Südwestrücken des Nebelhorns hinan zu dessen Gipfel, 1 st, und auf dem gewöhnlichen Anstieg hinab zum Haus, ½ st; oder:

2. rechts den ganzen großen Gundkessel querend und über die ziemlich steile, östliche Begrenzungsrippe des letzteren, die vom Nebelhorn nach Süden zieht, im Zickzack empor und jenseits fast waagrecht zum Haus. Die Querung des südl. vom Gundkopf eingebetteten Kars „Großer Gund" hat im Frühsommer 1962 zwei Todesopfer gefordert. Der sonst harmlose Steig birgt bei Schneebelag wegen der unterhalb befindlichen Wandabbrüche Gefahren!

● 133 d) Von **Bad Oberdorf** durch das **Retterschwang** (für Kfz. gesperrter) Fahrweg, später bez. AV-Weg, landschaftlich schön, 6—6½ st. Entweder gleich südlich von Bad Oberdorf oder zuerst bei Bruck von der Straße nach Hinterstein über die Ostrach und zum *Horn-Café*, 1 st, hoch am nördlichen Talhang über die Bsonderach. Weiter talein (etwas abseits der Straße die Hornkapelle), leicht fallend, über den Bach, 1045 m, und durch Wiesen nach *Mitterhaus*, 1082 m, große Sennalp, Erfrischungen, 1 st. In dem nach S umbiegenden Tal im Angesicht der N-Abstürze des Nebelhornzugs weiter zur Alphütte „Bei den Ställen", 1129 m; bald wieder auf das linke Ufer des Bachs, ½ st. Im sich verengenden Tal steiler aufwärts zur Hinteren Entschenalp, Wankhütte, 1452 m, ¾ st, und auf den breiten Hängen südwestlich empor gegen den Sattel *„Am Gängele"*, etwa 1850 m, zwischen Entschenkopf und Gundkopf, 1½ st. Dann versichert in steilen Schrofen südlich empor und später leicht fallend hinüber zum Weg R 132, 15 Min., der von der Geißalp heraufführt und wie dort zum Haus.

e) Vom *Prinz-Luitpold-Haus* s. R 200 a.

● 134 **Nebelhorn-Gipfelhütte,** 2225 m, auf dem Nebelhorngipfel (Gaststätte).

● 135 **Geißalp,** 1149 m, s. R 44.

● 136 **Falkenalp** unterm Schnippenkopf, etwa 1600 m, Zugang von Reichenbach über Geißalp, 2¼ st. Nur Notunterkunft.

● 137 **Seealpseehütte** am Seealpsee, 1629 m, Zugang vom Nebelhornhaus (¾ st) oder aus dem Oytal (2 st). (Nachfolgerin der ältesten alpinen Unterkunftshütte im Allgäu, die 1660 hier erbaut worden war, s. R 131.)

II. Hindelanger Gebiet

● 138 **Prinz-Luitpold-Haus** (erbaut 1881, mehrfach, zuletzt 1975/77 erweitert, 231 L), 1847 m, AVS, Allgäu-Immenstadt, Pfingsten bis Mitte Oktober bew., hinterm Haus die hübsche (nur mit AV-Schlüssel zugängliche) Winterhütte. Materiallift ab Pointalp. Lage: auf felsigem Querriegel, der vom Fuß des Wiedemers zum Glasfelder Kopf zieht und das große Kar „Oberes Tal" unten begrenzt. Nächst der Hütte ein kleiner See, dahinter der zackige N-Grat der seltsam gefalteten Fuchskarspitze. Das Kreuz des Hochvogels scheint auf dem Gipfel der Kreuzspitze zu stehen, der jenen vollständig verdeckt. Im W jenseits des Tals der markante, aus roten Hornsteinkalken aufgebaute Saloberkamm, dahinter die Daumengruppe. Winterzugang nicht immer lawinensicher.

● 139 a) Von **Hindelang.** Wie R 72 durch das Hintersteiner Tal zum Giebelhaus (für Kfz. gesperrt), wo die beiden Quellbäche der Ostrach, Bärgündele- und Obertalbach, zusammentreffen. Ab hier durch das linke (östl.) der beiden Täler dem Bärgündelebach folgend entweder am linken oder am rechten (vorzuziehen) Ufer zur Pointhütte, 1320 m, 50 Min.; kurz vor der Materialseilbahn aufs Prinz-Luitpold-Haus. Am Weg zweitausendjährige Eibe. Weiter in großem Linksbogen, den hier Stierbach genannten Hauptstrang des Gewässers überschreitend zur Unteren Bärgündelealp, 1323 m. Abkürzer: Von den Hirtenhütten P. 1179 ab auf hübschem Fußpfad durch Wald, bald über den Bach und jenseits in Kehren hinauf zur Unteren Bärgündelealp, wo der Fahrweg von der Pointhütte her endet. Weiter südöstlich aufwärts, vorbei an der Melkhütte, 1702 m, über den Bärgündelebach auf das westliche Ufer und hinauf zum Fuß des Wiedemers, wo man auf den vom Nebelhornhaus kommenden Weg (R 200 a) unmittelbar westlich der Hütte trifft, 1³/₄ st.

● 140 b) Von **Oberstdorf** über das **Himmeleck,** bez. Weg, 6 st. Vom *Oytalhaus* über den Steg auf die nördliche Talseite und im weiten Talgrund einwärts. Bald wird die Wilden-Gruppe sichtbar, später erscheint rechts der Zacken der Kleinen Höfats; dann Einblick in den Rauhenhalstobel mit den Nordwänden der Höfats. Nach dem links bleibenden Prinzenkreuz über die Brücke des Stuibenbachs. 35 Min., und jenseits *nicht* zur sichtbaren Gutenalp, sondern auf kurze Zeit unauffälligen Pfadspuren bei einigen Fichten nach rechts aufwärts folgend, zu der nicht gerade landschaftsfreundlich ausgebauten Alpstraße, die in gleichmäßiger Steigung unter den Abstürzen des Seilhenkers hindurchführt. Nach 25 Min. quert der Weg auf Brücke, 1259 m, den Stuibenbach dicht unterhalb seines Falls.

Bei Lawinengefahr geht man von der Brücke beim Prinzenkreuz im Talboden einwärts und steigt erst im Talschlusse an, wobei man den Fahrweg vor der Stuibenfallbrücke wieder erreicht; dann in Kehren hinan in das von Höfats, Rauheck und Wildengruppe umschlossene Trogtal, in dessen Hintergrund die *Käseralp* (1406 m, einfache Übernachtungsgelegenheit während der Alpzeit) liegt, ¹/₂ st. Bei der Hütte scharf nordöstlich den Hang empor und durch Latschen in Kehren hinauf zum *Wildenfeldhüttchen,* Gutenalp, 1695 m, ³/₄ st (keine Unterkunft). Statt im Trogtal bis zur Käseralp zu gehen, kann man schon früher über die Hänge zur Linken, in südöstlicher Richtung ansteigen, wobei man früher oder später den von der Käseralp kommenden Weg trifft. Nun nördlich weiter über das *Himmeleck* zum Luitpoldhaus (vgl. R 202). Bis zum Himmeleck schöne Skitour für sichere Läufer. Von hier zum Luitpoldhaus lawinengefährdet und nur bei durchaus sicheren Verhältnissen anzuraten. Hübsche Variante: Bei der ersten Kehre nach der Stuibenfallbrücke zweigt links (Tafel) der bis auf weiteres gesperrte **Geißbachtobelweg** ab. Er führt am nördl. Hang des Geißbachtobels empor zum kleinen Kessel nördlich des *Mittelecks,* 1822 m, 1¹/₂ st (R 200) und ist infolge abgerutschter Grashalden und schmieriger Felsschrofen auf unabsehbare Zeit ungangbar (botanisch besonders interessant. Selbst im Falle der Instandsetzung bei Schnee, Eis und Nässe dringend zu widerraten).

● **141** c) Von **Hinterhornbach,** bez. aussichtsreicher Weg, 4½ st. Zunächst nördlich durch ein kurzes Waldstück und Hochvogel (vgl. R 415) abzweigt. Nun leicht fallend (55 m Gefälle) und wieder ansteigend unter dem Nordostkamm des Hochvogels im quellenreichen Kuhkar hindurch zum Fuchsensattel, 2043 m, 25 Min., der Senke zwischen Hochvogel und Roßzahn-Gruppe. Hier biegt der Weg scharf nach W um und leitet ein kurzes Stück durch Schrofen, dann mäßig fallend durch Geröll im weiten Fuchskar abwärts, bis zum Trümmerfeld des Salzbodens, etwa 1891 m, ¼ st. Nun in gleicher Richtung zunächst über Gras, dann über Geröll unter dem Firnfeld im Kalten Winkel empor bis zum „Sättele", 2136 m, 35 Min., am Hochvogelweg; auf diesem nach Nordwesten zur Balkenscharte, 2156 m, ¼ st, und jenseits hinab zum Hause, ½ st.

● **142** **Laufbichlalp,** etwa 1200 m im Obertal, 2 km w. vom Giebelhaus, Notunterkunft (Anfrage ratsam).

● **143** **Schwarzenberghütte** der DAV-Sektion Illertissen am Unteren Schwarzenberg, 1380 m, 54 L. Anfang Mai bis 15. Oktober bew., Winterbetrieb. Von der Giebelhausstraße R 72 (Abzweigung nach rechts am Hinteren Erzberghof) oder unmittelbar vom Giebelhaus in 1 st zu erreichen.

● **144** **Giebelhaus,** 1066 m, ganzjährig bew. Berggasthaus, jedoch keine Übernachtung. Endpunkt der von Hinterstein ins innere Ostrachtal führenden Forststraße. Private Omnibusverbindung, vgl. R 72.

● **145** **Willersalp, 1456 m.**

Meist bew. Alphütte, Unterkunft für 60 Personen. Während der Jagdzeit (Mitte Sept. bis Mitte Okt.) geschlossen.

● **146** a) Von **Hinterstein,** bez. Weg, 1½ st: beim Whs. „Zum Grünen Hut" über sanfte Alpflächen fast östlich in den Hochwald (Futterstädel) und in ihm aufwärts zum Bachgrund und Steg über den Willersbach. Der Alpweg geht nun am Südufer des Bachs steil und steinig empor, während der

AV-Weg (Tafel) in Kehren durch Wald emporführt und sich mit dem ersteren wieder da vereinigt, wo er in geringerer Steigung auf die Alpfläche austritt, 1311 m. Nun östlich weiter und über die welligen Böden des großen Kessels zur Alp. Skiabfahrt im Mittelteil recht steil, meist ausgefahren. b) Vom **Prinz-Luitpold-Haus,** umgekehrt wie R 200.

● **147** **Mitterhausalp,** 1081 m, im Retterschwangtal, geeignet als Stützpunkt für Touren in diesem Tal (2 st von Bad Oberdorf). Beschränkte Übernachtungsmöglichkeit, vorherige Anfrage!

III. Hornbach-/Roßkargruppe

● **148** **Hermann-von-Barth-Hütte,** 2131 m (erbaut 1900, 50 L, Tel. 0 56 34 - 212, kein WR.!). AVS Düsseldorf, von Pfingsten bis Mitte Oktober bew. Im Wolfebnerkar in herrlicher Felsumgebung gelegen mit Blick auf die Lechtaler Alpen mit Parseier-, Wetter- und Freispitze. Wasser in der Mulde östlich der Hütte am Weg nach Elbigenalp. Benutzbarkeit außerhalb der Bewirtschaftungszeit in Elbigenalp erfragen! Materiallift ab Kögelehütte.

● **149** a) Von **Elbigenalp,** vgl. R 89, bez. Weg, 2¾ st, zum Ölberg und durch den Kögele- und den Klapfwald zur Talstation der die Hütte versorgenden Materialseilbahn, 1460 m (bis hierher Fahrweg für geländegängige Fahrzeuge). Von hier durch Wald hoch überm Einschnitt des Balschtetobels an dessen O-Flanke aufwärts, bis der Bach oberhalb der Balschtenhütten bei P. 1659 überschritten wird, 1½ st. Nun scharf links (südlich) und bald in Kehren ungefähr westlich empor zum Wolfebnerkar und auf dem Höhenweg nach links an der Quelle vorbei zur Hütte, 1¼ st.

● **150** b) Von der **Kemptner Hütte** und vom **Kaufbeurer Haus** s. R 203.

● **151** c) Vom Märzle, 3 st, bez. Weg, s. R 211. — Von Hinterhornbach über den Schöneckersattel, s. R 212.

● **152** **Bernhardseckhütte,** 1802 m. Privates Berggasthaus in herrlicher Lage auf dem Bernhardseckrücken oberhalb Elbigenalp. Sommerwirtschaft.

a) Von Elbigenalp auf bez. Wege in 2 st.

b) Von der Kemptner Hütte wie R 210 b in 3 st.

● **153** **Kaufbeurer Haus,** 2007 m (erbaut 1905, 34 L). AVS Allgäu-Immenstadt. Vom 20. Juli bis 15. Sept. Samstag und Sonntag einfach bew., sonst unbew. (vorherige Erkundigung im Hinterhornbach); im Urbeleskar auf begrüntem Absatz mit Blick auf die zerklüftete Roßzahn-Gruppe und den Hochvogel jenseits des Tals.

● **154** a) Vom Whs. **Hinterhornbach** (bis dahin für Kfz. befahrbare Straße, P), 2 1/2 st, bez. Weg; südwestlich hinab zum Bach; jenseits der Brücke, 1084 m, über Wiesen in den ausgedehnten Urbeleskarwald, durch den der gute Weg in vielen kurzen Kehren, zweimal in großen Windungen nach W ausbiegend, emporzieht zum Karköpfl, etwa 1800 m, 2 st, wo er auf die freien Hänge unter dem Urbeleskar austritt. Nun südwärts links der Untern Schießmauer hinan zur Hütte, 1/2 st. Mit Ski ohne Schwierigkeit.

● **155** b) Zugang von **Häselgehr** (Lechtal) durchs Haglertal und aus diesem rechts abbiegend über Schwärzer Scharte, 4 st.

● **156** c) Von der **Hermann-von-Barth-Hütte** s. R 203.

IV. Kleinwalsertal und angrenzender Bregenzer Wald

● **157** **Schwarzwasserhütte,** 1626 m.
AVS Schwaben, 100 L, ganzjährig bew. Hütte am Übergang über den Hochgerachsattel nach Schönenbach und das Starzeljoch nach Schoppernau; gutes Skigelände. Materiallift zur Hütte ab Melköde.

● **157a** Durch das **Schwarzwasser-Tal** von *Riezlern,* 2 3/4 st, teilweise bez. Weg, auch bester Skiweg; zur Breitachbrücke; jenseits auf Sträßchen an einzelnen Höfen des Weilers Seite vorbei auf dem vom Heuberg herabziehenden Rücken südwestlich hinan. Nach 3/4 st mündet von links her der von Hirschegg und Mittelberg kommende Weg ein. Von *Hirschegg* hierher 20 Min.; der bez. Weg führt östlich am Ghs. zum Kreuz vorbei über die Einzelhöfe Oberhirscheggs und Schöntels hinauf zu dem von Ahorn (Wegtafel) wenig ansteigend am Osthang des Heubergs herüberleitenden Weg, den man von *Mittelberg* kommend benützt; von dort 40 Min. Gleich darauf liegt rechts die drahtumzäunte Fuchsfarm, von wo der Weg leicht fallend die Sohle des Schwarzwassertals gewinnt (vorher am Waldrand rechts Abzweigung zum Strudelloch der sogenannten Wassermühle, auf der Wegtafel als Gletschermühle bez.), die er bei der *Schröflersäge* überschreitet.

Zwischen Fuchsfarm und Säge zweigt links ein Alpweg ab, der weiter und teilweise recht naß, aber aussichtsreich an den NW-Hängen der Alpen Walmendingen, Galt- und Melkochsenhof zur Schwarzwasserhütte führt.

Der gute Weg führt nun fast eben durch Wald taleinwärts, läßt nach 20 Min. (1238 m) das Hotel Auenhütte (bis hierher für Kfz. befahrbar, P 300 Kfz.) rechts liegen und führt gleich darauf wieder auf das rechte Ufer des Baches zurück. Hinterm Hotel Aualpe Skilift und die den Besuch der Ifenhütte (R 160 a) abkürzende Schwebebahn (Doppelsessel). Schönes Skigebiet, durch den Skilift Ifenhütte — mittl. Spitzecke (Hahnenköpfle) ideal erschlossen (mehrere bis 6 km lange Abfahrten. Lit.: BK 1973 Nr. 3, S. 66). Wintersüber Sesselbahn Ifenhütte — Gottesackerplateau.

Nachdem der Weg bald hernach wieder das linke Ufer gewonnen hat, beginnt er etwas mehr anzusteigen und führt durch die romantische Landschaft eines alten Bergsturzgebietes, über der die Ifenmauer herabschaut, hinein in den breiten, ebenen Talschluß der *Melköde*, 1353 m, ¾ st. Bei der letzten Alphütte führt der bez. Karrenweg nun nördlich des Schwarzwasserbachs über teilweise sumpfige Hänge hinan, überquert später den Bach und steigt weiter hinauf zum flacheren Boden der Schwarzwasseralp, an dessen Nordrand die Hütte (Fußsteig, Tafel) auf einem Rücken liegt, 50 Min.

● **157 b** Von **Schoppernau** im Bregenzer Wald, 856 m, 4 st vom Endpunkt Bezau der Bregenzer-Wald-Bahn entfernt im Tal der Bregenzer Ache gelegen, 3 st zur Hütte. Entweder: a) Vom Ostrand des Dorfes ostwärts auf Alpweg zum N-Hang des Schreckbachs und taleinwärts zur *Pisialp*. Nun am SW-Hang des Grünhorns empor zum südlich von diesem eingeschnittenen *Starzeljoch*, 1868 m, Zollgrenze zwischen Deutschland und Österreich, 2½ st. Jenseits kurz abwärts, dann am Südosthang des Grünhorns hinüber zu einer Einsenkung in seinem Ostrücken und nun nördlich hinab zur sichtbaren Hütte, ½ st. Oder (wesentlich schöner und kaum länger) b) vom W-Rand des Dorfes über die Zuben- und Falzalp zur Neu-Hornbachhütte (s. R 164 b), von hier zum Starzeljoch und weiter wie a).

● **157 c** Diesen Wegen ist von Skiläufern die Fahrt von Schoppernau nördlich über die Didamsalpen zum SO-Hang des gleichnamigen Kopfes und von da östlich über die breiten Kammböden zum Sattel zwischen Hählekopf und Steinmanndl und weiter zur Hütte bedeutend vorzuziehen. Er ist durch den von Schoppernau in 2 Teilstrecken zum Didamskopf hinaufführenden Sessellift Didamskopf I (Länge 2119 m, Höhenunterschied 791 m) und Didamskopf II (Länge 1655 m, Höhenunterschied 389 m) wesentlich erleichtert.

● **157 d** Von Mittelberg, 3 st, bez. Weg vom Westrand des Dorfes führt der sogenannte Promenadeweg zum Erlenboden. Nach dem ersten einzelstehenden Haus zweigt von ihm (Wegtafel) rechts ein zunächst undeutliches Steiglein ab; es führt über die Wiesenhänge westlich aufwärts zur Bühlalp; dann bald deutlicher werdend (immer prächtigerer Blick auf die Nordflanke des Widdersteins) durch Wald und über Alpflächen in wechselnder Steigung unterm Walmendingerhorn hindurch an der Stutz- und Lüchlealp vorbei, dazwischen den tiefen Tobel des Lichelbachs ausgehend, zum weiten, grabendurchrissenen Kessel der Starzelalp. Hier kommt (Wegtafel) von links ein Alpweg von Baad herauf. In der Mulde unter dem Grünhorn nördlich empor und weiter wie bei R 157 b.

● **158 Mahdtal-Alphütte (Höfle),** 1192 m, im unteren Mahdtal bei Riezlern-Innerschwende. Erkundigung in Riezlern ratsam.

● **159 Mahdtal-Haus,** 1150 m, Sektion Stuttgart, 35 L, ganzj. bew. P. Schneeketten!

● **160 Sporthotel Auenhütte,** 1307 m, s. R 157 a.

● **160 a Ifenhütte,** 1600 m, 1 st oberhalb des Hotels Auenhütte im Schwarzwassertal, ganzjährig bew., privat. Sesselbahn ab Auenhütte.

● **161 Bärguntalp,** 1380 m, private Bergwirtschaft.

● **162 Obere Widdersteinalp,** etwa 2000 m, am Weg vom Gemstelpaß zum Widderstein (vgl. R 222), privat, vorherige Anfrage zweckmäßig.

● **163 Kanzelwand-Bergstation,** 2000 m. Gaststätte, keine Übernachtung.

● **164a Schönenbachalpe** unterm Didamskopf mit einigen Berggasthäusern, 1025 m, 2 st von Sibratsgfäll; 2 st (Fahrstraße) von Bizau.

● **164 b Neuhornbach-Hütte,** 1710 m, 50 L, sommers und winters bew. (vorherige Anfrage!). 2½ st von Schoppernau, in aussichtsreicher Lage, ¾ st westl. unterm Starzeljoch.

Übergang zur Schwarzwasserhütte über Starzeljoch — Ochsenhofer Scharte $1^1/_2$ st, nach Baad 2 st, zum Walmendinger Horn $2^1/_2$ st, zur Didamskopfbahn-Mittelstation 1 st. Materialbahn ab Schoppernau.

V. Bergland westlich der Iller

● **165 Alpe Eck,** mit Allgäuer Berghof, 1165 m, komfortables Berghotel unterm Ofterschwanger Horn mit angeschlossener Alpwirtschaft, Hallenbad, Zugang von Ofterschwang und Gunzesried (Autostraße mit Maut, vgl. R 35), Sessellift von Gunzesried bis zum Hotel, gutes Skigebiet mit Schleppliften, Anschluß an Skizirkus Hörnergruppe.

● **165 a Skihütte Ober-Eck-Alp,** 1237 m, am Ofterschwanger Horn (Sektion Memmingen des DAV).

● **166 Wiesenbaude** auf der Kahlrückenalpe unter dem Rangiswanger Horn, 1170 m, Zugänge von Sigiswang und Kierwang, 1 st, gut bez., ganzjährig bew. Erholungsheim.

● **167 Hörner-Haus** (bisher: Kemptner Skihütte), 1362 m. Ganzjährig bew. Hütte der AVS Kempten, 170 L. Die auf einem Vorsprung östlich des Bolsterlanger Horns an der Waldgrenze liegende Hütte gewährt prächtige Aussicht über das Illertal und die Allgäuer Berge. Sie wird wegen ihres günstigen Skigeländes besonders im Winter viel besucht. Hörnerbahn von Bolsterlang bis kurz unter die Hütte. Von hier Sessellift (Horngratlift) zum Weiherkopfsattel, etwa 1520 m, sowie Schlepplift zum Weiherkopfgipfel 1665 m, Anschluß an Skizirkus Hörnergruppe.
Von Bolsterlang, 892 m (vgl. R 39 a), $1^1/_2$ st auf Alpweg; vom Nordwestrand des Dorfes über Weideflächen in weitem Bogen hinan, durch den Waldgürtel in einer großen Kehre und nun über wellige Hänge empor gegen die Ornachalphütte, 1320 m. Ohne sie zu berühren, vorher (Wegtafel) links aufwärts und zur Hütte.

● **168 Wannenkopfhütte,** 1350 m, privates Berggasthaus am Südhang des Wannenkopfs, sommers wie winters bew. Zugang von Obermaiselstein auf bez. Weg in 3 st. Postbusverbindung und Pkw.-Zufahrt von Obermaiselstein und Balderschwang auf der zum Riedbergpaß (vgl. R 100) führenden Kreisstraße (P).

● 169 **Lenzenberghütte,** 1320 m, privates Berggasthaus am Südhang des Bolgen, südwestlich unterhalb der Wannenkopfhütte gelegen. Zugang wie bei dieser (s. R 168) (P).

● 170 **Grasgehrenhütte,** 1448 m, privates Berggasthaus am Südhang des Riedberger Horns nordwestlich der Lenzenberghütte gelegen, schönes, schneesicheres Skigelände, mehrere Skilifte (P). 3½ st von Obermaiselstein, vom P am Renktobel in wenigen Min. bequem erreichbar. Vgl. R 100.

● 170 a **Freiburger Hütte,** 1328 m, im Gutswieser Tal südlich vom Besler (Erkundigung ratsam!).

● 171 **Schwabenhütte,** etwa 1500 m.

Hütte des SC Schwaben am S-Hang zwischen Weiher- und Ochsenkopf. Bequemster Zugang von Bolsterlang (vgl. R 167), zu Fuß 2½ st; ganzjährig bew.

● 172 **Hällritzeralp,** 1445 m, unterm Bleicherhorn. Zugang ab Gunzesrieder Säge (vgl. R 30) entweder durchs Ostertal 2½ st oder auf Mautstraße (P 30 Pkw) durchs Stubenbachtal (vgl. R 228).

● 172 a Skihütte **Rappengschwend,** 1250 m, unter der Hällritzeralp, Zugang wie diese (R 172) oder ab Balderschwang (R 100) über den Wilhelminesattel 1489 m (vgl. R 919), 2 st (Erkundigung ratsam!).

● 172 b **Schwarzenbergalp,** 1130 m, auf dem Weg zur Rappengschwendalp (R 172 a), 45 Min. ab Gunzesrieder Säge. Skihütte für Selbstversorger der Sektion Augsburg des DAV. Ostertal. Kfz-Straße bis unterhalb der Hütte (P), ab hier Mautstraße ins Ostertal.

● 173 **Ostertalhütte,** 1070 m, des DAV, Sektion Augsburg, 50 L, ganzjährig bew., 30 Min. ab Gunzesrieder Säge im Ostertal. Kfz-Straße bis unterhalb der Hütte (P), ab hier Mautstraße ins Ostertal.

● 173 a Ski-Bergheim **Altes Höfle** Gunzesried, Sektion Neu-Ulm des DAV.

● 173 b **Angerhütte** des DAV, 1050 m, am Eingang des Ostertals für Selbstversorger der Sektion Augsburg des DAV.

● 173 c Berghaus **Blösse,** 1010 m, 800 m n.w. unterm Allgäuer Berghof.

● 174 Alpe **Oberberg,** 1340 m, am Mittag-Südhang (Erkundigung ratsam!).

● 175 **Sonneck-Bergheim,** 1356 m, am Immenstädter Horn.

● 175 a **Mittelbergalpe,** 1368 m, am Stuibennordhang.

● 175 b **Gundalpe,** 1500 m, am Stuibennordhang.

● 176 **Kemptner Naturfreundehaus,** 1445 m, am Gschwender Horn. Sommer- und Winterwirtschaft, von Immenstadt auf bez. Weg in 2½ st. Im Winter Skilift ab Bühl/Rieder.

● 176 a Skihütte **Rabennest,** 1085 m, n.w. unterm Immenstädter Horn, Sektion Neu-Ulm des DAV.

● 176 b Skihütte Starkartsgundalp, 1210 m, am Gschwender Horn, Sektion Landsberg des DAV.

● 177 **Staufner Haus,** 1600 m

der AVS Oberstaufen, 79 L, ganzjährig bew. Schöne Lage unter dem flachen, langgeschwungenen Sattel westlich des Hochgrates mit unbeschränktem Blick in das Alpenvorland. Materialseilbahn ab Hornbachalp. Kabinenseilbahn auf Hochgratschulter P. 1708 ab Eibelealp (HU 854 m, Förderleistung 600 Pers/st) mit Tagesgaststätte. Talstation P für 800 Kfz.

Von *Oberstaufen* auf Fahrweg ins Weißachtal und jenseits hinauf über *Steibis* (R 99) und das Brunold-Wirtshaus, dann abwärts ins Lanzenbacher Tal, Säge, 826 m, 1¾ st (P). Nun entweder gleich nach der Brücke steil rechts durch Wald empor im Weißachtal östlich noch einige Minuten einwärts, wo der Alpweg nach rechts abzweigt, der in Windungen, an der Einmündung des vorerwähnten Weges vorbei, zur Unteren Lauchalp führt. Die folgende große Kehre nach rechts schneidet der steil über den Rücken hinaufführende Weg ab. Dann auf dem Fahrweg weiter nach O zur Oberen Hornbachalp, mit angeblich tausendjähriger Eibe, und Obern Lauchalp, 1390 m, von der ein Fußpfad weiter zum Staufner Haus führt, 2 st von Lanzenbach. Bekannte Abfahrtsrennstrecke. Aufstieg zum Staufner Haus wesentlich erleichtert durch neue Alpstraße (Maut!) ab Lanzenbachsäge über Untere Lauchalp (P) zur Schilpenalp (P). Materiallift ab Ob. Lauchalp.

178 **Waltnersalphütte,** 1115 m, am Hoheneck s. von Steibis (R 99).

● 179 **Schneylochhütte,** 1293 m, und

● 179 a **Falkenhütte,** 1500 m, beide am N-Hang des Falken, 1564 m.

● 179 b **Häußlergschwend,** 1250 m, auf dem Hohenbühl, 3 km ssw. von Steibis.

● 179 c **Hochbühlalp,** 1200 m, ebenda.

● 179 d Alpe **Hohenegg,** 1200 m, 2 km s.w. von Steibis.

● 179 e **Hochwies,** 1225 m, und

● 179 f Alpe **Hörmoos,** 1250 m, beide zu Füßen des Hochhädrich, 1565 m.

● 179 g **Ansbacher Skihütte** (Imberghaus), 1218 m, am Imberg bei Steibis, 15 L, nicht bew. Sektionshütte des DAV.

Bemerkung zu R 178 bis 179 g: Der Zugang zu diesen Hütten ist durch die von Steibis ausgehende **Imbergbahn** (Sessellift) wesentlich verkürzt. Erkundigung ratsam!

VI. Vorberge ostwärts der Iller

● 180 **Grüntenhaus,** 1535 m.

Bew. Berggasthaus in der südwestlichen Gipfelmulde. Von Burgberg, die zum Alpenblick führende Autostraße zunächst links lassend, auf bez. Weg hinauf zu einem Kapellchen und — zuletzt auf der Fahrstraße zur Weiher-Alpe, 30 Min. (für Kfz.-Fahrer beschränkt P). Hier links auf bez. Weg über freie Hänge hinauf in den Hochwald und in ihm bergauf zur Vereinigung mit dem von der Burgberger Turnhalle unmittelbar durch Wald emporführenden schattigen Waldsteig. Weiter zunächst am linken, dann am rechten Ufer des vom Grüntenhaus herabkommenden Wustbachs ins Weidegelände unterm Haus und zu diesem selbst, 2½ st, steil, meist schattig. Als Skiweg ungeeignet (steiler Wald!).

● 180a **Grüntenalp,** 1477 m, auf dem Ostkamm des Grünten, 1½ st von Kranzegg. Mautstraße für Kfz. bis 1180 m (Jörg-Alpe). Im Winter Schlepplift Kranzegg — Grüntenalp — Grünten. Bergwachtstützpunkt, Unterkunft.

● 180 b **Vordere Kölle,** 1200 m, am unteren Ostausläufer des Grünten. Private Alpwirtschaft.

● 181 **Sonthofener Hof,** etwa 1150 m, private Alpwirtschaft. Zugang wie R 220.

● 182 **Altstädter Hof,** 1249 m (Naturfreunde), unterm Sonthofener Hörndl. Mautstraße. Vorherige Anfrage ratsam.

● **182 a Straußberg-Hütte,** 1220 m (Naturfreunde), am Straußberg oberhalb Sonthofen, Mautstraße (winters ausgenommen). Vorherige Anfrage ratsam.

VII. Tannheimer Berge

● **183 Pfrontener Hütte,** 1794 m, erbaut 1923, DAV, Tel. 0 56 75 - 3 21 95, 77 L, bew. von Pfingsten bis 15. Okt., WR 8 L, w. über dem Sattel zwischen Aggenstein und Brentenjoch. Von Süden (Grän) 2½ st, von Norden (Pfronten) 3½ st. Übergang von der Otto-Mayr-Hütte 3 st, von der Tannheimer Hütte über die Rote Flüh 4½ st. Zugang erleichtert durch die aufs Füssener Jöchle ab Grän, 1816 m, hinaufführende Sesselbahn (vgl. R 79) (2 st) und durch die Pfrontener Breitenbergbahn (1½ st), vgl. R 100 e.

● **184 Hochalpe am Breitenberg,** 1630 m, Bergstation der Breitenbergbahn (vgl. R 100 e). Zu Fuß 2 st von Pfronten-Steinach. Sporthotel und Hochalpehütte. Hochalpe-Sesselbahn s. R 100 e.

● **185 Ostlerhütte** auf dem Breitenberggipfel, 1838 m, 1 st von der Hochalpe, 15 Min. von der Bergstation der Hochalpe-Sesselbahn. Privates Berggasthaus.

● **186 Musauer Alp,** 1267 m, im Reintal, 1½ st von Musau, 3 st von Nesselwängle übers Sabachjoch, privater Berggasthof.

● **187** (XXXIII) **Otto-Mayr-Hütte,** 1530 m, im Reintal (1900 erbaut, 1909 und 1976 erweitert, 58 L, DAV-Sektion Augsburg, 1 st von der Musauer Alp; 3 st von Nesselwängle über die Nesselwängler Scharte, 3 st von Vils über die Vilser Scharte; 3 st von der Pfrontener Hütte; 1¾ st von der Tannheimer Hütte über die Nesselwängler Scharte; 45 Min. vom Füssener Jöchle. Von Ende Mai bis Ende Okt., Weihn., Ostern, Pfingsten bew.

● **187 a Willy-Merkl-Gedächtnis-Hütte,** 1550 m, DAV, in unmittelbarer Nähe der Otto-Mayr-Hütte, nicht bew., 30 L, Sonderschloß, Schlüssel bei DAV-Sekt. Friedberg, Tel. 08 21 - 30 33 26.

● **187 b Füssener Hütte,** 1525 m, DAV-Sekt. Augsburg, 60 L, 200 m w. der Otto-Mayr-Hütte, von Juni bis Ende Sept. geöffnet.

● **188** **Tannheimer Hütte,** 1760 m, erb. 1892, DAV, unbew., AV-Schlüssel, 25 L. 1¾ st von Nesselwängle; 4¼ st von Reutte über das Hochjoch; 2 st von der Musauer Alp übers Sabacher Joch; 2 st von der Otto-Mayr-Hütte über die Nesselwängler Scharte; 4½ st von der Pfrontener Hütte über die Rote Flüh (nur für Geübte); 2 st ab Bergstation Reuttener Bergbahn.

● **189** **Gimpelhaus,** 1720 m, 15 Min. südwestlich der Tannheimer Hütte, 1½ st von Nesselwängle. Privates Berggasthaus, nach Brand 1974 neu erbaut, im Sommer bew., 100 L. Materiallift ab Nesselwängle.

● **190** **Voralpe,** 1748 m, unterm Hahnenkamm mit mehreren Hütten. Kabinenseilbahn von Höfen, 864 m, 3 km s.w. von Reutte (Reuttener Bergbahn), 1,5 ha großer Alpenblumengarten!

● **191** Gasthaus **Vilsalpsee,** 1168 m, 1 st von Tannheim, P 150 Kfz., Naturschutzgebiet!

● **191 a** **Landsberger Hütte,** 1810 m (1928 erbaut, in den letzten Jahren beträchtlich erweitert, 170 L, Tel. 0 56 75 - 282). DAV-Sektion Landsberg a. L., im Sommer (Pfingsten bis 15. Okt.) bew.; auf dem Querriegel nordwestl. des Oberen Traualpsees (Lachensees) herrlich gelegen. WR 16 L. Materiallift ab Vilsalpsee.

a) Vom Vilsalpsee gut bez. Weg, 1¾ st. Vom Gasthof am Ostufer des Sees talein bis vor ein weißes Haus; hier links am Hang schräg hinan durch Wald auf einen Wiesenplan, dann in Kehren zum Absatz des Traualpsees empor. Etwas unterhalb der Alphütten, 1¼ st östlich des Sees fast waagrecht den Kessel ausgehend, dann hinüber zum Abfluß des Obern Traualpsees nach Westen; in Kehren durch die Felswand (Drahtseile) auf den Riegel und westlich zur Hütte.

b) Zugänge auf dem Saalfelder Weg s. R 201.

c) Von Rauth am Gaichtpaß durchs Birkental (5 st).

d) Vom Neunerköpfl, 1864 m (Sessellift!) auf Höhenweg 201 b.

● **191 b** **Haldenseehaus,** 1150 m, AVS Hohenstaufen, unbew., 81 L, an der Straße Haller — Nesselwängle. Tel. 0 71 61 - 5 28 79.

● **191 c** **Haus Schattwald,** 1100 m, AVS Geislingen, unbew.,

63 L, im Ortsteil Frieken, Gde. Schattwald. Tel. 0 73 31 - 6 43 40.

● **191 d Vilser Alpe,** 1225 m, 1½ st von Vils, privat, schönes Skigebiet (Anfrage ratsam!).

VIII. Ostallgäuer Voralpen

● **192 Buronhütte** am Nordhang der Reuter Wanne, 1250 m, 2 st von Wertach. Skilift! Privates Berggasthaus.

● **192 a Haslacher Alpe,** 1100 m, priv. Berggasthaus am N-Hang der Reuter Wanne entweder auf Alpweg, am Reichenbach von der Grüntenseestraße (vgl. R 100 a) s. abzweigend (¾ st) oder ab Jungholz (vgl. R 100 c) n.o. über die Stubentalalp (1½ st).

● **193 Sportheim Böck,** 1500 m, auf dem Edelsberg, 2 st von Nesselwang, Sesselbahn bis zum Haus (privates Berggasthaus).

● **194 Fichtlhütte,** 1500 m, am Südosthang des Edelsbergs, privat, z. Zt. nicht zugänglich.

● **195 Dinserhütte,** 1500 m, am Edelsberg, privates Berggasthaus.

● **196 Berghaus Toni,** 1100 m, am Südhang der Reuter Wanne bei Wertach. 1½ st von Wertach, auf für Kfz gesperrtem Fahrweg ab Queralpenstraße, 40 Min. von Jungholz durch feuchte Wiesen und Wald, privates Berggasthaus.

● **197 Bärenmoosalpe,** 1284 m, am Hinteren Kienberg bei Pfronten, privat.

C. Klettersteige, Höhenwege, Übergänge

● 198 Vorbemerkung

Wie sehr die Grenze zwischen Klettersteigen und Höhenwegen fließt, beweist der klassische Höhenweg in den Allgäuer Alpen: der Heilbronner Weg (vgl. R 204). Der Ungeübte wird einige Stellen dieses Höhenwegs, etwa die Überschreitung des Steinschartenkopfs oder des Bockkarkopfs als „Kletterei“ empfinden.

Alpin gesehen werden an den „Klettersteig“ jedoch höhere Anforderungen gestellt: er müßte ohne die zahlreichen, oft über längere Strecken hinweg fortlaufenden künstlichen Steighilfen (Drahtseile, Leitern, Eisenstifte und Klammern) alle Merkmale der Schwierigkeitsgrade III bis V aufweisen und demgemäß nicht nur vereinzelt, sondern in fortgesetzter Folge extrem steile, nicht selten senkrechte oder gar überhängende Felspartien überwinden. Mit dieser Definition kommen wir sehr nahe an die prägnante italienische Bezeichnung für den Klettersteig, die „via ferrata“ (den Eisenweg) heran.

Damit müssen an die Begeher eines Klettersteigs zwei Forderungen gestellt werden: sie müssen absolut schwindelfrei sein und sie müssen über Bergerfahrung verfügen (wozu nicht nur völlig Trittsicherheit, sondern auch Vertrautheit mit den Wetterverhältnissen im Gebirge gehört).

In der Regel befinden sich die künstlichen Sicherungsanlagen an Klettersteigen in gutem Zustand. Man soll sich darauf jedoch nicht verlassen (was nicht nur für den Begeher, sondern auch für den verantwortlichen Hersteller einer solchen Steiganlage gilt, vgl. die beachtenswerten Ausführungen in den Mitteilungen des ÖAV 1970, S. 151 und in der Österr. Touristenzeitung 1970, S. 145 über die Verantwortlichkeit von Vereinsfunktionären für gesicherte Klettersteige!): Witterungseinflüsse aller Art (nicht nur Blitzschlag, Muren oder Steinschlag) können die solideste Kontrolle über Nacht illusorisch machen. Wären die Begeher eines Klettersteigs mit den von drohenden Gewittern oder von plötzlichem Kälteeinbruch ausgehenden Gefahren auch nur einigermaßen vertraut, dann wären die sich immer wiederholenden tödlichen Unfälle durch Blitzschlag in eiserne Sicherungsanlagen oder durch sommerliches Erfrieren undenkbar.

Unter einem gewöhnlichen **Höhenweg** werden wir demgemäß eine sich in hochalpinen Zonen, also in Höhen über 2000 m

bewegende Steiganlage zu verstehen haben, die (mit Vorliebe unter Einhaltung der Kammhöhen) zwei oder mehr alpine Stützpunkte (in der Regel AV-Hütten) miteinander verbindet und in deren Verlauf gelegentlich künstliche Sicherungsanlagen zur Entschärfung klettertechnisch anspruchsvoller Geländestellen (nach DAV-ÖAV-Sprachgebrauch im Schwierigkeitsgrad I bis etwa III—) angebracht sind.
Der hochalpine Höhenweg verlangt ein bescheideneres Maß an Bergerfahrung, körperlicher Kondition und Schwindelfreiheit als der Klettersteig. Beiden, dem Klettersteig wie dem Höhenweg ist gemeinsam, daß sie von ihren Begehern vernünftige hochalpine Ausrüstung und Bekleidung fordern. Auf das zu R 7 bis 10 Gesagte wird verwiesen.
Wer sich mit dem Thema näher beschäftigen und gleichzeitig einen gewissen Überblick wenigstens über Klettersteige und Höhenwege der Kalkalpen verschaffen möchte, dem seien folgende Spezialführer (alle aus dem Bergverlag Rudolf Rother) ans Herz gelegt:

Paul Werner, Klettersteigführer Nördliche Kalkalpen (mit nützlichen Informationen über den Begriff des Höhenschwindels).

Hilde Frass, Klettersteige der Dolomiten,

Alois Haydn, Höhenwege durch die Nördlichen Kalkalpen,
Franz Hauleitner, Dolomiten-Höhenwege,

Heinz Groth, Kleiner Führer durch die Allgäuer Alpen (2. Auflage 1978, für Bergwanderer ohne besondere Kletterambitionen),

BV-Tourenblätter, Mappe 3 (Bregenzerwald — Allgäuer — Lechtaler Alpen, Lechquellengebirge), 3. Auflage 1978, von W. Flaig/H. Groth,

Kurzführer Heilbronner Weg mit anschließenden Höhenwegen, 5. Aufl. 1974,

DAV-Sekt. Mindelheim, Mindelheimer Klettersteig.

I. Klettersteige

● 198 a Vorbemerkung:

Der unter R 198 gegebenen Definition zufolge werden in den Allgäuer Alpen die von den richtungsweisenden Italienern an den Begriff des Klettersteigs gestellten Anforderungen (auch im Interesse einer annähernden Angleichung an die Dolomiten-Klettersteige) allenfalls vom Mindelheimer und vom Hindelanger Klettersteig erfüllt, während (im Gegensatz zu der von Werner in seinem Klettersteigführer vertretenen Auffassung) der Heilbronner Weg (ähnlich wie etwa der wesentlich anspruchsvollere Augsburger Höhenweg in den Lechtaler Alpen) nach wie vor als Höhenweg, der Bäumenheimer Weg, die Rauhhorn-Überschreitung und der Friedberger Steig hingegen als bloße Gipfelrouten auf Hochvogel, Rauhhorn und Schartschrofen mit mäßiger Schwierigkeit im Bereich zwischen Schwierigkeitsgrad I+ und II einzuordnen sein werden.

Die Begriffe fließen, wie gesagt, ineinander. Der „Klettersteig" ist für die Allgäuer Alpen noch ein Novum. Die endgültige Begriffsbestimmung mag späteren Auflagen vorbehalten bleiben!

● **198 b Der Mindelheimer Klettersteig** als hochalpine, in der Überschreitung der drei Schafalpenköpfe bestehende Verbindung zwischen Mindelheimer und Fiderepaß-Hütte findet seine eingehende Würdigung in R 812 a, 812 b. Er soll auch weiterhin aus der zusammenfassenden Darstellung der drei „Walser Kerle" (vgl. R 812 bis 825) nicht herausgerissen werden. Wer diesen schneidigen, landschaftlich außergewöhnlich schönen Klettersteig begehen will, tut gut daran, sich den jede Einzelheit im Gelände schildernden und mit zahlreichen Bildern versehenen, von der AV-Sektion Mindelheim herausgegebenen und im Buchhandel erhältlichen Sonderführer zu beschaffen (Gewicht: 33 g).

● **198 c Der Hindelanger Klettersteig,** eine nicht weniger als acht selbständige Gipfel überschreitende Gewalttour von knapp 8 km langer Dolomitkletterei mit zahlreichen erholsamen Graseinlagen (Vergleich: die allerdings ungleich schwierigere und alpin interessantere Heiterwand in den Lechtaler Alpen mit 12 ausgeprägten Gipfeln auf 7,5 km Gratlänge!), 1978 vom Wegebaukommando der DAV-Sekt. Allgäu-Immenstadt vollendet. In der Regel wird diese großzügige Unternehmung von SW nach NO mit Übernachtung im Edmund-Probst-Haus (R 129) durchgeführt werden: bei Benützung der Nebelhornbahn und des Gipfel-Sessellifts ist die Grathöhe mühelos erreicht. Die NO-SW-Überquerung hingegen verlangt zunächst mühselige 1000 m ↗ von Hinterstein auf den Breitenberg, bevor die Kletterei überhaupt beginnt. Schöner (insbesondere für den Fotografen!) ist die

NO-SW-Begehung: Man klettert mit dem Blick ins Hochgebirge hinein! Im Bereich dieses Klettersteigs gibt es zwischen Hinterstein und Edmund-Probst-Haus am Nebelhorn keine Unterkunft. Dies erhebt die Wetterfrage zu seinem Hauptproblem. Die unterwegs möglichen Notabstiege (NA) sind gekennzeichnet. Andere als diese bez. NA sollte nur der bergerfahrene Kletterer riskieren.

Wie für jeden gesicherten Steig, so gelten insbesondere für solch anspruchsvollen Klettersteig drei Gesetze: 1. Trau keiner Sicherung! Freilich haftet der unterhaltspflichtige Erbauer (DAV) für ihren Bestand, aber auch nur im Rahmen des Möglichen. Tägliche Kontrolle ist unmöglich. Allzu sorgloser Umgang mit Drahtseil und Eisenzeug durch den Begeher könnte also den Unterhaltspflichtigen enthaften! 2. Nie zwei Personen zugleich am selben Drahtseilstück zwischen zwei Verankerungen (Schwingungsgefahr!). 3. Bei Gewittergefahr unverzüglich weg von allem Eisenzeug und von der Grathöhe, auch wenn's schwer fällt!

Daten zur Technik unseres Steigs: 110 m Leichtmetall-Leitern, die drei längsten 15, 14 und 14 m, 800 m Stahlseil, unzählige eiserne Stifte, Griff- und Trittklammern — vom Zubehör und Befestigungsmaterial nicht zu reden.

Die Drahtseile dienen der lockeren Führung, aber nicht dazu, daß man sich mit vollem Körpergewicht in sie hineinwirft (Reservat des Notfalls!), worunter die ausschlaggebenden Schwachstellen der Sicherung, nämlich ihre Verankerungen im Fels nicht minder leiden wie durch Stein- oder Blitzschlag. Wer sich gar mutwillig (leider sind da schon betrübliche Tatsachen festgestellt worden) an den unter so hohen Opfern geschaffenen Sicherungsanlagen vergreift, der hat mit fühlbarer Bestrafung wegen Beschädigung einer dem öffentlichen Gebrauch und Nutzen dienenden Sache zu rechnen.

Gemessen am **Mindelheimer Klettersteig** verlangt sein Hindelanger Gegenstück wesentlich mehr Ausdauer und Kraft, angesichts der zuweilen größeren Ausgesetztheit auch einen noch höheren Grad an Schwindelfreiheit. Die Anforderungen an Bergerfahrung und Trittfestigkeit halten sich die Waage. Insgesamt gesehen wird der Hindelanger Klettersteig mit III— etwas höher einzustufen sein als der Mindelheimer. Diese Klassifizierung gilt selbstverständlich nur unter günstigsten Voraussetzungen. Verschneiter oder vereister Fels,

Wind, Sturm, Kälte, Nebel steigern die Schwierigkeiten beträchtlich. Regen mit seinen unerfreulichen Einwirkungen auf Gras und Erde gestaltet die insbesondere im Bereich der Zwiebelesträng herrschenden Plattenformationen ausgesprochen gefährlich. Last not least: Kein Tropfen Wasser zwischen Älpe-Alp und Nebelhorn!

Daß der landschaftlich attraktivere von beiden der Mindelheimer Klettersteig ist (wegen seiner permanenten Tuchfühlung zum Prunkstück der Allgäuer Alpen, nämlich zum Hauptkamm zwischen Biberkopf und Mädelegabel, und wegen seines unvergleichbaren Tiefblicks ins betriebsame Kleinwalsertal), wird kaum zu bestreiten sein, ist im übrigen jedoch Geschmackssache. Eines zeichnet den Hindelanger Klettersteig vor seinem Konkurrenten sicherlich aus: die insbesondere bei der SW/NO-Begehung immer wieder überwältigende Fernsicht hinaus ins Allgäuer Unterland.

Wir entschließen uns angesichts des stärkeren landschaftlichen Erlebnisses für die 4 st mehr beanspruchende NO/SW-Begehung und rechnen für die Teilstücke Hinterstein — Breitenberg 3 st, Breitenberg — Kl. Daumen 2 1/2 st, Kl. Daumen — Gr. Daumen 3/4 st, Gr. Daumen — Nebelhorn 4 3/4 st, also insgesamt 11 st. Das mögen die ungefähren Zeiten für einen sehr bergerfahrenen Einzelgänger oder für eine gut eingespielte Seilschaft sein, also Begeher, denen die angebrachten Sicherungen nicht die geringsten Schwierigkeiten bereiten. Werden sie als schwierig empfunden oder hat sich der Führende mit leistungsschwächeren oder gar bergunerfahrenen Begleitern abzuplagen, dann werden sich diese Zeiten sehr beträchtlich erhöhen. Ganz allgemein jedoch ist zu sagen, daß auch unter günstigsten Verhältnissen alpine Anfänger und Kinder auf diesem Klettersteig nichts zu suchen haben. Für Jugendliche unter 16 ist er zu anstrengend, für ältere Jugendliche nur dann zu verantworten, wenn sie gut trainiert und unter verantwortlicher Führung angeseilt sind. Letzteres gilt auch für Erwachsene, die sich den von diesem Steig gestellten Anforderungen als Alleingänger nicht gewachsen fühlen würden.

Mit solcher Vorwarnung ausgerüstet beginnen wir am Hintersteiner P, indem wir einen der beiden (einander gleichwertigen) Normalaufstiege auf den **Breitenberg**, 1887 m (R 727 oder 727 a) wählen, 3 st. Nun beginnt die eigentliche Arbeit mit den zum Hasenecksattel hinüberführenden **„Hohen Gängen"**. Der Steig bleibt der Grathöhe, wenn irgend möglich, treu! Dabei ist lobend zu erwähnen, daß die Erbauer der Natur — seien es Felsformationen oder Pflanzenbestände — größtmögliche Schonung haben angedeihen lassen. Mit den Schwierigkeiten beginnt auch das Drahtseil. Als unangenehmste Stelle wird der ↘ in die tiefste Einschartung vor dem zu P. 2201 hinaufführenden steilfelsigen Dolomitgrat empfunden. Wer hier Unbehagen empfindet, sollte schleunigst umkehren, denn es kommt noch viel schlimmer! (In umgekehrter Richtung ist diese Stelle übrigens leichter!). Im übrigen weist das Drahtseil wie überhaupt während der gesamten Gratbegehung den Weg. Zur Überwindung einer luftigen Stufe wird es von einer etwa 8 m hohen Eisenleiter abgelöst. Die Eroberung des begrünten, von den Einheimischen „Gamsbollar" genannten P. 2001 wird mancher als Erleichterung empfinden. Ist sie mit Sorge ums Nachfolgende gemischt, sollte man den Weitermarsch aufgeben: wir stehen erst am Beginn der eigentlichen Schwierigkeiten. Rückzugsmöglichkeiten: R 728 a, b, d).

Mit **P. 2001** (1½ st), wechselt (allerdings nur vorübergehend) die geologische Szene: Im ↘ zum Haseneck, 1900 m, erleben wir Plattenkalk, Kössener und Schattwalder Schichten, schließlich um P. 1932 herum (er bleibt li. über uns) Lias-Fleckenmergel. Mit dem Ansatz des zum Kl. Daumen führenden NW-Grats (HD) ist das gemütliche Intermezzo beendet. Die roten Markierungstupfer leiten uns über den breiten und harmlosen Grat in die NW-Flanke unseres Berges und damit in bei Nässe unangenehmes Schrofengelände hinüber, das als hängige Terrasse zwischen den steilen Gipfelfelsen und den zu den Haseneckalpen abstürzenden Wänden eingelagert ist. Die Markierung bringt uns zu einem vertrauenerweckenden Drahtseil, das die zum Gipfelgrat führende NW-Wand parallel zum sich li. von uns zur Senkrechten aufbäumenden N-Grat in der Fallinie durchzieht. Gut 20 Schritt re. (südl.) vom Gipfelkreuz betreten wir die felsige, grasdurchsetzte Grathöhe, 1 st (wichtig für die Begehung in umgekehrter Richtung bei Nebel, weil da die obere Verankerung des Drahtseils leicht übersehen wird!). Herrlicher Tiefblick vom Gipfel in den Hintersteiner Talkessel hinab!

Der Übergang zum **Gr. Daumen,** 2280 m, vollzieht sich über den zeitweise plattigen SW-Grat unseres Gipfels, der nur unmerklich zur in den Gratverlauf eingeschnittenen Daumenscharte absinkt. (Vorsicht vor den rechtsseitigen Steilabstürzen!). In der Scharte treffen wir auf den aus dem Retterschwangtal heraufführenden nördlichen Normalanstieg zum Daumenmassiv, vgl. R 713. Auf dieser bez. Route erreichen wir ohne weitere Schwierigkeit, jedoch nicht ohne Vernachlässigung der auch hier nötigen Vorsicht, den geräumigen höchsten Gipfel des gesamten Klettersteigs, 3/4 st. Die eigentlichen Schwierigkeiten unseres Weges liegen noch vor uns! Wer sie scheut, tut gut daran, auf dem Normalanstieg (R 712) nach Hinterstein zurückzukehren (4 st).

Unser Steig führt uns nun bergab übers begraste Gipfeldach („Glasfeld“) nach S zum Beginn des „Zwiebelesträng“ genannten, in s.w. Richtung vom Gratkopf 2165, zum Gratkopf 2135 ziehenden Dolomitkamms, der das die gesamten NW-Abstürze des Wengenkopfmassivs (dem die Zwiebelesträng zugehören) auf eine Länge von über 2 km nahe der Gipfelzone durchziehende begrünte Lias-Fleckenmergelband nur geringfügig überhöht (aus diesem Grunde war der Verbindungsgrat Nebelhorn — Daumen von den Kletterern bisher stets vernachlässigt worden!). Näheres hiezu: R 708!

Beginn und Ende des vor uns liegenden Hauptteils des Hindelanger Klettersteigs sind bewußt nicht entschärft worden, um unsichere Kantonisten — gleich von welcher Seite sie sich nahen, ob von der Nebelhorn- oder von der Daumenseite — abzuschrecken. Wer also das die „Zwiebelesträng“ einleitende etwas ausgesetzte Einstiegsband anstandslos überwindet, der kann getrost weitergehen. Im übrigen sind die Sicherungen so angelegt, daß sie nach Belieben benützt oder seitab liegen gelassen werden können. Die Felsformation läßt Varianten aller Schwierigkeitsgrade offen. Markiert ist sparsam, um dem Begeher nicht jede Denkarbeit abzunehmen: er soll sich bei der Wegsuche ein bißchen Mühe machen! Die vorhandenen Markierungen führen unfehlbar zur jeweils nächsten Sicherungsanlage, die dem Einstiegsband folgende Leiter eröffnet den Reigen.

Da die im wesentlichen die Grathöhe einhaltenden Sicherungen (im Bedarfsfalle wird in die Flanken ausgewichen) den Weg weisen, erübrigt sich eine ins Einzelne gehende Beschreibung aller Zwiebelesträng-Zacken. Der hier herrschende Hauptdolomit wartet mit allen seinen Erscheinungsformen auf: wir begegnen brüchigen Felsköpfen, in Rasen gebettetem Blockwerk, aber auch herrlich festen, feingeäderten, dachziegelartig geschichteten Platten, die bei Nässe oder gar Neuschnee ihre besonderen Tücken haben. Die grasigen Erholungseinlagen lenken unsere Aufmerksamkeit auf die reiche Alpinflora, bei Nässe sind sie mit Mißtrauen zu behandeln. Der besondere Reiz des Zwiebelesträng-Abschnitts liegt im ständigen Wechsel zwischen wildem Gefels und freundlichen Graspolstern, verbunden mit dem imposanten Tiefblick über die 800 m hohen Retterschwang-Abstürze hinab zum Boden dieses einsamen Hochgebirgstals (vgl. R 708!).

Die dem letzten Zwiebelesträng-Zacken, P. 2135 m, folgende tief eingeschnittene Scharte (ca. 2030 m), 1³/₄ st, bereitet uns keinen Kummer. Hier notieren wir einen NA zum Koblat, während vor dem gefährlichen ↘ aus der Scharte ins Retterschwangtal nur gewarnt werden kann.

Den von der amtlichen Karte irrtümlich mit 2206,5 kotierten **Östl. Wengenkopf** (in Wirklichkeit ist er 2 m höher als sein westl. Nachbar) erobern wir in lustiger Kletterei über grasdurchsetzten plattigen Steilfels. Oben empfängt uns wieder ein überraschend gemütlicher Gipfelgrat mit viel Gras und Geröll. Er leitet uns über den Gipfel hinüber zur Westschulter, die einen mächtigen Felssporn zum Koblat hinab entsendet, aber auch zur nun folgenden Einsattelung steil abbricht. Die Sicherungen haben diesen Abbruch so entschärft, daß es nur noch ein Vergnügen ist, hinabzuklettern, 1¹/₂ st. Aus dem Sattel können wir bequem zum Koblat absteigen (beileibe jedoch nicht in die hier völlig unzugängliche Retterschwangflanke!). Der dem Sattel folgende Steilaufschwung zum O-Gipfel des breit hingelagerten **Westl. Wengenkopfs**, 2235 m, ist durch weitere sehr solide Sicherungsanlagen aller Schrecknisse beraubt (vgl. R 706!). Oben folgt ein längerer mit kurzen Klettereinlagen gewürzter grasdurchsetzter Schrofenkamm. Er gewährt uns Einblick in die gewaltige N-Wand des Westl. Wengenkopfs (reine Wandhöhe: 650 m) (vgl. R 704) und bringt uns mühelos auf dessen Hauptgipfel, eine gegen das Koblat sanft geneigte, geröllübersäte Wiese, die jenseits um so wilder abstürzt.

Das letzte Stück des Hindelanger Klettersteigs liegt vor uns: die Überschreitung des westl. Vorgipfels unseres Berges, jenes dunklen, senkrecht aus dem Koblat aufragenden Dolomitmassivs, das fälschlicherweise oft als Westl. Wengenkopf angesehen wird. Sanfte Grashänge bringen uns zum felsigen, sich alsbald zu scharfem Grat zusammenschnürenden Aufbau dieses letzten Hindernisses. Den genialen Schlußakkord beschert uns die den senkrechten Absturz Richtung Nebelhorn überwindende längste Leiter unseres Unternehmens im Verein mit den nicht ganz leichten Ausstiegsfelsen, 1½ st. Alles Weitere hinüber zum Nebelhorngipfel — falls wir ihn überhaupt noch mitnehmen und nicht unmittelbar zum Koblat absteigen wollen — ist dann nur noch müheloses Bummeln durch grasiges Blockwerk.

Zeitbedarfsmäßig läßt sich dieses attraktivste Teilstück des Hindelanger Klettersteigs zwischen Daumen und Nebelhorn etwa dritteln wie folgt: a) Daumen / Scharte 2030, b) Scharte 2030 / Sattel unter der W-Schulter des Östl. Wengenkopfs, c) Überschreitung des Westl. Wengenkopfs.

II. Höhenwege

● 198 d Vorbemerkung: Wer die Schönheiten der Allgäuer Bergwelt gründlich kennenlernen will und die nötige Zeit hat, wird den gesamten Hauptkamm abwandern. Hierbei ist die Ost-Westrichtung (Ausgangspunkt Reutte, Tannheimer Tal, Oberjoch oder Hinterstein) der umgekehrten vorzuziehen, da sie eine sich von Tag zu Tag steigernde Fülle köstlicher Eindrücke schenkt (übrigens auch photographisch dankbarer ist). Die Wanderung beansprucht für rüstige, jedoch nicht eilige Wanderer je nach Unternehmungslust 8 bis 12 Tage (ohne Rasttage), wobei Abkürzung oder vorzeitiger Abbruch der Tour an vielen Punkten möglich ist. Diese Möglichkeiten und alle Notabstiege (NA) werden bei den einzelnen Tagesetappen erwähnt.
Wir beginnen also im Osten!

● 198 e Von der Reuttener Bergbahn zur Tannheimer Hütte und zum Gimpelhaus.

Ab Bergstation, 1742 m (vgl. R 83, 190) über Alpgelände nahezu horizontal ins Hochjoch, 1755 m, zwischen Schneide 2009 (n) und Dützel 1820 (s). Nun nw leicht ansteigend zum Sabacher Joch, 1862 m, wo man auf den von der Musauer Alp (R 186) zur Tannheimer Hütte und zum Gimpelhaus führenden Steig trifft. Ihm folgend durch die botanisch reizvollen Hänge unter den Kellespitz-S-Wänden zum Ziel. 2½ st, für Kinder ab 10 J.

Wer die Bergbahn vermeiden will, findet einen landschaftlich schönen ↗ ab **Wängle,** 883 m (2 km w. Reutte) über die Weiler Winkel und Holz (1 km sw.) auf dem zur Hahnenkamm-Terrasse hinaufführenden Waldweg (3 st), der alsbald auf den zum Hochjoch leitenden Steig stößt.

● **198 f Von der Tannheimer Hütte (oder vom Gimpelhaus) übers Füssener Jöchle zur Pfrontner Hütte.**
Zwei Möglichkeiten:

1. Für Bergerfahrene, Trittsichere und Schwindelfreie: auf bez. Steig durchs Gimpelkar in die zwischen Gimpel (r.) und **Roter Flüh** (li.) eingeschnittene Judenscharte (1 st). Aus dieser der Markierung folgend li. in die Felsen der Roten Flüh (Drahtseilsicherungen) und in leichter Kletterei (15 Min.) auf den Gipfel, 2110 m (bestürzender Tiefblick auf den Haldensee). Jenseits — nun wesentlich anspruchsvoller — in lustiger, zuweilen etwas ausgesetzter Kletterei ↘ über den NW-Grat (markiert), gelegentlich links ausweichend, teilweise versichert, ein Wandl durch Eisenstifte entschärft, zuletzt unter der S-Wand des unnahbaren Gilmenkopfs hindurch in die Gelbe Scharte (1 st, I, auch mit Kindern ab 14 Jahren am Seil). Der unmittelbar über der Scharte steil aufragende recht abweisend dreinblickende **Schartschrofen,** 1973 m, kann über seinen drahtseilgesicherten, brüchigen und ziemlich luftigen SO-Grat („Friedberger Steig") erobert werden (30 Min., I—II, Kinder ab 14 nur mit Seilsicherung); das 200 m lange Drahtseil weist den Weg, so daß sich nähere Beschreibung erübrigt! Jenseits des geräumigen Gipfels bequemer ↘ über begrünte Schrofen und durch Latschen ins Haller Joch, 1853 m, wo wir den aus dem Reintal (r.) zum Haldensee (li.) führenden Übergang kreuzen (NA!) und den von der Gelben Scharte mit 250 m Höhenverlust unter den Ostabstürzen des Schartschrofens herüberführenden Normalsteig aufnehmen. Unser Weiterweg umgeht die vor uns auftauchende Läuferspitze in ihrer O-Flanke, überschreitet das **Reintaljoch,** 1846 m, und führt uns über Weidegras hinab ins weite Alpgelände des **Füssener Jöchles,** 1816 m, 1 st (Bergstation der von Grän heraufführenden Sesselbahn). NA w. nach Grän (1½ st), n.o. nach Vils (2½ st).

2. Für weniger Bergerfahrene und nicht Schwindelfreie: ab Tannheimer Hütte ↗ zur unmittelbar n. über ihr liegenden, zwischen Schäfer (li.) und Kellenspitze (r.) eingeschnittenen **Nesselwängler Scharte,** 2006 m, 45 Min. Nun jenseits steil (gut bez. Steig) ↘ über grasige Schrofen und mit Sicherungen entschärfte Felspartien, zuletzt durch Geröll ins Reintal, dessen zum Lech abfließenden Bach wir 10 Min. unterhalb der **Otto-Mayr-Hütte** (DAV), 1530 m, erreichen. 1½ st, auch mit Kindern ab 10 J. Bitter ist dann der Gegenanstieg durch Weidegras und Latschen ins Reintaler Joch, 1846 m (1 st), wo wir den Schartschrofensteig treffen.

Da wir am Füssener Jöchl keine Übernachtungsgelegenheit finden, schlagen wir nun den zum Aggenstein führenden Höhenweg ein. Er bringt uns gemütlich über Gras n.w. ins Schartl unter der 1950 m hohen Sefenspitze, wo sich der Blick ins Seebachtal und auf unser Ziel öffnet. Der Weiterweg durch sanfte latschenbewachsene Hänge liegt offen vor uns: hinab zur **Sebenalp,** 1660 m (Einkehr) — NA durchs Seebachtal nach Grän, 2 st — und in allmählicher Steigung durch die Sonnseiten von Brentejoch und Roßberg hinauf zur **Pfrontner Hütte** (DAV), 1795 m, unterm Aggensteingipfel, 2½ st ab Füssener Jöchle, auch mit Kindern ab 8 J.

● **198 g Anschluß** an die über den gesamten Grenzkamm der Allgäuer Alpen führenden Höhenwege gewinnen wir am reibungslosesten durch ↘ von der Pfrontner Hütte auf dem üblichen Hüttenweg in die Enge, 1½ st, von wo aus wir in Grän (2 km) oder Tannheim (4 km) den nach **Oberjoch** fahrenden Bus erreichen. In Tannheim stehen wir überdies vor der Wahl, ob wir nicht die Auffahrt mit der Sesselbahn zum Neunerköpfl vorziehen sollten, um über die Landsberger Hütte (DAV) und den Saalfelder Weg zu den nach sellifts 4½ st, auch für Kinder ab 10 J.), (vgl. R 478, 479) nach W führenden Höhenwegen zu gelangen (vgl. R 201 b).

● **199 Oberjoch — Willersalp** (mit Benützung des Iseler-Sessellifts 4½ st, auch für Kinder ab 10 J.), nach Überschreitung des Iseler, 1816 m, dessen Gipfel links bleibt (vgl. R 478, 479) über Bschießer, 1996 m, und Ponten, 2050 m (s. R 474, 475), zum Zirleseck, 1872 m (s. R 471) und hinab zur Willersalp, 1456 m (s. R 217). Hierher auch von Hinterstein in 1½ st (s. R 146). NA: von Zipfelalp, 1526 m, nach Hinterstein oder Schattwald (Tirol) s. R 218.

● 200 Willersalp — Prinz-Luitpold-Haus (Jubiläumsweg). Gesamtzeit 7 st, in umgekehrter Richtung etwas weniger, auch mit Kindern ab 12 J. Von der Willersalp südlich über die Alpflächen am O-Hang des Großen Kessels in mäßiger Steigung talaufwärts; im Talschluß in Kehren, zuletzt über Geröllhalden südöstlich empor zur „Vordern Schafwanne", Geißeckjoch, 2056 m, 1$^1/_2$ st. Jenseits hinab in das Große Kar zwischen Geißhorn und Rauhhorn (links Wegabzweigung R 216) und durch den Felssturz unter den Abstürzen des letzteren nach Süden waagrecht durch; dann in Kehren empor zum Sattel der „Hinteren Schafwanne", 1957 m, 1 st, südlich des Rauhhorns. Wer es sich zutrauen darf (nur für Bergerfahrene und Schwindelfreie!) zieht die Vord. und Hint. Schafwanne unmittelbar verbindende Überschreitung des **Rauhhorns,** 2240 m, vor, II—. Der zum Gipfel führende N-Grat ist durch Sicherungen entschärft, die Gipfelwand selbst erfordert Klettergewandtheit. ↘ über den schrofigen, Trittsicherheit verlangenden S-Grat — insgesamt 30 Min. länger als der Normalweg. In der Hint. Schafwanne tritt der Weg auf die Westflanke über und leitet nach kurzem Anstieg hinab, eine Felsrunse ausgehend, über grüne Steilhänge bis etwa 40 m überm Schrecksee, dessen weite Talmulde nach SW ausgehend; rechts Abzweigung über die Taufersalp nach Hinterstein. Dann neuerdings südlich in Kehren ansteigend zur *Lahnerscharte,* 1988 m, 1$^1/_4$ st, Blick ins Tiroler Schwarzwassertal (nicht zu verwechseln mit seinem berühmteren Vorarlberger Namensvetter bei Riezlern!), dahinter die einsame Roßzahn-Gruppe. Jenseits, gleich darauf an der Abzweigung (links Tafel) des Saalfelder Wegs (R 201) vorbei, mäßig fallend hinab, eine Einsenkung hinter einem kleinen Köpfchen überschreitend; dann an den O-Hängen unter der Lahner- und Schänzlespitze wenig ansteigend und fallend hindurch bis zum SO-Rücken des Schänzlekopfs, 1839 m. (Der Name rührt von einer im 17. Jh. von den Lechtalern wegen mißbräuchlicher Holznutzung gegen die Allgäuer errichteten Schanze her!) Weiter auf Geröllbändern quer durch die sogenannte *„Notländwand";* jenseits durch Latschen zum breiten, gebuckelten Sattel der *„Gschnitzlböden"* östlich der Sattelköpfe (auch Notländsattel genannt). Über eine tief eingerissene Runse, die von den Sattelköpfen südöstlich herabzieht, gewinnt der Weg die oberste Mulde der Oberen Lichtalp und den Osthang der Lärchwand, um die herum er zum „Kessel" leitet, dem großen Trümmerfeld zwischen Glasfelder- und Kesselkopf, 1³/₄ st; hier zweigt links — 1887 m — ein Steig ab, der fallend und wieder ansteigend um den Kesselkopf und die Fuchskarspitze östlich herumführt und bei der Balkenscharte den Hochvogelweg erreicht; 1¹/₄ st; nun in Kehren zur Bockkarscharte, 2164 m, ³/₄ st, empor und jenseits auf Gras zunächst wenig fallend nach Westen; dann in Kehren im Hochtal „Im Täle" südsüdwestlich hinab zum Prinz-Luitpold-Haus, 20 Min. Botanisch hochinteressant. Vom Schrecksee ab (Zugang durchs Tauferstal) als winterliche Skifahrt bei sicheren Verhältnissen nur für erfahrene Hochtourenläufer. Besondere Vorsicht unter der Lärchwand!

NA: Von der Vord. Schafwanne zum Vilsalpsee siehe R 216. — Vom Schrecksee durchs Tauferstal zum E-Werk II. 928 und weiter nach Hinterstein (2 st). — Von den Gschnitzlböden durchs Erzbergtal zum Erzberghof an der Giebelhausstraße, 1045 m, oder über den Sattel, 1714 m, auf Reitweg zum Schrattenberg und weiter zum Giebelhaus, 1067 m (je 1¹/₂ st). — Von der Ob. Lichtalpe über die Unt. Lichtalpe, 1198 m, ins Schwarzwassertal und hinaus nach Weißenbach im Lechtal (3 st).

● 200 a Nebelhornhaus — Prinz-Luitpold-Haus

Schönster Zugang zu den Allgäuer Höhenwegen für die von Oberstdorf kommenden Wanderer, die sich den Ostteil des Hauptkammes ersparen wollen. Obwohl bez., fordert der Weg insbesondere beim Abstieg vom Laufbacher Eck (Altschnee! Wegabrisse!) alljährlich Opfer. Solides Schuhwerk und Vorsicht bewahren vor Schaden! Kinder an den kritischen Stellen mit Seil sichern! Bei Schnee Eispickel nötig!

Bez. Weg, Gesamtzeit 4—5 st, auch mit Kindern ab 10 J. Vom Nebelhornhaus (R 129) südlich kurz hinab, eine Bachrunse überschreitend; dann durch die botanisch interessanten Grashänge des Zeigers (rechts Einmündung des Gleitwegs R 131, Blick auf den Seealpsee) und des Großen und Kleinen Seekopfs, stets an der W-Seite des Kammes bleibend in den flachen Sattel zwischen Kleinem Seekopf und Schochen, 2009 m. In den W-Hängen dieses durch seine reiche Flora ausgezeichneten Berges leicht fallend weiter, dann scharf östlich durch seine S-Flanke hindurch und zunächst noch waagrecht unter dem Lachenkopf zum Sattel zwischen diesem und dem Laufbacher Eck, 1999 m; von ihm in Kehren empor zum Laufbacher Eck-Sattel, 2160 m, 1³/₄ st (vgl. R 677). Jenseits östlich in Kehren hinab (Vorsicht bei starken Niederschlägen, Abrutschgefahr!) zu den welligen Böden der Ochsenalp (Bergwachthütte, während der Blütezeit ständig, sonst am Wochenende besetzt, Funk, keine Unterkunft) und in weitem Bogen südöstlich zur Zwerchwand, 1830 m, 20 Min., wo rechts ein zum Himmeleck (1/2 st) emporführender Verbindungsweg abzweigt. Der Weg zum Luitpold-Haus fällt noch in südlicher Richtung weiter und mündet nach 5 Min. westlich der Schönberghütte in den vom Himmeleck kommenden Weg R 202 ein. Botanisch ungemein vielseitig. Im Winter schöne Skifahrt für erfahrene und sichere Läufer, wobei man jedoch nicht dem Sommerweg folgt, sondern — den Ostrücken des Großen Seekopfes unter Preisgabe von 200 Höhenmetern umfahrend — die oberen Böden des Obertales ostwärts des Schochenkammes quert. Richtpunkt: der Nordfuß des Lachenkopf-Nordgrates, P. 1790.) Lit.: Bergkamerad Januar 1967.)

NA: Vom Sattel, 1999 m, westl. des Laufbacher Ecks über Rothtennalp, 1716 m, durchs Obertal zum Giebelhaus, 1067 m, 2 st. — Von der Schönberg-Alphütte durchs Bärgündele zum Giebelhaus, 1067 m (siehe R 215) 2 st.

● 201 Saalfelder Weg.

Schönster Zugang zu den Allgäuer Höhenwegen für die aus dem Tannheimer Tal kommenden Wanderer.

Der bezeichnete Steig beginnt an der *Strindenscharte.* Hierher

a) entweder von Haldensee (R 79) am Westufer des Strindenbachs entlang oder von Haller östlich herum und auf dem Süduferweg zur Südwestecke des Sees (Badeanstalt). Von dort auf dem Fahrweg in einer weiten Kehre links hinauf. Wo sich, über der Klamm des Strindenbachs, der Almboden öffnet, zweigt links der Weg zur Ödenalp und Krinnenspitze ab (1 st). Wir folgen noch rund eine Stunde dem neu erbauten Fahrweg, der zunächst über die Brücke und dann talein führt. Die Untere Ödenbachalp (1320 m) bleibt rechts liegen. Nach ein paar Kehren verläßt der markierte Aufstieg erst kurz vor der Oberen Strindenalp nach links den Alpweg (Tafel). Erst steiler, dann flacher über Matten südwestlich hinauf zur Strindenscharte (etwa 1870 m) zwischen Litnisschrofen und Sulzspitze (2 st). Auf dem hier beginnenden Saalfelder Weg südwestlich fast waagrecht die Südost- und Südflanke der Sulzspitze querend zur Gappenfeldscharte 1860 m, 20 Min. Der Saalfelder Weg selbst ist ausreichend rot bez. Wegen zahlreicher Weidegänge verirrt man sich insbesondere im östlichen Teil bei Nebel leicht.

b) Der von Tannheim kommende Wanderer bedient sich

gern der in zwei Sektionen bis knapp unters **Neunerköpfl,** 1862 m, führenden Sesselbahn (zu Fuß steil und mühsam!). Mittelstation 1500 m, Bergstation 1820 m, schönes Skigebiet, Skilifte! Ab Bergstation in wenigen Min. (bez. Steig, Sommerweg) aufs aussichtsreiche **Neunerköpfl** (der rechts abzweigende Winterweg nur für Geübte!). Hierher auch (steil und mühsam) ab Schmieden über die Usseralp, 1633 m (3 st). Der bequeme nun südlich führende Pfad umgeht das **Vogelhorn,** 1880 m, in der W-Flanke, um dann, den Kamm überschreitend, mit geringem Höhenverlust durch die grasigen O-Abstürze der Sulzspitze hinauf zur Strindenscharte (1½ st) und weiter wie a) zur Gappenfeldscharte zu führen. Die Mitnahme der lohnenden **Sulzspitze,** 2083 m, ab Strinden- oder Gappenfeldscharte auf dürftig markierten Steigspuren über ihren grasigen O-Kamm (auch mit Kindern ab 8 J.) kostet eine weitere Stunde. Vgl. R 766 ff.

c) Zur Gappenfeldscharte gelangt man auch (weniger interessant als a) und b) von Tannheim auf dem Sträßchen zum Vilsalpsee; nach ½ st links abzweigend hinauf durch das Gappenfeldtal 1¾ st, auch mit Kindern ab 10 J.; mühsam.

d) Zugang zur Gappenfeldscharte durch Birkental: Vom Weiler Rauth am Gaichtpaß, 1140 m, am nördlichen Talhang taleinwärts, an einer Jagdhütte, 1184 m, 1 st, vorbei zum Talschluß, P. 1361 (in manchen Karten falsch mit 1961 bez.). ½ st; nun in Kehren durch Wald und über freie Hänge nordwestlich empor zur Scharte, 2 st, auch mit Kindern ab 12 J.

Fortsetzung des Saalfelder Wegs ab Gappenfeldscharte:

Aus der Scharte südlich unter den O-Abstürzen der Schochenspitze hindurch und recht steil durch Schutt und Geschröf hinauf in den Schochensattel, 1930 m, ½ st. Nun über Weideböden sw. hinab zur Lache, 1770 m (Oberer Traualpsee), über ihr die **Landsberger Hütte,** 1810 m (vgl. R 191 a). 3 st ab Neunerköpfl, auch mit Kindern ab 8 J. (bei Bergbahnbenutzung). Die Fortsetzung des Saalfelder Höhenwegs führt aufwärts zum Lachenjoch, 1980 m, ¾ st, zwischen Rote- und Steinkarspitze. Nun südlich zunächst kurz auf der Kammhöhe gegen die Steinkarspitze, dann durch ihre schrofige Westflanke quer hinüber zu ihrem Westrücken und nun in w. Richtung zum Kastenjoch, 1865 m, ½ st. (Hier oder schon zuvor unterm Lachenjoch Abzweigung des Pfades zur Kirchdachscharte und zum Schrecksee mit Abstiegsmöglichkeit nach

Hinterstein). In Kehren den folgenden Hang hinan, dann südlich, später nördlich ausweichend, zuletzt auf dem Kamm selbst steigend gegen die Kälbelespitze; kurz vor ihr scharf links gegen den zackigen Südgrat dieses Gipfels, ihn mit einigen Kehren querend, $^{3}/_{4}$ st (Vorsicht!) und über Platten, später Gras ansteigend zur Lahnerscharte, 20 Min., wo man den Jubiläumsweg gewinnt (R 200). Bei einiger Vorsicht auch mit Kindern ab 12 J.

NA: Von der Gappenfeldscharte, 1860 m, durchs Gappenfeldtal nach Tannheim (2 st) oder südlich durchs Birkental nach Rauth (4 st). — Von der Landsberger Hütte zum Vilsalpsee (1 st). Vom Kastenjoch s.o. ins Tiroler Schwarzwassertal und nach Stanzach im Lechtal $3^{1}/_{2}$ st. Vor dem Abstieg über den Albelesee zum Vilsalpsee wird dringend gewarnt (unübersichtliche Felsabbrüche!).

● 202 Prinz-Luitpold-Haus — Himmeleck — Kemptner Hütte.

7 st, auch mit Kindern ab 14 J. Mit Ski im Winter nur bei allergünstigsten Verhältnissen für ganz sichere und erfahrene Hochtourenläufer! Heikelstes Stück zwischen P. 2173 und 2224 im westl. Märzle! Ab P. 2146 möglichst nah an die linksseitigen Felsen heransteigen und dann waagrecht zu P. 2224 queren!

Die Trümmerhalde unterm Wiedemer querend in einigen Minuten zu seinem grasigen Nordwestrücken. Dann auf markiertem Pfad durch Erlengebüsch und steile Grashalden (interessante Flora) zu tief eingerissenem Rinnsal, 1597 m (tiefster Punkt des Weges). Kurz vor der Schönberg-Alphütte Abzweigung nach rechts durchs Stierbachtal und Bärgündele zum Giebelhaus, 1066 m. Nun steil über Gras in Kehren (im Winter Lawinengefahr!) zur Einmündung des vom Nebelhornhaus kommenden Pfades (s. R 200a), P. 1830 m. Scharf links (südwestlich) weiter, dann über steiles Gras (Kehren) (im Winter gesteigerte Lawinengefahr), vorbei an der Einmündung des zum Laufbacher Eck führenden Verbindungswegs zum Himmeleck, 2004 m ($1^{1}/_{2}$ st). Herrlicher Blick auf die jenseits des obersten Oytals aufsteigende Höfats — eines der eindrucksvollsten Schaustücke der Ostalpen.

Nun in Kehren südwestlich hinab über Gras zum Mitteleck, 1822 m, wo von rechts her der wegen Baufälligkeit gesperrte Gaisbachtobelweg heraufkommt (vgl. R 140). Weiter über die Geröllhalden unter den Wänden des Großen Wilden zum

Wildenfeldhüttchen, 1695 m, hinab (Notunterstand), wo von rechts her der aus dem Oytal über Käseralp heraufführende Weg einmündet. Jetzt in Süd-Richtung, später nach Südosten umbiegend unter dem mächtigen Vorbau des Kleinen Wilden hindurch bis zur Abzweigung des zum Hornbachjoch führenden Pfades (vgl. R 213). Hier scharf rechts zum Eissee hinauf, 1829 m, und weiter in südwestlicher Richtung auf den vom Rauheck nach Nordwesten führenden Kamm, der bei P. 2044 erreicht wird. Damit ist der vom Älpele zum Rauheck hinaufführende Steig (R 214) erreicht. Auf ihm gelangen wir, scharf nach links umbiegend und stets dem Kamm folgend zum Gipfel des Rauhecks, 2385 m, 4 st vom Prinz-Luitpold-Haus.

Der nach Südwesten weiter verlaufende Grenzkamm gehört für den Botaniker zu den wertvollsten Fundgruben in den Ostalpen. Nach Überschreitung eines weit geschwungenen Sattels (geringer Höhenverlust) aufs Kreuzeck, 2376 m, von dessen um 1 m niedrigeren SW-Gipfel der Bettlerrücken nordwestlich ins Traufbachtal hinabzieht (nur für Schwindelfreie!). Nun langsam fallend auf dem breiten, begrünten Grat zum Sattel, 2201 m, zwischen Kreuzeck und Krottenspitz-Nordgrat. Hier zweigt nach links der durch die „March" führende Weg zur Hermann-von-Barth-Hütte ab („Düsseldorfer Weg" s. R 211). Weiter Richtung West durch das bis tief in den Sommer hinein schneegefüllte Schuttkar „Im Märzle" unter den Krottenspitzwänden, zuletzt steil in Kehren hinauf nordwestlich zum Fürschießersattel, 2207 m, wo die Kemptner Hütte sichtbar wird. Mit scharfer Linkswendung langsam fallend und den unterm Muttler liegenden Kessel in weitem Bogen auslaufend, vorbei an der Abzweigung zum Östlichen Mädelejoch (vgl. R 203) und auf dem vom Westlichen Mädelejoch kommenden Pfad (vgl. R 127) zur Kemptner Hütte, 2½ st vom Rauheck.

NA: Unterhalb der Schönberg-Alphütte durchs Bärgündele zum Giebelhaus (siehe R 215). — Vom Wildenfeldhüttchen über Käseralp ins Oytal (vgl. R 140). Vom P. 2044 oberhalb des Eissees übers Älpele entweder ins Oytal oder ins Dietersbachtal (siehe R 214). — Der Abstieg vom Kreuzeck über den Bettlerrücken ins Traufbachtal ist nur Geübten und Schwindelfreien anzuraten. — Dem von oben her verführerisch erscheinenden Abstieg vom Sattnl 2201 unterm Kreuzeck ins Traufbachtal wird dringend widerraten (Wandabstürze). Er hat schon manches Opfer gekostet.

● 203 Kemptner Hütte — Hermann-von-Barth-Hütte — Kaufbeurer Haus (Enzenspergerweg). Als Tagestour für Kin-

der zu anstrengend, Zwischenstation Hermann-von-Barth-Hütte empfohlen. Reich an herrlichen Ausblicken in die Lechtaler Bergwelt. Für hochalpin geschulte winterliche Tourenläufer ungemein reizvoll.
(Kemptner Hütte — H.-v.-Barth-Hütte 4½ st, Kaufbeurer Hütte weitere 5 st). Von der Kemptner Hütte (R 125) zunächst den Weg R 202 zum Luitpold-Haus verfolgend, dann (Tafel) unter dem Östlichen Mädelejoch rechts ab und in Kehren zu ihm empor, 2033 m, 35 Min. Jenseits an der Abzweigung des bez. Wegs zum Muttler vorbei in kurzen Kehren südostwärts hinab; dann die obersten Hänge des Roßgumpentals ausgehend (Wasser) hinüber in die Fallinie der Krottenkopfscharte, wo, 2043 m, 25 Min., Tafel, rechts der Weg R 210 über das Karjoch und den Gumpensattel nach Elbigenalp abzweigt. Hier links o in Kehren durch Schrofen und Geröll empor zur Krottenkopfscharte, 2350 m, ¾ st, links Tafel — Abzweigung zum Großen Krottenkopf. Jenseits über lehmiges Geröll steil hinab ins Hermannskar und am Ostfuß des Krottenkopfs nordöstlich, dann nördlich leicht fallend fast bis zum Ostufer des Hermannskarsees, 2216 m, 20 Min. (Die Umgehung der ärgerlichen Krottenkopfscharte über das südlich des Ramstallkopfes gelegene Karjoch, 2305 m, sodann im Bogen o, später n um den Ramstallkopf herum lohnt sich nur für den Genießer, dem es auf eine Stunde Umweg nicht ankommt. Sie ist landschaftlich ungleich schöner.) Nun unter den Faulewandspitzen, der March- und Hermannskarspitze nach S biegend hindurch und (Sicherungen) durch den felsigen Westfuß des Hermannskarturms hinan zum *Schafschartl*, 2320 m, 40 Min. Jenseits östlich hinab ins Birgerkar, wo nach ¼ st der alte von der Marchscharte nach Elbigenalp führende Weg (R 211) gekreuzt wird. Nun waagrecht das Kar querend, dann ansteigend durch die schrofigen Ausläufer des Ilfenspitz-Südgrats schräg hinan; jenseits über Gras hinab ins Wolfebnerkar und weiter zur bereits sichtbaren Hermann-von-Barth-Hütte, ½ st, R 148. Von der Hütte fällt der „Enzenspergerweg" einige Meter, geht an der Quelle und Abzweigung nach Elbigenalp (R 149) vorbei unter dem Südrücken der Wolfebnerspitzen herum und quert nun in großem Bogen das weitgestreckte dreiteilige *Balschtekar* (nach 40 Min. zweigt links — Tafel — ein bez. Weg ab, der über die flache Schöneckerscharte, 2259 m, 25 Min., im Schöneckerkar nördlich hinabführt und die Schöneckerhütte links

lassend, über der Faulenwand nach rechts umbiegend, dicht unterhalb Drähütten, 1173 m, das Hornbachtal — $^{3}/_{4}$ st — oberhalb Hinterhornbach erreicht); zuletzt an seinen Osthängen nach rechts über Geröll und Gras zum Balschtesattel, 2226 m, $1^{1}/_{2}$ st von der H.-v.-Barth-Hütte, zwischen dem Südrücken der Söllerköpfe und der Rotwand emporsteigend. Weiter 150 m (senkr.) in Kehren hinab in das *Noppenkar*, das ebenfalls gequert wird; nun jenseits über den *Luxnachersattel*, 2094 m, $^{3}/_{4}$ st — gleich ostwärts davon Wegabzweigung rechts durch das Haglertal nach Häselgehr, $1^{1}/_{2}$ st (im Winter großartige Skiabfahrt, vgl. R 597) — am Fuß des Südostgrats der Noppenspitze in die oberste Mulde des Haglertals hinab und im allgemeinen nordöstlich ziemlich eben unter dem Sattel- und Wolekleskar hinüber ins Gliegerkar. (Hier zweigt [1 st, etwa 2300 m] links der nicht mehr unterhaltene, Kletterfertigkeit voraussetzende Steig über die Gliegerscharte ab.) Der Weg wendet sich nunmehr ostwärts und leitet in kurzen Kehren hinan zum Griesschartl, 2418 m, $^{1}/_{2}$ st, im Südostgrat der Bretterspitze; dann durch die felsige Ostflanke der letzteren (bei Schneebelag größte Vorsicht!) nach Norden mäßig ansteigend zu ihrem breiten Nordostrücken, den man westlich der tiefer liegenden Schwärzerscharte betritt, $^{1}/_{4}$ st, bez. Weg zur nahen Bretterspitze. Nun in nordwestl. Richtung hinab zum Kesselboden und zur Hütte im Urbeleskar, $^{1}/_{2}$ st, R 153. Bei Aufteilung in zwei Etappen auch mit Kindern ab 14 J.

NA: Von P. 2043 unter der Krottenkopfscharte über Karjoch, Gumpensattel und Bernhardseck nach Elbigenalp (3 st, vgl. R 210). — Aus dem Birgerkar ins Bernhardstal und nach Elbigenalp (2 st, vgl. R 211). — Von der Hermann-von-Barth-Hütte unmittelbar hinab nach Elbigenalp ($1^{1}/_{2}$ st, vgl. R 149). — Vom Luxnachersattel durchs Haglertal nach Häselgehr ($1^{1}/_{2}$ st). — Aus dem Gliegerkar unterm Griesschartl ins Haglertal und nach Häselgehr ($1^{1}/_{2}$ st).

● 204 **Kemptner Hütte — Rappensee-Hütte (Heilbronner Weg).** Vgl. den im Bergverlag Rudolf Rother, München, erschienenen Sonderführer „Der Heilbronner Weg und die anschließenden Höhenwege“, neu bearb. von H. Groth, 1974, ferner: Das Schöne Allgäu, Juni 1970 (HW im Winter), BK Aug. 1972.

$5^{1}/_{2}$ bis 7 st, auch mit Kindern ab 14 J., die jedoch an heiklen Stellen ans Seil genommen werden sollten. Das zwischen Bockkarscharte und Kleiner Steinscharte liegende „Heilbronner Weg“ genannte Wegestück verlangt Trittfestigkeit,

Schwindelfreiheit und solides Schuhwerk. Ungeübten muß seine Begehung ohne Führer abgeraten werden. Landschaftlich findet dieser schöne Höhenweg eine noch großartigere Parallele im Augsburger Höhenweg der Lechtaler Alpen.

Für winterliche Begehung mit Ski eignet sich der Heilbronner Weg nicht. Doch bietet der winterliche Übergang von der Kemptner Hütte über die Schwarze Milz, den Mädeleferner und die Schochenalpböden zur Kleinen Steinscharte (Wächte!) erfahrenen und geübten Hochtourenläufern bei sicheren Verhältnissen großen Genuß. Vorsicht bei der Steilabfahrt von der Kleinen Steinscharte ins oberste Wieslekar! Vorteilhafter (wegen der rassigen Kratzerabfahrt!) in umgekehrter Richtung!

Übers Westliche (Obere) Mädelejoch, 1974 m (s. R 127) die S-Flanken des Kratzers querend zu den bergkristallreichen, manganführenden Mergelböden der „Schwarzen Milz", am Schwarzmilzseele (2250 m) vorbei zum Mädeleferner (auch Schwarzmilzferner genannt), der als ständiger, von Jahr zu Jahr kümmerlicher werdender Firnflecken (ohne die Merkmale eines Gletschers!) unter die Wände der Mädelegabel und der Hochfrottspitze gebettet liegt. Fast eben über den kleinen Ferner zur Östlichen Bockkarscharte, 2523 m, wo der zum Waltenberger-Haus führende Pfad nach rechts abzweigt. (Beginn des Heilbronner Wegs, $2^1/_4$ st von der Kemptner Hütte.)

Nun unter überhängendem Fels hindurch zur Westlichen Bockkarscharte (von hier kein Abstieg zum Waltenberger-Haus!) und, im allgemeinen dem Grenzgrat folgend, in vielen versicherten Kehren hinauf zum Bockkarkopf, 2609 m ($^1/_2$ st).

Vom Bockkarkopf — teilweise versichert — über den felsigen Grat oder seitlich unter der Grathöhe (stets gut markiert) steil hinab zur Socktalscharte, 2446 m (wo nach rechts ein oben durch steiles Geröll zum Waltenberger-Haus führender Pfad abzweigt). Nun durch seine felsige Südost-Flanke, zuletzt auf der Grathöhe zum „Wilden Mann", 2577 m, dessen westlich liegender Gipfel vom Heilbronner Weg aus in 5 Min. unschwer erreichbar wird.

In 15 Min. weiter zum 2615 m hohen Steinschartenkopf und steil hinab (schwierigstes Stück des Heilbronner Wegs), wobei eine hohe eiserne Leiter benützt wird, zur Kleinen Steinscharte, 2541 m.

Hier mündet von S her der durchs Schochenalptal von Holzgau heraufkommende Pfad ein, s. R 120.

Von der Kleinen Steinscharte in südwestlicher Richtung dem Pfad folgend durchs schmale „Heilbronner Törl" ziemlich eben die Westwände des Hohen Lichts querend (größte Vorsicht bei Schneebelag! Hohe Wandabstürze unter den Schneebändern!) bis zur Wegegabel, wo der Aufstieg zum Hohen Licht links abzweigt. Rechts hinab ins oberste Wieslekar und über dessen Schuttflächen und Felsbänke zur Großen Steinscharte zwischen (rechts) Rotgund- und (links) Hochgundspitze, 2263 m. Hier Abzweigung des durchs Hochalptal zur Lechtalstraße zwischen Steeg und Lechleiten führenden Pfades. Der „Wildes Männle" genannte Felszacken, 2399 m, der früher die nördliche Umrahmung des Wieslekars krönte, ist am 8. Mai 1962 einem nächtlichen Unwetter zum Opfer gefallen.

Bald hinter der breiten Scharte wird die Rappenseehütte sichtbar. Über rasige Hänge zu ihr hinab.

NA: Vom Westl. Mädelekar durchs Höhenbachtal nach Holzgau (siehe R 127). — Von der Bockkarscharte zum Waltenbergerhaus, 2084 m, auf gutmarkiertem Pfad durch Geröll (1/2 st). — Von der Socktalscharte auf gutmarkiertem Pfad über Geröll ins Hintere Bockkar bis zu einem grünen Querriegel, wo man sich scharf nach rechts wendet, um unter den senkrechten Abstürzen des Bockkarkopfes hindurch (im Frühjahr und Frühsommer bei vereistem Fels gefährlich) waagrecht ins Vordere Bockkar und zu dem dort liegenden Waltenbergerhaus hinüberzuqueren (1 st). — Von der Kleinen Steinscharte durchs Schochenalptal nach Holzgau (siehe R 120). — Aus dem obersten Wieslekar durchs Hochalptal nach Holzgau (siehe R 119). —

Dringend abzuraten ist von dem gefährlichen Abstieg aus der „Schwarzen Milz" in die „Hohe Trettach" genannte Steilrinne unter der Trettachostwand.

Bemerkung für alle Benützer des Heilbronner Wegs: Dieser in der 2600 m-Zone verlaufende Höhenweg hat auch im Sommer bei Schlechtwettereinbruch durchaus hochalpinen Charakter. Beträchtliche Schneefälle mit fühlbaren Kältegraden sind auch in den Sommermonaten keine Seltenheit! Solides Schuhwerk und ausreichender Wetterschutz sind daher unerläßlich.

Bergsteigern, die sich Zeit lassen und den Heilbronner Weg in zwei Etappen begehen wollen, bietet sich das sowohl von der Socktalscharte wie von der Bockkarscharte erreichbare Waltenberger-Haus als Zwischenquartier an. ↗ von und ↘ nach Einödsbach s. R 124.

● 205 Rappenseehütte — Mindelheimer Hütte.
Landschaftlich hervorragend schöne und botanisch interessante Wanderung, auf dem kürzeren Weg über Schrofenpaß — Speicher $4^1/_2$ st, auf dem wesentlich längeren, aber auch schöneren Weg über Schrofenpaß — Rauhgern — Haldenwanger Eck — Haldenwanger Kopf 6 st, auch mit Kindern ab 12 J.

Zunächst in umgekehrter Richtung wie R 118 über die Obere Biberalp, 1860 m, zur Schloßwand, P. 1876. Nun weiter durch Latschenfelder auf gutem Pfad zunächst westlich, dann in weitem Bogen nördlich ausholend um den latschenbewachsenen Grüner herum zum Schrofenpaß, 1685 m (niedrigste Einsattelung im Allgäuer Hauptkamm zwischen Oberjoch und Hirschgund). Jetzt entweder:

a) Auf in die Felsen gesprengter Steiganlage hinab zum Haldenwanger Bach, P. 1522 (Geburtsort der Stillach) und — die Speicheralphütte rechts unten lassend — über steiles Gras und durch Schrofen (markiert) zur Mindelheimer Hütte, 2056 m (üblicher Weg).

b) Länger und schöner, jedoch recht mühsam, da dieser uralte, auf weite Strecken durch unübersichtliche Latschenfelder führende, längst nicht mehr markierte Pfad stark verwachsen und kaum noch kenntlich ist: Vom Schrofenpaß dem Grenzkamm folgend über den Rauhgernrücken fühlbar ansteigend (1935 m) zum Haldenwanger Eck. Nun in scharfem Rechtsknick, stets der Bundesgrenze folgend durch Weideland, Latschenfelder und Geschröf am Haldenwanger Eck, 2002 m, vorbei nördlich zu dem von der Oberen Gemstelalp zur Mindelheimer Hütte führenden Steig (vgl. R 105). Um den Südfuß des Geishorns herum nordnordöstlich in die Scharte zwischen Geißhorn-Nordostgrat und Wildengundkopf. Von hier in einer knappen halben Stunde ostwärts zur Hütte. Als winterlicher Übergang mit Ski nur bei sicheren Schneeverhältnissen und nur von erfahrenen Hochtourenläufern zu meistern. Die extreme Lawinengefahr im Mutzentobel kann zu beachtlichem Höhenverlust durch erzwungene Abfahrt am rechten Tobelufer führen.

NA: Vom Salzbüheljoch an der Schloßwand über die Lechleitner Alp nach Lechleiten (40 Min.). — Vom Schrofenpaß nach Süden zum Holzgauer Haus — Lechleiten ($^1/_2$ st). — Von P. 1522 am Haldenwangerbach (Weg a) ins Rappenalptal (3 st nach Birgsau). — Vom Haldenwanger Eck (Weg b) westl. nach Hochkrumbach-Vorarlberg (1 st) oder ostwärts durchs Haldenwanger Tal nach Birgsau (3 st). — Vom Punkt der Vereinigung mit dem zur Obergemstelalp führenden Pfad dorthin und weiter nach Bödmen ins Walsertal (2½ st, vgl. R 222).

● 206 Mindelheimer Hütte — Fiderepaßhütte — Kanzelwand-Bergstation oder Fellhornbahn.

Diese Etappe des Allgäuer Höhenwegs zeichnet sich im ersten Teil durch die besonders schöne Aussicht auf die jenseits des Rappenalptals aufragenden Berge des zentralen Allgäuer Hauptkammes aus, der am Haldenwanger Kopf verlassen wurde. Seine westliche Fortsetzung führt über den Widderstein und die Baader Bergumrahmung zum Hohen Ifen (vgl. R 775 ff, 853 ff, 887 ff).

Von der Mindelheimer Hütte zum Fiderepaß mit der dort liegenden DAV-Hütte, 2070 m, 3 st, umgekehrt wie R 103, 106.

Vom Fiderepaß zur Bergstation der Kanzelwandbahn, 1968 m, 2 st, umgekehrt wie R 113 f., auf gut markiertem Pfad. Auch mit Kindern ab 12 J. Mit Ski im Winter für erfahrene Hochtourenläufer kein Problem. Das gleiche gilt für die Fortsetzung unseres Höhenwegs vom Fiderepaß zum Fellhorn, der (für konsequente Höhenwanderer!) über den Schlappoldkamm und das Söllereck bis vor die Tore Oberstdorfs zu Ende geführt werden kann (vgl. R 113 e).

NA: Über Angereralp ins Rappenalptal (vgl. R 102). — Dem direkten Abstieg von der Taufersbergalp oder vom Saubuckeskar ins Rappenalptal wird dringend widerraten (Wandabbrüche!). — Abstiege vom Fiderepaß wie R 113a und b. — Abstieg von der Kühgundalp (vor der Querung ins Roßgundkar) ins Warmatsgundtal (vgl. R 221) und über Ringang — Schwand zum Freibergsee (3 st).

Wer sich in der letzten Etappe des unter R 206 dargestellten Höhenwegs klettersportlich engagieren will, findet hiefür zwei interessante Möglichkeiten:

● 206 a Die Überschreitung der drei Schafalpenköpfe auf dem **Mindelheimer Klettersteig,** der jedoch angesichts seiner Schwierigkeit (bei günstigsten Verhältnissen II!) über den technischen Rahmen einer Höhenwanderung weit hinausreicht und daher unter R 198 b, 812 ff als selbständige Bergfahrt eingeordnet ist (3—4 st, für Kinder ungeeignet).

● 206 b Die etwa gleichwertige Überschreitung der beiden **Hammerspitzen** und des Schüssers zur Kanzelwand (vgl. R 832, 836, 839, 840), 3½ st, II—III, für Kinder ungeeignet.

● **206 c** Eine besonders aparte Variation des Höhenweg-Auslaufs erleben wir, wenn wir ab Fiderepaß über die **Saubuckel-** (auch Fidere-)**Scharte** (R 106) o. ins Roßkar absteigen, an dessen unterem Ende wir auf den landschaftlich herrlichen **Taufersbergsteig** treffen. Er bringt uns am Guggerseele vorbei über Griesgund nach **Birgsau** (bez. Steig, vgl. R 102, 103), 3½ st, auch mit Kindern ab 12 J. Wintersüber hochalpine Skitour mit beträchtlichen Anforderungen (auch an Lawinenkunde).

● **206 d** Die Walmendingerhorn-Bahn hat mit dem vom **Walmendinger Horn zur Schwarzwasserhütte** führenden Steig einen besonders schönen und bequemen Höhenweg geschaffen. Näheres: R 881.

● 206 e **Panoramaweg Ost: Oberstdorf — Hindelang** oder umgekehrt über den Kamm der Sonnenköpfe (vgl. R 208 c), als ausgebauter, beide Fremdenverkehrsgemeinden unmittelbar verbindender Höhenweg seit einiger Zeit im Gespräch. Vorerst nur mittelalpiner Übergang von Tal zu Tal ohne Höhenwegcharakter!

● **206 f** Das westliche Gegenstück zu R 206 d ist der über den Kamm der Vorderen Hörner (R 915 ff) führende, das Riedberger Horn (R 906 ff) mit dem Allgäuer Berghof am Ofterschwanger Horn (R 918) verbindende und n. bei Gunzesried — Seifriedsberg — Hüttenberg — Bettenried (R 30, 35, 39 a) auslaufende **Panoramaweg West** (von Grasgehren, R 100, 170, bis Allg. Berghof oder umgekehrt 4 bis 5 st, auch mit Kindern ab 12).

● **206 g** Einen sympathischen Ableger von R 206 f finden wir in dem noch in Ausbau begriffenen **Hüttenberg/Bettenrieder Hangweg,** der ab Ofterschwang (R 39 a) durch die bewaldeten, jedoch immer wieder entzückende Blicke ins Illertal und seine Bergwelt freigebenden Osthänge des Ofterschwanger Horns in nördlicher Richtung zum Hüttenberger Eck, 1007 m, und von hier bergab nach Gunzesried führt.

III. Übergänge

Vorbemerkung zu R 207 bis 229 b:

Aus den zahlreichen Möglichkeiten der Querüberschreitung des Allgäuer Hauptkamms und seiner Nebenkämme sind im folgenden Abschnitt nur die landschaftlich schönsten und touristisch attraktivsten herausgegriffen!

● 207 Oberstdorf — Schrofenpaß — Lechtal (Lechleiten) oder **Haldenwanger Paß — Hochkrumbach.**

Bez. Weg, kürzeste Verbindung zum Arlberg, niedrigster Übergang, 6 st von Oberstdorf bis Lechleiten, auch mit Kindern ab 12 J.

a) **Schrofenpaß:**

Da der Weg zur Paßhöhe hinauf infolge Rutschungen nicht immer gut gangbar ist, empfiehlt sich vorherige Erkundigung. Von Birgsau oder Einödsbach ins Rappenalptal und in ihm wie R 102 talein. Die Abzweigung zur Mindelheimer Hütte nach der Holzerstube (Teufelshütte, 1243 m, 1¼ st Buchrain) bleibt rechts. Leicht steigend, an der Unteren Biberalp (Haldenwanger Höfle, 1311 m) vorbei, später steiler; ¼ st nach den Hütten „Bei dem Speicher", 1523 m, 1¼ st, Wegtafel, führt der Weg nach O empor, zum Teil in Fels gehauen, zum Schrofenpaß, 1688 m, ½ st (Landesgrenze, kein zugelassener Übergang!) und ungefähr südlich hinab, am östereichischen Zollamt, 1501 m, vorbei zum Holzgauer Haus, R 108, 20 Min. Weiter zum Arlberg, R 94 bis 96. Für Ski ungeeignet.

b) **Haldenwanger Eck:**

Nach der bei a) erwähnten Wegabzweigung bei P. 1523 rechts steil am Talhang weiter empor, später dem Weidezaun am S-Rand des Tobels folgend, zuletzt ein Seitentälchen überschreitend, gelangt man über die Obere Haldenwanger Hütte, ½ st, auf Pfadspuren zum rechten der beiden Sättel zwischen Haldenwanger Kopf und Eck. Nach ¼ st überschreitet man bei einem Gatter die Bundesgrenze (kein zugelassener Übergang!). Westlich hinab in ¾ st nach Hochkrumbach. Von hier in 1 st nach Schröcken. Vom Sattel führt ein bez. Weg über hügeliges Gelände nach rechts mit Wegteilung zur Oberen Gemstelalp und zur Mindelheimer Hütte (vgl. R 205). Sehr schön mit Ski, jedoch lawinengefährdet.

● 208 Oberstdorf — Salzbühel — Lechleiten.

Bei Unbegehbarkeit von R 207 empfiehlt es sich, wie bei R 117 zur Oberen Rappenalp zu gehen, bei der ein Weg über mehrere Tobel hinüberführt zum Salzbühel und aufwärts in den breiten Sattel des „Schänzle" (weiter wie bei R 118). Die über diesen Sattel führende Skiroute zweigt erst westlich des Körbertobels ab, leitet über die freien Hänge der Mittleren Biberalp und bildet den kürzesten und besten Winterweg von Oberstdorf zum Arlberg. Bei Lawinengefahr halte man sich von den Lechleitner Alpen ab auf dem kleinen, den Nordost-Tobel unmittelbar östlich begrenzenden Rücken am Waldrand, oder nehme, schon vom Salzbühel ab, den Umweg über den „Grüner", 1909 m, und seinen Südsüdwestrücken in Kauf. Vorsicht vor Lawinen vom Hundskopf, die gegen das Holzgauer Haus und Lechleiten streichen!

● 208 a **Oberstdorf — Steinscharte — Lechtal** s. R 119.

● 208 b **Oberstdorf — Mädelejoch — Lechtal** s. R 126, 127.

● 208 c **Oberstdorf — Hindelang oder umgekehrt** über Geißalpe — Falkensattel — Schnippenkopf — Sonnenköpfe — Retterschwangtal (6—8 st Höhenweg mit rund 1100 m Steigung), vgl. R 44, 731 f.

● 209 **Stillachtal** (Birgsau — Einödsbach —) **Einödsberg — Spielmannsau.**

Der bez. Verbindungsweg kommt hauptsächlich als Zu- und Abstiegsweg bei Besteigung der Trettachspitze in Betracht; als bloße Verbindung zwischen den beiden Tälern vermittelt er einen reizvollen, jedoch schwierig zu findenden (die dürftigen Pfadspuren sind teilweise verwischt!) und bei Nässe recht unangenehmen Übergang. Von Birgsau auf der Straße nach Einödsbach bis zum Beginn der Steigung, links Turbinenhäuschen. Hier über die freien Hänge südöstlich hinan, später auf ausgeprägtem Alpweg nördlich des schon aus dem Tal sichtbaren Wasserfalls in Kehren aufwärts und nach Süden zu der im langgestreckten Sattel östlich der Rückfallkuppe des Drusenkopfs gelegenen Hinteren Einödsbergalp, 1538 m; hierher führt von Einödsbach ein bez. steiler Pfad in 1 st herauf, der früher schneefrei wird und daher für Frühsommerfahrten vorzuziehen ist. Nun die gestuften Weidehänge östlich in einer nach links ausholenden Kehre empor; später auf dem Begrenzungsrücken des tiefen Hölltobels auf Heuersteiglein aufwärts, an der verfallenen Obern Alp, 1829 m, ³/₄ st, vorbei, und nach links ausbiegend auf den Rücken des Einödsbergs, den man nördlich des Spätengundkopfes erreicht, etwa 1920 m, ¹/₄ st. Nun nach Osten, zuerst eine große Mulde nach rechts querend, hinab, nach 300 m Abstieg (Senkr.) auf die rechte Seite übergehen; hier verliert sich der Steig teilweise zwischen lichtem Erlengestrüpp (links halten). Er überschreitet dann, kaum sichtbar, eine tiefe Runse nach Norden. Rechtzeitig und weit nach links queren! Die mit Grünerlen bewachsene Rippe entlang dem Tobel eignet sich nicht für den weiteren Abstieg. Vorbei an der verfallenen Oberen Melkhütte beim „Tagweidle", 1410 m. Von hier zunächst nach rechts und dann ostwärts durch Wald steil hinab. Über einen Bach und nördlich hinaus auf die Unter-Mädelealp, 1251 m, wo ein breiter Alpweg in einer großen Kehre nach rechts (Fußweg kürzt ab) hinausführt ins Trettachtal. Nun kurz am linken Trettachufer entlang bis zum Holzsteg, der zum Fahrweg (Zugang zur Kemptner Hütte R 126) hinüberführt. Dann durch die Oberau hinaus nach Spielmannsau; 1¹/₂ st, Aufstieg 2¹/₂ st, auch mit Kindern ab 14 J. Mit Ski im Winter reizvoll, aber nicht einfach und stellenweise lawinengefährdet.

● 210 Kemptner Hütte — Karjoch — (Gumpensattel —) Elbigenalp.

Von der Hütte wie bei R 203 bis zur Wegteilung in der Falllinie der Krottenkopfscharte, 1 st. Hier rechts auf bez. Weg kaum ansteigend auf welligen Böden in weitem Bogen nach rechts um einen Ausläufer des Ramstallkopfs herum, zuletzt etwas fallend, dann über Geröll zum „Klämmle“, einem Geröllband, das schräg links aufwärts durch einen Schrofengürtel führt, zur Wegteilung, 40 Min.:

a) Links aufwärts zum *Karjoch,* 2305 m, westlich unter dem Joch bei einem Felsblock Quelle, und östlich hinab durch das Bernhardstal; zunächst im engen Hochtal der Karalp, dann am linken Talhang an der Einmündung des von der Marchscharte durch das Birgerkar herabkommenden Wegs vorbei (gegenüber die Zargenalp, 1473 m); später beim Rauther Steg, 1268 m, auf den südlichen Talhang und hier meist waldig mit Gegensteigungen hinab ins Lechtal, das unmittelbar westlich von Elbigenalp (2¹/₄ st, Anstieg bis zum Karjoch 3¹/₂ st) erreicht wird;

b) rechts um den Strahlkopf westlich herum und hinüber in die Mulde unter dem Gumpensattel, 2277 m, Heuhütten, ¹/₄ st, und zu ihm empor, ¹/₄ st. Von ihm südöstlich kurz abwärts; dann am Nordosthang der Rothornspitze mäßig ansteigend zu dem von dieser nach Osten hinabziehenden Rücken, der südlichen Begrenzung des Bernhardstals. Auf diesem Rücken und an seinen Südhängen über Heumähder mit prächtigem Ausblick hinab zu den Alpen von *Bernhardseck,* 1802 m, ¹/₂ st, Whs., herrliche Aussicht, gutes Skigelände. Nun auf dem Rücken weiter hinab, bald in den Hochwald, an den tiefen Felsspalten der „Klingellöcher“ vorbei; zuletzt die Kehren hinunter zum Weg a, 1259 m, und auf ihm nach Elbigenalp, 1 st, auch mit Kindern ab 14 J. Großartige Skifahrt für ganz sichere Läufer.

● 211 (Traufbachtal —) **Märzle — Marchscharte — Elbigenalp (Düsseldorfer Weg).**

Unmittelbar nördlich der Traufbachbrücke von Spielmannsau links abzweigen; bald nachdem von rechts her der Weg von Spielmannsau über eine Brücke kommt, auf das südliche Bachufer und über der Traufbachklamm steil empor. In der Talweitung wieder auf dem nördlichen Ufer weiter zur Alphütte Gsässel, 1206 m (vgl. R 349). Von hier sehr steil über Gras zur

Krautersalp, 1594 m, dann dem **Bettlerrücken** folgend zum Kreuzeckgipfel, 2375 m (nur für sichere, schwindelfreie Geher). Nun südlich über den Hauptkamm absteigend zum unbenannten, den Übergang ins Hornbachtal vermittelnden Joch, 2201 m. Weniger anstrengend und viel leichter, auch mit geringerem Höhenverlust verbunden ist der Weg hierher von der Kemptner Hütte aus (R 202).

Der in der alten DÖAV-Karte 1: 25 000 verzeichnete Pfad aus dem Traufbachtal durchs Durrach und übers Stiegele zum oben genannten Joch existiert schon längst nicht mehr. Die Durchsteigung der das Traufbachtal im Hintergrund abschließenden Wände ist schwierig und wegen des ungemein brüchigen grasdurchsetzten Gesteins gefährlich. Deshalb wird dringend davon abgeraten. Dies gilt ganz besonders für den Abstieg durch diese Wände, der schon manches Opfer gekostet hat. Die neue AV-Karte enthält diese irreführende Wegeinzeichnung nicht mehr.

Vom Joch, 2201 m, aus nun ostwärts hinab auf die breite, wellige Hochfläche der March, die man leicht fallend überschreitet, bis nach 30 Min. 500 m westlich der Marchalphütte der Steig nach rechts abzweigt.

Geradeaus führt der Weg weiter über die Marchalphütte, 1974 m, hinüber zur Schöneckeralphütte, 1743 m, 1 st; von ihr erreicht man, nordöstlich ansteigend, in 12 Min. den Weg Schöneckerscharte — Hinterhornbach, R 203.

Nun durch einen Schrofengürtel und über Geröllhalden in Windungen südöstlich hinan zur 400 m höher liegenden Marchscharte, 2424 m, 1 st. Südlich hinab ins Birgerkar und an seinem Westrand, den Weg Kemptner Hütte — Hermann-v.-Barth-Hütte nach 1/4 st kreuzend, hinunter über das „Gsäßle“, 1663 m, ins Bernhardstal, 1 st, und weiter wie R 210 nach Elbigenalp.

Schöner ist der etwa 20 m (senkr.) unter der Marchscharte links abzweigende und zur Hermann-von-Barth-Hütte (vgl. R 148 ff) führende **Düsseldorfer Weg.** Ihm folgend quert man fallend das ganze Kar unter den Wändern der Ilfenspitzen. Diese werden nahezu horizontal durchstiegen (nur für Geübte!). Schließlich überschreitet man etwa bei P. 2298 den Südkamm der Südlichen Ilfenspitze (Gr. Steinmann). Hier erblickt man erstmals die Hermann-von-Barth-Hütte. Auch mit Kindern ab 14 J. Für Ski nicht geeignet.

● 212 Hinterhornbach — Schöneckersattel — Hermann-von-Barth-Hütte, s. R 203.

● 213 **Oytal — Hornbachjoch — Hinterhornbach.** Vom *Wildenfeldhüttchen* (R 128) südwärts mäßig ansteigend, dann waagrecht und etwas fallend um den Kleinen Wilden herum; an der Einmündung von R 202 vorbei auf gebahntem Weg durch den Felssturz des Kleinen Wilden; dann an den Geröllhängen unter den Höllhörnern empor und nach rechts zum Joch, 2023 m, 1 st, Landesgrenze (kein zugelassener Übergang). Jenseits zunächst nach links, dann nach O in Kehren den grünen Hang hinab zum vermurten Talschluß des Jochbachtals und in ihm auf bez. Weg, der aber teilweise abgerutscht und vermurt ist, zunächst links, dann rechts und wieder links des Baches zu den **Jochbachalpen** hinaus, 1275 m, 1¼ st. Der Alpweg leitet nun zunächst noch kurze Zeit am linken Ufer, dann (Steg, 1220 m) am rechten Talhang durch Wald wenig ansteigend zu einzelnen Höfen. Hier nach links abwärts zur Brücke über die Jochbachklamm (Gufelbrücke 1146 m) 30 Min. und in weiteren 10 Min. nach Hinterhornbach, auch mit Kindern ab 12 J. (Von Hinterhornbach zum Joch 3¼ st, die sich ziemlich gleichmäßig auf die drei Abschnitte Jochbergalpen, Talschluß, Joch verteilen.) Wegen der außerordentlichen Lawinengefahr im oberen Teil als winterliche Skifahrt nicht geeignet.

● 214 **Gerstruben — Älpele — Oytal.**
Von Gerstruben führt der Alpweg im Dietersbachtal fast eben einwärts, an den Hütten der Gerstrubner Alp, 1219 m, 20 Min. vorbei zur *Dietersbachalp,* 1330 m, ½ st, am Talschluß. Nach der Alp links (in der Nähe Quelle) auf bez. Weg die steilen Hänge östlich hinan, dann in kurzen Kehren zunächst durch lichten Wald, den schmalen Rücken hinan, der den vom Älpele kommenden Tobel südlich begrenzt. In der Mulde unter dem Sattel über Heumähder hinauf zum *Älpelesattel,* 1779 m, 1 st; rechts Wegtafel zum Rauheck (vgl. R 202). Jenseits zunächst östlich, dann fast nördlich über durchfurchte Grashänge und Erlengebüsch hinab in den großen Kessel der Käseralp und — diesen östlich durchschreitend — zur Alphütte, 1406 m, ½ st, Gegenrichtung 1¼ st. Weiter wie R 140 (umgekehrt). Auch mit Kindern ab 12 J. Für Ski wenig geeignet.

● 214 a **Gerstruben — Hahnenkopf — Oytalhaus** auf markiertem Weg über Gerstrubner Älpele und Lugenalp. Sattelhöhe 1710 m, 2½ st, landschaftlich sehr schön und einsam, teilweise steil, auch mit Kindern ab 12 J.

● 215 Oytal — Himmeleck — Hinterstein.

Zum Himmeleck und jenseits auf dem Weg zum Prinz-Luitpold-Haus hinab (siehe R 140, 202); in der Nähe der Schönberghütte nach Überschreitung des Stierbaches verläßt man den Hüttenweg nach links (Tafel, 1607 m) und steigt in Kehren das Geröllfeld des „Bachgrieses" hinab, geht ans linke Ufer des Stierbachs zurück und gewinnt an einem Bergsturz und einer Hütte vorbei den Fahrweg bei der Pointhütte, 1320 m. Vom Himmeleck 1 st, Gegenrichtung 2 st. Weiter R 139, auch mit Kindern ab 12 J. Sehr schöne Skifahrt. Lawinengefahr ostwärts des Himmelecks.

● 216 Willersalp — Geißeckjoch — Vilsalpsee.

Über das Geißeckjoch wie bei R 200 in das Kar zwischen Geiß- und Rauhhorn. Hier auf bez. Weg vom Jubiläumsweg links ab und östlich hinunter zur Vilsalp südwestlich des Vilsalpsees; an beiden Seeufern führen Wege zum Gasthaus; weiter auf Fahrstraße nach Tannheim, auch mit Kindern ab 12 J. Interessante Skitour, Lawinengefahr!

● 217 Willersalp — Köllesattel — Tannheim (Schattwald).

Von der Alphütte (R 145) auf bez. Pfad in einer Mulde nordöstlich vorbei an der Feldalp empor zum Köllesattel im Grenzkamm, etwa 1840 m, 1 st, Wegteilung (Tafel):

a) Östlich hinab in die große Mulde zwischen Rhonenspitze und Schnurschrofen, an der Untern Roßalp, 1529 m, vorbei und auf dem Alpweg nordöstlich hinab ins Tal über Wiesl, 1125 m, nach Tannheim, 1½ st Gegenrichtung 2¼ st;

b) nördlich der Grenze folgend zum *Zirleseck*, wo der Kamm sich westwärts wendet zum Ponten, während ein nordöstlicher Seitenast die Rhonenspitze aufwirft. Nördlich in der Mulde zwischen beiden Gipfeln hinab zur Pontenalp, etwa 1550 m. Nun entweder am linken Talhang hinaus ins Tal, das man zwischen Zöblen und Schattwald erreicht, 1½ st, Gegenrichtung 2 st; oder um den Nordrücken der Rhonenspitze herum und östlich am Unterhöfner Berg über mehrere Alpen und durch Wald hinab zum Höfer See, 1186 m, und östlich nach Tannheim, 1¾ st, Gegenrichtung 2½ st, auch mit Kindern ab 12 J. Sehr schöne Skifahrt.

● 218 Hinterstein — Zipfelalp — Schattwald.

Von Hinterstein (vorderes Dorf) südlich des Zipfelbachwasserfalls auf Alpweg steil empor zur Zipfelalp, 1526 m, 1¾ st, und in der flacher werdenden Mulde weiter zum breiten welligen Stuibensattel, 1600 m, 20 Min., zwischen Iseler und Bschießer. Jenseits führt der Steig zunächst über Schrofen, dann über Rasenhänge hinab ins Stuibental und über einige Alphütten hinaus nach Schattwald, 1 st, Gegenrichtung 1¾ st, auch mit Kindern ab 10 J. Sehr schöne Skifahrt ohne besondere Schwierigkeiten.

● 219 Nebelhornhaus — Obertal — Hinterstein.

Vom Nebelhornhaus in die Mulde östlich des Hauses hinab und jenseits auf Steiglein zum Sattel, 1982 m, ¼ st, nördlich der Kuppe des Zeigers hinan. Nun östlich in die weite Mulde hinab, an der großen *Obern Wengenalp,* 1833 m, vorbei, nordöstlich ins Tal des Wengenbachs und an seinem linken Hang hinab zur Untern Wengenalp, 1293 m; der Weg übersetzt nach einer Kehre den Wengenbach und führt nun am linken Ufer des Obertalbachs am Engeratsgundhof vorbei durch Wald hinaus zum *Giebelhaus* im Ostrachtal (R 72), 2 st. Gegenrichtung 3 st, auch mit Kindern ab 10 J. Schöne Skifahrt bei sicherem Schnee. Wengenalpgebiet lawinengefährlich. Lit. Winter 15. 10. 1966.

● 220 Sonthofen — Straußbergsattel — Retterschwang.

Von Sonthofen durchs Schwäbeleholz oder über Binswangen nach Margarethen; dann mäßig ansteigend über Weideflächen zum Sonthofner Hof (Alphütte, im Winter Skihütte, bis hierher Mautstraße des Alpwegeverbands, P), und nun links haltend, über der Mulde des Löwenbachs am Nordosthang des Sonthofner Hörnles entlang, zuletzt durch Wald zum Straußbergsattel, etwa 1250 m, 3 st, hierher auch auf Alpweg von Imberg über die Straußbergalp, 1227 m (für Kfz. Maut), 2 st. Oder (am bequemsten) von der Bergstation der Sesselbahn zur Hornalpe in knapp 1½ st. Jenseits des Sattels auf schmalem Steiglein an steilem Grashang rechts hinab zur Alp Mitterhaus (20 Min.), bei Pkw-Benützung auch mit Kindern ab 8 J., sonst ab 10 J.

Sehr schönes, unschwieriges Skigelände, erschlossen insbesondere durch den von Hindelang hinaufführenden Hornalp-Sessellift. Übergang über den Straußbergsattel ins Retterschwangtal im Winter wegen Lawinengefahr nicht ratsam (steile Grashänge!).

● 221 Oberstdorf — Fiderepaß — Walsertal.

Auf der bis zur Zimmeroybrücke für Kfz-Verkehr zugelassenen, im Winter zuweilen lawinenbedrohten Birgsaustraße nach **Faistenoy**, 920 m, Talstation der Fellhornbahn, P für rund 1000 Kfz. Fußwanderer erreichen den Talschluß des Warmatsgundbachs bei der Wankalp, 1378 m, entweder über den sich beim Schlappoldhöfle, 1296 m, von der Auffahrt zum Kanzelwandhaus trennenden Alpweg oder mittels eines den Warmatsgundbach n. begleitenden Fußsteig, der schließlich auf den Alpweg mündet, 1½ st. Ab Wankalp über Weideböden auf bez. Steig südwestlich einwärts, dann in Kehren durch Latschen den Südhang hinan zur Kühgundalp, 1744 m, 1 st. Nun in dem einförmigen Hochtal wieder südwestlich, zuerst im Talgrund, dann links in Kehren aufwärts zum Fiderepaß, 2033 m, ¾ st, Landesgrenze. Oberhalb des Passes die gleichnamige Hütte des DAV, 2070 m. Durch den langen Einschnitt führt der bez. Weg waagrecht, am N-Hang etwa 10 m höher als die tiefste, blockgefüllte Einsenkung, dann hinab über die Mittelbergalp, 1674 m, ins Wildental (R 113, 3/4 st), auch mit Kindern ab 12 J. Hochalpine Skifahrt ohne besondere Schwierigkeit, jedoch nicht immer lawinensicher.

● **222 Walsertal — Gemstelpaß — Hochkrumbach** (Lechtal). Von *Bödmen* auf bez. Weg gleich nach dem Whs. zur Gemse (P) links (Tafel) hinab zur Breitachbrücke und jenseits im Gemsteltal am westlichen Hang einwärts, an zwei Alpen vorbei, zum Talschluß, 3/4 st (hübscher Gemsteltal-Rundweg!): nun auf gutem Steig in großer Schleife von rechts nach links aufwärts; beim „Gsprengten Weg", 35 Min., Blick in den tief in enger Klamm brausenden Gemstelbach und weiter zur Oberen Gemstelalp, 1692 m, 20 Min. (Notunterstand bei Schlechtwetter). Im steinigen Hochtal südwestlich weiter empor zum Gemstelpaß, 2007 m, Zollgrenztafeln, 3/4 st. Noch etwas ansteigend, dann waagrecht nach rechts ausbiegend zur Wegteilung, 5 Min., Tafel; rechts über die nahe Widdersteinalp — Unterkunft, Erfrischungen — zum Widderstein und Hochalppaß: Hier links hinab über Grashänge zum schon sichtbaren Hochkrumbach, 20 Min., auch mit Kindern ab 12 J. Für Ski wenig geeignet („gesprengter Weg"!).

● **223 Walsertal — Hochalppaß — Hochkrumbach** (Lechtal). Von *Baad* teilweise bez. Weg südlich über die Breitach und am Ostufer des *Bärguntbachs* aufwärts. Bei der zweiten Brücke über den Bach und zur Unteren Bärguntalp (entzückender, 6 km-Rundweg ↗ li., ↘ r. Ufer!): nun am westlichen Talhang kurz ansteigend, später eine Talstufe hinauf zur Hochalp und zum Paß, 1908 m, 2 1/4 st. Jenseits an der Wegabzweigung zum Widderstein vorbei über wellige freie Hänge hinab nach Hochkrumbach, 1/2 st, auch mit Kindern ab 12 J. Die Skiroute folgt auf der N-Seite ungefähr dem Sommerweg; auf der S-Seite benützt sie den die große Tiefenlinie westlich begrenzenden Rücken. Nur für geübte Tourenläufer.

● **224 Walsertal — Starzeljoch — Schoppernau** (Bregenzer Wald) s. R 157 b, 157 c.

● **225 Walsertal — Hochgerach — Schönenbach.**

Von der *Schwarzwasserhütte* nordwestlich mäßig ansteigend talein zum Sattel zwischen Steinmanndl und Hählekopf, 1759 m, 1/2 st. Jenseits hinab in die Mulde der Hochalp, 1697 m, auch Gerachalp genannt, und auf dem Alpweg am rechten Ufer der Subersach steil über die Talstufe hinab; später den Bach überschreitend und am linken Hang hinaus zum großen Alpdorf Schönenbach, 1025 m, Sommerwirtschaft, 1½ st. Weiter nach Sibratsgfäll, 1½ st, entzückend gelegene Sommerfrische, Skigebiet mit Skilift, oder westlich über Bizau und Reuthe nach Bezau, dem Endpunkt der Waldbahn, 2½ st, auch mit Kindern ab 10 J.

● 226 Rohrmoos — Hörnlepaß — Walsertal.

Von Rohrmoos auf dem Sträßlein nach Hirschgund, bis es nach 6 Min. aus einer Enge wieder zu steigen beginnt; auf Steg links über den Bach und auf Jagdsteig wenig steigend über Moorwiesen, dann in nassem Wald in Kehren hinan; ein rechts abzweigendes Weglein bleibt unbeachtet. Bei der später folgenden Gabelung scharf rechts auf Knüppelweg, einige Gräben ausgehend, zuletzt auf freier Höhe etwas fallend zur verfallenen Hörnlekapelle, 1282 m, 1 st, hierher auch weiter über die Gatterschwangalp. Jenseits südöstlich über Streuwiesen zur Außerwaldalp und auf Alpweg über Klausenwald und Schwende nach Riezlern, 1¾ st, auch mit Kindern ab 8 J.

● 227 Obermaiselstein — Riedbergpaß — Balderschwang.

Von Obermaiselstein (3 km Fahrstraße westlich von Fischen) westlich hinein ins Tal der Schönberger Ache (Brücke 878 m) und auf ganzjährig befahrbarer Autostraße zum Riedbergpaß, 1400 m, P 200 Kfz., zwischen Riedberger Horn und Besler oberhalb der Schönbergalphütte, 1345 m, Abstecher zur wenige Min. entfernten Grasgehrenhütte, 1447 m, unterm Riedberger Horn! Westlich hinab zur Unteren Hörnlealp und im Tal der Bolgenach über die Mittelalp und den Schwabenhof hinaus, an den ständig bewohnten Alpen von Au und Wäldle vorbei nach Balderschwang. Fußmarschdauer 4 st. Wer dem starken Kfz-Verkehr entgehen will, wählt Auffahrt mit Hörnerbahn ab Bolsterlang (R 39 a) und die auch nicht mehr Zeit beanspruchende Wanderung übers Riedberger Horn, 1787 m, nach Balderschwang (R 906, 909), auch mit Kindern ab 10 J.

● 228 Gunzesried — Wilhelminenalp — Balderschwang.

Von Gunzesried, 890 m (R 30), taleinwärts ¾ st bis zur Gunzesrieder Säge, 935 m, Whs., 3,5 km, P. Nach der Brücke über den Osterbach links aufwärts und am Nordwesthang des vom Bleicherhorn herabziehenden Rückens mäßig ansteigend auf Alpweg an den Stubenbachalpen vorbei zum Talschluß bei der Unteren Wilhelminenalp, 1330 m. Hierher auch auf der zur Hällritzeralp führenden Kfz-Mautstraße (R 172), die beim Vorsäß 1 km w. der Gunzesrieder Säge abzweigt und über die Schwarzenberg- und Rappengschwend-Alpen bergauf zieht. Am rechten Hang aufwärts und über den breiten, unübersichtlichen Sattel, 1588 m, 2 st, südwestlich zur Oberen Wilhelminenalp, 1500 m. Von ihr auf Alpweg am rechten Talhang hinab, die Abzweigung zur Balderschwanger Alp rechts lassend, nach Balderschwang, 40 Min., auch mit Kindern ab 10 J. Skiübergang von der Oberen Wilhelminenalp besser s. am linken Talhang über Hinterarsch und Badershütte nach Balderschwang. Ideales Skigebiet.

● 229 Gunzesried — Scheidewang — Hittisau.

Wie bei R 228 zur Gunzesrieder Säge und auf für Kfz. gegen Maut benützbarer Rechtlerstraße im Tal der Gunzesrieder Ache weiter, kaum steigend, zur Vorsäß- und Aualp, 1045 m. Bald nach dieser verengt sich das Tal, an dessen orographisch linker (nördl.) Flanke der allmählich steiler werdende Weg hinaufführt zur Alp Scheidewang, 1317 m, P 30 Pkw, notdürftige Unterkunft, $2^1/_2$ st, auf der Wasserscheide (vgl. R 30). (Von hier bequem in $1^1/_2$ st zum Hochgrat.) Jenseits im teilweise sumpfigen Lecknertal auf schlechtem Pfad durch die nordseitigen Weideflächen des Stillbergmassivs — im Talgrund die Schwarze Lache — bergab zur Landesgrenze vor der Neuschwandalp und zum **Lecknersee,** 1027 m. Ab hier für Kfz fahrbare Straße hinaus nach Hittisau, $2^3/_4$ st, auch mit Kindern ab 10 J. (kein zugelassener Grenzübergang!).

● 229 a Grän — Vils — Pfronten. Mit Sesselbahn ab Grän (R 78) aufs Füssener Jöchle, 1816 m (zu Fuß bez. Steig $2^1/_2$ st). Jenseits über Weideland zur Vilser Alpe, 1225 m (R 191 d) und durch Wald hinab nach Vils (R 100 f.), 2 st, auch mit Kindern ab 8 J. Hübsche Skitour. Wer die Abwechslung liebt, wird für die Rückkehr die weitere Variante (mit Kindern ab 12 J.) übers Vilser Jöchle zwischen Brentejoch und Sebenspitze zur Enge wählen, 5 st. Sowohl Vilser wie Füssener Jöchle sind bequem vom Breitenberg aus zu erreichen, womit die Verbindung zu Pfronten hergestellt ist (vgl. R 198 f.).

● 229 b Nesselwängle — Musau.

Westroute: Auf bez. Steig über Gimpelhaus (R 189) und Tannheimer Hütte (R 188) hinauf zur Nesselwängler Scharte 2007 zwischen Schäfer und Kellenspitze. Jenseits steil hinab ins Reintal und auf dem von der Otto-Mayr-Hütte talaus führenden Weg (R 186, 187) nach Musau (R 83), 4 st ab Tannheimer Hütte, auch mit Kindern ab 12 J.

Ostroute: Ab Nesselwängle (R 80) über steile botanisch ungemein interessante Grashalden auf Steig hinauf ins Sabacher Joch 1862 zwischen Schneide und Kelleschrofen, $2^1/_2$ st. Jenseits hinab zur Musauer Alp (R 186), 45 Min. und weiter wie oben. Auch mit Kindern ab 12 J.

D. Gipfel

I. Allgäuer Hauptkamm vom Stillachursprung bis zum Oberjoch

a) Rappen-Alpen

● 230

Den südwestlichen Eckpfeiler dieser Gruppe bildet der Biberkopf. Die von zwei Steilstufen unterbrochenen Nordwestflanken tragen auf den weniger geneigten Absätzen saftige Alpböden, die sich durch besonders reiche und interessante Flora auszeichnen. Tiefeingerissene wilde Tobel ziehen durch die Wände hinab.

Anders ist das Bild im Süden, wo mäßig geneigte, teils schrofige, teils grasige oder latschenbedeckte Hänge ins Hochalptal hinabziehen.

Während die nördlichen Flanken der Gruppe durch den ungemein reizvollen, von Lechleiten über das Salzbüheljoch zur Rappenseehütte führenden Steig zugänglich gemacht sind, leiten um ihre Südhänge herum nur dürftige Jagd- und Schafsteiglein, mit deren Hilfe der geübte Geher mühelos die breite Einsenkung zwischen Hochrappenkopf und Rappenseekopf erreichen kann.

Für den erfahrenen Wintertouristen birgt die Gruppe eine Fülle prächtiger Fahrten. Hierbei muß jedoch auf die sowohl die Nord- wie die Südflanken bedrohende Lawinengefahr besonders eindringlich hingewiesen werden. Während das Waltenberger-Haus im Winter vom Bacher Loch aus unzugänglich ist, erreicht man die Rappenseehütte nicht auf dem lawinengefährlichen Sommerweg über die Linkersalp, sondern auf dem übers Bergerhöfle, 1262 m, im Rappenalptal und über die Mittlere Rappenalp, 1620 m, führenden, bei der Querung westl. unterm Mußkopf besondere Vorsicht heischenden Winterweg. Der winterliche Aufstieg zur Kemptner Hütte aus der Spielmannsau ist auf die gesamte Sperrbachtobellänge extrem lawinengefährlich und einigermaßen sicher nur bei Nacht begehbar.

● 231 Biberkopf (Hundskopf), 2599 m

Der südlichste Punkt Bayerns und damit Deutschlands. Vom obersten Lechtal aus gesehen eine elegante Berggestalt mit steilen, plattigen Felsflanken. Besteigung am günstigsten von der Rappenseehütte aus auf Steiganlage. Da auch von Lechleiten ein bez. Weg heraufführt, ist die Überschreitung des Berges guten Gehern sehr zu empfehlen. Die Aussicht auf die unmittelbar gegenübergelegenen Lechtaler Alpen sucht ebenso ihresgleichen wie der wunderbare Tiefblick in das hier schluchtartig eingeschnittene Tal des Lechs hinab.

Namen: Schon 1485 Biberhorn. Früheres Vorkommen von Bibern auf der Bibersalp. Heute wird nur noch der grasige Vorgipfel Hundskopf genannt.
Geologie: Auf Lias aufgeschobener HD. Hundskopf Lias.

Als Skitour bietet der Biberkopf bei sicheren Verhältnissen ein besonders schneidiges Ziel. Man quert aus der Senke zwischen Hochrappen- und Rappenseekopf die, „Winterniß" genannte, wellige Hochfläche hinüber ins Walserkarle, um durch eine westl. des Südostgrates zum Gipfel hinaufziehende Steilrinne anzusteigen, zuletzt nach rechts aussteigend zu einer Felsrippe, die rasch zum Gipfel leitet. Schönste Abfahrt über P. 2158 und Hundskopfalp nach Lechleiten. In umgekehrter Richtung ist der Durchgang durch die Felsen des von P. 2524 herabziehenden Südostspornes schwer zu finden.

Ersteigungsgeschichte. Erste Ersteigung vermutlich gelegentlich der Vermessungen etwa 1853 über die Hundskopfalp. Erster Aufstieg über die Nordflanke: Holler und Thadd. Blattner 1857. Überschreitung von Osten nach Westen: W. Herz und Gef. 1905. Südostgrat Th. Reichel und Gef. 1903. Südwand: H. Grosselfinger und Gef. 1922.

Schrifttum: EOA, S. 63; Barth, Wegweiser, S. 286; Mitt. 1888, S. 187; Das Schöne Allgäu, 1938, Nr. 23. Gutes Bild: BK 1972, Heft 8.

● 232 Von der **Rappenseehütte,** bez. und vers. Steig, 2½ st: in weitem Bogen östlich um den Großen Rappensee herum, dann südwestlich in Kehren empor zum breiten Sattel, 2324 m, ¾ st, zwischen Hochrappenkopf und Rappenseekopf. Jenseits (rechts Abzweigung zum Hochrappenkopf, R 238, Tafel) am Südosthang des Hochrappenkopfs hinüber zu seinem Verbindungskamm mit dem Biberkopf und ihn bei P. 2294 überschreitend durch eine Rinne etwa 100 m steil hinab auf die großen zur Biberalp ziehenden Schuttfelder. Um den tiefsten Felssporn des Biberkopf-Nordostgrates herum und sofort wieder ansteigend in mehreren Kehren zum obersten die Nordflanke des Gipfelmassivs durchziehenden Schuttband. Es leitet hinüber zum Westgrat, wo der Steig von Lechleiten her einmündet. Nun mit scharfer Linkswendung durch Schichtrinnen nördlich des Grats hinan und bald zum Gipfelkreuz.

● 233 Von **Lechleiten,** bez. und vers. Steig, 3 st, Übung erforderlich: nordöstlich über steile Lawinenhänge bei den Heuhütten rechts haltend, dann kurz durch Latschen empor zur Hundskopfalp, ca. 2010 m, 1¼ st, Quelle und weiter empor zur Kammhöhe, die man nun nach Osten verfolgt. Anfangs bequem, schnürt sich der Grat mehr und mehr zusammen. Über seine plattige Schneide teilweise auf die Flanken übertretend, versichert weiter, zuletzt wie R 232 zum Gipfel.

● 234 **Südsüdostgrat.** Von der Rappenseehütte 4 st, II; wie bei R 232 zur Scharte zwischen Hochrappenkopf und Rappenseekopf, ¾ st. Nun das Kar Winterniß in südlicher Richtung durchschreitend zu dem von P. 2524 südostwärts streichenden Kamm, der in Richtung auf P. 2245 überschritten wird. (Mit Ski überschreitet man diesen Kamm bei P. 2108, wo im Sommer ein die untere Winterniß durchquerender von der Oberen Hochalphütte herüberführender Pfad erkennbar ist.) Sodann das Walserkarle ohne nennenswerten Höhenverlust querend zum Fußpunkt des Südsüdostgrates (1½ st), der aus steil von rechts nach links fallenden Schichten besteht. Daher befinden sich auf der westlichen Seite des Grates Platten, während die östliche Seite von Bändern und Rinnen gebildet ist, die durch ver-

schiedengeformte Auswitterung der ausstreichenden Schichtköpfe entstanden sind. Diese Bänder und Rinnen laufen dem Grate nur annähernd gleich und brechen nach einiger Entfernung immer wieder ab. (Die Zeichnung der AV-Karte ist nicht ganz korrekt: Der sich oben zusammenschnürende Südsüdostgrat endet unmittelbar am Gipfel. Zwischen ihm und der ostwärtigen Begrenzung der Südwand ist eine tiefe Schlucht eingerissen, die man für den winterlichen Aufstieg zu benützen pflegt.)
Nun bewegt man sich in anregender und Vorsicht heischender, aber nirgends besonders schwieriger Kletterei nach Belieben auf der Gratschneide oder links unter ihr treppenförmig empor, indem man die Bänder nach rechts bis zum Abbrechen verfolgt und durch Aufsteigen nach links wieder ein höheres nach rechts führendes Band gewinnt
Nahe unter dem Gipfel endet ein solches in einer sich verengenden Rinne, an deren Ende durch einen Klemmbock ein quadratischer Trichter gebildet ist. Durch diesen hindurch und bald darauf zum Gipfel. E 1½ st.

● 235 **Südsüdwestwand,** 2½ st, III, Schlußwand IV. Durch die Südwand zieht eine auffallende Schlucht herab; östlich von ihr vollzieht sich der Durchstieg. Einstieg da, wo die Platten am weitesten in das Kar herabreichen. Ansteigend etwa 60 m rechts der Schlucht über den großen Plattenschuß immer gerade empor bis zu einem großen Schuttabsatz, der in zwei Drittel der Höhe eingelagert ist. Hier etwas rechts empor zur Gipfelwand; nun die am weitesten rechts liegende Rinne senkrecht empor, nach etwa 30 m Sicherungsblock, und weniger schwierig zum Gipfel.

● **236 Nordostgrat,** 2½ st, III, eine Stelle IV. Der lange, von einer tiefen Einschartung unterbrochene Grat beginnt da, wo der bez. Weg R 232 den Kamm überschreitet. Auf dem Kamm bergauf, später über überschotterte Platten, zuletzt Fels, zum Gratkopf, 2542 m; hierher auch in mäßig schwieriger Kletterei über den bei P. 2245 ansetzenden SO-Grat. Nun nach W über Schrofen hinab zur Scharte, P. 2425. Jenseits hinter einer Platte nach rechts in eine Rinne und durch einen kurzen Riß auf den nächsten Aufschwung. Hier über festen Fels ziemlich waagrecht weiter, zuletzt hinab in eine ausgeprägte Scharte vor einem gelben Aufschwung (links Geröll bis zum Karboden). Unterhalb der Scharte links vom Abbruch durch einen engen Kamin, zuletzt über einen Überhang (schwierigste Stelle) auf die Höhe des Abbruchs. Dieser Überhang kann (weniger schwierig, aber ausgesetzt) links umgangen werden. Über Platten unschwierig auf die Grathöhe und zum Gipfelkreuz.

● 237 **Rappenköpfle,** 2276 m

Ein Grasberg mit sehr steilen Flanken aus Allgäuer Fleckenmergel, die im Frühsommer üppige und abwechslungsreiche Flora aufweisen. Geo.: LiFle. Namen: Herkunft aller Rappen-Namen wohl von einem Rabenvogel (im Allgäu Rapp), vermutlich von der hier häufigen Bergdohle. Bereits 1390 Rapen-Alb bezeugt!
Von der Rappenseehütte ¾ st, II: auf dem bez. Weg R 232 zum Biberkopf, den man aber bald verläßt, um über Gras und Schutt zur Scharte südlich

des Gipfels anzusteigen. Entweder auf den gutgestuften Rasenhängen der Ostseite oder (III) zunächst auf dem Südgrat, dann durch eine sehr brüchige Steilrinne links (westlich) davon zur waagrechten Gipfelschneide.
Unschwieriger ist die allerdings umständliche Ersteigung des Berges über die Westflanke von den Schmalländen aus.

Hochrappenkopf, 2423 m

Geologie: HD, auf LiFle. aufgeschoben. Unterer Teil des N-Grates LiFle.

● 238 Von der **Rappenseehütte**, 1 st, bez. Weg: wie bei R 232 zum breiten Sattel und (Tafel) rechts empor zum Doppelgipfel. — Skifahrt.

● 239 Aus dem **Hochalptal** (R 119) verläßt man den Steig dort, wo er sich in scharfer Kehre nach rechts zu den Obern Hochalpenhütten wendet, und geht auf einem Jagdsteiglein scharf links (südwestlich) hinan; nach 1/2 st verläßt man das Steiglein und geht über die grasigen Schrofenhänge der „Winterniß" mühsam nordwestlich empor zum Kamm, den man beliebig betreten kann (vom Verlassen des Hochalptals 1 3/4 st, leicht).

● 240 **Nordwestgrat.** (Interessantes Beispiel für die Überschiebung der Allgäuschichten — Fleckenmergel — durch die Lechtaldecke — Hauptdolomit.) Von der Rappenseehütte 1 1/2 st, III+: wie bei R 237 zur Scharte P. 2231. Die Steilstufen des unten teilweise brüchigen Grates verlangen vorsichtige Kletterei. Die Einstiegswand läßt sich links tiefer umgehen. Ein begrüntes Band leitet zum Grat zurück. Den folgenden tiefen, überhängenden Kamin kann man links umgehen, während den Türmen unter der Gipfelwand rechts ausgewichen werden kann. Durch die Gipfelkrone führt links der Kante eine gutgestufte Rinne zum Vorgipfel; über Gras zum Hauptgipfel.

● 241 **Nordwand** (Albert Kleemaier, 1947); IV. Mehrere Durchstiegsmöglichkeiten etwa in Gipfel-Fallinie.

Rappenseekopf, 2467 m

Der östliche, höhere Nachbar des Hochrappenkopfes. Geologie: HD.

● 242 Von der **Rappenseehütte** 1 1/4 st, unschwierig, wie bei R 232 zum Sattel; dann östlich, später nordöstlich über den breiten Rücken zum Gipfel, auch für Kinder ab 12 J. — Sehr schöne Skifahrt, oben steil.

● 243 **Ostgrat.** Von der Rappenseehütte (1 1/4 st, unschwierig) aus kann man auch über Geröll zur Scharte, 2272 m, zwischen Rappenseekopf und Hochgundspitze ansteigen und den Gipfel über seinen Ostgrat erreichen.

● 244 Hochgundspitze, 2459 m

Der südwestliche, doppelgipflige Torwächter der Großen Steinscharte, etwa schwieriger zugänglich als seine westlichen Nachbarn. Geologie: HD.
Namen: Gund wie Gumpen keltoromanischen Ursprungs, cumba = kleines Tal, Kar.

Aus der **Südwestscharte**, R 243, II, 3/4 st: dem Kamm folgend zum Westgipfel und über den Verbindungsgrat zum Hauptgipfel, wobei ein plattiger Aufschwung überklettert oder umgangen wird.

● 245 Von der **Großen Steinscharte,** II, 1/2 st: über die steilen Gras- und Schrofenhänge des Nordostrückens.

● 246 **Südkamin.** Von der großen Steinscharte, R 204, 2 st, IV, um den Ostfuß des Berges etwas absteigend und wieder ansteigend herum, bis man rechts eine breite Rinne und darüber den Kamin erblickt. In der Rinne etwa 50 m (senkrecht) hinan; dann durch einen Riß schräg von links nach rechts empor zum Beginn des Kamins. In ihm stemmend und spreizend hinauf, bis er, weniger schwierig geworden, westlich des Hauptgipfels endigt. (Erste Ersteigung H. Rädler und Gef. 1923).

● 247 Der zur Rappenseehütte herabschauende schwarze Wandsockel wurde 1935 durch Schwarz und Käufler, 1954 durch Kleemaier und Lutz erklettert, V.

Rotgundspitze, 2484 m

Nördlich der Großen Steinscharte gelegen. Geologie: Auf Li. aufgeschobener HD. Beim Übergang zum Linkerskopf wird LiFle. frei.

● 248 Über den **Ostkamm.** Von der Rappenseehütte, 1 1/4 st, I: zur Großen Steinscharte, jenseits nordöstl. ansteigend zum Ostrücken und über ihn auf Schrofen und Gras zum Gipfel.

● 249 Über die **Westhänge.** Von der Rappenseehütte, 1 1/4 st, I+, infolge des steilen Mergels sehr unangenehm: den Steig zur Großen Steinscharte bald verlassend, in einer Schutt- und Mergelrinne mühsam empor zur Scharte zwischen Rotgundspitze und Linkerskopf, 2414 m, und nach rechts über den brüchigen NW-Kamm zum Gipfel.

● 249 a **Südwand.** Über festen, teilweise bewachsenen Schutt zum Wandfuß. Durch die schräg links emporziehende rampenartige Einstiegsverschneidung hinauf. Von ihrem Ende schräg rechts, dann durch einen kurzen Riß auf ein luftiges Band, weiter über einen schwarzen Überhang durch die folgende Wandeinbuchtung (fester, sehr steiler, gutgriffiger Fels) auf ein nach links hinabführendes Band an den Fuß eines großen nach W geöffneten Kamins. Rechts davon durch einen breiten, versteckten Riß auf die steile Kante rechts des erwähnten Kamins. Weiter über schmale, senkrechte Rißverschneidungen (gutgriffiger, rauher Fels) gerade hinauf zu dem die Kante nach oben fortsetzenden Zackengrat und über diesen auf eine Terrasse oberhalb des großen Kamins.
Der Rest der Wand verläuft gegliedert und gutgestuft. Die brüchigen Schuttrinnen rechts liegen lassend geradeaus über die Aufschwünge (fester Fels) zum Gipfel. 2 st E. IV. (R. Goedeke im „Bergkamerad", 23. 12. 1964.)

● 250 Linkerskopf, 2455 m

Eine steile, mit wild zerrissenen, düsteren Flanken ins hinterste Bacher Loch abstürzende Pyramide aus Allgäuer Fleckenmergel, höchster Allgäuer Grasberg, einer der botanisch reichsten Berge der Ostalpen. Ein von keiner Seite her ganz leicht erreichbares Ziel für den alpinen Feinschmecker, der hier die kostbarsten Seltenheiten unserer Bergflora auf kleinem Platze vereinigt findet. (Einziges Vorkommen des Gletscherhahnenfußes in den Bayerischen Alpen.) Name: Familie Link. Lit.: BK Aug. 1972.

Von der **Rappenseehütte,** 1 1/4 st, II+: wie bei R 249 zur Scharte zwischen Rotgundspitze und Linkerskopf und nach links über die schmale und ausgesetzte, teilweise brüchige Gratschneide, die rechts (nicht leichter!) zunächst etwas in die Ostflanke absteigend, dann durch einen senkrechten Riß umgangen werden kann, zum Gipfel. Wesentlich schöner ist der ↗ über die Rotgundspitze wie R 248 mit anschließender Überschreitung in die zum Linkerskopf führende Scharte, dann weiter wie oben.

● 251 Unschwieriger, aber mühsamer ist es, den Hüttenweg (R 115) oberhalb der Linkersalp, etwa 1780 m, von hier 1¾ st, zu verlassen, um über die breite gras- und schuttbedeckte Nordwestflanke, zuletzt über plattige Schrofen, zum Gipfel anzusteigen (I).

● 252 **Nordrücken** (Heubaum). Eine der eindrucksvollsten Allgäuer Bergfahrten! Von Einödsbach 4 st, I+, sehr mühsam, nur für Schwindelfreie. Wie bei R 124 zum Kuhstall der Bacheralp; hier rechts, über den Bach und jenseits auf sich verlierendem Heuersteiglein zunächst ansteigend talein, dann rechts zuletzt sehr steil den Hang hinan zum Rücken. Hierher auch weiter, aber bequemer auf dem Weg R 115 zur Petersalp; von hier auf Pfadspuren über P. 1381, P. 1438, zuletzt durch dichtes Gehölz steil hinan zu P. 1713, womit der lange Nord-Rücken des Linkerskopfes erreicht ist. Der allmählich schmäler und steiler werdende Grat schwingt sich hinan zu P. 2074, weiter über Gras und Schrofen zum Gipfel, zuletzt durch einen kurzen, kleingriffigen Plattengürtel; landschaftlich herrlich. Der nicht einfache Abstieg zu der vom Gipfel gut sichtbaren Rappenseehütte (R 253) wird Ungeübten dringend widerraten. Sie wählen R 251 zum Abstieg.

● 253 **Westgrat**, II. Unmittelbar bei der Rappenseehütte links (nördlich) aufwärts zu einem etwas steilen, grasbewachsenen Gratast, den der Westgrat zur Hütte entsendet. Nach Einmündung auf den Hauptgrat über diesen (Fels und Schrofen) zum Gipfel, 1½ st.

● 254/255 Wildes Männle, 2399 m

Eine historische Reminiszenz! In früheren Auflagen stand zu lesen: Ein kühner, 30 m hoher Felszacken am Nordhang des Wieslekars hoch über dem düstern Schneeloch des Bacherlochs thronend; kurze, sehr schwierige Kletterei, Gipfelbuch, Kreuz.
Am 8. Mai 1962 fiel der brüchige Felsturm der Verwitterung und einem Gewittersturm zum Opfer. Ein zerborstener Trümmerhaufen zeugt von seinem Standort.

b) Hochlicht- und Peischel-Gruppe

● 256

Zu ihr rechnet der vom *Hohen Licht* nach Süden ausstrahlende Kamm, von dem an der Peischelspitze der lange, zur Rotnase führende Gratzug, das Schochenalptal südlich begrenzend, nach O abzweigt. Im Nordosten trennt die Bockkarscharte die Gruppe vom Stock der Mädelegabel. Jährlich von

Zehntausenden begangen ist der Nordteil dieser Gruppe, über den der „Heilbronner Weg" führt.
Als größtes Kar lagert an der Westseite des Hohen Lichtes das *Wieslekar* über dem Hochalptal. Ihm schließen sich nach Süden an das Biberbachkar, das zum Hochalpgrat emporführt, und das kleine *Verborgene Kar* zu Füßen der Ellbogner Spitze. Nördlich des Wilden Mannes liegt, nach unten in Steilwände abbrechend, das *Hintere Bockkar.* Im Osten umschließt die Gruppe das *Schochenalptal,* zu dem der Wildmahdzug in schroffen Wänden abfällt, während im Nordwesten die von hier gesehen ausdruckslosen Dolomit-Gipfel des Hauptkamms auf breiten Schieferhängen sitzen. Zwei Seitentäler ziehen durch diese Hänge hinab, durch deren westliches der Weg (R 120) zur *Kleinen Steinscharte* führt, wogegen das *Socktal* zur gleichbenannten Scharte ostwärts des Wilden Mannes hinaufzieht. Der Wildmahdzug endlich schließt im Süden mehrere Kare ein, von denen das westlichste und größte „Im Peischl" durch das merkwürdige, von ihm ausziehende Hintere Satteltal, das östliche „Hintere Mutte" durch seine trichterartige Bildung auffällt.
Geologie: Der geologische Aufbau der Gruppe ist interessant. Der aus HD bestehende Gipfel des Hohen Lichts zeigt am südlichen Gipfeldach den in den Allgäuer Alpen seltenen Plattenkalk. Eine schmale Zone Kö. leitet hinüber zu dem aus LiFle. und GosauKr. aufgebauten brüchigen Hochalpgrat. Im Gipfel der Peischelspitze stößt er auf den aus HD bestehenden Wildmahdzug.

● 257 Hohes Licht, 2651 m

Lohnender, vielbesuchter Aussichtsberg, auf österreichischem Boden gelegen, dem Hauptkamm südlich vorgelagert, Blickgrenzen: Kaisergebirge, Zillertaler, Stubaier, Wildspitze, Königspitze, Ortler, Fluchthorn, Piz Linard, Tödi, Glärnisch, Säntis.

Eine gute Steiganlage führt, vom Heilbronner Weg abzweigend, durch die Nordwestflanke zum Gipfel. Nach Süden leitet ein geröllübersäter Rücken, der unten plötzlich mit senkrechter Wand abbricht, hinab zur Hochalpscharte. Der nach Nordosten über einen wenig niedrigeren Vorgipfel zur Kleinen Steinscharte abfallende Felsgrat bietet in seinem unteren Teil erhebliche Schwierigkeiten.

Lohnende Skifahrt. Man fährt (nicht zu tief!) ins Wiesle ab, gewinnt in steilem Anstieg P. 2263 und verfolgt den bei günstigen Verhältnissen (für sehr sichere Fahrer) bis zum Gipfel mit Ski benutzbaren Südwestrücken des Berges im weiteren Anstieg. Schönste Abfahrt: auf Aufstiegsführe zurück ins Wieslekar und dann durchs Hochalptal (zuletzt viel Wald) zur Unteren Hochalphütte, 1420 m Höhenunterschied!

Ersteigungsgeschichte. Die erste Besteigung liegt im Dunkeln; als erster Tourist kommt wohl *H v. Barth* in Betracht, der 1869 über den *Südwestkamm* aufstieg und über die *Nordwestflanke* ins oberste Wieslekar hinabgelangte. Über die *Ostwand* stiegen *Grosselfinger* und *Schraudolph* 1921. *Nordwestwand: Kleemaier-Lutz* 19. 9. 1954.

Schrifttum: EOA. S. 62; NKA. S. 208; Mitt. 1880; Panorama von Roggenhofer der AVS Kempten. Nom.: wegen seiner Höhe hat der Gipfel das erste und letzte Licht. Namengebung von N her! „Hoaliëcht" = die Helle des morgendlichen Horizonts. Im Lechtal wurde der Berg, ehe sich der heutige Name einbürgerte, Hochalpenspitze oder Stellwänder genannt.

● **258** Von der **Rappenseehütte,** bez. Weg, 1¾ st: auf dem Heilbronner Weg bis zur Gabelung (R 204, 70 Min.). Hier geradeaus (der Heilbronner Weg führt links ab) auf breiten Bändern hinüber zum Südwestrücken des Berges und über ihn zum Gipfel. Auch mit Kindern ab 14 J.

● **259** Vom **Waltenberger-Haus,** 2½ st, bez. Steig durch das Hintere Bockkar zur Socktalscharte und auf dem Heilbronner Weg zur Kleinen Steinscharte, weiter auf der Westseite abwärts in die Steinscharte zur Wegteilung und wie vor zum Gipfel.

● **260** Von **Holzgau,** bez. Weg, 5¼ st: wie bei R 120 über die Kl. Steinscharte zur Wegteilung und wie vor zum Gipfel.

● **261** Aus dem **Lechtal** (Steeg) verfolgt man den Weg durch das Hochalptal (R 119) zu den Oberen Hochalphütten, 1932 m; kurz vor den Hütten im Talgrund nordöstlich gegen den Hochalpgrat aufwärts, bis links breite, flache, wenig schrofige Grashänge zum Südwestrücken des Hohen Lichts führen. Über ihn schrofig empor und 20 Min. unter dem Gipfel den Steig R 258 treffend, auf ihm zum Steinmann. Statt zur Hochalp zu steigen, kann man auch wie bei R 119 zum Wieslekar gehen, wobei man sich im oberen Teile rechts hält, um über eine Schutthalde, entlang dem Nordwestfuß des Hohen Lichts, R 258 beim Beginn der Kehren zu erreichen.

● **262** **Ostwand.** Von der Kleinen Steinscharte (R 120) 2 st, unterster Teil V, sonst IV. Nach O abwärts und am Fuß der Wand nach rechts hin zu einem senkrechten, etwa 100 m hohen Wandvorsprung, an dessen linker Seite sich ein breiter Kamin emporzieht. An seiner rechten Plattenflanke, die ein ganz schmaler Riß durchzieht, etwa 20 m empor zu Stand. Dann über einen kurzen Überhang in den oberen Teil des Kamins. In ihm empor bis zum Ende. Nun in einen nach rechts emporziehenden Riß, der zu einem Schuttabsatz verlassen wird. Auf diesem 5 m unter eine mit gelbem Fels durchsetzte Wand, diese 15 m gerade empor zu einem Überhang. Über diesen und Platten auf eine vom nördlichen Vorgipfel herabziehende Rippe. Auf ihr zum Vorgipfel und nach links zum Steinmann des Hohen Lichts.

● **262 a** **Südflanke.** Amüsant, wenn auch touristisch unbedeutend, ist die Überlistung des die Südflanke nach unten abschirmenden Wandriegels aus Kö. von P. 2438 (vgl. R 274, II+, E ¾ st).

● **263** **Nordgrat.** Von der Kleinen Steinscharte nach Süden etwas absteigend zu gut ausgeprägtem Band und nach links zur Kante. Nach zwei Seillängen schöner Kletterei (IV) unschwierig über den sich verflachenden Grat zum Gipfel, ¾ st.

● 264 **Steinschartenkopf**, 2615 m; **Wilder Mann**, 2577 m; **Bockkarkopf**, 2608 m

Die wenig auffallenden HD-Erhebungen werden vom *Heilbronner Weg* (R 204) berührt; er führt über den ersten und dritten Gipfel hinweg, während der Wilde Mann von dem in der O-Flanke hindurchquerenden Steig in wenigen Min. erreichbar ist.

Dem geübten Geher bietet der **Heilbronner Weg** unter normalen Witterungsverhältnissen keine Schwierigkeiten. Vor der Begehung durch Ungeübte muß dringend abgeraten werden. Die Steiganlage verlangt Schwindelfreiheit und sicheren Tritt. Näheres: R 204.

Auch der lange Westgrat des **Wilden Mannes** (Grathöhe 180 m) wurde begangen. Die darin befindlichen Steilaufschwünge sind schwierig. Aus dem Hinteren Bockkar kann der Westgrat unter Benützung der in seine Wände eingebetteten Geröllabsätze in brüchiger Kletterei erreicht werden. Ebenso brüchig und deshalb wenig empfehlenswert ist die Kletterei an dem langen, vom **Bockkarkopf** nach NW hinabziehenden 400 m hohen Sporn.

In einem Drittel Wandhöhe der Südwestflanke des „Wilden Manns" befindet sich eine etwa 120 m tiefe, bis 40 m hohe **Tropfsteinhöhle**, deren Eingang in 10 Min. unschwieriger Kletterei erreichbar ist; wenig lohnend. Der Einstieg befindet sich in 2425 m Höhe. (Vgl. „Das Schöne Allgäu" 1938, S. 306).

Die Kleine Steinscharte bietet für erfahrene **Skiläufer** einen nicht allzuschwierigen Übergang aus dem Rappenalptal ins Schochenalptal und damit die beste Winterverbindung zwischen Rappensee- und Kemptner Hütte. Zu beachten ist hierbei, daß die Nachmittagsabfahrt von der Kemptner Hütte durch den Sperrbachtobel in der Regel besonders lawinengefährlich ist. Die Abfahrt mit Ski von der Bockkarscharte aus zum Waltenberger-Haus ist hübsch und nicht schwierig. Dagegen kann die Abfahrt vom Waltenberger-Haus ins Bacherloch bei P. 1761 beträchtliche Schwierigkeiten bieten. Die Tour kommt nur für sehr sichere mit den örtlichen Verhältnissen aufs beste vertraute Fahrer in Betracht.

Der Abfahrt von der Socktalscharte ins hintere Bockkar ist zu widerraten, da die Querung zum Waltenberger-Haus erhebliche Schwierigkeiten bereiten kann. Sehr schön ist im späten Frühjahr die Skiabfahrt vom Steinschartenkopf ins Socktal (nordostwärts).

● 265 Aus dem Gipfelkörper des Hohen Lichts löst sich ein nach Süden streichender, geologisch hochinteressanter (einziges Vorkommen von Gosaukreide!) Grat (Hochalpgrat), der auf dem Gipfel der Peischelspitze den etwa 7 km langen vom Hochalptal über Ellbognerspitze — Wilder Kasten — Rotnase zum Höhenbachtal ziehenden Grat erreicht. Diese einsam und sehr abseits aller begangenen Wege gelegene Gruppe verdient wegen ihrer landschaftlichen Schönheit einen Besuch. Dabei empfiehlt sich die Mitnahme eines Zeltes, da die wenigen im Bereich der Gruppe gelegenen Alpen (Obere Hochalp, 1932 m, im Westen, Wildmahd-Alp, 2083 m,

im Süden und Schochenalpen, 1577 m und 1832 m) nicht zum Übernachten eingerichtet sind. Günstiger Stützpunkt mit Wasser: Schochenalpen-Seelein, 1988 m (Sonnenseite).
Die Gipfel der Gruppe sind entweder aus dem Lechtal (Ellenbogen, Steeg, Hägerau und Holzgau) auf Alpwegen, von der Rappenseehütte über Große Steinscharte und Wieslekar oder von der Kemptner Hütte über Mädelejoch und durchs Schochenalptal zu erreichen.

Schrifttum: Das schöne Allgäu, 1955, Seite 150.

Die steilen Nordwände aller dieser Gruppe angehörenden Berge sind ungleich schwieriger als die teilweise bis oben hinauf begrünten Südflanken. Nähere Angaben über ihre Durchsteigung fehlen bis heute. Das ganze Gebiet zeichnet sich durch brüchiges Gestein aus.

Geologie: Der im westlichen und zentralen Teil aus HD aufgebaute Wildmahdzug lagert sich im S einer Schichtenfolge von Plattenkalk, Kö., LiFle., Ho. und Apt. auf und läuft östlich am Muttekopf und an der Rotnase in einem bunten sich aus LiFle., Kö., HD, Ho., Apt. und Plattenkalk zusammensetzenden geologischen Wirbel aus. Er läßt auch in botanischer Hinsicht an Buntheit nichts zu wünschen übrig. Besonders auffallend ist sein Reichtum an Calcid (Kalkspat).

● 266 **Ellbogner Spitz,** mit 2553 m der höchste Berg der Gruppe, reiner Dolomitgipfel.

Nom.: Von den Häusergruppen Ober- und Unter-Ellenbogen (an einer ellenbogenartigen Krümmung des Lechs gelegen).

Aus dem *Peischelkar.* Von Steeg oder Ellbogen aus durchs Vordere Satteltal zur Sattelebene, 1852 m, 2 st im Südostkamm der Ellbogenspitze. Etwas nördlich oberhalb des Sattels führt ein Jagdsteiglein, die Runse des Sattelbaches querend in nördlicher Richtung zum Peischelkar. Aus diesem mühsam (II+) über die brüchige Ostflanke auf die Ellbogenspitze.

● 267 Über den Südostkamm. Etwas bequemer ist die Ersteigung der Ellbogenspitze über den Südostkamm selbst von der unter a) genannten Sattelebene aus. 2 st E. Dabei kann man den aus unangenehm geschichteten Platten bestehenden Gipfelaufbau entweder direkt erklettern (II+) oder w ausweichend über den obersten SW-Kamm erobern (I).

● 268 Der ebenfalls von Oberellenbogen aus mittels ungemein mühsamer Querung durch Latschengassen zu erreichende **SW-Kamm** (man gelangt auf ihn auch von der Ob.

Hochalphütte, 1932 m, aus über den „Schützengang" — III —) ist einförmig und anstrengend, 4½ st, I.

● 269 Nordwestpfeiler. Aus dem Wieslekar ins Verborgene Kar hinüberquerend erreicht man über steiles Gras und sehr steile Schutthalden den Fußpunkt des Nordwestpfeilers, 2206 m. Man verfolgt den im unteren Teil und in der Mitte durch je einen Steilabbruch gesperrten Pfeiler, nach Bedarf rechts (südl.) ausweichend. Landschaftlich herrlich. Gestein sehr brüchig, III. 2 st E.

● 270 **Nordnordostgrat** (Übergang zur Peischelspitze). Über zahlreiche Grattürme in unglaublich brüchigem Fels — nach Bedarf abseilend — in die den oberen Abschluß des Verborgenen Kars bildende Klotzemann-Scharte (von hier mühsamer Abstieg ins Verborgene Kar möglich) und weniger schwierig über P. 2474 auf die Peischelspitze. 3 st, III, wegen der enormen Brüchigkeit gefährlich. Landschaftlich großartig.

● 271 **Peischelspitze,** 2512 m, wegen ihrer zentralen Lage, obwohl nicht der höchste Gruppengipfel, zur Namensgeberin der Gruppe erwählt. Von Norden gesehen eleganter, abweisender Felsbau, Dolomitgipfel.

Nom.: Von der alten tirolischen Bez. paistal oder paistand für Bienenstand. Im Peischel (südl. des Gipfels) stellten die Bauern früher Bienenkörbe auf, um die Tracht zu verlängern. Man trifft diese Übung auch heute noch in den blütenreichen, steilen Flanken der Rothorn- und Jöchelspitze an.

Übergang von der Ellbogenspitze vgl. R 270.

● 272 **Von Süden** aus dem Peischelkar, vgl. R 266, mühsam, jedoch ohne sonderliche Schwierigkeiten, II.

● 273 **Gratübergang vom Wilden Kasten,** vgl. R 275.

● 274 **Nordgrat.** Den „Hochalpgrat" erreicht man aus dem Wieslekar, den Pfadspuren über P. 2263 folgend (Winterweg aufs Hohe Licht) und dann ohne Höhenverlust unter den Südwänden des Hohen Lichts ostwärts querend etwa bei P. 2438. Der von hier nach Süden streichende Grat führt ohne besondere Schwierigkeiten, jedoch über ungemein brüchiges Gestein (Fleckenmergel) zum steilen Gipfelaufbau der Peischelspitze, der entweder (IV) in unmittelbarem Anstieg oder wesentlich unschwieriger, jedoch brüchig, III, rechts umgehend bezwungen wird. 2 st ab P. 2438.

● 275 **Wilder Kasten,** 2543 m, schroffer Dolomitgipfel.

Gratübergang von der Peischelspitze (Westgrat).

Vom Gipfel der Peischelspitze abseilend in die ostwärts eingeschnittene tiefe Scharte. Bis hierher äußerst brüchig. Aus der Scharte in schöner Kletterei über steilem, jedoch gutgestuften und festen Fels auf den Gipfel des Wilden Kasten, IV, 2 st.

● **276 Gratübergang von der Wildmahdspitze** (Ostgrat), vgl. R 286.

● **277 Über die Südwestflanke.** Aus dem Peischelkar (vgl. R 266) ohne besondere Schwierigkeiten, jedoch mühsam, II.

● **277 a** Die 330 m hohe **N-Wand** ist ein noch ungelöstes Problem.

● **278 Wildmahdspitze,** 2489 m, Dolomitgipfel.

Aus dem Schochenalptal unter Benützung des vom Schochenalpenseelein ins Vord. und Hint. Wildmahdkar hinaufführenden Pfades, sodann von O, SO oder S auf den Gipfel, unschwierige Schrofenkletterei (I).

● **279** *Aus dem Lechtal* (von Hägerau zur Wildmahdalp, 2083 m, oder von Holzgau über die Hintere Mutte, 2185 m) zum Klingelrücken und weiter wie bei R 278.

● **280 Südwestgrat,** IV. Vgl. R 286.

● **280 a** Noch ungelöstes Problem: die 340 m hohe **N-Wand.**

● **281 Muttekopf,** 2433 m.

Geo.: LiFle. auf Kö.
Nom.: „Mutte" bezeichnet flache, hochgelegene Böden und Kuppen.

Aus dem Schochenalptal wie R 278 in den grünen Sattel zwischen Muttekopf (o) und Wildmahdspitze (w), dann über die begrünten Schrofen des W-Kamms auf den Gipfel, I, 1½ st ab Schochenalpenseelein.

● **282** Aus dem Lechtal (Raum Holzgau — Dürrenau) auf steilen, sonnigen Heuersteigen (Mittagstunden meiden!) über die Vordere (2122) zur Hinteren Mutte (2278) und über die immer steiler werdende begrünte O-Flanke auf den Gipfel, 4½ st, I.

● **283** *Nordostkamm* vgl. R 286.

● **284 Rotnase,** 2171 m.

Geo.: Kö., Plattenkalk, HD, LiFle.
Nom.: Von der auffallenden Gesteinsfarbe.

Wie R 282 zur Hinteren Mutte, dann no über Feiste Gumpen und durch schrofige SW-Flanke auf den Gipfel. Dorthin auch auf steilem Heuersteig ab Holzgau über Bärenfalle und Strobel, je 4½ st, I.

● **285** Von der *Vorderen Schochenalp,* 1329 m (zu dieser entweder von Holzgau durchs Höhenbachtal oder von der Kemptner Hütte übers Mädelejoch) talauf bis zum ersten Wasserfall 8 Min. Nach Süden über den Bach und auf Steig schräg den Hang empor zu zwei Heuhütten, 1663 m. Dann nicht rechts den Steigspuren folgend, sondern gerade empor zu einer weiteren Hütte, 1839 m, am Lärchkopf. Noch ein Stück in südlicher Richtung gerade empor, dann über Mähder, später etwas rechts haltend zum Gratrücken und über ihn westlich zur Rotnase. 2 st (I).

● **286 Gratübergang von der Rotnase zum Wilden Kasten.** Großartigste Bergfahrt in der Peischelgruppe.

Über den zunächst mit einem Felsriff gekrönten Grat, dann über Gras und Schrofen zu einem Vorgipfel und zum *Muttekopf,* 1 st.

Jenseits meist über Gras, unten über Karren, in einen weiten Sattel, ¼ st. Über Schrofen zum Gipfelbau der *Wildmahdspitze;* ihm entlang nach rechts zu einem Vorbau, von dem man zwei Scharten im Westgrat des Gipfels erblickt. Etwa 5 m hinab auf Geröll und über brüchige Felsstufen in die rechte von zwei Rinnen, die leicht zur westlichen Scharte führt. Über kurze Schichtabbrüche zum Gipfel, 1½ st. Im Abstieg geht man in die zweite Scharte westlich des Gipfels, die unter einem kleinen Gratkopf liegt; die obere Scharte ist durch einen kleinen Zacken geteilt.

Die tiefste Scharte zwischen Wildmahdspitze und Wildem Kasten ist (IV) zu überschreiten. Deshalb durch die Südflanke der Wildmahdspitze auf durch Abbrüche unterbrochenen Bändern, schwierig hinab, am besten in Richtung gegen eine schwach ausgeprägte Rippe, die westliche Begrenzung der breiten, westlich vom Gipfel herabkommenden Geröllmulde. Im Kar wieder ansteigend und in die am weitesten links oben sichtbare Scharte, in der der Hauptgrat an einem breiten Felsrücken anstößt. Jenseits der Scharte fast waagrecht auf gutem Band durch die Nordflanke in die letzte Scharte östlich des *Wilden Kastens;* den in ihr stehenden Gratturm überkletternd oder rechts umgehend, dann ziemlich steil zum Gipfel, 2½ st. Gesamtzeit 5—6 st, teilweise IV.

c) Mädelegabel-Gruppe

● 287

Vielbewundert von Tausenden, thront das Dreigestirn der *Mädelegabel, Hochfrott- und Trettachspitze* über den zerklüfteten Grasflanken des Bacher Lochs. Nach Norden zieht ein 9 km langer Rücken, der Birgsau und Spielmannsau scheidet. Wildzerrissen sind seine Hänge, zähe Latschen wehren der Überschreitung seiner Gipfel. An der Westseite des Hauptstockes bildet das *Vordere Bockkar* mit der Bockkarscharte die Grenze gegen die Hochlicht-Gruppe. Nördlich von ihm, geschieden durch den Westgrat der Hochfrottspitze mit den Eckpfeilern der *Berge der Guten Hoffnung,* breitet sich das schöne *Mädelegabelkar* aus. Auf der entgegengesetzten Seite bedeckt der *Schwarzmilzferner* den obersten Teil der Lettenhänge über dem Schochenalptal. Von ihm zieht vom Fuße des Mädelegabel-Ostgrats die Firnrinne des *Hohen Trettach* herab zum Sperrbach. Hoch über ihr ragt über den schiefrigen Hängen der „Wilden Gräben“ die Felsruine des Kratzers, des östlichsten Bergs der Gruppe, die nun rasch zur Doppelsenke des Mädelejochs absinkt.
Im Westen der Gruppe liegt das Waltenberger-Haus, im Osten die Kemptner Hütte, durch eine Weganlage über die Bockkarscharte miteinander verbunden.

● 288 Mädelegabel, 2645 m

Eine der bekanntesten Allgäuer Aussichtswarten. Nom.: gabelförmige Spitze über dem Mähdele = kleine Mähwiese. Bereits 1485 „Medelinspitz“ als Sammelbegriff für die 5 Gabelzinken der beiden Hochfrottspitzgipfel, des Mädelegabel-Vor- und -Hauptgipfels sowie der Trettachspitze. Die Ersteigung auf dem gewöhnlichen bez. Weg von der Kemptner Hütte oder dem Waltenberger-Haus aus ist unschwierig und verlangt nur beim Gipfelaufbau etwas Kletterei; sie ist empfehlenswert in Verbindung mit dem Heilbronner Weg. Die übrigen Wege sind durchaus schwieriger. Skifahrt von der Kemptner Hütte bis zum Einstieg am Ferner. Um einen in manchen Erdkundebüchern verbreiteten Irrtum klarzustellen: Die Mädelegabel ist nicht der höchste Allgäuer Berg, sondern der vierthöchste (nach Gr. Krottenkopf, Hohem Licht und Hochfrottspitze). Geo.: HD auf LiFle.-Sockel.

Ersteigungsgeschichte: Die erste Ersteigung des Berges liegt im Dunkeln; zweifelsfrei ist die Besteigung durch den Botaniker *Sendtner* 1852, die auf dem heute üblichen Wege erfolgte. Südwestgrat: Führer Schraudolph vor 1860. Nordgrat: Kösel 1884. Nordostwand: Dülfer 1911. Nordwestwand, nördlicher Weg: Mack und Metzger 1920; südlicher Weg: v. Ammon und Freymadl 1921.

Schrifttum: EOA. 56; A. v. Ruthner, Die Mädelegabel; E. Enzensperger, Die Gruppe der Mädelegabel (Auszug aus der Monographie Z. 1907); J. Enzensperger, Ein Bergsteigerleben, S. 30; Alpenfreund 1894, S. 1001 ff.; 1. Jb. AAV. München, S. 9; 28. AAV., S. 46; 29. AAV., S. 30. BK Aug. 1972.

● 289 Gewöhnlicher bez. **Weg.** Von der *Kemptner Hütte* oder vom *Rappensee* wie bei R 204 zum östlichsten Teil der Südflanke. Vom Waltenberger-Haus auf gutem Steig durch das Bockkar, zuletzt (Drahtseile) brüchig durch den Wandabsturz der Scharte, die etwas nordöstlich des tiefsten Punktes in einem kleinen Spalt erreicht wird, 1¼ st: hier trifft man den Heilbronner Weg: leicht fallend zum Ferner, 20 Min.

Von ihm aus zum Schärtchen am Beginn des Ostgrates und über diesen unschwierig zum Gipfel, 1/2 st E. Auch mit Kindern ab 14 J. (anseilen!). Bei Vereisung zu widerraten!

● 290 (I) **Südwestgrat.** Vom Schwarzmilzferner, II, 3/4 st: in einer seichten, plattigen Felsrinne zur Scharte zwischen Mädelegabel und Hochfrottspitze; dann nach rechts über den Grat, zuweilen nach rechts ausweichend, in hübscher Kletterei über einen Vorkopf zum Gipfel.

● **291** (Bild I, III) Nordgrat. Die von der breiten Trettachspitze (zwischen Mädelegabel und Trettachspitze) nach Westen herabziehende Schlucht bricht in ihrem unteren Teil in Steilwänden ab. Vom Waltenberger-Haus, 2 3/4 st, sehr viel Geröll, II: ins Mädelegabelkar (R 304) und hinüber zum Beginn eines breiten, geröllbedeckten Bandes (Einstieg 2060 m, genau westlich des Trettachgipfels, 1/4 st), das, zur Linken die Südwestwand der Trettachspitze, von links nach rechts aufwärts führt zur Schlucht. Zunächst in ihr, dann auf ihrer zerrissenen, brüchigen rechten Begrenzung empor zur Scharte, deren Zacken man meist westlich umgeht, 2461 m, 1 1/4 st. Den großen Steilaufschwung des Grates umgeht man rechts (westlich) in der Flanke über Geröll und griesbedeckte Platten; dann auf dem Schrofengrat zum Gipfel 3/4 st. Die Trettachscharte ist auch von Osten her über brüchiges Gestein schwierig erreichbar.

● **292 Nordostwand.** IV, teilweise steingefährlich, 6 st von Spielmannsau, Pickel! Von Spielmannsau auf dem Weg zur Kemptner Hütte bis zur Einmündung der *Trettachrinne*. Auf ihrem Grunde, der in späterer Jahreszeit besser erst höher oben auf einem kaum mehr erkennbaren Steiglein erreicht wird, das nach den ersten Kehren des Hüttenwegs vor der Erreichung des „Knies" rechts abzweigt, empor bis etwa 100 m oberhalb der Stelle, wo Spielmannsau dem Blick entschwindet. Nun nach rechts hinan und zuerst in der linken von vier Rinnen, dann an ihrer linken, teilweise grasigen Begrenzungsrippe bis zum großen, 100 m hohen Wandabbruch. Nach rechts in die Rinne zurück, die als enge und tief eingeschnittene Schlucht den Abbruch durchreißt. In ihr empor zum großen Schuttabsatz oberhalb, den man bis zur Mitte quert. Etwa 5 m gerade aufwärts bis zu einem Überhang; Quergang nach rechts und durch einen kaminartigen Einriß etwa 15 m empor, dann auf die Felsrippe rechts. Nun immer rechts haltend zu einem Geröllplatz unter dem Gipfel und gerade hinauf zur Spitze.

● **293** (Bild I, II) **Nordwestwand,** linke Führe. Vom Waltenberger-Haus, 3 st, IV; wegen starker Brüchigkeit nicht zu empfehlen. Zunächst auf Weg R 304 ins Mädelegabelkar. Durch die Nordwestwand zieht eine auffallende Rinne von links nach rechts hinauf; durch sie vollzieht sich der erste Teil des Anstiegs.

I Trettachspitze und Mädelegabel – Gruppe vom Taufersbergsteig
a = R 291, b = R 290, c = R 293, d = R 294, e = R 298, f = R 299, g = R 300, h = R 297, i = Westl. Berg der Guten Hoffnung (R 301).

Über eine sehr schwierige Felsstufe gelangt man am linken unteren Ende in die Rinne. 30 m Seillänge plattig in ihr empor. Unter einem kleinen Überhang 8 m langer, waagrechter Quergang nach links, und nun neben der Rinne zuerst links, später rechts empor bis zum rechten Ende des großen breiten, von links kommenden Plattenbands, auf dem schwarze, überhängende Wände fußen, dieses benutzend, zunächst ansteigend nach Norden. Später verschmälert es sich sehr stark und leitet abwärts zu einem riesigen, von der Wand abgesprengten Block. An dem Riß zwischen Wand und Block empor zu einem Schartel. Von hier (mehrere Möglichkeiten) schwach rechts aufwärts über plattige Schrofen und Geröllbänder unmittelbar zum Gipfel.

● 294 (Bild I, II) **Nordwestwand,** rechte Führe. Vom Waltenberger-Haus 3 st, IV; gleichfalls brüchiges Gestein! Wie R 293 zum Plattenband. Statt diesem nun nach links zu folgen, auf der rechten Begrenzungsrippe der Rinne weiter. Die Rinne geht nach oben in eine immer glatter werdende Rampe über, die um einen Felskopf herum sehr schwierig nach rechts führt und in ein Schärtchen leitet, das durch einen abgesprengten Block auf der Kante gebildet wird, die die Wand in eine westliche und nordwestliche trennt. Von hier etwa 10 m nach rechts und über Wandstufen empor zu rauhen Plattenlagen. Hier Richtungspunkt ein schwarzer Felswürfel, an dem man dicht rechts vorbei in eine nach rechts zum Grat ziehende Rinne einsteigt. Diese verläßt man sofort wieder und gelangt über ihre linke Begrenzungswand zum letzten Grataufschwung, den man 20 bis 30 m südwestlich des Gipfelschärtchens erreicht.

● 295 Hochfrottspitze, 2648 m

Der seine nordöstliche Nachbarin etwas überhöhende doppelgipflige Berg wird viel seltener besucht als jene. Die Ersteigung erfordert auf allen Wegen mindestens Gewandtheit. Der lange, breite Westgrat wirft die auffallenden Felshöcker der Berge der Guten Hoffnung auf, die in Verbindung mit dieser Gratbegehung oder bei unsicherem Wetter auch für sich allein als kürzeste Gipfelbesteigung vom Waltenberger-Haus aus empfehlenswert sind.
Nom.: Herkunft von mhd. hoveroth (buckelig), unsicher. Forstdistriktsbeschreibung 1667 „in Hohen Fröttspitz", offenbar unter Bezugnahme auf eine Flurbezeichnung Frott.
Geo.: HD auf LiFle.-Sockel.

Ersteigungsgeschichte: Erste Ersteigung vom *Ferner* aus: Hermann v. Barth. Ostwand: Fambach 1888, Modlmayr 1890. Südwestgrat: E. und J. Enzensperger, K. Neumann 1894. Westgrat: E. Christa und Gef. 1896. Nordwestwand: E. Enzensperger und Gef. 1898. — **Berge der Guten Hoffnung:** Erste Ersteigung E. Christa und E. Enzensperger 1896. Gratübergang zwischen beiden Gipfeln: Schulze und Gef. 1900.

Schrifttum: EOA. 61; Alpenfreund 1894, S. 1001.

● 296 **Ostwand.** Vom Ferner, 3/4 st, II, durch die plattige Rinne, die von rechts nach links zur Scharte zwischen den beiden Gipfeln emporzieht. Aus dieser in unschwieriger, wegen der Brüchigkeit jedoch Vorsicht heischender Kletterei zu beiden Erhebungen. Die schwierigere, sehr steile Felsrinne, die vom Ferner gradlinig zum Gipfel führt, wird kaum mehr begangen (sehr brüchig!).

II Trettachspitze und Mädelegabel vom Vord. Taufersberg
1 = R 291, 2 = R 305, 3 = R 311 (Einstieg), 4 = R 312, 5 = R 293, 6 = R 294, 7 = R 304.

7
2
4
3
1
1
1
5
6

● **297** (Bild I) **Südsüdwestgrat.** Von der Bockkarscharte (R 204), 25 Min., II+: dem Kamm folgend, wobei ein kleiner Überhang überklettert oder durch eine Rinne rechts umgangen wird, dann unschwierig weiter zum Gipfel.

● **298** (Bild I) **Nordostgrat.** Vom Ferner, II, 3/4 st: wie bei R 290 zur Scharte zwischen Hochfrottspitze und Mädelegabel; dann nach links auf dem Grat, später auf guten Bändern links unter ihm (brüchig!) zum Gipfel.

● **299** (Bild I) **Westgrat.** Vom Waltenberger-Haus 2 st, einige Stellen, II, sehr brüchig. Auf dem bez. Weg zur Bockkarscharte an einem gewaltigen Felsblock (15 Min.) vorbei, bis man den Steig nach weiteren 15 Min. nach links verläßt, um die rechte von zwei Rinnen zu gewinnen, die von der Scharte östlich des Östlichen Berges der Guten Hoffnung herabkommen. Entweder diese rechte Rinne bis zu dem sie sperrenden Überhang verfolgen und dann, diesen links über steilen Fels umgehend (III), zur Scharte oder (unschwieriger): Zuerst in der rechten Rinne kurz empor; noch bevor sie sich verengt nach links in die Parallelrinne, die unten in unzugänglichen Wänden abbricht, und in ihr zum Grat, 40 Min. (ohne jede Schwierigkeit). Hierher auch — wesentlich mühsamer und nicht so schön — aus dem Mädelegabelkar (siehe R 301). Nun umgeht man die ersten Gratzacken rechts und folgt dann der breiten Abdachung, zuletzt links haltend (sehr brüchig). Kurz vor dem Gipfel kommt links die Eisrinne der Nordwand heraus. Den folgenden Aufschwung umgeht man links; dann auf dem Grat zum Gipfel oder in der Nordflanke über griesbedeckte Platten quer zur Scharte unmittelbar östlich des Gipfels. Ost- und Westgipfel sind einige Min. voneinander entfernt. 1 st.

● 300 (Bild I) **Nordwestwand.** Vom Waltenberger-Haus, 2½ st, je nach den Schneeverhältnissen in der Wand III oder IV, landschaftlich sehr schön, wegen der besonderen Brüchigkeit jedoch nur ganz erfahrenen Kletterern anzuraten. Auf Steig R 304 ins Mädelegabelkar und entweder von rechts her in der zur Scharte östlich des Östlichen Berges der Guten Hoffnung ziehenden Rinne oder ungefähr in der Fallinie des Gipfels durch den unteren Wandgürtel von links nach rechts empor zu der großen Geröllhalde, die in die Westwand eingebettet ist. Hierher kann man auch aus der Scharte östlich des Östlichen Berges der Guten Hoffnung gelangen. Vom linken Teil der Geröllhalde zur großen Schneerinne empor, die unmittelbar westlich des Gipfels endigt. Bei Ausaperung und Vereisung benützt man zunächst die brüchige Verschneidung der Rinne mit der linken Begrenzungswand, später die schwierigen Platten jenseits der Rinne. Zuletzt wie bei R 299 zum Gipfel.

Berge der Guten Hoffnung

Nom.: mhd. hover (Höcker). Zwei schroffe Felshöcker aus Hauptdolomit im Westgrat der Hochfrottspitze.

● 301 (Bild I) **Westlicher Berg der Guten Hoffnung,** 2388 m. Wie bei R 299 bis unter die Grathöhe, wo man ein bequemes Schrofenband trifft, das nach links, zuletzt über grüne Flekken, zum Sattel zwischen den beiden Bergen der Guten Hoffnung führt. Von hier in 5 Min. über den Schrofengrat zum Steinmann, 1 st vom Haus, I. — Ein weiterer, wegen der besonderen Brüchigkeit jedoch nicht empfehlenswerter Aufstieg führt (II) durch die Rinne der Nordflanke; sie zieht unmittelbar ostwärts vom Gipfel herab und wird unten von rechts her auf grüner Steilrampe gewonnen (sehr viel Geröll, nicht lohnend). Der sehr schwierigen direkten Ersteigung der sich überm Waltenberger-Haus aufbäumenden Westwand, wird wegen ihrer außerordentlichen Brüchigkeit (Gefährdung der Wegbenutzer durch Steinschlag) widerraten.

● 302 **Östlicher Berg der Guten Hoffnung,** 2392 m. Aus der Scharte östlich von ihm (R 299) kurze Kletterei (III), 30 Min.

W-Grat, IV: Aus der Scharte zwischen beiden Gipfeln (R 301, 3/4 st) über steilen Fels zu einem waagrechten Stück, zuletzt fallend in ein Schärtchen. Rechts durch eine Rinne empor, zuletzt über ein Wandl nach links zum Grat zurück (hier führt ein Plattenband hinüber zum Nordrücken). Plattig steil nach rechts in ein kleines Schartel in einem nach Süden ziehenden Seitenast; rechts neben ihm zum Gipfel.

● 303 **Trettachspitze,** 2595 m

Ein kühner Felszahn aus Hauptdolomit.

Die Trettachspitze bildet eines der beliebtesten Kletterziele des Allgäus; sie verlangt auch auf den unschwierigsten Wegen Klettergewandtheit, Ortssinn und vor allem Schwindelfreiheit. Das Gestein ist, wenn auch durch die zahlreichen Begehungen gesäubert, wegen seiner leichten Verwitterung nicht ganz zuverlässig; die Geröllauflagerungen auf den schrägen Platten der Wände bilden eine stete Gefahr. An schönen Sommertagen herrscht am Berg oft ein die Kletterfreude beeinträchtigendes Getümmel.

Nom.: Von Ursprungsgebiet der Trettach, der urkundlich bereits 1554 als Weidegebiet erwähnten „Hohenträttach“ (von mhd. draete = schnell, reißend).

Ersteigungsgeschichte: Die erste Ersteigung erfolgte, eine rühmliche Ausnahme bei Felsgipfeln, durch Einheimische; die zwei Brüder *Jochum* gewannen die Spitze über den Nordostgrat 1855; sie wichen dabei dem Überhange unter dem Gipfel in die Nordseite aus. Den heute gebräuchlichen Weg des Überganges nahmen Blodig und Gef. 1891. Auch der Nordwestgrat soll erstmals von einem Einheimischen, einem der Brüder der Jochum, und zwar ebenfalls 1855 begangen worden sein. Über die Südwand bestiegen den Berg E. Enzensperger und L. Richter 1895; E. Heimhuber durchkletterte 1899 die Nordwand im Abstieg; der erste Aufstieg in dieser Wand wurde vermutlich 1909 durch Kiene und Knöpfler ausgeführt. Als letzte der großen Wände fiel die Ostwand (Beindl, Engelhard und A. Schulze 1902); neue Wege schlugen hier ein Mayerhofer und v. Laßberg 1905, Burmester und Nonnenbruch 1906, G. Leuchs 1909. Die Südwestwand beging Kreuzer 1915; frühere Anstiege sind wahrscheinlich. Südkante: Vogler und Blattner 1933. Gerade Ostwand: Lobenhoffer-Dusch 1934. Schwarzer Riß: Kaspar Schwarz. Gerade Südwestwand: Kleemaier und Xaver Baur 2. 7. 1950.

Schrifttum: EOA., S. 60, Barth NKA., S. 190, Barth, Wegweiser, S. 361, Mitt. 88, S. 273, Alpenfreund 1894, S. 1001, Enzensperger, Bergsteigerleben, S. 1 und 30, Z. 07, S. 194, Mitt. 1895, S. 263; 10. AAV., S.47; 12. AAV., S. 55; 14. AAV., S. 57; 17. AAV., S. 58; Alpenfreund 1925, S. 71. **Bericht über eine Winterersteigung: Bergsteiger 1939 Nr. 4, BK 1970, Heft 12 und Aug. 1972. Name:** vom Bach gleichen Namens = Ach an den Trätten (Viehpfaden).

● 304 (Bild II, III, V) **Nordostgrat.** Vom Waltenberger-Haus auf deutlichem, teilweise rot bez. Steiglein waagrecht, mehrere Runsen querend, nach N zum P. 2096, hinter dem sich der Blick ins Mädelegabelkar öffnet. Über eine steile Mergelhalde östlich absteigend, dann das ganze Kar ausgehend zu den grünen Hängen unter dem felsigen, nordwestlichen Vorbau der Trettachspitze. Man quert die Hänge ansteigend in nördlicher Richtung, biegt dann nach Osten um und gelangt in einer schrofendurchsetzten Mulde links ansteigend unter die Kammhöhe nördlich des großen Geröll- und Firnkessels am Nordfuß der Trettachspitze, 1¼ st; von hier auf Steigspuren über Geröll und Schnee bis zum Einstieg, ½ st.

Von *Einödsberg* (R 209) gelangt man hierher auf Steigspuren westlich am Spätengundkopf, 1992 m, vorbei, dann nach einem kurzen, waagrechten Kamm (Salzlecken) in Kehren über Schutt gegen den Wildengundkopf hinansteigend, bis kurz unter seinem Gipfel das Steiglein in der Westflanke zu einem oben begrünten Felshöcker, 2215 m, leitet, wo die Trettachspitze sichtbar wird. Auf deutlichem Steig am Grashange waagrecht, zuletzt über einige Schrofen leicht absteigend, zum oben genannten Geröll- und Firnkessel, 1 st, und weiter zum Fuß des NO-Grates, von dem aus zwei Steilrinnen o. in die

III Trettachspitze von Nordwesten
a = R 304, b = R 305, c = R 307, d = R 312, e = Aufstieg zur Trettachscharte (R 291), Sch = Trettachscharte.

a
b
c
d
e
Sch

„Hohe Trettach“ hinabziehen. E. Ab hier 3/4 st, II, eine Stelle III.

Über gutgriffige, steile Platten — am wenigsten schwierig, aber etwas steingefährlich in der Wasserrinne, die von dem großen Schnee- und Geröllfleck unter dem ersten Gratdrittel herabzieht, weiter westl. (rechts) etwas schwieriger — zum Schneefleck empor und bei ihm nach links ansteigend zum Grat, der in schöner und luftiger Kletterei bis vor den Überhang emporführt, der unter dem Gipfel hornartig herausspringt. Hier nach links in einen geräumigen Felskessel (Blodigkessel) und aus ihm entweder in der rechten (etwas schwieriger) oder linken brüchigen Verschneidung — unschwieriger links von ihr — zum Gipfelgrat (Stange) und kurz darauf zum schon sichtbaren Gipfelkreuz. Der Weg der Erstersteiger biegt vor dem Überhang nach rechts ab und quert auf einem Band in die Nordwand hinaus, wo Rinnen gerade zum Gipfel emporführen.

Im Abstieg (bei Nebel) suche man den Einstieg zum Blodigkessel genau in Richtung vom Gipfelkreuz über eine nordöstlich davon befindliche Stange; man überklettert nach ihr noch einen kleinen Felskopf und blickt dann nach rechts auf einen 2 m tiefer liegenden, heller gefärbten Absatz, von dem aus der Kessel sichtbar ist. Im weiteren Abstieg lasse man sich nicht durch eine in die Ostwand hinausführende Rippe verleiten. Beim Abstieg verläßt man den Grat nach links in dem ersten Schärtchen nach dem Gipfel, das durch ein ohrenartiges Köpfl gebildet wird.

● 305 (Bild II, III, V) **Nordwestgrat.** Vom Trettachfirn (R 304), 3/4 st, II+, eine Stelle ausgesetzt: entweder in der Rinne oder über den plattigen Sockel links von ihr gegen die tief eingerissene Scharte südl. des auffallenden Turmes am Nordwestgrat. Vor ihrem Erreichen über mäßig geneigte Platten zum Grat und auf ihm bis zum senkrechten Anschluß der N-Wand. Dicht unter ihm plattig nach rechts hinüber zum Gratabsatz (jenseits Blick ins Kar). Hier entweder aa) auf guten Bändern mit ausgezeichneten Griffen weiter in die W-Wand hinaus, bis man vor einer ausgeprägten Rippe nach links über Absätze wieder zum Grat emporsteigt, den man über ein Schärtchen erreicht; oder bb) vom Gratabsatz nach links in einen unten senkrechten Riß hinüberspreizend, der gutgriffig dicht links der Gratkante zum vorerwähnten Schärtchen leitet (in dieses mündet auch der Westwandweg (R 311). Nun den Grat entlang über Fels und Geröll zum Gipfel.

● **306** (Bild IV, VI) **Südwand.** Vom Waltenberger-Haus 3 st, III+ bis IV—), vom Gipfel steinbedroht: wie bei R 291 zur Trettachscharte (2 st). An ihrem Nordende ist an der steilen Plattenwand eine abgespaltene Felsschuppe kanzelartig in die Südostwand hinausgebaut. Etwa 8 m rechts (nordöstlich) der Schuppe befindet sich eine zunächst seichte, von hier aus nicht sichtbare Rinne. Auf dem westlichen Ende der Schuppe stehend an einem seichten Einriß mit schuppenartigen, kleinen Griffen 2 m empor (schwierigste Stelle) und nun an schmaler, spaltenartiger Leiste waagrecht, zuletzt etwas fallend hinüber zur Rinne. In ihr zunächst plattig empor; die folgende rißartige Verengung (20 m hoch) ist anstrengend. Dann auf schrofigem Gelände halblinks zur Südkante (von Westen führt hier der Südwestwandweg herauf). An der Kante bis zum gelbroten Gipfelblock; hier nach rechts zu einem kurzen Kamin, der auf den südlichen Vorbau führt, und unschwieriger schräg rechts zum Gipfelkreuz, 1 st.

Von der kanzelartigen Felsschuppe kann man auch statt zur Platte emporzuklettern, nach rechts über weitere Felsschuppen waagrecht (eher fallend) hinüberqueren; nach etwa 6 m einen seichten Einriß überspreizend und sofort sehr steil empor zu einer schon vom Einstieg aus sichtbaren knopfartigen Felswarze, hinter der die Rinne betreten wird (technisch unschwieriger als der erstere Weg, äußerst luftig).

Im *Abstieg* klettere man die unter dem südlichen Gipfeleck beginnende, oben gleich kaminartig verengte Rinne (die südliche der zwei vom Gipfelgrat nach Südosten ziehenden) so lange abwärts, bis man bei einer sehr auffallenden, von rechts her in den Riß hereinragenden Felsschuppe die Trettachscharte mit der Kanzel, sowie die spaltartige, leicht ansteigende Leiste unmittelbar rechts von sich erblickt.

Der *Weg der Erstersteiger* (viel schwieriger) führt links des obigen Risses den Grat nach links in dem ersten Schärtchen nach dem Gipfel, das durch empor, wendet sich im mittleren Teile durch Einrisse und über grießbedeckte Stufen nach links zur Kante und weicht erst vor ihrem rotbrüchigen Gipfelaufschwung wieder nach rechts aus, um wie oben den Gipfel zu erreichen.

● **307** (Bild IV, III, II, V) **Die Südkante** wurde durch Vogler und Blattner 1933 in 6½stündiger Kletterei, V+, bezwungen, wobei der etwa 20 m über der Scharte befindliche Überhang an seiner linken Kante mit Steigbaum bewältigt wurde.

Einzelheiten: Einstieg an der Trettachscharte. Zunächst 6—8 m in der Rinne zum Südwandweg, dann waagrecht nach links zur Kante hinaus. Über griffarme Platten zum ersten Überhang (etwa 12 m, Haken). Diesen äußerst schwierig nehmend stets an der Schneide über glatte Platten bis zu auffallendem, gelbrotem Block unter dem wuchtigen zweiten Überhang. Dieser wird an kleiner Rippe von rechts nach links schräg aufwärts genommen und führt nach sechs sehr schwierigen Metern zu Sicherungsstand. Von hier wieder genau an der Schneide steil, aber gutgriffig zwei Seillängen empor, dann über mäßig schwierigen Fels, den Südwestwand-Weg querend zum Gipfelaufbau. Von auffallender kleiner Kanzel (Haken) 5 m senkrecht, sodann sehr ausgesetzt 5 m waagrecht nach links (gelbroter, brüchiger Fels), schließlich 15 m schräg rechts aufwärts haltend zum Gipfel.

● 308 **Südkante, Variante Lechhart—Schraudolph:** Einstieg wie R 288. Über griffarme Platten zum äußerst schwierigen 1. Überhang und nach 2 m zu Hakenstand. Sodann 5 m waagrecht nach rechts und 10 m kleingriffig zu Stand. Durch die folgende Verschneidung eine Seillänge zu Stand. Von hier zwei Seillängen über mäßig schwierigen Fels bis unter den auffallenden roten Ausstiegsriß. Dieser führt ausgesetzt und überhängend (H) zu einem Pfeilerkopf. Von hier 1 Seillänge zum Gipfel, VI—. Heute übliche Route.

● 309 (Bild IV) **Südwestwand.** Vom Waltenberger-Haus 3 st, III, steinsicherer als der Westwandweg, R 311: in Mädelegabelkar und auf dem Weg zur Trettachscharte (R 291), in der Schlucht hoch hinauf bis etwa 30 m unterhalb eines auffallenden Felsloches in der sie links begrenzenden Südwestwand. Einstieg links von einem kurzen Kamin mit auffallend hellem Gestein, der nach einigen Metern in schwarzen, überhängenden Fels übergeht. Zuerst schräg links aufwärts, um eine Rippe herum in eine brüchige, gelbe Rinne und gegen einen gelbroten Felskopf (Abbruch) empor: Hier durch eine plattige Verschneidung spreizend bis zum Überhang an diesem Felskopf und mit Spreizschritt nach rechts auf ein Schärtchen. Nun auf splittrigem, später auffallend hellem Fels schräg rechts aufwärts zu einem Schärtchen in der Südkante unterhalb der roten, überhängenden Gipfelfelsen und auf dem Südwandweg zum Gipfel.

● 310 (Bild IV) **Gerade Südwestwand** (A. Kleemaier, X. Bauer, 1950), V. Der Anstieg verläuft in Gipfelfallinie. Zunächst 3 Seillängen im Anstieg der alten Südwestwand-Führe. Dann in Richtung auf ein gelbliches Dach, in brüchigem, splittri-

IV Trettachspitze vom Mädelegabel-N-Grat
a = R 311, b = R 309, c = R 307, d = R 306, e = R 310.

a
d
e
b
c
d
a
b

gem, gelbem Fels. Etwas rechts haltend, über einen Überhang und zum auffallenden Ausstiegskamin, welcher zum Gipfel führt.

● **311** (Bild IV, II) **Westwand.** An der die Westwand rechts begrenzenden Kante fallen von Einödsbach aus gesehen rechts unten zwei Zacken auf; vom Mädelekar aus sind diese Zakken nur mehr schwer zu erkennen. Der Westwandweg gewinnt die Höhe des untern der beiden Zacken von links (Norden) her, die des obern von rechts.

Vom Waltenberger-Haus 3 st, III, vom NW-Grat her steinschlaggefährdet: wie bei R 304 durch das Mädelegabelkar, bis der Steig über Gras die steile Westwand des Trettachschrofens, eines Ausläufers des Nordwestgrats, erreicht, 40 Min. Hier rechts empor über steiles Gras zum Einstieg, 20 Min., links des auffallenden, roten Rinnsals, das am Fuß der Wand über eine Felsstufe fällt und aus einer tiefen Scharte im Nordwestgrat herabkommt. Man quert das Rinnsal über ein Band und gewinnt jenseits über ein Wandl die rampenartige Schlucht, die den gewaltigen Vorbau des „Untern Zackens" von der prallen Mauer der eigentlichen Westwand scheidet. In der Schlucht oder rechts von ihr auf die Höhe des Untern Zackens, der als waagrechte Schneide an die Wand des Obern Zackens anschließt. — Hier leitet ein Schrofenband im allgemeinen waagrecht hinüber zur Schlucht (R 291), die es etwa 60 m (senkrecht) unter der Trettachscharte erreicht; bei Verbindung von West- und Südwegen Gepäck zurücklassen! Vom Band sofort auf den untersten, bandartigen Absatz des Obern Zackens, auf ihm eine kleine Seillänge nach rechts, dann halbrechts hinan über ein Wandl, einige schuttbedeckte Platten und eine steile Rinne in der Südflanke des Obern Zackens; zuletzt halblinks auf seinen Scheitel. Dieser läuft in eine plattige Wand aus, die im allgemeinen nach links zu queren ist; gute Tritte und Griffe; sie wird zur Hälfte erklettert (Sicherungsblock) und dann 8 m nach links gequert; hier in einem Riß 2 m empor (Sicherungsblock); auf kurzem, durch eine Steilstufe unterbrochenem Band weiter nach links und durch einen Riß gerade empor in eine große, seichte, gut kletterbare, plattige Mulde. In ihr etwas rechts haltend empor gegen die Gipfelwand. Hier nach links, ober- oder unterhalb eines abfallenden Felsklotzes hindurch gegen den Nordwestgrat; dieser bildet hier zwei Rippen und wird in Gegend des Schärtchens (R 305) erreicht, 1 st. Weiter auf dem Nordwestgrat in 10 Min. zum Gipfel. — Von der Rampe des Untern Zackens kann man auch sehr steil und ausgesetzt die „seichte Felsmulde“ in geradem Anstieg erreichen (äußerst schwierig, VI).

Statt zum Nordwestgrat auszusteigen, ist der Gipfelaufbau auch (viel schwieriger) in Richtung gegen den obersten Teil der Südkante erklettert worden.

● **312** (Bild II, III) **Schwarzer Riß,** 3 st E., V+: Zum Einstieg auf dem Weg zum Westwand-Einstieg durch die dort erwähnte rampenartige Schlucht. Man steigt etwas rechts der auffallenden schwarzen Wandflucht unmittelbar unter dem Riß ein. 50 m gerade empor, dann links haltend in eine schwarze Plattenrinne und durch diese eine Seillänge aufwärts zu einem Grasband. Von hier erreicht man (mehrere Haken) nach einem vorerst waagrechten, dann aufwärts nach rechts führenden sehr schwierigen Quergang einen guten Sicherungsstand. Nun 2 Seillängen senkrecht ausgesetzt hinauf zu einem Plattenband (Haken). Von hier nach links fallend 12 bis 15 m queren auf kleines Band. Über eine Platte, die man nach 6 m nach rechts hinaus verläßt, gelangt man nach weiteren 5 m in den eigentlichen Riß (bemooste Nische mit Haken). Nach 20 m sehr schwieriger Kletterei im Riß (teilweise etwas links haltend) zu einem äußerst schwierigen Überhang und über ihn nach 8 m zu Stand. Von hier eine halbe Seillänge zum Nordwestgrat.

Der letzte (schwierigste) Teil dieser Route kann dadurch umgangen werden, daß man das fallende Querband weiter nach links verfolgt und dann den Ausstieg zur Scharte zwischen Großer und Kleiner Trettachspitze sucht.

Direkter Durchstieg des gesamten Risses 1949 durch Albert Kleemaier und Xaver Baur, Kempten. VI.

Beide Routen stellen keine idealen Führen dar, da sie den Gipfel nur in Verbindung mit anderem Weg erreichen. Auch die unmittelbare Westwand wurde durchklettert, wobei der Ausstieg durch die senkrechten Felsen südlich des beim Nordwestgratanstieges benützten Querbandes gefunden wurde (sehr ausgesetzt und wesentlich schwieriger als die üblichen Routen!).

● **313** (Bild V) **Ostwand.** Die Wege der drei ersten Partien bewegen sich vom Einstieg ab, der beim Beginn der großen vom Fußpunkte des Nordostgrates herabkommenden Schlucht (P. 2136, AV-Karte) zu suchen ist, in und rechts der Schlucht empor, gehen dann bei ihrer kesselartigen Erweiterung zu der sei links (südlich) begrenzenden verkümmerten Rippe hinüber und von hier mit verschiedenen Möglichkeiten gegen den Gipfel.

Der Leuchssche Weg hält sich von Anbeginn südlich der Schlucht und stellt so einen geraderen Anstieg dar. Nachfolgend ist neben Beschreibung des nunmehr gewöhnlich begangenen Weges nur diese Wegänderung angegeben; auf die Schilderung der geringfügigen Abweichungen in den Wegen der ersten Ersteiger wurde verzichtet.

Zum *Einstieg* gelangt man am besten vom Waltenberger-Haus in 1½ st, unschwierig; auf dem Steig durchs Mädelegabelkar (R 304) bis dahin gehend, wo er nördlich unter dem Firnkessel den vom Einödsberg her kommenden trifft. Hier in einer Mulde nach Nordosten zur Kammhöhe, P. 2236, AV-Karte, und jenseits in einer seichten Geröll- und Grasmulde etwa 170 m (senkr.) hinab; dann über Geröll und Schnee nach Süden, bis man einen breiten, grünen, mit einzelnen Blöcken besetzten Rücken betritt; er zieht von einem Vorbau rechts der Schlucht herab, die vom Fuß des Nordostgrats (s. o.) herunterkommt. — Rechts von diesem Vorbau zieht eine Steilschlucht aus einer Grasscharte herab, die rechts von einem gelben Zacken überhöht ist; diese Schlucht kommt für den Anstieg nicht in Betracht!

Andere nicht zu empfehlende Zugänge führen 1. von Spielmannsau auf dem Weg zur Kemptner Hütte bis zum Knie. Weglos in gleicher Höhe weiter zu der meist mit Schnee und Eis gefüllten Trettachrinne. In ihr empor bis unter die Trettach-Ostwand, zu der man nun etwa 200 m über steile Schutt- und Mergelhalden emporsteigt. Von Spielmannsau 3 st (vgl. auch R 292). 2. Von der Kemptner Hütte westlich kaum ansteigend über die flachen Almböden zum Mädelekopf und über brüchige Mergelhänge und Rippen hinab zur Trettachrinne und wie bei 1. hinauf zur Ostwand. Gefährlich und nur für ganz sichere Steiger!

3. Von der Kemptner Hütte auf dem Heilbronner Weg bis zur Schwarzen Milz und durch die Wilden Gräben (ebenfalls sehr mühsam, brüchig und gefährlich) hinunter zur Trettachrinne und wie bei 1. hinauf zur Ostwand.

Den Einstieg (ab hier 3 st, III+, stellenweise IV, anstrengend, Wandhöhe etwa 440 m) vermittelt der rechte (nördl.) Begrenzungspfeiler der eingangs erwähnten Schlucht. Direkt den Fuß des Pfeilers überklettern (III+). Eventuell nach links ausweichen, dann gerade hinauf, bis auf die Höhe der überhängenden Ausbrüche. Etwa 4 m rechts abklettern, bis man in die kleine Verschneidung kommt, in ihr bis zum Ende hinauf; hierher — schwieriger — auch vom Fuß der Wand von rechts her. Vom Absatz einen kleinen Rücken gerade empor, der zu einem unangenehm brüchigen Band führt. Auf ihm nach zwei Seillängen in eine deutliche Scharte, rechts davon auffallende gelbe Wandausbrüche; hier befand sich früher ein Fenster, dessen Decke nun eingestürzt ist. Von der Scharte blickt man in die Schlucht hinein, in die man nur schwach fallend hineinquert.

Jenseits etwas plattig steil empor in Richtung auf einen scheinbaren Zacken; man erreicht eine weiße Rippe. Wo sie an die Wand anstößt, auf einem Band links empor (hier mündet von links herauf der Leuchssche Weg), das bald an einer gelben Höhle endet, etwa 2350 m. Dicht links der Höhle eine plattige Rampe empor, deren Einstieg sehr schwierig ist. Nach einer knappen Seillänge guter Stand auf einem Köpfl. Hier nicht mehr auf dem in gleicher Richtung weiterziehenden Steilband, sondern schräg rechts hinaus unter zwei gelben Ausbrüchen vorbei zu einer tiefen Rinne. In ihr, später in den steilen Felsen rechts davon hinan auf die ausgesprochene Rippe, die die große, unten gequerte Schlucht links begrenzt, 1 st.

Links oben erblickt man eine von einem Riß durchzogene, mächtige Platte, die rechts durch eine Verschneidung begrenzt ist. Durch diesen Riß empor zu einem Grätchen und weiter auf Bändern schwach links haltend steil hinan. Bald erblickt man rechts einen kurzen Riß mit Klemmblock. Durch ihn in eine nach rechts ziehende Rinne (Alpenrosen). Nach 10 m in einer nach links abzweigenden Rinne weiter auf einen Schrofenhang, der zu einem kurzen, engen Riß führt (links von ihm eine auffallende, schräge Platte); sehr anstrengend durch den Riß oder ihn rechts schwierig umgehend in die folgende Rinne. Sie führt zu einer Gratrippe, von der aus der Gipfel der Mädelegabel sichtbar wird, etwa 2490 m, 1 st.

Halbrechts hinan gegen den Nordostgrat, der etwa zwei Seillängen unter dem Blodigkessel betreten wird, und auf ihm zum Gipfel (20 Min.).

Statt zum Grat auszusteigen, kann man auch halblinks durch Rinnen und schwierige Wandstellen den Gipfelblock selbst erreichen. Die Wand gestattet viele Wegänderungen; allen ist gemeinsam die Querung der großen Schlucht von rechts nach links, wobei alle andern Übergänge als der oben beschriebene in schwereres Gelände führen.

● **314** (Bild V) **Weg links der Schlucht** (Leuchsweg), Wandhöhe etwa 370 m, nicht schwieriger, aber gerader als der vorbeschriebene Weg (III+). Etwas südlich der Gipfelfallinie beginnt eine Rinne, die durch ein Geröllband unterbrochen, rechts aufwärts zieht. Entweder im Grund der Rinne, die sich oben zu einem Kamin verengt, oder steil und ausgesetzt, aber an ausgezeichneten Haltepunkten, auf der sie rechts begrenzenden Rippe empor. Sie führt (110 m E.) auf einen Schrofenvorsprung, von dem aus man über unschwierige Stufen gleich darauf zu dem oben beschriebenen, von rechts heraufkommenden Weg kurz unterhalb der gelben Höhle gelangt. Weiter wie R 313. Kletterzeit etwa 3½ st.

● **315** (Bild V) **Gerade Ostwand.** IV+, zwei Seillängen V+. Wandhöhe ca. 400 m, Kletterzeit 6 st. Die Wand gliedert sich in einen unteren, weniger geneigten Teil, über den sich eine steile Plattenwand aufbaut; darüber sitzt der Gipfelblock. Wesentlich: Links halten im unteren Teil; oben nicht nach rechts drängen lassen! Einstieg wie bei R 314. Nach einer Seillänge links in eine Rinne: dann gerade über schwarze Platten 2 Seillängen empor. Unschwieriger zu einer gelben, feuchten Gufel; an ihrer linken Begrenzungskante 10 m empor, dann 8 m Quergang nach rechts zu Stand. Durch kurze Risse und über eine glatte Platte, etwas links haltend, unter die Plattenwand, die in Richtung auf die rechten gelbschwarzen Überhänge erklettert wird. Zunächst eine Seillänge in einer seichten Verschneidung aufwärts, dann eine Seillänge auf einer sehr schmalen Rampe und durch senkrechte Verschneidung zu Stand. Gleich wieder links eine Seillänge schräg aufwärts, über einen Überhang in eine Rißverschneidung. Nach 30 m links heraus, 3 m über eine Platte querend, gerade 6 m empor und hangelnd in einen Riß, der überhängend zur Gipfelterrasse leitet. Weiter in einem Kamin mit kurzer Unterbrechung unmittelbar zum Gipfel. (Mitt. 1935, S. 225.)

● **316** (Bild V) **Südostwand** (Heckmair). E. wie R 315. Beim Beginn der Rinne auf steilem Fels links aus der Wandeinbuchtung heraus und halbrechts haltend gerade empor zu den auffallend gelbgrauen Plattenabbrüchen 300 m über dem Einstieg. Mittels eines feinen Risses wird dieser Abbruch überwunden. Nach einer Seillänge nach links hinaus über steilen, wenig gegliederten Fels zum Gipfelaufbau. Wandhöhe etwa 400 m, Kletterzeit 5 st E, V—.

● **317** (Bild V) Sehr reizvoll und landschaftlich großartig ist die Erkletterung der Trettachscharte durch die südlich der Trettach-Ostwand zu ihr hinaufziehende steile Felsrinne. Sehr steinschlaggefährlich. Im oberen Teil V.

● **318** **Nordwand**, vom Einstieg 1 st, III+, stellenweise IV. Wo sich das Firnfeld am Fuße der Nordwand links (östlich) am weitesten hinanspitzt,

V Trettachspitze-Ostwand über der Trettachrinne
a = R 304, b = R 313, c = Einstiegsvariante zu R 313, d = R 314, e = R 315, f = R 316, g = R 291, h = R 307, i = R 305.

a
i
h
g
e
a
f
e
b
f
g
e
d
c
d
b
c

durch einen senkrechten Kamin hinauf bis fast in Höhe des großen Schnee- und Geröllflecks unter dem untersten Drittel des Nordostgrates. Hier auf breiter, nach außen abfallender Rampe eine gute Seillänge nach W: die Rampe kann auch durch einen weiter westlich befindlichen Einriß erreicht werden; die Wegführung wird hierdurch gerader; dann über gutgriffige Wand gerade empor zu einer abgespaltenen Platte (ausgezeichneter Sicherungsplatz). Über eine kurze, fast grifflose Unterbrechung auf waagrechtem, schmalem Band etwa 5 m nach links; dann unter Führung eines feuchten Risses wieder schwach rechts steil empor gegen eine breite Mulde, die zum Gipfelaufbau führt und rechts von einer gutgriffigen Rippe begrenzt ist. Hier kommt von links der Quergang des alten Nordostgratweges der Ersteiger herüber. Auf ihm schräg rechts weiter und über geröllige Rinnen zum Gipfel.

● 318 a **Nordwand, neuer Weg:** Einstieg in Fallinie des Großen Überhanges, also rechts vom Einstieg R 318. Zwei Seillängen über glatte kleingriffige Platten schräg rechts aufwärts. Dann Schleife nach links. Überhang. Über senkrechte glatte Wandstufen empor (Haken), weiter auf ausgeprägter Rippe, oder Rinne daneben. 2 st, V.

● 319 Kratzer, 2424 m

Felsruine nördlich der Schwarzen Milz, über den Hängen der Mädelealp, mit dunklen Mauern ins Illertal hinausblickend; die Ersteigung erfordert auch über die Südhänge etwas Gewandtheit.
Nom.: Namengebung von N, Vergleich des vielfach gezackten Felsmassivs mit einem Kratzinstrument. Der nicht mehr geläufige Name Groppen (= dickköpfig, gedrungen) offenbar von S.
Geo.: HD auf Li.-Fle.-Sockel, eines der plastischsten Beispiele für die überschobene Lechtaldecke im Allgäuer Hauptkamm.
Schöne und bis tief ins Frühjahr hinein schneesichere Abfahrt mit Ski von einem Schärtchen direkt westlich des Gipfelabbruches durch eine Rinne in den freien Nordhang bis hinab zur Mulde, von hier rechts haltend zur Kemptner Hütte. — Von der Mädelegabel her kommend, hält man sich vom Kratzerjoch aus links zum Grat und steigt in einer schmalen Mulde empor bis in die Felsen, wo die Abfahrtsrinne beginnt.

Ersteigungsgeschichte: Der linke Nordostwandkamin wurde vermutlich erstmals von dem Führer Braxmaier aus Oberstdorf durchklettert. Als erste Touristen begingen ihn A. Findeiß und M. Rohrer 1911.
Schrifttum. 19. AAV, S. 67. BK Aug. 1972 (gutes Foto).

● 320 Von **Süden** erreicht man die einzelnen Gipfelzacken (Westlicher 2425 m, Östlicher 2398 m) vom Wege R 204 aus in 3/4 st, indem man über Gras und Geröll unschwierig zu den Gratscharten ansteigt. Die Zacken selbst sind in kurzer Kletterei über brüchigen Fels erreichbar. Skifahrt von der Kemptner Hütte aus.

● 321 (Bild VI) **Nordwand.** Die finstere Nordwand ist von mehreren Kaminen durchrissen, nur bei trockenem Wetter anzuraten.

VI Kratzer vom Fürschießersattel
a = R 322, b = R 325, c = R 324, d = R 323, e = R 326.

d
c
a
b
e

Erwähnung verdienen folgende Führen:

● 322 (Bild VI) **Der Nordwandkamin durch die Nordostwand:** Über Gras und brüchige Schrofen zur Steilwand unter dem Kamin. Den Einstieg vermittelt ein plattiger, brüchiger Quergang, der in einem etwa 3 m hohen gelben Überhang ausläuft, der sehr schwierig überwunden wird. Es folgt ein weiterer kurzer Quergang nach rechts bis zu einem kleinen Wandl. Über dieses und Schrofen in den Kamin, der über einen leichteren und einen sehr schwierigen Überhang zu einem weiteren großen Überhang führt, den man umgeht, indem man die rechte Kaminwand erklettert und dadurch ein fast waagrecht ziehendes Band gewinnt, das bis an sein Ende verfolgt wird. Nach links querend, durch einen Riß in den Kamin zurück. Über mehrere weitere Überhänge empor, bis der Kamin sich schluchtartig erweitert. In der Schlucht weiter bis unterhalb des Turms an der rechten Seite. Den Turm umgeht man nach rechts und erreicht in mäßig schwieriger Kletterei eine Scharte, von der man unschwierig den Grat und Gipfel erreicht (IV, 2 st E). Der Weiterweg links vom Turm gestaltet sich viel schwieriger.

● 323 (Bild VI) Die **Ostverschneidung**, die bei der höchsten Zunge des unter der Nordostwand eingelagerten Geröllfeldes beginnt (IV).

● 324 (Bild VI) Der **„Schiefe Riß"** durch die Nordostwand (IV+).

● 325 (Bild VI) Die ostwärts der großen Schlucht (Sixtloch) beginnende **gerade Nordwandroute** (IV+).

● 326 (Bild VI) **Sixtkamin:**

Von der Kemptner Hütte aus trachtet man, den durch sein auffälliges Loch gekennzeichneten Kamin dort zu erreichen, wo ein Felsvorsprung an die gelbschwarze Wand angelehnt ist. Um diesen rechts herum, durch eine plattige Rinne links aufwärts auf eine grasdurchsetzte Felsrippe. Von hier setzt das, schon von unten gut sichtbare, überaus schwierige Felsband an, welches links aufwärts in den Kamin zieht (Haken). Durch diesen etwa 8 m senkrecht empor in einen großen Felskessel. An dessen rechter Wand von links nach rechts zur Brücke. Von hier in einer Steilrinne aufwärts, welche auf einen Gratrücken führt. Nun rechts haltend, in die wieder gangbare Steilrinne. In dieser empor zu dem in der Rinne stehenden Turm, gangbare Steilrinne. In dieser empor zu dem in der Rinne stehenden Turm, von dessen linker Scharte über eine brüchige Plattenwand zu dem durch eine Stange gekennzeichneten Steinmann. Zeit etwa 1½ st (IV, eine Seillänge V; sehr brüchig).

Einstiegsvariante:

E. senkrecht unter dem Sixtloch. Zunächst eine Seillänge dem nach rechts aufwärtsführenden Band folgen zu einem Geröllfleck. Hier beginnt das oben erwähnte links aufwärtsführende Felsband.

● 327 Himmelschrofenzug

Diese interessante Gruppe verdient trotz der unbedeutenden Höhe ihrer Gipfel die Beachtung des Bergsteigers. Die Tiefblicke vom Grat hinab in die Täler der Stillach und Trettach sind besonders reizvoll.

Nom.: Von Oberstdorf gesehen ragt das Schrofengebilde steil in den Himmel.

Geo.: Der sich im Schmalhorngipfel vollziehende plötzliche Wechsel vom Hauptdolomit (nördl. Himmelschrofenzug) zum

Allgäuer Fleckenmergel (südl. Himmelschrofenzug bis zum Wildengundkopf) führt dem aufmerksamen Beschauer die grundlegenden geologischen und botanischen Verschiedenheiten dieser beiden Welten, auf kleinsten Raum zusammengepreßt, überzeugend vor Augen.

Freunde des Gamswilds finden in den einsamen Karen bei vernünftigem Verhalten genügend Gelegenheit zur Beobachtung. Die höchsten Erhebungen des Himmelschrofenzuges, die grasigen Gipfel des Spätengundkopfes, 1991,4 m, und des Wildengundkopfes, 2238 m, sind ebenso wie das nördlich der Einödsbergsenke liegende Schmalhorn (1953 m), vom Steig R 209 unschwierig erreichbar.

Das Bild ändert sich bei Fortsetzung der Gratbegehung nach Norden:

Dichtes Latschengestrüpp, kleine Felstürme und Steilabsätze erschweren den Zugang über den Hinteren (1953 m) zum Vorderen (1935 m) Wildgundkopf. Der Geübte findet hier überall — zunächst nach Westen ausweichend — ein Durchkommen. Die Ostflanke des Hinteren Wildgundkopfs enthält eine Höhle, das 1720 m hoch gelegene Wurmloch. Die Namenseinzeichnung in der Karte 1:25 000 ist irreführend! Die weitere Verfolgung des Grates lohnt sich wegen der an zahlreichen Stellen sperrenden Latschen nicht. Schöner ist die Benützung des von der Hintern (1581 m) über die Vordere (1563 m) Ringersgundalp zum Himmelschrofen (1790,4 m, 1760 m und 1612 m) führenden Pfades (teilweise verfallen).

Während die beiden genannten Alpen auch über einen steilen und schattigen Alpsteig von der eisernen Trettachbrücke aus (954,5 m) erreichbar sind, gelangt man zum nördlichen Eckpunkt des Himmelschrofen, P. 1612, am besten, indem man von der Spielmannsauer Straße bei der großen Wetterfichte (R 47, von hier 2 st, beschwerlich, steil) abzweigt und nach Südwesten über wellige Weideflächen zum Burgstall, 925 m, geht. Oberhalb des Anwesens trifft man bei einzelnen Ahornbäumen den Beginn eines schmalen Steigleins, das zunächst an der linken (ostwärtigen) Seite der Steilwiesen hinaufklettert, allmählich nach links (Osten) ausbiegt und zuletzt durch schrofendurchsetzten Wald (reiche Flora!) zu einer ausgedehnten Wiesenfläche mit Heustadeln emporführt. Nun auf dem teilweise felsigen Grat oder ostwärts unterhalb auf Wegspuren, zuletzt durch Latschen zu dem wenig ausgeprägten Gratpunkt (Steinmann).

Durch die zerrissenen Westflanken des Hauptdolomitkammes führen mehrere Möglichkeiten des Durchstiegs. Touristisch lohnend ist jede, leicht zu finden keine und am schönsten

a) jene über P. 1321 (auf verfallenem Steiglein vom „Gschlief" aus erreichbar) und durch eine splitterige Rinne zum Grat südl. P. 1790,4 m; b) die durch die unten waldige, oben schrofige Westflanke direkt zum Gipfel des Vorderen Wildgundkopfs, 1936 m, führende. Wildengundkopf und Schmalhorn bieten sehr schöne, bei der Steilheit und Glätte der Hänge jedoch häufig sehr lawinengefährdete Abfahrten mit Ski — entweder über die Hintere Einödsbergalp nach Einödsbach oder durch den „Sack" über die Untere Mädelealp nach Spielmannsau.

Alle diese Touren eignen sich nur für den, der Einsamkeit und Durst nicht scheut, der sich im Gelände zurechtfindet und der das Wild nicht stört.

d) Die Krottenspitz-Gruppe

● **328** Von der trennenden Doppelsenke des Mädelejochs schwingt sich der Hauptkamm über den unbedeutenden *Muttlerkopf* rasch zu der edel geschwungenen Doppelgestalt der Öfner- und Krottenspitze auf, von deren ersterer die mächtige Hornbachkette sich nach O ablöst. Vom Nordfuße der Krottenspitze setzt sich der nun begrünte Kamm fort über die Gipfel des *Kreuzecks* und *Rauhecks*. Drei Grate entsendet die Gruppe nach W: In der Fortsetzung des Krottenspitzgrates trennt der Fürschießergrat das Sperrbach- vom Traufbachtal; seine Gipfel, der doppelspitzige *Fürschießer* und der unbedeutende „Krumme Stein" sind Grasberge, die aus dem Oberstdorfer Becken gesehen durch ihre edel geschnittenen Umrisse auffallen. Das Kreuzeck entsendet nach Nordwesten den Bettlerrücken, der weit draußen nochmals in den steilen *Kegelköpfen* gipfelt. Es scheidet das Traufbach- vom Gerstrubner Tal. Das letztere nördlich begrenzend, zweigt am Rauheck ein weiterer Grat nach Nordwesten, der rasch zum *Älpele* absinkt, um jenseits zum Höfatskamm anzusteigen. Der Hauptkamm selbst führt vom Kreuzeck in der bisherigen (nordöstlichen) Richtung zur *Jochspitze*, jenseits welcher das Hornbachjoch die Grenze der Gruppe gegen den Wildenzug bildet. Der nördlichste Teil der Gruppe fällt in steilen, von Felsstufen unterbrochenen Grashängen in das oberste Hornbachtal hinab. Lediglich am Rauheck ist eine kurze Gratentwicklung nach O zu beobachten, die den einsamen *Muttekopf* aufwirft. Außerdem zieht von der Jochspitze der lange, flache Kamm des Kanzbergs ostwärts.

Als Stützpunkt kommt neben den Talorten vor allem die Kemptner Hütte in Betracht, von der aus der Höhenweg R 202 über den nördlichen Teil der Gruppe leitet. Das Traufbachtal ist gehegtes Jagdgebiet. Die Alpen in diesem Tale sind bis auf wenige aus Jagdgründen aufgelassen.

● 329 Muttlerkopf, 2366 m

Ein breiter, auf einem Sockel aus Li.-Fle. ruhender Dolomit-Höcker nördlich des Östlichen Mädelejochs, gegen den Sperrbachtobel mit schroffen Wänden abfallend. Wegen der bequemen Erreichbarkeit von der nahen Kemptner Hütte aus und wegen der prächtigen Fernsicht viel besucht.
Nom.: Tiroler Mundartwort „muttlt" = hornlos (von S gesehen zahme Bergform). Noch heute in Tirol „Muttler" als Bez. für Anhängerschlitten ohne Handgriffe (Hörner).
Die winterliche Besteigung mit Ski lohnt sich. Sie hängt, wie alle Fahrten im Bereich der Kemptner Hütte, von der Begehbarkeit des stark lawinengefährlichen Sperrbachtobels ab. Schöne Abfahrt durchs Höhenbachtal nach Holzgau.

● 330 Von der Kemptner Hütte 1½ st, bez. Weg, unschwierig wie bei R 203 zum Östlichen Mädelejoch, 2033 m; in seiner flachen Einkerbung südöstlich weiter, bis (Tafel) links der Weg über Rasenhänge abzweigt; auf ihm in Kehren über die Südostflanke hinauf zum geräumigen Gipfel, auch mit Kindern ab 10 J.

● 331 **Ostrücken.** Aus dem westl. Einschnitt der Doppelscharte, zwischen Muttler und Öfnerspitze, die man vom Öfnerkar aus unschwierig erreicht, führt ein kurzes Steilwandl empor zum Rücken, der über etwas plattiges Geschröf rasch zum Gipfel leitet; unschwierig, ¼ st; kommt nur in Verbindung mit der Ersteigung der Krotten- und Öfnerspitze in Betracht.

● 332 **Westwand** (erster Aufstieg O. Eckstein, 1913). Von der Kemptner Hütte 2 st, IV, auf dem Weg zum Fürschießersattel (R 202) bis zu der auffallenden, zum Fuße der Wand hinanziehenden, oben gegabelten Geröllrinne; in ihrem rechten Ast empor zu einem Plattenschuß, der von mehreren Rinnen durchfurcht ist. Über einen kleinen, schwarzen Überhang in die Rinne am weitesten rechts; zuerst 4 m sehr schwierig in glattwandiger Verschneidung empor, dann weniger schwierig etwa 1 Seillänge zu einem breiten Geröllgürtel. Auf ihm 20 m nach links, zu einem kleinen Geröllkessel hinauf, und weitere 20 m nach links zu einem kleinen Kamin; durch ihn auf einen größeren Plattengürtel, auf dem man nach links querend um einen großen Block herum eine schiefe Platte unter einem schwarzen Überhang erreicht. Über diesen, nicht an der linken Kante oder an dem anschließenden gelbbrüchigen Wandstück, sondern auf schwarzem Band 4 m nach rechts querend bis zur Mitte des schwarzen Überhangs und hier sehr schwer hinauf auf ein großes Geröllfeld, über das man aufwärts zu einer Rinne gelangt, die durch eine an die Wand gelehnte Felsplatte gebildet wird. Durch sie auf ein Band und 8 m nach rechts zu auffallender Felsecke (Steinmann). Über Schrofen links eines Schärtchens gegen die schwarzgelbe Gipfelwand und durch eine Steilrinne rechts von ihr zum Gipfelgrat; über Gras zum Gipfel.

● 333 Öfnerspitze, 2578 m

Die Zwillingsschwester der Krottenspitze, mit dieser durch einen fein geschwungenen, flachen HD-Grat verbunden, wie diese, nach N gewaltiges Schutthänge entsendend. Die Ersteigung erfordert auch auf dem unschwierigsten Weg (von SW) Gewandtheit und Ortssinn.

Ersteigungsgeschichte. Frühere Ersteigungen liegen im Dunkeln. Vermessungssignal wahrscheinlich aus dem Jahre 1854; in diesem Jahre erstieg auch

Gümbel den Berg aus der March über seine Nordostflanke. Erster Aufstieg von Südwesten: H. v. Barth 1869. Südflanke: Chr. Wolff 1890. Südostgrat: J. Enzensperger mit Begl. 1893. Aus dem Schaferloch. J. Richter und L. Rieger 1894; J. Götz 1916.

Schrifttum: EOA., S. 69; NKA., S. 229; Mitt. 93, S. 258; Enzensperger, Ein Bergsteigerleben, S. 47; Z. 04, S. 235. Das schöne Allgäu 1958, S. 101. Nom.: von Ofen (Schmelzofen).

● **334** Von **Südwesten.** Von der Kemptner Hütte 2¼ st, I, viel Geröll: auf dem Weg zum Muttlerkopf R 330 bis zur Kehre am weitesten östlich, etwa 15 Min. unter dem Gipfel; hier verläßt man den Steig, geht östlich wenig ansteigend über Rasenhänge hinüber ins Öfnerkar (Oberstes Roßgumpenkar) und steigt an seinem westlichen Rande empor zur rechten der beiden Scharten zwischen Muttlerkopf und Öfnerspitze, 2591 m. Jenseits nach kurzem Abstieg — Steigspuren — die Westhänge der Öfnerspitze auf breiten Geröllbändern nach Norden ansteigend hinan bis man südlich des flachen Sattels zwischen Öfner- und Krottenspitze den Grat erreicht; über sein Geschröf nach Südosten zum Gipfel (Buch).

● **335** Der in der vorerwähnten Scharte beginnende **Südwestgrat** leitet über geröllbedeckte Absätze, die von teilweise plattigen, niedrigen Stufen unterbrochen sind, kaum schwieriger als R 334 (I+) zum Gipfel ¾ st.

● **336** Aus dem **Schaferloch.** Von der Kemptner Hütte 2¼ st, II+, eine Stelle III: auf dem Weg R 202 bis zum Abfluß des Schaferlochs, der großen Karmulde westlich des Gipfels. Hier rechts hinein ins Kar und gerade hinauf bis zum Beginn der Rinne, die etwas nördlich vom Öfnerspitzgipfel beginnend, den ganzen Berg durchzieht und im unteren Drittel nach links geschweift erscheint (die Wasserrinne selbst, die viel schwieriger ist, zieht im unteren Drittel nach rechts). Die linke Begrenzungsrippe des durch die beiden Linien gebildeten Dreiecks benützend, hinauf zu einem von der Wande losgelösten, mächtigen Felsbau und über diesen hinweg in die hier schluchtartige Rinne; in ihr ansteigend, bis sich vor großen Überhängen links (nördlich) ein von unten nicht sichtbarer, düsterer Seitenast auftut. Durch diesen bis etwa 15 m vor seinem Ende, das durch unersteigliche Überhänge gebildet wird. Von hier scharf links hinauf zu einer Gratrippe und über diese zum Schuttfeld des flachen Sattels zwischen Öfner- und Krottenspitze.

Im *Abstieg* geht man besser von der tiefsten Stelle des Sattels die Schutthalde hinunter in Richtung Kemptner Hütte, betritt die nördlichste der hier hinabziehenden Schluchten und verfolgt sie, bis sie etwa 60 m über dem Kar senkrecht abbricht; hier quert man nach rechts zwei Seillängen über schwachgeneigte, griesbedeckte Platten die Wand entlang, bis ein steiler Kamin schwierig hinunterleitet; einige Meter vor seinem unteren Ende verläßt man ihn nach rechts und gewinnt leicht ansteigend das Kar; mäßig schwierig.

● 337 **Südflanke.** Wie bei R 202 ins Öfnerkar. Der Einstieg zu der von breiten Geröllabsätzen durchzogenen Wand erfolgt am besten östlich der Gipfelfallinie, wo das Geröll am höchsten hinanreicht. Die Durchkletterung, die verschiedene Abweichungen gestattet, besteht in der Überwindung der die schrägen Geröllabsätze trennenden Felsstufen; am besten zunächst mehr nach rechts, später nach links gegen den obersten Teil des Südwestgrates; Höhe etwa 200 m, 1 st, II.

● **338 Ostgrat.** Vom Öfnerkar (R 330) 1½ st; schöne Kletterei, III: man steigt in der Schuttrinne, die von der Scharte östlich des klotzigen Turms herabzieht, aufwärts, verläßt sie etwa 30 m unter der Scharte und gewinnt über zwei niedrige Felsstufen ein breites Band; man verfolgt es um den Turm herum und gewinnt den Grat; dieser führt in luftiger Kletterei teilweise über schmale, steile Felsschneiden zum letzten Gipfelaufschwung, der auch auf der Südseite umgangen werden kann (III).

● 339 Aus der **March.** Der Weg der Erstersteiger, der seitdem kaum mehr begangen wurde, führt aus der March (R 211, 1 st E) über die unten steilere, oben mäßiger geneigte, schrofige und geröllbedeckte Nordostflanke von rechts unten nach links oben zum Sattel zwischen Öfner- und Krottenspitze. Bei Aufsuchen der leichtesten Route nur II, jedoch steinschlaggefährlich. Orientierung schwierig.

● 340 **Krottenspitze,** 2553 m

Einer der wenigen von Oberstdorf aus sichtbaren Dolomitgipfel des Hauptkamms; er sitzt auf einem Sockel aus Li.-Fle. Sein Charakteristikum ist der nach WNW ziehende abenteuerlich zerrissene Dolomitgrat. Mit der etwas höheren Öfnerspitze verbindet ihn ein nur 80 m tief eingesenkter, flachgeschwungener Grat. Der steile N-Grat bildet die Fortsetzung des Hauptkamms gegen das Kreuzeck.

Nom.: Hat nichts mit Kröten (im Allgäu Krotten) zu tun, sondern ist entstanden aus dem rom. grotta = Grotte, steiler Fels.

Ersteigungsgeschichte. Siehe zunächst bei Öfnerspitze. Von Norden erstiegen den Berg E. Enzensperger und Gen. 1897; den Krottenspitzgrat begingen als erste Dr. Beindl und A. A. Schulze 1902, die Ostwand O. Metzger und Gen. 1921. Südwestwand des Krummen Turmes Högerle und Kling 19. 9. 1951.

Schrifttum. Siehe R 333, ferner 13. AAV., S. 54; 29. AAV., S. 30. Das Schöne Allgäu Sept. 1970.

● **341** Vom **Sattel** zwischen Krotten- und Öfnerspitze (s. dort) leitet ein kurzer schrofiger Rücken zu dem zerborstenen Gipfelgrat, der leicht nach links umbiegend zum Gipfel führt, 1/4 st, I.

● **342** **Krottenspitzgrat** (Westnordwestgrat, „Grätle"). Eine der lohnendsten Kletterfahrten im Gebiet der Kemptner Hütte.

Vom *Fürschießersattel* (R 202), teilweise IV, brüchig, 4 st: über den grünen und schrofigen Rücken nach Osten. Nach 15 Min. etwas rechts des Kammes (Steinmann) vom Schärtchen einer Zweigrippe durch eine Rinne hinab, quer durch eine Schlucht und jenseits durch einen Steilriß wieder empor. Auf Rasenhang zu einem überhängenden Turm. Durch den auffallenden, rampenartig schräg emporziehenden Riß (unten schwierigste Stelle) und über Schrofen auf den Scheitel des Turms. Der folgende Zacken wird rechts umgangen, gleich zum Grat zurückgekehrt und in die folgende Scharte abgestiegen; in ihr ein am nächsten Turm angelehnter Plattensockel, 3/4 st. Den folgenden großen Turm ersteigt man vom Sockel aus zunächst etwas rechts der Kante, dann an ihr selbst; zuletzt schwierig, dann über flachere Platten auf seinen Scheitel, 20 Min. Ein teils schmalbankiges, teils schrofiges, begrüntes Gratstück leitet leicht fallend und steigend zur grünen Kuppe des nächsten Turms, 2382 m, 1/2 st. Jenseits über Schuttschrofen hinab, am nächsten kleinen Turm wieder zum Grat empor, 10 Min. Etwas rechts aufwärts, durch einen kurzen Riß, ein kleines Fenster übersteigend und weiter zu dem Klemmblock, der neben der Spitze einer gekrümmten Nadel sitzt, 10 Min. Über den Klemmblock in einer guten Seillänge auf den nächsten Turmscheitel.

Von ihm scharf links hinab in die nächste Scharte. Auf dem leicht zerscharteten Grat weiter, später in einer Geröllrinne links des Grats, dann über prächtigen Fels über die Gratkante zum folgenden Turm. Sein rotgesprenkeltes Gipfelstück kann man auf deutlichem Felsband links umgehen. Über Geröll in die Scharte vor dem „Krummen Turm", 3/4 st. An seinem Fuß ein verstecktes Fenster. — Dieser Turm kann von hier aus auf Geröll rechts umgangen werden. — Auf Geröllband nach links zu einem großen Felsblock; hier durch einen

Riß, dann links von ihm durch die schöne Plattenwand, höher oben brüchig nach rechts und durch eine lange, kaminartige Rinne zum Grat zurück; auf ihm, unter dem Gipfel einen Überhang von links nach rechts an der Kante erkletternd, weiter zur Gipfelschneide (2477 m). Von ihr bei einem Fenster links in seichten Rinnen steil hinab, viel Schutt, aber genügend Sicherungsplätze; später durch steile Einrisse über Felsstufen hinunter, bis waagrechte Querung zur Scharte, 2388 m, möglich. Man kann auch schon höher oben an einer waagrecht abgespalteten Platte nach rechts zum Grat zurück, über den man kletternd oder abseilend zur Scharte gelangt, 1/2 st. Weiter über den plattigen, später griesbedeckten Rücken zur Schulter rechts des Gipfelblocks. Der Steilaufschwung nach links führt sehr schwierig zum Gipfel; unschwieriger ist es, durch ein großes Felsfenster in die Südflanke abzusteigen und durch sie in schrägem Anstieg zum Südostrücken hinüberzuqueren, zum Gipfel 40 Min. Außerdem kann man den Rücken schon unter der Schulter verlassen und über griesige Platten und durch eine Geröllrinne zum Nordgrat hinüberqueren, der hier ohne Schwierigkeiten zum Gipfel führt.

● **343 Krummer Turm**, 2477 m, Südwestwand. Von der **Kemptner** Hütte zum Schaferloch (R 202). Nun über Geröll und durch Schuttrinnen zum E. etwa bei P. 2202. Durchstieg in Gipfelfallinie, zunächst 50 m in Riß empor, dann 1 1/2 Seillängen etwas rechts haltend zu Standplatz (brüchig). Anschließend Quergang 8 m und links zu Standplatz unter auffallend gelber Platte. Senkrecht über diese zum Ausstieg, VI. E. 4 1/4 st.

● **344 Nordgrat.** Von der Kemptner Hütte, 4 st, III, sehr brüchig: auf dem Wege zum Prinz-Luitpold-Haus (R 202) bis zum Beginn des Nordgrates, 1 1/2 st. Einstieg aus der Rinne zwischen dem zweiten Turm und dem ersten überhängenden Grataufschwung von der Märzleseite (Westen) her. Dieser Grataufschwung zeigt zwei deutliche, gleichlaufende Rinnen. Die linke erreicht man aus der Einstiegsrinne durch Queren von links nach rechts, verfolgt sie auf ihrer rechten Seite bis etwa 3 m unter die abschließenden Überhänge und quert hier auf guter Leiste in die rechte Rinne; hier drängt der Fels bald auf die rechte Seite, die man verfolgt, bis an engster Stelle ein Überspreizen auf die linke Seite möglich wird.

Man quert nun waagrecht hinaus bis auf den Grat, der wechselnd schwierig verfolgt wird. Ein größeres Hindernis bietet der dritte Grataufschwung, den man schräg links aufwärts erklettert bis zu einem Bande, das über einen kleinen, würfelförmigen Block zur Gratkante zurückführt. Auf ihr zur großen Schulter (Steinmann). Es folgt ein weiterer Überhang, der von links her (links eines deutlichen überhängenden Risses) gewonnen wird. Nun unschwieriger zur Vereinigung des Grates mit dem Südrücken und waagrecht zum Gipfel.

Wegänderung: Vom Einstieg zunächst wie oben. Statt aber die Rinne an ihrer engsten Stelle nach links zu verlassen, steigt man in gleicher Richtung weiter und betritt nach Durchschreiten der klammartigen Verengung ein schmales, brüchiges Band, das etwa 80 m lang sanft ansteigend unter den lotrechten Mauern des Nordgrates hinzieht oberhalb der glatten Plattenschüsse, mit denen die Nordwestflanke ins Märzle absetzt. Am Ende des Bandes führt eine etwa 100 m hohe schluchtartige Rinne hinauf zum Nordgrat, der bei der oben erwähnten Schulter (Steinmann) betreten wird (äußerst brüchig).

● **345 Ostwand.** Ungefähr 40 m rechts von dem Winkel, den die Felsen der Krottenspitze mit jenen der Öfnerspitze bilden, zieht eine Rinne in die March (R 211) hinab. Hier Einstieg 3 st, besonders schwierig (V), Wandhöhe etwa 350 m. Zunächst an der rechten Seite der Rippe selbst, dann in der kaminartigen Rinne rechts von ihr, zuletzt auf der Kante der Rippe zu einem Schartl. Durch einen Riß in gleicher Richtung weiter zu einer Steilschlucht, die man verfolgt bis unter riesige Überhänge, von denen nach rechts äußerst steil eine Rampe emporzieht. Von den Überhängen schräg rechts ungefähr 8 m empor, waagrecht 6 m nach rechts, dann schräg links empor und über griesbedeckten Fels, zum Beginn eines Risses, der links von überhängenden Wänden begrenzt wird, während sich rechts von ihm eine Steilrampe aufschwingt. 5 m rechts vom Beginn des Risses 5 m empor zu Stand (Zacken); von hier erst waagrecht, dann schräg links aufwärts in den Riß und in ihm empor zu einer Nische (schlechter Stand). Unschwierig nach rechts über glatte Platten ansteigend zu einem Riß, durch den man leichtere Felsen gewinnt. Über sie gerade empor zu einem Schartl, von wo aus man unmittelbar über sich eine große moosige Höhle erblickt. Möglichst weit links haltend, über teilweise brüchige, moosbewachsene Felsen hinauf gegen die Höhle; einige Meter unter ihr 8 m waagrecht nach rechts und durch einen Riß schräg links aufwärts. Dann waagrecht nach links und durch eine Reihe kaminartiger Rinnen empor zur Vereinigung des Nord- und Südostgrates.

● **346** Zu der Scharte hinter dem Krummen Turm stiegen E. Enzensperger und Gef. 1905 von Südwesten her unter Benützung der Großen Rippe empor, die in der Fallinie der Scharte weit ins Kar hinabgreift.

● 347 Kreuzeck, 2375 m; Rauheck, 2384 m

Zwei schöngeformte, reinrassige Fleckenmergelberge im Hintergrund des Traufbach- und des Dietersbachtals. Botanisch ungemein reizvoll.

Sie bieten dem winterlichen Touristen bei sehr günstigen Schneeverhältnissen vornehme Ziele mit schwierigen Abfahrten bei erheblichen Höhenunterschieden (Rauheck — Prinzenkreuz 1300 m!). Die Abfahrt vom Kreuzeck über den Bettlerrücken verlangt größte Vorsicht und sicheren Schnee. Die Abfahrt vom Rauheck nimmt man besser nicht über den meist verblasenen Älpelegrat oder dessen unsichere Westflanken, sondern — zunächst nach SO absteigend — über P. 2277, 1900 und 1683,8. Von P. 2277 aus auch schöne Abfahrt über P. 2096 zur Hinteren Kanzalp, 2016 m, und von hier über den Kanzberg und dessen Nordflanke nach Hinterhornbach.

● 348 Von der **Kemptner Hütte** und vom **Prinz-Luitpold-Haus** im Zuge des Höhenwegs R 202.

● 349 Aus dem **Traufbachtal** (R 211) führt bei den Hütten von *Gsässel,* 1206 m (vgl. R 211), gleich nach Überschreitung der tiefen Mulde, in der der Krautersalpbach herabkommt, ein schmales Heuersteiglein über steile Hänge nordöstlich, später östlich hinan zur Jagdhütte Krautersalp, 1594 m, 1 st vom Talboden, Wasser. Über flachere Hänge leitet der Weg nun allmählich gegen Nordwesten umbiegend zum Sattel, 1715 m, am Bettlerrücken. Hier kam früher der jetzt nicht mehr bestehende erlenüberwachsene AV-Weg von der Dietersbachalp herauf (Einzeichnung in der alten DÖAV-Karte irreführend).
Nun auf Steigspuren über den Bettlerrücken, der Trittsicherheit und Schwindelfreiheit erfordert, nach Südosten aufwärts zum Kreuzeck, 2 st.

● 350 **Vom Älpele** s. R 214, 202.

● 351 **Ostrücken** siehe R 353.

Jochspitze, 2336 m

Ein selten besuchter Gipfel des Hornbachjochs.
Geo.: HD-Krone auf Li.-Fle.-Aufbau.
Schöne, aber nicht leichte Skifahrt. Zugang zum Hornbachjoch sowohl von Norden wie von Süden her außerordentlich lawinengefährlich.

● 352 Vom **Hornbachjoch** (R 213), 1/2 st, I, oben Trittsicherheit fordernd, über die grünen, später überschotterten Hänge nach Südwesten hinan, zuletzt links ausweichend über brüchiges Geschröf zum Gipfel.

● 353 Vom **Rauheck** (R 202, 1 st, II) steigt man zunächst über sehr steiles Gras nach Südosten ab, um alsbald den nach Nordosten ziehenden Kamm zu erreichen. Weiter in den breiten, flachen Sattel zwischen dem Eisseekessel und der Hinteren Kanzalp. Von ihm in Ost-, dann wieder in Nordostrichtung den steilen Grasrücken hinan gegen den Gipfel, wobei man die oberste Felsschneide überklettern oder (unschwieriger) in den Südhängen umgehen kann.

● 354 **Muttekopf,** 2287 m

Einsamer, östlich vom Rauheck gelegener Gipfel. Der Berg ist vom Rauheck zunächst auf Weg R 353, dann südöstlich abschwenkend, über die Hellscharte mühelos zu erreichen; 1/2 st.

Geo.: Li.-Fle.
Nom.: Mutte = flacher, hochgelegener Boden.

Ein weiterer Anstieg führt vom Eissee am Weg Kemptner Hütte — Luitpoldhaus über steile Grashänge zum „Grünen Kopf“, 2097 m, zur Hellscharte und wie vor zum Gipfel, 1¹/₄ st.

● 354a **Kanzberg,** 1989 m

Nom.: Kanz mundartlich für Pferderücken.
Geo.: HD auf Li.-Fle.-Sockel.

Der zwischen Jochbachtal und oberem Hornbachtal von der Jochspitze (R 352) ostwärts ziehende, gras- und latschenbedeckte Kamm ist von letzterer aus unschwierig zu erreichen. Abstieg durch die bewaldete Nordflanke ins Jochbachtal und nach Hinterhornbach.

● 355 **Fürschießer,** 2271 m

Ein formenschöner Doppelgipfel aus Allgäuer Fleckenmergel zwischen Sperrbach- und Traufbachtal. Seine steilen Grasgrate sind das Prunkstück des Oberstdorfer Gebirgspanoramas.
Nom.: Bereits im Jagdbuch Kaiser Maximilians um 1500 „an die Vierschoess“ = Mehrzahl von Schoss = vorspringender Rücken (was die charakteristische Form der NO-Flanken gut deutet. Herkunft der Bez. aus dem Tiroler Lechtal weist auf die Zuwanderung von dort hin. Noch heute gehören die Schafweiden am Fürschiesser-SW-Hang den Holzgauern!

Vom Fürschießersattel (R 202, 20 Min.) wenig schwierig über Gras südwestlich zum Vorgipfel, 2265 m, der auch umgangen werden kann, und mit wenig Höhenverlust nördlich zum Hauptgipfel.

● 356 Von **Spielmannsau** 3 st, landschaftlich sehr reizvoll, am Krummen Stein Trittsicherheit unerläßlich, II: durchs Traufbachtal zur Käserstatt, 1248 m, und — etwa den in der AV-Karte eingezeichneten Spuren des ehemaligen Alpwegs zur längst verfallenen Hirenalp, 1563 m, folgend — in den breiten Sattel südöstlich des Traufbergs. (Die Zeichnung in der DAV-Karte ist irreführend: die Alphütten P. 1563 und P. 1665 bestehen längst nicht mehr.) Nun über den grasigen Rücken zum Krummen Stein, einer sich steil aufbäumenden, felsigen Schneide, und an guten Griffen über diese empor. (Umgehung nicht ratsam!) Vom Vorgipfel, P. 2088, ab über Gras und Schutt zum Gipfel. Bemerkung zur alten DÖAV-Karte dieses Gebiets: Die Wegeinzeichnungen sind veraltet und teilweise unrichtig. Einen Pfad von Spielmannsau über die Bubenebene auf die Hirenalp gibt es längst nicht mehr, ebensowenig einen Pfad unmittelbar aus dem Trettachtal (ab P. 1089) durch die Schiesserwände. Der im hintersten Traufbachtal eingezeichnete Pfad vom Durrach übers Stiegle ins Märzle führt in gefährliche Wände. Er existiert gar nicht. Die neue DAV-Karte hat diese Mängel beseitigt.

Kegelköpfe, 1937 m und 1960 m

Prächtige Nahblicke auf die Höfats.
Die Kegelköpfe sind wertvoller Wildeinstand. Vernünftiges Verhalten ist hier oberstes Gebot. Die Flora dieses schönen und einsamen Berges ist interessant und abwechslungsreich, ebenso sein geologischer Aufbau (Unterteil der W-Flanke HD, gesamter Gipfelaufbau einschließlich des Bettlerrückengrates zum Kreuzeck Li.-Fle., während die steilen Giebelmähder auf Kö. ruhen). Man kann die Kegelköpfe wegen ihrer geologischen Eigenart mehr noch als Höfats, Elfer oder Linkerskopf, als typischen Allgäuberg bezeichnen.
Nom.: vom Kegel, einem Felsgebilde in der S-Flanke (auch in der neuen AV-Karte noch fälschlich als Fellenstein bezeichnet).

● **357** Von **Gerstruben,** 2¼ st, wenig schwierig: auf dem bez. Weg zum Christlessee südlich hinab zum Steg, 1109 m, über den Dietersbach und jenseits hinan zur Rautalp; hierher auch auf bez. Weg von Christlessee. Von der Alphütte nach Osten in den Wald, wo bald ein anfangs schwer kenntlicher Jagdsteig rechts abzweigt; er führt in vielen kurzen Kehren über einen freien Hangstreifen südlich empor zum Nordwestrücken des Berges, geht auf ihm noch ein gutes Stück höher und wendet sich dann quer durch eine steile, schrofige Reiße nach Süden. Vor oder unmittelbar nach diesem Quergang des Nordwestrückens anfangs etwas steil durch Erlen, später über Gras hinan zum Westgipfel und über eine kurze Zusammenschnürung zum Hauptgipfel, I.

● **358** Aus dem **Traufbachtal,** 2½ st: wie bei R 349 zum Sattel, 1715 m, am Bettlerrücken. Hier führt ein oft mit Erlen überwuchertes, kaum mehr erkennbares Steiglein ziemlich waagrecht nach Nordwesten hinüber zu den „Oberen Giebelmähdern" am Südhang der Kegelköpfe. Erst hier die Pfadspuren verlassend schräg nach Nordwesten empor zum Kamm, den man westlich der Kegelköpfe betritt, I. Schöner ist es, ab P. 1715 den zum O-Gipfel führenden immer steiler werdenden, zuletzt etwas ausgesetzten grasigen SO-Kamm zu verfolgen (I).

● **359** Die Oberen Giebelmähder erreicht man auch auf Steigspuren ab Brücke, P. 1006, im untersten Traufbachtal über die Unteren Mähder, deren Heuhütten längst verfallen sind, oder auf kaum kenntlichem Jägersteig ab P. 974 n. Ghs. Spielmannsau durchs Gewände „Im Aufzug".

e) Wilden-Gruppe

● 360

Diese Bez. führt der zwischen Hornbachjoch und dem „Oberen Tal" beim Prinz-Luitpold-Haus liegende Teil des Hauptkamms. Auf der Südseite weist der Bergzug ausgedehnte, einsame, nur von Gamswild und einigen Schafen belebte Hochflächen auf, die mit mächtigen Wänden in das Jochbachtal abstürzen. Die Kunst des winterlichen Hochtouristen ist es, die einzige schwache, mit Skiern befahrbare Stelle in diesen Wänden zu finden. Der Kamm selbst ist durchaus felsig und meist brüchig. Der Große Wilde fällt mit gutgegliederten Wänden nach W zum Wildenfeld ab.

Größere Kare fehlen, abgesehen von der Gamswanne östlich des N-Grats des Großen Wilden; ausgedehnte Schutthänge breiten sich unter den W-Wänden aus. Vom Fuß des Kleinen Wilden zieht das mächtige Trümmerfeld eines Bergsturzes über die SW-Hänge herab.

Die Scharte zwischen Großem und Kleinem Wilden, kurz *Wildenfeldscharte* genannt, ist sowohl von W her wie von den O-Hängen des Großen Wilden aus und von der Scharte zwischen Kleinem Wilden und Nördlichem Höllhorn um den Fuß der O-Wand des ersteren herum unschwierig erreichbar. Der Anstieg der letztgenannten Scharte von W her ist dagegen bei der maßlosen Brüchigkeit der steilen Felsflanke sehr schwierig und gefährlich. Man wähle im Notfall den Umweg zur Wildenfeldscharte oder den bei R 377, 380 angegebenen Weg am Fuß des Südwestkamins. Ausgangspunkt für die Gruppe ist das Oytalhaus. Notdürftigen Wetterschutz findet man im 1694 m hoch gelegenen Wildenfeldhüttchen.

Botanisch ist die Gruppe interessant wegen des Vorkommens seltener Blumen (z. B. Zwergalpenrose am Kl.-Wilden-Südgrat und schwefelgelbe Alpenanemone unterm Gr.-Wilden-Nordgrat). Die schwarzen Manganschieferböden unterhalb der Kl.-Wilden-Westwände sind ebenso eine Fundgrube botanischer Köstlichkeiten wie die zum Himmeleck hinanziehenden Hänge.

Geologisch ist die Gruppe insofern bemerkenswert, als ihre kahlen HD-Felsen den landschaftlichen Gegensatz zu den reich bewachsenen Hornstein- und Aptychenschichten der benachbarten Schneckgruppe und der gegenüberliegenden Höfats offenbaren. Interessant ist die am Kleinen Wilden besonders deutlich sichtbare Überschiebung der heimischen Li.-Fle. durch die erdgeschichtlich ältere Lechtaldecke (HD-Felsen der Wildengruppe).
Nom.: von Wilde = Wildnis.

● 361 Höllhörner

Zwei kühne Dolomitzacken unmittelbar nördlich des Hornbachjochs. Das Gestein des Südgipfels ist vielfach brüchig, so daß die schwierigen Klettereien teilweise auch gefährlich sind.

Ersteigungsgeschichte. Die Gipfel wurden wohl von alters her durch Hirten bestiegen, die auf den großen Absätzen auf der Ostseite des Wildenstockes Schafe hüteten. Als erste Touristen meldeten Stritzl und Kranzfelder die Ersteigung der beiden Hörner 1892. Den Südgrat und die Südwestwand des Südgipfels begingen O. Huber und Gen. 1920 bzw 1921; über den ersten Aufstieg durch die Südwand des nördlichen Horns ist nichts bekannt; die Westwand begingen E. Heimhuber und Dr. Madlener 1902, die Westkante Kleemaier und X. Bauer 1950.

Schrifttum: 10. AAV. BK Sept. 68 und Aug. 72 (gutes Foto), Schönes Allgäu 1972, S. 184.

Nom.: Häufiger Flurname „In der Höll" für abgeschiedene, verborgene Orte.

VII Südliches Höllhorn und Kleiner Wilder vom Jochspitz-NO-Kamm
SH = Südliches Höllhorn, KW = Kleiner Wilder, HJ = Hornbachjoch.
a = R 377a, b = R 377, c = R 378, d = R 379, e = R 380, f = R 365,
g = R 364, h = R 363, i = R 366.

● 362 Südliches Höllhorn, 2149 m

Gewöhnlicher Weg. Vom Hornbachjoch aus, 3/4 st, I+, quert man über das Gras und brüchige Schrofen am Fuß der O-Wand des Berges nach Norden und steigt in der von der Scharte zwischen beiden Gipfeln herabkommenden Geröllrinne und rechts von ihr, zuletzt über Gras, zu dieser Scharte, 2078 m, hinan. Von ihr tritt man nach links über eine kleine Kluft auf den N-Rücken hinüber, der schuttbedeckt und teilweise schrofig zum Steinmann führt.

Die Scharte, 2078 m, ist auch von Nordwesten her durch eine große, von links nach rechts aufwärtsziehende, durch den Wandsockel des nördlichen Horns verdeckte Rinne zu erreichen. Diese Rinne, die in der Fallinie der Einsattelung zwischen Kleinem Wilden und Nördlichem Höllhorn beginnt und im obern Teil einen natürlichen Tunnel aufweist, ist, solange sie schnee-erfüllt ist, bequem gangbar. Ausgeapert ist sie wegen der großen Brüchigkeit sehr mühsam, III; Steinschlag!

● 363 (Bild VII) **Südgrat,** 1 1/2 st, IV, eine der schönsten Allgäuer Kletterfahrten. E am nördlichsten höchsten Punkt des Hornbachjochs. Zunächst rechts des Grates einige Meter empor, dann nach links auf den Grat und über plattigen Fels gerade hinauf zu gutem Stand (H). Von hier kurzer Quergang nach rechts, dann gerade hinauf über eine Wandstelle (III) und weiter zum Grat. Auf ihm weiter unter eine gelbe Platte. Man steigt einige Meter nach links ab, um dann rechts über die Platte zu klettern. Am Schluß gerade hinauf zu gutem Stand (H). 2 m nach links, über eine kurze Wandstelle (H), dann leicht links haltend und über eine senkrechte Wandstufe (H, IV) in weniger steiles Gelände (Stand). Von hier links etwas absteigend, dann durch eine Rinne und etwas weiter oben durch einen Riß (IV) zum Grat. Links auf einem Köpfchen Standhaken.

Auf dem Grat absteigen zu einer tief eingerissenen Scharte, die mittels Spreizschritt überwunden wird. Weiter auf dem Grat zu gutem Stand vor einem Steilaufschwung. Auf einem Band ansteigend nach links, dann waagrechter Quergang auf Leisten nach rechts zur Gratkante und gerade hinauf zu gutem Stand.

Weiter durch den Riß (rechts Umgehungsmöglichkeit) unter eine glatte Platte. Gerade hinauf (2 H) zu einer Leiste und Quergang (IV—) nach links in leichteres Gelände. Nun links haltend 1 Seillänge hinauf zum Grat (III) und von einer Scharte leicht über die Ostseite nach wenigen Metern auf den Gipfel, $1^1/_2$ st.

Abstieg: Wie R 362.

● 364 (Bild VII) Über die **Südwestwand.** Vom Hornbachjoch, 1 st, IV+, äußerst brüchig, am Fuß der Wand abwärts zum Einstieg bei einer auffallend hell gefärbten Platte. Schräg links über die Platte hinan zu einer Geröllrinne, die rechts aufwärts verfolgt wird bis zu einem Geröllfleck. Dann nach links auf einer Art von abschüssigem Plattenband empor und über Schrofen auf einen Wandpfeiler. Von ihm 15 m langer, ausgesetzter Quergang fast waagrecht nach rechts zum Beginn des schon von unten auffallenden engen Kamins; er führt senkrecht empor zu dem verkümmerten Westgrat, zu dem von N her das geröllbedeckte Gipfeldach ansteigt.

● **365** (Bild VII) **Westpfeiler,** (V); Einstieg am höchsten Punkt des grasbewachsenen Rückens, wo dieser den Pfeiler erreicht. Von dort 5 m gerade empor (H), dann Quergang nach rechts an einer überhängenden Kante vorbei zu 4 m langem Band. Von dort an einem Riß 15 m gerade empor, im oberen Teil überhängend (H), anschließend schräg links aufwärts über grifflose Platte. Damit ist das schwierigste Stück des Pfeilers überwunden. Nun eine Seillänge in leichterer Kletterei gerade empor zur Südwestwand (R 364) und diese verfolgend. Quergang 15 m nach rechts zum Beginn eines auffallenden Kamins, welcher über den verkümmerten Westgrat zum Gipfel führt.

● 366 (Bild VII) Durch die **Ostwand** führt rechts vom Südgrat eine tiefe Schlucht gegen die Scharte im untern Drittel des Südgrates. Der Anstieg bewegt sich in dieser Schlucht weiter über die Wand rechts des Südgrats. Weiter rechts sind verschiedene andere Durchstiege möglich. Sie sind durchweg mindestens schwierig und das Gestein ist unzuverlässig.

● 367 Nördliches Höllhorn, etwa 2140 m

Von der Wildenfeldscharte (R 360, 1 st, unschwierig) quert man nach kurzem Abstieg am Fuß der Ostwand des Kleinen Wilden nach Süden zu dem Sattel, 2063 m, zwischen diesem Berge und dem Nördlichen Höllhorn und gewinnt über Gras und schrofige Absätze den Gipfel, der den höchsten Punkt einer langen, gegen Osten streichenden, nach Süden steil abfallenden Felsmauer darstellt.

Die Erstersteiger durchkletterten diese Mauer sehr tief unten (östlich) und gelangten so auf die Hochfläche östlich des Wildenstockes.

● 368 Zum Sattel, 2063 m, nördlich des Gipfels gelangt man auch auf dem Südgratweg des Kleinen Wilden (R 380).

● **369 Südwand.** Von der Scharte zwischen den Höllhörnern, R 362, $^1/_2$ st (IV—). Wo die Wand sich aus der Scharte erhebt, klettert man über die niedrigen Steilstufen der reich gebänderten Mauer in allgemeiner Richtung auf die seichte Einbuchtung empor, die sich höher oben etwas rechts zu einem Riß vertieft. Im Riß, oder (unschwieriger) ihn unten überquerend und rechts von ihm empor, dann nach rechts heraus zur Kante, welche den rechts der Wand von unten heraufkommenden Kamin westlich begrenzt, und in ihm rasch zum Gipfel.

● 370 **Südkamin** 3/4 st, (IV+): Über steile Schrofenstufen gegen den untern Beginn des Kamins, der entweder von unten her über sehr schwierige Überhänge oder von rechts her durch äußerst schwierige Querung erreicht wird (H). Der Kamin führt in schöner Kletterei gerade zum Gipfel.

Ein weiterer sehr schwieriger Anstieg führt über die steilen Schrofen und die brüchige Schlußwand rechts des Kamins zum Gipfelgrat.

● 371 **Westwand.** Von der vorerwähnten Scharte zwischen beiden Gipfeln (1/2 st, III+) steigt man über ausgesetzte Platten nach links empor zu einem von der Scharte aus schon sichtbaren Vorsprung in der Westwand, etwa 30 m über der Scharte. Weiter durch eine kurze, seichte, senkrechte Rinne mit spärlichen Griffen zu weniger schwierigen Platten und zum Gipfel.

● 372 Kleiner Wilder, 2307 m

Ein massiger Dolomitklotz auf Unterbau aus Allgäuer Fleckenmergel und Diluvialschichten, auch auf den unschwierigsten Wegen (Nordwestflanke und Westgrat) Ortssinn und Gewandtheit erfordernd. Der Südwestkamin stellt eine der wenigen großen Kaminklettereien des Allgäus dar.

Ersteigungsgeschichte. Erste Ersteigung (Nordwestflanke) Stritzl und Kranzfelder 1892; Westgrat und Südgrat E. Heimhuber und Dr. Madlener 1902: Südwestkamin W. Blenk 1905; Ostwand Götzfried und Metzger 1920; Nordwestsockel Großelfinger und Gef. 1921, auf neuer Führe Mäser und Kleemaier; Südwestwand Kleemaier und Weißenhorn, 1950; direkte Ostwand Weißenhorn, Jodl und Damm, 1949. Südwestverschneidung Kleemaier-Nieberle, 4. 9. 1955.

Schrifttum: AAV 10, S. 48 und AAV 28, S. 46. BK Aug. 1972.

● 373 (Bild VIII) Über die **Nordwestflanke.** In ihr ist in halber Höhe über dem mächtigen dunklen Sockel ein ausgedehnter Geröllabsatz eingebettet, der vom Oytal aus gut sichtbar, vom Wildenfeld aus aber nur mehr als Kante über dem Wandsockel erkennbar ist. Im Nordgrate befindet sich hoch oben nicht weit unter dem Gipfel ein deutlich ausgeschnittenes Schärtchen, von dem aus eine auffallende Steilrinne senkrecht die Flanke durchreißt. Der Anstieg führt über den großen Geröllabsatz zu diesem Schärtchen.

Vom Wildenfeldhüttchen (R 128, 202, 2 st, II) östlich über Gras und Geröll mühsam empor gegen die Wildenfeldscharte zwischen Großem und Kleinem Wilden. Noch tief unter der Scharte, rechts unter der Fallinie einer auffallenden Steilrinne im Geröll (sie zieht aus einem kurz unterm Gipfel eingeschnittenen N-Grat-Schartl herab) führen überschotterte, oft nasse Bänder nach rechts hinüber zum großen Geröllabsatz in der Wand. Über ihn empor, dann vor Erreichen des Westgrats halblinks aufwärts über Bänder, die durch kleine Rinnen und Absätze unterbrochen sind, zum Gratschärtchen, das links von einem Türmchen begrenzt ist. Hier auf die Ostseite übertretend, auf lehmigen Grasbändern südlich weiter und zuletzt rechts über steile Schrofen zum Gipfel.

● **374** (Bild VIII) **Nordwestwand — Schwarzer Sockel,** V+: Vom Wildenfeldhüttchen aus sieht man im rechten Wandteil eine auffallende Gufel, von der aus ein Kamin emporzieht. — Einstieg im Kamin. Einige Meter empor, dann nach links ein Kriechband bis zur Höhle. Von hier (schwierigster Teil) die Unterbrechungsstelle überwindend, waagrecht nach links bis zu einem überhängenden Riß, der auf ein Band führt. Weiter über leicht überhängende Wandstelle nach links in einen Kamin und durch diesen gerade empor bis auf den großen Wandabsatz und unschwierig weiter zum Gipfel. In weniger trockenen Jahren wegen der durch Schmelzwasser verursachten Nässe unter Umständen unmöglich.

● **375** (Bild VII, VIII) **Westgrat.** Vom Wildenfeldhüttchen 2 st, II+. Zurechtfinden etwas leichter als bei R 373: wie bei R 373 zum großen Schuttabsatz in der Nordwestflanke und über ihn nach rechts zum brüchigen Westgrat, den man durch eine Rinne erreicht. Über ihn, gelegentlich links ausweichend, zum Gipfelblock, der auf schönem, festem Plattenband nach rechts umgangen und von Süden her über Schrofen erreicht wird. Auch Umgehung nach links zum Nordgrat ist möglich. — Der untere Teil des Westgrats bietet eine besonders schwierige (V) Kletterei in meist festem Gestein: er ist von der oberen Fortsetzung durch den vorerwähnten großen Geröllabsatz getrennt.

● **376** (Bild VIII) **Nordgrat.** Von der Wildenfeldscharte (R 360) 1 st, III, brüchiger Fels und griesbedeckte Platten: über kleinsplittrige Schrofen zum ersten Turm, der durch einen auffallenden kaminartigen Einriß etwa 10 m rechts (westlich) der Kante erklettert wird; Umgehung rechts möglich. Von seinem Ende an der Westseite querend zum zweiten Turm, der durch einen tiefen Einriß ebenfalls rechts umgangen wird. Weiter über geröllbedeckte Platten und Bänder westlich unter und auf dem Grat zu dem Zacken vor dem Schärtchen, in das der Weg R 373 mündet. Auf schmalem Bande östlich um den Zacken herum und weiter wie bei R 373 zum Gipfel. Im Abstieg halte man möglichst die Grathöhe ein.

● **377** (Bild VII) **Südwestkamin** (Blenkkamin). Der untere Mauergürtel der Südwestwand wird rechts einer senkrechten Verschneidung (s. R 377 a) von einem tief eingeschnittenen Kamin durchzogen. Vom Wildenfeldhüttchen ($2^1/_2$ st, III+, teilweise IV) verläßt man den Weg zum Hornbachjoch (R 213) nach etwa 10 Min., um schräg nach links über Gras und Geröll am Südwesthang hinanzusteigen bis zu dem Punkt 1972 m, wo sich das große Trümmerfeld am höchsten in die Wand hineinspitzt; am Fuß der Felsen Steiglein. Hier rechts über Platten empor auf einen großen Geröllabsatz, an dessen oberstem Teil links der Kamin beginnt. Die untersten sehr schwierigen 25 m können rechts über brüchigen Fels umgangen werden, von dem ein kurzes, schmales Band, zuletzt leicht fallend, in den tief eingeschnittenen Kamin leitet. Nun etwa 60 m, meist stemmend und spreizend (genügend Rastplätze und Absätze), empor bis zu einem tiefen, schachtartigen Gang, der von zwei großen Quadern überdacht ist. Von ihm kann in kurzer, sehr schwieriger Querung nach links hinaus der große Grasabsatz unter dem Westgrat erreicht werden. Rechts in der Wand eine seichte, kleingriffige Rinne 25 m hinauf auf geröllüberrieselte Platten, die man — am besten links in der Verschneidung — bis zu einer großen, senkrechten Plattenwand begeht. Nun keinesfalls nach rechts ausbiegen, sondern kurz vorher nach links querend zu einem Köpfl auf einer Seitenrippe. Weiter gerade hinan über plattige Rinnen, zuletzt Geröll zum Südgrat und über ihn zum Gipfel ($1^3/_4$ st E.).

● **377 a** (Bild VII) **Kleine Südwest-Verschneidung.** Die links vom Blenkkamin gelegene auffallende, aus glatten, nahezu rechtwinklig aufeinanderstoßenden Platten gebildete Ver-

VIII Kleiner Wilder, Westwand vom Seilhenker
S = Großer Wilder, Südgipfel, KW = Kleiner Wilder; NH = Nördl. Höllhorn; SH = Südl. Höllhorn; WH = Wildenfeldhüttchen; WS = Wildenfeldscharte.
a = R 376, b = R 373, c = R 375, d = R 374.

S
KW
a
W
S
b
d
c
N
H
S
H
WH

schneidung vermittelt einen interessanten, ungemein ausgesetzten Aufstieg zur Schutterrasse, V—.

● **378 Südwestwand,** VI—: Der Einstieg befindet sich etwa 30 m rechts vom Blenkkamin. Man verfolgt den hier beginnenden Riß eine Seillänge bis Stand (H). Dann 15 m gerade empor (H). 8 m nach rechts queren und empor zu Stand (H). Von hier äußerst schwierig, etwas rechts haltend, 20 m hinauf, mehrere Haken. Das hier ansetzende Band wird bis zum Ende verfolgt (H). Der hier beginnende Riß wird zum Teil hangelnd überwunden. Bei Rißende 3 m nach rechts zu Stand (H). Nun sehr schwierig 25 m schräg empor zu Stand. Am Kaminbeginn 5 m nach rechts zu einer kleinen Felsnase queren, 2 m empor und nach links in den Kamin. Der Kamin wird zum Teil an der linken Kante erklettert. Ausstieg sehr brüchig. Als Weiterweg kann man die Blenkverschneidung (rechts) oder die gleich über der Wand ansetzende Kante, VI, Haken, wählen.

● **379** (Bild VII) **Große Südwestverschneidung.** E. eine Seillänge r. oberhalb vom Einstieg zur SW-Wand (R 378). Durch einen feinen Riß in den Grund der Verschneidung. Die weiteren 8 Seillängen folgen der Verschneidung, die, leicht nach li. geneigt, die Wand in ihrer ganzen Höhe durchzieht. Die vollkommen senkrechte und teilweise überhängende Verschneidung ist mit zahlreichen Überhängen und Dächern gespickt. Wandhöhe: etwa 280 m; VI+. Zeit der Erstbegeher (nach Vorbereitung): 6½ st.

● **380** (Bild VII) **Südgrat.** Vom Wildenfeldhüttchen 2 st, III: Wie bei R 377 zum Geröllabsatz, 1 st, unter dem Südwestkamin. Hier schräg rechts empor über Schrofenabsätze und Rinnen zu einem, links von einem mächtigen gelben Zakken, rechts von einem zerspaltenen Turm begrenzten Schärtchen, etwa 30 m höher als der Fußpunkt des Südwestkamins. Jenseits etwa 20 m hinab und auf großen Geröllbändern ungefähr waagrecht hinüber zu der breiten, grünen Einsattelung ¼ st, zwischen Südgrat und Nördlichem Höllhorn, die etwas nördlich oberhalb ihres tiefsten Punktes, etwa bei P. 2063, erreicht wird.

Für den *Abstieg:* Vom tiefsten Punkt des Sattels aus bemerkt man, gegen den Südgrat blickend, links von ihm zwei Rinnen, die gleichlaufend zu einer von diesem Grate herabkommenden Seitenrippe hinanziehen. Man quert etwas nördlich des tiefsten Sattelpunktes über breite Bänder nach links hinüber in die linke (westliche) der beiden Rinnen und steigt in ihr hinan zu dem rechts von einem gelben mächtigen Gratzacken begrenzten Schärtchen, von wo man auf den Geröllabsatz am Fuße des Südwestkamins hinabgelangt — *Dem Abstieg vom Sattel zwischen Kleinem Wilden und Nördlichem Höllhorn unmittelbar hinab nach Westen wird wegen der außerordentlichen Brüchigkeit dringend widerraten* (die eine leichte Begehbarkeit darstellende Zeichnung der alten DÖAV-Karte ist irreführend!). Von der Einsattelung folgt man dem teils schrofigen, teils grasigen Rücken ansteigend nach N, bis zu einer breiten, schwarzen Wand. Unmittelbar rechts (östlich) der Gratkante in einem gutgriffigen, jedoch sehr engen Kamin durch die Steilwand, oben Latschenbusch, für den Abstieg merken, und über einen flachen, grasigen Sattel zur schrofigen Fortsetzung des Grates; man umgeht sie am besten auf deutlichem Bande links, um nach etwa 30 m über griesige Platten wieder zum Grat unmittelbar vor dem Gipfelaufschwung anzusteigen; hier mündet von links der Südwestkamin ein. Nun von rechts her zu einem der beiden gleichlaufenden, kurzen Einrisse, die zur Vereinigung mit dem Westgrat leiten. Zwanzig Schritte weiter nördlich liegt der Gipfel, 3/4 st.

● 381 **Ostwand.** Vom Wildenfeldhüttchen (R 128, 202), 3 1/2 st, IV+, zur Wildenfeldscharte, 2126 m, mühsam über Gras und Geröll empor und jenseits nach kurzem Abstieg nach rechts zum Fuße der Ostwand, 1 1/2 st. — Etwas nördlich des Gipfels wird die Wand von einer Steilschlucht durchzogen, deren unterer vermutlich ungangbarer Teil rechts umgangen wird. Von dem unteren Beginn der Schlucht zieht schräg rechts eine Rinne empor. Einstieg zwischen Schlucht und Rinne; einige Meter empor und auf einem Bande schräg rechts hinauf zu einem Geröllplätzchen. Nun 6 m gerade aufwärts zu einem feinen, 5 m hohen, überhängenden Riß (schwerste Stelle); darüber Stand. 20 m gerade hinauf durch eine Steilrinne mit einem Riß auf einem Bande 3 m nach links und wieder 5 m gerade empor zu einem überdachten Band, das nach links leitet. Um die Kante herum und in die hier zu einem Geröllkessel verbreiterte Schlucht oberhalb der untersten Überhänge. Einige Meter in der Schlucht weiter, dann rechts empor zu einem Band, das waagrecht nach rechts zu einem Kamin leitet. 12 m in ihm hinauf, dann schräg links aufwärts in die Schlucht zurück oberhalb des zweiten mächtigen Überhangs und in ihr über eine Stufe, an zwei kleinen Höhlen vorbei, empor zu einem Geröllplatz. Hier wäre nun die sich stark vertiefende Schlucht einige Zeit unschwierig gangbar. Man quert aber auf zunächst breitem Bande schräg links aufwärts zu einer von Süden nach Norden verlaufenden Rippe (etwa 30 m Seillänge). Links von der Rippe 20 m langer, waagrechter Quergang zum Beginn eines Kamins, der auf die vom oberen Geröllkessel der Schlucht schon sichtbare Rampe leitet. Über sie zu den Gipfelschrofen und gleich darauf zum Gipfel. — Wandhöhe 200 m.

● 382 **Direkte Ostwand,** IV+, eine Stelle V. Der Einstieg befindet sich 50—60 m links der alten Ostwand-Führe. In einem schwarzen Riß 20 m hoch (H), dann 6 m nach links querend zu Stand unter dem großen Überhang (H). Mittels Steigbaum überaus schwierig über den Überhang, dann links haltend über kleingriffige Platten zu Stand (H). Nun eine Seillänge gerade über ein grasdurchsetztes Sandstück, dann rechts zu einem gelbschwarzen Überhang mit Stand. Dem schwarzen Plattenriß folgend zum Grasband. Nun schwierig 4 Seillängen rechts haltend empor zum Gipfel.

Großer Wilder

● 383 Nordgipfel, 2370 m; Mittelgipfel, 2380 m; Südgipfel (Hinterer Wilder), 2360 m

Vom Westen gesehen eine eindrucksvolle Dolomitmauer über ausgedehntem Gehängeschutt mit dreifacher Krone; im Osten erstrecken sich weite wellige Hochflächen, aus denen die Gipfel mit mäßig geneigten Schutt- und Schrofenhängen entragen. Süd- und Mittelgipfel sind hervorragende Skiziele. Zugang mit Ski entweder vom Kreuzkopf (lawinengefährdete Querung an der Südseite des Vorderen Wilden), von der Wildenfeldscharte wie R 384 (lawinengefährlich!) oder aus dem oberen Bärgündeletal durch die „Gamswanne", wobei im Abstieg der Steilabsturz ins Stierbachtal entweder durch Querung nach rechts oder auch, über steiles Gras gerade absteigend, dann etwas links haltend überwunden wird. Die Abfahrt von der Wildenfeldscharte zum Prinzenkreuz zählt zu den schönsten hoch alpinen Abfahrten in den bayerischen Bergen. Auch die schwierige Abfahrt vom Großen Wilden direkt nach Jochbach wurde schon durchgeführt (Humpl): Ausgangspunkt Goldbrunnen, P. 2106, zunächst östlich, dann südöstl. Richtpunkt der große, aus den Wandabbrüchen herabziehende Schotterkegel, der von oben links her (auffallende Fichte) über ein breites Band erreicht wird und bei P. 1533 zum Ausgang aus der Wandzone führt.

Ersteigungsgeschichte. Mittel- und Südgipfel vermutlich schon früh von Einheimischen bestiegen; den Nordgipfel erkletterte über den Nordgrat H. v. Barth 1869; durch die Westwand stiegen J. Enzensperger und Madlener 1897; Herr stieg durch diese Wand 1898 ab; Westwand des Mittelgipfels Daumiller und Gef. 1905; Gerade Westwand des Nordgipfels M. Gschwender und H. Richter 1921; des Südgipfels O. Huber und Ph. Risch 1926. Direkter Nordwestgrat zum Nordgipfel Lanig und Fachini 1948.

Schrifttum: EOA., S. 90. Das Schöne Allgäu 1968, Heft 3 (Sept.). BK Aug. 1972

● 384 (Bild IX, X) **Nordgrat** des Nordgipfels. Vom Himmeleck (R 202) 1¼ st, II, gelangt man über die unmittelbar südlich liegende, flache grüne Kuppe (etwas rechts umgehen) zu brüchigen Felszähnen, die man rechts (westlich) umgeht, um dahinter über steiles, gutgestuftes Gras zum Grat anzusteigen, der mit einer kurzen Zusammenschnürung zum

IX Blick vom Laufbacher Eck auf Schneck und Großen Wilden
I = Großer Wilder, II = Schneck-Hauptgipfel, III = Schneck-Vorgipfel, IV = Rotkopf-Westgipfel, V = Großer Krottenkopf, VI = Öfnerspitze. 1 = R 385, 2 = R 386, 3 = R 395, 4 = R 667, 5 = R 666 (Ende), 6 = R 669, 7 = R 676.

I
II
III
IV
V
V
1
2
3
4
5
6
7

Felsansatz führt. Hier mit geringem Ausweichen nach beiden Seiten schrofig und über Gras empor und über einen wenig auffallenden Turm in die folgende Scharte. Nun zunächst über zerrissene Platten, dann über Schrofen und Geröll den Gipfelhang empor.

● 385 (Bild X) **Direkter Nordwestgrat** zum Nordgipfel, 3 st E., IV, erster **Grataufschwung V: Einstieg dort, wo das begrünte Mitteleck an den Steilaufschwung des Westgrats anstößt, P. 1965.** In einem senkrechten Riß 8 m hinauf zu Haken. Den stark hinausdrängenden Riß weiter verfolgen bis zu Stand bei einer Gabelung. Der hier ansetzende auffallend rote Riß führt senkrecht hinauf zum Gipfel eines abgespaltenen Turms. Über mannshohe Überhänge auf unschwierigeren Fels und vollends hinauf zur großen Schulter vor dem zweiten Steilaufschwung. Durch Kamine und Risse links (nördlich) der Kante zum Ende des Aufschwungs und dann in leichtem Fels zum Gipfel.

Der erste Grataufschwung kann auch links (nördlich) umgangen werden.

● 386 (Bild X) **Gerade Westwand des Nordgipfels.** 2 st E., IV—. Einstieg an der tiefsten Stelle der Wand, P. 1973, durch einen Riß, der in eine plattige Steilschlucht führt. Durch sie etwa zwei Seillängen aufwärts; hierher auch von rechts her über einen begrünten Felssporn mit anschließendem Quergang auf schmalem Schichtband. Nun auf nach links aufwärts ziehenden Bändern, die sie trennenden kurzen Steilstufen an geeigneten Stellen überwinden, empor zu einer (150 m E.) auffallenden, leicht eingebuchteten Plattenflucht. Über sie etwas links haltend unschwierig empor und durch den rechten zweier Einrisse auf die sie links begrenzende Wandrippe; nun schwieriger, leicht rechts haltend, über die steiler werdende Gipfelwand hinan, zuletzt durch Rinnen leicht zum Gipfelkreuz. Die reich gegliederte Wand bietet noch viele Möglichkeiten.

● 387 M. Sedlmayer und A. Simon (Mitt. 35, S. 125) begingen von der leicht eingebuchteten Plattenflucht aus, sich rechts haltend, die Westwand in der Gipfelfallinie (IV+). Der ↑ führt unter eine riesige schwarze, hufeisenförmige Platte, dann nach links aufwärts zu einem Köpfl und schräg rechts über zwei Überhänge zu einem Schuttabsatz. Über einen Überhang in eine Steilrinne und leicht links unschwieriger zum Gipfel.

● 388 (Bild X) **Südwestwand des Nordgipfels.** Die etwa 800 m breite Westwand entsendet in ihrem mittleren Teil gegen das Wildenfeld einen kurzen, aber ausgeprägten Vorbau der bei P. 1906 der AV-Karte in den Geröllfeldern fußt. Links (nördlich) von ihm spitzt der Geröllstrom noch etwa 50 m hoch in die Wand hinein, die eine kesselartige Mulde bildet.

Vom Grund dieser Mulde aus durchzieht nach links (Norden) eine ausgeprägte Rippe und hinter ihr eine tiefe schutt- und schneegefüllte Rinne die ganze Wand, 1½ st, III, brüchig. An ihrem oberen Ende eine etwa 10 m hohe, schwierige, senkrechte Stufe, die schräg nach rechts ansteigend überwunden wird. In weniger schwierigem Gelände gegen den Hauptgrat, den man 10 m südlich vom Nordgipfel erreicht.

● 389 (Bild X) **Westwand des Mittelgipfels.** Betrachtet man vom Wildenfeldhüttchen die Wand, so glaubt man, den höchsten Punkt der Mittelzone als Hauptgipfel P. 2380,7 zu erkennen. Der Gipfel liegt aber weiter links (nördlich), durch zwei auffallend schlanke Türme von dem ursprünglich ins Auge gefaßten Punkt getrennt. Unter diesen Türmen durchreißt ein schwarzer Spalt mit zwei übereinanderliegenden, höhlenartigen Vertiefungen die Wand in ihrem oberen Drittel. Dieser Spalt und die beiden Türme darüber bilden die Richtungspunkte für die Ersteigung. Der Einstieg (ab hier 2 st, III+, brüchig) liegt im hintersten Grund der beim Nordgipfel (R 388) erwähnten kesselartigen Mulde und beginnt mit einer ziemlich schwierigen, etwa 5 m hohen, senkrechten Stufe. Darüber eine plattige, schluchtartige Rinne, die waagrecht nach links überschritten wird. Auf ihrer nördlichen Begrenzungsrippe über schuttbedeckte Schrofen 20 m gerade hinauf, bis ein klotziger Absatz nach links in einen kurzen, plattigen Riß drängt, durch den man die Höhe des Absatzes gewinnt, Steindauben, 1 st. Von hier schräg links aufwärts in immer schöner werdendem Fels bis unter eine, schon vom Wildenfeld aus auffallende, gelbschwarze Wand, und in gleicher Richtung unter ihr weiter in die eingangs erwähnte Schlucht. Die untere Höhle wird betreten und von ihrem Grunde (schwierig) nach links aufwärts kletternd der obere Teil der Schlucht gewonnen. Etwa 15 m unterhalb der oberen Höhle wird die Schlucht nach rechts (südlich) verlassen (Steindaube) und in senkrechtem Fels etwas links haltend in prächtiger Kletterei die Scharte zwischen den erwähnten zwei Türmen erreicht. Jenseits in einer sanft geneigten Geröllmulde ansteigend, erreicht man knapp 10 m südlich vom Mittelgipfel den Hauptgrat.

● 390 (Bild X) **Westwand des Südgipfels,** V, eine Stelle VI—, 3 st E., landschaftlich besonders reizvoll.

Von der Wildenfeldhütte aus ist im oberen Wandteil ein langer, schräg von rechts unten nach links oben ziehender Riß sichtbar. In der Fallinie dieses Risses befindet sich der Einstieg. Etwa 60 m unter der Wildenfeldscharte verflacht sich der links hinanziehende Schrofenrücken zum Sattel. Von diesem Sattel nach Norden absteigend und zwei weitere Schrofenrücken in nördlicher Richtung querend erreicht man den Beginn einer zum oben erwähnten Riß hinaufführenden Steilrinne. Durch die Rinne eine Seillänge empor in eine meist sehr nasse Gufel. Aus ihrem Grunde nach links hinaus und eine Seillänge empor zu einer zweiten Gufel (halbe Wandhöhe). Auf einem Band 5 m nach rechts und über eine plattige Stelle wieder nach links zurück in den Riß, sodann

X Großer Wilder, Westwand vom Seilhenker
N, M, S = Nord-, Mittel-, Südgipfel, ME = Mitteleck, WH = Wildenfeldhüttchen.
a = R 384, b = R 385, c = 386, d = R 388, e = R 389, f = R 390, g = R 392, h = R 376.

über einen eingeklemmten Block zu gutem Stand. Nun weniger schwierig in und neben dem Riß etwa 35 m empor zu kleinem Vorsprung und einem gelbroten, überhängenden Wandstück. Über unangenehmes, nach abwärts geschichtetes Gestein nach links (Haken) und wieder in den Riß hinein, sodann über einen Überhang (H, schwerste Stelle) auf eine Kanzel. Durch eine Rinne und über ein Wandl, unschwieriger werdend, eine weitere Seillänge zum Gipfel.

● 391 Von der **Wildenfeldscharte** (R 360) zum Süd- oder Mittelgipfel, 3/4 st: auf der O-Seite etwa 20 m absteigend, trifft man links ein am Fuß der steileren Felswände hinziehendes Band (sehr dürftige, teilweise irreführende Steigspuren, im ↘ schwer zu finden!), das, von einer erdigen Rinne unterbrochen, gegen einen Sattel leitet, der einen breiten Kopf vom Massiv trennt. (Im Winter sehr lawinengefährlich.) Nördlich weiter über unschwierige Schrofen und Geröllfelder, die an der Ostseite vom Gipfelkamm herabkommen. Über sie empor zur flachen Einsenkung zwischen Süd- und Mittelgipfel und über den Kamm auf jeden der beiden Gipfel, I. Der Übergang zum Nordgipfel führt vom Mittelgipfel unschwierig in die folgende Einsattelung und dann (II) zunächst links, dann rechts vom Grat über einige brüchige Türme (1/4 st).
Im Abstieg erreicht man zunächst den am rechten (südl.) Rande des Gipfeldaches, genau östlich des Südgipfels, gelegenen Sattel, von wo ein erkennbarer Steig unter den Abstürzen des Südgrates zur Wildenfeldscharte leitet.

● **392** (Bild X) **Südgrat.** Von der Wildenfeldscharte 1 st, III, eine Stelle IV. Durch eine Geröllrinne und über Gras zu einer etwa 20 m hohen gutgriffigen Kaminrinne. In ihr wieder zum Grat und in seiner Westseite querend zu einem engen Schärtchen. Der hier ansetzende gelbrote Wandgürtel wird sehr schwierig nach rechts aufwärts erklettert. Es folgen weniger schwierige Schrofen; ein ziemlich steiler Gras- und Schuttrücken, später Geröllrinnen, führen zum Südgipfel.

● **393** (Bild IX) Durch die **Gamswanne** zum **Hauptgipfel,** 1 1/2 st, I+. Vom Himmeleck auf der Ostseite etwas absteigend, dann ansteigend nach rechts über steiles Gras und Geröll ins Kar der „Gamswanne". In ihm empor und zuletzt etwas links ausweichend zum Osthang des Hauptgipfels. — Bei günstigen Schneeverhältnissen Skiweg.

● 394 Vorderer Wilder, 2240 m

Eine wenig auffallende, selten besuchte Erhebung in dem langen, vom Großen Wilden nach Nordosten zum Kreuzkopf ziehenden Felskamm. Seine Überschreitung bildet den schönsten und aussichtsreichsten, wenn auch längsten, Zugang zum Großen Wilden vom Prinz-Luitpold-Haus her; sie sei deshalb in dieser Richtung beschrieben.

● **395 (Bild IX) Vom Prinz-Luitpold-Haus 4 st, einige** Stellen II+, brüchig. Zunächst auf den Kreuzkopf, R 399. Von hier verfolgt man den Grat gegen Süden; zunächst ein harmloser Grasrücken, schnürt er sich bald zusammen zu der langgestreckten Felsschneide des Vorderen Wilden. (Umgehung in der Südostflanke auf Steigspuren ist möglich, aber nicht lohnend.) Von seinem Gipfel steigt man durch eine Schuttrinne nördlich ab und erreicht Schuttbändern entlang den Grat wieder, den man nun mit geringfügigem Ausweichen verfolgt. Man lasse sich in der Folge nicht durch schöne Schuttbänder in der Nordflanke verleiten! Am unschwierigsten sind die ziemlich tief südlich unter dem Grat liegenden breiten Absätze. Weiter folgen einige begrünte Höcker, die unschwierig überschritten werden, worauf man über einen breiten, schrofigen Rücken den Mittelgipfel des Großen Wilden erreicht.

● **396** Die Querung mit Ski vom Kreuzkopf unter den Südwänden des Vorderen Wilden hindurch nach Westen zum Großen Wilden ist eine der großartigsten winterlichen Unternehmungen im Allgäu. Ihre Schwierigkeit besteht im Durchfinden durch die südlich des Vorderen Wilden liegenden Wandstufen und in der Überquerung des Ursprungs des Wildentals. Möglichst hoch oben queren! Lawinengefahr!

● **397 Nordostgrat des Westgipfels,** 2 st, ungemein brüchig, III+. Einstieg bei P. 1856. Stets an der Gratkante in unschwieriger Kletterei bis zum Gipfel eines großen Gratturms. Jenseits einige Meter absteigend, gelangt man an die gegenüberliegende brüchige Wand, mit der sich der Nordostgrat fortsetzt. Ein steigender Quergang bringt zu einer rißartigen Verschneidung, über welcher ein System von Kaminen zur Höhe dieser Wandstufe führt. Die Fortsetzung des Grates bietet unschwierige Kletterei bis zum Gipfel (Lanig und Meier 1948).

● **398** Die breiten Nordflanken des Gebirgsstockes gewähren noch mehrere Durchstiegsmöglichkeiten. Sie sind wegen der Brüchigkeit des Gesteins jedoch nicht lohnend.

● 399 Kreuzkopf, 2287 m; Wiedemerkopf, 2165 m

Zwei Aussichtsgipfel in der westlichen Umrahmung des Kars, „Oberes Tal", durch ihre merkwürdige Schichtung auffallend. Der Wiedemer ist der nördliche Eckpunkt des vom Kreuzkopf nach Norden ziehenden, fast waagrechten, zerrissenen Grates.

Ersteigungsgeschichte. Erste Ersteigung des Wiedemerkopfs Rädler und Gef. 1886.

Schrifttum. EOA., S. 92.
Name Wiedemer: Besitzername. Geo.: HD.

● 400 Den **Kreuzkopf** erreicht man vom Prinz-Luitpold-Haus (1¼ st, auch mit Kindern ab 10 J.) zunächst den Hochvogelweg verfolgend bis kurz vor der „Kalten Quelle". Hier südlich weiter im Schuttkar des „Oberen Tals" aufwärts, halbrechts über Schutt- und Schrofenhänge zum südlichen Begrenzungsrücken des Kars in einer Scharte und westlich zum Gipfel. Lohnende Skifahrt, insbesondere in Verbindung mit Großem Wilden.

● 401 Der von weitem sehr geschlossen aussehende **Wiedemerkopf** birgt interessante Klettermöglichkeiten. Vom Prinz-Luitpold-Haus: den Hochvogelweg nach 15 Min. verlassend, schräg rechts hinan über nasse, moosige Schrofenhänge und Geröll gegen die seichte Mulde, etwa in Gipfelfallinie, wo die weiter links senkrecht einfallenden Schichten in die Waagrechte umbiegen, äußerst brüchig, in ihr empor. Bei Latschenflecken nach rechts heraus und über Gras zu zwei auffallenden, von senkrecht dünnen Schichtmauern begrenzten Rinnen, die beide — die linke weniger schwierig — zum Grat führen. Über seine Schichtköpfe nach Norden zum Gipfel. 1 st, II.

● 402 Über die **Nordwestflanke** führt, vom Weg R 202 bei P. 1828 abzweigend, ein hübscher, teilweise gesicherter Klettersteig in 1 st vom Prinz-Luitpold-Haus zum Gipfel. Zugang von P. 1828 über Gras den Kamm hinan zum Fuß der Wände; hier scharf rechts der Felswand entlang, bis man das erste Drahtseil trifft. Die z. T. beschädigten Sicherungen sind mit Vorsicht zu gebrauchen, Trittsicherheit unerläßlich!

● 403 Die **Überschreitung** des gesamten Grates vom Wiedemer- zum Kreuzkopf bietet ausgesetzte Kletterei, III. Landschaftlich von hervorragender Schönheit, geologisch interessant.

f) Hochvogel-Gruppe

● 404

Hier ist die Berggruppe behandelt, deren Grenzen westlich vom „Oberen Tal", nördlich von der Bockkarscharte, östlich vom Fuchsensattel bezeichnet sind und die im Hochvogel gipfelt. Mächtige Kare lagern zu Füßen dieses Bergfürsten: im Norden das Fuchskar mit seinem vom Firn des „Kalten Winkels" überdeckten Ursprung, im Süden das Roßkar mit seinem östlichen kleinen Nachbarn, dem quellenreichen Kuhkar. In weitem Rund zwischen Wiedemerkopf, Kreuzspitze und Fuchskarspitze dehnt sich das Balkenkar.

Als Stützpunkte kommen in Betracht das Prinz-Luitpold-Haus und Hinterhornbach, die durch Weganlage über den Fuchsensattel miteinander verbunden sind.

● 405 **Balkenspitzen,** 2242, 2315 und 2324 m

Der diese drei Gipfel verbindende türmereiche Grat wird vom „Balken", einem die Balkenscharte, 2156 m, krönenden Felsklotz, eingeleitet. Dieser bietet hübsche, schwierige Kletterei in festem Fels. Der über die drei Balkenspitzen führende Grat selbst ist abwechslungsreich und an einigen Stellen recht schwierig. Geo.: HD.

Nom.: Von der Form des in der Balkenscharte stehenden Turmes.

● 405 a **Balken-Nordwestkante** (hübsche Übungskletterei, V, 1/2—1 st Einstieg). Auf dem Weg zur Balkenscharte bis etwa 10 m unter dem Normaleinstieg (Steinmann). Links der Kante (H) gerade hinauf bis zu einer seichten Mulde. Von hier nach links (2 H) überhängend und einige Meter unschwieriger nach links oben zu Standplatz unterm Gipfelkreuz. Über das senkrechte Wandl 6 m gerade hinauf zum Gipfel (Dr. Götzfried und Blaser).

● 406 **Mittlere Balkenspitze, 2315 m, Südwestwand, 3—5 st, V, einige Stellen VI, Wandhöhe rund 200 m.** Vom Prinz-Luitpold-Haus kommend, kurz vor der Balkenscharte nach rechts, einem Steiglein folgend zum Einstieg. Zwei auffallend glatte Plattenschüsse werden von einem feinen Riß durchzogen, der den Einstieg vermittelt. Nach etwa einer halben Seillänge gabelt sich der Riß, wobei der rechte Ast über zwei weitere Haken bis zu seinem Ende verfolgt wird. Hier beginnt der leicht fallende, 40 m lange Quergang nach links (Seilzug) bis in die rechtwinklige Verschneidung am Fuß der zweiten Platte. Auch diese Platte wird bis zu ihrem Ende erklettert. Herrliche Plattenkletterei, sehr ausgesetzt. Nun über Geröllblöcke nach links zu einer stark überhängenden Wandflucht. Unter dieser 2—3 m nach links und mit Seilzug über einen langen, äußerst schwierigen Überhang (3 H) senkrecht hoch (Schlüsselstelle) zu schlechtem Stand. Eine weitere Seillänge weniger schwierig zum Gipfel. (Tröndle und M. Enzensperger und Gef., 1943.)

● 406 a **Mittlere Balkenspitze, „Gelbe Platte", VI—, 3 st.**

In den Westabstürzen der Balkenspitzen ist schon vom Prinz-Luitpold-Haus eine gelbe glatte Platte sichtbar, die in ihrem oberen Teil durch einen Wandausbruch gekennzeichnet ist. Über diese Platte verläuft der untere Teil des Anstiegs. Einstieg rechts einer auffallenden Verschneidung, die die gewaltige Platte an ihrer linken Seite begrenzt. Den Durchstieg durch den unteren Teil der Platte vermittelt ein rampenartiger Einriß (H), der nach 20 m auf einem schmalen, abschüssigen Band endet. Von hier aus durch die Rißfortsetzung zuerst etwas links, dann gerade hinauf zu dem eingangs erwähnten Wandausbruch (mehrere H, Stand). Nun über eine leicht überhängende, brüchige Wandstelle hinauf auf den brüchigen Grat und auf diesem bis zum Fuß der überhängenden Gipfelwand. Zunächst auf ausgesetztem Band 3 m nach links (H) und anschließend durch eine glatte griffarme Verschneidung zuerst überhängend, etwas rechts haltend etwa 20 m hinauf zu Stand (H). Nun durch einen kaminartigen Einriß auf unschwieriges Gelände und ohne weitere Schwierigkeiten zum höchsten Punkt. (Erstbegehung Dr. Götzfried-Neuner 8. 9. 1951.)

● 407 Weitere Anstiege durch die Westwände des Balkenspitzgrates fanden Wechs und Groß, Deutelmoser und Steiner. Von diesen Wegen ist folgende Führe bemerkenswert:

Vom Prinz-Luitpold-Haus auf AV-Steig in Richtung Balkenscharte. Vor dieser beim Ansatz der ersten Felsen nach rechts abbiegen und unter den Wänden der nördlichen Balkenspitze durchqueren. So gelangt man an den Fuß des riesigen Plattenschusses, der, vom Luitpold-Haus gut sichtbar, die untere Hälfte des Wandaufbaus bildet. Die rechte Begrenzung dieses Plattenschusses ist eine fast rechtwinklige Verschneidung, in der man sich zunächst etwa zwei Seillängen aufwärts bewegt. Am Ende dieser Verschneidung nach links über steile Platten querend erreicht man ein kleines Schartl. Von diesem führt eine schöne, feste Kante nach rechts aufwärts. Sie endet luftig im Gipfelmassiv. Über kurze Kamine und Rippen weiter gerade hinauf zum Gipfel. Wandhöhe etwa 200 m, IV, 2 st E. (Wechs und Groß.)

● 408 Kreuzspitze, 2369 m

Touristisch nicht sehr bedeutender, morphologisch jedoch wichtiger Gipfel, von dem aus der vom Kreuzkopf über P. 2286 („Weittalkopf") herüberleitende, hier rechtwinkelig nach Norden abknickende Hauptkamm den mächtigen Seitenast entsendet, der den Hochvogel und ostwärts anschließend die Roßzahn-Gruppe trägt. Geo.: HD.

● 409 Von den **Kaltwinkelscharte** (R 414) 1/4 st, I, über schuttbedeckten, gut gebänderten Fels zunächst links, später rechts halten.

● 410 Von **Norden** aus dem Obern Tal, entweder auf Steiganlage zu P. 2324 im Nordgrat und diesem folgend zum Gipfel (30 Min.) oder 20 Min. E., unschwierig (I): Über gestufte Platten bei P. 2250 auf den Westgrat; an seiner Südseite auf bequemen Bändern zum Gipfel. — Der gesamte Westgrat ab Scharte, 2240 m, über den Weittalkopf (P. 2286) ist bedeutend schwieriger (III, teilweise IV).

● 411 **Nordgrat** von der *Balkenscharte* aus (Balkenspitzengrat): siehe R 414.

● 412 Die Überschreitung der **Kreuzspitze** gewinnt touristische Bedeutung als Zugang zum Hochvogel, wenn der übliche Hochvogelweg durch den Kalten Winkel aus grenzpolizeilichen Gründen gesperrt ist.

● 413 Hochvogel, 2593 m

Ein formschöner Gipfel — unter den Allgäuer Bergen wohl der ausgeprägteste, wenn auch längst nicht der höchste — mit außergewöhnlich brüchigem Fels. Die Besteigung ist von Norden und Süden her durch Steiganlagen und Bezeichnungen erleichtert; das Schneefeld im Kalten Winkel, in später Jahreszeit oft vereist, erfordert Trittsicherheit und vernünftiges Schuhwerk. Auf die zahlreichen Unfälle im Kalten Winkel, die ihre Ursache meist in unzureichendem Schuhwerk haben, sei warnend ausdrücklich hingewiesen.

Der Aufbau des Berges in ziemlich niedrigen Stufen, die durch zahlreiche waagrechte geröllbedeckte Bänder unterbrochen sind, gestattet im übrigen dem geübten Kletterer zahlreiche Möglichkeiten des Durchkommens (Nordwand und Westflanke), wobei sehr schwierige Stellen mit unschwierigem Gelände wechseln. Das Gestein ist vielfach brüchig.

Schrifttum: Das Schöne Allgäu 1957, S. 105.

Sehr zu empfehlen ist die — allerdings nur durchaus geübten und völlig schwindelfreien Bergsteigern anzuratende — Überschreitung des Berges auf den beiden Steiganlagen auch dann, wenn man zum Ausgangspunkte (Luitpold-Haus oder Hinterhornbach) zurückkehren will; man benützt dabei den bez. Weg über den Fuchsensattel, 2045 m, wobei man in beiden Richtungen nur etwa 200 m Gegensteigung hat.

Auf dem Gipfel Erinnerungskreuz für im ersten Weltkrieg gefallene Gebirgsjäger.

Die Aussicht gibt guten Aufschluß über die Nordabstürze der Hornbachkette, die sich jenseits des Hornbachtals als langgestreckte, vielgipflige Mauer zeigt. Blickgrenzen: Ammergauer und Tannheimer Berge, Wetterstein, Mieminger, Karwendel, Venediger, Stubaier und Ötztaler, Parseierspitze, Ortler, Riffler, Freispitze, Ferwall, Braunarlspitze, Glarner Alpen, Churfirsten, Säntis. Geo.: HD.

Nom.: Vermutlich alter Flurname. Das Jagdbuch Kaiser Maximilians nennt 1500 ein südlich unterm Gipfel gelegenes Einstandsgebiet von Gems- und Steinwild „Undervogl“, Namensgebung von Norden her unwahrscheinlich, wenn auch angesichts des von hier aus gewonnenen Eindrucks (heraldisch stilisierter Adler!) eingängig.

Ersteigungsgeschichte. Als der von alters her bekannteste Berg des Allgäus wird der Hochvogel bei seiner leichten Erreichbarkeit wohl schon sehr frühzeitig bestiegen worden sein. Trobitius berichtet, daß er den Berg 1832 bestiegen habe. H. v. Barth stieg nach einem Gipfelbiwak 1869 anderntags nach Süden an der Ostseite des Südsüdwestgrates ins Roßkar ab. Reichert und Gef. wählten diesen Weg 1881 zum Anstieg. Weiter östlich stiegen v. Feilitzsch und Rösch bereits 1879 über die Ostschulter des Berges zum Gipfel an. Die Westwand begingen W. Herz und Gef. 1904. Vom Punkt 1970 legten W. Wechs und A. Groß 1934 sehr bis äußerst schwierige Führen durch die Nordwand bis zum Gipfel (erste Winterbegehung 1936) und zur Ostschulter. Nordostwand: W. Wechs und Tröndle 1940; Westpfeiler: Stolze und Prinz 1937; Südwestwand: Lanig-Blanz 1940; Nordwestschulter, Westsüdwestgrat: Lanig-Dehm 1948. Ostschulter Nordwand: Wechs-Groß 1934. Nordpfeiler: Wechs 1934. Südwand: Helmreich, Manz 1936.

Schrifttum. EOA, S. 86; NKA, S. 166; Barth, Wegweiser, S. 147; Tourist 1886, S. 11; Schönes Allgäu 1937, Nr. 15; 1968, Heft 3 (Sept.). Bergsteiger Sept. 1939; Bergsteiger Okt. 1940. Jahrb. des ÖAV 1966, S. 23. AVZ 1966, S. 24 ff.

● **414** (Bild XII) Vom **Prinz-Luitpold-Haus** 2½ st, bez. Weg, über das Firnfeld des Kalten Winkels: im Geröllhang der Westseite auf bequemem Steig, einige Wasserläufe querend, nach Süden empor gegen das „Obere Tal“, und östlich, zuletzt in Kehren zur Balkenscharte, 2156 m, 1 st; die Scharte ist vom Schutzhaus aus nicht sichtbar, dagegen das Hochvogelkreuz, das auf dem Kreuzspitzgrat zu stehen scheint. Jenseits — links Abzweigung des Verbindungsstückes zum Jubiläumsweg R 200 — wieder in Südostrichtung ziemlich eben, eine kleine vom Nordgrat der Kreuzspitze ausstrahlende Rippe querend, zu einem Schärtchen in einer weiteren Felsrippe, Sättele, 2136 m, ¼ st; hier wird der Hochvogel mit dem Kalten Winkel sichtbar. Über Geröll — gleich nach dem Schärtchen links Wegabzweigung R 200 zum Fuchsensattel — hinüber zum ständigen Firnfeld, dessen Neigung (etwa 28 Grad) oft überschätzt wird. In Kehren hinauf zur Scharte, 2283 m, ½ st, jenseits Blick auf die wellige Gipfelfläche der Wilden-Gruppe. Südlich aufwärts, wobei man die Schulter umgeht. Hierbei steigt man über eine niedrige Wandstufe hinauf zur „Schnur“, einem bequemen, felsüberdachten Bande, das an der Südwestseite der Schulter waagrecht vorbeileitet. Dann der Markierung folgend durch eine Runse zum Westdach des Gipfels und über dieses in vielen Kehren empor. Zuletzt über einige Blöcke des Nordnordwestgrates zum Gipfelkreuz, auch mit Kindern ab 12 J. (anseilen!).

Der Gipfelaufbau selbst eignet sich infolge seiner Stufung für Skiabfahrt wenig. Doch bietet die winterliche Besteigung ohne Ski, die an der Kaltwinkelscharte hinterlassen werden, unter normalen Verhältnissen keine Schwierigkeit.

● 415 Von **Hinterhornbach.** Der stellenweise mit Drahtseilen versicherte und rot markierte sogenannte **Bäumenheimer Weg** wird ungeachtet seiner ständigen Bedrohung durch Steinschlag laufend instandgesetzt. Das brüchige Gelände zwingt insbesondere nach schlechtem Wetter zu besonderer Vorsicht. Für erfahrene und schwindelfreie Bergsteiger ist dieser Aufstieg dank den herrlichen Tiefblicken ins Hornbachtal und dank den großartigen Felsbildern der nächsten Umgebung einer der eindrucksvollsten in den Allgäuer Bergen. Der Pfad verläßt den von Hinterhornbach zum Fuchsensattel führenden Weg (R 141) am Fußpunkt des kurzen von P. 2474 im Hochvogel-Nordostgrat herabziehenden Südostrückens, P. 1977 der AV-Karte, von hier zum Gipfel 2 st, quert wenig ansteigend nach Westen das ganze Roßkar (meist einige karge Wasserläufe) und steigt dann in Kehren über Rasen, Schutt und Schrofen über P. 2253 und 2412 auf den Südrücken des Berges empor.
Wo die Steilwände beginnen, führt der Steig nach rechts hinein in eine aus Richtung der Ostschulter herabziehende Geröllschlucht (steinschlaggefährlich), verläßt sie aber bald wieder nach rechts und führt nun über ihre östliche Begrenzungsrippe hinan zu einem Zweiggrat, in dem die Schlucht endet. Weiter nach rechts hinan auf eine weitere mächtige Rippe, die über Bänder und Rinnen, dazwischen eine lehmige Unterbrechung auf der Grathöhe, zu den Gipfelfelsen leitet. Zuletzt nach links in eine geröllerfüllte Einbuchtung und in ihr gerade zum Gipfelkreuz empor.

Die Schwierigkeiten dieser landschaftlich hervorragend schönen Bergfahrt lassen sich etwa mit denen des Zugspitz-Höllentalweges, der allerdings festes Gestein aufweist, vergleichen (I+). Der Steig ist in der AV-Karte völlig falsch eingezeichnet; er quert in Wirklichkeit von P. 2021 das ganze Roßkar westsüdwestlich in Richtung gegen P. 2027, um von dort ab über P. 2253 den punktiert eingezeichneten Pfadspuren in ziemlich genau nördlicher Richtung zu folgen. Der in der AV-Karte als Bäumenheimer-Weg bez., quer durch die Südostwand führende Pfad existiert nicht.

● 416 **Westpfeiler,** 5½ st, 650 m Höhe, IV+. Schrifttum: „Das Schöne Allgäu“ 1937, S. 232. Einstieg bei den grasigen Schrofen, auf denen sich der Pfeiler aufbaut, westlich P. 2001. Über prächtigen Fels gerade hinauf. Erste Schwierigkeit: eine schräg nach rechts aufwärts ziehende Verschneidung. Weiter über Bänder und Überhänge, durch Rinnen und Risse empor zum ersten Turm und an dessen Kante auf seinen Scheitel. Über ein waagrechtes Gratstück mit mehreren Zacken zum zweiten Turm und gerade hinauf auf diesen. Vom Fuß des dritten Turmes auf einem Felsband nach links querend erreicht man über eine senkrechte Wand den Scheitel dieses Turmes. Der nun folgende letzte Aufschwung wird zunächst durch eine brüchige Rinne überwunden, die in einen 5 m hohen Kamin führt. Durch diesen auf eine kleine Kanzel, dann über eine senkrechte Wandstelle, schließlich durch einen nach links aufwärts ziehenden Riß auf eine kleine Felsnase. Von hier die letzten 200 m über Blöcke und kleine Türme ohne ernstliches Hindernis zum Gipfel.

● 417 **Südwestwand.** 5 st E, III, zwischen den beiden Gerölltrichtern IV. „In gewaltigem, 800 m hohem Schwung entsteigt die SW-Wand des Hochvogels — von Hornbach aus gesehen — dem Weittal. Horizontal gegliedert, ostwärts und westlich von zwei riesigen Pfeilern begrenzt, in ihrer Mitte durch einen großen, unter der Gipfelwand durch einen kleineren Trichter gekennzeichnet, bannt diese Wand das Auge jedes Felsenmanns, der in ihren Bereich kommt“, so schildert W. Wechs das Ziel seines im Hagel des Steinschlags mißglückten Ersteigungsversuchs. 10 Jahre später gelang Lanig mit Blanz das gewagte Unternehmen. Inzwischen hatte der große Bergsturz vom 27. 5. 1935 in der Gipfelzone ein wenig „aufgeräumt“.

Über dieses Ereignis berichtet die Hüttenchronik des Prinz-Luitpold-Hauses:

„Die südwestlichste Gipfelkante des Hochvogels wies von alters her in der westlichen Flanke einen senkrechten Riß auf. Die Ursache dieser Spaltung liegt wohl in der überhängenden Schwere eines Teiles der oberen Südwand, die ihre gelben Felsen über den Wandsockel hinaus ins Weittal reckt. Eine innere Bewegung der etwa 80 m hohen abgetrennten Wand konnte ich bereits früher, gelegentlich eines Durchstiegversuchs dieser Wand feststellen. Ferner im oberen Teil des Hauptspaltes frisch gebrochene, eingeklemmte Blöcke, an denen zu erkennen war, daß sie ihre Lage erst in jüngster Zeit eingenommen hatten. Bei einem allfalsigen Niedergang der Gesteinsmassen waren jedoch weder Leben noch Gut oder Wege gefährdet, deshalb wurde nichts weiter unternommen.

Die erste Kalbung erfolgte bereits im September 1934, während ich mit einer Partie auf dem Gipfel des Hochvogels war. Wir bemerkten nichts weiter als entfernten Donner und darauf eine gelbe, nach Schwefel stinkende Wolke, die sich um den ganzen Gipfel legte. Ich ahnte sofort, was los war, und verfolgte, nachdem sich die Staubwolke verzogen hatte, von oben den Verlauf der Steinlawine. Sie nahm den erwarteten Weg, ohne zu schädigen, wie auch die am 27. 6. 1935 erfolgte große Kalbung, bei der Tausende von Kubikmetern Fels abgingen und in die riesigen Bachschluchten des Weittals hinabstürzten."

Vor der Besteigung dieser wegen ihrer außerordentlichen Brüchigkeit und Unzuverlässigkeit gefährlichen Wand muß nach wie vor gewarnt werden. Die zwischen Südwestwand und Westpfeiler eingebettete tiefe Schlucht vermittelt den Einstieg: Bei P. 2001 über unschwierigen Fels schräg rechts aufwärts zum Beginn dieser Schlucht. Diese überschreitend erreicht man jenseits über plattigen Fels eine Rampe. Ein schwieriger Quergang führt zu einem südlich eingelagerten Geröllfeld. Von hier aus gerade hinauf über schönen festen Fels bis zum Beginn des großen in die Wand eingelagerten Gerölltrichters. Über diesen hinauf in Richtung auf einen auffallenden Kamin. Durch einige schwierige Risse und Wandstufen zum Beginn dieses Kamins (etwa Gipfelfallinie). Nicht in den Kamin einsteigen, sondern etwa zwei Seillängen nach links (nördlich) queren und über unschwierigen Fels zu einer versteckten Schlucht ansteigen, die sich nach oben in einen Kamin verengt. Dieser wird durchklettert. Nun befindet man sich im obersten Geröllltrichter. Ihn nach rechts (südlich) querend erreicht man durch Risse und über Wandstufen die Kante, die die Südwestwand von der Südostflanke trennt. Durch steile Risse, rechts einen auffallenden Plattenschuß lassend, klettert man gerade hinauf zum Gipfel. Etwa 50 m unter diesem erreicht man den Bäumenheimer-Weg.

● **418** (Bild XI, XII) **Nordostwand.** Zeitbedarf je nach den Verhältnissen im Sockel. Unterer Wandteil IV+, einige Stellen VI—, oberer Wandteil nur noch III, jedoch sehr brüchig.

Diese rund 700 m hohe Wand liegt zwischen dem zum Hauptgipfel emporziehenden Nordpfeiler (rechts) und der zur Ostschulter hinaufziehenden Nordwand (links). Ein schwarzer, glatter, senkrechter, zum Teil wasserüberronnener Wandgürtel von etwa 150 m Höhe scheint den oberen Teil der Wand gegen jeden unmittelbaren Zutritt zu verteidigen.

Einstieg etwa in der Mitte zwischen P. 1940 und 1970. Über geschliffenen, griffarmen Fels auf einen auffallenden Kamin im mittleren Teil dieses Wandgürtels zu. Durch den 40 m hohen Kamin gutgriffig auf ein steiles, nach links aufwärts strebendes, sehr glattes Plattenstück, über dessen rechte Begrenzung man die darüberliegenden sperrenden Überhänge erreicht. Mit Seilzug links aufwärts zur linken, sehr ausgesetzten Kante des Plattenstücks. Das von den Schneefeldern des oberen Wandteils genährte Schmelzwasser berieselt wohl das ganze Jahr hindurch mehr oder weniger stark die nun folgenden Wandstücke, was ihre Ersteigung wesentlich erschwert. Das nächste Ziel sind zwei übereinanderliegende, horizontal laufende und aus der Wand hinaushängende, etwa 60 m lange Felsschichten. Die untere von ihnen erreicht man durch einen nach links abwärtsführenden Seilquergang über sehr griffarme, wasserüberronnene und überhängende Felsen. Ebenso weiter auf die obere. Dieser folgt man ausgesetzt etwa 50 m nach Osten (links), um sie dann gerade ansteigend über sehr schwierigen, ausgesetzten Fels zu verlassen. Die Erstersteiger hatten hierbei mehrere Wasserfälle zu überwinden. Damit beginnt der zweite, weniger schwierige und nicht mehr so ausgesetzte Wandteil, der über zahlreiche Bänder und Stufen, teilweise steinschlaggefährdet zum Gipfel führt, wobei ein diesem vorgelagertes hornartiges Felsgebilde die Richtung weist.

● **419** (Bild XI, XII) **Nordpfeiler.** Auch der die Nordostwand rechts begrenzende Pfeiler wurde in seiner ganzen Länge überklettert. Die Route ist nicht so schwierig wie die Nordostwand, das Gestein brüchig wie überall an diesem Berg, III, teilweise IV.

● **420** (Bild XI) **Hochvogel-Ostschulter**, 2474 m, Nordwand. Vom Prinz-Luitpold-Haus auf AV-Steig über die Balkenscharte zum „Kalten Winkel". Nun den Weg zum Fuchsensattel abwärts bis in das große Blockgewirr. Von hier übersieht man die Wand am besten. Man quert gerade hinüber zum Einstieg.

Zunächst über unschwierige Schrofen und Wandl links aufwärts zu einer grottenartigen Schlucht, die meist bis spät in den Sommer hinein in ihrem Innern einen Schneekegel trägt. Über die linken Wände der Grotte hinauf und über ihr nach rechts querend erreicht man ein schon von unten sichtbares Band. Es zieht nach rechts aufwärts bis in die

XI Hochvogel vom Fuchsensattel
O = Ostschulter, H = Hauptgipfel.
a = R 422, b = R 420, c = R 418, d = R 419.

Gipfelfallinie der Ostschulter. Hier setzt die geschlossene Gipfelwand an, und die Schwierigkeit ist zunächst nun die, den richtigen Einstieg zu finden.

Die linke Hälfte der Wand ist von einem senkrechten Kamin durchrissen, doch ist dieser bei vollständig aperem Fels von unten unmittelbar nicht zu erreichen. Dagegen ist etwa eine Seillänge rechts tief von dem Kaminansatz die Schlüsselstelle. Es geht sehr schwierig über zwei Überhänge, wonach man, nach etwa 30 m, ein schmales Gesims erreicht, das ausgesetzt nach links in obengenannten Kamin leitet. Dieser wird verfolgt, bis er ungangbar wird. Dann verläßt man ihn nach rechts, um nach etwa 15 m langer Querung durch die Wand gerade empor zum Gipfelsteinmann anzusteigen.

Wandhöhe rund 500 m, E. 5 bis 7 st, einige Stellen VI— (Wechs und Groß).

Abstieg am besten über den Hauptgipfel: Vom Steinmann in Anstiegsrichtung etwa 10 m zurücksteigen, sodann mittels eines abfallenden Bandes nach links in die Scharte zwischen Ostschulter und Hauptgipfel queren, 10 Min. Weiter über unschwierige Schrofen zum Gipfelkreuz (30 Min.).

● 421 **Hochvogel-Nordwestschulter,** 2454 m. Südwestgrat:

2½ st, IV, Kletterhöhe rund 400 m. Einstieg bei P. 2060. Der Grat zieht sich von hier aus bis zum Gipfel der Nordwestschulter, wobei er, etwa bei P. 2407, vom üblichen Hochvogelweg geschnitten wird.

Anfangs III— auf der Gratkante bis zum ersten Steilaufschwung. Von zwei sichtbaren und auffallenden Kaminen vermittelt der südliche (rechte) den Weiterweg. Über unschwierigen Fels sodann auf eine ebene, grasige Schulter. Der zweite Steilaufschwung wird durch Risse und Verschneidungen hart südlich (rechts) der Gratkante überwunden. Schließlich luftiger Quergang unter weit heraushängenden, großen Blöcken in eine Rinne und weiter durch einen kurzen, senkrechten Kamin zum Beginn der „Schnur" am Hochvogelweg. Nun durch eine Verschneidung zu einem weitüberdachten nach rechts ziehenden Band und auf dem Grat mit gelegentlichem Ausweichen nach Norden zum Gipfel.

● 422 (Bild XI, XII) Auch der 1½ km lange, anfangs mit Latschen bewachsene **Ostnordostgrat** ist, beginnend am Fuchsensattel („Fuchsengrat"), schon mehrfach überklettert worden. Erste Winterbegehung: Gg. Maier und Hannes Niederberger am 22./24. Februar 1963. AVZ 1966, 31. Das zeitraubende Unternehmen zeigt wechselnde Schwierigkeit (II—IV), bei Beibehaltung der Grathöhe mehrere Abseilstellen). Er bietet — insbesondere wegen der Tiefblicke in die Nordwände — eindrucksvolle Bilder. Wegen großer Brüchigkeit sehr selten begangen. Abkürzungsmöglichkeit: über den vom

XII Hochvogel vom Steig zum Kalten Winkel mit Ostschulter (I), Hauptgipfel (II), Nordwestschulter (III).
1 = R 422, 2 = R 420, 3 = R 418, 4 = R 419, 5 = R 414.

Mittelteil des Grates nach Südosten vorgeschobenen, schrofigen Vorbau teilweise schwierig zu P. 2394 und nun, dem Hauptgrat folgend, schwierig zur Ostschulter. Weiter wie R 420. Gesamtzeit E. 5 bis 8 st, je nach Mitnahme der Grattürme.

● **423** **Südostwand,** einige Stellen VI, 5 st E. Einstieg in der Fallinie des Gipfels. Eine Seillänge über einen pfeilerartigen Felsrücken gerade empor. Weitere drei Seillängen zunächst unschwierig nach links haltend, dann wieder gerade hinauf. Nun folgen vier übereinanderliegende, nahezu senkrechte Wandstücke. Durch das erste, von links nach rechts ansteigend, etwas links der Fallinie beginnend, hinauf. Weiter, ebenfalls etwas nach rechts haltend, durch das zweite. Das dritte, sehr schwierig senkrecht empor. Zunehmend schwierig durch das nun folgende letzte Wandstück, das über festen, aber kleingriffigen Fels (zwei Überhänge) in der Mitte bezwungen wird (äußerst schwierig, mehrere Haken). Die Wand legt sich nun stark zurück. Sie mündet in den obersten Teil des Bäumenheimer-Weges. Wandhöhe etwa 350 m.

● 424 **Fuchskarspitze,** 2314 m

Schroffer Dolomitberg mit wildzersägtem Nordgrat östlich überm Prinz-Luitpold-Haus.

Die Fuchskarspitze zeigt mit ihren in wirrem Durcheinander zusammengedrängten Schichtlagen ein überzeugendes Beispiel der Gewalten, die in der Tertiärzeit die Gesteinsmassen emporhoben und sie in Falten drückten. Der Gipfel bietet eine Fülle schöner Kletteranstiege. Der etwas niedrigere Nordgipfel (2254 m) ist im Winter ein lohnendes Skigebiet für Geübte.

Ersteigungsgeschichte. Der Gipfel scheint bereits anläßlich der Vermessung um das Jahr 1860 erstiegen worden zu sein. Der erste Bericht über eine Ersteigung (von der Balkenscharte her) stammt von J. Enzensperger 1897; den Nordgrat begingen J. Enzensperger und Madlener 1898; über einen Aufstieg durch West-(Südwest-)flanke berichtet E. König 1898, Mitt. 99, S. 71.
Nord-Gipfel Westwand-Verschneidung: Wechs-Kampmann; Schwarze Wand: Wechs-Götel; Gelbe Wand: Wechs-Tröndle; Direkte Gelbe Wand: Stolze-Jäger; Madonna Ostwand: Tröndle-Deutelmoser 1934; Gutscharkante: Wechs-Tröndle 1934; 1. Winterbegehung der direkten Schwarzen Wand: Maier-Wieland 9. 4. 1950. NW-Wand, Wasser-Riß 30. 8. 72. Hemmann und J. Mayr.

In den dreißiger Jahren haben Wechs und Tröndle eine große Anzahl neuer Kletterwege von besonderer Schönheit erschlossen. Vgl. Mitt. 1935, Nr. 6, „Das Schöne Allgäu“ 1957, S. 25 und 127. Alpinismus Nov. 1972.

● **425** Von der **Balkenscharte,** R 414, durch die Ostflanke des S-Gipfels, ³/₄ st, I: an der Ostseite auf deutlichem Steiglein etwas fallend (der Jubiläumsweg zweigt etwas später ab und führt in Kehren die Geröllhalde hinab), dann waagrecht und über den großen, bereits auf Felssockel ruhenden Grasabsatz nach N bis zu einer tiefeingerissenen Rinne schon fast in Fallinie des Gipfels; ohne sie zu betreten nach links auf Gras und Schrofen empor zum Grat und in wenigen Schritten nach rechts zum Gipfel. Auch die früher vom Südgrat herabziehenden Rinnen sind gangbar, sie bieten aber teilweise schwere und brüchige Kletterei.

● **426** Der **Südgipfel-Südgrat,** von der Balkenscharte, 3/4 st, bietet schöne Kletterei in gutem Fels. Zunächst mäßig schwierig, dem Grat folgend, auf die Schulter, II. Die türmereiche Gratfortsetzung kann überklettert (teilweise III) oder in der Südost-Flanke, zuweilen etwas absteigend, II, umgangen werden.

● **427** (Bild XIII) **Übergang vom N- zum S-Gipfel,** 3 st vom Prinz-Luitpold-Haus, teilweise brüchig, zum Teil sehr schöne Kletterei, III+, im Mittelteil zuweilen IV, auch in umgekehrter Richtung sehr empfehlenswert. Vom Hause auf dem Jubiläumsweg, R 200, bis zum ersten grünen Querriegel, etwa 2040 m, 1/2 st, hinter dem der Bockkar-(Glasfelder-)Sattel sichtbar wird. Hier rechts mühsam über Schrofen und Geröll hinan auf den grünen Kopf (Fuchskar-Nordspitze), bei dem sich der von der Kesselspitze herüberziehende Grat mit dem Nordgrat der Fuchskarspitze vereinigt, 2254 m, 1/2 st, Steinmann, Kreuz. Jenseits überquert man ein kleines Klamml, steigt über eine gutgestufte, morsche Felswand etwa 15 m ab (Umgehung durch Abstieg im Klamml nach links möglich), umgeht den folgenden Kopf links über Gras und ersteigt den einem grünen Sattel folgenden dritten Kopf. Hier verschmälert sich der Grat; brüchig, zunächst auf der Schneide, dann dicht daneben in Parallelrinnen in die tiefe Scharte hinab vor dem ersten, großen Turm, 1/2 st. Den Turm ersteigt man auf kurzem Bande nach rechts; in einer Rinne links aufwärts, zu den zwei nebeneinanderliegenden kurzen Kaminen, die beide unschwierig zum Gipfel des Turmes führen. Jenseits links von der Gratkante in einem Kamin 5 m hinab, auf dem folgenden Band rechts abwärts zu einem kleinen Schärtchen hinter einem Zacken. Hier auf die Westseite und in der rechten der hinabziehenden Rinnen zur Scharte.

Auf der Gratschneide wenig ansteigend weiter, bis sie sich steil in die folgende Scharte senkt. Hier nach rechts (Westen) in eine Rinne, die sich zuletzt rißartig verengt. In ihr hinab (IV) und leicht ansteigend nach links zur Scharte.

Die folgenden, steilgeschichteten Gratkanten werden überklettert, ein kleiner, auf der Schneide sitzender Zacken wird rechts umgangen, ebenso der nächste Turm und nach längerem weiteren Quergang in die Westflanke wieder nach links zur Grathöhe angestiegen. Später leitet ein langes Band ansteigend rechts unter dem Grate um den Gipfel des folgenden Turms herum; auf Schrofen nach links hinab in die Scharte vor dem letzten Gratturm, der merkwürdig geformte Felszacken trägt und mit einem Überhang beginnt. Von vorne (oder unschwieriger von Osten her) auf den Überhang und weiter über gutgestuften, steilen Fels an den auffallenden Felszacken vorbei zur Höhe des Turms. Der Grat leitet mäßig steil zum Gipfelbau, der durch einen kurzen Riß erreicht wird, 1½ st.

● **428** Die **Westflanke** wird durch den wenig ausgeprägten Westgrat in einen nordwestlichen und südwestlichen Teil geschieden. Dieser Westgrat stützt sich auf einen Vorbau, zu dem vom Luitpold-Haus her Schrofen, von Süden begrünte Halden heraufziehen. Die Südwestwand bietet den kürzesten Anstieg; der kurze Westgrat ist sehr schwierig.

Zu dem **„Fuchskar-Nordspitze“** genannten P. 2254 eröffnete Wechs eine Reihe schöner Kletterfahrten unterschiedlicher Schwierigkeit, nämlich R 429 bis 433, Wandhöhe knapp 200 m; schöne, sehr schwierige Kletterwege fand er durch die kurze, steile Ostwand auf die kreuzgeschmückte **„Mittelspitze“** (R 437 bis 440).

● **429** (Bild XIII) **Verschneidung** (Wechs und Kampmann). Die von Haus aus als feiner Diagonalriß erscheinende Verschneidung trennt das zerklüftete Hauptmassiv der Fuchskarspitze von den glatten, gelben und schwarzen Wandabstürzen des Nordgipfels. In Wandkletterei die zunächst geräumige Verschneidung aufwärts, weiter durch ihre kaminartige Verengung, bis sie rißartig wird und über glatte Platten nach außen drängt. Nach zwei Seillängen schwieriger Kamin- und Rißkletterei wird der Weg wieder freier und führt über teilweise gestuften Fels in die Scharte zwischen Mittel- und Nordspitze. III, 2 st E.

● 430 (Bild XIII) **Schwarze Wand** (Wechs u. Götel). Richtung ein vom Haus fast in der Wandmitte sichtbarer schwarzer Riß. E. bei einem etwa 15 m rechts des höchsten Geröllansatzes befindlichen Felsköpfl mit Rasenbüschel. 20 m an einer Rippe gerade hinan zu Sicherungsplatz. Weiter links aufwärts in eine feuchte, splittrige Nische und immer links aufwärts einer schwarzen, teilweise überdachten Schicht folgend auf ein riesiges Plattenband, über dem sich die geschlossene Wand aufbaut. In den schwarzen Riß gelangt man besser nicht unmittelbar, sondern indem man das Plattenband etwa 20 m links aufwärts verfolgt; dann in ausgesetztem, kraftforderndem Quergang über das „gelbe Eck" zum Einstieg in den Riß. Nach weiteren 8 m griffarmen Quergangs und einigen Metern geraden Anstiegs zum ersten Haken. Dann besser nicht durch den Riß gerade hinauf, sondern über ein steiles und abschüssiges Plattenband rechts aufwärts in die freie Wand und von seinem Ende zum Teil überhängend zum zweiten Haken. Von hier auf Kriechband links aufwärts zur Ausmündung des Risses zurück. Einige Meter höher Sicherungsplatz. Weitere 15 m gerade empor; auf Schrofenband unter gelben Überhängen nach rechts, dann sofort links gerade hinauf zum Gipfelturm und durch einen Kamin zum Steinmann, 3 st E, IV.

● 431 (Bild XIII) **Direkte Westwand** der Nördlichen Fuchskarspitze, 3—4 st, V.

E. etwa 10 m links des Einstiegs der Schwarzen Wand bei einem auffallenden Riß; in diesem zwei Seillängen gerade hinauf zum großen Plattenband. Dieses leicht nach rechts überquerend gelangt man in eine kleine Nische, über der sich die geschlossene Wand aufbaut.

Nun unmittelbar in Gipfelfallinie empor bis zu einem Grasbüschel unter einem Überhang (Wandbuch, Sicherungsplatz). Diesen Überhang rechts umgehend gelangt man nach einigen Metern Linksquerung auf eine wulstige Rippe. Von hier nach rechts querend (Abseilhaken) in einen nach rechts verlaufenden Riß und in diesem weiter, bis er sich verliert. Nun immer gerade hinauf über Querbänder und Geröllabsätze bis zu einem Überhang, unter dem sich eine rote

Wandstelle befindet. Diesen Überhang links umgehend auf ihn hinauf und über einen weiteren Überhang zum Gipfelaufbau. Nun an der dem Überhang folgenden Rippe eine Seillänge weiter bis zum Gipfel.

● **432** (Bild XIII) **Gelbe Wand** (Wechs u. Tröndle), die schönste der drei Führen. Einstieg wie bei der Westwand-Verschneidung. Man verläßt sie nach etwa 30 m bei einem kleinen Geröllkessel und steigt eine gewaltige senkrechte Rippenformation links hinauf in die Wand; teils in ihren Rissen, teils an den Kanten 50—60 m empor, wo sich die Rippen in die Waagrechte umbiegen und Querbänder bilden. Hier nicht den Bändern folgend, sondern sie gerade hinauf übersteigend erreicht man nach etwa 35 m einen angedeuteten Schrägriß, den man bis zu seinem scheinbaren Ende in einer überhängenden Verschneidung verfolgt. Hier führt die „Gelbe Traverse" links aufwärts durch die Wand; nach etwa 20 m gutes Band mit Rasenpolstern und Sicherungsmöglichkeiten. Auf ihm weiter, bis es mit quadratfußgroßer Kanzel endet. Der ebenfalls sehr luftige Weiterweg führt gerade empor durch den linken, dann den rechten Ast eines Doppelrisses. Höher oben gelangt man in einen griffigen Kamin, der zu einem Geröllabsatz in Gipfelfallinie führt. In gerader Linie durch die Gipfelwand, 3 st E, V.

● **433** (Bild XIII) **Direkte Gelbe Wand.** Diese (schwierigere) Variante fanden Stolze und Jäger. Erste Winterbegehung Gg. Maier und Alf. Wieland 9. März 1950. Einstieg wie R 429. In der Verschneidung zwei Seillängen empor, dann einige Meter nach der Abzweigung R 432) nach links über gut gegliederten der Abzweigung R 432) nach links über gut gegliederten Fels senkrecht bis zum Beginn der „gelben Traverse". Nun nicht dieser nach links folgen, sondern schräg rechts aufwärts durch überhängenden Riß (Hakensicherungen) auf breites Band. Diesem rechts aufwärts folgend, dann wieder etwas links haltend, schließlich senkrecht zu roter Felskanzel. Über diese hinweg zum Gipfel (Kl. Steinmann). 2½ st, V, eine Stelle (oberhalb der gelben Traverse) VI—.

● **434** Den **Westgrat** erreicht man, indem man den Hochvogelweg, R 414, kurz nach den letzten Quellen bei einem großen Felsblock verläßt und nordöstlich über Gras und Geröll zu dem Sättelchen hinter dem oben erwähnten

XIII Fuchskar-Nordspitze vom Aufstieg zum Glasfelder Sattel
NG = Fuchskarspitze-Nordgipfel, K1 = Kopf 1 in R 427, K2 = Kopf 2 in R 427.
a = R 430, b = R 431, c = R 432, d = R 429, e = R 427.

Vorbau ansteigt. Wenige Schritte vor dem Sättelchen ziehen zwei Rinnen eng nebeneinander nach rechts hinauf, von denen die rechte schrofig, später die linke geröllerfüllt zu einem scharf ausgeschnittenen Schärtchen in einen Seitengrat führt. Auf dem letzteren nach rechts in die breite Scharte, aus der der Westgrat aufsteigt. $^3/_4$ st vom Haus. Den ersten Aufschwung an guten Griffen gerade empor, auf dem nun folgenden flacheren Stück zunächst rechts, dann auf Geröll links vom Grat zu einem zweiten Aufschwung, der durch einen herausdrängenden Riß erklettert wird. Weiter auf der scharfen, steilen rechten Kante, dann links davon zu einem grünen Kopf. Über brüchige, gelbe Zacken zum Südgrat und nach links gleich darauf zum Gipfel, $^1/_2$ st, IV.

● **435** Die **Südwestflanke,** $1^1/_4$ st vom Haus, II+, wird von einer Anzahl Rinnen durchzogen, die mehr oder weniger leicht zum Südgrat führen. Der beste Anstieg führt in einer schluchtartigen Rinne gegen eine Scharte im Südgrat, die links scheinbar durch Überhänge begrenzt ist. Diese Rinne kann man von der breiten Scharte am Fuße des Westgrats, R 434, auf breitem Bande leicht fallend über fünf Rippen erreichen, die unmittelbar an der Scharte nach Südwesten ausstrahlende eingerechnet. Durch die Rinne über Geröll und einige niedere Stufen leicht empor zur Scharte und jenseits über Gras, zuletzt über leichte Schrofen, an der Einmündung des Westgrats und gleich darauf des Balkenschartenwegs vorbei, zum Gipfel. Die von unten zum Bande heraufziehenden und von ihm zur Grathöhe weiterleitenden Rinnen und Kamine bieten leichtere, teilweise auch schwierige Kletterei, die wegen der überall herrschenden Brüchigkeit stets Vorsicht heischt.

● **436** Ebenso kann die breite **Nordwestflanke** des Südgipfels unter Benützung der zahlreichen zum Nordgrat hinaufführenden Rinnen und Rippen an verschiedenen Stellen durchstiegen werden. Auch diese Anstiege sind sehr brüchig. Am schönsten ist der in der Fallinie unmittelbar zum Gipfel hinaufführende.

● **436 a NW-Wand** des **Mittelgipfels** „Wasserriß", 30. 8. 1972. Hemmann/Joh. Mayr, 6 st, IV+ und V.
Beschreibung der Erstbegeher: 1 Haken zur Fortbewegung, 14 Standhaken. Alles Material wurde entfernt. Sehr brüchiges Gestein.

Einstieg: In der Fallinie des Hauptgipfels, 5 m neben der nassen, schluchtartigen Verschneidung. 5 Seillängen gerade hinauf, bis ein 10 m hoher Wandriegel den Weiterweg versperrt. 12 m leicht ansteigend rechts hinauf, in einen von Wasser durchflossenen Riß. Dieser wird verfolgt bis auf ein geräumiges Band unter einem Kamin (Stand). Jetzt nicht von der Reepschnurschlinge verleiten lassen, sondern das Band linkshaltend verfolgen und 5 m hinab in eine Große Schlucht. Diese verengt sich zu einem Kamin. 10 m unterhalb des Klemmblockes in die rechte Wand des Kamins einsteigen, und besonders schwierig auf den Klemmblock (Schlüsselstelle, V), Stand. Über den 2. Block hinweg, rechts hinauf auf einen Pfeilerrücken. Auf dessen Kopf über Geröll in eine Scharte des Westgrates. Auf diesem zum Gipfel.

● 437 Die **Ostanstiege** zum Fuchskarmassiv haben nicht annähernd die Höhe wie die Westanstiege. Die Wandhöhen liegen zwischen 100 und 150 m. Klettertechnisch stehen diese Routen den Anstiegen durch die Westwände nicht nach.

● 438 (Bild XIV) **Mittelspitze, Plattenriß**, III+, 1½ st: Von der Balkenscharte unter den O-Abstürzen der Fuchskar-S-Spitze entlang (Pfadspuren im Geröll) in ½ st zum Einstieg.

Eine ausgewaschene Rinne, die sich im Mittelteil zu einem engen Kamin verengt, vermittelt den Einstieg. Diese Rinne verfolgt man bis zu einem schmalen Grasband. 3 m rechts dieses Bandes wird eine helle, glatte Platte von einem handbreiten Riß durchzogen, der bis zu seinem oberen Ende verfolgt wird. Von hier über Schrofen weniger schwierig zum Gipfel (Wechs und Tröndle 1934).

● 439 (Bild XIV) **„Madonna"-Ostwand,** 3 st E., V teilweise untergriffig.

Schrifttum: „Das Schöne Allgäu" 1958, S. 25.

Die „Madonna" ist ein auffallender Gratzacken südlich der Fuchskar-Mittelspitze. Den Einstieg erreicht man von der Balkenscharte, unter den Ostabstürzen der Fuchskar-Südspitze auf Pfadspuren über Geröll querend, in 20 Min. Wenige Meter links der „Gutscharkante" (s. R 440) wird die steile Plattenflucht der Ostwand von einem handbreiten Riß durchzogen. Dieser vermittelt den einzigen Durchstieg (mehrere Haken) auf das in die Wand eingelagerte Grasband. Im oberen Teil verengt er sich. Auf dem Grasband (erster Stand) etwa 2 m nach links zu einem Sicherungshaken und über diesen und einen äußerst schwierigen rotgelben Überhang (nächster Haken) auf ein Köpfel. Nun schwieriger Spreizschritt nach rechts zu Standhaken und Wandbuch. Jetzt nicht nach rechts verleiten lassen, sondern links (schwierigste Stelle) über zwei rote Überhänge (H) in die Gipfelschlucht und diese verfolgend etwas weniger schwierig zum Gipfel (Tröndle und Deutelmoser, 1934).

● 440 (Bild XIV) **„Madonna"-Gutscharkante,** im oberen Teil IV, 2 st E. Von der Balkenscharte wie R 439 zum Einstieg querend, der am Fußpunkt der die Madonna-Ostwand begrenzenden Kante liegt. Diese Kante führt in gerader Linie zum Gipfel. Sie wird durch ein Grasband unterbrochen. Bis hierher, wenn man an der Kante bleibt, ziemlich schwierig (III).

Vom Grasband aus senkrecht an der Kante in die Höhe (H, schwerste Stelle) zum Gipfel. Man kann auch das unmittelbar über den Grasband liegende Stück (Leiter) rechts umgehen, wobei man die Kante alsbald wieder gewinnt (Wechs und Tröndle, 1934).

Günstigster Abstieg: Westlich des Gipfels, sodann nach N durch eine breite Schlucht zurück zum Einstieg.

● 441 Kesselkopf, 2284 m

Die Bockkarscharte, beherrschender, steilflankiger Kegel.
Geo.: HD.

Vom **Prinz-Luitpold-Haus,** 1¼ st, I+, mühsam. Auf Jubiläumsweg (R 200) zur Bockkarscharte und über den brüchigen Nordwestrücken dem ersten Steilaufschwung rechts ausweichend in Vorsicht heischender Kletterei, II—, zum Gipfel. Prächtiger Blick auf den Hochvogel.

● **441 a** Leichter, wenn auch nicht so schön: vom Jubiläumsweg über schuttbedeckte Schrofen in die Scharte zwischen Fuchskarspitz-N-Gipfel und Kesselkopf (P. 2186). Über dessen S-Grat zur Spitze, 45 Min. ab Weg, I.

XIV Fuchskarspitze: Madonna und Mittelspitze von Osten
a = Madonna-Ostwand, R 439; b = Gutschar-Kante, R 440, c = Plattenriß, R 438.

● **442** Auch **Nord-** und **Ostwand** wurden bereits durchklettert. Die wegen der außergewöhnlichen Brüchigkeit des teilweise grasdurchsetzten Gesteins mit Vorsicht zu genießenden Routen (Erstbegehung: Prinz, Feihl, Pfau, Natterer 1936) lohnen die Mühe kaum.

g) Rauhhorn-Zug

● **443**

Der Rauhhorn-Zug ist der östliche Ausläufer des Allgäuer Hauptkamms. Mit zahlreichen, nicht sehr bedeutenden Gipfeln erstreckt sich der Bergzug in ungefährer Süd-Nord-Richtung. Seinen Westfuß begleitet das *Ostrachtal*, in das der Kamm einige kurze, landschaftlich reizvolle Täler (Säubach — Erzberg — Taufers — Willers — Zipfelsbach) entsendet. Nach Osten zieht vom Fuße der Sattelköpfe das lange *Schwarzwassertal*, das südlich von Weißenbach ins Lechtal mündet und nicht mit seinem berühmteren Namensvetter im Kleinwalsertal verwechselt werden darf.

Weist die Gruppe auch wenige Kletterwege auf, so bietet sie dem naturfreudigen Wanderer um so mehr. Eine Wanderung auf dem Jubiläumsweg, der in bedeutender Höhe über den größten Teil des Bergzuges führt, bietet reiche Eindrücke. Besonders erwähnenswert ist der Rundblick vom *Geishorn*. Vom hochgelegenen Oberjoch führt der Anschlußweg zum Jubiläumsweg über Iseler, Bschießer und Ponten zur Willersalp.

Als Stützpunkte seien das Prinz-Luitpold-Haus und der Unterkunftsraum der Willersalp neben den Talorten Hindelang, Hinterstein, Oberjoch, Schattwald und Tannheim genannt.

Die winterliche Querung mit Ski vom Prinz-Luitpold-Haus über die Bockkarscharte (P. 2164) zum Notländsattel verlangt insbesondere bei der Überschreitung des Reitgerntobels wegen der hier herrschenden Lawinengefahr große Erfahrung. Die im oberen Teil sehr schöne Abfahrt durchs Erzbergtal führt unten durch Wald. — Die weitere Querung südlich an Schänzlekopf, Schänzlespitz und Lahnerkopf vorbei zum Schrecksee heischt im ersten Teil ebenfalls besondere Vorsicht. Sehr schöne und nicht ganz einfache Abfahrt vom Schrecksee durchs Tauferstal zum Kraftwerk.

● 444 Glasfelderkopf, 2271 m; Lärchwand, 2187 m

Von Norden gesehen ein steiles, grasiges Massiv mit Felskrone aus Oberrätkalk; schöne Aussicht, gemsenreiche Nordflanken.

Nom.: Glasfelderkopf von mhd. Kluse = Felsenenge, wohl bezogen auf die Bockkarscharte. Lärchwand: bereits 1564 als Lerchenwand erwähnt, deutet auf Vorkommen von Lärchen hin. Geo.: Gipfelkrone Oberrätkalk s unterlagert von Kö, n von Allgäuschichten des Jura, Radiolarit, Apt und HD.

Von der **Bockkarscharte,** R 200, I, 15 Min.: über Gras und Geröll, zuletzt über Geschröf und von Westen her auf die kurze Gipfelschneide. Vom Prinz-Luitpold-Haus Skifahrt.

● **445** Übergang vom **Sattelkopf,** 1½ st, II. Vom Gipfel des Sattelkopfes (R 446) südlich hinab in die erste Scharte; von dort östlich hinab über äußerst brüchiges Geschröf auf die Nordseite einer großen Rinne, bis auf dessen Südseite Schuttbänder unter den Felsen des Grates hindurch auf Grashänge hinüberleiten. Diese ermöglichen ein unschwieriges Weiterkommen nicht weit unter der zerrissenen Gratschneide. Südlich der Zacken zurück auf die Gratkante; sie hebt sich bald als schmale und steile, doch gut gangbare Schneide zur Lärchwand, 2187 m. Von dort führt der Grat fast waagrecht weiter bis an die Gipfelkrone des Glasfelderkopfs. Ein vorgelagerter Felsturm wird westlich umgangen, dann unschwierig zum Gipfel. Schöne Tiefblicke hinunter nach Westen ins romantische Lochertsgund, das mit dem Täschlefall ins Bärgündeletal mündet.

● 446 **Sattelköpfe,** 2097 m

Geo.: HD. Nom.: bezogen auf den breiten Notlendsattel.

Von **Hinterstein** 5 st, II, brüchig. Auf Weg R 72 zum Hintern Erzberghof (1³/4 st); von hier auf dem „Erzweg" im engeren Erzbachtal hinan zum Mitterhof und weiter süd-, dann westwärts über den Rücken, der Sattel- und Roßkopf verbindet, zur Sattelhütte, 1714 m, 2 st. Über ein Latschenfeld aufwärts zum Nordgrat, der mit brüchiger Wandstufe beginnt. Weiter über Bänder auf der Südwestseite, bis Gras und Schutt bis zur Grathöhe hinanziehen; auf der Grathöhe in teilweise unschwieriger Kletterei mit gelegentlichem Ausweichen auf der Westseite zum Gipfel, 1¹/4 st.

● 447 Vom **Jubiläumsweg** aus, ³/4 st, für Geübte I+; von den Gschnitzelböden her über die schrofendurchsetzten Osthänge.

● **448 NW-Wand,** 2 st, III+, brüchig: Von der Sattelhöhe aus gesehen teilt sich diese Wand in eine untere und obere Hälfte, die durch einen Geröllabsatz voneinander getrennt sind. Im westlichen (rechten) Drittel der unteren Wandhälfte zieht ein kaminartiger Riß nach oben, der den Einstieg vermittelt. Die ersten Meter etwas überhängend empor. Stets dem Riß folgend über mehrere kleine Überhänge bis zum brüchigen Ausstieg, der nach links auf einen Seitengrat führt. Diesen weiter verfolgend auf den oben erwähnten Geröllabsatz. Nun am Fuß des oberen Wandteils unter Überhängen nach links zu einer Geröllrinne, die man aufwärts verfolgt, bis man über eine kleine Wandstufe ein Band erreicht, das man (luftig) nach rechts verfolgt, womit die erwähnten Überhänge umgangen sind. Nun im unschwierigen Gelände über eine kurze senkrechte Stufe gerade hinauf zum Gipfel (Lanig-Merges, 1936).

● **449** **Schänzlekopf,** 2068 m; **Schänzlespitze,** 2050 m sind wenig bedeutende Erhebungen, die sich vom Jubiläumsweg, R 202, aus in je 1/2 st ohne jede Schwierigkeit erreichen lassen.

Geo.: HD. Nom.: Namenszeuge für eine im 17. Jh. spielende Grenzauseinandersetzung zwischen Allgäuern und Lechtalern, die zum Bau einer Schanze hier oben führte.

Der *Gratübergang* vom Schänzlekopf bis zum Lahnerkopf ist fast durchwegs I, landschaftlich reizvoll. Vorsicht und Klettenfertigkeit verlangen jedoch die brüchigen Türme im Nordostgrat der Schänzlespitze (II bis III). Ihre Umgehung in der Westflanke ist wegen des unzuverlässigen Gesteins kaum unschwieriger.
Die ins Erzbergtal herabziehenden Hänge zählen zu den schönsten Alpenrosengebieten der Nördlichen Kalkalpen.

Lahnerkopf, 2121 m

Geo.: HD n. mit Sockel aus Allgäuschichten des Jura. Nom.: Örtlichkeit, an der die Lawinen abgehen.

● **450** Der westliche Eckpfeiler der Lahnerscharte, vom Jubiläumsweg R 200 her, wie über die Grate von Südwesten und Nordosten unschwierig über Schutt und Gras in je 20 bis 30 Min. zu erreichen.
Die **Kastenköpfe** bilden die südliche Einrahmung des Schrecksees. Die Haupterhebungen dieses geologisch interessanten Massivs sind:
Der westliche **Kastenkopf,** 2129 m.

Nom.: im Sinne von schroffer Fels.
Geo.: HD, Krone auf Sockel aus Li.-Fle. und Kr.

● **451** Von der **Lahnerscharte** (R 200, 1/2 st, I, über Gras und Geröll.

● **453** **Kälbelespitze,** 2134 m (Hauptgipfel des Massivs).

Geo.: HD auf Kr.-Sockel.

Vom **Kastenkopf,** II, 1/2 st: über den Verbindungsgrat, über dem man eine tief eingeschnittene Scharte überklettert und von dem hier folgende Gratbuckel aus nach Süden absteigt, bis unterhalb einer steilen Felsstufe plattiges Geschröf ein Queren in die zweite tiefe Scharte gestattet. Von dort abermals südlich ausweichend zum Gipfel der Kälbelespitze.

● 454 Vom **Saalfelder Weg** aus, R 201, 1/2 st, I, über die steilen Südhänge.

● 455 Übergang vom **Kirchendach** s. R 455 b, 1 1/4 st, teilweise III.

● 455 a **Kirchendach,** 1991 m. Auffallender, kirchdachförmiger Grasberg im Zuge des Nordgrats der Kälbelespitze. Geo.: Kr. Aus der nördlich eingeschnittenen Kirchdachscharte (Übergang zur Landsberger Hütte) über steiles Gras (botanisch interessant) auf dem Dachfirst, I—.

● 455 b Der **Übergang zur Kälbelespitze,** 1 st, III, bietet abwechslungsweise Gras- und Schrofenkletterei, wobei man einige schwierige Steilabsätze zu überwinden hat. Unschwierige Abstiegsmöglichkeit aus einer Gratscharte in die zwischen Kastenkopf und Kälbelespitze gelegene Karmulde.

Älpelekopf, 2023 m, mit nördl. Vorgipfel **Falken,** 1905 m

Geo.: Kr. und Apt. auf Li.-Fle. und Kö.-Sockel.

Der häufig vorkommende Name Falken kommt vom Namen des auf solchen grasigen Bergen wachsenden Borstengrases (Falchen, nardus stricta). Der kühn ins Ostrachtal hinabschauende Gipfel stellt eigentlich nur eine kleine Nase im langen Nordwestkamm des Lahnerkopfs dar. Der Tiefblick ins Hintersteiner Tal ist besonders eindrucksvoll. Die steilen Südwesthänge sind eine Fundgrube botanischer Seltenheiten. Geo.: Apt. und Kr.

● 456 Aus dem **Erzbergtal:** Von Hinterstein 4 1/2 st, unschwierig, wie bei R 72 zum Mitterhof. Östlich über den Erzbach und aufwärts zur Schienenhütte, 1609 m. Nun über den Rücken des Erzecks nordöstlich empor und auf dem Grat nördlich zum Gipfel.
Dieser Grat ist auch von der **Lahnerscharte** her mühelos erreichbar.

● 457 Vom **Hinteren Erzberghof** zunächst durch Wald, dann über steile Bergwiesen über den Südwestkamm unmittelbar auf die Felskrone des Falken und weiter auf dem grasigen Kamm zum Gipfelaufbau des Älpelekopfs, 2 1/2 st, mühsam.

● 458 Vom **Schrecksee,** 3/4 st, unschwierig, jedoch beschwerlich, kann man über die steilen, teilweise erlenbestandenen Nordosthänge zum Grat südlich des Gipfels gelangen. Aus dem Talschluß der Taufersalp führt ein Jagdsteig bis in die Gipfelschrofen von P. 1905 (Falken), der einen mühsamen ↑ (II—) vermittelt.

● 459 **Kugelhorn,** 2126 m

Geo.: Kö. mit Schattwalder Schichten.

Vom **Jubiläumsweg,** R 200, I, 1 1/4 st, östlich des Schrecksees nach NO empor zum Knappenkopf und nördlich weiter über Gras zum Kugelhorn.

● 460 Von der **Hintern Schafwanne,** R 200, 1/2 st I: über Gras und Geschröf, zunächst auf dem Rücken, dann auf einem Schichtband rechts unterhalb, zuletzt etwas links ausweichend über einen niedrigen Plattengürtel.

● 461 Rauhhorn, 2240 m

Ein gezackter Kamm südlich des Geisecks mit schroffen Flanken nach Westen und Osten. Der Jubiläumsweg führt ostwärts um ihn herum. Die Ersteigung über die Grate von Norden und Süden ist durch Anbringung von Sicherungen wesentlich erleichtert, jedoch nur Bergerfahrenen und Schwindelfreien anzuraten. Hohes Gipfelkreuz. Geo.: HD.

Bei ganz sicheren Schneeverhältnissen ist die Skibesteigung des Berges bis zum Ansatz des Gipfelgrates über den vom Bienenköpfle hinaufziehenden Seitenast für sehr erfahrene Läufer durchführbar. Schwierige und schöne Abfahrt über die Willersalp nach Hinterstein (1350 m Höhenunterschied).

Ersteigungsgeschichte. Der Gipfel wurde zweifellos von alters her durch Hirten und Jäger begangen. Als erster Tourist ist Sendtner (1854) zu betrachten.

Schrifttum. EOA, S. 92. Das Schöne Allgäu, Sept. 1968.

● 462 **Nordgrat.** Vom Geiseckjoch (Vordere Schafwanne), 2056 m, R 200, 1/2 st, gut gesichert, I. Auf deutlichen Steigspuren über den begrünten Rücken nach Süden. Die später folgenden Felsköpfe werden rechts umgangen: das Gipfelwandl wird entweder durch einen etwa 4 m hohen, unten leicht überhängenden Einriß (etwas ausgesetzt, durch Eisenklammer jedoch entschärft) unmittelbar oder rechts ausweichend über gutgriffige Felsen erklettert. Auf dem folgenden Band nach rechts und unmittelbar aufwärts zum Gipfelkreuz, auch mit Kindern ab 14 J., die angeseilt gehören. Dies gilt auch für den

● 463 **Südgrat.** Vom Sattel der Hintern Schafwanne (R 200, 3/4 st), nach Norden, zunächst über Gras, dann auf dem schrofigen Grat, nach Bedarf auf Steigspuren in die Flanken ausweichend, zu einem Vorkopf und, einen kleinen Abbruch rechts umgehend, zum Gipfel, I—.

● 464 Die von zahlreichen Runsen und Schluchten durchzogene **Westflanke** kann von der Gernalp aus durchklettert werden (II). Es gibt mehrere Möglichkeiten. Die beste bietet eine ausgeprägte, den Hauptgrat südöstlich erreichende Rippe. Brüchig. Vorsicht, Steinschlag!

● 465 Die steile **Ostwand** wird durch die vom Gipfel nach Osten abfallende Rippe in eine Südost- und Nordostwand geteilt. Südostwand (II) sehr brüchig, durch grasige Rinnen zum Hauptgrat südlich des Gipfels. Nachrichten über Durchsteigung der wesentlich steileren und schwierigeren Nordostwand fehlen. Ausgangspunkt: Vilsalp.

● 466 Geißhorn, 2249 m

Prächtige Aussichtswarte, besonders schön der Blick auf den Vilsalpsee, die Tannheimer Berge und die Leilach-Gruppe, überragt von der Zugspitze. — Geo.: HD auf Sockel aus Kö., die in der Vorderen Schafwanne und am Zirleseck frei werden.

Die Besteigung des vom Hauptkamm nach Osten vorgeschobenen Gipfels, der in Österreich liegt, erfolgt gewöhnlich auf dem Steig, der am Geißeckjoch vom Jubiläumsweg abzweigt. Für vom Zirleseck Kommende empfiehlt sich der, allerdings mehr Gewandtheit erfordernde, Anstieg über den Nordwestgrat des Geißecks, der auch als Winterweg in Betracht kommt. Lawinengefahr bei winterlicher Querung des Gipfelgrat-Südhangs. Großartige, jedoch schwierige Skiabfahrt durch die Nordflanke in das Kar zwischen Rhonenspitze und Schnurschrofen.

Schrifttum. EOA, S. 92. BK 73, Nr. 5, S. 31.

● **467** Am Osthang des Geißeckjochs (Vordere Schafwanne) (R 151), 30 Min., unschwieriger Weg, zunächst etwas nach Norden, dann fallend und waagrecht die Südflanke des Geißecks querend nach Osten und zuletzt etwas steiler empor zum Grat, der in leichter Steigung nach Osten zum Gipfel führt. — Der Grat ist auch unmittelbar vom Geißeckjoch aus über unschwierige Schrofen zu erreichen; oben Steigspuren, auch mit Kindern ab 12 J.

● **468** Über den **Nordwestgrat** des Geißecks. Vom Köllesattel, R 217, 1¾ st, I+, Trittsicherheit jedoch Voraussetzung, nach Süden über den grünen Kamm oder westlich unterhalb zum *Zererköpfle,* 1946 m; weiter über den flachen, breiten Rücken zum Beginn des schrofigen Grats, der, sich weiter oben kurz zusammenschnürend, zum Geißeck, 2213 m, emporleitet. Von hier nach Osten über den flach eingesenkten, weitgeschwungenen Gipfelkamm zum Geißhorn. — Statt den Grat zum Geißeck zu begehen, kann man auch, hinter dem Zererköpfle nach Osten absteigend, über die Nordhänge zum Gipfelgrat ansteigen. Mühsam.

● **469** **Nordgrat.** Von der Untern Roßalp, R 217, 2 st, mühsam, II: über die Weidehänge südwestlich aufwärts und durch die Mulde zwischen Zererköpfle und Schnurschrofen zum Gratbeginn. Man hält sich meist rechts unter der Grathöhe und gewinnt über teilweise brüchiges Gestein den Gipfel.

● **470** Auch der lange Ostkamm kann vom Vilsalpsee aus, wenn auch mühsam, ohne sonderliche Schwierigkeit begangen werden (II).

Ponten, 2045 m

Name: bante, der gebannte Berg, wo kein Holz gefällt werden darf.
Geo: HD. Viele Versteinerungen!

Mehrgipflige Erhebung im Hauptkamm nordwestl. des Geishorns. Über ihn führt von der Willersalp zum Bschießer und Iseler ein bez. Steig.

Lohnende Skitour vom Iseler oder von der Willersalpe, aber auch von der Bergstation des Rhonenlifts bei Zöblen aus. Lit.: Winter 15. 3. 1969.

● **471** Vom **Zirleseck** (R 217, ¾ st) auf bez. Steig über Gras und unschwierige Schrofen zum Gipfel.

● 472 Von **Schattwald** ($2^1/_2$ st, unschwierig) kann man auch, statt über das Zirleseck, südlich über die Stuibenalp den Westgrat und über ihn den Gipfel erreichen.

● 472 a Übergang vom Bschießer s. R 475.

● 473 Rhonenspitze (auch Rohnenspitze), 1999 m

Name: Rhone = Windwurf, Ansammlung fauler Baumstämme.
Geo.: HD auf Sockel aus Kö. und Li.-Fle.

Der Gipfel entragt einem Seitenaste, der vom Zirleseck nach Nordosten aus strahlt.

Vom **Zirleseck** (R 217, $^3/_4$ st über den Kamm einige Felsstufen in luftiger Kletterei (I—) überwindend zum Gipfel. Wintersüber großartige Skitour: ↑ mit Hilfe des Rhonenlifts (R 77) über die Böden der Pontenalp zum Zirleseck, ↓ nur für sehr erfahrene Hochtourenläufer. BK 73, Nr. 5.

Bschießer, 2000 m

Name: der Steine Herabwerfende, auf alten Karten und im Volksmund: „Bscheißer", als Schimpfname, weil er die Weiden durch Steinschlag beschädigt (vgl. auch Schüsser). Schrifttum: „Schönes Allgäu", 1956, S. 160, und 1937, S. 186.

Geo: PLK auf Sockel aus Kö. und Li.-Fle. Viele Versteinerungen.

Eine runde Kuppe im Grenzkamm nördlich des Pontens, in Verbindung mit dem Iseler auch als Skifahrt lohnend.

● 474 Vom **Stuibensattel** (R 218, 1 st, bez. Weg) nach S über sanfte Weidehänge, dann durch den die Landesgrenze bezeichnenden Aushieb im Krummholz zu einem Vorkopf (Grenzstein; im O der Seitenkamm des Bischofmanns), und auf dem Kamm über Schutt zum Gipfel, auch mit Kindern ab 10 J.

● 475 Auch der Übergang vom **Ponten** über den Grenzkamm (bez. Steig) bietet keine Schwierigkeit ($^1/_2$ st), auch mit Kindern ab 10 J. Unter winterlichen Verhältnissen verlangt er Bergerfahrung und Vorsicht.

● 475 a In dem nach SW abfallenden Kamm liegen der selten besuchte **Dresenberg**, 1831 m, mit interessanten Lawinenverbauungen, und der einen hübschen Tiefblick auf Hinterstein gewährende **Stuibenkopf.**

● 476 **Bschießer-Südkante** (Hub. und Ph. Tannheimer, Lipp 1935). IV (überwiegend III), 2 st E. Sehr schöne, teilweise ausgesetzte Führe in festem Fels. Häufig begangen; durch Südlage fast ganzjährig begehbar. Im Verhältnis zur kurzen Kletterei lange Zustiege. Alle Zh (12) vorhanden, ebenso wie alle Sh; 4 SL und 3 leichte Ausstiegsseillängen.

Übersicht: Die Führe verläuft bis zum großen Absatz links der Kante. Für eine Seillänge wird nun die geneigte Kante verfolgt, um vom Wandbuch aus rechtshaltend, später geradeaus über leichten Fels den Gipfel zu erreichen.

Zugang: 1) Vom Tannheimer Tal.

Von Schattwald über das Stuibental zur Stuibenalp. Von der Alp nach Süden (geradeaus) durch ein langgestrecktes Kar zur Kammhöhe zwischen Ponten (links) und Bschießer (rechts). Auf der Kammhöhe in Richtung Bschießer bis kurz vor die Stelle, wo sich der Weg nach rechts wendet, um in steilen Kehren auf den Bschießer hinaufzuführen. Hier führen Steigspuren durch Latschen steil nach links (S) hinunter. Bald wendet sich der Pfad nach rechts und erreicht, nachdem man kurze Zeit unter Felswänden gequert hat, ein kleines Kar, aus dessen Mitte die markante Südkante emporragt (ca. $2^1/_2$ st von Schattwald).

2) Vom Iseler über den Stuibensattel auf den Bschießer. Steil in Richtung Ponten hinunter; nachdem man die steile Bergflanke nach rechts verlassen hat, um die Kammhöhe zu erreichen, geht man auf dieser noch kurze Zeit weiter, um dann auf die von der Kammhöhe hinabführenden Steigspuren zu treffen, $1^1/_2$ st ab Iseler. E. unmittelbar am Kantenfuß.

Führe: 1. Sl: Über gestuften Fels rechtshaltend zur Kante (I—II). An der Kante (Haken) schwierig auf Band (2 H, IV).

2. Sl: Unter den Überhang (H) hoch. Kurzer Linksquergang an 4 H. Vom letzten Haken zuerst gerade, dann rechtshaltend zur Kante. An ihr (H, III+) gerade zu großem Absatz. **3. Sl:** Über einen breiten Riß zur geneigten Kante und an ihr in sehr schöner Kletterei (III—, 1 H) zu kleinem Absatz (Wandbuch). **4. Sl:** Vom Absatz über abdrängenden Fels (2 H) hoch. Schwierig vom letzten Haken weg (IV) und etwas rechts haltend bald über leichteren Fels zu Stand an einem Köpfl. **5., 6., 7. Sl:** Immer gerade über den leichten Fels empor (II). In der letzten Seillänge fast schon Gehgelände (Schrofen, I).

Iseler, 1876 m; **Kühgundspitze,** 1907 m

Name Iseler: mhd. isel = Unrat, Geröll? oder mhd. isse = Weideplatz (vgl. Berg Isel, Hochiss).

Geo.: HD auf Sockel aus Kö. und Li.-Fle.

Der Iseler zeigt das für den überschobenen HD typische Gipfelprofil: sanften Südhang, steilen Nordabsturz mit Gehängeschutt.

Zwei Erhebungen in dem quer zum bisherigen Gratverlauf liegenden Kamm, der das Oberjoch südlich begrenzt. Der erstere wird wegen seines schönen und leichten Anstiegs und seiner Fernsicht willen viel besucht. Ganzjährig laufender Sessellift bis zum Iselerplatz, 1670 m, im Winter als Skilift in Betrieb.

● **477** Von **Bad Oberdorf** zum Iseler, 3 st, bez. AV-Weg, zunächst nordöstlich vom Wildbach, dann östlich über Wiesen, am Südhang der Palmwand entlang auf den Alpweg aufwärts. Später links durch den Wald zum „Iselerplatz" und in Kehren den Nordwesthang empor zum Gipfelkreuz, auch mit Kindern ab 8 J.

● **478** Von **Oberjoch** 1³/₄ st, auf Alpweg vom Hochpaßhaus nach rechts hinüber bis zu einem tannenbestandenen Kogel; in ihm führt ein guter Steig empor, zuletzt durch Hochwald zum „Iselerplatz"; dann wie bei R 477 zum **Gipfel.**

R 477 und 478 nebst mehreren Varianten im unteren Teil bieten schöne Skiabfahrten, Gipfelhang steil und zuweilen nicht lawinensicher.

Die Benützung des Sessellifts verkürzt die Aufstiegszeit zum Gipfel auf 45 Min.

● **479** Der Anstieg vom 1600 m hoch gelegenen Zipfsattel (R 218, ³/₄ st, unschwierig) benützt den vom Schattwald heraufkommenden bez., sehr sonnigen Weg.

● **480** Zur Kühgundspitze gelangt man von **Schattwald** (2¹/₂ st, leicht) auf dem bez. Weg zum Iseler und — in Falllinie des beide Gipfel verbindenden Sattels nach rechts umbiegend — über die latschenbedeckten Südhänge zum Gipfelgrat.

● **480 a** **Von Norden.** Westlich der Landesgrenze von der Oberjochstraße zur Hinteren Wiedhagalp, 1335 m, wo die Wertach entspringt, und nun — Orientierungsvermögen nötig! — in SO-Richtung durch Wald, später durch ein Kar um den Kühgundrücken herum und allmählich nach S, SW und W umbiegend zum Gipfelkreuz auf den dem Hauptgipfel östlich vorgelagerten Vorgipfel. 2¹/₂ st, landschaftlich sehr schön, jedoch meist pfadlos.

● **481** *Übergang* vom Iseler zur Kühgundspitze, ¹/₂ st, unschwierig, jedoch infolge sperriger Latschen zuweilen mühsam (I—).

● **481 a** Großartige Skiabfahrt nach Schattwald (R 480) oder zur Hinteren Wiedhagalp (R 480 a)! Der bis 1575 m hinaufführende Wannenjochlift (R 76) eröffnet für Tourenläufer das großartige Skigebiet zwischen Kühgundspitze und Ponten. Pontenskilift bis zu den oberen Böden der Stuibenalp geplant!

II. SEITENKÄMME ZUM LECHTAL, ILLERTAL UND BREGENZER ACHENTAL

a) Hornbach-Kette

● 482 Dieser mächtigste Seitenkamm des Allgäuer Hauptkamms erstreckt sich in einer Länge von etwa 15 km von der Öfnerspitze bis zur Einmündung des Hornbachs in den Lech.

Er ist im Norden vom einsamen Tal des Hornbachs, im Süden vom Lechtal begrenzt und entsendet einen einzigen selbständigen Seitenast, der beim Großen Krottenkopf nach Süden abzweigt und beim Rothorn einen langen Rücken nach Osten schickt. Dieser Seitenast bildet die Begrenzung der beiden größeren Wasserläufe der Kette, des Roßgumpenbachs, der nach Süden, und des Bernhardsbachs, der nach Osten zum Lech fließt.

Mit einer Kammhöhe von 2400 m und einer durchschnittlichen Gipfelhöhe von über 2500 m erinnert die zerklüftete Dolomitkette mit ihren zahlreichen großen Karen hoch über den Talfurchen des Lechs und Hornbachs zuweilen ans Karwendel.

Ein prächtiger Höhenweg verbindet die beiden Hütten des Gebietes, die auf der Südseite gelegene Hermann-von-Barth-Hütte und das auf dem Nordabfall gelegene Kaufbeurer Haus, miteinander und mit der Kemptner Hütte. Im westlichen Teil befindet sich auf der Nordseite ein bez. Weg, vom Märzle bis zum Schöneckerkar. Als Ausgangspunkte kommen neben den genannten Hütten in Betracht die Orte des Lechtals, das Whs Bernhardseck, und auf der Nordseite Hinterhornbach.

Der Große Krottenkopf, die Östliche Plattenspitze und die Bretterspitze sind durch bez. Steige zugänglich gemacht. Den Kletterer locken eine Anzahl unschwieriger bis schwierigster Felswege, von denen die an den Wolfebnerspitzen weithin Berühmtheit erlangt haben.

Der Skiläufer findet in der Hornbach-Gruppe zwar wenige geeignete Gipfelziele, jedoch schenkt ihm eine Winterfahrt durch die einsamen Südkare mit ihrem wechselvollen Auf und Ab landschaftliche Bilder von eindrucksreicher Schönheit. Diese Fahrten lassen sich schon im zeitigen Frühjahr bei Benützung der gebräuchlichen Südanstiege zu genußvollen hochalpinen Klettertouren erweitern.

Die Lawinengefahr bedingt bei dieser Querung einige Abweichungen vom Sommerweg: Den Übergang vom Wolfebnerkar ins Balschtekar wählt man durchs Wolfebnerschartl, 2368 m, zwischen Wolfebner- und Östlicher Plattenspitze; jenen vom Balschtekar ins Noppenkar durch die zwischen Nördlichem und Südlichem Söllerkopf eingeschnittene „Balschte-Winterscharte", 2325 m, und jenen vom Noppenkar ins Wolekleskar über den „Luxnacher Wintersattel", 2281 m, im Südgrat der Noppenspitze. Den Übergang zur Kaufbeurer Hütte nimmt man ebenfalls nicht dem Sommerweg folgend, sondern über die zwischen Bretter- und Gliegerkarspitze eingeschnittene, von dieser Seite schwierig zu erreichende (in umgekehrter Richtung abseilen!) Gliegerscharte, 2486 m, von der aus die beiden letztgenannten Gipfel auch im Winter ohne sonderliche Schwierigkeiten erreicht werden können. (Anschauliche Schilderung dieser Winterfahrten durch Wechs im

„Bergsteiger" 1941, Heft 8; und durch Schott in DAV-Mitt., Heft 2 und 5, Jahrg. 13.) Weiteres Schrifttum: ZAV 1966, S. 7 ff. Das Schöne Allgäu, Juni 1970.

● 483 Hornbachspitze, 2533 m

Eine unbedeutende, dem Großen Krottenkopf nördlich vorgelagerte Erhebung ohne besondere touristische Bedeutung. In ihr zweigt der nach Süden auslaufende, den höchsten Gipfel der Allgäuer Alpen tragende Seitengrat von der Hornbachkette ab.
Geo.: HD.

Erstersteigungsgeschichte. Die aus dem Öfnerkar leicht zugängliche, und deshalb sicher schon früh durch Einheimische betretene Erhebung bekam ihren Namen durch J. Enzensperger und Reuter, die sie 1897 betraten. Ostgrat (Abstieg) Guyer und Schraube 1901.

Schrifttum. Mitt. 98, S. 235; 8. und 9. AAV.

● 484 Aus dem **Öfnerkar** (R 330, 3/4 st, I) hinan gegen die Grateinsenkung nordwestl. des Gipfels (Marchergang) und über den Grat auf Geröll und Schrofen zur Spitze. Skifahrt.

● 485 **Ostgrat.** Vom Hermannskarsee (R 203, 1 1/2 st, teilweise IV) in die Scharte am Fuße des Ostgrats. Sein großer Turm kann sehr schwierig überklettert werden; unschwieriger ist die Umgehung auf der Nordseite in die man etwa 20 m weit auf einem Blockband hineinquert, um durch eine Rinne und Verschneidung zum Grat zurückzukehren. Kurz vor dem Gipfel ein kleiner Überhang, der links aufwärts erklettert wird. Den Gipfelblock gewinnt man von Norden.

● 486 Von der **Hermannskarscharte** (R 490, 1/2 st, teilweise III, brüchig) über Rinnen und plattige Verschneidungen östlich unter dem großen Gratabbruch hindurch und empor zum Gipfelgrat.

● 487 Über die **Nordflanke** (aus der March 1 1/2 st, II) führen ermüdende Schuttreißen und äußerst brüchige Schrofen. Man benützt den breiten Rücken, der von einem gelben Zackenbau aus zwei Scharten in der tiefsten Einsenkung gegen die Öfnerspitze herabzieht und westlich von einer Schlucht begrenzt wird. Vom untern Beginn der Schlucht nach links auf den Rücken und auf ihm bis unter die Grathöhe; nach links in ein Schärtchen und zum Gipfel.

● 488 Großer Krottenkopf, 2657 m

Der höchste Berg der Allgäuer Alpen mit ausgedehnter Rundschau, schöner Tiefblick zum Hermannskarsee. Die Ersteigung aus der Krottenkopfscharte ist bez.; der Nordgrat bietet hübsche, die Westwand sehr schwierige Kletterei. Der Weg durch die Firnrinne der Nordostwand wird kaum mehr begangen.

Lohnendes und nicht besonders schwieriges Winterziel mit Ski auf R 489. Abfahrt durchs Höhenbachtal nach Holzgau (Höhenunterschied etwa 1400 m).
Geo.: HD. *Namen:* vom rom. grota/crota = Grotte, steiler Fels.

Ersteigungsgeschichte. Als erster berichtet Dr. Gümbel über den Berg, den er, wohl erst nach Einheimischen, von der Krottenkopfscharte aus bestiegen hat. Über den Nordgrat stieg J. Enzensperger mit Begl. 1893 ab; die Eisrinne der Nordostwand begingen J. Enzensperger und Dr. Madlener, 1896, die Westwand durchstiegen Barthels und Günther, 1903, Durst, J. Götz und A. Kögl, 1923 auf verschiedenen Wegen; die Ostwand A. Brand und L. Morath 1932; Nordostwand Kornacher und Gef. 1957.

Schrifttum. EOA, S. 69; NKA, S. 229; Barth, Wegweiser, S. 374; Enzensperger, Bergsteigerleben, S. 47; ZAV 1904, S. 236, „Schönes Allgäu" 1954, S. 137.

● **489** (Bild XV) Von der **Krottenkopfscharte** (R 203), 3/4 st, bez. Weg: nördlich über Geröll und kurze überschotterte Stufen den Südrücken des Berges hinan, hinter dem unbedeutenden Höcker des Kleinen Krottenkopfs, 2577 m, an der ins Hermannskar hinabziehenden Eisrinne vorbei, und nordwestlich zum Gipfel; Steinmann, Buch. Auch mit Kindern ab 14 J.

● **490** (Bild XV) **Nordgrat.** Vom Öfnerkar, R 330, 331, über eine steile Schuttrinne hinan zur Hermannskarscharte, 2443 m, zwischen Krottenkopf und Hornbachspitze; von hier 1 st, bei den Überhängen III, festes Gestein. Über die ansetzende brüchige Steilwand auf den Grat; zwei Überhänge auf ihm werden rechts umgangen; dann unschwieriger weiter zum Gipfel.

● **491** **Nordostwand** (4 st E., 350 m, IV). Aus dem Hermannskar, oder von der Hermannskarscharte absteigend, zum nördlichen Ende des fast die ganze Wandbreite durchziehenden Sockels. Von hier auf gut ausgeprägtem Band leicht ansteigend nach links, über eine schwierige Unterbrechungsstelle bis zu seinem Ende. Nun an guten Griffen ausgesetzt rechts aufwärts zu einem zweiten Band, das wieder nach links verfolgt wird. Von seinem Ende ein zweites Mal schräg nach rechts hinauf zu einem Felskopf und weiter durch einen trichterartig sich erweiternden Riß auf den großen Geröllabsatz in der nördl. Wandhälfte. Auf ihm nach links bis zu auffallenden schwarzen Wandstellen (Wasserfall). An der rechten Rippe gerade hoch (meist Wasser, schlüpfriges Gestein!) und nach rechts auf eine geneigte Platte unter einem Dachüberhang. Unter ihm weiter nach rechts und über einen kleinen Überhang auf das erste große Plattenband. Auf ihm zwei Seillängen schräg hinauf, dann Übergang nach links auf das zweite Band, das bis vor eine Verschneidung verfolgt wird. Von hier

XV Großer Krottenkopf vom östlichen Mädelejoch
H = Hornbachspitze, GK = Großer Krottenkopf, KS = Krottenkopfscharte.
a = R 484, b = R 490, c = R 494, d = R 495, e = R 489.

kurzer, sehr schwieriger Quergang nach links (3 m) und gerade hinauf auf das dritte Band, das wieder eine Seillänge nach rechts verfolgt wird. Über eine brüchige Kante sehr schwierig hinauf zum 4. Band (es leitet zum großen Absatz im Nordgrat unter dem Gipfel) und nun leicht links haltend unschwierig zum Gipfel.

● 492 Durch die **Firnrinne** der Nordostwand. Vom Hermannskar, R 204, über Geröll und Schnee zum Beginn der Rinne, 2392 m, die in einer durchschnittlichen Steigung von etwa 40 Grad zwischen düsteren Felsmauern Krottenkopf) emporzieht. Der Aufstieg ist je nach den Schneeverhältnissen zur wenig ausgeprägten Scharte rechts der Südostschulter des Gipfels (Kleiner Krottenkopf) I—III. Im Abstieg vermeide man unbesonnenes Abfahren, da die Rinne, auch wenn oben firnerfüllt, doch weiter unten vereist sein kann.

● 493 **Ostwand.** Die Wand wird in ihrem unteren Teil von einer tiefen Verschneidung durchzogen. In ihrem unteren Beginn ist der Einstieg. Erst eine halbe Seillänge hinauf zu einem kleinen Geröllkessel; nun links der Verschneidung etwa zwei Seillängen hinauf, dann schwierig etwa 30 m über die steiler werdende Rippe. Fünf Meter vor ihrem Ende führt ein abschüssiger Quergang nach rechts über die Verschneidung zu Stand. Nun schwierig über ein senkrechtes schwarzes Wandl 6 m empor zu Stand. In der hier rinnenartigen Verschneidung eine halbe Seillänge aufwärts, dann 6 m Querung nach rechts zu einer abschüssigen Terrasse (Steindaube). Von ihr 4 m links (abwärts), etwa 6 m gerade empor, dann halblinks auf eine Kante. Von hier führt ein Quergang auf eine große plattige Terrasse. Von der Steindaube etwa 30 m. Einige Meter auf die nächste Terrasse, die man bis zum Nordgrat verfolgt und in wenigen Min. zum Gipfel; 3 st, teilweise V.

● 494 (Bild XV) **Westwand.** Vom Öfnerkar, R 250, zu dem Geschröf, das etwas links der Gipfelfallinie am tiefsten in die Geröllhalden herabzieht: P. 2236, AV-Karte, von hier 3 st, Schwierigkeiten II—IV, eine Stelle V.

Man verfolgt den Rand des Schrofensporns am besten 20 m hoch hinauf und erreicht von hier, an geeigneter Stelle nach links hinaufsteigend, die mäßig geneigten Schrofen, die ohne Schwierigkeiten (II) gegen die Steilwände der oberen Wandhälfte hinaufziehen. (Richtungspunkt: Schneefleck. Siehe Wandbild.) Zuletzt über steileren Fels in den Winkel, den ein aus der Wand hervorspringender Felsbau mit der W-Wand bildet. Von hier führt ein langes Schuttband, auf dem die senkrechten Wände aufsetzen, nach rechts hinauf. Von seinem Ende (Beginn der Schwierigkeiten) etwa 8 m links hinauf auf einen kleinen Absatz unter einer glatten Wandstelle, über der ein enger Riß ansetzt. Hier 6 m hinauf (V, Schlüsselstelle), in den Riß hinein, am besten ihn gleich wieder nach links verlassend (oder, schwieriger, durch ihn hindurch) in unschwierigeres Gelände und weiter nach links oben zum Beginn der großen Verschneidung. Diese selbst ist wenig benutzbar; der weitere Anstieg vollzieht sich meist einige Meter nördlich von ihr. Oben erweitert sich diese Verschneidung schluchtartig; man steigt in ihrer linken Begrenzung an zum Nordgrat, den man etwa 30 m nördlich des Gipfels und 10 m senkrecht unter ihm betritt.

● **495** (Bild XV) **Südwestwand.** Die sich nach Süden zur brüchigen Flanke verflachende Südwestwand wurde auf mehreren Routen durchstiegen. Je nördlicher diese liegen, desto schwieriger sind sie.

Die weiter südlich gelegenen Durchstiegsmöglichkeiten haben touristisch wenig Interesse. Wegen der Brüchigkeit des Gesteins sind sie nicht zu empfehlen.

● 496 **Ramstallkopf,** 2536 m

Zerborstenes, brüchiges Felsmassiv südlich der Krottenkopfscharte mit schroffen Flanken gegen W und O. Der Ostgrat wirft sich nach unbedeutender Einschartung zum felsigen Ochsenkopf (Karjochspitze) auf. Der einsame Berg ist ein besonders lohnendes Ziel für den Bergsteiger, der die Schönheit abseits begangener Wege sucht.

Geo.: HD.

Name: umstritten, vermutlich vom Ramstallbach = Rams-Tal, dem die Südwestflanke des Massivs durchziehenden, reich mit Bärlauch (allium ursinum) bewachsenen kleinen Tal.

Ersteigungsgeschichte. Abstieg nach Osten: W. Lossen, 1900. Nordgrat: K. Dempf und E. Heimhuber, 1902.

Schrifttum. 8. und 9. AAV.

● **497** Vom **Karjoch.** R 203, 210, 45 Min., I+: über den Schutt des langen Südrückens, einzelnen Felszacken ausweichend, außergewöhnlich brüchig.

● **498** Von der **Krottenkopfscharte** **1 st, II+:** über brüchige Türmchen zu einem Abbruch, der rechts in einem Kamin umgangen wird. Unschwieriger auf den Vorgipfel, über Platten in die folgende Senke und über einen Zacken zum Steinmann. Brüchig.

● **499** Über die **Ostflanke** führt der Lossensche Abstieg, der in einer steilen Felsrinne bei der Abzweigung des Ostgrats auf eine Geröllbank hinabführt und sodann über Wandstufen und Bänder das Kar gewinnt, III.

● 500 Die **Westwand** ist (am besten in Gipfelfallinie) über sehr brüchigen, von Geröllplätzen unterbrochenen Fels zu durchklettern. 3 st E., III+.

Strahlkopf, 2361 m; Rothornspitze, 2392 m; Jöchlspitze, 2226 m

Schön geformte, geologisch interessante Berge im Kammverlauf südlich des Ramstallkopfes. Interessante Flora in den steilen Grasflanken.

Die Überschreitung von N nach S mit ihren prächtigen Ausblicken ins Lechtal und auf seine Berge ist ein besonderer Genuß.

Herrliche Skiabfahrt vom Karjoch durchs Bernhardstal nach Elbigenalp oder — unterm Karjoch westlich des Kammes nach S querend — vom Rothornjoch über das Bernhardseck nach Untergieblen.

Geo.: Strahlkopf Kö. mit (östlich) Rotem Li. und (westlich) PlK auf Sockel aus Li.-Fle. Rothornspitze: BuHo und (südlich) Apt. auf Sockel aus Li.-Fle. Jöchelspitze: BuHo und Apt. über (westlich) Li.-Fle. und (östlich) Holzgauer Kreideflysch.

Name: Strahlkopf vom mhd. strâle = Pfeil, Blitz.

● 501 Der **Strahlkopf,** eine lange, dachartige Erhebung mit einem niedrigeren Nordeck, 2361 m, ist vom bez. Weg R 210 über die Westhänge unschwierig in einer halben Stunde erreichbar. Vom Gumpensattel über Gras und erdige Schrofen 15 Min. Vom Karjoch führt auf den Nordgipfel ein steiles, von links nach rechts ziehendes Geröllband, das in eine brüchige, seichte Rinne übergeht.

●502 Die südlich des Gumpensattels folgende **Rothornspitze** ist vom Gumpensattel über den erdigen und geröllbedeckten Nordrücken in 20 Min. unschwierig zu besteigen; ein weiterer unschwieriger Anstieg führt vom südlich gelegenen Rothornjoch, 2158 m, zu dem an den Westhängen des Gipfels ein rot bez. Heuersteiglein herüberleitet, ebenfalls unschwierig in 40 Min. zum Gipfel; auch der kurze, steile Ostabfall, der zu dem langen Bernhardsrücken hinabführt, ist unschwierig.

● 503 Die südlich des Rothornjochs liegende **Jöchlspitze** ist auf dem bez. Pfad von diesem Joch her bequem in 1/4 st erreichbar. Sie bietet einen schönen Blick auf die Lechtaler Berge und auf den westlichen und mittleren Teil der Hornbachkette.

● 504 **Westliche,** 2480 m, und **Östliche,** 2473 m, **Faule Wand-Spitze**

Untergeordnete Erhebungen in dem das Hermannskar nördlich begrenzenden Zackengrat.
Geo.: HD.
Name: faul = mürbe, leicht zerbröckelnd.

Ersteigungsgeschichte. Aus der March: Erik Köng, 1894; vom Hermannskar: von Cube und Gef., 1900; Ostgrat: von Cube und E. Euringer, 1903.

Schrifttum. Mitt. 94, S. 274; Mitt. 95, S. 143; 9. AAV.

● **505** Vom **Hermannskarsee,** R 203, in einer Geröllrinne zur Scharte zwischen den beiden Spitzen; zur Östlichen von hier aus über den Grat, I, 45 Min. vom See. Zur Westlichen entweder auf dem Grat, IV, über den ersten Turm oder 40 Min. südlich unter der Scharte aus der Rinne nach links über die gewaltige, etwa 45 Grad geneigte Plattenwand zum scharfen Grat, der zum Gipfel führt, 1 st vom See, teilweise III.

● 506 Über den Westgrat des Westgipfels aus der Scharte östlich der Hornbachspitze, R 485, 1 st, II, meist über den Grat unter Umgehung des letzten überhängenden Turms.

● **507** **Ostgrat** des Ostgipfels. Vom Wege durch das Hermannskar, R 203, etwa 10 Min. östlich des Sees links ab und über Geröll empor zur *Spiehlerscharte,* etwa 2390 m (auch von Norden her erreichbar; 2 st E., sehr schwierig), und steil und plattig auf die Höhe des ersten Turmes, der schon vom Hermannskar aus durch seine kühne Form auffällt. Jenseits sehr steil, ausgesetzt und brüchig in die Scharte. Die Gratkante des zweiten Turmes etwa 10 m aufwärts, dann nach links (südlich) zu einem gelben, 3 m hohen Kamin, über den eine Platte auf einen dem Turmgipfel vorgelagerten Zacken leitet. Von der Scharte zwischen Zacken und Turm waagrecht etwa 8 m lang nach Norden hinaus, dann durch einen schiefen, etwa 15 m hohen Riß auf die Gratkante und über sie zum zerzackten Gipfel des zweiten Turmes. Über den folgenden Abbruch sehr schwierig hinab in die nächste Scharte (zu ihr führt von Südwesten her schräg durch die Südwand ein Geröll- und Schrofenband) und nun stets auf dem Grat, verschiedene Zacken überkletternd, auf die Östliche Faulewandspitze, IV.

● **507 a** **Westl. Faulewandspitze-NNW-Grat** (Grathöhe 340 m) bisher ungelöst.

● 507 b Östl. Faulewandspitze-NO-Wand (Wandhöhe 200 m) ebenfalls ungelöst.

● 508 Marchspitze, 2610 m

Eine der schönsten Berggestalten der Allgäuer Berge. Die ebenmäßige Felspyramide fällt gegen N in schrägen Plattenanlagen, gegen SO und SW in steilen Sockeln ab. Ihr Südgrat, der jenseits der Putzscharte noch Hermannskarspitze und Turm trägt, trennt das Hermannskar von dem ebenfalls einen winzigen See bergenden Birgerkar. Südgrat und Westweg werden verhältnismäßig häufig, die übrigen Wege sehr selten begangen.
Geo.: HD.

Name: Mark = **Grenzmark.**

Ersteigungsgeschichte. Frühere Ersteigungen durch Jäger und anläßlich der Vermessung 1854; erster Aufstieg über den Westgrat: H. v. Barth, 1869; Umgehung der Gratzacken („Kartenblätter" Barths) am Westgrat durch Frhr. v. Feilitzsch und Rösch, 1879; Aufstieg von der Marchscharte her: Köfel mit Zobel, 1881; Nordostwand: Ch. Wolff mit Schiffer, 1894; Ostwand: Botzong, 1901; den Südgrat begingen v. Cube mit Gef., 1899; die Südwestwand H. Lossen, 1901; C. Holzhammer, 1908. Südostwand Kornacher-Simm, 28. 8. 1953.

Schrifttum. EOA, S. 70; Barth, Wegweiser, S. 395 (Ilfenspitze); ZAV 1904, S. 238; 7. und 9. AAV; 14. Bay.

● 509 Von der **Spiehlerscharte,** R 507, 1—1½ st, II+: Der Barthsche Anstieg benützt im wesentlichen den Westgrat; von der Scharte zunächst nördlich ausweichend, dann die dünnen Gratzacken („Kartenblätter") überkletternd, zuletzt unschwierig zum Gipfel. Unschwieriger umgeht man die „Kartenblätter" auf der Nordseite über Geröll; man erreicht auf ihm ansteigend den Beginn einer engen, zum Grat emporziehenden Rinne, die man kurz unter dem Grat wieder nach links verläßt; um weiterhin über Bänder und Stufen sich stets in der Nordflanke haltend, erst kurz vor dem Gipfel den Westgrat zu gewinnen. Die Nordwestflanke ist auch tiefer unten gangbar.

● 510 **Nordostflanke.** Von der Marchscharte (R 211, 1¼ st, II+) etwa 20 Schritte nach N zu einer Rinne, in ihr empor, später nach rechts auf die Nordwand übertretend, wo eine Schlucht aus der Scharte östlich des Gipfels herabkommt; in ihr empor zum Grat und mit wenigen Schritten nach rechts zum Gipfel. Sehr brüchig, Steinschlag!

● 511 (Bild XVI) **Ostwand.** Von der Marchscharte (R 211), 1½ st, III. Da, wo das Geröll zuhöchst in die Wand hineinspitzt, schräg links in einer schrofigen Rinne empor zu einem kleinen Vorbau, von dem aus eine tiefe plattige Rinne scharf nach rechts zur Scharte südlich des Gipfels hinanzieht. In der Rinne, dann auf der breiten Plattenlage zur Rechten auf den Schichtkopf, die Platte empor und weiter zur Scharte unmittelbar östlich des Gipfels.

● 512 **Südostwand** (Bild XVI), 5 st, 300 m E., III—IV, mittlerer Wandteil V.

XVI Marchspitze vom Düsseldorfer Weg
1 = R 513, 2 = R 511, 3 = R 512.

Aus der Marchscharte knapp unter den Felsen nach SW absteigend, oder aus dem Birgerkar, zum Einstieg dort, wo der Fels am weitesten ins Kar heruntereicht. Unschwierig hinauf bis zu den schwarzen Platten. Über einen wasserüberronnenen, abgesprengten Block auf das erste Band. Schräg rechts aufwärts über mehrere Stufen vor eine gelbe, überhängende Wand. Über sie hinauf bis unter einen mächtigen Überhang. (Links unter ihm ein weithin sichtbarer weißer Strich). 10 m Quergang nach links (H) zu einer brüchigen, vorstehenden Felsschuppe und weiter auf das auffallend gelbe Dreieck. An der Spitze desselben (mehrere H) besonders schwierig und überhängend auf eine stark geneigte Platte. Ausgesetzter Quergang nach rechts (10 m) unter einem Überhang durch auf ein schwarzes Band. Am rechten Ende desselben gerade hinauf zur überhängenden Kante. An guten Griffen auf eine riesige, stark geneigte, halbmondförmige Platte und nach links zu Stand. Quergang nach links (15 m), zuletzt leicht fallend, unter einen schwarzen, vorstehenden Zacken (H). Über ihn hinauf zu Stand, dann weniger schwierig, rechts aufwärts haltend, mehrere Bänder und Wandstufen übersteigend, zuletzt über gutgriffige Platten gerade hinauf zum Gipfel.

● **513** (Bild XVI) **Südgrat.** Von dem das Hermannskar querenden Steig, R 203, über Schutt und einige Schrofen oder von dem zur Marchscharte führenden Steig, R 211, über Schutt in 1/2 st bzw. 1/4 st empor zur Putzscharte, 2390 m, zwischen March- und Hermannskarspitze. Von der Scharte (II, eine Stelle III+, 1 1/2 st) aus umgeht man den ersten Gratzacken links und folgt dann dem Grat. Die einem kleinen Abbruch folgende Wand wird durch die rechte der zwei deutlich sichtbaren Rinnen erklettert. Weiter auf dem plattigen und schrofigen Rücken bis zu einem zweiten 15 m hohen Abbruch, den man hart am scharfen Grat an der Westseite schwierig hinabklettert. Man kann den Abbruch auch links (westlich) durch eine unten überhängende Rinne umgehen. Die Umgehung in der Ostflanke ist schwieriger. Nun über den sich verbreiternden Rücken, einige kurze Stufen überkletternd, zuletzt über Geröll zum Gipfel.

● **514 Südwestwand.** Wandhöhe 400 m, IV, 2 st. In der Fallinie einer schwarzgelben Wand befindet sich unten am Fuß der Wand ein auffallend heller Felswulst. Hier in einer Rinne von rechts unten nach links oben hinauf zu einem schuttbedeckten Plattenabsatz; nun rechts hinauf zu einem von unten aus sichtbaren Grasfleck und noch einmal rechts zu einer plattigen Rinne. In ihr, später an der sie links (westl.) begrenzenden Rippe hinan auf Platten bis zu einer senkrechten, 4 m hohen Wandstufe. Diese wird in Fortsetzung der vorher verlassenen Rinne von zwei seichten Einrissen durchzogen. Im linken (westl.) Riß sehr schwierig hinauf zu einer steilen Platte: diese führt von oben links zu einer Rinne. In ihr bis zu einem 2 m hohen Überhang — rechts von ihr eine schon vom Kar aus sichtbare Höhle in gelbschwarzer Wand —; links vom Überhang sehr schwierig über eine Platte und eine kurze Wandstufe hinauf, dann über steile Schrofen hinan, bis eine vom Südgrat herabkommende Rippe zum Ausweichen nach W zwingt. Ein ungefähr 20 m hoher Abbruch der Rippe wird auf einem Schuttband etwas nach links abwärts umgangen; man gelangt so in einen kleinen Kessel; etwa 3/4 der ganzen Wandhöhe. Nun über Schrofen und Rinnen gerade hinan zum Gipfel.

● **514 a** Ein noch ungelöstes Problem ist die 340 m hohe **NW-Wand.**

● 515 Hermannskarspitze, 2527 m; Hermannskarturm, 2466 m

Zwei elegante Felsgestalten südlich der Marchspitze mit fast senkrecht einfallenden Schichten, beliebte Klettergipfel.
Geo.: HD.

Name: Nach Hermann von Barth, dem Erschließer der Allgäuer Alpen.

Ersteigungsgeschichte. Die erste Ersteigung der Spitze erfolgte 1899 vom Putzschartl aus durch E. Diehl und Gef.; vom Westen her erreichten Spitze und Turm 1900 H. Uhde und F. Braxmair; im gleichen Jahr stiegen über die Ostwand des Turmes von Cube und A. Schulze an. Den Ostkamin begingen K. Hetzel und v. Wolf 1911; die Ostwand der Spitze Kadner und Metzger 1920; die Westwand und die Südwand des Turms Röckl und Welzenbach 1922.

Schrifttum. ZAV 1904, S. 254; 7., 8., 19., 28. und 30. AAV.

● 516 (Bild XVII) Hermannskarspitze

Vom **Putzschartl,** R 513, 1/2 st, II: zunächst auf Schuttbändern in der Ostflanke, dann auf dem zersplitterten Grat mit Ausweichen in der Westseite zum Gipfel.

● **517** (Bild XVII) Von **Westen.** Vom Weg durch das Hermannskar, R 204, 3/4 st, II: kurz nachdem der Weg erstmalig die Felsen berührt, über Schrofen zu der von der Scharte zwischen Spitze und Turm herabkommenden Flucht, die über eine kurze Stufe gewonnen wird. In ihr unschwierig zur Scharte, von der aus die Spitze über steile Schrofen erreicht wird. Während des Abstieges bei der Gabelung in der rechten (Abstiegsrichtung!) Rinne halten.

● **517 a** Die **„Direkte Westwand"** wurde am 5. 8. 1932 durchstiegen. Nähere Angaben fehlen.

● **518** (Bild XVII) **Ostwand.** Vom rechten Ende der Schlucht, die zwischen Turm und Spitze hinanzieht, führt eine rechts von einer griesigen Plattenrampe begrenzte Verschneidung zur Hermannskarspitze empor. Auf der Kante dieser Rampe vollzieht sich im allgemeinen der Aufstieg IV, brüchig. 1 st E.

Vom Ende der Schlucht quert man zunächst 50 m nach rechts aufwärts in unschwierigere Felsen; dann links der Kante in der Wand, teilweise sehr schwierig, nach rechts hinauf zu einem Band (Stand). Weiter 20 m gerade empor durch einen auffallenden Kamin, den man am besten in einer Schleife von rechts her erreicht, zu gutem Stand. Nach links durch einen von einer abgesprengten Platte gebildeten Riß. Hierauf zunächst steil schräg rechts, dann gerade aufwärts zur südlichen Begrenzung des großen Ostwandbandes, die man wenige Meter bis zur Fortsetzung der Kante verfolgt. Über Stufen und Stemmrisse (die große Verschneidung links lassend) gerade aufwärts zum Grat, der kurz unter dem Gipfel erreicht wird. Angenehmer und abwechslungsreicher ist es, den sich rechts (nördlich) der Schuttreise auftürmenden Felsvorbau unmittelbar zu erklettern, anstatt bis zum Schluchtausgang im Geröll bergan zu steigen (III).

● **519** (Bild XVII) **Ostwandverschneidung.** Einstieg wie R 518. Man verfolgt die große bis zur Gipfelscharte hinaufziehende Verschneidung, bis sie bei einem schrägen Riß ungangbar wird. Hier nach rechts über ein Band zur üblichen Ostwandführe. Schöne Kletterei V—.

● 520 (Bild XVII) Hermannskarturm

Von **Westen.** Wie bei R 517 zur Scharte nördlich des Turmes und rechts über steile Schrofen zum Gipfel, II.

● 521 (XVII) **Ostwand.** Von der H.-v.-Barth-Hütte ins Birgerkar, R 203. Der Turm ruht, von hier gesehen, auf einem breiten, von links nach rechts ansteigenden Sockel.
Den Einstieg (1 st, IV) vermittelt die auffallende, von S nach N steil ansteigende Rampe, die den oberen Rand dieses Sockels bildet und vom Weg R 203 unschwierig erreicht wird. Sie endet nach starker Verjüngung mit einer Kanzel. Von ihr auf schmalem Bande etwa 10 m weit nach N querend zu einer 3 m hohen schweren Wandstelle, über die ein von N nach S schräg aufwärts ziehendes Plattenband erreicht wird, das an seinem Ende von einem Überhang überwölbt ist. Mit Steigbaum über ihn empor. Ein schmales Band leitet nun wieder von S nach N nach etwa 15 m zu einem 7 m hohen Riß, durch den ein Geröllabsatz gewonnen wird. An seinem nördlichen Ende steigt man mit Spreizschritt in einen nach unten sich fortsetzenden Kamin ein, der nach wenigen Metern auf einen größeren Wandabsatz führt; von seinem westlichen Ende durch einen Kamin zu einer kleinen Gratscharte und über steile Platten zum Gipfel.

● **522** (Bild XVII) Durch den **Ostkamin** zur Scharte zwischen Spitze und Turm. Von der Hermann-von-Barth-Hütte (2 st, IV) ins Birgerkar, R 203. Über Geröll zum Einstieg unter dem senkrechten Kamin, 1 st. Über unschwierige Felsen zu einem Absatz wo der eigentliche Kamin ansetzt. Den ersten, moosigen, 7 m hohen Überhang gerade empor. Das nächste Kaminstück endigt mit einem Klemmblock, darüber eine eingeklemmte Platte (Vorsicht!). Der hier ansetzende, gelbe und moosige Überhang wird durch Querung nach rechts umgangen (H), der nächste Überhang wieder gerade zu einer Plattform erklettert; walrscheinlich weniger schwierig durch ein Felsloch von innen her. Dann auf gut griffiger Leiste nach rechts zu einer Rinne, von wo ein weiteres Band nach links zu einer Scharte führt. Damit ist der letzte große Überhang umgangen.

● 523 **Westwand.** Kurze und luftige Wandkletterei (IV), Höhe der eigentlichen Wand 70 m. Durch Rinnen vom Weg R 203 aus (1 st) über den schrofigen Wandsockel zum Fuße der Wand; hierher auch von SO durch eine

XVII Hermannskarturm und Hermannskarspitze aus dem Birgerkar
Sch = Schafschartl, SV = Südvorbau des HT, HT = Hermannskarturm, HS = Hermannskarspitze.
a = R 525, b = R 524, c = R 521, d = R 520, e = R 522, f = R 517, g = R 519, h = R 518, i = R 516.

zwischen Turm und südwestlichem Vorgipfel emporziehende Geröllschlucht. Nun in der Mittellinie der Wand empor gegen eine schwach überhängende Zone und über sie auf ein Band; etwa 6—8 m weiter auf das nächste Band; von seinem rechten Ende durch einen Riß aufwärts nach rechts zum Gipfel.

● **524** (Bild XVII) **Südostwand,** ½ st E., im oberen Teil Riß- und Plattenkletterei (IV). Zum Einstieg vom Weg 203 aus. Der Durchstieg über die ca. 70 Grad geneigte Plattenflucht vollzieht sich im wesentlichen in der Mittellinie der Wand. Man erreicht ihre rechte Begrenzungskante etwas östlich des Gipfels.

● **525** (Bild XVII) **Südkante** (Prinz, Graf, Gebr. Blum, 1938). Einstieg etwas rechts des untersten Kantenüberhangs. Von hier Querung nach links aufwärts zur Kante. Nun an der Kante in schöner Kletterei direkt empor. Die nach zwei Seillängen folgende etwa 5 m lange schwierigste Stelle wird am besten von rechts her über eine glatte Platte genommen. Dann weiter an der Kante bis zum Gipfelblock. Dieser hängt so weit über, daß Ausweichen nach rechts durch eine brüchige Rinne zu kleinem Überhang nötig wird. Diesen an seiner Südostseite überwindend, in der Folge über Bänder ostwärts ausweichend, zum Schluß über Steilstufen zum Gipfel (IV) luftig. 1 st E.

● **526 Südkante, Variante Lechhart-Schraudolph.** Einstieg wie R 525. Nach dem dort genannten untersten Überhang, sich immer etwas rechts der Kante haltend, 3 Seillängen empor, zu gutem Stand. Nach einem kurzen Quergang nach rechts, führt eine 5 m hohe Rippe (H) überaus schwierig auf eine luftige Kanzel. Über die hier ansetzende, überhängende Verschneidung (äußerst schwierig und ausgesetzt) oder sie rechts umgehend und in die Südostwand querend auf den Vorgipfel und über diesen zum Hauptgipfel.

Schwierigkeit: IV; eine Stelle V+.

● **527 Nördliche,** 2540 m, **Südliche** 2535 m, **Ilfenspitze**

Scharf gezahnter, von der Hornbachkette nach Süden ausstrahlender Felsgrat.

Geo.: HD auf Li.-Fle.-Sockel.

Name: umstritten. Elfuhrspitze fraglich, da Talort fehlt. Ilf = Ulf (Dämon)?
Ersteigungsgeschichte. Als erste Besteigung des vielleicht schon früher von Einheimischen besuchten Nordgipfels ist jene Chr. Wolfs aus dem Jahre 1892 bekannt geworden; die erfolgte aus dem Birgerkar. 1900 gewannen den Südgipfel auf einem kaum mehr begangenen Weg aus der zur Scharte zwischen beiden Gipfeln führenden Schlucht v. Cube und Gef. Aus der Scharte selbst stiegen zum Südgipfel im gleichen Jahre Heinrich und Leberle, nachdem dieser Weg vorher bereits im Abstieg gemacht worden war. Einen leichteren Weg weiter rechts durch die Westwand fand v. Cube mit Saurer 1901. In der Verschneidung, die durch die Südostwand gegen die Südscharte zieht, erreichten v. Cube, A. und G. Schulze 1900 den Südgipfel: die beiden ersteren stiegen hierauf über den Ostgrat ab. Im gleichen Jahre wurde auch der Südgrat des Südgipfels und der Westgrat des Nordgipfels durch v. Cube und A. Schulze begangen, über den Nordgrat zum Nordgipfel gelangten Dr. G. Leuchs und Dr. Gemünd 1909. Die Südostwand des Südgipfels rechts der Verschneidung wurde 1920 von Kadner und Gef. durchklettert, die gerade Ostwand durch Welzenbach.

Schrifttum. ZAV 04, S. 241; 8., 9., 17 und 28. AAV; 7. Bay.

● **528** Über die **Westflanke** zum **Südgipfel.** Von der Hermann-von-Barth-Hütte, 2 st, I: auf dem Weg R 203 ins Birgerkar und an den Westabstürzen des Südgrats entlang in den obern Karboden. Etwa in der Fallinie des Südgipfels über Schrofen zu einem von Norden nach Süden gegen den Südgrat emporziehenden, breiten Geröllband. Auf ihm etwa 50 m weit nach rechts zu einer tief eingeschnittenen Plattenrinne. In ihr scharf links zur Scharte unmittelbar südlich des Gipfels und über den plattigen, teilweise geröllbedeckten Rücken zum Steinmann.

● **529** Über die **Westflanke** zum **Nordgipfel.** Von der Hermann-von-Barth-Hütte 2 st (I, eine kurze, schwierige Stelle): wie bei R 528 ins Birgerkar und von seinem nordöstlichen oberen Boden über unschwierige Schrofen gegen das Südende des großen Geröllabsatzes, über dem sich die Gipfelwand der nördlichen Spitze erhebt. Ohne diesen Absatz zu betreten, rechts davon in der zur Scharte zwischen beiden Gipfeln ziehenden, in der Mitte durch einen griffarmen, schwierigen Plattengürtel gesperrten Rinne zur Scharte empor; unschwieriger rechts dieser Rinne in einer hinter einer Rippe versteckten Geröllrinne, die sich unter der Scharte, wo die Platten in recht unangenehmes Geröll übergehen, mit der ersteren vereinigt.
Nun über den sanft geneigten Grat nach Nordwesten zum Nordgipfel.

● **530** **Südgipfel-Nordwand.** Aus der die Geröllrinne krönenden Scharte über die rechts ansetzende, sehr steile und kleingriffige Wandstufe unter Benützung einer in sie eingeschnittenen seichten Rinne unmittelbar zum Südgipfel, IV.

● 531 Über den **Westgrat** zum **Nordgipfel.** Der Westgrat zieht von der Marchscharte, R 203, her in wilden Türmen, deren Überkletterung sehr schwierig, deren Umgehung zunächst nördlich, dann südlich, aber ziemlich unschwierig ist, zu einer kaum höheren Scharte, die aus dem Birgerkar unschwierig erreichbar ist. Hier wird der Grat zahmer; er führt zu einem schuttbedeckten Kopf; von ihm südwärts in eine Scharte und über brüchige Steilstufen rasch zum Gipfel. 1 st.

● **532** Über den **Südgrat** zum **Südgipfel.** Von der Hermann-von-Barth-Hütte 2 st, II: durch das Wolfebnerkar zur ersten tiefen Gratscharte, 1/2 st. Weiter auf der Gratschneide, soweit nicht nach Norden überhängende Zähne ein Ausweichen auf der Westseite erfordern.

● 533 Über den **Ostgrat** zum Südgipfel. Von der Hermann-von-Barth-Hütte 2 st, IV—, sehr brüchig; durch das Wolfebner Kar über geröllbedeckte Platten zur tiefsten Scharte im Gratverlauf zur Plattenspitze. Der unterste, etwa 15 m hohe, überhängende Aufschwung wird auf der Südseite durch einen engen Kamin umgangen. Weiterhin hält man sich auf der steilen, scharfen Gratschneide; man kann auch zur Scharte zwischen beiden Gipfeln hinüberqueren.

● **534** Über den **Nordgrat** zum **Nordgipfel.** Von der Marchalphütte (R 211), $2^1/_2$ st, I—II, zu dem Grasrücken, in dem der 500—600 m hohe Nordgrat ausläuft. Dem Grat folgend über Gras und Schrofen 200 m empor, bis zu einer 60 m hohen Steilstufe; hier nach rechts und über plattige Schrofen sogleich wieder zum Grat empor. Nun über Geröll und Fels zu einem dem Hauptkamm angehörenden Vorkopf und wie bei R 531 zum Gipfel.

● **535** Durch die **Südostverschneidung** zum **Südgipfel.** Von der Hermann-von-Barth-Hütte $1^1/_2$ st, III: im Wolfebnerkar empor gegen die SO-Wand. Eine auffallende Verschneidung zieht gegen die Scharte südlich des Südgipfels empor. In ihrem Grunde steil über Platten empor bis dicht unter die Scharte, die über eine kurze Wandstelle und einen Plattenquergang erreicht wird. Weiter wie bei R 528.

● **536** **Südostwand** des **Südgipfels** 1 st E., IV+, festes Gestein. Der unterste Teil der Wand wird in der Gipfelfalllinie von drei senkrechten, schwarzen Streifen durchzogen. Von links her auf die linke Begrenzungskante des rechten, südlichen Streifens. An der Kante sehr steil 55 m empor zu einem kleinen Geröllabsatz. Von hier sofort rechts über einen kleinen Überhang (schwierigste Stelle) und auf einem Band noch einige Meter schräg rechts aufwärts zu einem gerade emporziehenden Riß. An ihm hinauf und nach links zu einem Stand. Weiter einige Meter schräg nach links und über einen Überhang auf ein kurzes Band, das man 5 m weit verfolgt, dann 8 m gerade aufwärts und über die rechts emporziehende steile Plattenrampe unmittelbar zum Gipfel.

● 537 **Westliche,** 2493 m, **Östliche,** 2486 m, **Plattenspitze**

Im Hintergrund des Wolfebnerkars gelegenes Gipfelpaar mit mächtigen, auffallenden (Nom.!), schrägen Plattenlagen. Wie bei der Ilfenspitze bildet auch hier der südöstlich liegende, etwas niedrigere Ostgipfel den Ausgangspunkt eines nach S ausstrahlenden Kammes; er trägt die Wolfebnerspitzen, die das Wolfebnerkar vom weiten Balschtekar trennen. Der Westgipfel entsendet nach N einen felsigen Rücken, der das Ilfenkar vom Schöneckerkar trennt. Aus letzterem leckt eine schmale Geröllzunge bis hoch zur Gipfelmauer der Plattenspitzen herauf.
Geo.: HD auf Li.-Fle.-Sockel.

Ersteigungsgeschichte. Ostgipfel von O her Chr. Wolff 1892; Westgipfel (vom Ostgipfel her) v. Cube und Gef. 1900: Westgrat (Abstieg) Dr. Botzong und O. Schuster 1900: vollständige Begehung Heinrich und Leberle 1900. Südwände der beiden Gipfel v. Kraus und Gef. 1929. Dir. Südwand des W-Gipfels: Goedeke, Ursula Groß, Kretschel, Langowski 11. 10. 1973.

Schrifttum: 7., 8., 9. AAV.; 22. J. Bayerland, S. 41, Alpinismus 9/1976, S. 55.

● **538** **Gewöhnlicher Weg** zum Ostgipfel. Von der Hermann-von-Barth-Hütte $1^1/_4$ st, bez. Weg, versichert: im Kar empor

(bequemer auf dem Kletterpfad unter dem Wolfebner-Westwänden), durch eine Geröllrinne zur Wolfebnerscharte, 2368 m, und über Geröll und Schrofen zur plattigen Gipfelkrone.
Auch der Ostgrat aus dem Balschtekar ist unschwierig.

● 539 **Übergang zum Westgipfel** 1/4 st, I+. Stets auf dem Grat.

● 540 **Westgrat.** Vom obern Wolfebnerkar über geröllbedeckte Bänder östlich der tiefsten Scharte, R 428, empor zur Einsenkung westlich des obersten Gratturmes; diesen überkletternd oder links umgehend zur Scharte westlich des Gipfels und über den Grat zu ihm hinauf. Der erste, etwa 15 m hohe Grataufschwung auf der *tiefsten* Scharte zwischen Ilfen- und Plattenspitze ist sehr schwierig (IV).

● 541 **Südwestwand des Ostgipfels** 1 st, III. Einstieg bei der rechten der beiden Geröllzungen in Gipfelfallinie. Unter einem überhängenden Plattenabbruch nach rechts empor und mehrere nach links ziehende Bänder überschreitend etwas rechts haltend aufwärts zum Beginn eines breiten, steilen Plattenbandes. Auf ihm etwa 15 m nach links empor, dann über gelben Fels etwa 8 m nach rechts aufwärts auf eine Plattenrampe. Über sie links aufwärts, zum Schluß rechts haltend zum Gipfel.

● 542 **Südwand des Westgipfels** 3/4 st, III. Der Aufstieg verläuft über das große Plattenband, das die Wand von rechts unten nach links oben durchzieht. Über den geröllbedeckten Vorbau zu einem Schichtdreieck links des Beginnes des großen Plattenbandes. Links vom Dreieck über eine halblinks ziehende Plattenrampe 20 m hinauf. Von hier gewinnt man das große Plattenband 3 m gerade aufwärts kletternd, dann durch eine Steilrinne rechts haltend. Nun auf dem Band 70 m weit, bei einer Unterbrechung etwas absteigend, bis 5 m unter eine dreieckige, gelbe Höhle. Einige Meter rechts und über eine schmale Rampe steil aufwärts in ein Schartel und nach rechts zum Gipfel.

542 a **Direkte Südwand des Westgipfels.** Ab Hermann-von-Barth-Hütte die dem Wandfuß vorgelagerte Schutthalde weglos querend zum E. (30 Min.) am tiefsten Punkt des am weitesten in den Schutt hinabreichenden Felssporns. Der ↗ verläuft zunächst über diesen Felssporn, dann über das zweite

der schräg li. aufwärts führenden Plattenbänder und zuletzt über die rißdurchzogene Karrenplatte zum Gipfel (Wandhöhe 180 m, 2½ st E, III, eine Stelle III+, guter Fels): Zunächst in einer Rinne etwa 20 m hinauf bis unter Überhänge, hier li. hinaus auf die Schulter des Sporns. (Hierher auch fast ohne Kletterei von li. wie bei der alten S-Wandroute. Diese wendet sich von der Spornschulter aus nach li.) Nun über unschwierige Stufen schräg rechts bis zum Fuß des unteren Plattenbandes. In einer Rinne etwa 15 m hinauf zu einem Überhang mit rundem Loch (2 m unterhalb Sanduhr!) und mit schwieriger kurzer Querung nach re. um die Ecke zu Stand am Fuß des 2. Plattenbandes. Über dieses li. hinauf zu Stand bei einem Einschnitt in der re. Begrenzungswand. Durch den Einschnitt hinauf zur großen Plattentafel. Zuerst nahe der li. Begrenzung zu Stand (H) in kleiner Verschneidung, ab hier in idealer Rißkletterei gerade zum Gipfel. ↘ in ö. Richtung unterhaltsam über den luftigen Grat (I und II) zur Östl. Plattenspitze (20 Min.) und von ihrem Gipfel auf dem ges. Steig s.o. hinab ins Wolfebnerschartel.

● 543 **Nördliche**, 2433 m, **Südliche**, etwa 2420 m, **Wolfebnerspitze**

Mit fast senkrechten Wänden ins Wolfebnerkar abfallende Felsgipfel, die „Hüttenberge" der Hermann-von-Barth-Hütte.

Geo.: HD.

Nom.: Hinweis auf das Vorkommen von Wölfen.

Ersteigungsgeschichte. Die beiden Gipfel erreichte als erster A. Schulze 1900 von S her, wobei er auch ihren Verbindungsgrat überschritt. Die Ostwand des Südgipfels und den Nordgrat des Nordgipfels begingen im gleichen Jahre v. Cube und Gef. Auch der schwierige Südwandkamin fiel in diesem Jahre (v. Cube und A. Schulze). Die Südostkante des Südgipfels begingen C. Botzong und die Brüder Lossen 1901. Zum Nordgipfel durch den Nördlichen Westwandkamin stiegen 1906 A. Schulze und E. Buchner. Bei dieser Gelegenheit begingen sie die Ostwand auf neuem Wege. 1913 wurde von A. Findeiß und F. Fuelwell der FF.-Kamin bezwungen. In den Jahren nach 1918 wurden auch hier die letzten Aufgaben gelöst. Die Südwand des Nordgipfels teilweise auf dem Wege Schulze und Buchner, begingen Bachschmid und Kadner 1919, den Südlichen Westwandkamin Bachschmid und Wetzler im gleichen Jahre. Die Südkante des Südgipfels (Vorgipfel) bezwangen Kadner und Pistor 1920 (Variante Kornacher-Simm 1953), im gleichen Jahre Kadner, Metzger und Pistor auch die gerade Westwand. Die Westwand des Nordgipfels durchkletterten Freymadl und v. Siemens 1922; die gerade Westwand v. Kraus und Gef. 1929 (22. J. Bayerland, S. 44), die Südwestkante Friedle 1928, die gerade Südwand des Südgipfels H. Bader im Alleingang 1930, Variante Lobenhoffer und Tröndle 1932, seine Südwestkante Lobenhoffer und Gef. 1933.

Schrifttum. ZAV 1904, S. 243; 8., 9., 14., 21., 28. und 30. AAV; „Der Berg" 1923, Heft 3 und 4.

Südgipfel

● **544 Gewöhnlicher Weg.** Von der Hermann-von-Barth-Hütte 1¼ st, I+: nordöstlich über Geröll, zuletzt über Schrofen zu der Scharte, ½ st, südlich des großen Plattenhanges des Bergkörpers empor. Von hier auf ansteigendem Schrofenband in die Ostseite, das später etwas plattig wird, nach einer Ecke durch eine plattige Rinne aufwärts, die zu einem rechteckigen Felsblock führt. Über Geröll links zur Scharte, in die jenseits der Südkamin mündet; durch eine kurze Schichtrinne rechts zum Südgipfel. Der südlich der breiten Scharte liegende Gratverlauf, unter dessen Beginn der Höhenweg ins Balschtekar hinübergeht (**„Hanswurstengrat“**), wird zu Übungszwecken häufig begangen.

Seine Südwand bietet reizvolle Kletterei (IV, eine Seillänge V—): Zum Einstieg gelangt man von der Hermann-von-Barth-Hütte über das ostwärts gelegene Geröllfeld und durch eine darüber ansetzende brüchige Schlucht. Festes Gestein, schöne Platten. 2 st E.

● 545 **Ostwand.** Vom Nordgipfel streicht eine auffallend weiße Schicht ins Balschtekar herab. Hier Einstieg (1½ st, III). Durch eine unten kaminartige Plattenrinne etwa 40 m empor zu einem von N nach S ansteigenden Plattenband, das nach 20 m zu einem Riß führt, dessen südliche Begrenzung nach unten in eine Rippe ausläuft. Im Riß 3 m empor, dann 4 m schwieriger Quergang nach rechts und über eine etwa 15 m hohe Steilwand zu einer weniger geneigten Rinne, die zum Grat leitet. Auf und unter ihm zum Geröllabsatz (R 544) östlich des Gipfels.

Die rinnendurchfurchte, gutgegliederte Ostwand gestattet noch mehr Möglichkeiten des Durchstiegs.

● **546** (Bild XVIII) **Südostkante.** Wie bei R 544 zur waagrechten Scharte, wo die Kante ansetzt; von hier ¾ st, III. Nach rechts auf dem Band des gewöhnlichen Wegs; nach einigen Schritten in einer Rinne links empor und nach links heraus zur steilen Gratkante. An ihr zunächst in schöner Kletterei, frei und luftig, dann weniger steil, nur brüchig, empor zum Vorgipfel. Schwierig, am besten mit Abseilen, hinab in die Scharte und auf den Hauptgipfel.

● **547** (Bild XVIII) **Südkante des Vorgipfels,** 2½ st, V. Die Kante bildet die linke Begrenzung der riesigen, gegen Südsüdost geneigten Plattenwand des Gipfels.

Den gewöhnlichen Weg zum Südgipfel, R 544, empor bis zu der Stelle, wo von einer Höhle ein breites Band nach links

XVIII Wolfebnerspitze-Südgipfel von der Hermann-von-Barth-Hütte
B = Band, a = R 549, b = R 550, c = R 547, d = R 551, e = R 546, f (ganz links) = R 553.

hinauszieht. Man verfolgt es einige Meter weit um die Kante herum. Durch eine schrofige, steile Rinne 15 m schräg rechts aufwärts auf ein grasiges Band und nach rechts zur Kante. Zwei Meter links davon gerade empor und rechts über die anschließende 20 m hohe Wand zu einem Stand auf kurzem, abschüssigem Plattenband (H). Dieses bricht gleich darauf unter einem überhängenden Felswulst ab. Unter diesem Überhang 3 m schräg links aufwärts (H), weitere 3 m nach links und in dem sich darüber aufbauenden, senkrechten Riß empor zu Stand (H). Von hier äußerst schwieriger und ausgesetzter Quergang 3 m nach links über eine glatte, fast senkrechte Platte auf ein Gesimse. Dieses links verfolgend zum Fuß einer gelben Verschneidung. Von ihrem Beginn einige Meter schräg rechts aufwärts und die folgende gutgriffige Wand neben der Kante hinauf zum Grat (35 m).

● **548 Südkante** des Vorgipfels. **Variante Kornacher-Simm.** Einstieg nicht über das auffallende Band im unteren Drittel der Südwand, sondern am tiefsten Punkt des der Südkante vorgelagerten Sockels (4 m links davon Einstieg zum Südkamin!). Mäßig schwierige bis schwierige Genußkletterei hinauf zum Pfeilerkopf. Weiter Spreizschritt hinüber auf ein Band an der eigentlichen Südkante. Einige Meter links der Kante sehr schwierig gerade hinauf und nach links in grasigen Kamin. Unter der Höhle sehr schwierig nach rechts hinaus auf die Rippe (H) und weiter rechts haltend über eine kleingriffige Platte zum Band der üblichen Führe. Weiter wie dort, IV.

● **549** (Bild XVIII, XIX) **Südwestkante** (Bericht der Erstersteiger). Die Kante wird gebildet durch die Westwand und die Plattenwand links des Südkamins; im obern Teil auffallend gelbe Verschneidung. Einstieg in Gipfelfallinie, etwa 50 m rechts des Westwandwegs R 553.
Aus einer Wasserrinne links aufwärts zur stumpfen Kante und über drei Überhänge (H) zu Stand (Alpenrosenbusch). 2 m links überhängend in einen abdrängenden Riß: von seinem Ende (25 m, H) über eine glatte Platte um die Kante und zu unschwierigeren Felsen, die zu einer Terrasse führen. Von ihrem linken Ende senkrecht an einer glatten Kante empor, über Überhang und 20 m senkrecht zu Stand unter der auffallenden Verschneidung (mehrere H). Mit Spreizschritt in die glatte Verschneidung (Hakenstand); in ihrem rechten Teil

über eine senkrechte Stufe, zwei Wülste und rechts haltend gegen den scheinbar glatten Überhang, der die Verschneidung von rechts schließt (mehrere H). Querung nach links zurück in Verschneidung und links haltend über Überhang zu Band. Nach rechts zu einem Kamin, der zur Terrasse, dem Schuttband des Westwandwegs, führt; in diesen Kamin von links her mit Hakenhilfe queren und nach ihm etwa 30 m schräg links empor zum Westwandweg und auf ihm zum Gipfel oder — nicht empfehlenswert — 50 m rechts über Stufen (H) und Bänder zum Gipfel. 3½ st, 180 m Höhe, V, zwei Seillängen VI.

● 549 a **Südwestwand** (Kauschka A. u. H. Preibisch, 1955). Einstieg etwa in der Mitte zwischen Südwestkante und Süd-Kamin. Man folgt der gebogenen Verschneidung, bis man (H) nach links auf eine schwarze Platte queren kann und über diese die schwarze Nische rechts in der Verschneidung gewinnt. Über den Überhang nach rechts zu begrastem Söller (H) und gerade ansteigend, dann etwas links haltend, zu H in schwarzem Fels. Weiter hinauf zu Überhang mit gelben Klemmblöcken. Oberhalb des Überhanges Hakenstand. Nach rechts queren in die schwarze Verschneidung und durch sie zum Bande des Südwest-Kantenanstieges, VI.

● 550 (Bild XVIII) **Südkamin.** Der große, gegen die Hermann-von-Barth-Hütte blickende Schlund wird viel begangen; er ist nur teilweise in Kamintechnik zu bewältigen.

Von der Hütte 2 st, V—, anstrengend: auf einem Steig waagrecht, dann ansteigend zu dem begrünten Querriegel des Kars. Über ihm empor zum Einstieg, der bei deutlichen Steigspuren etwa 50 m unterhalb der Scharte an der Südostkante in einer nach links emporziehenden gutgestuften Rinne zu suchen ist. In ihr, später etwas rechts haltend, zum Beginn des Kamins, der mit schwerem, moosigem Überhang ansetzt. Es folgt ein rauher, enger Spalt, der zu weniger schwierigen Absätzen führt. Zuletzt leitet ein 6 m langer Quergang und kurzes Ansteigen in die Höhe des auffallenden, grünen Bandes, das von rechts nach links ansteigend das untere Wanddrittel durchzieht.

Zunächst im Geröllgrund der Schlucht zum linken der beiden Einrisse, welche in die hintere Wand eingeschnitten sind. In ihm über einen Überhang empor unter den großen, gelben Überhang. Im rechten der beiden hier emporziehenden Risse hinauf bis über eine links vorstehende gelbe Schuppe. Von ihr kurzer Quergang nach links und in flacher, überhängender Verschneidung aufwärts zu einem söllerartigen Vorsprung an der linken Wand. Die hier ansetzende steile Platte gerade aufwärts zu einem Geröllabsatz und über Schutt und eine 15 m hohe Rinne auf das Geröllfeld unter der Scharte zwischen Vor- und Hauptgipfel und nördlich zum Steinmann.

● **551** (Bild XVIII) **Gerade Südwand,** 2½ st, IV, zwei Stellen V.

Die von der Hermann-von-Barth-Hütte aus auffallende Wand wird links von der Südkante und rechts von der Südostkante begrenzt. Der Weg führt in Gipfelfallinie nahe der Südkante. Auf gewöhnlichem Weg zum untersten Wandstück welches durch das Grasband von der großen Wandflucht getrennt wird. Einstieg etwas unter dem Beginn der Rinne, die zur Scharte der Südost-Kante führt. Zuerst schräg links, dann gerade über glatte Platten zum Grasband. Jetzt etwa 8 m ostwärts der Südkante über 3 m hohen, besonders schwierigen Überhang, V, zu schlechtem Stand. Anschließend über untergriffigen Fels zu schmaler Leiste empor. Weiter über Platten, später in griffigerem Wandstück gerade empor zu schwerer Platte. Über diese zu abdrängendem Felswulst. Hier durch eine Verschneidung 10 m in die Höhe zu dem in die Scharte der Südostkante führenden Band. Wenige Meter höher zum Fuß einer großen Plattenschuppe. An dieser links, später im engen Riß sehr schwierig empor. Nun etwas rechts über besonders schwierigen Fels (V) zu beinahe überhängendem 5 m hohen Wandstück, das gut überwunden wird. Anschließend über äußerst glatte Platten gerade empor zu auffallendem Türmchen. In unschwierigem Fels wenige Meter zum Vorgipfel.

● **551 a Östliche Südwand des Vorgipfels:**

Von der Scharte auf dem oberen Bande etwa 20 m bis zum mittleren dreier überhängend abbrechender Einrisse. Unterstützt in grasigen Riß und diesen hoch, an H vorbei bis zu Hakenstand rechts von abstehender, lockerer Schuppe. An der Schuppe Quergang nach links zu Grasfleck (H) und weiter nach links (H). Schräg nach rechts hochziehenden Riß empor und weiter an scharfer Rippe zu Haken. Unterstützt hoch zum (etwa 5 m) Gipfelgrat. V+. Erste — ähnliche — Begehung unbekannt, wiederholt 1956 durch M. Kauschka und A. Preibisch.

● **552** Variante Lobenhoffer-Tröndle: Dieser Weg führt im wesentlichen durch den westlichen Teil der zur Hütte herabschauenden Plattenwand. Einstieg aus der Rinne zur Scharte, R 544. Etwa 50 m höher als der Südkante-Einstieg, R 547.

Zunächst in einem seichten Riß erst rechts, dann links haltend zum ersten Band (40 m); auf ihm nach links zu einer Plattenrampe, die nach 25 m zum zweiten Band leitet. Wenige Meter nach links zu seinem Ende und weiter 8 m nach links querend über eine glatte Platte in eine kleine, gelbe Gufel (H). Aus ihr 25 m senkrecht zu Stand (H). Ungemein ausgesetzt 30 m hoch (2 H) zu schwachem Stand. 2 m rechts über splittriges Gestein zum Beginn eines feinen Risses, den man über 3 H verfolgt, bis er sich vertieft (H, Stand). 10 m höher links Ausstieg (1½—2 st, 180 m Höhe, teilweise schwieriger als die Südkante).

● **553** (Bild XVIII, XIX) **Gerade Westwand,** 3 st, äußerst schwierig (VI): Einstieg in der Fallinie des Gipfels bei zwei auffallenden weißen, gebogenen Schichtplatten. Zunächst in einer 20 m hohen, teilweise überhängenden Verschneidung empor, nach dem 1. Drittel H. In der Fortsetzung der Verschneidung durch eine steile, grasige Rinne zu einem kurzen, im obern Teil überhängenden Kamin, der auf das schon von unten sichtbare, grasige Band leitet. Dieses wird bis zu seinem nahen linken (nördlichen) Ende verfolgt. Dann gerade hinauf zu einem Felsköpfl. Nach einigen Metern folgt ein 30 m hoher Riß. Zuerst links davon an der Wand empor (10 m), dann nach rechts in den Riß hinein (Stand mit H). Durch den äußerst schwierigen, teilweise überhängenden Riß hinauf, bis ein Ausweichen nach rechts möglich wird. Anschließend durch eine kaminartige Steilrinne und über Schrofen auf ein Schuttband, auf dem der Gipfelbau mit Steilwänden fußt. Auf dem Band nach rechts, bis man in die Schlucht hineinsieht, die in die Scharte zwischen Haupt- und südöstlichem Vorgipfel emporzieht. Durch den fast senkrechten Gipfelbau zieht von rechts unten nach links oben eine sehr steile Plattenrampe empor, zuletzt in einen Riß übergehend, der am Gipfel mündet. Der Fuß der Plattenrampe wird von rechts her über eine 20 m hohe Wandstelle erreicht. Nun auf der Rampe äußerst schwierig und ausgesetzt 30 m empor (H) zu gutem Stand; 4 m nach rechts zum Riß (H), in ihm einige Meter aufwärts, dann nach links heraus zu einem Schartl und mit wenigen Schritten zum Steinmann.

● **554** (Bild XIX) **Südlicher Westwandkamin,** 2½ st, teilw. V. Er ist der rechte der drei durchstiegenen Westwandkamine und unterscheidet sich von den beiden anderen durch sein auffallend schwarzes und schluchtähnliches Aussehen. Der mittlere ist der FF.-Kamin (R 555), der nördliche (R 556) befindet sich etwa 30 m links von diesem.

Zuerst 15 m schwierig im Kamin bis zum ersten 5 m hohen Überhang, der an der linken Kaminwand umgangen wird. Dann bei einem vermeintlichen Klemmblock (zwei aufeinanderstoßende Felsnasen) wieder in den Kamingrund hinein. Nach weiteren 20 m ein zweiter Überhang, der zuerst links an der Kaminwand ansteigend, dann mit Spreizschritt auf eine Platte rechts überwunden wird. Bald unschwieriger im moosigen Kamin weiter, der sich später stark verengt. Hier sehr schwierig stemmend zwischen den glatten, moosigen, nassen Wänden bis unter den letzten großen Überhang, an dem man möglichst weit außen hinaufspreizt, bis man links (an der nördlichen Kaminwand) einen Griff erlangt, der diese letzte schwierige Stelle erleichtert. Dann im Kamin unschwieriger weiter bis zu der Kanzel, auf die 10 m weiter links auch der FF.-Kamin mündet. Weiter zum Grat wie bei R 555.

● **555** (Bild XIX) **FF.-Kamin,** 2 st, sehr schwierig u. Gr. (IV—): Einstieg siehe R 554; im Kamin etwa 30 m stemmend und spreizend empor bis zum ersten Überhang. Unter ihm kurz auf die linke Kante hinaus, dann wieder in den Kamin hinein und stemmend unter dem Überhang nach rechts hinaus auf eine Platte. Nach weniger schwierigen 30 m beginnt ein glattes, anstrengendes Kaminstück, das wieder etwa 30 m lang ist. Einen Überhang überwindet man rechts in einem Riß. Der Kamin endet auf einem großen Wandabsatz, zu dem pralle, rote Wände niederbrechen. Vom Absatz links über plattigen, gutgestuften Fels 30 m auf eine Kante. Dann wieder gerade, zuerst in einem Riß, der sich zum Kamin und zur Rinne erweitert, in eine Scharte des Hauptgrats und nach rechts zum Gipfel.

● **556** (Bild XIX) **Nördlicher Westwandkamin,** 1½ st E., IV—. Von der Scharte unmittelbar südlich der Nördlichen Wolfebnerspitze durchzieht die Westwand eine auffallend weiße Schicht, welche unten eine tief ausgeprägte Schlucht begrenzt. Diese Schlucht bildet im allgemeinen die Anstiegslinie. Einstieg etwa 10 m nördlich der Schlucht. 30 m steil gerade empor; dann Quergang nach Süden zu einem kleinen Vorsprung. 2 m rechts desselben befindet sich in der hier zur Schlucht abstürzenden Wand das untere Ende eines engen Kamins. Der Einstieg ist sehr schwierig. Der Kamin leitet zu weniger schwierigen Felsen, die zu einer gut gangbaren Mulde führen. Von ihrem Ende im rechten von zwei nach links emporziehenden Kaminen empor und über plattige Felsen zur Scharte. — Statt von dem Vorsprung in den Kamin hineinzuspreizen, kann man auch an kleinen, festen Griffen gerade emporklettern.

XIX Wolfebnerspitze aus dem oberen Wolfebnerkar
N = Nordgipfel, S = Südgipfel.
a = R 557, b = R 560, c = R 561, d = R 559, e = R 556, f = R 555,
g = R 554, h = R 553, i = R 549, k = R 558.

Nordgipfel

● **557** (Bild XIX) **Nordgrat.** Von der Wolfebnerscharte (R 538, 3/4 st, II) zieht der Grat teilweise steil und zerschartet nach Süden. Man überklettert die einzelnen Zacken, die Erkletterung eines plattigen Steilaufschwunges ist dabei sehr schwierig, oder umgeht sie nicht weit unter der Grathöhe.

● **558** (Bild XIX) **Übergang vom Südgipfel** 3/4 st, I+. Man umgeht die Grattürme meist in ihrer Ostflanke auf Bändern und Leisten ungefähr in Höhe des großen Schuttabsatzes östlich des südlichen Vorgipfels. Die Überkletterung der Gratzacken selbst ist schwieriger.

● **559** (Bild XIX) **Südwand.** Dies ist die schmale Steilwand, die pfeilerartig vom Gipfel aus der großen Westwandschlucht heraustritt, 2 st, IV, luftig. Einstieg beim nördlichen Westwandkamin, R 449, 5 m gerade empor, dann links durch einen Riß auf ein Köpfl, 8 m sehr schwierig weiter durch die Fortsetzung des Risses, dann links hinaus auf einen kleinen Absatz. Mit sehr schwierigem Spreizschritt wieder in den Riß hinein und in ihm 8 m sehr schwierig hinauf auf eine Rippe, die man bis zum Beginn der großen Schlucht verfolgt. Diese Schlucht in ihrem linken Teil hinan bis zum Ansatz eines 30 m hohen Kamins, der über eine schwierige Stelle bis zu einer nach links hinaufziehenden, sehr steilen Plattenrinne verfolgt wird. Durch diese auf ein Schartl in der die West- und Südwand scheidenden Kante. Weiter sehr schwierig und ausgesetzt durch einen Riß rechts der Kante hinauf zu einem weiteren Schartl. Nun schräg rechts aufwärts auf den Kopf einer riesigen, rautenförmigen, schon von der Hütte aus sichtbaren Platte. Dann gerade empor zu einer seichten Verschneidung und in ihr und an ihrer rechten Begrenzungsrippe gerade zum Gipfelsteinmann.

● **560** (Bild XIX) **Westwand,** 2 st E., oberer Teil V+. Der Gipfel, sowie der fast ebenso hohe, ihm nördlich vorgelagerte Gratturm brechen mit glatten, gelben, überhängenden Wänden auf einen gut gangbaren Vorbau ab. Von der Scharte nördlich des genannten Turmes zieht ein Kamin herab, dessen untere Fortsetzung eine großenteils überhängende Verschneidung bildet. Sie vermittelt den Durchstieg.

Einstieg in der Fallinie des oben erwähnten Gratturms da, wo der Vorbau am weitesten ins Geröll vorspringt. Man steigt über Rinnenstücke und Wandstufen auf den Rücken des Vorbaus, der von glatten, mäßig geneigten Plattenlagen gebildet wird. Richtungspunkt die gelbe Verschneidung. — An den Gipfelwänden quert man von rechts nach links ansteigend über vorstehende, abgebrochene Platten in eine kleine Nische links vom Ansatz der Verschneidung. Ein äußerst schwieriger, ausgesetzter Quergang von etwa 4 m bringt nach links in den Riß, der über der Nische wieder nach rechts in die Verschneidung auf eine kleine Plattform leitet. Nun in der Verschneidung etwa 10 m empor bis an den gelben oberen Überhang, der auf die nördliche Begrenzungswand drängt. Hier äußerst schwieriger Quergang etwa 6 m nach links an der glatten Plattenwand (Spreizschritt) und steil nach rechts empor zum Kamin. Dieser beginnt mit einem 3 m hohen Überhang, der stemmend überwunden wird; dann in weniger schwieriger Kletterei im Kamin zur Scharte.

Verschneidung und Kamin sind sehr brüchig.

● 561 (Bild XIX) **Gerade Westwand,** 2 st, V. Der Weg führt durch die auffallende gelbe Verschneidung, die die oben überhängende Gipfelwand von rechts nach links durchreißt und weiter gerade aufwärts in der Fallinie zum Gipfel.

Über die schwächer geneigten Felsen des Wandvorbaus klettert man durch Rinnen, Risse und über geröllbedeckte Platten, oben etwas rechts haltend, zum Fuß der großen Verschneidung. Rechts einer glatten Platte durch eine Steilrinne etwa 10 m hinauf zu einem Vorbau. Dann durch das glatte, abdrängende Gestein der den überhängenden Fels durchziehenden, gelben Verschneidung 20 m überaus schwierig (H) zu Stand. Nochmals 15 m überaus schwierig, bis man in festen, grauen Fels kommt, über ihn unschwieriger zu einem Kopf. Von hier 15 m sehr brüchiger Quergang nach rechts in die Gipfelwand. In ihr 40 m in festem Gestein gerade empor. Bei der letzten Seillänge über sehr schwierige, brüchige Überhänge etwas rechts haltend auf den Grat, 10 m rechts des Gipfels.

● 562 Schöneckerkopf, 2322 m

Der vielfach bis fast zur Schneide begrünte und geröllbedeckte Kamm im Hintergrund des Balschtekars wird von zwei Einsenkungen geteilt, zwischen denen der Schöneckerkopf liegt. Durch die östliche Einsattelung „Schöneckerscharte" führt ein Weg aus dem Balschtekar in das Schöneckerkar und Hornbachtal, R 203. Geo.: HD.

Der Kopf ist über die steilen Halden seiner Südostseite ebenso leicht zu erreichen wie über seinen langen, von der Östlichen Plattenspitze herüberziehenden, schuttbedeckten Westkamm.

● 563 Balschtespitze, 2504 m

Östlich der Schöneckerscharte über steilem Schrofengürtel zu flachem Gipfelhang aufstrebend. Ein kurzer, südlicher Seitenast bricht mit kanzelartigem Vorbau, dem Balschteturm, ins Kar ab. Ein weiterer kurzer Grat sinkt vom Gipfel nordwestlich ab zur Kreuzkarscharte, das Kreuzkar vom Schöneckerkar trennend.

Geo.: HD.

Name: früher Balšte. Bedeutung umstritten. Vom ahd. Personennamen Baldo? Oder Ball = Bellen, Schreien. Ste = Stein.

Bei günstigen Schneeverhältnissen bildet die Skiabfahrt von der Balschtespitze über Schönecker- und Kreuzkarscharte — etwa der Pfadeinzeichnung in der alten DÖAV-Karte 1:25 000 folgend — eine der großartigsten und interessantesten Allgäuer Wintertouren (Höhenunterschied etwa 1400 m). Die damit zu verbindende Besteigung des Schreierkopfs, 2200 m, lohnt sich. Besondere Lawinengefahr in den Westflanken der Bretterkarspitze.

Ersteigungsgeschichte. Von dem über die Südwestflanke wohl von jeher erstiegenen Gipfel stieg C. Botzong 1901 ins südöstliche Balschtekar ab. Der Nordgrat wurde 1906 durch W. und R. Deimler begangen; über die Ostwand kletterten 1921 Bachschmid und Gef.

Schrifttum. 8., 9., 14., 29. AAV.

● **564 Südwestseite.** Von der Hermann-von-Barth-Hütte 2 st, I: auf Weg R 203 ins Balschtekar und, den Weg zur Schöneckerkarscharte bald verlassend, über die teilweise schrofige Südwestflanke zum Gipfel.

● **565** Der Abstieg in das **Östliche Balschtekar,** II, führt durch eine Rinne die unmittelbar östlich des Gipfels die Südwand durchzieht und in der Mitte zur breiten Doppelrinne wird.

● **565 a** Der **Balschteturm,** 2390 m, ist vom Südkamm der Balschtespitze in 20 Min. zu erreichen (I).

● **566 Nordgrat.** Von der Hermann-von-Barth-Hütte 3½ st, III, über die Schöneckerscharte, 2254 m, hinab ins Schöneckerkar und rechts auf Steig empor zum Gratbeginn an der Kreuzkarscharte, 2125 m, 1½ st, Quergang am östlichen Karhang bringt keinen Vorteil. Von hier 10 m aufwärts in eine Geröllmulde; etwas rechts in ihrem Hintergrund durch einen schwierigen brüchigen Kamin 10 m hoch empor auf unschwieriges Gelände, das bald in Geröll übergeht. Der folgende kleine Plattenschuß wird an der rechten Begrenzung erklettert, worauf ein kurzer Kamin auf die Höhe des ersten Grataufbaues leitet. Weiter immer auf dem Grat; ein einziges Hindernis bildet ein 15 m hoher Aufschwung, der an guten Griffen erklettert wird.

● **567 Ostwand,** 1 st E. (IV). Einstieg etwas links der Gipfelfallinie, wo abwärtsgestufte Felsbänder schräg links empor zu einem Stand führen, etwa 15 m. Etwa 6 m gerade empor zu einem guten Band, das waagrecht nach links in den Riß leitet, der in das Schartel links (südlich) des Gipfels hinanzieht. Im Riß 20 m empor zu gutem Stand. Von hier führt kurz ein Geröllband, dann steiler ein Felsband schräg rechts hinauf. Vom Ende des letzteren 3 m Quergang nach links in einen Riß, der schräg rechts emporzieht. Er endet auf einem Band, das man nach rechts verfolgt. Man gelangt in einen weiteren kurzen Riß, der zu einem Schartl hinaufzieht, das durch ein Felsköpfl und die Gipfelkante gebildet wird. Über die Kante gerade hinan zum Gipfel.

XX Kreuzkarspitze vom Nördlichen Söllerkopf
1 = R 569, 2 = R 570, 3 = R 571, 4 = R 573.

● 568 Kreuzkarspitze, 2591 m

Einer der bedeutendsten Berge der Gruppe mit schöner Aussicht, zu dem von der Balschtespitze her eine zunächst sanft geschwungene, dann scharf gezahnte Gratschneide zieht. Ein gegen S ziehender Seitengrat, der in der zweiten Hälfte seines Verlaufs die Söllerköpfe trägt, scheidet das Balschtekar vom Noppenkar. Das letztere nördlich begrenzend, zieht vom Gipfel ungefähr nach NO ein Grat über eine unbenannte Erhebung, von der sich nach N der Rücken der Bretterkarspitze abtrennt, allmählich nach SO umbiegend zur Noppenspitze. Nach N fällt der Gipfel mit dachartigem Hang ab, der mit steilem Sockel im Kreuzkar fußt.

Geo.: HD.

Ersteigungsgeschichte. Als erster Tourist betrat den Gipfel 1892 Chr. Wolff auf dem heute noch üblichen Wege aus dem Balschtekar. Ihm folgten erst sieben Jahre später v. Cube und Gef., die den Abstieg über die Nordwand nahmen. Den Ost- und Westgrat begingen 1900 v. Cube und A. Schulze. Im gleichen Jahre stieg W. Lossen aus dem Noppenkar gegen den Südgrat an, den er kurz unter dem Gipfel erreichte. Auf geradem Wege durchkletterten die Ostwand H. Kadner und Gef. 1920.

Schrifttum. ZAV 1904, S. 246; 8. und 9. AAV.

● 569 (Bild XX) **Südwestflanke.** Von der Hermann-von-Barth-Hütte 2½ st, I+, auf dem Wege R 203 ins Balschtekar bis dahin, wo er unter dem Balschteturm nach Südosten umbiegt. Hier links aufwärts gegen den Nördlichen Söllerkopf, in dessen Fallinie man über Gras- und Schutthänge gegen links zum Geröllsattel zwischen Söllerkopf und Kreuzkarspitze ansteigt. Am Gipfelbau der letzteren entweder nach links querend durch eine Geröllrinne, die sich einige Male verengt, zum Westgrat und rechts zum Gipfel, oder (besser) durch die direkt zum Gipfel führende Steilrinne hinauf. Sehr brüchig.

● 570 (Bild XX) **Westgrat. Von der Balschtespitze** aus (R 563, 1½ st, III) nach O hinab in die Scharte, dann auf Schuttfeldern zu dem später stark zerrissenen, scharfen Grat; ein etwa 20 m hoher Abbruch im obersten Drittel kann auf der Nordseite umgangen werden.

● 571 (Bild XX) **Ostgrat.** Im Noppenkar, R 203, zur tiefsten Scharte am (Nord-)Ostgrat, westl. der unbenannten Erhebung 2476 m, von der ausgehend eine nach Süden ziehende Rippe das Noppenkar in eine westl. und östl. Mulde teilt. Von der Scharte aus (1 st, II) zunächst in der Nordflanke, dann in schöner Kletterei über die plattige Kante zum Gipfel.

● 572 Nordwand. Der Weg der ersten Begeher (Abstieg, IV+) erreicht vom Gipfel aus über steile Schrofen leicht abwärtshaltend eine große Rinne, die von der obersten Scharte im Westgrat in die Nordwand hinabzieht. In der Rinne bis zu einem Abbruch, der entweder in einem 6 m hohen Riß links oder in einem überhängenden Kamin rechts überwunden wird. Bei einem Geröllfleck unter dem Abbruch wird die Rinne nach links verlassen und über einen ausgedehnten Plattengürtel hinabgeklettert in Richtung auf die Köpfe einer links befindlichen Felsrippe, die sich bis ins Kar zu erstrecken scheint. Sie bricht jedoch mit glatter Steilwand ins Kar ab. Wo der letzte Ausläufer der Felsgruppe ins Kar abstürzt, nach links durch Risse etwa 20 m hinab, dann wieder nach links über eine steile, glatte Plattenwand zu einem Bande, das zu der niedrigen, nassen Felsstufe leitet, über die durch Abseilen die kleine Karmulde in ihrem obersten Teil erreicht wird, die etwas links der Gipfelfallinie über eine kleine Wandstufe zu höchst in die Wand hineinspitzt.

● 573 (Bild XX) **Ostflanke.** Vom Noppenkar, R 203, ziemlich schwierig (III). 3/4 st E. Rechts von einer tief eingeschnittenen Rinne zu einem nach rechts aufwärts ziehenden Plattenschuß empor; über ihn schwierig hinauf und weiter gerade aufwärts zum Grat, der in wenigen Minuten zum Gipfel bringt.

● **573 a** Die 500 m hohe **NO-Wand** harrt noch ihres Erschließers.

● **574 Nördlicher,** 2402 m, **Südlicher,** 2390 m, **Söllerkopf;**

Die Söllerköpfe sind wenig auffallende Gipfel im langen Südgrat der Kreuzkarspitze mit steilen Abbrüchen nach Osten.

Geo.: HD.

Ersteigungsgeschichte. Über eine Ersteigung des Südlichen Söllerkopfes, der vermutlich schon früher durch Einheimische bestiegen worden war, berichtet erstmals G. Lossen 1899; Nordgrat (Abstieg) v. Cube und Dr. Hermann 1899; Ostwand E. Röckl und W. Welzenbach 1922. Erste Ersteigung des Nördlichen Söllerkopfes (Nordgrat—Südgrat) A. Heinrich, H. Leberle 1900; Ostwand O. Metzger und Gef. 1921.

Schrifttum. 8., 9., 29. und 30. AAV.

Nördlicher Söllerkopf, 2402 m

● **575 Nordgrat.** Wie bei R 569 zum Sattel zwischen Nördlichem Söllerkopf und Kreuzkarspitze, von wo (1/2 st, I) der Gipfel über den Schrofengrat erreicht wird: Beliebig rechts ausweichend zur Scharte vor dem Gipfel und etwas ausgesetzt kurz hinan zum Steinmann. Sehr brüchig.

● **576 Südgrat.** Wie bei R 579 zum Sattel zwischen beiden Köpfen und über den brüchigen Grat zum Gipfel, III.

● 577 **Ostwand.** Das Noppenkar (R 203) kann man zu dieser Tour auch aus dem Balschtekar über die Scharte nördlich des Nördlichen Söllerkopfs (durch eine Steilrinne jenseits hinabsteigend) erreichen.

2 st, V, E. in der Fallinie des Gipfels. Durch die unteren Wandteile zieht sich ebenfalls in der Gipfelfallinie ein schwarzer Kamin, der nach unten abbricht und in seinem unteren Teile ungangbar sein dürfte. Rechts vom Kamin zieht eine Rippe sehr steil in die Wand empor. In der auf der Höhe der Rippe emporziehenden Verschneidung hoch schwierigste Stelle), dann über einen Überhang und links durch einen Riß zu einem Stand. Einige Meter über Gras empor zu einem Kamin und in ihm über zwei Überhänge empor. Von seinem Ende einige Meter schräg links zu Stand. Von hier spreizt man nach links in den vorerwähnten schwarzen Kamin oberhalb

seines Abbruchs hinein. Stemmend und spreizend über einen Überhang hinauf zu seinem Ende. Dann 20 m schräg rechts über weniger schwierigen Fels, um eine Ecke und sofort links hoch zu einem Schartl. 10 m waagrecht nach links und durch einen versteckten Riß gerade empor auf eine Rinne. Auf ihr noch 5 m hoch, dann schräg links ansteigend in den Spalt hinein, der in die Scharte des Doppelgipfels leitet. Nach links zum Steinmann.

Südlicher Söllerkopf, 2390 m

● 578 **Südgrat.** Vom Balschtesattel, R 203, 3/4 st, I. Zunächst über Gras und Schrofen, später in Kletterei über den Südgrat bis zum Gipfel.

● 579 **Nordgrat.** Vom Balschtekar, R 203, I, 1 st. Über Geröll in die breite Scharte nördlich des Gipfels und auf dem kurzen, brüchigen Grat zum Gipfel.

● 580 **Ostwand.** Auf dem Höhenweg R 203 ins Balschtekar, 1 st E., III. Durch das oberste Drittel der etwa 130 m hohen Ostwand zieht vom Gipfel eine Steilrinne herab, die in eine von rechts oben nach links unten ziehende, etwa 70 Grad geneigte, schmale Plattenrampe ausläuft und in einer etwa 40 m langen Schrofenrinne endigt. In dieser Rinne empor bis an den Beginn der Plattenrampe. Auf dieser hinan, bis sie sich in der gelben Wand verliert. Nun über eine brüchige, ausgesetzte Wandstelle in die Steilrinne und in ihr zum Gipfel.

● 581 Rotwand, etwa 2290 m

Geologisch interessanter, südlich bis oben hinauf begrünter, wenig ausgeprägter Gipfel südlich überm Balschtesattel.
Geo: Li.-Fle. mit BuHo.
Vom Balschtesattel (R 203), I, 20 Min., aus übersteigt man den Felsriegel südlich des begrünten Sattels, am besten etwa 20 m westlich tiefer in seiner Rinne. Hinter dem von hier leicht erreichbaren Westgrat zieht eine Geröllrinne empor, die hoch oben den Westgrat erreicht, der schnell zum Gipfel führt. Die Durchkletterung der sehr brüchigen Nordabstürze ist sehr schwierig.

● 582 Noppenspitze, 2596 m

Ein prächtiger Berg mit zackigen Graten; sein Südgrat trennt das Noppen- vom Sattelkar; seine Nordflanke fußt im Bretterkar.
Geo.: HD.
Name: Noppe = Erhöhung.

Ersteigungsgeschichte. Als Erster erstieg A. Spiehler mit J. Schiffer 1891 die Spitze, aus dem Noppenkar zum Westgrat emporsteigend und den Gipfel durch die Nordflanke bis zum Ostgrat umgehend. Den heute noch üblichen Weg durch die Südwestwand beging Chr. Wolff 1892. Über den zerscharteten Südgrat stiegen v. Cube und A. Schulze 1900; zum Abstieg wählten sie den Nordwestgrat. Den Aufstieg durch die Südostwand mit dem Abstieg über den Ostgrat nahmen v. Cube und Euringer 1903. Über die Südwestwand gerade empor stiegen Bachschmid und Gef. 1921.

Schrifttum. EOA, S. 77; 8. und 29. AAV.

● **583 Südwestwand, gewöhnlicher Weg.** Von der Hermann-von-Barth-Hütte 3¾ st, I+, brüchiger Fels, viel Schutt, ins Noppenkar auf R 203. In der Fallinie des Gipfels ist über dem untersten Wandsockel unmittelbar rechts des auffallenden weißen Schichtstreifens ein Grasabsatz, den man von links her über Geröll erreicht, 2¾ st. Von ihm fallend und wieder steigend etwa 50 m nach rechts (Süden) bis vor eine große, vom Südgrat herabziehende Schlucht (Steinmann); an ihrer Begrenzung oder in ihrem Grunde empor gegen den steilwandigen Abschluß; dann durch Rinnen, die dem Südgrat gleichlaufen, zum Gipfel.

● **584 Südostwand.** Vom Weg R 203 durch das Sattelkar zum Fuße der Wand. 2 st, IV. Einstieg auf einem auffallenden Bande (geröllbedeckte Platten) von rechts nach links aufwärts zu dem großen, schon aus dem Kar sichtbaren gelben, 25 m hohen Überhang, der in einer links überwölbten, glatten Plattenverschneidung (oben sehr schwierig) überwunden wird. 150 m E. Dann auf unschwierigem Gelände kurz nach S zu einer Rinne, die nach 50 m durch eine Stufe unterbrochen ist; 25 m rechts durch einen schiefen Riß aufwärts zu der auffallend weißen Schicht, die unschwierig zum Gipfel führt.

● **585 Ostgrat.** Aus dem Sattelkar durch Geröll- und Plattenrinnen zur tiefsten Scharte im Kammverlauf zur Sattelkarspitze. Von hier (1½ st, III) über den westlich aufstrebenden klotzigen Turm; dann in schöner Kletterei über die Kanten der riesigen Plattentafeln, die ins Sattelkar abstürzen. Vor dem großen Grataufschwung brüchiger Quergang nach rechts zu einem nahe der Kante eingeschnittenen Kamin und durch ihn wieder empor zum teilweise brüchigen Grat, der unter gelegentlichem Ausweichen bis zum Gipfel verfolgt wird.

● **586 Südgrat.** Vom *Luxnacher Sattel,* R 203, 4 st, IV: zunächst unschwierig bis zur ersten ausgeprägten Scharte, die auch aus den Karen gut erreichbar ist. Durch eine ziemlich anstrengende, kaminartige Rinne über den folgenden plattigen Aufschwung; über schrofiges Gelände und einen weiteren Plattenschuß weiter den Grat hinan zu drei auffallenden, die erste Graterhebung krönenden Zacken, über sie hinweg und vom letzteren ausgesetzt in die folgende Scharte. Nun stets auf der zerscharteten Gratschneide weiter; einige in der letzten Scharte vor dem Gipfel stehende Türme werden westlich umgangen; dann unschwierig zum Gipfel.

● 587 **Nordwestgrat.** Aus dem Noppenkar 2 st, III, zur Grathöhe, die nun bis zum großen Gipfelaufschwung verfolgt wird; dieser wird dicht an seiner Nordkante über brüchige Stufen und Kamine erklettert.

● 588 **Gerade Südwestwand,** 1½ st E., unten IV, wohl der schönste Aufstieg. In der Fallinie des Gipfels befindet sich links des auffallenden, weißen Streifens, der die ganze Wand durchzieht, ein gelblicher dreieckiger Zacken, der sich über einer ins Kar vorspringenden, grasdurchsetzten Rippe aufbaut. Rechts von diesem Zacken durch eine Steilrinne empor auf ein Köpfl; hierher auch von rechts über Geröll. Von hier ungefähr 8 m unschwierig rechts (nicht in der links befindlichen Rinne) empor. Weiter gerade hinauf an der linken weißen, gutgriffigen Begrenzungsplatte einer oben überhängenden Steilrinne. In der Höhe des Überhangs quert man nach rechts in die zum Kessel erweiterte Steilrinne. In ihr nun über mehrere Absätze auf einem Geröllplatz an einer Zweigrippe. Einige Meter schräg links und durch eine plattige Rinne auf ein größeres Geröllfeld, auf dem der Gipfelbau fußt. Von hier durch einen von rechts nach links emporziehenden Riß links der weißen Schichtlinie auf den Grat und mit wenigen Schritten nach rechts zum Gipfel.

● 588 a Die 340 m hohe **N-Wand** ist ein bisher ungelöstes Problem.

● 589 Sattelkarspitze, 2553 m

Ein wenig ausgeprägter Gipfel, dessen Südgrat das Sattelkar vom Wolekleskar trennt; den Kletterer reizen die prächtigen Plattenschüsse der Südwand. Geo.: HD.

Ersteigungsgeschichte. Der Gipfel wurde als letzter der Hornbach-Kette betreten; 1900 erreichten ihn v. Cube und Gef. aus dem Wolekleskar; den Westgrat begingen im Abstieg Fleschhut und Spindler 1905; den Nordostgrat J. Bachschmid und J. Huber 1906; über die Südwand gingen Findeiß und Gef. 1911; über die Südwestwand Kohlhaupt und Gef. 1913; Südostgrat E. Klemm 1928; Nordwand Humpl und Fackler 1940.

Schrifttum. ZAV 1908, S. 260; 8., 19. und 21. AAV.

● 590 **Ostflanke,** 1½ st, II. Der Einstieg befindet sich südlich jener auffallenden hellgrauen Wand, wo das Geröll am höchsten hinaufreicht. Auf breitem Bande etwa 70 m weit nach Süden, über eine kurze Wandstufe zu einem Grasband, das zu einem Geröllabsatz emporführt. Weiter zu einer Geröllrinne, die gegen zwei auffallende, plattige Grattürme hinanleitet. Wo die Rinne plattig wird, über geröllbedeckte Platten zum Hauptgrat, den man dicht nordöstlich des Gipfels betritt. Ein etwa 15 m hoher, steiler Kamin führt zu ihm empor.

● **591 Südwand.** Der Gipfel entsendet nach Süden einen mächtigen Plattenschuß. Vom Gipfel R 203 im Sattelkar empor zum Einstieg, der sich links am Fuße der Kante bildet, mit der der Plattenschuß nach links (Westen) abbricht. Von hier 1 st, II, über gutgestuften Fels empor, zunächst an der Kante, dann nach Belieben über die Platte bis zu einem kleinen Geröllfeld; man quert es nach links und erreicht über unschwierigen Fels den Gipfel.

● **592 Südwestwand.** Wie bei R 591 ins Sattelkar zum Beginn der großen Steilrinne, die links (nördlich) von dem dort erwähnten Plattenschuß begrenzt ist. Vom untern Teil dieser Rinne (1 st, II) nach rechts über unschwierigen Fels zur gratartigen Rippe, die sich rechts der Rinne zum südlichen Vorgipfel hinaufzieht. Auf und neben ihr empor zum Vorgipfel und über den Grat nach Norden zum Hauptgipfel.

● **593 Westgrat.** Aus dem Noppenkar zur tiefsten Scharte im Verbindungsgrat zur Noppenspitze. Von hier 1½ st, III: entweder über den Grat oder zunächst in der Nordseite hinausquerend und dann zum Grat empor; dieser leitet brüchig über die scharfen Schichtköpfe der steilen Plattenlagen gegen den Gipfel, der durch eine Rinne von links her erreicht wird.

● **594 NNO-Grat.** Von der Scharte zwischen Sattel- und Wolekleskarspitze aus, verfolgt man im allgemeinen den Grat; zwei Türme werden südlich umgangen. ¾ st, (I).

● **595 Südostgrat.** Von P. 2176 zu einer auffallenden Scharte zwischen einem Vorzacken und der den Grat begrenzenden Plattenwand. Von der Scharte aus umgeht man den unteren Teil dieser Plattenwand nach rechts hinaus, dann zurück zur Plattenwand und 40 m über die Platte in einem seichten, schwierigen Riß zum Grat. Teils über ihn, teils links in steilem Geröll zu P. 2472. Scharfes Grätchen als Übergang zum Gipfelbau und mäßig schwierig zum Steinmann, III. 22. Jb. Bayerland, S. 40.

● **596 Nordwand,** 2 st, III. Zugang entweder vom Kaufbeurer Haus über die Schießmauer. Etwa 200 m in einer Rinne nach Westen absteigend, sodann in westlicher Richtung über Gräben und Rippen querend zum kleinen begrünten Tiefpunkt der Bretterkarmulde. Von hier Anstieg in einen oft noch im Sommer schneegefüllten, versteckten Kessel am Fuß der rund 400 m hohen Nordwand der Sattelkarspitze, 2 st vom Haus. Oder: aus dem Hornbachtal, dieses bei P. 1142 verlassend, auf verfallenem Steiglein zur Blaseneckalp und nun weglos ansteigend zu dem bald sichtbar werdenden Ziele (3 st von Hinterhornbach).

Einstieg in Gipfelfallinie auf den zutiefst ins Kar hinabreichenden Felssporn, der verfolgt wird. Zwischen untern und mittlerem Drittel der Wand ist ein etwa 10 m hoher, überhängender Plattenwulst zu überwinden (H). Zwischen zweitem und letztem Wanddrittel über eine senkrecht abfallende Wasserrinne von 5 m Höhe zu einer geräumigen Mulde. Aus dieser in Gipfelfallinie auf gutgriffiger Rippe empor zur Spitze.

● 597 Wolekleskarspitze, 2522 m

Nom.: vielleicht von Nikolaus. Das Kar über den Weidegründen des Nikolaus.

Unbedeutende Erhebung nordöstlich der Sattelkarspitze; ihr Südostgrat trennt das Wolekleskar vom Gliegerkar. Die Skiabfahrt von der Wolekleskarspitze durchs Haglertal nach Häselgehr zählt zu den schönsten Allgäuer Winter/Frühjahrsunternehmungen.
Geo.: HD.

Erstersteigung. Chr. Wolff 1893; den heute üblichen Anstieg aus dem Wolekleskar beging v. Cube 1900.

Schrifttum. ZAV 08, S. 260.

● 598 Aus dem **Wolekleskar,** 1 st, II: Geröll, Gras und Schrofen der Südwestflanke; die Gipfelkrone gewinnt man von Süden her durch einen Kamin; der Erstersteiger ging über die Westseite auf die Nordseite über und gewann hier unschwierig den Gipfel.

● 599 Der **Nordostgrat,** von der über Schutt vom Gliegerkar her unschwierig erreichbaren Scharte aus in 3/4 st, und der **Südwestgrat,** von der tiefsten Scharte aus in 3/4 st, verlangen Kletterfertigkeit (II).

● 599 a Über die Ersteigung der 250 m hohen **NW-Wand** liegen bisher keine Berichte vor.

● 599 b Das gleiche gilt für den langen ins Bretterkar hinabstreichenden **NW-Grat des sw. Vorgipfels. (Grathöhe 600 m!)**

● 600 Gliegerkarspitze, 2577 m

Ein schöner Gipfel in der Westumrahmung des Urbeleskars, nach N den Rücken der Schießmauer entsendend.
Geo.: HD.

Nom.: von G'läger = Rastplatz fürs Weidevieh.

Ersteigungsgeschichte. Die erste Ersteigung wird Chr. Wolff mit Führer Friedle zuzuschreiben sein, die den Gipfel 1893 vom Urbeleskar her erreichten und im Abstiege im allgemeinen dem Ostgrat folgten. Die Nordwand durchstiegen auf teilweise verschiedenen Wegen W. Blenk mit Gefährtin 1905, E. Frey und F. Bopp 1910; ferner F. Bachschmid und Gef. 1919, Amberger und Asal 1920. Den Südwestgrat begingen Frey und v. Redwitz 1908, die Südwand dieselben 1909. Die Nordwestkante erkletterten Elfinger und Gef. 1921.

Schrifttum. ZAV 08, S. 261; Mitt. 08, S. 291; 22., 27. AAV; 13. und 14. Bay.

● **601 Ostgrat.** Von der Kaufbeurer Hütte 1½ st, II, auf dem aufgelassenen AV-Weg zur Gliegerscharte, 2486 m, ¾ st; über den Grat unschwierig auf den Vorgipfel, ¼ st; jenseits über eine Stufe hinab in die folgende Scharte, um den nächsten Zacken links herum und auf dem Grat weiter bis zum ersten Turm, den man rechts auf Geröllbändern umgeht. Der folgende, auffallend hell gefärbte Turm wird überklettert. Auf der Grathöhe (lose Blöcke) weiter zum Gipfel.

● **602 Südwestgrat.** Von der Scharte zwischen Gliegerkar- und Wolekleskarspitze, ¾ st, III: die ersten Türme nördlich umgehend, dann auf dem Grat bis zu einem gelbroten Aufschwung, an dessen Fuß sich ein großes Gratfenster befindet. Schwierig an der linken Kante 15 m empor, dann ausgesetzt nach links zu einer Geröllmulde; von ihr nach rechts wieder zum Grat und über ihn bald zum Gipfel.

● **603 Südwand,** ¾ st, III. E. in der Gipfelfallinie an einer Rippe, die weiter ins Kar hinabgreift. Auf ihr 40 m empor zu einem Schuttplatz; weiter zu dem gerade darüber sichtbaren, schwarzgelben Überhang und auf gutem Band nach links auf eine breite, rechts aufwärts ziehende Schrofenzone. Über sie empor zum Grat, den man unmittelbar östlich des Gipfels erreicht.

● **604** Über die **Nordwand** gehen verschiedene Führen. Die Erstersteiger des Berges benützten die breite Rampe, die von links nach rechts aufwärts in etwa halber Wandhöhe gleichlaufend mit dem Ostgrat zieht, und gewannen den letzteren zwischen Vor- und Hauptgipfel. Bopp und Frey stiegen von dem ständigen Schneefeld etwas östlich der Gipfelfallinie nach links auf einen Felssporn empor und überwanden in ausgesetztem Quergang nach links und in Plattenkletterei den unteren Wandgürtel. Von der Schießmauer her stieg Blenk vom Nordgratansatz aus nach links in einen Kamin, durchkletterte ihn und gewann, oben rechts haltend, durch einen weiteren Kamin den Gipfel. Der zweckmäßigste Anstieg dürfte jener von Bachschmid und Gef. sein:

Von der Kaufbeurer Hütte 3 st, IV: westwärts zum Nordausläufer der Schießmauer und über Platten auf diese. Wenig absteigend zum Nordgrat der Gliegerkarspitze und diesen aufwärts, bis er in der prallen Wand verschwindet. Von hier leitet ein geröllbedecktes Band mit Ausnahme einer etwa 3 m langen Hangelstelle unschwierig schräg links aufwärts in eine von rechts herabziehende Rinne; durch sie auf ein großes Schuttfeld unter dem Gipfelaufbau. Hier setzt eine mächtige, stark geneigte Platte an, die in seichten Rissen von links unten nach rechts oben überwunden wird. Man steht nun am unteren Ende des von der Hütte aus gut sichtbaren Kamins im Gipfelbau. Dieser Kamin wird seiner ganzen Länge nach durchstiegen und beim obersten Überhang nach links hinaus verlassen. Eine Rinne führt etwa 20 m höher zu einem kurzen Wandstück, das links aufwärts überwunden wird. Ein Geröllband leitet weiter zum Gipfel.

● 605 Auch die westlich dieses Weges liegende **Nordwestkante** wurde von dem „geröllbedeckten Band" der Nordwandführe aus erklettert (V). Ausstieg am westlichen Gipfel.

● 606 Bretterspitze, 2609 m

Ein massiger Berg mit sanft geneigten, brüchigen Graten. Infolge seiner leichten Erreichbarkeit und der bedeutenden Fernsicht viel besucht.
Geo.: HD.

Ersteigungsgeschichte. Als erster Tourist berichtet H. v. Barth über die Besteigung des schon früher bestiegenen Gipfels. Er erreichte ihn 1869 vom Urbeleskar aus; den Südostgrat beging Spiehler 1890; über die erste Begehung des Westgrates, die Barth und Spiehler als kaum möglich betrachteten, ist nichts bekannt geworden. Die Nordwand durchkletterten E. Frey und v. Redwitz 1908.

Schrifttum. Barth, Wegweiser, S. 425; EOA, S. 76; Z. 08, S. 262; 13. Bay.

● 607 **Nordostrücken.** Vom höchsten Punkt des Verbindungswegs R 203 westlich der Schwärzerscharte (bez. Weg, 20 Min.) über den mäßig ansteigenden Rücken auf einem Steiglein über Geröll und einige Schrofen zum Gipfel, auch mit Kindern ab 14 J.

● 608 **Westgrat.** Von der Gliegerscharte, über die der nun aufgelassene Verbindungsweg aus dem Glieger- zum Urbeleskar führt, ¾ st, II, teilweise brüchig: erst auf dem Grat, dann einigen Hindernissen auf der Südseite ausweichend zum Gipfel.

● 609 **Südgrat.** Vom Griesschartl, R 203, 1/2 st, I+, mühsam, über den meist geröllbedeckten Rücken.

● 610 **Nordwand.** Von der Kaufbeurer Hütte 2 st, III: zum Fuß der Wand, 1 st. In der Gipfelfallinie befindet sich eine von rechts nach links emporziehende Rinne, die links von einer auffallenden, aus der Wand hervortretenden Felsrippe begrenzt ist. Durch die Rinne schwierig etwa 40 m empor zu einem Schuttfleck; dann auf waagrechtem Band nach rechts. Von ihm ziehen mehrere Rinnen gegen den Gipfelgrat, die alle gangbar sind. 1 st.

● 611 Urbeleskarspitze, 2636 m

Eine kühne Berggestalt, von N und S gesehen durch ihre Trapezform auffallend. Felsstürze gaben zu übertriebenen Berichten über große Veränderungen des Gipfelkörpers innerhalb der letzten 70 Jahre Anlaß. Das brüchige Gestein, das nicht nur oberflächlich verwittert ist, verlangt besondere Vorsicht; die geröllbedeckten Bänder und Absätze erzeugen Steinschlaggefahr.
Geo.: HD.
Nom.: Vom Kar über Urbans Weiden.

Rundschau. Gegen N und NW Schwäbische Alb, Schwarzwald und Bodensee; im W Allgäuer Alpen, Bregenzer Wald, Säntis und Altmann; von SW bis SO der Eiswall von den Berner Alpen bis zu den Hohen Tauern, davor schön aufgeschlossen die östlichen Lechtaler Berge und das Lechtal. Im O Mieminger Berge, Karwendel und Wetterstein.

Ersteigungsgeschichte. Die erste Ersteigung ist wahrscheinlich durch Einheimische erfolgt. Ob Dr. Gümbel den Berg (1854) bestiegen hat, ist nicht ganz sicher; die ersten verläßlichen Berichte gibt H. v. Barth, der den Berg 1869 bestieg. Er benützte im unteren Teil den heute noch üblichen Weg aus dem Urbeleskar, hielt aber in der zweiten Hälfte die ursprüngliche Richtung bei und gelangte über den Nordgrat zum Gipfel. Bei späteren Begehungen wurde dieser Grat als sehr verändert bezeichnet, was zu Behauptungen von mächtigen Gipfelstürzen Anlaß gab. Es scheint ziemlich sicher, daß sich diese Veränderungen auf einzelne Felsstürze des brüchigen Grats beschränkten. Den Südwestgrat bezwangen Blenk und Danheimer 1903; Südwand und Ostgrat (von den Erstersteigern irrig mit Südwestwand und Südostgrat bezeichnet) erstiegen J. Färber und W. Klaunig 1913.

Schrifttum. H. v. Barth, Wegweiser, S. 437; NKA, S. 257; EOA, S. 72; ZAV 08, S 256; 1913 Bay.; Mitt. 21, S. 55; 18. Bay.

● 612 (Bild XXI) **Gewöhnlicher Weg aus dem Urbeleskar.** Ab Kaufbeurer Hütte 1 3/4 st (I+), sehr brüchig, Orientierung nicht ganz leicht, neuerdings im oberen Teil rot markiert. Zunächst s.o. bergauf, bis man bequem nach links zum Auslauf der großen, leicht geschweiften Rinne queren kann, die — nördlich des Gipfels vom N-Grat ins Kar hinabziehend — die Anstiegsrichtung weist. Man steigt über begrünten Schutt und Schrofen zu dem die Rinne n. flankierenden unten breiten, oben schmaler werdenden Felsrücken hinauf. Er führt ohne nennenswerte Schwierigkeiten empor, bis die Markierung nach rechts über die Rinne in den jenseitigen Gipfelaufbau führt. Hier über Geröllbänder und kurze brüchige

Felsstufen zur Gipfelschneide, die an der nordöstl. höheren Ecke einen Steinmann trägt. — Die Westflanke ist auch weiter südlich über Rinnen, Bänder und Wandstufen gangbar. Die außergewöhnliche Brüchigkeit spricht jedoch gegen diese Routenführung.

● **613** (Bild XXI) **Nordgrat.** Ab Kaufbeurer Hütte, 2 st, (II). Zunächst wie R 612 über den die große Westrinne n. begleitenden Felsrücken empor, bis die Markierung nach rechts zum Gipfelaufbau leitet. Hier gerade zum Nordgrat empor, P. 2513. Er leitet in brüchigen Steilstufen zum Gipfel. Weniger Geröll als bei R 612. Schwierigere Variante (III): Durch die meist Schnee führende Schlucht aus dem Kesselboden in ihre Ursprungsscharte 2399 hinauf. Aus ihr über einige brüchige Steilstufen über den gesamten N-Grat zur Spitze. P. 2399 läßt sich auch — wesentlich leichter, jedoch infolge der Abgeschiedenheit des Wasserfallkares recht mühsam — von O her aus dem genannten Kar (Talorte Elmen und Häselgehr) erreichen.

● **614** (Bild XXI) **Südwestgrat, 1½** st E., IV+, brüchig, ziemlich viel Geröll. Von der Schwärzerscharte (2433 m, 1 st von der Kaufbeurer Hütte), die man durch kurzes Absteigen vom Steig R 203 auf der Grathöhe erreicht, steigt man auf lehmigem Hang etwa 10 m nach Südosten ab; dann über zwei steile, kurz aufeinanderfolgende Wandstufen empor zu dem mittleren von drei Bändern, welche den Doppelturm nordöstlich der Scharte südlich umgehen. Auf dem Bande östlich aufwärts und in Kehre nach links auf lehmigem Grasband, das rechts von lehmigen Abbrüchen begrenzt ist, in die Scharte hinter dem Doppelturm. Nun auf und neben dem Grat beliebig weiter (leicht und mittelschwer), bis er von einem breiten, steilen Schuttfleck unterbrochen wird. Hier hat man eine hohe, nach innen gebauchte Wand vor sich, deren rechte Kante die eigentliche Fortsetzung der Gratschneide darstellt.

Man wählt als Weitergang die *linke* Kante, geht links auf einem Band in die Nordwestseite zu einer steilen, schönen Felsrinne, die hinter der Kante emporzieht; in ihr ein Stück hinan. Zuletzt über die rechte brüchige Begrenzungswand wieder auf die Gratschneide. Bald auf einem Band nach links hinaus und in einem von links nach rechts aufwärtsziehenden Riß, etwa 15 m, zur Gratkante. Über das folgende kurze, sehr schwierige Wandl (Steigbaum) und sofort über dieser „Roten Ecke" auf einem Band 8 m weit nach rechts hinaus um die Ecke; dann sehr ausgesetzt über die Wand senkrecht empor; bald darauf guter Sicherungsplatz. Nun über eine kurze Wandstelle auf weniger schwieriges Gelände, das rasch zum Vor- und Hauptgipfel führt.

Oder: Von der Steigbaumstelle gerade an der fest- und gutgriffigen Gratkante senkrecht empor, dicht unter dem vorspringenden gelben Überhang rechts herum und weiter über die steile Kante, die sich bald darauf verflacht. Die Überkletterung des Doppelturms unmittelbar an der Schwärzerscharte ist sehr schwierig (IV).

● **615 Südwand.** Von der Schwärzerscharte (R 614) 2½ st, teilweise IV; anfangs plattiger Quergang abwärts zu der großen, vom oberen Teil des Seekars aus gut sichtbaren Schlucht; sie ist begrenzt von zwei gelben Wänden und enthält einen großen schwarzen Überhang; hierher auch aus dem Seekar. Den Eintritt in die Schlucht, 2276 m, sperrt ein kleiner Überhang, der in einer Schleife nach links — Wendepunkt eine gelbe zerschlissene Bodenplatte — umgangen werden kann. Nun in der Schlucht aufwärts gegen den schwarzen großen Überhang. Auf Felsbändern auf die linke (westliche) Begrenzungsrippe; auf ihr noch etwas aufwärts und dann nach rechts, zuletzt etwas abwärts kletternd, in die zum Kamin verengte Schlucht zurück, die kurz oberhalb des großen Überhangs wieder erreicht wird. Im Kamin und in den folgenden steilen Rinnen mit eingeklemmten Blöcken und großgriffigen Begrenzungsseiten weiter, bei Teilungen immer schwach links haltend, zum Steinmann. Über einen links dieses Weges verlaufenden Anstieg, von den Erstbegehern Südwestwand genannt, vgl. ÖAZ 25, S. 195.

● **616 Südostgrat.** Wie bei R 615 ins Seekar und auf Schafsteig zum Ausläufer des Grates, 2220 m, 3 st, teilweise IV. Der erste große Aufschwung wird links durch die schon von unten sichtbare Rinne erstiegen. Dann über Blöcke fast immer auf dem Grat weiter bis zu dem zweiten großen, gelben Aufschwung. Kurz unter ihm zwei Blöcke im Geröll. Bevor diese erreicht werden, Achtung auf einen viereckigen, unscheinbaren Plattenklotz, der nur lose auf der Schneide liegt. Nun etwa 15 m unter der gelben Wand nordöstlich querend und sehr schwierig mit Steigbaum über die Wand. Der Grat wird am Fußpunkt einer grauen Platte wieder erreicht. Nun verhältnismäßig unschwierig immer auf dem Grat zum Gipfel. Die Steigbaumstelle läßt sich vielleicht von den zwei Blöcken aus durch Abstieg auf geröllbedeckte Platten der Südseite umgehen.

● **617** An der Südseite der folgenden Gipfel, der östlichsten der Hornbachkette, führt ein Schaf- und Jagdsteig aus dem Seekar, Zugang von der Schwärzerscharte oder dem Griesschartl, R 203, hinüber durch das Wasserfallkar zum Großkar, das auch von Elmen im Lechtal aus erreichbar ist; siehe R 623. Das Faulholzer- und das Schwellenkar an der Nordflanke sind auf hoch hinaufführenden Jagdsteigen vom Hornbachtal her

XXI Urbeleskarspitze mit Kaufbeurer Hütte
1 = R 612, 2 = R 613, 3 = R 614.

zugänglich. Ausgangspunkte: Hinterhornbach oder Krummenstein.

● 618 Zwölferspitze, 2421 m; **Elferspitze,** 2512 m; **Wasserfallkarspitze (Deiserspitze),** 2557 m

Die Zwölferspitze ist eine unbedeutende Graterhebung im flachen Kammverlauf von der Urbeleskarspitze nach Nordosten, die Elferspitze ein der Wasserfallkarspitze westlich vorgelagerter Kopf.

Die Wasserfallkarspitze selbst stellt eine doppelgipflige, zerklüftete Mauer über zerborstenen Flanken dar.

Nom.: Namen wie „Zehner", „Elfer", „Zwölfer", „Einser" findet man häufig, bezogen auf einen Talort, von dem aus gesehen die Sonne um diese Zeiten hinter dem betreffenden Gipfel erscheint oder verschwindet.

Der für die Wasserfallkarspitze früher gebräuchliche Name Deiserspitze vom Deiserbach.

Geo.: HD.

Ersteigungsgeschichte. Die Wasserfallkarspitze trug, als sie H. v. Barth 1869 erstieg, bereits eine Vermessungsstange. Barth benützte, aus dem Wasserfallkar kommend, Südwestflanke und Südrücken des Berges. Aus dem Großkar kam Chr. Wolff 1902 über den Kamm, der sich von SO zum östlichen Vorkopf, 2525 m, hinaufzieht. Den Westgrat beging erstmals A. Asal mit A. Huber 1905.

Schrifttum. Barth, Wegweiser, S. 450; NKA S. 274; EOA, S. 76; ZAV 08, S. 294.

● 619 Gesamter Westgrat der Wasserfallkarspitze. Von der Kaufbeurer Hütte 3½ st (III): in östl. Richtung das Urbeleskar querend, gelangt man vor einer auffallenden Rippe in eine breite Rinne, die gerade gegen den Gipfel des **Zwölfers** führt, 1½ st. Nach Osten unschwierig über den Kamm zum Gipfelaufbau des **Elfers;** sein gelber Aufschwung wird schwierig erklettert; dann weniger schwierig auf den Gipfel des **Elfers,** 1½ st. Über den Grat hinab in die Scharte vor der **Wasserfallkarspitze.** Sein letzter steiler Abbruch kann rechts auf schuttführenden Plattenbändern (Vorsicht!) umgangen werden. Nun unschwierig zum Gipfel der letzteren, ½ st.

● 620 Südostkamm des östlichen Vorgipfels der Wasserfallkarspitze. Vom Beginn des Kammes, den man auf dem Steiglein R 617 gewinnt (1½ st, I), steigt man über den breiten, blockbedeckten Rücken empor gegen den östlichen Vorgipfel und gewinnt, ihn ersteigend oder links unter ihm hindurchgehend, den Hauptgrat, den man durchklettert; teilweises Ausweichen in der Nordflanke auf Schutt möglich. Man kann auch vom Südostkamm, schon früher links aufwärts querend, den Grat durch eine große Rinne weiter westlich erreichen.

● 621 Südflanke der Wasserfallkarspitze. Der Barthsche Weg geht von den Hügelwellen, die den oberen Boden des Wasserfallkars unten begrenzen, über Geröllhalden zu der Steilstufe, mit der die Südwestflanke ins Kar absetzt, überwindet diese über Rasenpolster, durch eine Kluft und über Schrofen und geht dann auf der Südseite, rechts ausbiegend, über plattige Schrofen zum Gipfel der Wasserfallkarspitze, der von links her betreten wird.

● 621 a **Nordostgrat der Wasserfallkarspitze.** Ab Scharte 2408 (vgl. R 623) zunächst ohne besondere Schwierigkeit an zwei Steilaufschwünge heran, über die man den plattigen Aufbau des O-Gipfels gewinnt (III), um dann durch eine kleine Senke den Hauptgipfel zu erreichen (II).

● 621 b Die im Faulholzer Kar fußende 500 m hohe **N-Wand** der **Zwölferspitze** harrt noch ihres Bezwingers.

● 621 c Das gleiche gilt von der gewaltigen 600 m hohen **NW-Wand** der **Elferspitze.** Der Zugang zu diesen Routen wird durch den ab Hinterhornbach ostw. des Sulztals hinaufführenden Faulholzer Jagdsteig erleichtert.

● 622 Schwellenspitze (Großkarspitze), 2494 m

Nordöstlich der Wasserfallkarspitze mit schöner Wandbildung gegen S, W und N.
Geo.: HD.
Nom.: von mhd. swelle = Balken zum Hemmen des Wassers.

Ersteigungsgeschichte. Chr. Wolff, der 1894 den Gipfel vom Südostkamm der Wasserfallkarspitze her gewann, fand bereits Steinmann und Stange vor. Er stieg nach N ins Faulholzerkar ab. Über die Nordwestflanke stiegen Bachschmid und Gef. 1909, J. Götz 1919; von N J. Bachschmid und Gef. 1909; die Südwand begingen F. Bopp und E. Frey 1910; den Ostgrat im gleichen Jahre J. Bachschmid und v. Redwitz.

Schrifttum. ZAV 08, S. 276; 15. Bay.

● 623 Von **Südwesten.** Auf dem Weg R 617 (vom Steiglein 2 st, II) den Südostkamm der Wasserfallkarspitze empor und von ihm, hoch über den Abbrüchen ins Großkar, nach rechts hinüber zum Hauptkamm; auf seiner Nordseite die nach O steil abfallenden Köpfe umgehend, an einem Gratfenster vorbei, von dem eine Schlucht nach Norden hinabführt, und über den Grat weiter zum Gipfel.

● 624 **Westflanke.** Aus dem **Faulholzerkar,** R 617, II. Über den von Hinterhornbach ausgehenden Jagdsteig zum Deiserbach, der etwa bei Höhe 1540 überschritten wird. Nun durch Wald und Latschen steil hinauf zum Fußpunkt der großen Schlucht, die aus der Scharte zwischen Haupt- und westlichen Vorgipfel nach W hinabzieht, P. 1903 (2½ st). Nun diese Schlucht stets rechts lassend, über gutgestuften, grasdurchsetzten Fels empor, bis sie sich nach 300 m teilt. Weiter im linken Ast oder über die ihn nördlich begrenzenden Felsen zum Südwestgrat, P. 2444, und über ihn zum Gipfel. E. 2 st, II+, Orientierungssinn nötig, landschaftlich großartig.

● 625 **Ostgrat.** Aus dem Großkar zur Scharte, 2278 m, am Fuße des Grates; von hier 1¼ st, III. Stets — mehrere Türme überschreitend — auf dem Grat bis zu einem wohl 30 m hohen, senkrechten Aufschwung, den man nördlich oder auch (dies jedoch mit beträchtlichem Höhenverlust) südlich umgeht.

● 626 Der **Gratübergang** von der Wasserfallkarspitze, der in seinem weiteren Verlauf den Weg R 623 benützt, ist im allgemeinen nur II, 1 st.

● 627 Zur **Südwand** wird in einer Schlucht eingestiegen, die in der Gipfelfallinie beginnt und nach rechts hinanzieht. In dieser Schlucht hinan bis ins obere Drittel; nun nach links biegend bis etwa wieder in die Fallinie des Gipfels und über Schutt und Schrofen unschwierig zum Steinmann.

● 628 Die **Nordwestkante,** 4 st, IV, wird über die steile Rippe erklettert, die zwei auffallenden Kamine in der Nordwand des Vorgipfels der Schwellenspitze trennt. Nach etwa 80 m (E.) bei einem nassen, tiefen Loch nach links, über einen Überhang sehr schwierig empor und in einem Quergang in den großen, linken Kamin. Hier wieder leichter auf die Nordkante, über die man zum letzten auffallenden Abbruch gelangt. Etwa 20 m im Geröll nach rechts abwärts und dann über sehr steile Wandstufen rechts aufwärts, zuletzt über unschwieriges Gelände zum Gipfel.

● 628 a Die Schwellenspitze fußt mit ihrer 670 m hohen **N-Wand** (der höchsten Felswand der Allgäuer Alpen) auf dem breiten Latschenrücken zwischen Faulholzer- und Schwellenkar. Auch sie wartet auf ihre Erschließung. Zugang wie R 621 c.

● 629 Klimspitze (auch Klimmspitze), 2465 m

Der östlichste Gipfel der Gruppe.
Geo.: HD.
Nom.: von mhd. Klime = Höhe.
Prächtige Aussicht ins Lechtal. Sehr schöne Skiabfahrt, im wesentlichen R 630 folgend, hinab nach Elmen.

Ersteigungsgeschichte. H. v. Barth berichtet als erster 1869 über eine Ersteigung des vermutlich schon früher durch Einheimische begangenen Gipfels. Nach NW ins Schwellenkar stieg Chr. Wolff 1894 ab. Ost- und Westgrat begingen J. Färber und W. Klaunig 1913; die Nordwand Bachschmid und Wüstendörfer 1925.

Schrifttum. EOA, S. 76; ZAV 08, S. 278; ÖAZ 25, S. 194.

● 630 Von **Elmen,** 4 st, I, markiert. Über die Lechbrücke nach Klim, zwischen den beiden Bauernhäusern durch und am linken Waldrand des Wiesenhangs auf einen Steig, der steil durch Wald emporführt; dann kurz quer nach rechts und — jetzt in w. Richtung — weiter durch Wald und Latschenfelder hinauf zum Großkar. Zuerst über Blockwerk und Schutt gerade aufwärts, unter den Felsen nach rechts (Mark.) auf eine grüne Schulter, dann über den S-Grat zum Gipfel, wobei man den dachziegelförmig geschichteten Riesenplatten der Gipfelzone am bequemsten links ausweicht (rechts über plattige Steilstufen schwieriger!).

● 631 Von **Hinterhornbach,** 4½ st, (II), auf Jagdsteigen, zuletzt pfadlos ins Schwellenkar und durch Latschen zu einer gestuften Rinne, welche durch die Nordwestflanke gerade vom Gipfel herabzieht; in und links von ihr zum Gipfel.

● 632 **Westgrat.** Von der Scharte, 2278 m, R 625, 1½ st, II, zunächst auf einem Gemswechsel ein kurzes Stück in die Nordseite, dann durch eine enge, steile Rinne zum Grat zurück. Weiter auf und neben dem Grat über nach Süden geneigte Platten bis zur letzten, unbedeutenden Einschartung vor dem Gipfel, den man über Geröll und Blockwerk betritt.

● **633 Nordwand.** Von Vorderhornbach etwa 1/2 st auf dem Sträßchen nach Hinterhornbach; gegenüber der Wand auf Steg über den Hornbach; jenseits westlich des Böstals durch steilen, schütteren Wald, später durch Latschen und ausgewaschene Rinnen mühsam zum westlichen Fuß der Nordwand, etwa 3 st von Vorderhornbach.

Langer, unschwieriger Quergang nach links zu der in der Wandmitte emporziehenden Schlucht; in ihr ein kurzes Stück empor; dann in eine nach rechts hinanziehende, eigenartige Plattenrinne (rechte Begrenzung eine steile, glatte Platte). Sie zur Hälfte durchkletternd, erreicht man einen nach links hochziehenden, tiefen Kamin. Nach ihm folgt eine Reihe deutlicher Quergänge auf Bändern, Rampen und Stufen, die in einer großen Schleife zuerst nach links, dann nach rechts zu einem Kessel leiten; von ihm zieht eine auffallende Schichtlinie nach rechts zum Grat hinaus. Man wendet sich jedoch sofort wieder nach links; immer schräg links empor über eine Reihe von Bändern, Stufen und Kaminen, stets knapp unterhalb der von oben hereindrängenden Wülste. Dann auf unschwieriger werdendem Gelände beliebig zu dem etwas rechts liegenden Gipfel. Wandhöhe 600 m, 4 st E., IV+, ungünstige Schichtung.

● **633 a** Die 580 m hohe, im unteren Teil stark zergliederte **NO-Wand** (Zugang sehr mühsam von NW her übers Pleissle) hart noch ihrer Erschließung.

● **633 b** Das gleiche gilt vom langen, am Lachenkopf, 1815 m ausgehenden **W-Grat,** den man durch Anstieg vom Kleinkarle auf 270 m Grathöhe abkürzen kann. Zugang von Klim

● **633 c Die winterliche Hornbachkette** — Reservat bergerfahrener und im Umgang mit Lawinen abgehärteter Hochtourenläufer! — bietet eine Fülle lohnender Ziele, alle erreichbar von den 3 das Gebiet versorgenden AV-Hütten (Kemptner, Hermann-von-Barth-, Kaufbeurer-), deren WR-Raum AV-Mitgliedern mit Schlüssel zugänglich ist. Vgl. R 482.

b) Die Höfats-Gruppe

● 634

Der beim Rauheck sich vom Hauptkamm lösende Gratzug streicht zunächst in ungefähr nördlicher, dann allmählich mehr nach NW biegender Richtung, das Dietersbach- oder Gerstrubner Tal vom Oytal trennend. Als einzigen Gipfel von Bedeutung trägt er die Höfats, die ihr nordwestlich folgenden Spitzen erheben sich nur mehr wenig über die absinkende Grathöhe. Auf guten Wegen gelangt man schnell zum Fuße der Höfats, die von Oberstdorf aus gut an einem Tage überschritten werden kann. Das Oytalhaus und Gerstruben bieten noch nähere Stützpunkte.
Der weitbekannte Blumenreichtum der Höfats, der diesem herrlichen Berg seinen besonderen Reiz verleiht, hat seine Ursache in dem quarzhaltigen Gestein. Die Steilflanken der Höfats bergen botanische Seltenheiten, wie z. B. gentiana tenella (Zarter Enzian), artemisia mutellina (Edelraute), stipa pennata (Waisenmädchenhaar), pulsatilla vernalis (Frühlingsküchenschelle), Sempervivum alpinum (Alpenhauswurz), Draba dubia (kahlfrüchtiges Felsenhungerblümchen) und manche andere, die wir in den übrigen bayerischen Alpen, ja sogar in den Nördlichen Kalkalpen vergeblich suchen. Leider hat dieser Blumenreichtum durch das unverständliche und unvernünftige Verhalten vieler Plünderer unsäglich gelitten. Die Höfats ist in ihrem gesamten Umfang Naturschutzgebiet. Auch das Pflücken einzelner Blumen ist verboten! Die Bergwacht hat es sich dankenswerterweise angelegen sein lassen, durch Besetzung der unter der Gufel aufgestellten Biwakschachtel mit einem Posten während der Hauptblütezeit vorbeugend und aufklärend zu wirken. Ohne die Einsicht des Bergwanderers und seinen freiwilligen Pflückverzicht wird sich jedoch dieses einzigartige Naturdenkmal auf die Dauer nicht bewahren lassen.

Augenblickliche Lage: Bei Annahme des Edelweißbestandes um 1900 mit 100 % Verminderung bis 1923 auf 10 %, Anwachsen bis 1970 auf 80 %!

● 635 Höfats-Westgipfel, 2257 m; Zweiter Gipfel, 2259 m; Mittelgipfel, 2257 m; Ostgipfel, 2259 m

Das Wahrzeichen der Allgäuer Bergwelt, wegen der zahlreichen mit seiner Besteigung verbundenen Unfälle berüchtigt. Auf niemanden verfehlt der Berg seinen Eindruck. „Wie eine vierteilige Flamme schießt der wilde Berg empor, seine Formen sind schlank und aufstrebend wie die Linien eines gotischen Domes. Von der Morgensonne beschienen, erglänzt der Grasmantel des Berges in einem eigenartigen Grün, das in allen Schattierungen spielt, vom dunklen Meergrün bis zum zarten Hellgrün. Bei bedecktem Himmel zeigt der Berg eine schwere, dunkle Tönung, die bedrückt und — warnt" (Frey).

Nom.: von einem alten Flurnamen hergeleitet „Uff'r Heafats", wohl bezogen auf die Gerstrubener Bergmähder am Westfuß des Berges, die 1788 „an der Hefats" hießen. Bereits 1488 Flurbez. „Heffauz", die letzten Endes wohl auf einen Eigentümernamen (Herfart) zurückgeht.

Geo.: Graue Aptychenkalke, umlagert von einer Schicht kieselreicher, roter Hornsteinkalke, die beiderseits der Scharte zwischen Zweitem und Mittelgipfel den Gipfelgrat erreichen und dem nach Osten abstürzenden „Roten Loch" sein charakteristisches Gepräge geben. Unterhalb der Ho.-Schichten tritt der Sockel aus Li.-Fle. hervor.

Der viergipflige Block wird durch die Höfatsscharte, 2207 m, in zwei Gipfelpaare getrennt, die wieder durch kleinere Einschnitte, etwa 2233 m und 2227 m, geschieden sind. Alle vier Gipfel sitzen auf dem Hauptgrat des ganzen Gebirgszugs zwischen Dietersbach und Oytal. Zum *Ostgipfel* führt vom Älpele, 1779 m, ein langer begrünter Grat. Zwischen ihm und einer nach Ostsüdost ausstrahlenden, durch einen überhängenden Zacken gekennzeichneten Kante des Ostgipfels erstreckt sich die plattige, gewellte Südostwand des Ostgipfels. Außerdem entsendet der Gipfel einen weniger bedeutenden Grat gegen Südwesten, der den östlich davon gelegenen „Bergangertobel" von der großen, westlichen „Höfatswanne" trennt. Der folgende *Mittelgipfel*, eine etwa 20 m lange, waagrechte Schneide, besitzt außer den beiden Hauptgraten nur den pfeilerartig in der Höfatswanne fußenden Südwestgrat, an dessen Fuß die wasserführende Höfatsgufel (Höhle) liegt. Statt des ihm entsprechenden Grates auf der Ostseite gähnt hier das schachtartig eingefallene, wilde, prächtige „Rote Loch". Von dem der Höfatsscharte folgenden *Zweiten Gipfel* löst sich der größte der Höfatsgrate, der Nordostgrat ab, der mit der oben erwähnten Ostsüdostkante des Ostgipfels das „Rote Loch" einschließt. Dieser Grat senkt sich steil zum turmgeteilten „Schärtele", 1974 m, und erhebt sich jenseits zum kühnen Zacken der *Kleinen Höfats* (2073 m). Hier teilt sich der Grat, dessen beide Zweige das kleine Kar „Oberloch" einschließen. Während der eine Ast sich rasch in die Mulde der Käseralp absenkt, führt der andere nordöstlich, zuletzt in Stufen abfallend, zur Einschartung der „Stiege", 1792 m; östlich davon folgt nach zwei unbenannten Zacken noch die Doppelkuppe des *Seilhenkers*, 1794 m, die in Steilwänden zum Stuibenfall und ins Oytal abstürzt.

Der zweite Gipfel ist mit dem *Westgipfel* durch einen nur wenig eingescharteten Grat verbunden. Der waagrechte Kamm des Westgipfels entsendet den unten steil auf den Rauhenhalsgrat abbrechenden Nordgrat. Außerdem führt ein mit prächtigen Türmen besetzter Grat nach SW. Während dieser mit dem Südwestgrat des Ostgipfels die große Höfatswanne umschließt, fallen jenseits die Nordwände des zweiten Gipfels in finsterer Flucht hinab in den wildesten Tobel des Gebiets, den Rauhen Hals, der bei der Unteren Gutenalp ins Oytal einmündet.

Die Aufstiege zur Höfats sind fast durchwegs Grasklettereien in Verbindung mit plattigen Schrofen, wobei die oft gewaltige Neigung und die Ausgesetztheit erschwerend wirken. Auf den leichtesten Anstiegen, dem Gufelweg zum Westgipfel und dem Südostgrat des Ostgipfels hat der früher übliche Steigeisengebrauch ganze Gräben ausgetreten. Auch sie erfordern aber Trittsicherheit und werden — wie in erhöhtem Maße die anderen Wege — durch Nässe und Schnee um ein Vielfaches schwieriger und gefährlicher als unter gleichen Verhältnissen reine Felsberge. Während bei guten Umständen ein geübter Steiger auf den leichteren Wegen die Steigeisen entbehren kann, ist ihre Mitnahme und mehr noch die des Pickels auf den schweren Anstiegen anzuraten.

Die winterliche Ersteigung der Höfats ist — insbesondere von dem mit Ski aus dem Oytal leicht erreichbaren Älpelesattel aus — bei günstigen Verhältnissen (z. B. ausgeapertem oder verblasenem Grat) durchführbar, wobei die Ski am Sattel gelassen werden. Hierbei ist jedoch immer zu bedenken, daß Neigung und Ausgesetztheit in Verbindung mit Vereisung oder Schneebelag Bedingungen schaffen können, die den bei einer gefahrvollen und schwierigen Eistour in den Zentralalpen herrschenden nicht nachstehen. Von der sehr steilen und lawinengefährdeten Abfahrt mit Ski vom Älpele ins Dietersbachtal wird abgeraten.

Ersteigungsgeschichte. West- und Ostgipfel waren bei ihrer verhältnismäßig leichten Zugänglichkeit und dem Gemsenreichtum ihrer Flanken jedenfalls schon lange bestiegen, bevor O. Sendter über seine im Jahre 1848 ausgeführte Ersteigung des Westgipfels berichtete.

Den Mittelgipfel erreichten erstmals H. Kranzfelder und L. Stritzel 1891 über den Nordwestgrat. Letzterer berichtete auch über die erste Ersteigung des Ostgipfels im gleichen Jahre, die von der Gufel aus erfolgte. Einen geraden Anstieg vom Gufel zum Ostgipfel ohne Ausweichen zum Südostgipfel vollführten E. Heimhuber und Zink 1895. Vom Älpele zum Ostgipfel stiegen Kranzfelder und Gef. 1892. 1895 begingen Bachschmid und Gef. die Südostwand dieses Gipfels im Abstiege. Die erste Überschreitung der vier Gipfel von Osten nach Westen vollführten Kranzfelder und Gef. 1892, in umgekehrter Richtung ein Jahr später die Brüder Enzensperger. Der Nordgrat des Westgipfels wurde durch den Jäger Th. Blattner begangen, der auch erstmals aus dem Roten Loch an und auf dem Nordostgrat zum zweiten Gipfel gelangt war. Den Südwestgrat des Westgipfels begingen Th. Spindler und Gef. 1904. 1. Winterdurchsteigung der Nordwand: Maier-Bachhuber, 9./10. 4. 1955.

Schrifttum. Barth, Wegweiser, S. 190; EOA, S. 78; Alpenfreund 1892, S. 95; ZAV 96, S. 212; J. Enzensperger, Bergsteigerleben, S. 35; Mitt. 1889, S. 52; 1892, S. 196; 1894, S. 35; 1896, S. 87; „Das Schöne Allgäu" 1937, S. 117 und 1969, S. 159.

● **636** (Bild XXII) Von **Gerstruben** durch die **Wanne** zum **Westgipfel,** 3¼ st, II—. Von Gerstruben auf dem Talweg an der Gerstrubner Alphütte vorbei einwärts, bis links der

XXII Die 4 Höfatsgipfel vom Raucheck-NW-Kamm
Ä = Älpelesattel, G = Gufel (R 636), W = Westgipfel, Z = zweiter Gipfel, M = Mittelgipfel, O = Ostgipfel.
a = R 640, b = R 636, c = R 644, d = R 637, e = R 641, f = R 638.

„Innere Höfatstobel“ herabkommt, 1/2 st. Hier über den begrünten Kegel unter seiner Mündung nach links empor; ein ausgetretener Steig führt zunächst am südöstlichen Rand des Tobels, dann über den Tobel und steil über Grashänge, später durch Gehölz, mit Felsstufen untersetzt, links hinan zum untersten Rücken des Südwestgrats; dann in langer Querung mehrere Runsen, zuletzt den Abfluß der Gufel querend, über steile Grashänge nach rechts hinüber in die Höfatswanne über den Absturz des Tobels. Hier gerade hinan, höher oben nochmals eine Runse nach rechts querend, zur „Gufel“, einer schrägen, spaltartigen Hornsteinhöhle; 2 st, Wasser. Davor auf balkonartigem Vorsprung Biwakschachtel des Bergwachtpostens. Nun leicht fallend nach links zu einer dunklen, schieferigen Rippe; an ihr und dem folgenden Grashang etwa 30 m (senkrecht) empor, dann nochmals nach links in eine rote Runse, die gegen die Höfatsscharte zieht. Rechts von ihr über steile Grasstufen empor bis etwa 70 m unterhalb dieser Scharte; hier nach links zu der ausgeprägten Felsklamm, die aus dem Schärtchen zwischen West- und Zweiten Gipfel herabkommt, und in ihr, später links von ihr zur Gipfelschneide.

● **637** (Bild XXII, XXIII) Über den **SSO-Grat zum Ostgipfel**. Vom Älpele 1¼ st, I+, letztes Stück II, ausgesetzt. Auf und links neben dem Kamme stets auf Steigspuren mäßig steil zum P. 2004 und allmählich steiler empor über teilweise erdige Grashänge, die zum schmalen Gipfelgrat führen. Über diesen, zuletzt über eine steil aufgerichtete Felsschneide oder sie in der Flanke rechts umgehend zum Gipfelkreuz (Buch).

● **638** (Bild XXII) **Gratübergang** vom **West-** zum **Ostgipfel** 1 st, teilweise III, luftig. Vom Westgipfel unschwierig in die Scharte. Die folgenden Gratzacken können (ausgesetzt!) überklettert werden; gewöhnlich erklettert man den ersten von links her zum Schärtchen hinter ihm und umgeht den folgenden rechts; dann folgt ein kurzes, waagrechtes Stück, die Gipfelkante des Zweiten Gipfels erklettert man unmittelbar oder dicht rechts. Weniger schwierig ist die Querung der jähen Südflanke auf Steigspuren bis zum Südgrat des Zweiten Gipfels. Über Gras zur breiten Höfatsscharte und an der folgenden, pfeilerartigen Kante über sehr mürbes Gestein zur waagrechten Schneide des Mittelgipfels, die überschrit-

XXIII Höfats vom Himmeleck

Hö = Höfats, O = Ostgipfel, M = Mittelgipfel, Z = zweiter Gipfel, W = Westgipfel, KH = Kleine Höfats, G = Gutenalp, Ob = Oberloch, SH = Seilhenker, RH = Rauher Hals.

a = R 637, b = R 641, c = R 649, d = R 642, e = R 648, f = R 639, g = Rauher Hals-Aufstieg zu R 639, 657, h = R 657 ff, i = R 651, k = R 652 ten wird. Unschwierig über plattige Schrofen in die nächste Scharte, aus der sich der Ostgipfel turmartig erhebt. Am besten an der gutgriffigen Gratkante gerade empor zum Ostgipfel.

● **639** (Bild XXIII) Über den **Nordgrat** auf den **Westgipfel.** Von Gerstruben, 3¹/₄ st, E., zuerst IV, dann nur noch II+: talein bis zum Äußeren Höfatstobel, 500 m nach der Gerstrubner Alp (20 Min.) und an seinem östl. Rande zu einem kaum noch kenntlichen Heuersteiglein empor. An geeigneter Stelle überschreitet man den Tobel nach NW, um nun über steile Grashänge in nördlicher Richtung gegen das Kluppermandl (Quelle) anzusteigen. Links (nördl.) an ihm vorbei und allmählich nach NO umbiegend zum Hauptgrat und auf ihm zum Einstieg, 2093 m, 1¹/₂ st.

(Zu beachten: die auch in der neuen AV-Karte noch eingezeichneten Heuhütten sind längst verfallen. Die Höfatsmähder werden wegen der mit ihrer Bewirtschaftung verbundenen Schwierigkeiten nicht mehr genützt.)

Zum Einstieg gelangt man auch: a) entweder vom Oytalhaus in 3¹/₂ st auf dem Alpweg über die Untere und Obere Lugenalp; ein Steiglein führt weiter durch die Mulde des „Alpenrosengerns" über den Hüttenkopf in den Sattel zwischen Hüttenkopf und Gieselerwand, P. 1906. Von hier über Gras und Schrofen zu letzterer, und dem Kammverlauf folgend weiter zum Einstieg, P. 2093; oder b) von der Rauhenhalsalpe über steile Grashänge auf den zu P. 2093 führenden Kamm, teilweise schwierige Graskletterei.

Der zum Westgipfel hinaufführende Nordgrat bricht hier mit steiler Felswand ab. Man steigt über sehr steile Grasstufen li. empor zum Fußpunkt eines Risses, der nach links (die Rinne rechts wird äußerst schwierig!) oben auffallend rotbraun, sehr schwierig zur Grathöhe führt (30 m ohne Sicherungsstand!). Auf dem Grat weiter, nach einem kurzen waagrechten Stück nach links zu hochstufigem Grashang. Zuletzt durch eine Felsrinne in ein Schärtchen; dahinter auf kurzem Band zur Scharte zwischen West- und Zweitem Gipfel, ¹/₂ st, und rechts zum Gipfel, 5 Min.

● **640** (Bild XXII) Über den **Südwestgrat** auf den **Westgipfel.** Von Gerstruben 5 st, Felsaufschwünge IV, im übrigen II. Auf dem Weg R 636 bis dorthin, wo man nach langem Quergang in die Höfatswanne hineinblickt, 1¹/₄ st. Vor dem ersten Graben (rechts des Steigs kleine Fichtengruppe mit Pflanzenschutztafel der Bergwacht) den Steig nach links verlassend und über steiles Gras gerade empor gegen den Grat;

über ihn steil, aber zunächst unschwierig hinan unter den ersten Aufschwung, den ein dünnwandiges, auffallendes Schärtchen unterbricht. In geradem Aufstieg von links her zu ihm empor und weiter gerade hinauf, zunächst an der Kante, dann rechts davon sehr steil auf den Scheitel (sehr schwierig). Kurz waagrecht zur zweiten, höheren, senkrechten Stufe. Diese ist weniger schwierig als die erste. Dann auf dem meist grasigen Grat unmittelbar zum Gipfel, kurze, felsige Unterbrechungen rechts umgehend.

● **641** (Bild XXIII) **Südostwand** des **Ostgipfels.** Von der Käseralp, 4 st, IV, zunächst auf dem bez. Weg Richtung Älpele, dann jedoch nach einer $^1/_2$ st rechts abzweigend zur Gutenalp, 1626 m, und von hier westlich hinan zum Fuß der Wand, etwa 1860 m. In der Fallinie der Scharte hinter dem die Ostkante charakterisierenden, überhängenden Zacken steigt man in die Wand ein. Man gewinnt die erwähnte Scharte über die mit Grasköpfen besetzte plattige Wand, wobei man sich möglichst weit rechts hält. Von der Scharte aus an der ausgesetzten Kante, zunächst eine kurze Strecke felsig, dann über Gras empor. Weiter: entweder an der Kante bleibend, stets steiler und schmaler, oder vor einem markanten Steilaufschwung nach rechts auf die Nordseite, in der man zunächst unschwierig querend, später äußerst luftig über die unten überhängende, ins Rote Loch abstürzende Rasenwand emporsteigend, den Ostgrat etwa 30 m (senkrecht) unter dem Gipfel wieder gewinnt. Über ihn zum Gipfel. $2^1/_2$ st E.

Anstatt zur Scharte hinter dem charakteristischen Zacken anzusteigen, kann man auch — weniger schwierig, jedoch vom SO-Grat her steinfallgefährdet, insgesamt wohl empfehlenswerter — die zunehmend steiler werdende Wand in ihrer Mitte gerade ankletternd überwinden, wobei man unmittelbar unterm Gipfel auf den ausgetretenen Kletterpfad R 637 trifft.

● **642** (Bild XXIII) Über den **Nordostgrat** zum **Zweiten Gipfel.** Von der Käseralp, 4 st, III, nach W gerade empor — oder mit dem Umweg über die Gutenalp — ins Rote Loch. Hier rechts durch eine Rinne bis unter das durch einen Zacken geteilte „Schärtle"; dieses selbst erfordert aus dem Roten Loch zuletzt kurze, schwierige Kletterei. Hier nach links heraus, über die sehr steilen Rasenhänge empor zum teilweise brüchigen Grat und über ihn, einzelnen Zähnen links ausweichend, zum Gipfel.

● 643 **Schärtelekamin,** aus dem Rauhen Hals. Vom „Schärtele" zieht ein mächtiger Grastrichter hinab in die Nordwand. Dieser Trichter verengt sich zu einem finsteren, mit großen Überhängen durchsetzten Kamin. Die Höhe der Wand beträgt etwa 300 m, die des eigentlichen Kamins etwa 200 m (V). Man erreicht den Einstieg von der Rauhenhalsalp, dem längst verfallenen, laut Karteneinzeichnung (1: 25 000) zur „Stiege" führenden Steiglein folgend. (Die Karteneinzeichnung ist hier irreführend: über das Stiegele führte und führt kein Pfad. Diese zwischen Seilhenker und Fußpunkt des Nordostgrates der kleinen Höfats gelegene Scharte erreicht man zwar von Süden bequem über Gras, von Norden jedoch nur in schwieriger Kletterei über eine grasdurchsetzte steile Felswand.) Der Kamin führt in wechselnder Schwierigkeit und Enge über oft nasses und fast immer unzverlässiges Gestein in die Höhe, wobei mehrere Überhänge zu überwinden sind. Die überaus schwierige Kletterei durch den düsteren Schlund hat ihre Reize, ist jedoch wegen der außerordentlichen Steinschlaggefahr nur mit größter Vorsicht anzugehen. Schrofen und Grasbänder geleiten vom Ausstieg zum Schärtele hinauf (Fuchs und Ritter 1935).

● 644 (Bild XXII) Der Anstieg von der **Gufel** über steile Grashänge zum Ostgipfel ist reizvoll und nicht schwieriger als R 636 oder R 637.

● 645 Im Abstieg (im Aufstieg sehr mühsam, schwer zu finden) recht hübsch ist der grasige, vom Ostgipfel nach SW zu P. 1915 hinabziehende Rücken, der sich in steilem Wald verliert. Er ist botanisch hochinteressant (I+).

Die **Nordwand** des Zweiten Gipfels wurde bisher auf drei Wegen durchklettert:

● 646 Über die westliche Führe (1932) berichten Faschingleitner und Zint: Einstieg vom Rauhhalsgrat etwa 80 m den Tobel hinunter, der zu einem 15 m langen, brüchigen Quergang führt; von dort aus eine Seillänge den breiten Kamin hinauf. Auf der linken Wandseite führt ein etwa 35 m langer, schmaler Riß (sehr schwierig und brüchig) auf einen Grat hinaus. Von hier führt ein Quergang nach links über eine brüchige Platte in den unteren Teil eines feuchtmoosigen Hanges, der in senkrechter Linie zum linken Teil des Gipfels führt; von dort in viertelstündiger Kletterei über eine fast senkrechte, brüchige und plattige Felswand zum Gipfel ($1^3/_4$ st E., V).

● 647 Der am 31. 3./1. 4. 1934 durch Stolze und Prinz begangene Weg verläuft im östlichen Drittel der Wand; er ist besonders im oberen Teil VI und mündet etwa 60 m unterhalb des Gipfels auf den Nordostgrat.

● 648 (Bild XXIII) Den geraden Durchstieg erzwangen dieselben am 30. 6. 1935. Einstieg aus dem Rauhenhalstobel, ca. 1700 m. Drei Seillängen sehr schwierig in teilweise brüchigem Fels empor bis zur hohen Steilwand, die von einem auffallenden Band quer durchzogen ist. Von letzterem zieht ein teilweise feuchter, auffallender Riß herab, der unten mit äußerst schwierigem Überhang ansetzt. Von der unter dem Überhang befindlichen Platte nach rechts über den Überhang und nach links in den Riß; in ihm (dazwischen eine kleine Gufel) empor zum Bande (60 m höchste Schwierigkeit) und auf dem Bande rechts empor bis kurz vor sein Ende. Weniger schwierig die folgende Graswand hinan zur mit Gras durchsetzten Gipfelwand. 10 st, VI. (Bericht von Sepp Prinz.) Erste Winterbegehung der Nordwand: Gg. Maier und Hannes Niederberger 9./10. April 1955. AVZ 1966, 30.

● 649 (Bild XXIII) Die **Nordwand** des **Ostgipfels** bezwangen 1933 Stolze und K. Schwarz, $6^1/_2$ st. Wandhöhe 300 m, V+. Einstieg rechts der von der Höfatsscharte herabziehenden Plattenverschneidung bei auffallend roten

Platten in der Fallinie des Schärtchens zwischen Ost- und Mittelgipfel; zwei Seillängen leichter, plattiger Fels; dann über zwei griffarme Absätze schwierig empor zu einem Überhang, der sehr schwierig überwunden wird. Nach einer weniger schwierigen Seillänge quert man links in die erwähnte Verschneidung; aus ihr sehr ausgesetzt in die Wandflucht zur linken und äußerst schwierig und sehr brüchig 1½ Seillängen senkr. empor (H, rechts auffallende Nische). Nun 20 m äußerst schwieriger Quergang nach links zu einer schräg nach links in Richtung Gipfelkreuz durch die ganze Wand ziehenden Felsrippe (schlechter Stand). Senkrecht zwei Seillängen sehr brüchig in höchster Schwierigkeit zu kleinem Rastplatz und weitere vier bis fünf Seillängen in höchster Schwierigkeit äußerst brüchig empor, bis die Wand etwas zurückweicht in den grasdurchsetzten Gipfelaufbau. Nach weiteren drei äußerst schwierigen, senkr. Seillängen unmittelbar zum Gipfelkreuz (viele Haken).

● 650 Über die **Westwand** des **Westgipfels** berichten Faschingleitner und Zint (1930): E. in der auffallend breiten, kaminartigen Mulde (Gipfelfalllinie); in ihr 30 m hoch. Von hier aus läuft ein Riß 15 m nach rechts; der Ausstieg aus diesem ist äußerst schwierig. Nun 15 Min. lang über einen mürben Gratrücken; links über ein Querband wieder in die Mulde und äußerst schwierig eine Seillänge durch die grifflose Wand hinauf. Dem Gipfel zu legt sie sich etwas zurück. 2½ st, VI.

Kleine Höfats, 2073 m

Topographisches siehe R 635. Ein elegantes Aptychenkalkgebäude mit Hornsteineinlagerungen am Nordostgrat.

● **651** (Bild XXIII) **Ostgrat.** Vom Wege R 140, wo er den ebenen Käseralpkessel erreicht, 2 st, I+, im letzten Stück ausgesetzt, nach Westen über das Bachbett und jenseits über mäßig steile, schrofendurchsetzte Graslehnen zu dem zwischen Kleiner Höfats und Seilhenker eingebetteten, kleinen Kar Oberloch (Wasser). Von seinem unteren linken Rand empor zum zunächst breiten, nach W ziehenden Rücken; schnürt sich höher oben mehr zusammen und führt zuletzt etwas nach Nordwesten umbiegend ohne Hindernis über den Abstürzen zum Roten Loch zum Gipfel.

● 652 (Bild XXIII) **Nordostgrat.** Aus dem Oberloch 1 st, erste Hälfte ausgesetzt und II+, oben unschwieriger: nach N in die tiefste Scharte, von hier führt der Grat zunächst steil und felsig, im mittleren Teil flacher und oben grasig wieder steil ansteigend zum Gipfel. Der mittlere flache Teil kann auch von der obersten Zunge des Oberlochs aus über steile Schrofen und Gras ziemlich schwierig erreicht werden.

● **653** Vom **„Schärtele“** (R 642, ½ st, II+) quert man an der steilen, brüchigen, grasdurchsetzten Nordflanke des Berges auf Gemswechseln hinüber zum obersten Teil des Nordostgrates und gewinnt über ihn den Gipfel. Der unmittelbare Anstieg vom Schärtchen ist oben sehr steil und sehr schwierig, IV.

● 654 **Südwand,** 150 m Wandhöhe, zwei Seillängen V+, 2 st E. in Gipfelfallinie. Etwa drei Seillängen halblinks empor zu einem kleinen, zurückliegenden Grashang. An seiner höchsten Stelle in der Wand zwei Seillängen in höchster Schwierigkeit senkrecht empor zur Gratbegrenzung etwas links des Gipfelkopfs. Über sie unschwieriger zum Gipfel. (1933 Gebr. Schwarz und Stolze.)

● 655 **Seilhenker,** 1794 und 1792 m

Nom.: auch „Salenker", wo man das Seil aufhängt, um die Heuburden zu Tal zu lassen. Deutung fraglich. Evtl. Herkunft von Schalingge (Hörnerschlitten)?
Geo.: Apt., in den Nordwänden Bänder aus BuHo auf Li.-Fle.-Sockel.

Er ist **aus dem Oberloch** (R 651), ausgesetzt, II, 10 Min. ohne Hindernis über einen steilen, grasigen Grat von W her erreichbar. Übergang zum Ostgipfel I.

● 656 **Nordostwand.** Erstmals begangen durch Stolze und Prinz im April 1934 in 22stündiger reiner Kletterzeit, VI+. Nähere Angaben zwecklos, da inzwischen Wandteile abgebrochen und weitere Abbrüche zu befürchten sind.

● 656 a Die 120 m hohe Ostkante (grasdurchsetzter steiler Aptychenkalk) wird vom Fußpunkt aus (oberhalb P. 1644) in schöner Kletterei, IV, bezwungen (30 Min.).

Zu R 657 bis 663:

Das Höfats-Vorgebirge

So bezeichnet man den 4 km langen vom Fußpunkt des Nordgrats (R 639) nach WNW ziehenden zu den Grubener Mähdern absinkenden, geologisch ungemein vielseitigen, landschaftlich prächtigen Kamm, der 5 ausgeprägte, selten besuchte Gipfel trägt.

Geo.: *Gieselerwand,* ein mächtiger HD-Klotz, dessen südliches Gipfeldach östlich zum Rauhenhals und südwestlich zu den Höfatsmähdern steile Grasflanken aus Kö. und Li.-Fle. entsendet. Der HD-Kamm setzt sich, einen flachen Sattel (Kö.) überschreitend, nach Westen fort zum

Hüttenkopf, HD über gewaltigem Schuttgehänge (Bergsturz) thronend, entsendet einen kurzen, im Wannenkopf endenden Seitenast aus Apt. und schwingt sich zum begrünten

Hahnenkopf auf, dessen Kö. östlich zur Lugenalp mit ihren fetten Böden hinabziehen. Westlich folgt der

Hintere Riffenkopf — HD — und auf diesen der allseits mit steilen Grasflanken abbrechende

Vordere Riffenkopf — Li.-Fle. —. Eine geologische Besonderheit (Rauhwacken) zeigt der Hölltobel unterhalb Gerstruben. Man findet sie in den zentralen Allgäuer Alpen nur noch am oben erwähnten Wannenkopf.

● 657 Gieselerwand, 2017 m

Nom.: wohl von güsseln, rieseln (mhd. guzze). Hinweis auf die ungemeine Brüchigkeit des Gewändes.

Besteigung entweder aus dem Dietersbachtal, wie R 639 (2½ st) oder von der Rauhenhalsalp durch die bei P. 1677 ansetzenden sehr steilen Grasflanken (1 st E., teilweise II+). Auch über den im unteren Teil latschenbewachsenen bei P. 1769 beginnenden Nordostkamm kann die Gipfelfläche der Gieselerwand in unschwieriger, infolge sperriger Latschen jedoch mühsamer Kletterei, erreicht werden.

● 658 Hüttenkopf, 1949 m

Nom.: bezogen auf die Lugenalp.

Vom Oytal aus auf Alpweg zu den Lugenalpen, sodann pfadlos über Gras und Geröll entweder in den Sattel östlich oder in jenen westlich des Gipfels und unschwierig auf diesen. (2½ st). Der in der alten DÖAV-Karte eingezeichnete Steig zwischen Wannenkopf und Dürrenberg zur Grathöhe hinauf existiert nicht mehr. Das gleiche gilt von den auch noch in der neuen AV-Karte eingezeichneten Heuhütten.

● 659 Hahnenkopf, 1736 m

Nom.: Hinweis auf das Vorkommen vom Spielhahn.
Sowohl vom Oytal aus über die Lugenalpen in 2 st als auch von Gerstruben aus auf Jagdsteiglein über das Gerstrubner Älpele, 1517 m, in 1½ st unschwierig erreichbar.

Schöne Skiabfahrt nach Gerstruben.

● 660 Hinterer Riffenkopf, 1749 m; Älpelekopf, 1606 m; Vorderer Riffenkopf, 1563 m

Die letzten Erhebungen im Kammverlauf, der sich am Hinteren Riffenkopf teilt. Der südliche Ast sinkt über den Älpelekopf zur Mündung des Dietersbachs in die Trettach, der nordwestliche endet nach dem Vorderen Riffenkopf an der Einmündung des Oybachs in die Trettach.

Nom.: Riefen, Rüfen = Schuttrinnen. Andere Deutung weist auf Familiennamen Rieff als Besitzer des „Rieffen Schwandt", schon 1637 genannt.

● 661 Den schrofigen **Hinteren Riffenkopf** erreicht man von Gerstruben aus (2 st, unschwierig) über das Gerstrubner Älpele und den latschenbedeckten, teilweise schrofigen Südhang (Pfad!).

● 662 Zum **Älpelekopf** führt ein kurz oberhalb des Gerstrubner Älpeles beginnendes Jagdsteiglein quer durch den latschenbewachsenen Südhang des Hinteren Riffenkopfes zu dem Sattel, 1602 m; von ihm wird der Kopf, eine flache Rückfallkuppe, in wenigen Schritten gewonnen; ¼ st vom Gerstrubner Älpele. Herrliche Flora.

● 663 Der in R 662 erwähnte Jagdsteig leitet am Westhang des Hinteren Riffenkopfs entlang weiter zum Nordwestrücken dieses Berges und an ihm entlang zum **Vorderen Riffenkopf**; vom Sattel, 1602 m, 20 Min. Die weitere Fortsetzung des Steigs führt östlich des Vorderen Riffenkopfs nordöstlich über den freien Fleckenmergelhang, der verschiedentlich abgerutscht ist, hinab zur Alp Plattnersgündle, 1265 m, nun nordöstlich, bald in den Hochwald eintretend, hinunter an einer Jagdhütte vorbei zum Brunnen der Oybachbrücke am Fahrweg zum Oytalhaus.

Von besonderem Reiz ist der Gegensatz zwischen der ausgeprägten Dolomitkalkflora am Hinteren Riffenkopf und der ebenso charakteristischen Flekkenmergelflora am Vorderen Riffenkopf und Älpelekopf!

Lit.: „Das Schöne Allgäu" 1957, S. 78.

c) Die Daumen-Gruppe

● 664

Der sich im Hauptgipfel des Großen Wilden vom Hauptkamm lösende Gratzug füllt in seinem vielverzweigten Verlauf den weiten Raum zwischen Oytal-, Iller- und Ostrachtal aus. Nach kurzer Nordrichtung biegt der Grat beim Laufbacher Eck scharf nach Westen. Ein nordöstlich laufender Seitenast endigt im Giebel, dem prächtigen Wächter des Bärgündeletals.

Der Hauptgrat nimmt am Schochen wieder Nordrichtung an, entsendet beim Zeiger den Ast des Schattenbergs gegen Oberstdorf und endigt scheinbar in den flachen Südhängen der Wengenköpfe. Ein mächtiger von Südwesten nach Nordosten streichender Kamm stellt sich hier quer zur bisherigen Richtung. Sanft nach Süden abfallend, weist er auf der Nordseite bedeutende Abstürze auf, die am Nebelhorn und an den Wengenköpfen reich gebänderte Steilmauern darstellen. Der westliche Eckpfeiler dieses Querkamms ist das Rubihorn, schon vorher beim Gundkopf zieht ein langer Seitenast nach Norden. Seine Erhebungen, außer dem schrofigen Entschenkopf grün und waldbedeckt, begrenzen das Illertal. Der östliche Nachbar des Gundkopfes ist das weitberühmte Nebelhorn. Topographisch verdient es kaum als Gipfel bezeichnet zu werden, denn nichts anderes hebt den unmittelbar östlich von höheren Felsköpfen überragten Höcker aus dem Kammverlauf heraus, als seine besonders leichte Zugänglichkeit. Die beiden Wengenköpfe leiten nordöstlich weiter zum höchsten Punkt der Gruppe, dem Großen Daumen. Nordöstlich von ihm, beim Kleinen Daumen, gabelt sich der Grat wieder. In der bisherigen Richtung sinkt ein Zweig über die zackigen Pfannenhölzer rasch zum Hintersteiner Tal ab; er schließt mit einem südöstlich über den „Hengst" verlaufenden Ast den Kessel der Nickenalp ein. Der andere Zweigkamm zieht nördlich weiter; er wirft in einem westlichen Ast die Rotspitze auf und endigt mit dem Breitenberg, der in schrofiger Flanke nach Norden abfällt. Dem vielfach geknickten Verlauf der Kämme entspricht die Anordnung der Täler. Zwischen Giebel und Daumenstock führt das Obertal seine Wasser dem Ostrachtal zu, wie auch weiter nördlich die vom Fuß des Nebelhorns kommende Bsonderach. Der vom Schattenberg, Nebelhorn und Rubihorn umschlossene Seealpkessel sendet den Faltenbach westlich zur Trettach. Das schönste der Täler, das Geisalptal, zieht zwischen Rubihorn und Entschenkopf nach Norden. Zahlreiche kleinere Täler verlaufen vom Kamm nördlich des Entschenkopfs zur Iller; das nördlichste, das des Löwenbachs, erreicht die Ostrach. Entsprechend ihren sanfteren Formen ist die Gruppe reich mit Alpen besiedelt und von Wegen durchzogen. Stützpunkte sind neben den vielen Talorten das Nebelhornhaus und das daneben liegende Berghotel der Nebelhornbahn, die den Zugang zur gesamten Gruppe beträchtlich erweitert, sowie die ganzjährig bewirtschaftete Geisalp.

● 665 Schneck, 2268 m

Der mit nahezu senkrechter Nordwand und teilweise überhängender Ostwand abstürzende Gipfel grüßt mit seiner breiten, von einem markanten Grasband („In den Hohen Gängen") durchzogenen Westwand ins Oytal

hinaus. Dank seinem geologischen Aufbau — er bildet die natürliche Fortsetzung des von der Höfats nach NO streichenden, durch die Senke des hintersten Oytals unterbrochenen Massivs — erfreut sich der Berg besonderen botanischen Reichtums. Dank diesem Umstand und seiner auffallenden, eleganten und mehrfach abgewandelten Form gehört er zu den interessantesten Gipfeln der Nördlichen Kalkalpen. Im Charakter, wenn auch nicht in der Größenordnung etwa der Hohen Villerspitze in den Stubaier Alpen vergleichbar. Die Ersteigung auf dem gewöhnlichen Weg vom Himmeleck her erfordert nur sicheren Tritt und Schwindelfreiheit; die anderen Anstiege zählen zu den schwersten Fahrten.
Der Vorgipfel ist ein hübsches Skiziel für sichere Läufer.
Nom.: schon 1478 als „Hymelhorn" und wichtiger Markpunkt von Jagdgebieten genannt. Die Bez. Schneck ist neueren Datums und ist auf den Vergleich des Gipfelkörpers mit einer schalenlosen Wegschnecke mit aufgerecktem Kopf zurückzuführen (Ansicht von Westen).
Geo.: Apt. mit Bändern aus BuHo auf Li.-Fle.

Ersteigungsgeschichte. Als erster Tourist dürfte O. Sendter in den fünfziger Jahren des vorigen Jahrhunderts den früher schon von Einheimischen erreichten Gipfel bestiegen haben. Über die Nordwand stiegen H. Demeter und Gef. 1902, über die Westwand W. Herz und H. Haug 1904; die Ostwand durchkletterte Risch 1922. Erste Winterdurchsteigung der Ostwand: Kleemaier.

Schrifttum. EAO, S. 84; Barth, Wegweiser, S. 126. A. Heckmair, „Die Schneck-Ostwand", Bergsteiger Jb. 1949, S. 80.

● **666** Vom **Himmelecksattel** (I+, oben ausgesetzt 1 st) über den breiten Grasrücken nördlich empor (anemone alpina sulfurea!) zum grünen Vorgipfel (40 Min.). Über Gras rechts hinab in die folgende kleine Scharte, dann über gutgestuften Fels empor zur 20 m langen waagrechten, felsigen Gratschneide, die (am besten zunächst auf der Kante, dann rechts 1 m unterhalb an guten Griffen zu einem Schärtchen und nun links der Schneide) ausgesetzt zum kurzen Gipfelaufschwung führt.

● **667** (Bild IX) **Nordgrat,** steile, brüchige Kletterei, IV+, 1 st vom E. Zugang entweder über den Rotkopf (R 676) oder von Osten (R 200 a) her; oder vom Vorgipfel (R 666) zunächst auf dem Südwestgrat gegen das Himmelhorn und nach dem steileren Abfall nach rechts hinüber zu den „Hohen Gängen", die als breite, jedoch abschüssige Rasenbänder durch die Westwand nahezu waagrecht hinüberleiten zum Nordsattel, 2149 m. In zunehmender Steilheit unter Benutzung einer bis zum Gipfel ziehenden Rinne über plattige Schrofen empor, bis unter den Gipfelwänden ein Grasband nach links führt; die Verfolgung der Rinne geradeaus zum Gipfel ist möglich; unschwieriger ist es, das Grasband zu begehen und durch einen kurzen, brüchigen Kamin zum Grat auszusteigen; über ihn unschwierig zum Gipfelkreuz. Auch die

Kante links der Nordwand (brüchig) kann erklettert werden. — Steigeisen können vorteilhaft sein.

● 668 **Ostwand**, eine senkrechte über 200 m hohe Mauer aus gelben Aptychenplatten. 5 st E., VI, wegen des mürben Gesteins Eishaken vorteilhaft! E. unmittelbar links der auffallenden Gufel, etwas rechts haltend bis zum ersten Standplatz (18 m, H). Nun 2 m schräg links hoch, dann senkrecht durch die folgende Plattenverschneidung. Der folgende Überhang wird schräg nach links genommen. Nach weiteren 8 m zu Stand. Über das hier ansetzende Grasband waagrecht nach links, dann 5 m empor zu einem Plattenband, das — zunächst etwas abfallend, dann aufsteigend nach rechts verfolgt wird — vorbei an kleinem Busch zu größerem Graspolster. Von hier 8 m nach rechts auf eine Platte. Weiter durch einen 6 m hohen Riß zu Rastplatz. Über eine griffarme hinausdrängende Platte gelangt man nach weiteren 8 bis 10 m zu Stand. Nun folgt ein luftiger, sehr brüchiger Quergang, leicht links aufwärts ansteigend (äußerst schwierig, H) bis in eine schwarze Rinne (15 m). Diese senkrecht hinauf bis unter den schwarzen Überhang (gute sicherung). Diesen überwindend (H) nach rechts hinaus und über Schrofen zu einer Grasnische (guter Stand). Weiter — leicht rechts haltend — durch begraste Rinnen und über mäßig schwierige Schrofen noch zwei Seillängen zum Gipfel. Die geschilderte Route bewegt sich bei der Durchkletterung des mittleren Wandteils in der äußersten rechten, auffallenden gelben Verschneidung. Es ist nötig, sich diesen Richtungspunkt vor dem Einstieg einzuprägen, da der mittlere Wandteil stellenweise infolge des überdachten Felsens unübersichtlich ist.

● 669 (Bild IX) Die **Querung** durch die W-Wand vom N-Sattel hinüber zum Himmelhorn „In den Hohen Gängen" ist ungemein eindrucksvoll und gewährt aufschlußreichen Einblick in die reiche Schneck-Flora. Sie ist nicht schwierig, verlangt aber völlige Vertrautheit mit Grasgelände und absolute Schwindelfreiheit. (Eindrucksvolles Bild in Frey „Auf Allgäuer Bergen".) Dieses Querband vermittelt auch den schwierigen und ausgesetzten Aufstieg zu der in R 666 erwähnten Scharte zwischen Schneck-Vorgipfel und -Hauptgipfel. Die Westwand des Hauptgipfels ist — im unteren Teil sehr schwierig und ausgesetzt — vom Querband aus ersteigbar. Mehrere Möglichkeiten. Am günstigsten die Steilrinne rechts der Gipfelfallinie. Dem Durchstieg durch den breiten rinnenzerfurchten, unterm Querband aufgebauten Westwand-Sockel ist wegen der außerordentlichen Brüchigkeit des von Li.-Fle. über BuHo. zu Apt. führenden Gesteins zu widerraten.

● 670 **Himmelhorn**, 2113 m

Kein ausgesprochener Gipfel, sondern nur der Punkt, von wo aus der Südwestgrat des Schneck-Vorgipfels unter Gabelung steil ins Oytal abfällt. Von unten, besonders von der Käseralp gesehen, bieten die kühn geschnittenen Kanten aus hellem Aptychenkalk einen prächtigen Anblick.

Nom.: siehe Schneck.
Geo.: Apt.

● 671 Vom **Himmelecksattel**, 3/4 st, I+: man steigt zunächst den Rücken gegen den Schneck empor, quert dann die grünen Hänge nach links aufwärts, um den vom Schneck-

XXIV Himmelhorn vom Mitteleck unterm Himmeleck
A = Abbruch (P. 2163)
a = R 672, b = R 673, c = R 674, d = R 671, e = R 671a, f = R 675a.

Vorgipfel nach SW ziehenden Grat oberhalb eines 49 m hohen Abbruchs zu erreichen. Über diesen — ein wenig in die mit sehr steilem Gras bedeckte N-Flanke ausweichend — hinab zur unteren Gratfortsetzung und auf ihrer Schneide ausgesetzt hinüber zum Himmelhorn, II.

● **671 a** Man kann auch schon etwas unterhalb des Himmelecksattels auf einem Heuersteig waagrecht nach Nordwesten queren; er endet an einer Quelle. Hier kurz hinab in eine Runse und jenseits etwa 30 m empor zu einem Sattel in der großen, vom Gratabbruch herabziehenden Mauer. Jenseits steil auf Gras querend ins seichte Bockkar und über plattiges Gestein, später Gras zum Gipfel, I+.

● **672** (Bild XXIV) **Nordwestgrat,** 3 st, IV+, Allgäuer Graskletterei. Vom Prinzenkreuz im Oytal auf einem Heuersteiglein nordöstlich empor und über steile Grashalden zum Fußpunkte des Grates. Nun über seine felsdurchsetzte Schneide hinauf zu einem großen Turm, der auch links oder rechts umgangen werden kann; dann weniger schwierig zum Gipfel. (Kartenzeichnung in der AV-Karte mangelhaft).

● 673 (Bild XXIV) **Südwestgrat** (Rädlergrat). Man verläßt den Geißbachtobelweg (R 140) bei der ersten Kehre nach der Abzweigung vom Stuibenfallweg; von hier 3 st, teilweise V+. Nun quert man den Geißbachtobel auf Heuersteiglein und steigt jenseits über die Grashalden der „Lichte" zum Grat an. Dieser führt felsdurchsetzt steil zu einem Schärtchen mit einer einzelnen Fichte; hierher kann man auch über die Südflanke unter Querung der von rechts unten heraufziehenden Grasflecken gelangen. Über ein weiteres kurzes Grasstück, an der letzten Fichte vorbei zum kühnen Aufschwung, der dem Grat sein stolzes Gepräge verleiht. Man überwindet ihn entweder a) (Steigeisen mit zwei vorne sitzenden Zehenzacken vorteilhaft) in der linken, steilen, äußerst unzuverlässigen, mürben Gras- und Felswand, etwa 20 m V+, brüchig und gefährlich, dann allmählich weniger geneigt weiter und über die flachere Schneide dem letzten Steilaufschwung P. 2163 links ausweichend aufs grasige Gipfeldach und weiter wie R 666 (H. Rädler 1910). Erste Winterbegehung: Gg. Maier und Hannes Niederberger 18./19. März 1964.

● **674 (Bild XXIV) Oder** b) (neuer Weg) wie folgt: Zunächst etwa 20 m die Schneide benützend zum Überhang. Nach diesem äußerst schwierig zu überwindenden Hindernis erreicht man einen nach rechts führenden, etwa 5 m langen Quergang, an dessen Ende man in den hier beginnenden, 15 m hohen Ausstiegsriß (Aptychenkalk) einsteigt. Technisch schwieriger als a) (V+, eine Stelle VI/A 2), jedoch etwas sicherer; heute übliche Route.

Der Rädlergrat verdankt seinen Nimbus nicht nur der außerordentlichen Schönheit dieser blumengeschmückten Himmelsleiter, sondern auch den zahlreichen Opfern, die seine schwindelnden Abstürze, seine außerordentliche technische Schwierigkeit und die Gefährlichkeit seines unzuverlässigen Gesteins bisher verursacht haben.

Dieser Pfad ist nur sehr erfahrenen Graskletterern vorbehalten. Jedem anderen sei er warnend widerraten.

Schrifttum: „Das Schöne Allgäu" 1954, S. 76, Bergecho Okt. 1970; BK Aug. 1972.

● 675 **Westwand** (Bericht der Erstersteiger Faschingleitner und Zint, 1932), 4½ st, äußerst schwierig (VI). Einstieg in der Gipfelfallnie. Der Aufstieg benützt einen etwa 120 m langen, senkrechten, brüchigen Riß, dessen vier Überhänge mit Steigbaum und Haken überwunden wurden. Der folgende Grashang zum Gipfel erforderte Steigeisen.

● 675 a **Südwand** (M. Tauscher und W. Teufele, 1958). Wie bei R 673 bis nahe zum ersten Grataufschwung im SW-Grat (Kreuz). Nun über Steilgras rechts in die S-Wand querend zum E (etwas links der Fallinie des großen Überhangs).
Zunächst 20 m über grasdurchsetzten Fels (APT) schräg rechts zu Stand. Weiter noch einige Meter nach rechts, dann durch eine kurze senkrechte Verschneidung (H) auf ein abschüssiges Band, Stand. Jetzt waagrecht (brüchig!) nach rechts zu einer Rinne (H), durch diese empor und an ihrem Ende 5 m nach links zu Stand unterm großen Überhang. (Die Rinne ist meist naß, nach Regentagen sogar wasserführend!) Anschließend stets den Haken nach über den Überhang (Schlingenstand) und in dem nun folgenden, fast die gesamte S-Wand durchziehenden Riß (Wandbuch) in flacheres Gelände, das ohne weitere Schwierigkeiten zum grasigen Oberteil des SW-Grats und über diesen zum Gipfel führt. 3—5 st, VI—, A 2, A 3.

● 676 (Bild IX) **Rotkopf,** 2183 m

Nom.: Vom roten Hornstein.

Der nördlich des Schnecks liegende, dreigipflige Kamm aus rotem Hornstein (Nordgipfel) und Aptychenkalk (Mittel- und Südgipfel) ist vom Laufbacher Sattel (R 200 a, 25 Min., I+) erreichbar. Vom Sattel etwas rechts des Grats durch ein Klamml, dann über den gestuften Grat zum Nordgipfel; von ihm westlich über steiles Gras hinab und mäßig steil über einen Grasgrat zum Mittelgipfel (10 Min.). Zum Südgipfel führt ein flacher, höfatsartiger Schrofengrat (25 Min.). Der Abstieg zum Schnecksattel ist ebenfalls II.

● 677 **Laufbacher Eck,** 2177 m

Ein unmittelbar nördlich des Höhenwegs vom Nebelhorn zum Prinz-Luitpold-Haus liegender Graskopf; vom Laufbacher-Eck-Sattel 2160 m (vgl. R 200a) in einigen Minuten unschwierig erreichbar.

Nom.: von dem nach W (Oytal) abfließenden Laufbach.

Der Aufbau dieses Berges aus kieselreichem Allgäuer Fleckenmergel und Hornstein bedingt seinen auffallenden Pflanzenreichtum (vgl. Scherzer, S. 21 und S. 251 ff.!). Seinem Schutz dient der östlich unterm Laufbacher Eck eingerichtete Posten der Bayerischen Bergwacht, dessen Hütte jedoch nicht als Unterkunft für Touristen bestimmt ist.

● 678 **Salober,** 2087 m; **Berggächtle,** 2006 m; **Giebel,** 1949 m

Dieser aus Hornstein, Aptychenkalk und kieselreichen Allgäuer Fleckenmergel aufgebaute Grat ist ein besonderer Leckerbissen für erfahrene Grasgeher. Seine Umgebung birgt ähnlich wie die Höfats eine Fülle botanischer Seltenheiten. Charakteristisch sind die hier mit Vorliebe vorkommenden Urgesteinspflanzen (vgl. Scherzer, S. 21), z. B. die seltene Spinnweben-Hauswurz (Sempervivum arachnoideum) und die Mischform S.a. + montanum, ferner die Echte Hauswurz (Sempervivum tectorum).

Nom.: Salober vermutlich rom. Ursprungs im Sinn von Zinnober (bezogen auf die Farbe des Hornsteins!). Berggächtle = steiler Berg (von gach = jäh)? Neuere Deutung: Bärgacht = Bärengang, Durchgang, den Bären benützen können.

Der vom Laufbacher Eck nördlich abzweigende Kamm trägt zwei selbständige Gipfel; Salober und Berggächtle. Dagegen stellt der Giebel nur den äußeren Eckpunkt des wenig geneigten Grats dar, der von ihm aus steil zum Ostrachtal abfällt. Die landschaftlich sehr lohnende Besteigung dieser Berge, von denen der Giebel einen prächtigen Tiefblick ins Ostrachtal gewährt, vollführt man am besten als Überschreitung vom Giebel zum Laufbacher Eck.

● **679** Von der **Pointhütte** im Bärgündeletal (R 139) 2 st bis zum **Giebel:** auf Alpweg zunächst im Zickzack empor zur Klammhütte, 1621 m, dann nördl. am Berghang entlang zur Feldalp; von hier weglos über steile Grashänge nordwestl. zum Giebel, I. Auch Berggächtle und Salober sind über die O-Flanke, I, in je 2 st von der Pointhütte aus erreichbar.

Aus dem *Obertal* erreicht man über die Schönbergalp über sehr steile Schutt- und Grasflanken den Sattel nördlich des Salober P. 1932, I.

● **680 Gratübergang** vom Giebel zum **Laufbacher Eck**

3 st, II, an mehreren Stellen III, ausgesetzt. Vom Giebel zum grünen Doppelgipfel des **Berggächtle,** 1/2 st. Auf einem durch eine plattige Felsschneide (schwierig, ausgesetzt) unterbrochenen Grasgrat in die Scharte P. 1932; hier mündet der Anstieg aus dem Obertal, R 679. Der folgende Turm wird schwierig über- oder links umklettert, 3/4 st. Die schmale Gipfelschneide des blumenreichen Salober bricht im weiteren Gratverlauf nach Südwesten überhängend ab; deshalb über Gras nach O so weit hinab, bis nur mehr eine Seillänge schrofiger Steilwand von der die ganze O-Seite durchziehenden grünen Terrasse trennt. Hier hinab und waagrecht hinüber in die Scharte südwestl. unterm Salobergipfel. (Der Salober-Abbruch wurde auch schon (sehr schwierig) durch grasige Steilrinnen unmittelbar nördlich des Überhanges erklettert.) Der nach Südwesten weiterziehende grasige Grat führt nach einem Kopf mit senkrechtem Abbruch in zuneh-

mendem Maße ausgesetzter werdend, in die tiefe, vor dem Laufbacher Eck eingeschnittene Scharte (schwierigste Stelle) — hierher über steiles, schrofiges Gras aus dem Obertal — und über grasige und felsige Schneiden steil hinan aufs Laufbacher Eck.

● 681 Lachenköpfe, 2112 m und 2079 m; **Schochen,** 2100 m; **Kleiner Seekopf,** 2095 m; **Großer Seekopf,** 2084 m; **Zeiger,** 1994 m

Die grasbewachsenen, botanisch ungemein interessanten (Vorkommen von Mondraute und Straußglockenblume) Erhebungen sind vom Höhenweg R 200 a über teilweise steile Gras- und Schrofenhänge unschwierig in 1/4—1/2 st erreichbar. Auch die Gratwanderung über sämtliche Gipfel stellt keine besonderen Anforderungen; sie ist nur zwischen Großem und Kleinem Seekopf und am ausgesetzten kurzen Westgrat des Lachenkopfs bei brüchigem Gras- und Schrofengelände teilweise mäßig schwierig.
Die *Abfahrt* mit Ski vom Sattel westlich des Laufbacher Ecks, P. 1999, durchs Laufbachtal ins Oytal gehört zu den schönsten winterlichen Unternehmungen im Allgäu. Die außerordentliche Steilheit der glatten Hänge läßt diese Fahrt nur bei durchaus sicherem Schnee zu. Man hüte sich vor den Felsabbrüchen unter „Stieggern"! Sehr schön und wesentlich einfacher ist die Skiabfahrt nach Osten über die Kuhplattenalp ins Obertal und zum Engeratsgundkopf. Übertroffen werden beide durch die Abfahrt vom **Schochen,** einem der schönsten, allerdings nur sehr bergerfahrenen Hochtourenläufern vorbehaltenen Skigipfel der Allgäuer Alpen. Lawinengefahr!
Lit.: BK 1972, Nr. 8, S. 24.
Nom.: Lache = kleiner See; Schochen = Heuhaufen (bezogen auf die Form des Gipfels, von W gesehen).
Geo.: Lachenköpfe Kö. mit Rotem Li.; Schochen: Roter Li. auf Sockel aus Kö.; Kl. Seekopf Li.-Fle.; Gr. Seekopf südlich Roter Li. und Kö.; nördlich Li.-Fle.; Zeiger Li.-Fle.
Lit. zum Schochen: BK Aug. 1972.

● 682 Nebelhorn, 2224 m

Als altbekannter Aussichtspunkt ist der an sich schon leicht besteigbare Gipfel durch Weganlagen noch bequemer zugänglich gemacht. Zugangswege zum Nebelhornhaus siehe R 129 ff. Vielbesuchter Skiberg, Seilschwebebahn, Sessel- und Schlepplift. Auf dem Gipfel bew. Schutzhütte.

Die *Aussicht* umfaßt neben einem schönen Tiefblick ins Rettenschwangtal die gesamten Allgäuer Alpen, im Osten Ammergauer Berge, Wetterstein, Mieminger Gebirge, Karwendel, im Süden hinter der Hornbachkette und dem Allgäuer Hauptkamm viele Gipfel der Lechtaler Berge, der Stubaier und Ötztaler Ferner; im Südwesten und Westen Begrenzer Wald, dahinter Berner Oberland, Tödi, Glarner und Appenzeller Alpen.
Geo.: HD mit langem Li.-Fle.-Dorn nach Süden.
Nom.: bezogen auf Oberstdorf = der Berg, der oft im Nebel liegt.

● 683 Vom **Nebelhornhaus** (3/4 st) führt ein bez. bequemer Weg, den auch mit Schwindel Behaftete gehen können, nordwärts hinan in einer breiten Karmulde, später in einigen Kehren über Geröll nach links zum schwach ausgeprägten Südrücken und über ihn zum Gipfel, auch mit Kindern ab 8 J.

● **684** Die gutgestufte **Nordwand** hat viel Geröll und ist bei Aufenthalt unverständiger Leute auf dem Gipfel durch Hinabschleudern von Flaschen, Steinen und dergleichen gefährdet. Sie bietet mehrere Möglichkeiten mehr oder minder schwierigen Durchstieges von hoher landschaftlicher Schönheit (III)

● 685 **Hüttenkopf,** 1939 m; **Seeköpfl,** 1918 m **Schattenberg,** 1843 m

Wenig bedeutende Erhebungen in dem vom Zeiger nach Westsüdwesten ziehenden, im Schattenberg endenden Kamm, im Seealptal mit steilen Schrofenwänden fußend. Hüttenkopf Wechsel von Allgäuer Fleckenmergel in Flysch.

Geo.: Hüttenkopf Li.-Fle., Roter Li. und Kö.; Seeköpfe HD auf Sockel aus Li.-Fle. und Kö.; Schattenberg HD.

● **686** Vom **Nebelhornhaus** auf dem Höhenweg, R 200 a, südlich bis zum Sattel, 1920 m, westlich des Zeigers, wo der Blick in den Seealpkessel frei wird. Hier den Weg nach rechts verlassend, über den schmalen grasigen Rücken kaum ansteigend zur doppelgipfligen Erhebung des Hüttenkopfs, 20 Min. Über den Rücken weiter zum Sattel, 1833 m, vor dem Seeköpfl und — stets auf der Kammhöhe — zu diesem empor, 1 st. Umgehung der Kammhöhe in den steilen grasigen Südhängen verlangt Vorsicht!

● **687** Das Seeköpfl ist auch vom **Seealpsee** her über die Osthänge in 3/4 st, unschwierig erreichbar oder aus dem Seealptal (R 130) in 1 1/2 st leicht, aber mühsam auf einem Steiglein durch die Fischerrinne, welche als steile, unten enge Geröllrinne durch den das Tal südlich begleitenden Schrofengürtel emporzieht.

● **688** Ein weiterer Anstieg führt von Oberstdorf-Kühberg aus in 4 st leicht, jedoch teilweise mühsam, zum Schrattenberggrat. Vom Oytalsträßchen nach dem Whs. erblickt man links am Grashange unter dem Waldrande ein nach rechts emporziehendes Steiglein. Es führt nach einigem Anstiege im Walde längere Zeit waagrecht nach Süden und steigt dann, oft undeutlich werdend, im Zickzack den Südostrücken empor, zuletzt durch Latschen zum Kreuz am **Schattenberg,** 2 st, von diesem nach O über verschiedene kleine Erhebungen des teilweise schrofigen Rückens zum Gipfel des Seeköpfls. Ausweichen in die Südhänge zuweilen vorteilhaft wegen der sperrigen Latschen. Landschaftlich schön.

● **689** Durch die berüchtigten, aus Hauptdolomit aufgebauten **Seewände,** denen schon mancher alpin unerfahrene Wanderer zum Opfer gefallen ist, fanden Tröndle, Großelfinger, Schöb und Hirschauer 1949 einen schönen Klettersteig: er hält sich an den im Sommer meist trockenen Wasserlauf (Einstieg bei P. 1079). Charakteristisch sind drei ausgeprägte Terrassen. Über der dritten (etwa 400 m über dem Einstieg) sind zwei äußerst schwierige Seillängen (VI—) zu bewältigen.

4 st E. Es sei ausdrücklich bemerkt, daß es sich hier um eine gefährliche Fahrt handelt, die nur dem ganz erfahrenen Kletterer vorbehalten bleibt. Vgl. im übrigen die Bemerkungen zu R 131.

● 690 **Gundkopf,** ewa 2200 m

Nom.: Gund (nicht Grund!) ist eine alpwirtschaftlich genutzte Geländemulde (im Ödland: Kar). Geo.: HD auf Sockel aus Kössener Schichten.

Ein hübscher Hauptdolomit-Gipfel westlich des Nebelhorns, oberhalb des R 132, Ziffer 1. erwähnten, bez. Weges. Im Gipfel des Gundkopfes zweigt der lange, das Illertal ostwärts begrenzende und beim Imberger Horn endigende Kamm vom Nebelhornmassiv nach Norden ab.

● 691 Vom **Sattel westlich** des Gipfels („Am Geißfuß") (R 132, 3/4 st, I) führen Pfadspuren über den zunächst schrofigen und ziemlich scharfen, später mehr begrünten Grat zum Gipfel.

● 692 Vom **Nebelhorn** (R 132) 20 Min., I: auf dem Westrücken hinab in die Scharte und links ausbiegend über die schrofige, ziemlich steile Flanke auf Pfadspuren zum Gipfel.

● 693 Nordgrat. Von der breiten Einsattelung des „Gängele" (R 133) 3/4 st, nur nach dem Einstieg und in der Gipfelwand, II. Der unterste Steilaufschwung kann rechts, der folgende links umgangen werden; auch unter dem Gipfel ist Ausweichen rechts unschwierig möglich. Im übrigen ist der Grat über Gras, Geröll und Schrofen gut gangbar. Der direkte Ausstieg auf den Gipfel (ohne Ausweichen nach rechts) ist III und sehr brüchig. Besonderer Hinweis:
Die Querung des südlich vom Gundkopf eingebetteten Kars „Großer Gund" hat im Frühsommer 1967 zwei Todesopfer gefordert. Der sonst harmlose Steig birgt bei Schneebelag (Abrutschgefahr) wegen der unterhalb befindlichen Wandabstürze Gefahren.

● 694 **Rubihorn (Geisalphorn),** 1957 m

Geo.: HD. Ersteigungsgeschichte: 1. Winterbesteigung N-Wand 22. 3. 1936 Solleder/Zimmermann.
Nom.: Rubi, mundartlich für rauh.

Ein im Westen und Süden bis oben latschenbewachsener Berg mit schroffer Felsflanke gegen Norden abfallend. Weite Aussicht, besonders schön ins Iller- und Geisalptal, auf Oberstdorf und ins weit ausgebreitet liegende Kleine Walstertal

Nord- und Ostflanke bieten eine Anzahl schwieriger, meist brüchiger Kletterwege.

● **695** Von **Oberstdorf** 3 st, unschwierig: Man geht auf dem Weg zum Nebelhorn (R 130) bis zum Waldrand hinter der Alplichtung der Hafnerlesloh, 50 Min.; hier verläßt man den Weg und steigt nach links den grünen Rücken empor, der an einer Hirtenhütte vorbei auf die Rückfallkuppe am Roßbichl, 1467 m, leitet, 3/4 st. Hier beginnt ein deutlicher Jagdsteig, der in vielen kurzen Kehren durch eine breite Latschengasse hinanführt, aber noch unter der Grathöhe endet. Nun über Schrofen vollends hinan zum Rücken; auf ihm nördlich teilweise mühsam durch Latschen und über einige schrofige Unterbrechungen zur letzten Einschartung vor dem Gipfel, wo ein bez. Weg aus dem Geisalptal heraufkommt. Auf ihm, zunächst in der Westflanke dann in der Ostflanke ausweichend, zum Gipfelkreuz, auch mit Kindern ab 8 J.

● **696** Aus dem oberen **Geisalptal** (R 132) 2 st von der Geisalp, zweigt beim Untern Geisalpsee ein schlecht bez. Steiglein vom Nebelhornweg ab und führt über Geröllhalden, zuletzt recht mühsam zur Einschartung südlich des Gipfels, kaum I. Weiter wie bei R 695.

● 697 Aus der Einschartung südlich des Gipfels zieht nach **Westen** eine mächtige Schlucht hinab. Diese selbst ist im mittleren Teil ungangbar. Ihre nördliche Begrenzung bildet einen steilen begrünten Rücken, der einen vom Wallraffweg (R 44) aus mühsam erreichbaren landschaftlich sehr reizvollen Zugang eröffnet. Er fordert Trittsicherheit, weist jedoch keine nennenswerten Schwierigkeiten auf (I+). Wunderbarer Tiefblick in den Oberstdorfer Talkessel.

● 698 (Bild XXV) Die gewöhnliche Route durch die sich im unteren Teil trichterförmig verengende und steil abfallende, oben wesentlich geringer geneigte **Nordwand** beginnt bei den höchsten Fichten, führt einige Meter rechts querend abwärts, dann auf einem Band schräg links hinan zu einer auffallenden, grasdurchsetzten Rippe; diese empor und bevor sie sich in der Wand verliert, 15 m nach rechts in die Schlucht; durch sie hinauf zu den Latschen und durch brüchige Schrofen zum Gipfel, II—III. Variante:

● 699 (Bild XXV) Vom Fußpunkt der untersten Steilstufe des Nordwestrückens etwas fallend nach links queren, bis man über die steilen, jedoch gutgestuften Felsen westlich der großen Nordwandschlucht aufsteigen kann. Unteres Stück III, sonst II. Nagelschuhe vorteilhaft.

● 700 (Bild XXV) Der latschenbewachsene **Nordwestrücken**, der sich oben zu mehreren Steilstufen aufschwingt, vermittelt einen recht mühsamen, aber hübschen Aufstieg, II—.

● 701 (Bild XXV) Brüchige (II) Kletterei bieten die Felsen des kurzen, vom Geißalpsee aufsteigenden **Ostgrates**.

● 702 Der **Übergang vom Gundkopf** her über den grasigen Geißfuß (schöne Skitour) und den Latschenrücken des Niederecks, 1954 m, ist mühsam, landschaftlich jedoch recht reizvoll. Auf das Niedereck folgt ein stufenförmiger Steilabbruch, der entweder direkt überklettert oder unschwieriger, doch etwas ausgesetzt durch eine Rinne nach Osten absteigend umgangen werden kann, II—. Zuweilen findet sich hier ein den Steilabbruch sicherndes Drahtseil: dann ist diese Stelle problemlos.

● 703 **Westlicher,** 2235 m, **Östlicher,** 2207 m (diese der Karte des LVA entnommene Höhenangabe ist offensichtlich unrichtig. Richtige Höhe etwa 2237 m). **Wengenkopf.**

Nom.: Wang = weitgedehnte Weidefläche. Geo.: HD mit breitem Li.-Fle.-Gürtel in den N-Wänden.

Zwei Erhebungen in dem langen, zackigen Grat zwischen Nebelhorn und Daumen.

Schrifttum: „Das Schöne Allgäu“ 1937, S. 334.

Vom **Nebelhornhaus** aus 3/4 st bzw. 1 1/4 st, unschwierig auf dem bez. Weg über das Koblat (R 711) zum Daumen bis an die Südhänge und über Geröll und Schrofen zu den Gipfeln (I).

● 704 **Nordwand des Westlichen Wengenkopfs,** 5 st, IV. Diese Wand ist der schönste Teil des gewaltigen Retterschwangtal-Abschlusses. Wandhöhe etwa 650 m. E. südlich vom Hütterl „Im Wank“, etwa 1550 m hoch. Die Nordwand und Nordostwand trennende Kante dient als Anstieg. Etwa 10 Seillängen schöner Kletterei zu einem in die Wand eingelagerten Kar, das man ostwärts ansteigend quert. Hinauf zu einem auffallenden, gelben und brüchigen Riß und durch diesen auf eine Kanzel. Nun etwas nach links querend, um dann in einer Schleife sehr ausgesetzt die Höhe der über jener Kanzel liegenden Überhänge zu erreichen. Ausgesetzten Quergängen etwa 50 m nach rechts folgend gelangt man in die Fallinie des Vorgipfels. Nun gerade empor zu diesem, wobei kleine brüchige Überhänge zu überwinden sind. Von dem die eigentliche Wand krönenden Vorgipfel links abbiegend durch ein Rinnensystem und über Gras zum Ostgrat des Berges und über diesen unschwierig zum Gipfel, 2235 m. (Zuck und Gef., 1936; „Bayerländer Weg“.)
Die Nordwand des Westlichen Wengenkopfs bietet mit ihren vielen Kaminen und Rinnen noch mehrere schöne Anstiegsmöglichkeiten, teilweise IV+, vielfach brüchig (vgl. „Das Schöne Allgäu“, 1937, S. 334, dort irrige Bezeichnung „Östl. Wengenkopf“). Erste Winterersteigung des Wengenkopf-Nordpfeilers: Maier-Herrmann 10./11. 4. 1952; AVZ 1966, S. 28.

● 705 **Nordwand des Östlichen Wengenkopf.** Aus dem Retterschwangtal, 3 st, II+. Von der Wankhütte (R 133) wendet man sich einem breiten Wandabsatz unter dem Westlichen Wengenkopf zu, der schräg von rechts nach links emporzieht. Man verfolgt ihn über die gut gangbaren Felsbänder seiner Fortsetzung bis unter die Karmulde, die n. des Östlichen Wengenkopfs eingebettet ist, und steigt über sie zum NNW-Rücken des letzteren; auf ihm in hübscher Kletterei, zuletzt durch einen Kamin zum Gipfel. Landschaftlich hervorragend schön. Der Gipfel kann auch, nicht schwieriger, über Felsrippen und Bänder, im wesentlichen der Fallinie folgend, erstiegen werden.

XXV Rubihorn von der Geißalpe
1 = R 701, 2 = R 698, 3 = 699, 4 = R 700.

1
2
3
4

● 705 a **Südkante des Westl. Vorgipfels** vom **Westl. Wengenkopf** (Bonndorfer Kante) Eggert und Schillinger 1. 6. 1973: E. in Fallinie des auffallenden Überhangs. In schöner Kletterei (III) zu gutem Stand unterhalb der Höhle li. vom Überhang. Kurzer Quergang r., dann den Bohrhaken folgend über den Überhang (VI, A 1) zu der von r. herziehenden Kante. Über diese in freier Kletterei auf den sie krönenden Felskopf (guter Stand) und zum Gipfelgrat.

● 706 **Gratübergang vom Nebelhorn zum Östlichen Wengenkopf** (Teilstück des unter R 198 c in umgekehrter Richtung beschriebenen Hindelanger Klettersteigs! In R 706, 708, 712, 716 b und c wird die SW/NO-Begehung des Kammverlaufs zwischen Nebelhorn und Breitenberg in ihrer historisch gewordenen Routenführung im Rahmen der einzelnen von der Überschreitung berührten Gipfel dargestellt!), 2½ st, II, einige Stellen III+, Fels (HD) nicht immer zuverlässig.
Der dunkle o. des Nebelhorns aufragende Felskopf (er ist nicht der Westl. Wengenkopf, sondern dessen westl. Vorgipfel!) wird nach etwas heikler Querung durch seine S-Wand gewonnen. Aus dem ihm folgenden grünen Sattel über Gras und Geröll auf den geräumigen Gipfel des Westl. Wengenkopfs (schöne Skiabfahrt zum Koblat bei Firn!). Der weitere Verlauf des hier nach NO umknickenden Grats bereitet keine Probleme, im Bedarfsfall weicht man meist rechts, zuweilen links) in die Flanken aus. Schwierig gestaltet sich der ↘ vom östl. Vorgipfel des Westl. Wengenkopfs in die zwischen ihm und der SW-Schulter des Östl. Wengenkopfs eingeschnittenen breiten Scharte: der senkrechte Abbruch und der ihm folgende Zacken werden in schöner, ausgesetzter Kletterei in der Retterschwangflanke umgangen (III+). Aus der breiten Scharte (bequemer NA nach S ins Koblat!) in lustiger Kletterei durch einen gutgestuften Kamin auf die SW-Schulter des Östl. Wengenkopfs und über den harmlosen Schrofengrat zum Hauptgipfel.

● 707 **Östlicher Wengenkopf, Westschulter, Südostkante und Spiralriß.** Schöne, abwechslungsreiche Fahrt, 2—4 st, IV. Man verläßt den Höhenweg Nebelhorn — Daumen erst kurz vor dem Östlichen Wengenkopf und steigt über Geröll- und Grashalden zum tiefsten Punkt der Südostkante. Etwa 10 m links der Kante befindet sich ein schmales Felsband, das sehr schwierig nach rechts zur Kante hinausleitet (E.). An der Kante senkrecht hinauf zu Sicherungsblock (40-m-Seil zweckmäßig). Links vom Sicherungsblock nahe der Kante etwa 35 m gutgriffig über abdrängenden Fels empor (2 H) zu kleinem Standplatz mit Sicherungshaken. Jetzt nicht nach rechts (unbegehbarer Fels), sondern unmittelbar neben dem Standhaken links in den weit überhängenden Spiralriß, der äußerst luftig und kleingriffig auf einem Felsköpfl endet (H).

Weiter über einen eingeklemmten Felsblock in engem Riß senkrecht hoch, bis sich der Riß zu einer Schlucht erweitert. Nun westlich weiter entweder durch die Schlucht oder links hinaus an die Kante und über diese zum Gipfel. Höhe rund 200 m. (Tröndle und Amling, 1944.)

● 708 **Gratübergang vom Östlichen Wengenkopf zum Gr. Daumen.** Abwechslungsreiche, bei konsequenter Einhaltung der Grathöhe beachtliche (bis IV—), bei Ausweichen in die Flanken jedoch nur mäßige (II) Schwierigkeiten darbietende Kletterfahrt, 2 st.

Der ↘ vom Gipfel des Östl. Wengenkopfs in die ihm n.o. folgende tiefeingeschnittene Scharte (ca. 2030 m) heischt insbesondere bei Feuchtigkeit wegen des grasdurchsetzten plattigen Gesteins besondere Vorsicht.

Die zahlreichen Zacken (einschließlich der Begrenzungspunkte 2135,7 im SW und 2165 m im NO kommt man auf neun selbständige Gipfelchen! Bei der Zählung in R 198 c sind nur die beiden oben genannten Punkte als Gipfel gewertet!) des nun folgenden ziemlich genau 1 km langen Gratstücks bilden — was die eingestreuten klettertechnischen Leckerbissen angeht — die Krone des Hindelanger Klettersteigs. Ohne die Sicherungsanlagen — einem jeden bleibt es ja unbenommen, sie zu beanspruchen — gibt es hier bei Einhaltung der Grathöhe Schwierigkeiten, die dem III. Grad alle Ehre machen. Das Schöne daran ist, daß man nach Lust und Laune in die Flanken ausweichen kann. Auch der Sicherungsfeindliche wird jedoch die aufs ausgesetzte Ausstiegsband und damit auf sicheren Boden hinabführende Schlußleiter nicht verschmähen! Damit haben wir den Anschluß an den vom Koblat zum Gr. Daumen übers begraste „Glasfeld“ heraufführenden Steig (R 711) gewonnen. Zum höchsten Gipfel des Hindelanger Klettersteigs geht's über grasdurchsetztes Geröll. Bleibt nur noch zu vermerken, warum unser zackenreiches Gratstück den appetitanregenden Namen **„Zwiebelesträng“** führt: er stammt vom Bergschnittlauch, einer alpinen Abart des Gartenschnittlauchs, die massenhaft auf den Juraböden der grünen Rasenbänder vorkommt, welche die 800 m hohen Retterschwangabstürze nahezu des gesamten Kammes zwischen Nebelhorn und Daumen hart unterhalb der Gratfelsen durchziehen.

● 709 Aus der Scharte n.o. des Östl. Wengenkopfs kann man über ebenso steilen wie brüchigen Dolomit retterschwangseits in die bei R 705 erwähnte n. unterm Gipfel eingebettete Karmulde absteigen (III!). Unschwierig hingegen ist der NA über Schrofen und Schutt hinab zum Koblat!

Ganz allgemein muß vor einem NA ins Retterschwangtal gewarnt werden. Die verführerisch aussehende Grasterrasse knapp unterm Grat (vgl. R 708 a. E.) könnte dazu verleiten. Unter ihr drohen jedoch ungangbare Abstürze!

● 710 **Großer Daumen,** 2280 m

Der höchste Punkt der breiten Felsmauer, die gegen Nordwesten ins Retterschwang, gegen Norden in den Kessel der Haseneckalpen abstürzt. Nach Südwesten breitet sich das flach abfallende Gipfeldach des sog. Glasfeldes aus. Zu Füßen des rund 3 km langen, die Wengenköpfe mit dem Daumen verbindenden Grates lagert die Hochfläche des Koblats (mhd. Kobel = Hügel, Bodenunebenheit). Es ist mit mehreren Seen geschmückt und stellt sich nebst den ins Obertal führenden Abfahrten im Winter als kleines hochalpines und nicht immer lawinensicheres Skiparadies dar.

Der Daumen ist ein beliebtes Skiziel. Gute Läufer ziehen der üblichen Abfahrt zum Engeratsgundkopf die Querung über die „Thür" (häufig Lawinengefahr!) zur Nickenalp (von hier schwierige Abfahrt über Mösle nach Hinterstein) vor. Noch anspruchsvoller ist die hochalpine Rundtour mit Ski ab Nickenalp um den Mittagspitz herum zur Eckalpe und übers Haseneck, 1900 m (n.w. unterm Kleinen Daumen hindurch, häufig lawinengefährlich!) hinab zur Haseneckalp mit schöner Abfahrt ins Retterschwangtal. Der sehr steilen Abfahrt zur Haseneckalp unmittelbar von der Daumenscharte wird wegen der von oben nicht zu überblickenden Felsabbrüche dringend widerraten.

Schrifttum. EOA, S. 84; ZAV 1869/70, S. 154; Barth, Wegweiser, S. 95.
Nom.: Von Norden gesehen ähnelt der Gipfel einem im Profil betrachteten, leicht gekrümmten Daumen der rechten Hand.

Geo.: HD auf Sockel aus Kö. und Li.-Fle.

Name: indogerm. tuman = dick, breit. Von N gesehen ähnelt der Gipfel einem im Profil betrachteten leicht gekrümmten Daumen der rechten Hand.

● 711 Vom **Nebelhornhaus,** 2½ st, bez. Weg: gleich nach dem Hause schräg rechts vom Nebelhornweg abzweigend hinein in eine Hochmulde; am Wasserbehälter vorbei empor zum Kamm Zeiger-Koblat (Abkürzung durch Sessellift). Jenseits kurz fallend, dann wieder steigend hinüber zu den Karrenfeldern am Fuß der Wengenköpfe. Durch das „Koblat" über flache Karrenböden am Kleinen Laufbichler See, 2018 m, vorbei und, den zweiten Laufbichler See rechts lassend, links empor zu einer Einsenkung des Kamms. Jenseits auf dem breiten, flachen Hang des Glasfelds zum Gipfel, auch mit Kindern ab 10 J.

Der Skiweg geht nicht zu dieser Einsenkung empor, sondern gewinnt, auf dem Koblat noch weiter nordöstlich gehend, den Gipfel über seinen Südosthang.

● **712** Von **Hinterstein,** 4½ st: Auf der Straße talein, nach 15 Min. auf Brücke über die Ostrach und alsbald links abbiegend durch Wiesen, südlich weiter zu dem bewaldeten Vorsprung, der den östlichen Ausläufer der zackigen Pfannenhölzer darstellt; über ihn durch das Pfannenholz steil in Kehren zur Möslealp, 1134 m. Von ihr auf Alpweg zunächst in südlicher, dann nach Westen umknickender Richtung an der Untern Nickenalp vorbei in den weiten Kessel der Nickenalpen. Von der mittleren Hütte, 1554 m, über eine Steilstufe hinan zur oberen Hütte, 1803 m, und empor zur Einsattelung „Bei der „Thür" westl. des Hengstrückens, der von hier aus in wenigen Minuten besucht werden kann. Damit ist der Blick nach Westen freigeworden. Nun hoch über dem Engeratsgundsee, durch die S-Flanke des Kl. Daumen auf dem zum Gr. Daumen führenden Verbindungsgrat und über ihn in die Daumenscharte. Jenseits kommt der bez. Weg aus dem Retterschwangtal (R 713) herauf. Stets auf der Grathöhe ohne Schwierigkeit, jedoch Trittsicherheit und Schwindelfreiheit nötig, hinüber zum weiträumigen Hauptgipfel.

Dieser Aufstieg ist im Winter sehr lawinengefährdet; man geht deshalb mit Ski vom Ostrachtal aus besser über Giebelhaus und Engeratsgundhof zum Engeratsgundsee (zeitweise auch lawinengefährlich!). Diesen rechts liegen lassend in mäßiger Steigung westlich zum Gipfelplateau. Sehr anstrengende Hochtour, 5 st ab Giebelhaus.

● **713** Von **Mitterhaus** (R 133) 3½ st, bez. Weg: Nach etwa 700 m eben talein; dann auf anfangs etwas undeutlichem Steige, der aber bald ausgeprägt wird, links empor, teilweise durch lichten Wald und weiter am nördlichen Talhang schräg aufwärts zur Untern und Mittlern (1569 m) Haseneckhütte. Nun allmählich nach Süden biegend zur Obern Hütte, 1690 m, 1¾ st; auf dem bez. AV-Weg zunächst südöstlich, dann südlich teilweise über Fels empor (Trittsicherheit nötig) zur Daumenscharte; weiter wie bei R 712.

Besonderer Hinweis: Das Abirren vom Steig unterhalb der Daumenscharte bei Nebel ist vor allem im Abstieg wegen der darunter liegenden Wandfluchten gefährlich. Es hat schon mehrere Opfer gekostet.

● 714 **Nordwestgrat.** Vom Mitterhaus (R 133) 4 st. Teilweise brüchig, (II), bei Einhaltung der Grathöhe und Ausstieg zum Gipfelkreuz III. Wie bei R 713 zur Oberen Haseneckhütte. Hier südwestlich über den südwestlichen Kurücken hinan zum Falken, 1911 m, wo der Grat beginnt. Er führt teilweise luftig über von Gratschneiden unterbrochene Stufen empor zum steilen Gipfelaufschwung, der am schönsten (ziemlich schwierig durch ein System teilweise senkrechter Rinnen) über festen Fels in Richtung zum Gipfelkreuz erklettert wird, nach Belieben aber (unschwieriger) rechts umgangen werden kann.

● 715 Über die **Nordwand** gewinnt man in teilweise heikler (Geröll auf Platten) und luftiger (III+) Kletterei den Gipfel in 2½ st von der Obern Haseneckhütte, wobei es mehrere Möglichkeiten gibt. Reizvoll ist die Gewinnung des O-Gipfels über die die obere Wandhälfte nach links aufwärts durchziehende Rampe. Die Schwierigkeiten liegen hier in dem unter dem Rampenbeginn liegenden Wandstück, während sie bei der weiter westlich liegenden unmittelbar zum Hauptgipfel führenden Route in der Gipfelzone zu suchen sind. Vorsicht!

● 716 **Kleiner Daumen,** 2191 m; **Pfannenhölzer,** 2025 m; **Laufbichler Kirche,** 2044 m; **Hengst,** 1988 m

Zur Ersteigungsgeschichte: Kleiner Daumen, Nordwand: Lanig-Blanz 1936; Nordostkante: Lanig-Bach 1935; A. und F. Hieber 1935; Gerstmair-Edelmann-Schneller 1937. 1. Winterersteigung Nordwand: Maier-Herrmann 21. 4. 1951. Pfannhölzer: Nordwand des westl. Turm: Maier-Herrmann 29. 7. 1951. 1. Winterüberschreitung vom Mittagspitzl zum Kleinen Daumen: Maier, Schnetzer, Herrmann, 14./15. 3. 1953. AVZ 1966, S. 29.

● **716 a Im Kleinen Daumen** gabelt sich der vom Gr. Daumen n.o. ziehende Grat: der n. Ast führt zum Breitenberg (R 727 ff), der östl. Ast über die Pfannhölzer (R 721) zur Mittagspitze. Von Hinterstein gesehen imponiert der Kleine Daumen durch seinen steilen Aufbau und seine elegante, vom Profil der Nordwand bestimmte Gipfelform, während er aus dem Retterschwangtal oder von S her als bloßes Anhängsel des mächtigen Daumenmassivs erscheint. Am bequemsten zugänglich ist der wegen seines prächtigen Tiefblicks in den Hintersteiner Talkessel lohnende Gipfel über seinen bei der „Thür“ beginnenden (vgl. R 710, 712) SO-Kamm oder (weniger schön) vom Engeratsgundsee aus (R 712) über seine ebenfalls begrasten S-Hänge (je ¾ st).

● **716 b** Der **Übergang vom Gr. Daumen** über die zwischen beiden Gipfeln eingeschnittene wenig ausgeprägte Daumenscharte und den anschließenden mit Steilwänden zu den Haseneckalpen abstürzenden, teilweise plattigen SW-Grat fordert zuweilen leichte Kletterei und etwas Schwindelfreiheit. 3/4 st, I.

● **716 c** Die gleichfalls zu den Haseneckalpen steil abstürzende, von einer Schrofenterrasse unterbrochene **NW-Wand** (bis dato mäßig schwierige und brüchige Kletterei!) wurde als Teilstück des Hindelanger Klettersteiges (R 198 c) mit ausgiebigen Sicherungen versehen und durch Markierung der günstigsten Routenführung entschärft.

● **716 d** Der kurze, auf dem breiten NW-Kamm fußende, aus zuverlässigem HD in der Gipfelzone bis zur Senkrechten aufgebaute **N-Grat** hat seit Erbauung des Hindelanger Klettersteiges seine Bedeutung als selbständige Route verloren. Die halbstündige scharfe Kletterei (30 Min. ab E. unmittelbar am Klettersteig) wird dem Könner jedoch nach wie vor Spaß machen (IV).
In teilweise noch höheren Schwierigkeitsgraden bewegen sich die Aufstiege im Bereich der N-Wand und der NO-Kante (R 717 bis 720):

● **717 Nordwand,** 5 st, IV, einige Stellen V, Wandhöhe 400 m. Über Eck- und Wiesloher Alp zum Fuß der Wand. Diese wird durch ein etwa in der Mitte eingelagertes Kar in einen oberen und unteren Teil getrennt. Der westliche Teil der unteren Wandhälfte ist auffallend gelbschwarz gefärbt. Aus dem Kar in der Wandmitte ragt ein Felsturm auf („Däumling"). Einstieg in der Fallinie dieses Turms, einige Seillängen westlich des Punktes, wo der Schnee am höchsten in die Wand hinaufspitzt. Unter Überhängen Quergang nach rechts (westlich), bis eine in eine Rinne auslaufende Verschneidung zu größerem Standplatz hinaufleitet. Weiter über kleinsplitterigen Fels in eine Steilrinne und durch diese in eine Höhle mit Rasenboden. Von hier Kriechband nach links (ostwärts) zu unschwierigerem Fels und über diesen durch Rinnen aufwärts zum Felsköpfel. Von hier gerade empor an die Wand und über brüchige Blöcke nach rechts (westlich) zu gutem Stand, bei einer Latsche (H). Von hier sehr ausgesetzter Quergang nach links (ostwärts), nach 4 m Haken. In hier ansetzendem Riß sehr schwierig empor und noch schwieriger aus ihm hinaus auf ein Felsköpfel, Steinmann. Hier zieht ein ausgeprägtes Steilband von Osten nach Westen durch die Wand. Diesem folgend, bis ein Querband nach rechts hinüberleitet zu unschwierigeren Platten.

Über diese hinauf zu einer Steilrinne. Diese alsbald links verlassend umgeht man in Plattenkletterei den letzten großen Überhang unter dem Kar. Nun an dem Fuß des „Däumlings“ und rechts von ihm in einer Rinne über einige Wandaufschwünge auf einen Seitengrat, der zum geschweiften Schlußkamin führt. In diesem gelegentlich kurz nach rechts ausweichend, unter Überwindung einer abschließenden Steilstufe zum Gipfel. (Lanig, Blanz, 1936.)

● 718 **Nordwand-Nordost-Kante,** IV, 2 st, Höhe etwa 300 m. Von der Wiesloher Hütte aus hat man die Nordwand des Kl. Daumens vor sich. Ihre rechte Hälfte ist plattig und überhängend, links folgt auf einen Steilaufschwung ein Geröllabsatz, aus dem sich die Nordostkante als Schneide zwischen Ost- und Nordwand zum Gipfel erhebt. Im ostwärtigen Drittel der Wand spitzt das Geröllfeld hoch in die Felsen. Etwa 50 m ostwärts (links) davon durch einen Riß hinauf zu einem auffallenden weiteren Riß, der sich schräg von links nach rechts aufwärts zieht. In diesem über nasse Platten zu Haken und nun nach rechts hinaus an die Kante. Über diese gerade hinauf und durch eine Rinne zu einem Geröllfleck. Diesen quert man nach links bis zu einer großen Schlucht. Etwa 150 m an der rechten Wegkreuzung der Schlucht über leichte Felsen hinauf, bis sich diese zu einer ausgeprägten Kante aufschwingen. Über diese (fester Fels) auf einen Absatz. Den nun folgenden Aufschwung überwindet man in schöner Kletterei rechts der Kante (Platten). Wo die Kante endet, an die Schlußwand und über einige leicht überhängende kurze Wandstellen zum Beginn zweier Risse. Durch den rechten hinauf zur Schulter 60 m östlich (links) des Gipfels. (Lanig, Bach, 1935.)

● 719 Variante zu R 718 (IV) (A. und F. Hieber 1935): E. links des Punktes, an dem sich das Geröllfeld am höchsten in die Wand hineinspitzt, durch einen kleinen Kamin auf eine Felsrampe und zu einem senkrechten Riß, der bald unter einem gelben Überhang endet. Nach links über ein sehr schwieriges Wandstück (Überhang), dann auf breitem Band 20 m nach links und wieder senkrecht empor zur geröllbedeckten Wandstufe. Rechts haltend zur ausgeprägten Kante und diese etwa 120 m gutgriffig hinauf. Von ihrem Ende nach rechts zu einem abstehenden Turm, der einen Stemmkamin bildet. Durch ihn und einen weiteren, engen Kamin zum Ostgipfel.

● **720** Variante zu R 718 (IV) (Gerstmair, Edelmann, Schneller 1937): E. weiter rechts als 719, von einer breiten Felsplatte aus, links des gelben Wandabbruchs. Durch einen senkrechten Riß etwa 60 m empor, dann auf breitem Band 30 m nach links, um eine Ecke und wieder gerade empor (brüchiger Riß). Unschwierig weiter zum Beginn der Kante und auf ihr wie bei R 719 zum Gipfel.

● **721** Die **Pfannenhölzer** bilden das touristisch interessante Mittelstück im über 2 km langen Grat, der vom Kleinen Daumen östlich zum Mittagspitzl zieht. Geo.: HD. (Nom.: von den vielen Einschnitten im Grat, gleichend dem Pfannholz, in das der Älpler seine Bratpfanne steckt). Das westliche Kammstück erreicht man über Schrofen und Gras vom Engeratsgundsee oder von der Nickenalp über den „Falken" P. 2090 (siehe R 721 f). Die Ersteigung von der Eckalpe aus (Norden) verlangt hingegen Klettererfahrung und Orientierungsvermögen. Freunde einsamer Fahrten finden hier alle Schwierigkeitsgrade auf engem Platz vereinigt.
Die gebräuchlichsten Anstiege zum Pfannenhölzergrat von der Eckalpseite aus dürften sein:

● **721 a** Von der **Eckalpe** (Wiesloher Hütte, 1644 m) durch den terrassenförmig aufgebauten Steilsockel, der in die flache Senke zwischen Kleinem Daumen (rechts) und Pfannenhölzern (links) führt, Wegführung nach Belieben, am besten von rechts unten nach links oben, viel Geröll, brüchiger Fels, 1 st E., (II).

● **721 b** Von der **Wiesloher Hütte,** 1644 m, über die Nordwestwand unmittelbar auf den Gipfel des „Spicherer Kopfes", des markantesten mit einem Kreuz geschmückten Gratturmes der Pfannenhölzer. Wegführung beliebig unter Ausnützung geröllbedeckter Bänder, abhängig vom Schneebelag. Sehr brüchiger Fels, Steinschlaggefahr (III—), 1 st E.

● **721 c** Von der **Wiesloher Hütte,** 1644 m, über den die Nordwestwand östlich begrenzenden, wenig ausgeprägten Nordgrat zum Spicherer Kopf. Sicherer als R 721 b, im oberen Teil bei Beibehaltung der Grathöhe schwieriger (III+). $1^1/_2$ st E.

● **721 d** Von der **Eckalpe** durch die östlich des Spicherer Kopfs eingeschnittene, meist bis tief in den Sommer schnee- oder eisführende Steilrinne zur Scharte östlich des Spicherer

Kopfs. Im aperen Zustand mühsam (Geröll und Steilstufen), jedoch nur II—, bei griffigem Schnee für Geübte I+, bei Eis zuweilen IV—. Stets steinschlaggefährlich. Eispickel notwendig! Für den Abstieg nur bei führigem Schnee zu empfehlen (45 Min. E.).

● **721 e** Von der **Eckalp** ins Schartl östlich des R 721 f erwähnten Doppelturms durch eine recht unangenehme, sehr brüchige Steilrinne, 1 st E., III. Das Schartl wird übrigens unschwierig von der Mittleren Nickenalpe aus erreicht.

● **721 f** Gratübergang vom **Mittagspitzl**, P. 1722. Von den unteren Böden der Eckalp leicht, jedoch pfadlos, aufs Mittagspitzl und nun, stets auf dem latschenbewachsenen Grat bleibend (Ausweichen nach links nicht lohnend) zum Schartl vor einem imposant aufsteigenden Doppelturm, den man III+ über festen Fels an der Gratkante erklettert oder (mäßig schwierig) von Süden her über steiles, schrofiges Gras, zuletzt durch eine unmittelbar auf den Gipfel führende senkrechte kaminartige Rinne überlistet. Weiter unschwierig nach Westen in die Scharte vor dem kreuzgeschmückten Spicherer Kopf. (Von der Nickenalpseite her läßt sich diese Scharte durch eine sehr brüchige, in der Mitte durch Wandabbruch gesperrte Rinne [schwierig] erreichen.) Aus der Scharte auf Pfadspuren über Gras und Schrofen unschwierig zum Spicherer Kopf, der — sehr schwierig — auch direkt aus der Scharte erklettert werden kann.
Vom Gipfelkreuz nach W über den sich teilweise scharf zusammenschnürenden Grat über mehrere brüchige Dolomit-Türme in wechselnder Schwierigkeit, oft recht ausgesetzt zum **„Kirchl“** (Westl. Pfannenhölzerturm), einen gewaltigen Felsbau, und immer unschwieriger werdend — zuletzt über Gras — zum **„Falken“**, P. 2090, wo sich der Pfannenhölzergrat mit dem von Südosten heranführenden, die „Tür“ überschreitenden Hengstkamm vereinigt. Ab Mittag 4 st, meist I—II, teilweise III+, bei steter Beibehaltung der Gratkante IV, brüchiger Fels. Erste Winterüberschreitung: Gg. Maier, Rolf Hermann und Karl Schnetzer 14./15. März 1953.

● **721 g N-Wand des Westl. Pfannenhölzerturmes („Kirchl“).** Lohnende und dankbare Kletterei, festes Gestein. Wandhöhe etwa 250 m. Einstieg und Verlauf der Führe in unmittelbarer Gipfelfallinie. Von der oberen Eckalpe (Wiesloher Hütte) über das steile Geröllfeld zum Einstieg.

Sehr schwierig beginnend, etwas links haltend über steile Wandstellen und schwarze Felsen zu zwei Überhängen (H). Weiter immer sehr steil zu einer Verschneidung. Überhängend aus dieser heraus (H). 3 Seillängen glatte Wand direkt hinauf zu weiterem Überhang (H). Letztes Wanddrittel mit Schlüsselstelle stark überhängend; links angehen, dann wieder in Falllinie (H), steil und glatt, aber fest.

Zeit der Erstbegeher Georg Maier und Rolf Herrmann, 29. 7. 1951, 4 st, 4 H stecken, V.

● **722** Die durch ihre schönen, ebenmäßig steilen Grasflanken auffallende **Laufbichler Kirche,** *2026 m,* ist ein aus dem Daumenkoblat schiffbugförmig nach Südosten, gegen das Obertal vorspringender, selbständiger Gipfel. Man gewinnt ihn entweder unschwierig über steiles Gras der Nordnordwestseite oder — wesentlich schwieriger (II+) über den steilen Nordgrat. Reiche Flora, viele Gemsen.

Geo.: Li.-Fle.

● **723** Der **Hengst,** ein sich am Falken vom Pfannenhölzergrat lösender, nach Osten zum Schwarzenberg abfallender Seitenkamm, ist in wenigen Minuten bequem von der „Tür" (siehe R 710 und R 712) zu erreichen. Seine Überschreitung nach Osten ist wegen der völligen Einsamkeit dieses Gebiets reizvoll, wegen der bald beginnenden sperrigen Latschen jedoch reichlich mühsam.

Geo.: HD.

● **724** **Rotspitze,** 2033 m; **Breitenberg,** 1887 m

Die erstere ist in ihrer eleganten Dreiecksgestalt Schaustück des Sonthofener Kalvarienbergs. Mit dem behäbigen Breitenberg ist sie durch einen bei P. 2001 rechtwinklig nach Norden abknickenden hübschen Grat („Hohe Gänge") verbunden, der jetzt als Teilstück des Hindelanger Klettersteigs (R 198 c) mit Sicherungen versehen und weithin entschärft ist. Interessante Skitouren für standfeste Hochalpinisten: Breitenberg mit ↗ über die Älpe-Alpen und Abfahrt durchs Häbelesgund ins Retterschwang, sowie Rotspitz als Nebenziel der Nickenalp-Rundtour (R 710) mit rassiger Abfahrt über die Haseneckalpen im Retterschwangtal. Lawinengefahr beachten!

Geo.: Rotspitze HD; Haseneck Li.-Fle. und Kö.; Breitenberg HD.

● **725** **Über Häbelesgund** auf bez. Weg zur **Rotspitze.** Von der Hornkapelle (R 133) taleinwärts ins Retterschwangtal, nach 1/2 st über den Häbelesgundsteg aufs rechte Bsonderachufer. Durch Hochwald zu den Alpböden (1450 m) von Häbelesgund (Unterstandshütte), 1 st. Der bez. Steig zieht in Windungen zu dem rechts vom Gipfel in seinen Nordgrat eingeschnittenen Sattel empor (Seilsicherungen). Über Geschröf und Schutt weiter zum kreuzgeschmückten Gipfel 2 st ab Häbelesgund, auch mit Kindern ab 12 J.

Noch schöner ist der Zugang auf dem beim Kraftwerk etwa 300 m südlich der Ortschaft Bruck beginnenden Jagdsteig, der sich nach 40 Min. mit dem oben beschriebenen Wege vereinigt.

● 726 Über die **Haseneckalp** zur **Rotspitze.** Von Mitterhaus (R 133) 3 st, I, etwas mühsam, geht man auf dem Weg R 713 bis zur Mittleren Haseneckhütte. Von ihr nordostwärts die grasigen, zuweilen schrofendurchsetzten Hänge empor, noch unter dem Kamm durch Latschengassen nach links und zuletzt einen schrofigen Vorkopf links umgehend, in die Scharte südlich des Gipfels und über Schrofen links haltend zum Steinmann. Kürzer und kaum beschwerlicher ist es, den Weg schon vor der Untern Haseneckhütte nach links zu verlassen und über den Südwestrücken anzusteigen, auch mit Kindern ab 12 J.

● 726 a Auch die über Häbelesgund aufragende brüchige **Nordostwand** der Rotspitze wurde durchstiegen. Schwierigkeiten bereitet der mittlere Wandgürtel (III+).

● 727 Der **Breitenberg** ist bequem zugänglich auf bez. Steig, der im Hintergrund des Häbelesgund (R 725) an den Westhängen hinanführend den Gipfel beim Kreuz erreicht, 1½ st von der Häbelesgundhütte, auch mit Kindern ab 10 J.

● 727 a Ein weiterer Zugang (auch Ski ↗ für Geübte) ist der bez. bequeme Anstieg von Hinterstein über die Älpele-Alp, 3 st. Über den Breitenberg-Bergsturz siehe R 71.

● 728 Der Gratübergang vom Breitenberg zum „Gamsbollar" genannten P. 2001 **(„Hohe Gänge")**, eine der hübschesten Anfängerklettereien in den Allgäuer Alpen, darf wegen der teilweise ausgesetzten Routenführung nicht unterschätzt werden.

Seit ihrer Entschärfung durch Drahtseile und Eisenleiter im Zuge der Einbeziehung in den „Hindelanger Klettersteig" (R 198 c) hat die Tour von ihrem ursprünglichen Reiz viel verloren. Vorsicht, Trittfestigkeit und ein gewisses Maß an Schwindelfreiheit sind nach wie vor unerläßlich! Kinder (nicht unter 14!) anseilen!

Man bleibt der Grathöhe treu, sofern das Drahtseil keinen anderen Weg vorschreibt. Im P. 2001 (1½ st) trennen sich die Wege:

a) mit scharfem Rechtsknick können wir in 30 Min. über einen breiten, latschenbewachsenen und begrasten Rücken unter Überschreitung eines schwach ausgeprägten Sattels (hier ↘ durch eine unangenehme Schrofenrinne ins Häbelesgund möglich) die **Rotspitze,** 2033 m, erreichen, um sie entweder ins Häbelesgund hinab zu überschreiten (vgl. R 725 — interessante Rundtour Hinterstein — Breitenberg — Rotspitze — Häbelesgund — Retterschwang — Hinterstein) oder um sie

b) als willkommene Zugabe zu dem auch ab P. 2001 unmittelbar möglichen ↘ über die Haseneck-Alpen (R 726) ins Retterschwangtal mitzunehmen.

c) Wir können aber auch den uns durch die Markierung des Hindelanger Klettersteigs vorgezeichneten Weg nach S weiterverfolgen, um über die grasige „Schneid" das tief eingeschnittene **Haseneck,** 1900 m, zu erreichen und damit den Kl. Daumen anzupeilen (R 198 c).

d) Der ↘ vom Haseneck nach O in die grünen Böden der Eckalpe ist (insbesondere bei Nässe, wo er gefährlich werden kann) mit Vorsicht zu genießen: die sehr steilen, locker begrasten Mergelhalden haben ihre Tücken! Ist ↘ nach O unerläßlich, dann risikoloser unmittelbar ab P. 2001 in s.o. Richtung über felsdurchsetztes Steilgras!

● 729 **Entschenkopf,** 2043 m

Ein mächtiger, breiter Schrofenrücken in der östlichen Begrenzung des Geisalptales. Sehr schöne und anspruchsvolle Skifahrt aus dem Retterschwangtal über die Südosthänge.
Geo.: HD.
Nom.: mhd. Vorname Ennz, ahd. Anzo, urkundlich bereits 1490.

a) **Von der Geißalp,** 2½ st, kaum I, teilweise rot bez.; auf Alpwegen nordöstlich empor über meist freie Hänge zum Südlichen Falkenjoch, 1688 m, bis hierher Skifahrt (das Nördliche Falkenjoch (mit Alphütte) ist (10 Min.) von ihm durch einen bewaldeten, niedrigen Höcker getrennt). Nun südwärts über den latschenbewachsenen, später schrofigen Rücken, zuletzt in leichter Kletterei, zum höchsten Punkt des langgestreckten Gipfelgrates, auch mit Kindern ab 12 J.

b) Das südliche Falkenjoch erreicht man auch aus dem Retterschwang, 2 st von Mitterhaus, über die Rotmoosalp und die Falkenalp, hübsche, jedoch sehr entlegene Skifahrt.

c) Über den von Osten heranführenden Entschenrücken, den man am günstigsten über die Hintere Entschenalp erreicht. Einsame pfadlose Wanderung, 3 st ab Mitterhaus.

d) Vom Gängele (R 133) wobei man den ersten Grataufschwung, P. 1935,2, ostwärts umgeht, I, 45 Min. ab Gängele.

Die Sonthofener Sonnenköpfe

● 730 **Schnippenkopf,** 1833 m; **Heidelbeerkopf,** 1767 m; **Sonnenkopf,** 1713 m; **Gernkopf,** 1566 m; **Sonthofner Hörnle,** 1523 m

Begrünte, teilweise bewaldete Erhebungen, die die Iller östlich begleiten, besonders geeignet mit Kindern ab 10 Jahre. Die Überwanderung der Gipfel — schöne, selten besuchte Skiberge —, die sowohl aus dem Illertale wie aus dem Retterschwang leicht erreichbar sind, ist genußreich und der Begehung des Schlappoltkammes nahezu gleichzusetzen. Im Winter kann man der Wächte am Nordkamm des Schnippenkopfs dadurch ausweichen, daß man den Gipfel in der NW-Flanke (nicht zu weit unten) umgeht. Vorsicht Lawinengefahr!

Geo.: Fly. der Zementmergelserie, Reiselberger Sandstein, Tristelserie, Quarzite.

● 731 Der **Schnippenkopf** (Nom.: 1424 als Schnippun = schnabelförmig urkundlich erwähnt) ist vom Nördlichen Falkenjoch (R 729) ½ st, über flache Grashänge mühelos erreichbar. Von ihm aus gewinnt man in leichter Wanderung über den Heidelbeerkopf in ¾ st den Sonnenkopf.

● 732 Den **Sonnenkopf** erreicht man (anstrengender) sowohl von Hindelang durchs Retterschwanger Tal (markierter Höhenwanderweg) in 4 st wie (bequemer) von Sonthofen in 3 st über den Sonthofener Hof (R 181). Von ihm südöstlich am Rücken des Sonthofener Hörnles entlang aufwärts zum Beilenbergerhof und südlich zum Altstädter Hof (hierher ebenso wie zum Sonthofener Hof mit Kfz. gegen Maut von Altstädten aus auf neuerbauter Alpstraße); nun teilweise durch Wald empor zum flachen Sattel am „Hühnermoos“ und südwestl. dem breiten Kamm folgend zum Sonnenkopf.

● 733 **Gernkopf** (Nom.: Gern = Gere = schmaler Abhang. Geo.: Allgäuschichten des Jura!) und **Sonthofner Hörnle** sind vom Hühnermoos in ¼ st zu besteigen, der erstere auch über den Nordostgrat vom Straußbergsattel her in ¾ st, steil und mühsam.

● 734 **Imberger Horn,** 1656 m

Ein von Sonthofen aus auffallender Gipfel, als ebenmäßige Spitze auf breitem Felssockel ruhend. Geo.: HD. mit Cenomankreide-Gürtel. Zugang erleichtert durch Sessellift zur Hornalp.

Von **Sonthofen** 3 st, nach Imberg (R 33); auf breitem Fahrweg am Nordosthang des Löwenbachtals hinan, wo sich der Fahrweg rechts gegen die Straußbergalp wendet, über den flachen Wiesenrücken fast östlich ansteigend weiter bis zum Nordfuß des Gipfels, zu dem ein Steig über einen etwas steilen Grashang hinaufleitet.

● **734 a** Hübsch ist der Aufstieg durch die steile, mit einer Cenoman-Barriere bewehrte Westflanke vom Zwölferkopf aus (II).

● **735** Von **Hindelang** $2^1/_2$ st. Entweder a) bei der Talstation des Sessellifts über die Ostrach und jenseits den steilen Alpweg empor gegen die Hornalp. Diese östlich lassend, nach rechts aufwärts zum Nordfuß und wie bei R 734 zum Gipfel, nicht sehr lohnend. Bei Benützung des Sessellifts $1^1/_2$ st kürzer; oder b) am „Nordpol" über die Ostrach und auf hübschem Fußweg zum Café Horn. Von hier über die sanft geneigten Hornwiesen zur Hornalp und weiter wie a); oder c) über Bruck auf Fahrweg (keine Kfz.!) zum Café Horn und weiter wie bei b).

Zu a) bis c): ausreichender P am Talausgangsort.

Zu 731—735: auch mit Kindern ab 10 J.

● 736 d) Die Roßzahn-Gruppe

In Form eines mächtigen Hufeisens füllt die Gruppe östlich des Fuchsensattels den Raum zwischen Schwarzwasser-, Hornbach- und Lechtal. Wild zerklüftete, brüchige Gipfel sind ihr Gepräge. Von Süden gesehen bieten die scharfen Gratzähne das Bild einer Dolomitenlandschaft. Nordöstlich der Gruppe vorgelagert erhebt sich der Schrofenkegel der Saldeiner Spitze aus grünen Waldungen.

Der Hauptteil der Gruppe umschließt das Große Roßkar, aus dem der gleichnamige Bach nordöstlich ins Schwarzwassertal fließt; an dieses weite Kar schließt sich fächerartig nach Westen das Grünkar, Schwarzkar und Klupperkar, nach Osten das Halden- und Hörnbachkar an. Nach Süden fällt die Gruppe mit zerklüfteten Steilmauern auf die vielfach latschenbedeckten, teilweise auch Grasmähder zeigenden Nordhänge des Hornbach- und Stützbachtals ab.

Die Zugänge zur Gruppe sind mühsam und lang. Als Ausgangspunkte kommen neben dem ziemlich abseits liegenden Prinz-Luitpold-Haus in erster Linie Vorder- und Hinterhornbach in Betracht. Landschaftlich am schönsten ist der Zugang aus dem Schwarzwassertal über die Siegelalp. Wer die Einsamkeit liebt, findet in diesen wildreichen, selten besuchten Bergen, die wegen ihrer an die Dolomiten erinnernden wilden Zerrissenheit so gar nichts „Allgäuerisches" an sich haben, was sein Herz begehrt. Die Benützung des Zeltes ist in dieser Gruppe von besonderem Vorteil. Geo.: HD.

Ersteigungsgeschichte. Bei den dürftigen Quellen kann die Ersteigungsgeschichte wie das Schrifttum der ganzen Gruppe kurz zusammengefaßt werden. Über die Ersteigung der Stallkarspitze (von ihm Hochmahdspitze genannt) im Jahre 1869 berichtete H. von Barth; den Grat vom Klupperkarkopf über den Jochumkopf zur Roßkarscharte (von ihnen Sumpfköpfe genannt) und die beiden Roßkarspitzen begingen H. und R. Haff 1905. Klupperkarturm: Lanig 1935. Klupperkarkopf-Ostgrat und Nordgrat: v. Chlingensperg. Jochumskopf-Westgrat: v. Chlingensperg. Jochumskopf-Nordwand: Kornacher-Simm 1952. Erstersteigung des Klupperkarturms 29. 9. 1935 durch Lanig u. Gef.

Schrifttum. Barth, Wegweiser, S. 116; EOA, S. 90; 13. AAV, S. 54; einer Anzahl der nachfolgenden Beschreibungen liegen Berichte von Dr. P. Cornelius zugrunde, Bergsteiger 1942, Heft 9.

● 737 **Klupperkarkopf,** 2355 m

Nom.: Kluppe = enger Einschnitt, also Kopf neben einem engen Einschnitt im Grat.

Der Klupperkarkopf ist der erste Gipfel in dem vom Fuchsensattel ostwärts verlaufenden Grat. Geo.: HD.

● 738 Vom **Fuchsensattel** (R 141), 2½ st, (I+), aber recht mühsam und außergewöhnlich brüchig. Nordöstl. auf den grünen Gratbuckel P. 2086 und durch eine griesige steile Runse hinab ins Klupperkar. In ihm, sobald wie möglich, östl. durch lästiges Geröll bis in die Fallinie der Scharte (2288 m, 1 st) zwischen Klupperkarkopf und Großem Roßzahn. Rinnen von nahezu beispielloser Brüchigkeit führen zu ihr empor. Mehrere Durchstiegsmöglichkeiten. Am günstigsten ist die Benützung der in die tiefste Einkerbung der sehr breiten Scharte 2288 führenden Rinne. Nun kurz auf dem Grat nach Süden, dann auf Geröllbändern am Ostfuß der Gipfelwände weiter, bis eine kurze Schrofenwand und eine Rinne nach rechts hinaufleiten. Man umgeht so den Gipfelkörper, den man von Osten erreicht, ½ st. Der Gebrauch des Eispickels kann bei der Querung in dem zeitweise hart zusammengebackenen Geröll von bedeutendem Nutzen sein. Man kann auch die steile Kante des Nordgrats unmittelbar erklettern, was jedoch mit beträchtlichen Schwierigkeiten verbunden ist.

Die eingangs erwähnte Runse unter P. 2086 kann man sich ersparen, wenn man, vom Luitpoldhaus kommend, kurz vor dem Fuchsensattel (etwa bei P. 2000) vom Wege abzweigt und durch die Schrofenwände nordwestlich P. 2086 ohne Höhenverlust ins Klupperkar hinüberquert. Dies hat den Vorteil, daß man den unangenehmen Geröllschinder unter den Klupperkarkopfwänden vermeidet, indem man unter

Ausnützung der spärlich vorhandenen Graszungen unmittelbar etwa auf P. 2113 zusteigt.

● 739 **Westgrat.** Vom Fuchsensattel (R 141, 1¾ st, II+, sehr brüchig) umgeht man die erste felsige Graterhebung auf der Südseite und steigt östlich davon durch eine Rinne ein. Der nächste Turm wird in den Felsen der Südseite umgangen; es folgt ein breiter Schutt- und Schrofenrücken. Wo er sich zu einem scharfen Turm aufschwingt, steigt man auf der westlichen Begrenzungsrippe einer gegen Südosten ziehenden Rinne hinab, worauf ein Band unter einem Überhang in die nächste Scharte leitet. Es folgt abermals ein Schrofengrat; einige scharfe Zacken auf ihm werden teils umgangen, teils überklettert. Später wird auf einen Wandabsatz der Südseite ausgewichen; eine Scharte vor der nächsten, besonders kühn gestalteten Turmgruppe (darunter der Klupperkarturm, vgl. R 739 a) leitet auf die Nordseite über, wo eine schutterfüllte Schlucht bis unter die Grathöhe hinaufreicht. Eine glatte Rinne mit Klemmblöcken östlich der Turmgruppe führt zurück zum Grat; man folgt sogleich einem Bande nach S und erreicht durch den südlichen von zwei Kaminen einen großen Grasabsatz. Auf ihm umgeht man das nächste Gratstück, erreicht durch eine Schuttrinne wieder den Grat und verfolgt seine zersplitterte Schneide mit Ausweichen nach rechts bis zum Gipfel.

● 740 Die Begehung der außergewöhnlich brüchigen, von zahlreichen Schluchten zerrissenen **Südflanke** ist (schwierig) an mehreren Stellen möglich, jedoch nicht zu empfehlen.

● 741 **Ostgrat,** II+; aus der Scharte zwischen Jochumskopf und Klupperkarkopf (vom Großen Roßkar unschwierig erreichbar) mühsam über geröllbedeckte Bänder und kleine Wandeln zum Gipfel.

● 741 a **Klupperkarturm,** etwa 2100 m. Ein kühner, im Westgrat des Klupperkarkopf stehender Dolomitturm.
Aus der Scharte westlich des Turmes (2 st, IV) in schöner Kletterei durch Rinnen und Kamine, zuweilen auf Platten hinausgedrängt, empor (vgl. „Das Schöne Allgäu“, 1937, S. 61).

● 742 Großer Roßzahn, 2358 m

Der höchste Gipfel der Gruppe, in dem vom Klupperkarkopf nördlich ziehenden Seitenkamm gelegen. Geo.: HD.

Vom **Fuchsensattel** (R 141) 2½ st, mäßig schwierig (II): wie R 738 zur Scharte P. 2288 m. Nun nach Norden auf dem Grat — wiederum sehr brüchig und teilweise ausgesetzt — und über seine Felsköpfe zum Gipfel. Man kann nach Bedarf auch in die Ostflanke ausweichen, wobei das steile hart zusammengebackene Geröll Unannehmlichkeiten bereitet. Eispickel vorteilhaft.

● 743 Aus dem **Schwarzwassertal.** Von Weißenbach 7 st, meist unschwierig, mühsam: den Fahrweg am nördl. Bachufer aufwärts, an der Stuibenalp, 926 m, vorbei, zur Brücke über den Schwarzwasserbach, 925 m, 1½ st, Jagdhütte; hierher auch von Vorderhornbach in 1 st. Nun am südlichen Hang des Schwarzwassertales durch den Saldeiner Wald zur Brücke, 1½ st. Von hier links aufwärts zu zwei Jagdhütten (und zur Siegelalp, 1263 m). Westl. an den Jagdhütten vorbei, zunächst leicht abwärts, dann am kleinen

See westlich vorbei zum Bett des Roßkarbachs. Dieses aufwärts ins Große Roßkar (schwache Steigspuren). Aus diesem mühsam zur Scharte, 2288 m, und wie R 742 zum Gipfel.

● **744** Der **Nordostgrat** führt aus der Scharte P. 2232 (aus dem Großen Roßkar über Geröll erreichbar) als unschwieriger, nur von einer niedrigen Felsstufe unterbrochener Grat in 20 Min. zum Gipfel.

● **745** **Kleiner Roßzahn** (Grünkarkopf), 2315 m

Von der **Siegelalp,** R 743, 3½ st, unschwierig: wie bei R 743 in die Westmulde des Großen Roßkars und über die Südosthänge zum Gipfel.

● **746** Über den **Südwestgrat:** Aus dem Großen Roßkar zur Scharte P. 2232 (siehe R 744). Auf einem Gamswechsel zuerst waagrecht, dann leicht steigend in die Westflanke hinaus; in ihr über Schrofen und Geröll zum nach Norden vorgeschobenen Gipfel; unmittelbar unter ihm ein kurzer Felsaufschwung (½ st von der Scharte).

Jochumkopf, 2341 m

Ein klotziger Felsturm im Kamm zwischen Klupperkarkopf und Roßkarspitzen. Geo.: HD.

● **747** **Nordwand.** 5 st E., 300 m, IV, mit zwei Stellen V. Aus dem westlichen Teil des Roßkars zum Einstieg an der Stelle, wo das Kar am weitesten in die Wand hinaufreicht. Nach einer Seillänge unschwierigen Schrofengeländes und einer unschwierigen Verschneidung die Schlüsselstelle: Der weithin sichtbare Kamin ist nach unten durch einen schwarzen, meist wasserüberronnenen Überhang gesperrt (V). Der weitere Anstieg hält sich zunächst an die Kamin- und Rißreihe in der Gipfelfallinie, bis die riesige Verschneidung in der halben Höhe auf gutem Band nach rechts verlassen wird. Zuletzt durch eine brüchige Schlucht auf den Geröllabsatz unter dem riesigen Gipfelblock. Eine Seillänge im linken (östl.) Kamin (eine Stelle V) empor, dann 10 m nach rechts in einen flachen Riß, zuletzt auf der Rippe links von ihm in genußreicher Kletterei zum Gipfel. (Abstieg zuerst über den Ostgrat und dann in der Nordostflanke.)

● **748** Der **Ostgrat** des Jochumkopfes weist, von der westlichen Roßkarscharte ausgehend, eine Anzahl untergeordneter Zacken auf, P. 2173, 2199 und 2215. Dann folgt westlich eine tiefe Scharte und darüber der hohe Grataufschwung des Vorgipfels, 2320 m. Diese Kante bildet die linke Begrenzung der Nordostwand, deren feuchtschwarze Überhänge eine mehrfach verästelte Schlucht überdachen. Diese vermittelt den Einstieg, 2115 m. Unter den überhängenden Wänden verläßt man sie nach rechts auf ein Schartl der westlichen (rechten) Begrenzungsrippe, um dann auf breitem Plattenband nach rechts zu einem zweiten Seitengrat zu queren. Dicht hinter ihm durch einen schwierigen Riß, der sich bald zu einem grieserfüllten Kamin erweitert, und durch ihn hinauf in die erste Scharte des Hauptgrats oberhalb des großen Vorgipfelabbruchs. Von hier, stets dem Ostgrat folgend, über hohe Stufen unschwierig zum Gipfel, IV—.

● 749 **Westgrat** (II+) am günstigsten in Verbindung mit der Überschreitung des Klupperkarkopfs von der westlich des Gipfels liegenden Scharte zunächst unter Vermeidung der Grathöhe über Bänder und kaminartige Rinnen der Südseite hinauf in ein Schartl, dann über eine große Plattenstufe links zum Gipfel.

● 749 a Der teilweise sehr schwierige (IV+) Übergang vom Klupperkarkopf bis zur Roßkarscharte, 2105 m, erfordert wiederholtes Abseilen.

● 750 **Westliche,** 2298 m; **Östliche,** 2294 m, **Roßkarspitze**

Ein nadelstarrendes Felsmassiv, das an den Haunold vom Innerfeldtal aus erinnert. Geo.: HD.

● 751 Über die **Roßkarscharte.** Von Hinterhornbach 5 st, III: auf dem Sträßchen talaus, bis bald nach dem Überschreiten des Stützbachs ein anfangs schlecht kenntlicher Steig zu den Stützbachhütten, 1324 m, emporführt. Westlich von diesen ist der tiefste Graben des Köpflesulztals eingeschnitten; man überschreitet ihn am besten ganz oben am Fuß der Felswände und gewinnt einen durch den Wald führenden Steig. Dieser führt zum Schuttkegel (2 st) unter der Steilschlucht, die von der Roßkarscharte nach Südwesten herabzieht. Vor ihrem Eingang klettert man über plattige Bänder und Rinnen auf der Südostseite teilweise schwierig hinan auf einen geneigten Schuttabsatz, der unter die Felsen der Westlichen Roßkarspitze emporleitet. Unter diesen gegen Nordwesten über mehrere Gräben querend zur Roßkarscharte, 2105 m, 1½ st; aus dem Großen Roßkar ist diese Scharte unschwierig erreichbar. Die Westliche Spitze ist von hier über den Grat mit südlichem Ausweichen unschwierig zu besteigen, 1½ st.

● **752** Der **Übergang zur Östlichen Roßkarspitze** (15 Min., I+) vollzieht sich längs des Verbindungsgrats, wobei man seine Türme auf den Bändern und Absätzen in der Südflanke umgeht.

● 753 **Ostgrat zur Östlichen Spitze.** Die Scharte, 2151 m, zwischen Roßkarspitzen und P. 2235, einem kühnen Felsturm in dem zur Stallkarspitze ziehenden Grat, dürfte aus dem Hornbachtal nur sehr mühsam und schwierig zugänglich sein. Von Norden, aus dem Großen Roßkar, erreicht man sie unschwierig durch eine etwas westlich der Scharte aufwärtsziehende Rinne; von ihr auf einem Schuttabsatz östlich zur Scharte. Aus dieser (1½ st, IV+) strebt der Ostgrat der Roßkarspitze mit einer Reihe je einige Meter hohen Steilstufen auf, die nahe der Kante schwierig zu erklettern sind. Es folgt ein Felsturm, der auf guten Schuttbändern nördlich oder südlich umgangen werden kann; gleich darauf ein zweiter Turm auf flachem, senkrecht abbrechendem Sockel. Man erklettert den Sockel mittels einer wenige Meter nördlich der Gratkante (ausgesetzter Leistenquergang) emporziehenden Verschneidung und eines anschließenden, kleinen Kamins; dann sofort auf der Nordseite wieder hinab auf einen Schuttabsatz, der eine Umgehung des Turms gestattet. Man erreicht eine westlich von diesem hinabziehende Geröllrinne; aus ihr quert man an der Ostwand eines dritten, doppelgipfligen Turms auf schmalen Leisten und Bändern nordwärts zu einer schräg südwestlich emporführenden Steilrinne; durch sie auf unschwieriges Geschröfe, das den östlichen Gipfel des Doppelturms bildet. Unschwierig hinab in die Scharte und durch den südlichen von zwei Einrissen empor auf ein Band, das den westlichen Turmgipfel nördlich zu umgehen erlaubt. Durch einen steilen Riß hinab (schwierig in umgekehrter Richtung) in die Scharte vor einen Vorbau des Gipfels. Sein sehr steiler Aufschwung wird nahe seiner nördlichen Kante erklommen (sehr ausgesetzt) und hierauf unschwierig in wenigen Schritten der Gipfel erreicht.

● 754 Stallkarspitze, 2353 m

(**in der Karte des Bayerischen Landesvermessungsamts 1 : 50 000** als **Sattelkarspitze** bezeichnet).

Ein formenschöner Gipfel in der östlichen Begrenzung des Großen Roßkars. Geo.: HD. Schwierige (im unteren Teil viel Wald), aber schöne Skiabfahrt aus dem obersten Hornbachkar über Unteralp nach Vorderhornbach! Mit ihr läßt sich auch die Besteigung der Grubachspitze, 2102 m (vgl. 756 a), gut verbinden.

● **755** **Von Nordosten.** Von Vorderhornbach 4½ st, oder von der Siegelalp 4 st, beide Wege I+: auf teilweise undeutlichem Steig zum „Sattele“, 1693 m, der Einsenkung südwestl. der Saldeiner Spitze; 2 st von Vorderhornbach. Von ihm entweder mühsam, teilweise mäßig schwierig den Rücken des Schnatterbachkopfs verfolgend, oder weiter westlich von diesem Rücken im Haldenkar ansteigend zur Westabdachung und über sie zum Gipfel.

● **756** **Südwestgrat.** Von den Stallmähdern 3 st, II; diese liegen 1½ st nordöstlich über Vorderhornbach. Ein schmaler und schwer aufzufindender Steig führt über das latschenbewachsene und von Felsstufen durchsetzte Gehänge nördlich empor. Man erreicht einen Jagdsteig, der unschwierig westlich aufwärts in das Stallkarle, südlich unter der Stallkarspitze, hineinführt. Von dort über Schutthänge gegen den Südwestgrat der Stallkarspitze, den man nördlich von P. 2251 erreicht, wo die Zerrissenheit seines unteren Abschnittes sanfteren Formen Platz macht. Hierher auch aus dem Großen Roßkar über Schutt- und Schrofenhänge. Am besten in der Ostflanke etwa 20 m unter der Grathöhe über Gras schräg hinan; man betritt den Grat noch weit südlich des Gipfels, weicht seinen Köpfen westlich aus und gewinnt den Gipfel in brüchigem Fels von Westen oder Süden her.

Beim Abstieg auf diesen Wegen hüte man sich, den Grat vorzeitig zu verlassen, da die oben zum Teil unschwierig gangbare Südflanke unten in wilden Wänden abbricht!

● **756 a** **Grubachspitze,** 2102 m, östl. Eckpfeiler der Roßkargruppe. Wie R 755 ins Sattele, 1693 m, und durchs Hornkar in südl. Richtung zum Gipfel, leicht, 3½ st. Schöne Skitour.

● **756 c** **Haldenspitze,** 2084 m. Einsamer Gipfel in dem von der Stallkarspitze nach Norden ziehenden Rücken. Am bequemsten und ohne Schwierigkeit vom Gipfel der Stallkarspitze über den schrofigen Kamm, 1 st.

● 757 Saldeiner Spitze, 2037 m

Der selten besuchte Schrofenkegel (Geo.: HD) ist wohl am unschwierigsten auf einem Jagdsteig zu erreichen, der vom Schwarzwassertal (R 743) „Beim Herrgott", 1136 m, abzweigt und dem Südostkamm entlang ein gutes Stück emporführt. Später den Pfad verlassend und über den Nordostgrat zum Gipfel. 2½ st, I.

e) Die Vilsalpsee-(Leilach-)Gruppe

● 758

(Großenteils österreichisches Naturschutzgebiet! Hinweistafeln der Bezirkshauptmannschaft Reutte beachten!)

Mit sanften, teilweise dicht bewachsenen Hängen erhebt sich die Gruppe über ausgedehnten Wäldern zwischen Tannheimer-, Lech- und Schwarzwassertal. Während ihre Südflanken wenig gegliedert aufsteigen, führen von Osten und Norden tiefe Täler ins Herz des Gebirges; es sind das beim Passe Gacht mündende Birkental und das oberste Vilsalptal mit dem Vilsalpsee. Die Sesselbahn aufs Neunerköpfl erleichtert den Besuch.

Ausgangspunkte sind die Landsberger Hütte (R 191), die Orte des Tannheimer Tals, daneben noch Weißenbach am Lech; über den westlichen Teil der Gruppe führt der Saalfelder Weg (R 201).

Den Kletterer locken hier wenig Ziele. Die Wanderung durch das mattenreiche Gebiet mit seinen hübschen Seen ist jedoch zur Zeit der Blüte ein besonderer Genuß. Schrifttum: „Das Schöne Allgäu" 1953, S. 76 ff. Botanisch sehr interessant sind Geierkopf, Rotespitze, Schochenspitze und die zwischen diesen Grasgipfeln einerseits und den benachbarten Felsgipfeln (Steinkarspitze, Lachenspitze, Luchsköpfe, Leilachspitze) andererseits eingestreuten Kampfzonen.

Das Gebiet der Landsberger Hütte eignet sich vorzüglich für hochalpine Skifahrten, die jedoch nur dem erfahrenen Tourenläufer zugänglich sind, insbesondere: Steinkar-, Rote-, Lachen-, Schochen-, Sulz- und Krinnespitze. Lit.: „Das Schöne Allgäu" 1953, Heft 2 (Landsberger Hütten-Auslese).

● 759 **Geierköpfl**, 1872 m; **Rotespitze**, 2130 m; **Steinkarspitze**, 2067 m

Geo.: Geierköpfl Rhät. auf Sockel aus HD und Li.-Fle. Rotespitze Apt. und Kr. Steinkarspitze HD.

● 759 a Das **Geierköpfl** erreicht man mühelos über Gras vom Traualpsee aus, 45 Min. Übergang zur Rotespitze IV+, s. R 759 b.

● 759 b Die **Rote Spitze** ist vom Westlichen Lachenjoch, über das der Saalfelder Weg (R 201) führt, über Gras in 20 Min. unschwierig erreichbar, ebenso über den mit senkrechten Wänden nach Norden abstürzenden, begrasten und botanisch besonders interessanten, etwas ausgesetzten Ostkamm.

Der steilstufig aufsteigende, grasige **Nordgrat** bereitet beträchtliche Schwierigkeiten. Ausgesetzte Graskletterei, V, während die brüchige Nordwest-Wand durch Ausweichen nach rechts beliebig entschärft werden kann.

● 759 c Die **Steinkarspitze** gewinnt man vom Westlichen Lachenjoch in 15 Min. über Gras und Geröll, von einem Latschenkopf aus am besten rechts ausweichend; links ist es schwieriger, der Grat selbst ist II. Auch vom Kastenjoch über P. 2015 unschwierig. — Der Ostgrat aus der Scharte, 1955 m (R 760, 1/2 st), führt in leichter Kletterei zum Gipfel.

● 760 **Lachenspitze**, 2130 m

Schöner Gipfel, mit steilen Wänden in den Kessel des Oberen Traualpsees abfallend. Geo.: HD.

Nom.: vom Seelein unter der Nordwand.

Vom **Saalfelder Weg** (R 201), 1 st, I: im Tale des Oberen Traualpsees südlich auf einem Steig empor zum Sattel, 1955 m, zwischen Steinkar- und Lachenspitze. Nun östlich über den teilweise latschenbewachsenen Rücken, zum Schluß südlich ausweichend, zum Gipfel, auch mit Kindern ab 12 J.

● **761** Über den **Nordostrücken** vom Östlichen Lachenjoch (I), 45 Min.: zunächst stets ziemlich tief unter dem Grat über Gras, dann über die steile Schutt- und Schrofenhalde, die gerade vom Gipfel herabkommt. Überkletterung der brüchigen Grattürme: II+.

● **762** Der **Südostgrat** führt aus der Scharte südlich der Gappenfelder („Lechtaler Grätle") in 1 st, II, zum Gipfel.

Überkletterung der außerordentlich brüchigen Türme selbst: III+. Unschwieriger auf Gamswechseln südlich des Grates unmittelbar unter den Türmen.

● **763** Die brüchige **Nordwand** bietet eine Kletterei von hoher landschaftlicher Schönheit (IV). Von der Hütte aus, besser noch östlich von ihr, bemerkt man links der Gipfelfallinie einen geschweiften Kamin, der oben in einem auffallenden Loch endigt. Der Einstieg, 15 Min. von der Hütte, befindet sich in der Seitenmulde etwas links unter dem Kamin. Steile Platten und brüchige Schrofen führen zu einem auffallenden dunklen Riß mit zwei Überhängen. Später rechts haltend, gewinnt man den Kamin (Schacht), den man am Gipfelbau auf deutlichem Band nach rechts um die Kante herum verläßt. An der Kante oder rechts davon auf Schrofen zum Gipfel, 2½ st E., Wandhöhe etwa 280 m.

Nordpfeiler und **NW-Wand** wurden ebenfalls schon durchstiegen. Winterliche Erstbegehung des ersteren am 18. 4. 1962, der letzteren am 30. Jan. 1963, beide durch Gg. Maier und Hannes Niederberger.

● **764** **Schochenspitze,** 2068 m

Nom.: Schochen = Heuhaufen (Form des Gipfels).
Geo.: Apt. mit Raibl.

Berühmter Aussichtsberg mit herrlicher Flora. 1 st von der Landsberger Hütte. Vom Saalfelder Weg zweigt an der Ostschulter ein Steig ab. 7 Min.

● **765** Der kurze **Nordgrat** zur Blässe (R 765 b) ist ausgesetzt und ungemein brüchig (IV). Den Schwierigkeiten in der Gipfelzone (insbesondere zwei ungemein spitzen Grattürmen) kann man durch Ausweichen in die Ostabstürze ebenso entgehen (III), wie dem die untere Grathälfte einleitenden rechteckigen Felsklotz.

● 765 a Die nach S geneigte Gipfelfläche erreicht man vom Traualpsee her auf einem ausgesetzten, die W-Abstürze durchziehenden Grasband, III, während man den Gipfel vom Gappenfeldsattel aus über ein abschüssiges, die steile O-Flanke durchziehendes Grasband gewinnt, das von einer im Schartel unmittelbar s. des Gipfelkreuzes mündenden schrofigen Steilrinne fortgesetzt wird, II. Dem Schochen nördl. vorgelagert ist die

● 765 b **Blässe,** 1955 m, ein breiter begrünter (Li.-Fle. mit Rhät, Radiolariten und im W-Sockel HD) Mugel, den man mühelos von der Gappenfeldscharte aus — R 201 — erreicht. Wesentlich interessanter vom Vilsalpsee durch eine steile, begrünte Schrofenrinne, wobei man beliebig rechts oder links von der Fallinie abweichen kann (II+), 2½ st.

● 766 **Sulzspitze,** 2083 m

Nom.: Salzauswitterung an Felsen.
Geo: KR. und APT.

Seit Errichtung der Neunerkopfbahn (R 78) wird man diesen schönen Aussichtsberg und seine Nachbarn in der Regel vom Sessel weg erobern. Näheres über den gemütlichsten aller Anstiege: R 201. Hiebei lernen wir die am Wege liegenden bequemen Kindergipfel **Neunerkopf,** 1864 m (Geo: Li-Fle) und **Vogelhorn,** 1881 m (Geo: Li-Fle) kennen. Für unverbesserliche Fußwanderer:

Ab Tannheim/Schmieden über die **Usseralp,** 1633 m, und die Strindenscharte auf bez. Alpwegen ebenso unschwierig, wie vom Haldensee durchs Strindental über die **Ödenbachalp,** 1320 m. Wesentlich mühsamer hingegen ab Vilsalpseestraße durchs Gappenfeldtal und über die gleichnamige Scharte. Diese drei ↗ treffen sich in der Strindenscharte (2½ st). Aus ihr auf markierten Steigspuren über den grasigen O-Kamm zum kreuzgeschmückten Gipfel, 40 Min., auch mit Kindern ab 10 J.

● 766 a Besonders eindrucksvoll, wenngleich nur für Schwindelfreie und Trittfeste, ist der ↗ über den von der Usseralp mühelos zu erreichenden **Lochgehrenkopf,** 1797 m (Geo: Li-Fle, Rät). Der über P. 1995 führende Grasgrat schnürt sich nach oben immer mehr zusammen. Dem senkrechten Gipfelaufschwung weicht man auf Gamswechseln durch heikle Querung in die ungemein brüchigen W-Abstürze aus, bis man das begraste Gipfeldach erreicht. 2 st ab Alp, auch mit berggewohnten Kindern ab 12 J. (anseilen!), I.

● **766 b** Die durch ihre schönen APT-Formationen auffallende **S-Flanke** durchsteigen wir in der Flankenmitte, aus der uns eine grasdurchsetzte Felseinbuchtung (zuverlässiges Gestein) unmittelbar zum Gipfelkreuz entläßt, II, 40 Min. ab Verbindungssteig Strinden-/Gappenfeldscharte.

● **766 c** Der kurze **SW-Grat** setzt über einem grasigen Vorbau (KR) mit Steilstufen an, die wir r. oder li. umgehen können (direkte Überkletterung über festen APT-Fels III—IV!). Auch dic folgenden Grataufschwünge umgehen wir bequemer in ihrer r. Flanke. Das gleiche gilt vom steilen Gipfelstück. 1 st ab Gappenfeldscharte, bei Umgehung aller Schwierigkeiten II. Im ↘ gesellt sich den technischen Hindernissen Erschwernis in der Orientierung bei.

● **766 d** Die W-Flanke bietet zahlreiche, jedoch kaum lohnende Durchstiegsmöglichkeiten: Sockel stark zergliederter fester Fels (APT), Oberteil begraster Schutt. Im ↘ abzuraten, schwer überschaubar. II—III.

● 767 **Litnisschrofen,** 2068 m

Nom.: Litnis von lit, Litt = Leid, Plage.
Geo.: WK.

Ein im Profil — vom Neunerköpfl gesehen — unwirtlich erscheinender Geselle, der seine Einsamkeit der allseits schweren Erreichbarkeit, vielleicht auch einem zeitweise in der Strindenscharte auftauchenden (der Rechtsgrundlage entbehrenden) privaten Verbotsschild verdankt. Am bequemsten gelangen wir auf seinen Gipfel über den in der Strindenscharte ansetzenden **SW-Grat,** der streckenweise hübsche WK-Kletterei, I, bietet, 1 st.

● **767 a** Technisch leichter, aber wesentlich mühsamer ist der ↗ von der **Ob. Ödenalp,** 1731 m, im Weidesattel zwischen Krinnespitze (o.) und Litnisschrofen (w.) — vgl. R 767 c —: s.w. unter den Abstürzen des Litnisschrofen-NO-Grats auf Steigspuren durch die Latschen, bis schrofige Rinnen den unschwierigen Durchstieg nach r. zum Gipfelkamm ermöglichen, 2 st ab Alp, kaum I.

● **767 b** Alle übrigen Anstiege sind schwierig, wegen ihrer Brüchigkeit auch gefährlich und mit Rücksicht auf Gamswild unerwünscht. Dies gilt insbesondere von dem eleganten in mehreren Steilstufen abstürzenden **NO-Grat,** III—IV, und von den steinschlaggefährdeten steilen **NW-Flanken,** die von Wandabbrüchen durchzogen und durch Rinnen und Schluchten zergliedert sind. Die

● **767 c Krinnespitze,** 2002 m (Nom.: Krinne = Kerbe, Spalt). Geo.: HD auf Li-Fle-Sockel.
Willkommene **Aufstiegshilfe die ab Nesselwängle** zur Krinnealp, 1528 m, führende Sesselbahn.
Zu Fuß gelangen wir zur Alp auf bez. Wegen entweder (steil) ab SO-Zipfel des Haldensees oder (bequemer) ab Sesselbahn-Talstation, je 1½ st.

● **767 d Ab Krinnealp** drei Möglichkeiten:

a) Auf Alpweg w. zur Ob. Ödenalp, 1731 m, 45 Min. (Einkehr), dann über die grasigen SW-Hänge auf den hervorragenden Aussichtsgipfel, 45 Min., auch mit Kindern ab 8 J. (oben Vorsicht! Felsabbrüche nach N).

b) Ab Sesselbahn-Bergstation auf bez. Steig durch begraste Latschenhänge in den Sattel zwischen Jochgrüben und Krinnespitze, 50 Min., und nun auf dem sich zuweilen scharf zuschnürenden O-Rücken (prächtige Tiefblicke zum Haldensee) auf den Gipfel, 40 Min., auch mit Kindern ab 12 J. (Vorsicht).

c) Ab Sesselbahn-Bergstation auf Alpweg so. nahezu horizontal zur Rauther Alp, 1450 m, 45 Min., sodann w. durch die grasigen Südflanken des Massivs zur Vereinigung mit Aufstieg a) kurz unterm Gipfel, 2 st, auch mit Kindern ab 10 J.

● **768** (Bild XXVI) **Luchsköpfe,**
West- und Ostgipfel je 2184 m
Der touristisch unbedeutende Westvorbau 2089 m

Vieltürmiges, stark verwittertes Dolomitmassiv zwischen Lachenspitze und Leilach, gegen Norden in wilden, rinnendurchfurchten Wänden abbrechend, ohne Namen auf den Karten; auch die Bezeichnung Krottenköpfe oder Grottenspitze wird zuweilen gebraucht.
Geo.: HD.

XXVI Luchsköpfe von Norden mit den Gappenfeldern
I = Ostgipfel, II = Westgipfel, III = Westvorbau.
1 = R 769, 2 = R 769 a.

I
II
III
3
3
2
1

Vom **Lachenjoch** (R 201) $1^3/_4$ st, II—. Unter den O-Hängen der Lachenspitze querend in die Scharte zwischen dieser und den Luchsköpfen. Diese Scharte wird durch einen Felskopf geteilt. Man gewinnt die westl. Schartenhälfte (dort Reste eines eisernen Gatters) und quert südl. unter dem erwähnten Felskopf in die Osthälfte hinüber. Nun entlang den kaum noch sichtbaren Resten eines eisernen Zaunes zu den von den Luchsköpfen nach Süden herabziehenden grasdurchsetzten Schutthalden. Diese quert man in Richtung auf den hier sichtbar werdenden, aus dem Schwarzwassertal heraufziehenden grünen Rücken. Nun nach links abbiegend in wenigen Min. mäßig schwieriger Kletterei zum Westgipfel. Den gleichhohen Ostgipfel erreicht man in 15 Min. über Schrofen und Blockwerk.

● **768 a** Die zwischen beiden Gipfeln mündende Nordostrinne ist ungemein brüchig und im oberen Teil III+.

● **769** (XXVI) **Nordwand** der Östlichen Spitze, IV. Einstieg in der Schuttrinne, die sich vom Fuß der Wand herabzieht, solange empor, bis sich links ein 10 m hoher Kamin mit Klemmblock öffnet. Über diesen, rechts haltend als Blickpunkt den schrägen Riß, der den mittleren Wandteil von rechts in eine Steilrinne mit abschließendem Wandfenster. Von hier aus nimmt man nach links oben durchzieht. Mehrere Risse leiten zu diesem. Die beste Möglichkeit bietet der am weitesten rechts befindliche Riß, der gerade zum schrägen Riß leitet, an dessen Beginn Haken. In ihm 25 m empor zu schlechtem Stand. Nun nach 5 m Rechtsquerung auf abschüssiger Rampe in einen engen, glatten Riß, der auf ein breites Band leitet (Schlüsselstelle). Dieses verfolgt man 35 m nach links, um über ein Wandl auf ein zweites sandiges Band zu gelangen. Auf diesem nach rechts in einen Kamin, den man verfolgt, bis ein Band nach rechts leitet. Dann links haltend zum Beginn einer grasigen Verschneidung. Diese wird jedoch nicht benützt, sondern man quert 50 m nach links, um dann rechts haltend durch eine kaminartige Rinne in eine große Höhle zu gelangen. Von dieser quert man 4 m nach links in eine Verschneidung mit abschließendem Überhang. Über diesem zum Gipfel. (v. Gagern und v. Böselager 1941.)

● **769 a** (XXVI) **Nordpfeiler der Westlichen Spitze.** $4^1/_2$ st E, VI. Einstieg da, wo das Geröll am höchsten in die Wand hinaufzieht. In einen zwischen Turm und Wand emporziehenden 30 m hohen Spalt. In ihm empor (VI), bis er sich in einer seichten Rinne verliert. Nun eine Seillänge rechts querend in tief eingeschnittene Schlucht. In ihr 60 m stemmend und spreizend empor. Dann links zum Pfeileraufbau zurückqueren. Weiter über unschwierige Schrofen zu überhängendem Turm, der von links her erstiegen wird (Spreizschritt). 10 m hinauf zu Sicherungsplatz. Nun links haltend über Schrofen zur letzten Wandstufe. Schwierig über diese, dann unschwierig über Schrofen zum Gipfel. Recher und v. Gagern 6. 7. 1941.

Leilachspitze, 2276 m

Ein schöner Felsgipfel, der höchste Berg der Vilsalpseegruppe und im Tannheimer Gebiet überhaupt.
Geo.: HD.

Nom.: Leilach = Leintuch (von einem viereckigen Schneefleck).
Schrifttum. EOA, S. 93; Barth, Wegweiser, S. 81.

● 770 **Nordgrat.** Von Rauth 4 st, I, mühsam: Im Birkental an einer Säge vorbei, nach 15 Min. Weg nach Überschreitung des Weißenbachs auf markiertem Weg östlich der vom Leilachkar herabziehenden Schlucht, bei Wegweiser rechts ab zur völlig verfallenen Hinteren Kienbichlalp, 1704 m.
Weiter durch Latschen südwestlich hinan zu den freien Ausblick gebenden Kuppen des großen Leilachkars, 1½ st, und zu einer deutlichen, vom Nordgrat der Leilachspitze herabziehenden Rinne; an ihrer linken grasigen Begrenzung zum Grat (¾ st, etwa 2000 m) und südlich über den Schrofenrücken, etwas westlich unter der Gratlinie bleibend, zum (¾ st) Gipfel.

● 771 **Vom Saalfelder Weg aus.** Vom Lachenjoch (R 201) 2½ st, unter dem Gipfel II, Orientierungsgabe erforderlich, sehr brüchig: wie bei R 768 zur Scharte zwischen Lachenspitze und Luchsköpfen und wie dort weiter auf den grünen Rücken. Die Steigspuren fallen leicht zum tiefsten Sattel vor der Leilachspitze. Entweder über den brüchigen Grat oder rechts hinab in das Grottenkar und über eine mächtige, von einem grünen Sättele unterbrochene, sehr mühsame Schuttreiße in die Scharte rechts (südlich) vom Hauptgipfel. Aus der Scharte über splitterigen Felsen in 5 Min. unschwierig auf den Gipfel. Der Quergang aus dem oben erwähnten Sattel zwischen Luchsköpfen und Leilachspitze in die von brüchigen Schuttbändern durchzogene Westflanke der Leilachspitze wird dringend widerraten.

● 772 Von Weißenbach, 5 st, mühsam, II, man verfolgt einen westlich zunächst durch Wiesen, dann durch Wald gegen die Notländ-(Eitländ-)Alp führenden Pfad, der nach 2½ st zum Joch „Am Campl" führt (Notlend [Notländ]: die Lehne, wo Not an Futter herrscht). Von diesem auf teilweise gutem Steig durch Latschen, am Südosthange des Notländkopfs entlang zu den Weideplätzen am Schöldernfeld und ins Mitterkar. Aus ihm zum Südostgrat der Leilachspitze empor, der das Mitterkar vom Grottenkar trennt, und über ihn, zuletzt wie bei R 771 zum Gipfel. Die Überschreitung der südlich der Gipfelscharte befindlichen Türme ist sehr schwierig. Will man sie vermeiden, quert man auf brüchigen, schuttbedeckten Bändern durch die Westwände in die Scharte südlich des Hauptgipfels.

● 773 Weitere recht mühsame Anstiege führen von Weißenbach aus über die **Stuibenalp** und die Grottenalp, 1573 m, ins Grottenkar, sodann weiter wie R 771, 5 st, oder aus dem Schwarzwassertal über die Danalp zur Steinkaralp und ebenfalls weiter wie bei R 771 zum Gipfel. 4 st.

● 773 a Die in die Scharte unmittelbar südlich des Gipfels hinaufführende Ostrinne ist ungemein brüchig und nicht empfehlenswert.

f) Berge zwischen Breitach und Stillach (Schaf-Alpen und Warmatsgund)

● 774

Den zwischen Hochalppaß und Schartenkopf gelegenen Hochgebirgskamm bezeichnet man kurz als „Schafalpen".

Nom.: Hinweis auf die früher in den Schafalpen betriebene Schafzucht.

In zwei großen Tälern öffnet sich die Gruppe gegen Norden, durch die der Gemstel- (Gentschel-) und Wildenbach ihre klaren Wasser der Breitach zuführen. Gegen Süden entwässert die Gruppe nur mit kurzen Wasserfäden, die über ungegliederte Wände der Stillach zueilen. Der zu Füßen des Widdersteins entspringende Krumbach führt seine Wasser dem Lech zu. Stützpunkte sind die Mindelheimer Hütte (R 101), ferner Hochkrumbach (R 96) und die in der Nähe des Gemsteljochs gelegenen Obern Gemstel- und Widdersteinalpen (R 162, 222). Außerdem sind die Gipfel von den hochgelegenen Orten des Walsertals sowie von Birgsau oder Einödsbach mit einer, wenn auch anstrengenden, Tagesleistung zu ersteigen.

Unter Warmatsgund bezeichnet man den Raum des am Fiderepaß entspringenden und nordöstlich zur Stillach abfließenden Tales. Der höchste Gipfel der gesamten Gruppe ist der Große Widderstein, trotz seiner imposanten Gestalt nur der 24. in der Allgäuer Rangliste. Dieser ehedem durch seine Einsamkeit und unberührte Schönheit ausgezeichnete Raum hat seit Erbauung der Kanzelwand- und Fellhornbahn, im Winter zusätzlich durch ein immer dichter werdendes Netz von Schleppliften eine grundlegende Änderung erfahren. Er ist zum Rummelplatz geworden.

● 775 Großer Widderstein, 2533 m; Kleiner Widderstein, 2258 m; Bärenkopf, 2080 m

Der Widderstein ist einer der formenschönsten Berge der Allgäuer Alpen. Das gewaltige, einen selbständigen Gebirgsstock darstellende, auf einen Sockel aus Fleckenmergel und Flysch aufgeschobene Dolomit-Massiv hat seinen Mittelpunkt im Hauptgipfel, von dem ein langer Ostgrat und der kürzere Südgrat ausstrahlen. Während dieser den wenig markanten Südgipfel trägt, zweigt vom waagrechten Teil des Ostgrates der Nordpfeiler ab, der sich nach Norden in den beiden Gipfeln des Kleinen Widdersteins und des Bärenkopfs fortsetzt. Nach Nordwesten entsendet der Hauptgipfel einen ins Bärgundtal abstürzenden Grat, über dessen Besteigungsgeschichte nichts bekannt ist. Winterliche Besteigung mit Ski bei sicheren Schneeverhältnissen wie R 776, doch werden die Ski zweckmäßig am Eingang der Schlucht zurückgelassen, da diese für die Abfahrt zu eng und sehr lawinengefährlich ist.

Hervorragende Aussicht: Im Süden die Lechtaler Alpen, die Silvretta; neben dem Schindlerferner über die Ferwall-Gruppe der Ortler, neben der Eisenspitze die Ötztaler Ferner mit Wildspitze und Weißkugel; neben der Parseierspitze der Lisenser Fernerkogel, weiter links der Venediger und Teile der Glocknergruppe. Abgesehen von den umliegenden Bergen der

Allgäuer Alpen und des Bregenzer Waldes lockt den Blick vor allem der fast in seiner ganzen Ausdehnung sichtbare Bodensee. Weit draußen über dem Flachlande Schwäbische Alb und Schwarzwald; besonders eindrucksvoll der Blick in das zu Füßen liegende Kleine Walsertal.

Geo.: s. oben.

Ersteigungsgeschichte. Der bereits 1059 urkundlich erwähnte Gipfel wurde im Jahre 1669 durch Pfarrer Bickel aus Schröcken erstmals erstiegen. Auch die Nordwand wird bereits durchklettert gewesen sein, als E. König und R. Schmierle sie 1897 begingen. Über die erste Begehung des Ostgrats ist nichts bekannt. Der Kleine Widderstein wurde 1885 durch König und Burger erstiegen. Den Südgrat beging W. Blenk 1905 im Abstieg. Kleiner Widderstein-Nordostwand: Zitzelsberger-Willand 1936.

Westwand des Hauptgipfels: Helmreich, Prinz und Manz 1937. Westwand der Südschulter: Helmreich und Hutter 1935. Südwestwand des Südwestgipfels: Fritz Hieber und Bernh. Segger 1951.

Schrifttum. Jahrbuch des Österr. Alpenvereins 1869, S. 161; Barth, Wegweiser, S. 239; Z. 1874, S. 222; EOA, S. 67; Mitt. 98, S. 115; Der Berg, 1924, S. 347; Mitt. 1930, S. 6; Schönes Allgäu, 1937, Nr. 17, 1956, S. 123, 20. BK Nov. 1968 und Aug. 1972.

Name: Gewitterstein, Berg, von dem die Gewitter kommen (vgl. Wetterstein).

● 776 (Bild XXVII) Bez. **Anstieg von Süden.** Vom Gemstelpaß 1½ st, bez. Weg; wie bei R 222 zur Wegteilung, wo links der Steig nach Hochkrumbach hinabführt; hier rechts in einigen Min. zur Widdersteinalp und an den geröllbedeckten Südhängen in westlicher Richtung ansteigend (von links her kommt ein Steiglein vom Hochalppaß herüber), bis eine tief eingerissene, östlich von steiler Plattenwand begrenzte Schlucht in der Fallinie des Gipfels herabzieht. In ihr und bald an ihrer westlichen Begrenzung im Zickzack empor zum von Südwesten heraufziehenden Grat. Auf ihm nach Osten zum Gipfel. Kaum I, auch mit Kindern ab 14 J., die jedoch ab Schluchtbeginn angeseilt gehören.

● 777 **Nordwand.** Von Bödmen 5—6 st, unter günstigen Bedingungen III+: ins Gemsteltal und zur Unteren Gemstelalp, 40 Min. Weglos westlich den Hang hinan zu einer schon von unten sichtbaren Jagdhütte. Auf dem vom waagrechten Teil des Ostgrats des Großen Widdersteins nördlich abzweigenden Seitengrat (vgl. R 777a) erhebt sich der kecke Doppelgipfel des Kleinen Widdersteins. Durch die „Linke Gumpe" zur Scharte südlich dieses Gipfels „Karlstor" genannt (hierher auch direkt von Osten, dem meist ausgetrockneten Bachbett folgend, das südlich der Hinteren Gemstelalp in den Gemstelbach mündet). Jenseits der Scharte ohne Höhenverlust zum Einstieg. Hierher gelangt man auch von

Baad aus über die Widdersteinalpen, vom Weg zum Hochalppaß nach 10 Min. links abzweigend.

Durch die Nordwand zieht von links unten nach rechts oben eine mächtige Schneerinne, die den Durchstieg vermittelt. Die überhängenden Felsen unter dem Beginn der Rinne werden in großem Bogen von rechts her umgangen, indem man eine tiefe meist wasserführende Rinne westlich großer, gelber Wandflächen etwa 80 m weit verfolgt; bevor sie an Steilwänden anlangt, verläßt man sie nach links und quert in einer tiefen, waagrechten Falte, zuletzt etwas fallend, zur Firnrinne hinüber. Sie entpuppt sich als breite felsige Steilrampe, die am besten über ihre r. Begrenzung bis hinauf zum NW-Grat erklettert wird. Über diesen dann zum Gipfel.

Die über dem Steilrampentunnel ansetzende nahezu senkrechte Gipfelwand kann auch in direkter Richtung zum Gipfelkreuz durchklettert werden (IV+, brüchig).

● 777 a **Nordpfeiler.** Der Große Widderstein entsendet aus seinem Ostgrat einen Pfeiler nach Norden, der zusammen mit dem Südwestgrat des Kleinen Widdersteins das „Karlstor" (zwischen Großem und Kleinem Widderstein) einrahmt. Der Pfeiler ist aus dem oberen Gemsteltal deutlich zu erkennen, da er wesentlich geringere Neigung aufweist als die übrigen N-Abstürze des Ostgrates. Zugang zum Karlstor wie R 777 aus dem Gemstel- und Bärgundtal.

Über den Pfeiler gelangt man in anregender Kletterei, nach Bedarf links ausweichend auf den waagrechten Teil des Ostgrates kurz vor dem Gipfelaufbau. Weiter wie 778. $1^1/_2$ st E. (III+). Lohnend in Verbindung mit Überschreitung des Kleinen Widdersteins.

● 778 **Ostgrat.** Landschaftlich großartige, abwechslungsreiche Kletterei über schrofige Aufschwünge und Felstürme, III+. Von der Obergemstelalp auf dem Weg zum Gemstel-Paß (R 222) bis in die oberste Karmulde, wo der Weg einen Bach quert, hier nordwärts. Zum untersten Gratteil ziehen hier von unten links nach oben rechts fünf grasige Bänder; über das oberste unschwierig zum Grat; $^1/_2$ st von der Obergemstelalp. Von hier $3^1/_2$ st zum Gipfel. Mehrere Seillängen stets möglichst auf dem Grat, der mehrere Absätze hat, bis vor die Grattürme. $^3/_4$ st. Etwas absteigend umgeht man den ersten, schlanken, dreieckigen Turm auf seiner S-Seite und gewinnt

XXVII Großer Widderstein von Süden
H = zum Hochalppaß, W = Widdersteinalp, SW = Südwestschulter, HG = Hauptgipfel, SG = Südgipfel.
a = R 776, b = R 781.

die Grathöhe des zweiten Turmes durch einen 8 m hohen, schwierigen, schwach ausgeprägten Riß. Weiter bis zu einem 10 m hohen, senkrechten Abbruch, den man durch Abseilen in die enge Scharte dahinter überwindet (Abseilhaken). (In umgekehrter Richtung klettert man etwa 5 m südlich der Schartenhöhe hinauf, sehr schwierig, IV). Den dritten Turm überklettert man direkt aus der Scharte und gewinnt, über ungünstig geschichtete mannshohe Stufen hinabkletternd die nächste enge Scharte (hier kommt von Süden aus der Rinne die unten beschriebene Variante herauf, die die Türme umgeht). Aus der Scharte (sehr schwierig, IV) 3 m empor, etwas links haltend und dann unschwieriger gerade hinauf und wieder nach rechts zum Grat und Gratkopf (Stange) (2¹/₄ st). Auf dem folgenden langen, waagrechten Gratstück ohne Schwierigkeiten bis zum Gipfelaufschwung. Hier ohne genau vorgezeichneten Weg über Absätze und stets in der Nähe der Nordwandabstürze über den Grat, einmal etwas absteigend, einen Spalt überspreizend (H), jenseits kleiner Quergang nach links, zurück zum Grat und schnell zum Gipfel.

Varianten:

a) Umgehung der Grattürme: Man steigt südlich über Gras schräg ab, bis über einer tief eingerissenen Schlucht ein etwa 10 m langer Quergang auf Grasband um einen Pfeiler herum möglich wird. Dann über Fels und Gras empor zu einem großen gelben Abbruch. Nicht durch ihn, sondern schräg links weiter, bis man in den obersten Teil der großen Schlucht hineinqueren kann. Sie führt als kleinsplittrige Rinne zu der oben erwähnten engen Scharte. Kaum unschwieriger, sehr brüchig, nicht zu empfehlen.

b) Der Spalt kurz vor dem Gipfel läßt sich durch Absteigen nach links umgehen.

● 779 (Bild XXVII) **Südwestwand zum Südwestgipfel,** etwa 2480 m.

Schöne luftige Kletterei in festem Fels, gute Sicherungsplätze, landschaftlich großartig, IV. Erste Begehung 1951 Bernh. Segger, Fritz Hieber. Erste Winterbegehung 30. 1. 1955 Hieber, Schreiter, Ade, Weiser.

Von der Widderstein-Alpe (2 st von Bödmen) folgt man dem Weg zum Hochalppaß. Nach 5 Min. Abzweigung zum Widderstein; man quert auf dem unteren Weg fast eben zu einem breiten Wiesen-Sattel (Viehweide) am Fuße der Widderstein-

Südwestschulter. 15 Min. von der Widderstein-Alpe. (Hierher auch vom Hochalppaß über den grasbewachsenen Grat in etwa 10 Min.)

Zur Südwestschulter gewendet (die senkrecht abfallende Südwestwand ist von hier nicht einzusehen) folgt man zuerst 50 m hoch dem vom Hochalppaß kommenden Weglein zum Widderstein, verläßt dieses nach links aufwärts zu einer breiten Geröllrinne, welche am Fuße der Südwestschulter entlang auf einen begrünten Rücken hinaufführt, genau zwischen Hochalpsee und dem Südwestgipfel liegend. 30 Min. vom Wiesensattel.

Vor der senkrecht aufragenden Südwestwand ein Felsvorbau. Rechts des Vorbaues über Geröll und Schrofen aufwärts zur Ecke zwischen Wand und Vorbau (E.) und nach links 1½ Seillängen (brüchig) auf den Vorbau, wo er als breites Band an die senkr. Wand stößt. Nun an der Kante, welche die gelbe überhängende Wand rechts begrenzt, 10 m gerade hinauf (überhängend, aber gutgriffig) zu H und einige Meter rechts haltend und wieder gerade zu großem Sicherungsblock. (Hierher auch rechts der Kante, etwas unschwieriger.) Senkrecht gerade empor und von links auf einen herausdrängenden Block, über diesen senkr. (H) und weiter zu Geröllkanzel. 15 m über unschwierige Platten gerade empor, dann über herausdrängenden Bauch nach rechts auf breites Band (H), das luftig 20 m nach rechts führt, anschließend 20 m nach links bis zum Abbruch (in einer Nische Wandbuch).

Über dem Abbruch ein luftiger, überhängender Riß; anschließend links hoch zu Geröllkessel. Aus ihm halbrechts auf geröllbedeckte Stufen, 10 m gerade empor durch Verschneidung zu breitem Band. Ein 15 m hoher Kamin mit gut gestufter Außenkante führt zu einem Geröllplatz, 10 m gerade und 15 m auf gestuftem Band rechts aufwärts (in höhlenartigem Spalt Ringhaken) mit abschließendem luftigem Riß.

Vom breiten Band nun 2 Möglichkeiten: Rechts überhängender Riß, 10 m links davon luftige gutgriffige Rippe zur nächsten Stufe. Den hier beginnenden Kamin (40 m) verfolgen, mit luftigem, interessantem Ausstieg (H). Nach kurzem Überhang folgt in Fortsetzung des Kamins eine hübsche Verschneidung, dann 10 m über Geröll zum Steinmann des Südwest-Gipfels.

● 780 (Bild XXVII) **Westwand der Südschulter.** Einstieg etwa in halber Höhe der Südschlucht, durch die der Normalweg zum Gipfel führt. Von links nach rechts zu auffallender Platte mit Riß queren (etwa 8 m), diesen 3 m hinauf, sodann eine Seillänge nach rechts in die Wand hinaus. Nun eine Seillänge gerade empor zu gutem Stand (H). Es folgen zwei Seillängen über steile Platten, etwas rechts haltend empor unter einen Überhang, dessen fast grifflose Felsen besonders schwierig überwunden werden. Weiter über unschwierige Schrofen links aufwärts zur zweiten Wandstufe, die mittels einer Verschneidung durchklettert wird. Auf dem Grat nach links (brüchig) zum Gipfel, V+, 5 st E.

● 781 (Bild XXVII) **Südgrat.** Landschaftlich großartig. 2½—3 st E.,
II/III, eine Stelle IV. Teilweise brüchig. Vorsicht! Normalaufstieg nicht durch Steinschlag gefährden!
Der Südgrat zieht als gewaltige, die übliche Aufstiegsschlucht rechts (ostwärts) begrenzende Mauer über den Südgipfel zum Hauptgipfel. E. wenig rechts des Fußpunktes der Gipfelschlucht (R 776). Über steile Schrofen zu gelbem, brüchigem Steilaufschwung, der entweder direkt erklettert oder in seiner Ostseite (unschwieriger) umgangen wird. Über ein schrofiges Gratstück weiter zu einem mächtigen senkrechten Aufschwung. Dieser (brüchig!) wird am besten aus der vor ihm liegenden Scharte über nach rechts hochziehende Bänder und einen kleinen Überhang — schwerste Stelle (IV) — genommen. Dann links haltend zum Grat zurück. Nach einem unschwierigen Geröllstück folgt ein weiterer senkrechter Grataufschwung, der unmittelbar an der Kante über festen Fels erklettert wird (III). Der Grat führt nun über einige kleinere Steilstufen, meist brüchig, zum Südgipfel. Der nun folgende Gipfelgrat (R 780, „Südschulter" genannt) bietet keine wesentlichen Hindernisse mehr, ist jedoch teilweise luftig und sehr brüchig.

● 782 Kleiner Widderstein, 2258 m

Eleganter Doppelgipfel aus Hauptdolomit.
Schrifttum: „Das Schöne Allgäu" 1937, S. 271 und Sept. 1970.

a) **Nordgrat.** Von der Jagdhütte (R 777) in der rechten Gumpe über überwachsenes Blockwerk in ¾ st zur Scharte nördlich des Gipfels. Hierher auch in 20 Min. vom Bärenkopf (vgl. R 784) oder von der Hinteren Gemstelalp auf Jagdsteig, der sich bei einer verfallenen Alphütte ostwärts des Kleinen Widdersteins in hohem Gras verliert. Über Platten, II, zu den Schrofen des Nordrückens. Man umgeht den ersten Grataufbau rechts, den folgenden links; der Gipfelaufbau kann rechts auf abschüssigem Band umgangen werden; 3/4 st E, II+.

b) Der Übergang zum Südgipfel und dessen aus dem Karlstor aufsteigender Südwestgrat sind ebenfalls nur mäßig schwierig, wenn man nicht den Ehrgeiz hat, die zahlreichen Türmchen des Verbindungsgrats zu überklettern. Die Überschreitung in der geschilderten Richtung ist jener in Süd-Nord-Richtung vorzuziehen, da die Südscharte im Aufstieg wesentlicher mühsamer zu erreichen ist als die Nordscharte. Außerdem ist die Nord-Süd-Überschreitung landschaftlich schöner.

● 783 **Nordostwand,** 3 st E., IV, eine Stelle V. Einstieg in Gipfelfallinie unter der Wandmitte. Die meist bis tief in den Sommer hinein bestehende Randkluft bietet keine Schwierigkeit. Über einen vorspringenden, beiderseits von Rissen umsäumten markanten Felskopf hinauf, sodann eine Seillänge nach links, zuletzt etwas abwärts querend. Weiter schräg nach links oben zu einer kleinen Felsrippe, dahinter nischenartige Wölbung. Die nun folgende griffarme Platte wird entweder links über einen Überhang umgangen oder an ihrer rechten Begrenzung direkt erklettert (V). Nun 15 bis 20 m in luftiger und griffarmer Kletterei ohne Sicherungsmöglichkeit hinan. Oberhalb der erwähnten Platte Querung nach rechts zum Beginn eines deutlich sichtbaren Risses (H), der (eine Seillänge überaus schwierig) senkrecht hinanleiten. Man hüte sich, in die rechts davon befindliche Rinne auszuweichen. Sie birgt äußerst schwierige Überhänge und ist sehr steinschlaggefährlich. Oberhalb des Risses weniger schwieriges Gelände. Einer steil aufstrebenden Rippe folgend, erreicht man nach etwa 25 m abwechslungsreiche Schrofen. Sodann über Schutt und Gras zur Schulter unterhalb des Gipfels und von hier durch Rinnen und über schöne Platten zu diesem selbst.

● 783 a **Nordgratturm-Ostwand,** VI, 200 m Wandhöhe (A. Mey, Rottach-Egern, und W. von Spaeth 1958), 4 st, fester Fels.

Von Mittelberg durch das Gemsteltal in 1½ st zum E. unter zwei parallel gelegenen, von einer schwarzen Wand getrennten Bändern.

Über Schrofen zum ersten Band. Die nach links ziehende Rampe verfolgt man bis zu ihrem Ende, quert um eine Kante und erreicht durch einen schrägen Riß ein Graspolster. Nun rechtshaltend über eine grifflose Platte zum zweiten Band (Stand). Dieses wird nach rechts zu einer abgesprengten Schuppe verfolgt (Stand). Nun durch eine überhängende Verschneidung und rechtshaltend über eine Platte zu schlechtem Stand (H). Den nun folgenden Überhang 10 m empor und

nach einer kurzen Wandstelle Quergang (VI) nach rechts zu Stand.
Von hier etwas leichter, später wieder schwieriger durch eine Verschneidung (Holzkeil) und rechtshaltend um eine Kante in einen Kamin, der zum Stand führt. Nun rechts durch einen Riß 10 m hinauf und rechtshaltend über leichte Wandstellen in eine Rinne, die auf dem Grat endet.

● 784 Bärenkopf, 2080 m

Nom.: Hinweis auf die Bären, die früher bis hier heraufkamen.
Geo.: Li.-Fle. auf HD-Sockel.

Der Bärenkopf ist vom Sattel nördlich des Kleinen Widdersteins (R 782) nach kurzem Anstieg über einen begrünten Rücken in ½ st erreichbar. Oder (bequemer): Von Bödmen (2¾ st) über Baad und die Äußere Bärenweidalp; von ihr auf Steig waagrecht hinüber zu der nördlich des Gipfels gelegenen Melkhütte; hier südlich durch Mulden empor zum Gipfelkörper und steil zum Gipfel. Oder (mühsamer):
Aus dem Gemsteltal über die in R 777 erwähnte Jagdhütte, dann über steiles Gras zum Nordost-Rücken und über diesen zum Gipfel (3 st). Oder (sehr mühsam):
Den direkten Aufstieg zur Nord-Scharte des Kleinen Widdersteins (vgl. R 782) links lassend über sehr steiles Gras unmittelbar zum Gipfel.

● 785 Das Gebiet der Mindelheimer Hütte

Dieses auf sonniger Terrasse südlich des Mindelheimer Kopfes herrlich gelegene AV-Schutzhaus ist der ideale Stützpunkt für alle Bergfahrten in der Schafalp-Gruppe. Das Gebiet der Mindelheimer Hütte sucht als hochalpines Skigebiet in den bayerischen Alpen seinesgleichen. Es gewährt eine Reihe winterlicher Fahrten von außergewöhnlicher Schönheit. Erwähnt seien die Übergänge übers Haldenwanger Eck nach Hochkrumbach oder über den Haldenwanger Kopf und Grüner zum Salzbüheljoch und nach Lechleiten, ferner der Übergang zum Gemstelpaß und die hochalpinen und schwierigen Überschreitungen des Schafalpenhauptkammes hinüber ins Wildental (nicht dem Sommerweg folgen, vgl. R 104). Alle diese Touren sind lawinengefährdet. Sie setzen Erfahrung und Standfestigkeit voraus. (Gute Übersicht: Mitt. 1937, S. 371.)
WR in der etwas unterhalb stehenden Alten Hütte (AV-Schlüssel).

Geißhorn, 2367 m

Ein botanisch hochinteressanter und vielseitiger Berg. Besonders lohnendes Skiziel in Verbindung mit der Querung vom Hochalppaß zur Mindelheimer Hütte.

Geo.: HD auf Li.-Fle.-Sockel.

Schrifttum. EOA, S. 66; Barth, Wegweiser, S. 251; Mitt. des DÖAV, 1937, S. 37.

● **786** Von der Obern Gemstelalp (R 222, 2 st, I) verfolgt man einen Steig, der unmittelbar oberhalb der Alphütte vom Weg zum Gemstelpaß ostwärts zur Sterzerhütte abzweigt. An dieser (1859 m) vorbei und über die etwas steilen, steinigen und grasigen Südwesthänge beliebig ansteigend, zum Gipfel.

● **787** Von der Mindelheimer Hütte, 1 st, I, geht man auf bez. Steig westlich über Gras, unter dem Angerer- und Liechelkopf hindurch zu einer Einsattelung zwischen dem Geishorn und dem ostwärts davon liegenden Wildengundkopf empor. Jenseits an den Geröllhalden unter der Ostflanke des Geishorns entlang zum Südkamm, 1 st; über ihn unschwierig zum Gipfel.

● **788** Andere Möglichkeit (anregender): pfadlos in die südlich des obersten NO-Gratturms (R 789) eingelagerte Scharte und von hier aus in Schrofenkletterei (I+) zum Gipfel.

● **789** Der turmreiche **Nordostgrat** (Hauptdolomit) stellt hohe Anforderungen an Ausdauer und Kletterfertigkeit. Die besondere Brüchigkeit des Gesteins heischt Vorsicht.

● **789 a** Der vorletzte Gratturm entsendet nach Norden einen brüchigen, breiten Pfeiler, der mehrere Durchstiegsmöglichkeiten zuläßt, 2 st (von Schönisbodenalp), IV.

● **789 b** Auch die Nordwand des Gipfelmassivs bietet mehrere Möglichkeiten (III bis IV). Sie vereinigen sich an dem in Wandmitte eingebetteten Geröllabsatz. Von hier links haltend sehr schwierig zum Schlußkamin, der durchklettert oder (noch schwieriger) links über steilen Fels umgangen wird. Besondere Vorsicht wegen Brüchigkeit.

● **790** Dasselbe gilt von dem landschaftlich sehr schönen, sich aber ebenfalls durch außerordentliche Brüchigkeit auszeichnenden **Westnordwestgrat,** den man von der längst verfallenen Schönisbodenalp aus erreicht. Von hier in wenigen Min. zum E., den am weitesten hinaufreichenden Latschen folgend.

Mehrere Türme und Steilaufschwünge bereiten beträchtliche Schwierigkeiten (IV bis V).

● **790 a** Der vorletzte große Steilaufschwung des WNW-Grats entsendet nach Norden eine schwachausgeprägte Kante, die auf brüchigen Schrofen fußt. E. am tiefsten Felspunkt, wenige Min. von Schönisbodenalp. In zunehmender Schwierigkeit, ungangbare gelbe Wandabbrüche links umgehend, dann rechts haltend an den Fuß des Kamins, der westlich vom genannten Grataufschwung ins Massiv eingeschnitten ist, und durch ihn zur Grathöhe (IV, teilweise V).

● 791 **Wildengundkopf,** 2138 m

Geo.: HD.

Der östlich des Geishorns liegende Gipfel ist vom Sattel an seinem Westfuß, über den der bez. Steig von der Mindelheimer Hütte zum Gemstelpaß führt, über den unschwierigen Grat (einige Stellen mäßig schwierig) in 15 Min. zu erreichen. Unschwierig ist die südliche Umgehung (20 Min.).

Liechelkopf, 2383 m

Name: Von einem Gerät namens Heuliechel.

Ein trümmerbedeckter Kegel, von dem nördlich der Grat zum Elfer, südöstlich jener zum Angererkopf weiter zieht.

Geo.: HD und Li.-Fle.

Schrifttum. EOA, S. 66; Barth, Wegweiser, S. 259.

● **792** Von der **Mindelheimer Hütte** (1¼ st, I), entweder:

a) zunächst auf dem zum Gemstelpaß führenden Steig, bis man nach etwa 10 Min. über Gras rechts in den n. Teil der Doppelscharte zwischen Liechel- und Angererkopf hinaufsteigen kann. Aus dieser über den begrünten Südostrücken zum Gipfel, oder:

b) vom Gemstelpaß-Steig — ehe er links aus dem Kar biegt und wieder ansteigt — nordwestlich über Geröll und Gras hinauf in den Sattel zwischen Geißhorn und Liechelkopf, aus dem Sattel über den SSW-Rücken zum Gipfel.

● **793** **Übergang** vom **Geishorn** entweder über dessen Nordostgrat (R 789) und dann aus der seinen Fußpunkt bildenden Scharte über den trümmerbedeckten Südsüdwest-Kamm des Liechelkopfes auf den Gipfel oder unter Vermeidung der brüchigen und sehr schwierigen Geishorn-Grattürme durch die Ost-Flanken des Berges, unter ihnen hindurch in die eingangs erwähnte Scharte und weiter wie oben (I).

● **794 Gratübergang vom Elfer** (1 st, II). Vom Elferkopf unschwierig über Gras hinab zu zwei begrünten Türmen, welche auf ihrer Schneide ziemlich luftig überklettert werden. Der Abstieg in die sie trennende Scharte über steile Grasschrofen ist mäßig schwierig. Der folgende plattige Felsklotz wird überklettert oder rechts (westlich) umgangen. Der aus der nächsten Scharte aufsteigende Nordgrat des Liechelkopfes wird rechts der Kante erklettert (mäßig schwierig. Ein hier herabhängender, völlig sinnloser Draht eignet sich nicht zur Sicherung). Unschwieriger ist die Benützung der rechten Flanke, über deren schuttbedeckte Bänder und kurze Steilstufen der Gipfel genommen wird.

Die Scharte nördlich des Liechelkopfs ist vom Wildental und von der Schönisbodenalp aus unschwierig erreichbar. Mit Ski im Winter bei ganz sicheren Verhältnissen hochalpiner Aufstieg zum Liechelkopf (nur für sehr erfahrene Alpinisten), entweder über den Südsüdwestkamm (vgl. R 793) oder aus dem Wildental über die Scharte nördlich des Gipfels (vgl. R 104a).

Skiabfahrt (nur für sehr gewandte Winteralpinisten) entweder durch die R 104a erwähnte Steilrinne ins Wildental oder über den Südsüdwestkamm (hier Vorsicht vor den Wandabstürzen zur Linken! So weit wie möglich rechts (westlich) halten!

● 795 Elferkopf, 2387 m

Der höchste Berg der westlichen Schafalp-Gruppe, ein typischer Allgäuer Grasberg mit wilden Abstürzen nach Norden und Osten. Als Pflanzenparadies wetteifert er mit Linkerskopf und Höfats.

Geo.: Li.-Fle., Bu.-Li. und Ho.

Nom.: Zeitanzeiger nach Sonnenstand!

Ersteigungsgeschichte. H. v. Barth fand gelegentlich seiner Besteigung 1869 eine Signalstange auf dem Gipfel vor; den Ostgrat beging Dr. Cornelius 1919 im Abstieg.

Schrifttum. EOA, S. 66; Barth, Wegweiser, S. 259 (Zwölfer).
Nom.: vom Sonnenstandort, gesehen vom Talort Mittelberg aus.

● **796** Aus dem **Gemsteltal,** 4 st, teilweise sehr steile Grashalden, I, jedoch recht mühsam. Von Bödmen ins Gemsteltal. Bald nach der Breitachbrücke zweigt ein Alpweg nach links ab, der den Gemstelbach überschreitet und am Ostufer talein führt. Nach der Einmündung eines vom Liechelkopf herabziehenden Tobels bei einer Alphütte (Vordere Gemstelalp) zunächst über einen freien Hang, dann durch

Erlengebüsch und einen Waldgürtel steil empor zur verfallenen Schönisbodenalp, 1682 m, 2 st.

Auf Heuersteig zunächst der Wasserleitung folgend, dann links hinüber, drei tiefe Rinnen querend, zur längst verfallenen Obern Schönisbodenalp, 1780 m, wo sich der Pfad verliert. Schwach rechts haltend über steiles Gras empor zum flachen Sattel nördlich des Elferkopfes; 1¹/₄ st. Nun südlich über den grünen, teilweise geröllbedeckten Rücken mühsam empor. Ein Steilwandl unmittelbar unter dem Gipfel wird schwierig erklettert oder unschwierig auf einem Grasband rechts umgangen.

● 797 **Ostgrat.** Er besteht aus drei Rippen, die sich am Vorgipfel vereinigen. Die nördliche ist touristisch bedeutungslos, die mittlere vermittelt einen interessanten Aufstieg über steiles Gras. Die südliche (eigentlicher Ostgrat) beginnt mit einem kühnen Turm. Von der Hinteren Wildenalp (R 104) 2 st, oben IV, eine der schönsten Allgäuer Graskletтereien. Steigeisen! Über Geröll und steiles Gras in die Scharte westlich dieses Turms (der von hier sehr schwierig über seine Westkante zu ersteigen ist). Einstieg. Nun der schmalen Gratschneide folgend über mehrere, bedeutende Schwierigkeiten bietende Aufschwünge zum Vorgipfel. Von diesem über die stark zerrissene Westkante hinab in die nächste tiefe Scharte (von hier Abstieg nach Süden unschwierig). Die Überkletterung zweier weiterer Zacken führt zur letzten Scharte vor dem Gipfelaufbau; nun über den schmalen, zerrissenen Grat zum Gipfel. Von der letzten Scharte kann man auch entweder südlich kurz hinab und gerade empor durch die Wand oder auf schmalen Leisten nach Norden zu einer erdigen Rinne queren und in ihr zum Gipfel ansteigen. Lieblingseinstand der Walser Steinböcke! Winterfahrt mit Ski durch die zwischen westlicher und mittlerer Rippe eingebettete Hochmulde zum Vorgipfel. Sehr steil, nur für sichere Läufer.

Zwölferkopf, 2208 m

Eigentlich nur eine Rückfallkuppe des langen, vom Elferkopf nordwestlich ziehenden Grats.

Geo.: HD.

Nom.: wie Elfer.

● 798 Von dem flachen **Sattel** nördlich des Elferkopfs (R 796) in 10 Min. unschwierig über den kaum ansteigenden, grasigen und schrofigen Grat zum Gipfel.

● 799 Die Anstiege über den **Nordwestrücken,** den man vom Bödmen her über den Brunnenberg erreicht, und aus dem Wildental sind teilweise schwierig, erfordern große Trittsicherheit und Gewandtheit und besitzen keine touristische Bedeutung.

● 800 **Angererkopf,** 2266 m

Hübscher, wenig bedeutender Felsgipfel südostwärts des Liechelkopfs.

Geo.: HD.

Nom.: vom Familiennamen Angerer.

Ersteigungsgeschichte. Die Nordwand des wohl schon frühzeitig durch Einheimische begangenen Gipfels durchstiegen K. Dietmann und O. Metzger 1920, die Südwestwand Th. Reichel und Gef. 1909, O. Huber 1922.

● 801 Von **Südosten.** Von der Mindelheimer Hütte 1¼ st, II: zum Ostgrat des Angererkopfs, westlich von den auffallenden Grattürmen der Hüttenköpfe. Über grüne Steilflächen, stets unter dem Grat bleibend, nach links aufwärts, bis der Grat (etwa in halber Höhe) von plattigem Steilaufschwung gesperrt wird. Dieser kann (III+) unmittelbar erklettert oder (leichter) etwa 50—60 m links ausweichend durch kaminartigen Riß umgangen werden. Nun auf und unter dem Grat links haltend weiter zum Gipfel.

● 802 Von **Nordwesten.** Von der Mindelheimer Hütte 1½ st, I+: über Gras nach Westen um den Felsbau des Angererkopfes herum und, zuletzt über steiles Geschröf in den s. (rechten) Teil der Doppelscharte zwischen Liechel- und Angererkopf. Nun, den ersten Gratturm im Nordwestgrat des Angererkopfes auf der Wildental-Seite umgehend (etwas absteigend!), über eine kurze plattige Felsstufe zu den Geröllhalden der Nordflanke. Über diese zum Westende des steilgeschichteten flachen Gipfelgrats.

● **802 a** In die Doppelscharte zwischen Liechel- und Angererkopf gelangt man, von den Weideböden der **Hint. Wildenalp** unter den N-Wänden des Massivs Mindelheimer Köpfl/Angererkopf zum innersten Winkel des Wildentals ansteigend. Er läuft in einer vom S-Teil der Doppelscharte herabziehenden Steilrinne aus, die bei Vereisung Schwierigkeiten bereitet. In diesem Fall empfiehlt es sich, etwa 80 m unter der Doppelscharte nach li. über eine plattige Rampe in die geröllbedeckte, ebenfalls plattige N-Flanke auszuweichen, die den Anschluß an ↗ R 802 herstellt.

● 803 Sehr schwierig ist die Erkletterung des **Nordwestgrats,** wobei der erste Gratturm durch eine wenige Meter südlich der Scharte beginnende Steilrinne überwunden wird.

● **803 a** In die Scharte zwischen diesem Turm und dem Gipfelaufschwung gelangt man auch (unschwieriger) über eine durch den äußersten Südwest-Teil des Gipfelmassivs hinaufziehende Rampe.

● 804 **Nordwand.** Von der Hintern Wildenalp (R 104) südwestlich im Geröllkar oder von der Mindelheimer Hütte zur Scharte östlich des Angererkopfs und nördlich in einer tief eingeschnittenen, brüchigen Rinne ziemlich schwierig hinab zum Fuße der Nordwand (je 3/4 st). In der Fallinie des östlichen Vorgipfels bricht der untere Teil der Wand mit gelben und schwarzen Überhängen in das Kar ab. Rechts oberhalb dieser Überhänge ziehen breite Plattenbänder von rechts steil nach links in die Wand empor. Durch mehrere Risse empor auf das oberste Plattenband und über eine Platte zu einem Riß; weiter sehr steil bis dicht unter die schwarzen Überhänge. Nun unter ihnen nach links zu einem Plattenband, das schräg links hinauf zu einer Ecke leitet und sich stark verschmälert. Um die Ecke herum und noch 10 m waagrecht nach links. Dann über einen Überhang in eine Rinne und in ihr ungefähr eine Seillänge hinauf. Nun scharf nach rechts und in schöner Wandkletterei zu einer weit hinausgebauten Kanzel über den schwarzen Überhängen. Auf breitem Band 10 m nach rechts und über eine steile, riesige Platte zum östlichen Vorgipfel und auf den waagrechten Grat zum Hauptgipfel. 2 st E., IV.

● 805 **Südostwand.** Von der Mindelheimer Hütte 2 st, IV, eine Stelle V: westlich über Gras und Geröll zum Fuß der Wand. Rechts eine auffallend grüne Höhle. Ungefähr 20 m links davon Einstieg durch einen engen Kamin, der in eine Geröllrinne leitet. In ihr auf ein begrüntes Köpfl. Über Schrofen aufwärts zu einem breiten, begrünten Band (Steinmann). Durch die anschließende Verschneidung, ungefähr 20 m empor, Quergang nach rechts und über einige Stufen unter die gelbe, überhängende Gipfelwand. Hier überaus schwieriger Quergang nach links auf ein überdachtes Band, über dasselbe zur Gratkante und unschwierig zum Gipfel (Weg Huber).

● 806 **Mindelheimer Köpfl,** 2180 m; **Sechszinkenspitze,** 2191 m

Nordöstlich des Angererkopfes setzt sich der vielfach begrünte Kamm, nach Norden mit schroffen Wänden abfallend, gegen die Schafalpköpfe fort. Von den ihm entragenden unbedeutenden Erhebungen ist in den Karten nur das Kemptner Köpfl (richtiger wäre Kämmter Köpfl = Köpfl auf dem Kamm) benannt und vermessen. Die übrigen zwischen Angerer- und Kemptner Köpfl liegenden bergsteigerisch sehr interessanten Erhebungen bilden wegen der Nähe der Mindelheimer Hütte einen einzigartigen Klettergarten großen Stils, wo sämtliche Schwierigkeitsgrade auf engem Raum vereinigt sind. Die finsteren, etwa 300 m hohen Nordwände dieses wildzerrissenen Dolomitgrates bergen eine Fülle größtenteils noch nicht erschlossener Kletterfahrten beträchtlicher Schwierigkeit, während die zerklüfteten sonnseitigen Flanken stellenweise auch dem Anfänger zugänglich sind. Geo.: HD.

● 807 Von der Mindelheimer Hütte aufs **Mindelheimer Köpfel** 30 Min., I: zu der deutlich sichtbaren, großen gelben Schutt- und Lehmreise, die von der Scharte unmittelbar westlich des Sechszinkenspitz-Vorgipfels herabzieht, und durch sie, besser über die Schrofen rechts oder links von ihr in jene Scharte und dann links auf den Gipfel.

● 808 Von der Mindelheimer Hütte auf die **Sechszinkenspitze,** 40 Min., II—: wie R 807 in die Scharte zwischen Mindelheimer Köpfel (links) und Sechszinkenspitze (rechts). Dann nach rechts über den R 807 erwähnten Vorgipfel, zuletzt etwas ausgesetzt auf den mit einem Kreuz geschmückten Hauptgipfel.

● 809 Die **Südostwand der Sechszinkenspitze** wird von einer Reihe teilweise sehr schwieriger Kamine und Risse durchzogen, die ebenso wie die sie begrenzenden Wandfluchten eine Anzahl reizvoller und abwechslungsreicher Kletterfahrten in meist zuverlässigem Fels vermitteln. Schwierigkeitsstufen III bis VI.

● 810 **Gratübergang vom Angerer Kopf zur Mindelheimer Scharte,** 3 st, II, brüchig, mit einigen V-Stellen. Von der Scharte, 2120 m, ostwärts des Angerer Kopfes (von hier schwieriger Abstieg ins Wildental!) umgeht man zweckmäßig die ersten zeitraubenden und brüchigen Türme auf der Südseite (ihre Überkletterung ist schwierig). Über Gras ansteigend erreicht man einen steil aufragenden Felskopf, der direkt erklettert wird (20 Min. von der Scharte). Auf dem flachen grasigen Grat ohne nennenswerte Schwierigkeiten weiter bis vor den turmartig aufragenden Gipfelkörper des **Mindelheimer Köpfels.** Er wird unmittelbar erklettert (III). Nun hinab in die bereits unter R 807 erwähnte Scharte, weiter wie R 808 zur Sechszinkenspitze. Die Weiterverfolgung des Grates über die wild zerrissenen Türme nach Osten (gelegentliches Ausweichen nach Norden) gestaltet sich zunehmend schwieriger. Zuletzt über sehr brüchigen und kleingriffigen Fels, V, zur Mindelheimer Scharte zwischen Sechszinkenspitze und Kemptner Köpfl (Wegübergang ins Wildental).

● 811 Kemptner Köpfl, 2192 m

Geo.: HD-Krone auf Li.-Fle.-Sockel.
Nom.: s. R 806.

Ein von Süden gesehen hübscher Grasgipfel mit kecker Dolomitkrone und zerrissenen, ins Wildental abstürzenden Nordwänden, der Hausberg der Mindelheimer Hütte, schöne Aussicht, 30 Min., bequemer Kindergipfel (ab 10 J.). Besteigung von Südwesten über ein Steiglein oder von NO weglos über Gras. Schöner Skigipfel.

● 812 Die Schafalpenköpfe

Ein mächtiger Bergzug aus Hauptdolomit im Hintergrund des Wildentobels. Der Südwestliche Kopf ist eine teilweise begrünte Kuppe, die mit schrofigen, nicht sehr hohen Wänden abfällt. Der Gipfel des Mittleren Kopfes bildet eine scharf zersägte Schneide, die wohl ein Dutzend gleichhoher Felszähne aufweist und schöne, wenn auch brüchige Kletterei bietet. Der Höchste Kopf, der nordöstlich der beiden anderen liegt, entsendet nach Südosten einen Nebengrat, nach Nordosten den das Warmatsgundtal südlich begrenzenden und im Schartenkopf endenden Hauptgrat. An der NW-Seite sind zwischen den beiden ersten Köpfen kleine Kare eingebettet, die ebenso wie das auf der entgegengesetzten Seite zwischen Mittlerem und Höchstem Kopf liegende Kar „In der Wanne“ das Erreichen der Kammhöhe unschwierig ermöglichen. Verwickelt ist das Gelände des Fiderepasses; zu ihm zieht von Südosten her ein Rücken vom Höchsten Kopf; ein weiterer zieht aus südwestlicher Richtung zum Paß; dieser löst sich von einem Grat ab, der vom Hauptkamm aus zwischen Höchstem und Mittlerem Kopf nach Nordwesten abzweigt. Beide Rücken schließen eine tief eingesunkene Mulde ein, aus der die Schafalpwand zum Verbindungsgrat der letztgenannten Gipfel aufstrebt.

Geo.: HD.

Das Gebiet eignet sich im Winter für erfahrene Hochtourenläufer zur Durchquerung mit Ski ganz besonders. Die Gipfelfahrten können damit bei günstigen Schneeverhältnissen leicht verbunden werden. Dabei ist zu beachten, daß die Querung des Taufersbergs wegen seiner Südlage stets besondere Vorsicht verlangt. Die Überschreitung des Kammes mit Ski über die Saubuckelscharte zum Fiderepaß ist bei sicherem Schnee nicht schwierig.

Ersteigungsgeschichte: Die Gipfel sind infolge ihrer leichten Zugänglichkeit wohl schon frühzeitig von Einheimischen bestiegen worden. Auch O. Sendtner bestieg bereits einen der Gipfel; den Höchsten Kopf überschritt Gümbel, H. v. Barth erreichte 1869 den Mittleren und Höchsten Kopf, den letzteren auf verwickeltem Wege durch die Nordwestflanke, zuletzt über den Ostgrat ansteigend. Den Grat zwischen allen drei Köpfen begingen erstmals Daumiller und Hetzel 1908, die Ostwand des Höchsten Kopfes K. Dietmann und O. Metzger 1920, jene des Mittleren Kopfes Zitzelsberger und Gef., die Nordostwand des Nordöstlichen Kopfes: Helmreich und Hutter 1937. Die Erstersteigung sonstiger Anstiegswege, deren im überwiegend schrofigen Gelände viele ausgeführt wurden, sind nicht mit Sicherheit zu ermitteln.

Schrifttum. Barth, Wegweiser, S. 264; EOA, S. 66; Mitt. 1937, S. 37; Schönes Allgäu, 1938, Nr. 8.

● **812 a** So recht ins Blickfeld der Öffentlichkeit sind die bisher immer ein wenig abseits gelegenen Schafalpenköpfe erst durch die Erbauung des **Mindelheimer Klettersteigs** geraten. Der passionierte Freund ungebahnter Kletterpfade mag es bedauern, daß ein seit Menschengedenken von den Suchern der Einsamkeit beschrittener, recht abweisender Dolomitkamm nun mit 400 Drahtseilmetern, rund 350 Tritt- und Haltebügeln und einigen Eisenleitern gebändigt und jeden erschließerischen Reizes beraubt ist. Er wird es als Geschenk an alle jene hinnehmen müssen, die den Schwierigkeiten dieser wahrhaft königlichen Gratbegehung ohne künstliche Hilfsmittel (zeitweise im Bereich von III bis IV) nicht gewachsen wären. Dabei ist ein Appell an ihre Vernunft angebracht: trotz Verdrahtung und Vernagelung ist dieser, in seinem Stil an Brenta-Höhenwege erinnernde

2-km-Klettersteig nicht zu unterschätzen: seine technischen Schwierigkeiten liegen bei günstigsten Witterungs- und Geländeverhältnissen nicht unter II, bei Schneefall, Vereisung, Sturm, Nebel oder Regen wechseln sie in höhere Grade hinauf. Wer nicht schwindelfrei und absolut trittsicher ist, sollte auf die Begehung verzichten: er würde an einigen recht ausgesetzten Kletterstellen den Unternehmungsgeist rasch verlieren. Die Mitführung von Kindern (ab 14 J.) ist nur zu verantworten, wenn sie berggewohnt, schwindelfrei und angeseilt sind, stets unter der Voraussetzung, daß der (oder die) Führende über die nötige alpine Potenz verfügt. Wer den Heilbronner Weg gemeistert hat, muß deshalb dem Mindelheimer Klettersteig noch nicht gewachsen sein: dieser ist in jeder Hinsicht anspruchsvoller als die herkömmliche Allgäuer Haute Route.

● **812 b** Der **Mindelheimer Klettersteig** hat die im Zuge seiner Begehung liegenden althergebrachten ↗- oder ↘-Routen als selbständige Bergfahrten gegenstandslos gemacht. Wenn sie im folgenden gleichwohl wenigstens teilweise dargestellt sind, so ist das kein Ausdruck alpiner Nostalgie, sondern ein Hinweis nicht nur darauf, was die anonymen Wegearbeiter hier an Mut und Können geleistet haben, sondern auch auf das, was uns als Bergsteigern gestern noch an Schwierigkeiten begegnet wäre, die wir heute spielend überwinden. Somit beginnen wir, wie üblich, bei der Mindelheimer Hütte, also von SW nach NO marschierend: Die Überschreitung des Kemptner Köpfls (R 811) in den grasigen NO-Sattel erfreut uns als Ouvertüre (45 Min.). Aus diesem Sattel stets der Markierung folgend über Gras an die steilen Schrofenabsätze heran, die den Sockel des **SW-Schafalpenkopfs,** 2273 m, kennzeichnen. Wir überwinden sie mühelos über quergestellte HD-Schichten und durch Steilrinnen hinauf zum grasigen Gipfeldach, über das wir zum höchsten Punkt bummeln (45 Min.), kaum I, bis hierher (und nicht weiter) auch mit Kindern ab 12 J. Nun beginnen die Schwierigkeiten: ↘ o. unterm Gipfelkreuz hindurch, wo die Drahtseilsicherungen beginnen. Ihnen folgend entlang der messerscharfen, steil abstürzenden Gratkante, anfangs sehr ausgesetzt, teils mit kleinen Abweichungen zuerst in die O- dann in die W-Flanke hinab in die aus einer längeren, ziemlich ebenen Gratschneide bestehende Einsattelung zwischen SW und Mittlerem Schafalpenkopf (45 Min.,

NA nach O zum Taufersbergsteig, nach W ins Wildental durchs wilde Ochsenloch-Kar nur für sehr Bergerfahrene!).
Der sich nun vor uns auftürmende, mit der Gratkante senkrecht abbrechende Aufschwung zu unserem nächsten Ziel sieht abenteuerlich abweisend aus. Die Sicherungen leiten uns ausgesetzt, jedoch gefahrlos durch die O-Flanke des S-Grats aufs grasbedeckte Gipfeldach empor. Es geleitet uns zur zackenreichen Gipfelkrone des **Mittleren Schafalpenkopfs,** 2301 m (1 st). Auch die Fortsetzung unseres Klettersteigs über den plattigen NO-Grat, hinab in die das Kar „In der Wanne" oben abschließende, mit Felstürmen besetzte weitgezogene Einsenkung vor dem **Nordöstlichen Schafalpenkopf,** 2321 m, ist so reichlich mit Eisenbügeln, Drahtseilen und einer Leiter ausstaffiert, daß wir gefahrlos zur letzten Verschnaufpause gelangen (NA durch die „Wanne" zum Taufersbergsteig). Ohne sonderliche Schwierigkeit geht's nun hinauf zum höchsten unserer drei Gipfel, 1½ st, uns zu Füßen liegt der Fiderepaß mit seiner heimeligen Hütte. Der ↘ dorthin hat's nochmal in sich, doch die reichlich angebrachten künstlichen Hilfsmittel helfen über alle Schwierigkeiten hinweg. Das Finale bildet eine 9 m hohe, fast senkrechte eiserne Leiter an dem in Schutt eintauchenden Wandfuß, 1 st, insgesamt bei gemütlichem Tempo (ohne Pausen) von Hütte zu Hütte knapp 5 st. Eine Schilderung des Klettersteigs in umgekehrter Richtung erübrigt sich. Die Begehung ist so dargestellt, daß alle wesentlichen Daten auch im Rückwärtsgang erkennbar sind. Wem hier schon beim ersten „Hindernis", nämlich der 9 m hohen Leiter das Herz stockt, der sollte lieber gleich umkehren (es kommt nämlich noch wesentlich schlimmer!).

● 813 Südwestlicher Schafalpenkopf, 2273 m

Normal ↗ von SW: R 812 a.

● 814 Aus dem **Wildental.** Von der Hinteren Wildenalp (R 104) 1½ st, II, erblickt man im Kamm nordostwärts des Kemptner Köpfls zwei auffallende Zacken. Der Anstieg bewegt sich durch die in die Scharte zwischen diesen beiden Zacken hinaufführende Rinne, oder durch das brüchige Wandstück links (ostwärts) davon. Er führt in den Grassattel n.o. unterm Kemptner Köpfl. Weiter wie R 812 a (kaum mehr begangen, da der übliche ↗ zur Mindelheimer Hütte aus dem Kl. Walsertal ungleich weniger mühsam ist).

● **814 a** Eine hübsche Kletterschule stellen die kaminartigen Steilrinnen dar, die durch den S-Absturz des Schrofensockels zum Gipfeldach hinaufziehen (II—III).

● **815** Von der **Hintern Wildenalp** durchs **Ochsenloch** zum **Südwestlichen Schafalpenkopf,** $2^1/_2$ st, II. Von der Alp n.o. aufwärts in das zwischen Südwestlichem und Mittleren Kopf eingebettete Kar „Ochsenloch", in ihm südlich ziemlich steil empor über Geröll, zuletzt über Schrofen und durch eine Rinne zum Gipfel, brüchig, Steinschlaggefahr! (Schönes Allgäu 1972, S. 7. Rasante Skiabfahrt!).

● **815 a** **NO-Grat.** Vom Taufersbergsteig (R 206 c) hinauf in das zwischen SW und Mittlerem Schafalpenkopf eingebettete, oben immer steiler werdende Kar, zuletzt li. haltend über Gras und Schrofen in die weite, beiderseits schroff abstürzende Senke zwischen beiden Gipfeln. Der hier unvermittelt mit scharfer und sehr steiler, mitunter senkrechter Schneide ansetzende plattige NO-Grat führt uns — nach Bedarf zunächst in die N-Flanke, weiter oben in die S-Flanke ausweichend — in schneidiger Dolomitkletterei, bei der auch ein Kriechband nicht fehlt, zum höchsten Punkt, 2273 m. Je nach Kantentreue III—IV+ (jetzt durch die Sicherungen im Zuge des Mindelheimer Klettersteigs weitgehend entwertet).

Mittlerer Schafalpenkopf, 2301 m

● **816** Von der **Mindelheimer Hütte** zum **Mittleren Schafalpenkopf,** $2^1/_2$ st, I. Von der Hütte auf dem Wege über die obere Angeralp zum Taufersberg (R 102), um den SO-Ausläufer des Mittl. Schafalpenkopfes herum bis unter das zwischen Mittlerem und Höchstem Kopf eingebettete Kar „In der Wanne". Durch dieses empor, bis Steigspuren durch die in die Ostwand eingebettete Mulde über Gras nach li. auf den SO-Rücken führen. Dorthin auch (mühsamer) über Gras und Schrofen unmittelbar von Süden her aus den oberen Angererböden und das darüberliegende bei R 815 a erwähnte Kar, wobei man sich ziemlich bald r. hält. Der SO-Rücken entwickelt sich nach oben zum zackengekrönten Gipfeldach.

● **817** Von der **Hintern Wildenalp** zum **Mittleren Schafalpenkopf,** $2^1/_2$ st, II, ungemein brüchig. Wie bei R 815 ins

Ochsenloch; in ihm aufwärts links zu den Gipfelwänden des Mittleren Kopfes, unter denen eine teilweise ziemlich enge Geröllrinne zu einem Schartl im Gipfeldach führt.

● **818** Aus der Wanne durch den Kamin zum **Mittleren Gipfel.** Wie bei R 816 zur Wanne; von hier durch die Rinne, die zuletzt in einen etwa 30 m hohen Blockkamin übergeht, zur Gipfelschneide etwas nördlich des südlichsten Punktes, III, 1 st.

● **819** Zur Scharte am Fuße des **Nordostgrats des Mittleren Kopfes** gelangt man mühsam sowohl aus der Wanne (R 816) wie wesentlich mühsamer von der Hintern Wildenalp durch das nordwestlich des Mittleren Kopfes eingebettete Kar „Ochsenloch". Der kurze plattige Nordostgrat führt in schwieriger Kletterei (III) zum zersägten Gipfelkamm. Einen Überhang umgeht man in der brüchigen rechten Flanke. Der Gipfelkamm selbst ist bei Überkletterung aller Zacken sehr schwierig (IV). Auch diese Route ist durch Einbau der Sicherungen im Zuge des Mindelheimer Klettersteigs entwertet. Gleichwohl ist sie der schönste, zugleich aber auch luftigste und schwierigste Abschnitt des gesamten Klettersteigs.

● **820** **Ostwand.** Vom Kar „In der Wanne" zieht ein Schuttkegel zu einem Einschnitt am Fuße der Wand (Einstieg). Von hier führt ein kurzer Riß auf ein schräg nach links aufwärtsleitendes Band. Dieses verfolgt man eine Seillänge. Nun folgt ein kurzer Quergang nach rechts, dann ein 10 m hoher Riß unter ein überhängendes Wandstück. Dieses führt nach einem etwa 5 m langen, besonders schwierigen Stück (mehrere Haken), zu einem Felsloch (Wandbuch). Von hier über eine mannshohe Felsstufe auf ein nach links aufwärtsführendes Band. Nach zwei weniger schwierigen Seillängen erreicht man die Gipfelschneide, IV, eine Stelle V.

● **820 a** Besonders schön ist die Eroberung des Gipfels über seinen kurzen **SW-Grat,** den wir jedoch beschwindeln: E in der bei R 815 a erwähnten Senke zwischen SW- und Mittel-Gipfel. Den senkrechten Gratabbruch umgehen wir auf gut gestuften, ziemlich ausgesetzten Schrofenbändern in seiner O-Wand. Sie führen (II—III) aufs Gipfeldach (vgl. R 816), 30 Min. (jetzt durch die Sicherungen im Zuge des Mindelheimer Klettersteigs weitgehend entwertet).

● **821** **Höchster (Nordöstlicher) Schafalpenkopf,** 2321 m
2 st, I, nur kurz vor dem Gipfel Schwindelfreiheit nötig. Wie bei R 816 zum Kar „In der Wanne"; hoch in ihm hinauf, bis im obersten Winkel r. eine kurze Geröllrinne sichtbar wird, die in die Gratscharte unmittelbar nordwestlich des Gipfels leitet. Über Gras und Geröll zu ihr hinan; von der Gratscharte nach rechts über die kurze, ausgesetzte Felsschneide zum Gipfel.

● 822 **Ostwand des Höchsten Kopfes.** Vom Kar Saubuckel, R 103, 1 st E., IV, über geröllbedeckte Platten und zuletzt über Bänder von rechts her zum tiefsten, einige Meter nördlich des Gipfels mündenden Kamin. Von seinem Beginn auf einem Bande schräg rechts aufwärts (etwa 10 m) und nun links empor an einer weißen Platte und sehr schwierig und ausgesetzt um eine Ecke in den Kamin hinein. In ihm, zuletzt sehr brüchig empor zur Gratscharte und nach links zum Gipfel.

● 823 **Vom Fiderepaß** durch die brüchige Nordflanke. Einstieg dort, wo der Schuttkegel am höchsten hinaufreicht. Über grießbedeckte Stufen und brüchige Rippen, oben zunehmend schwieriger werdend, etwa in Fallinie des dem Hauptgipfel nördlich vorgelagerten Kopfes bergauf. Die Kletterei heischt angesichts des außerordentlich brüchigen Gesteins größte Vorsicht, III, 2 st (jetzt durch die Sicherungen im Zuge des Mindelheimer Klettersteigs entwertet).

● 824 Der **Nordostgrat** des **Höchsten Schafalpenkopfs** kann sowohl vom Warmatsgundtal und vom Fiderepaß, wie von Süden her an verschiedenen Stellen ohne größere Schwierigkeit erreicht werden. Am bequemsten ist der Zugang vom Fiderepaß auf dem markierten Weg in die zwischen Höchstem Schafalpenkopf und Saubuckelkopf (P. 2216) eingeschnittenen Scharte, die den Übergang sowohl ins Saubuckelkar als auch ins Roßkar und damit zum Taufersberg sowie zur Mindelheimer Hütte vermittelt. Aus der Scharte über den zunächst zahmen Grat an den Gipfelaufbau heran. Den ersten senkrechten Aufschwung erklettert man entweder sehr schwierig oder umgeht ihn weniger schwierig über Platten und Geschröf nördlich oder südlich, dann auf ein grünes Köpfl. Von ihm in brüchigen Rinnen halblinks empor, zuletzt über Geröll zu der zwischen Hauptgipfel und nördlichem Vorgipfel eingerissenen schmalen Scharte, zu der von jenseits der Weg aus der Wanne aufsteigt (vgl. R 821). Aus der Scharte wie R 821 zum Gipfel. 1 st E., III bis IV, brüchig (jetzt durch die Sicherungen im Zuge des Mindelheimer Klettersteigs weitgehend entwertet).

● 824 a Auch das N.O.-Stück des Übergangs vom Höchsten zum Mittleren Schafalpenkopf über den zwischen beiden Gipfeln tief absinkenden Verbindungsgrat, den der Mindelheimer Klettersteig im wesentlichen einhält, ist durch die angebrachten Sicherungen seines Charakters als selbständige Kletterführe entkleidet.

● 825 Der langgezogene, mit gewaltigen Wänden ins Saubuckelkar und zum Taufersbergsteig abstürzende **Südostgrat des Höchsten Schafalpenkopfs,** an dessen südöstlichem Fußpunkt, durch eine tiefe Schlucht vom Massiv getrennt, der Felsturm der **„Schwangeren Bettlerin"** steht, verlangt scharfe Kletterei in zuweilen brüchigem Fels. Auf den ungemein steil ansetzenden Sockel folgt der wesentlich leichtere zackenreiche Gipfelgrat, 2½ st E., IV+, oben III.

● 826 Saubuckelkopf, 2215 m; Roßgundkopf, 2139 m; Alpgundkopf, 2176 m; Griesgundkopf, 2162 m; Schartenkopf, 1978 m

Die fünf östlichsten Gipfel der Schafalpen. Geo.: HD.

● 827 Den überm Kar Saubuckel thronenden **Saubuckelkopf** erreicht man über seinen felsigen SW-Grat wenig schwierig (I+) aus der Scharte östl. des Höchsten Schafalpenkopfes (15 Min.) Skiziel für geübte Fahrer.
Beträchtliche Schwierigkeiten hingegen bietet der Ostgrat, insbesondere im obersten Teil (IV), 1½ st ab Roßgundscharte.

Schönste Skiabfahrten: a) Von der Scharte zwischen Höchstem Schafalpenkopf und P. 2216 (Saubuckelscharte) nach Süden durchs Saubuckelkar über Brubachs-Bühel und Vorderberghöfle ins Rappenalptal.

b) Von der genannten Scharte südlich unter P. 2216 hindurch in den ostwärts P. 2216 eingeschnittenen Sattel und durchs Roßgund zum Vorderen Taufersberg, weiter über Gugger und Griesgrund nach Birgsau.

c) Vom Sattel ostwärts P. 2216 durch den engen bei P. 1970 ansetzenden Schlauch zur Kühgundalp und ins Warmatsgundtal.

d) Von der Scharte nördlich des Griesgundkopfs über Birkarts Gündle ins Warmatsgundtal oder über Griesgund nach Birgsau.

Alle diese Touren setzen hochalpine Erfahrung (Lawinengefahr) und hohe technische Fertigkeit voraus.

● 828 **Griesgund- und Alpgundkopf** erreicht man unschwierig, aber mühsam von der Kühgundalp (R 221, 103, 1¾ st), entweder a) zur Scharte zwischen beiden Gipfeln oder b) zur Einsattelung südwestlich des Alpgundkopfs oder c) aus dem Sattel zwischen Schartenkopf und Griesgundkopf-Ostgipfel ansteigend. Die zwei erstgenannten Scharten sind auch von Süden, vom Taufersberg her, unschwierig zu erreichen, die dritte aus dem Oberen Griesgund. Aus den Scharten über Geschröf zu den Gipfeln.

● 829 Zum **Roßgundkopf** gelangt man von der letztgenannten Einsattelung aus in 25 Min. über den Nordostgrat in kurzer, etwas brüchiger Kletterei. Die Überschreitung des gesamten Grats vom Schartenkopf bis zum Sattel westlich des Roßgundkopfes ist landschaftlich sehr schön, teilweise mäßig schwierig (II).

● 830 Der **Südostgrat** des Roßgundkopfes bietet genußvolle und ziemlich schwierige ausgesetzte Kletterei (III—).

● 830 a **Schartenkopf:** Unbedeutende Erhebung nördlich des den Oberen Griesgund östlich abschließenden Sattels, P. 1895. Aus diesem unschwierig in 20 Min. zum Gipfel.

● 831 Südöstliche, 2258 m; Nordwestliche, 2253 m, Hammerspitze

Vorbemerkung zu R 832 bis 852: Diese Bergfahrten werden durch die auf die Kammhöhe führenden Seilbahnen (Kanzelwand-, Söllereck- und Fellhornbahn) wesentlich erleichtert. Bergbahngegeinschaftskarte für das Höhenwandergebiet Söllereck, Fellhorn und Kanzelwand! Internationaler Skipaß Oberallgäu-Kleinwalsertal für alle winterlichen Schlepplifte und Bergbahnanlagen!

Schön geformtes Gipfelpaar nordwestlich der breiten Senke des Fiderepasses, mit einem klotzigen Turm im Verbindungsgrat.

Nom.: Deutsche und österreichische Namengebung weichen voneinander ab. Die in den deutschen Karten als Hammerspitzen bezeichneten Gipfel werden im Walsertal als Schüsser, zuweilen auch als Hochgehrenspitzen bezeichnet, während der südlich der Kanzelwand gelegene deutschseitig Schüsser genannte Gipfel im Walsertal meist Hammerspitze heißt. Da die deutschen Bezeichnungen der Morphologie dieser Gipfel näher kommen als die österreichischen, wird im Interesse der Klarheit in diesem Führer an den den deutschen Karten entsprechenden Namen festgehalten.

Geo.: HD.

● **832** Vom **Fiderepaß** zum **Südostgipfel.** Vom Paß 3/4 st, II: eine Stelle III, über den sich allmählich verschmälernden, steil ansteigenden, zuerst grasigen, später schrofigen Rücken zu einem hohen Felskopf, der über seine SW-Seite schwierig erklettert wird. Bald darauf in eine kleine Scharte und über ein etwa 10 m hohes, gutgriffiges Steilwandl am besten gerade empor zum Gipfel.

Man kann unschwieriger durch Quergang nach links von der Stelle, wo der grasige Rücken felsiger zu werden beginnt, die große Schlucht erreichen, die von der oben erwähnten Scharte südlich des Gipfels herabzieht (Pfad- und Markierungsspuren). Durch die Schlucht (Vorsicht! Steinschlag!) in die Scharte hinauf. Auch die linke Begrenzung der Schlucht ist gangbar. Man hält sich am besten an eine zum Südwestkamm hinaufleitende schrofige Ausbuchtung (II; heute gebräuchlichster Anstieg!).
Endlich kann man auch am Fuß der westlichen Schrofenwände so lange queren, bis eine Geröllschlucht in die Scharte nordwestlich des Gipfels leitet, von der aus dieser erreicht wird: unschwierigster Anstieg: aber länger, recht mühsam und wegen der beträchtlichen Brüchigkeit nicht lohnend.

● **833** Über den **Nordostgrat** zum **Südostgipfel.** Von der Kühgundalp (R 103, 221) 1 1/2 st, III: einige Min. westwärts auf dem zum Fiderepaß führenden Weg; dann rechts ab und auf den Grashängen des Nordostrückens der Hammerspitze empor zu einer großen, leicht begrünten Scharte (40 Min.) im Grat, die östlich durch einen von einem Latschenbusch gekrönten Felskopf überhöht wird; auch östlich unterhalb dieses Felskopfs befindet sich eine Scharte, von der aus eine ausgeprägte Steilschlucht nördlich hinabzieht. Links an den Südhängen über steiles Gras empor zum nächsten Felskopf, der überklettert oder nördlich (rechts) auf Bändern, zuletzt durch eine kurze Steilrinne ansteigend, umgangen wird. Auf dem schrofigen Kamm leicht weiter, bis eine brüchige Rinne in eine tiefe, von mehreren Türmen besetzte Scharte leitet. Am leichtesten umgeht man nun die Türme an ihrem Nordfuß in Geröll und gelangt, nach dem letzten Turm in einer Geröllrinne ansteigend, an den Fuß des Gipfelkörpers. Nun über Schrofen, meist etwas südlich des Grats, später in kurzer, hübscher Kletterei zum Südostgrat und über ihn 5 Min. zur Scharte südlich des Gipfels. Weiter wie R 832.

Überkletterung der in der großen Scharte stehenden Grattürme, besonders der westlichen, ihr markantester heißt „Nepomuk“ (V):

● **834** Aus dem **Wildetal** auf den **Nordwestgipfel.** Von Riezlern westlich des Zwerenbachs oder von Hirschegg über Höfle auf Alpwegen zu den Inneren Kühgehrenalpen, etwa 1660 m, je 1 3/4 st, und am Südwesthang des Schüssers entlang zur Wannealp, 1821 m, 1/2 st. Nun östlich über Gras und Schutt zum Nordwestgrat und über seine unschwierigen Schrofen zum Gipfel, 1 3/4 st, I+.

● 835 Die kurze **Nordnordostwand** ist in sehr ausgesetzter Kletterei aus der Karmitte zu Füßen der Wand zu durchsteigen, IV, 2 st.

● 836 **Übergang vom südöstlichen zum nordwestlichen Gipfel,** 1 1/4 st, II. Vom südöstlichen Gipfel auf der linken Seite des Grats abwärts zur Scharte vor dem breiten, klotzigen Gratturm. Hier kommt von links eine Geröllrinne aus dem Wildental herauf; durch sie geht der am Schluß von R 832 erwähnte Anstieg. Man quert von der diese Rinne abschließenden Scharte zunächst ausgesetzt in die Ostseite des Turmes hinaus und klettert dann über Rinnen und Gras (Drahtseil!) auf seinen Scheitel, den man bald darauf nach links durch eine gutgriffige kaminartige Rinne verläßt. Der folgende Turm wird in anregender Kletterei überwunden, wobei man etwa in Höhe des Fußpunktes der soeben im Abstieg durchkletterten Rinne in eine enge und gutgriffige Steilrinne einsteigt. Der nun folgende Überhang wird links (westlich) umgangen, ebenso der nächste Turm. Man gelangt in eine enge, tief eingeschnittene Scharte und gewinnt, einzelnen Zacken westlich ausweichend, über Schrofen den nordwestlichen Gipfel.

● 837 Schüsser, 2170 m

Geo.: HD.
Nom.: urkundlich 1593 für den Spielmannsauer Namensvetter Fürschießer als „Scheyser“ erwähnt, also abträgliche Bez. für einen Berg, der Lawinen herunterrutschen und Steine herunterfallen läßt. (Vgl. im übrigen zur Nom. R 831, 355, 474.)
Nordwestlich der Hammerspitze liegender Gipfel mit schrofiger Nordflanke. Während der Hauptkamm nach Nordosten umbiegt, verläuft in der bisherigen Nordwestrichtung ein Zweiggrat, der den grünen Kühgehrenspitz aufwirft.
Lohnender Skigipfel. Reizvoll ist die Rundfahrt Kanzelwand—Roßgund—Kühgund—Fiderepaß—Wannealp—Schüsser—Kanzelwand mit Ski (nur für bergerfahrene Hochtouristen).

● 838 Ab Höfle (am rechtsufrigen Verbindungsweg zwischen Mittelberg und Hirschegg) steil auf markiertem Weg zur bewirtschafteten Inneren Kuhgehrenalp und nun über den begrasten W-Sporn des Schüsser mühsam, aber ohne jede Schwierigkeit zum Gipfel, 3 1/4 st. Nahezu mühelos erreicht man den Gipfel von der Bergstation der Kanzelwandbahn (siehe R 840).

● 839 **Übergang zur Nordwestl. Hammerspitze,** I—, 1/2 st. Über den harmlosen Geröllrücken hinab zur breiten Einsattelung vor der Hammerspitze und über den nun felsig werdenden Grat hart am Rande der jähen Abstürze zu den Böden der Roßgundalpe bequem zum Gipfel.
Warnung! Daß auch harmlose Geländestellen im Gebirge bei ungünstigen Verhältnissen verhängnisvoll werden können, beweist der tödliche Absturz eines der besten Oberstdorfer Kletterer bei diesem Übergang im Oktober 1963 (vgl. R 693).

● 840 **Gratübergang vom Warmatsgundkopf.** Stets auf dem zunächst grasigen, dann felsigen Grat bleibend, zuletzt in unschwieriger Kletterei auf den Schüssergipfel. 3/4 st, I, auch mit Kindern ab 10 J., jedoch nur am Seil.

Warmatsgundkopf (Kanzelwand), 2059 m

Nom.: warme Atze (warme Weide), vielleicht aber auch vom ahd. Personennamen Warmunt.
Unbedeutender, nach Norden felsig abfallender Gratkopf. Hübsche Aussicht.
Geo.: HD.

● 841 Entweder: a) Von **Riezlern** 2 1/2 st. Auf Alpweg über die Unteren zu den Oberen Zwerenalpen. Dann nordöstlich aufwärts zu dem vom Gipfel nach Westen ziehenden breiten Rücken und rechts haltend auf bequemem Steig zum Kamm südlich des Gipfels empor (Skiweg). Oder:

b) Von **Riezlern** über die Riezleralpen (vgl. R 845). Ein wenig kürzer, aber steiler als a), landschaftlich nicht so schön. Oder:

c) Aus der **Birgsau** über die Bierwang- und Obere Riezleralpe, 4 st, landschaftlich prächtig. Oder:

d) Aus dem dem Roßgundkar auf Steiganlage (nächste Verbindung vom Fiderepaß über Kühgundalp, vgl. R 113 f.).

Alle diese Wege sind völlig unschwierig, auch mit Kindern ab 8 J. Vorsicht am Gipfel! Die Anstiege a), b) und c) münden auf die von der Bergstation der Kanzelwandbahn auf den Gipfel führende Steiganlage (20 Min. von Station zu Gipfel).

● 842 **Kuhgehrenspitze,** 1913 m. Dieser unbedeutende Grasgipfel wird vom Sattel nordwestl. des Schüsser (hierher auf Steig von der Bergstation der Kanzelwand in 20 Min.) in 10 Min. leicht erreicht. Schöne Skifahrt!

● 843 Fellhorn, 2037 m

Gern besuchte Aussichtswarte, leicht zugänglich, höchster Allgäuer Flyschgipfel. Prächtiges Skigelände, März 1973 durch die Fellhornbahn (R 40) und ein winterliches Schleppliftsystem erschlossen.

Nom.: Fell = Fälle = steil abfallender Hang (urkundlich 1538 „Vele").
Geo.: Fly. der Üntschendecke.

Von **Oberstdorf,** 5 st, bez. Weg: Auf der R 221 erwähnten Alpstraße mit oder ohne Umweg über die Wankalp und das Kanzelwandhaus, 1519 m, zur Unteren, 1580 m und Oberen, 1737 m, Bierenwangalp, 4 st (ab P 2½ st). Nun südwestlich zum Grenzkamm und auf diesem nordöstlich zum Gipfel.

● 844 Statt durch das Warmatsgundtal zu gehen, kann man auch schon bei der Wegteilung (R 221) auf Alpweg über **Schlappolthöfle** und Schlappoltalp zum Schlappoltsee, 1717 m, gehen, um von hier in Kehren über das südöstl. Gipfeldach anzusteigen. 4½ st.

● 845 Von **Riezlern** 2½ st, bez. Weg. Von Riezlern auf Alppfaden über steile Hänge südöstlich empor zur Unteren Riezleralp, 1541 m, und am Westhang des Hochtals südlich weiter zu den Oberen Riezleralpen; hier östlich zum Sattel, 1808 m, dem Grenzkamm folgend, zuletzt auf Weg R 843 zum Gipfel.

● 845 a Schöner, wenn auch mühsamer ist es, von der Unteren Riezleralp zunächst durch steilen Wald, dann über Gras zur 1860 m hohen **Gehrenspitze** anzusteigen. Von hier in schöner Kammwanderung über den Gundkopf, 1961 m, zur Kanzelwandbahn, dann hinab zum Sattel 1808 und weiter wie R 845 aufs Fellhorn.

● 846 Ein weiterer Anstieg führt von **Riezlern** in 3 st wie bei R 841 über die Obere Zwerenalp zum breiten NW-Rücken des Warmatsgundkopfs; von ihm nordostw. hinab zum Sattel 1808 m und weiter wie bei R 845.

● 847 Schlappolt, 1968 m; Söllerköpfe, 1937 m; Söllereck, 1706 m

Die Überwanderung dieser grünen, durch Söllereck- wie Fellhornbahn bequem zugänglich gemachten Erhebungen bietet den schönsten Zugang zum Fellhorn.

Geo.: Fly der Üntschendecke.

Nom.: Schlappold oder Schlappolt urkundlich bereits 1471, vom ahd. Personennamen Slagapolt. Söller von mhd. söle = Sonnenaltane.

Der Schlappolt ist wegen seines Reichtums und seiner Vielfalt an alpiner Flora berühmt. Der Blumenfreund findet hier — ähnlich wie an der Höfats, am Linkerskopf und auf dem Elfer, jedoch viel leichter erreichbar, — eine Fülle farbenprächtiger Blüten. Hier sind die charakteristischen Vertreter des kalkarmen Humusbodens daheim. Zur Hauptblütezeit (Juni, oft bis tief in den Juli hinein) gehört diese Kammwanderung zum Schönsten, was die bayerischen Alpen zu zeigen vermögen. (Vgl. Scherzer, S. 174 ff.!)

● 848 Von **Oberstdorf** zum **Schlappolt** $4^1/_4$ st, wie bei R 844 zur Oberen Schlappoltalp, nordöstlich zum Grat und zum kaum über dessen Höhe sich erhebenden Gipfel.

● 849 Von **Oberstdorf** zum **Söllereck** $2^3/_4$ st. Wie bei R 58 nach Schrattenwang. Von hier auf Alpweg am Osthang des Bergrückens an einem Brunnen vorbei bis fast an die Sölleralp; dann über die freien Südosthänge rechts hinan zum Gipfel, der nur den flachen Eckpunkt des sich von hier aus steil absenkenden Grats darstellt. Skiweg, am Osthang nicht immer lawinensicher.
Ein neuer AV-Steig zweigt einige 100 m nach dem Brunnen rechts ab zum Söllereck.

● 850 Vom **Freibergsee** zum **Söllereck** 2 st, bez. Weg. Südöstlich zur „Hochleite", dann nördlich um den Kegel des Schartenkopfs, 1277 m, herum zur Alp Huberlesschwand; von ihr südwestlich hinan zum Weg R 849 und wie dort zum Gipfel.

● 851 Die **Söllerköpfe,** die als mehrgipflige, durch kleine Scharten getrennte Erhebung östlich des Hauptkammes liegen, sind von diesem aus in 10 Min. etwas ausgesetzt zu erreichen. Zugänge von der Schlappoltalp (R 844) oder vom Söllereck her in je $^3/_4$ st.

● 852 Die **Gratwanderung** vom **Söllereck zum Fellhorn** beansprucht etwa $1^1/_2$ st; sie führt über den stellenweise etwas schmalen Grat auf stets ausgeprägtem Pfad zuletzt ziemlich steil empor zu dem Punkt, wo die Söllerköpfe östlich abzweigen. Nun mühelos über den meist breiten Rücken weiter zum Fellhorn.

Bemerkung zu R 843 bis 852: Sowohl Söllereck- wie Fellhornbahn gestalten diese Touren zu nahezu mühelosen, auch mit Kindern ab 8 J. möglichen Bergwanderungen. Im Verein mit den teils schon vorhandenen, teils noch geplanten Schleppliftanlagen eröffnen sie ein Skigebiet heute noch nicht abzusehenden Ausmaßes.

g) Walsertaler Berge links der Breitach

1. Baader Bergumrahmung

Schrifttum: „Das schöne Allgäu" 1953, S. 114 ff. (H. Groth).

● 853 **Höferspitze,** 2131 m; **Weißer Schrofen; Heiterberg,** 2192 m; **Gamsfuß; Älpeleskopf (Geisfuß),** 2161 m; **Hintere Üntschenspitze,** 2016 m; **Güntlispitz,** 2092 m; **Hochstarzl,** 1974 m; **Üntscheller,** 2139 m; **Unspitze,** 1929 m

Selten besuchte Erhebungen zwischen Hochalppaß und Starzeljoch. Botanisch interessante Grasberge. Im Winter gefährliches Lawinengebiet.
Die acht ersteren liegen im Kammverlauf zwischen den beiden genannten Pässen. Der Gamsfuß ist der Westgipfel des schneidigen, nach Südwesten streichenden „Heiterberg" genannten Grates. Der Üntscheller, auch Vordere Üntschenspitze genannt (Namengebung von der Bregenzer Achenseite!), ist Endpunkt des in der Güntlispitze vom Hauptkamm abzweigenden, von ihm durch das Häfnerjoch getrennten westlichen Seitenkammes. Der grüne, spitze Kegel bietet, vom Tal der Bregenzer Ache aus gesehen, einen imposanten Anblick. Die Unspitze liegt in einem vom Hauptkamm südlich des Starzeljochs (Hochstarzel) nach Osten gegen Baad absinkenden Seitenast.

● 854 Die **Hoferspitze** (auch Höferspitze!), einen der typischsten und schönsten Allgäuer Grasgipfel, erreicht man am besten über den begrasten, ungemein blumenreichen, stellenweise etwas schmalen, am Hochalppaß beginnenden O-Kamm, 1 st, auch mit Kindern ab 10 J.

Geo.: Li.-Fle.
Nom.: Hof = Rastplatz für Vieh.

● 855 Hierher auch von Schröcken im unmittelbaren Anstieg über die nach oben immer steiler werdenden Wiesen der Höferbergalpen, die bis kurz unter den Gipfel bewirtschaftet werden.
Der Hoferspitze folgt im immer schmäler werdenden, in ihrem Gipfel scharf nach NW abknickenden Kammverlauf der

● 856 **Weiße Schrofen,** eine schneidige Graterhebung aus Hauptdolomit (daher der Name!), die über festen gutgestuften Fels überklettert wird (II—). Jenseits hinab ausgesetzt auf der schmalen Gratschneide (II) oder links von ihr zur Scharte vor einem zersplitterten Turm, den man von rechts her, I+, durch eine erdige Rinne (Ausstieg nach links) gewinnt. Nun, das Gebiet des HD verlassend, über mehrere grasbewachsene Erhebungen, teilweise etwas ausgesetzt zum

● 857 **Heiterberg,** einem nach NW mit erdigen Steilwänden, nach S mit grasdurchsetzten Felsfluchten abstürzenden Grasgrat (Geo.: Fly der Üntschendecke), in dem sich der Hauptkamm endgültig nach Norden wendet. Sein SW-Grat trägt den vom Heiterberg in 15 Min. (I, ausgesetzt) zu erreichenden

● 857 a **Gamsfuß.** Diesen erreicht man am besten von Schröcken-Unterboden aus: Zunächst auf Alpsteig nw. über die Geiersbergalp zur verfallenen Legeralp, 1692 m. Von hier no. über eine steile Grasrampe auf den SW-Grat und — stets auf der Grathöhe, zuletzt über senkrecht gestellte brüchige Platten — zum Gipfel, 3 st, II.

● 858 Der Übergang vom Heiterberg zum **Älpleskopf** verlangt wegen der Brüchigkeit des Gesteins und wegen der Ausgesetztheit unmittelbar unterm Heiterberg-Gipfel große Vorsicht (III).

Die sich anbietende Umgehung der Gratkante in der brüchigen Mergelwand zur Rechten ist heikel.

Der Übergang in umgekehrter Richtung ist unschwieriger (siehe R 859).

● 859 Von **Baad** (3 st) erreicht man den **Heiterberg** über den Nordgrat wie folgt: Über die Untere Bärgundalp gelangt man westlich abbiegend auf Alpweg über die Stierlochalp zum 1847 m hoch gelegenen Untschlepaß („Untschele“ genannt: Übergang nach Hopfreben). Nun nach links zunächst über grasigen breiten Rücken, dann über steilstufig aufgebauten Fels (unten rechts ausweichen!) in unschwieriger Kletterei zum Gipfel des **Älpeleskopfs** (Geo.: teils Fly. der Üntschendecke, teils HD), I. Von hier in zunehmender Steile und Ausgesetztheit, stets dem Grat nach Süden folgend, zum Heiterberg (II+). 3½ st.

● 860 **Südostgrat des Älpeleskopfs** (HD-Schrofen-Kletterei). Aus dem Bärgundtal, botanisch interessant. Im unteren und oberen Teil mäßig schwierig. Mittelstück unschwierig. 2½ st.

● 861 Von Schröcken oder Hopfreben aus auf den Heiterberg über den langen, unten dicht mit Bergerlen bewachsenen, oben grasigen, von Schrofen unterbrochenen **Südwestrücken.** Unschwierig, jedoch Orientierungsvermögen verlangend. 3 st.

● 862 **Hintere Üntschenspitze** (Geo.: Fly. der Üntschendecke). Nom. siehe R 869. Vom Üntschlepaß (R 859) dem zuweilen scharfen Grasgrat nach Norden folgend, ausgesetzt (I). 30 Min.

● **863** Sehr hübsch ist der bei Baad beginnende **Nordostkamm** der Hinteren Üntschenspitze. Er führt zunächst durch Wald, dann über freie Grashänge, sich am Schluß scharf zusammenschnürend zum Südgrat (R 862), den er etwa auf halber Höhe zwischen Untschele und Gipfel erreicht, I, 3 st.

● **864** Der vom Südlichen Dörrenjöchl, 1980 m, hinaufführende **Nordgrat:** 15 Min., I.

● **865** Der unmittelbare Aufstieg zur Hinteren Üntschenspitze über die steile grasige **Südwestflanke** von Bad Hopfreben aus ist anstrengend und nicht lohnend. Das gleiche gilt von der sehr steilen und schwierigen, botanisch interessanten Nordwand.

● **866** **Güntlispitze,** 2064 m, doppelgipfliger Berg (Geo.: Fly. der Üntschendecke), sowohl vom Südl. Dörrenjöchl (R 864 bis 867) wie von Nordosten (aus den Böden der Dörrenalp) wenig schwierig (I—) in 15 Min. bis 1 st zu erreichen.

● **867** Der vom nördlichen Dörrenjöchl unmittelbar zum Gipfel hinaufziehende Nordgrat ist luftig, aber ohne Schwierikeiten (I+). 30 Min.

● **868** Der **Südgipfel** der Güntlispitze entsendet einen Grat nach Westen zum Häfnerjoch, das in wenigen Minuten unschwierig erreicht wird.

● **869** **Üntscheller** (Vordere Üntschenspitze).

Geo.: Fly. der Üntschendecke.

Nom.: ungeklärt. Die frühere Deutung aus mhd. entigist = jenseits des Kammes ist wohl falsch. Herkunft aller Üntschennamen vom Weiler Üntschele bei Schoppernau wahrscheinlich. Dort der Familienname Onscher 1482 urk.

a) Vom Häfnerjoch streicht in westlicher Richtung ein langer Seitenkamm nach Schoppernau hinab. Er trägt den Üntscheller, der vom genannten Joch aus in einer halben Stunde über Gras erreicht wird.

● **870** b) Über den **Westsporn** von Schoppernau, zuweilen scharf zusammengeschnürter Grasgrat. Botanisch interessant! Unschwierig, oben ausgesetzt. 4 st. I+.

● **871** c) **Nordflanke.** Aus dem Schreckstal (Abfluß nach Schoppernau) in schwieriger Graskletterei unmittelbar zum

Gipfel. Botanisch hochinteressant. Das gleiche gilt von dem zum östlichen Vorgipfel führenden Nordsporn, 3 st, II+.

● **871 a** d) Aufstieg von **Hopfreben** auf Alpweg über Üntschenberg-Alp zur Vord. Üntschen-Alp, 1757 m. Nun der Markierung folgend über Weidegelände ins Häfnerjoch, 1979 m, und wie R 869 zur Spitze, 3½ st.

● **872 Hochstarzl,** 1974 m, ist der Name der vom Nördlichen Dörrenjöchl nach Norden zum Starzeljoch ziehenden schmalen Grasschneiden. Sie werden luftig in unschwieriger Kletterei überwunden.

Nom.: mhd. starz = Strunk
Geo.: Fly. der Üntschendecke.

● **873 Unspitze,** der sich steil über dem Starzeltal aufreckende Hausberg Baads.

Geo.: Fly. der Üntschendecke.

● **874 Ostgrat,** unmittelbar von Baad aus dem bewaldeten Kamm folgend, schließlich immer steiler werdend zum grasigen Gipfel, 2 st, I.

● **875 Westgrat.** Von der Hochstarzel aus stets am Grat bleibend in kurz unterm Gipfel luftiger Kletterei zu erreichen, I, 30 Min.

● **876** Von der Oberen Spitalalp (1¼ st von Baad) über Gras zum Sattel westlich des Gipfels. Von hier in etwas ausgesetzter Kletterei zum Gipfel. 1¾ st, I.

● **877** Der gesamte **Gratübergang** vom Hochalppaß, 1908 m, zum Starzeljoch, 1868 m, erfordert etwa 8 st, bei Mitnahme des Üntscheller 1 st mehr. Die landschaftlich herrliche und wegen des mehrfachen Wechsels zwischen Li.-Fle., HD und Fly. geologisch wie botanisch interessante Wanderung kann jedoch nur erfahrenen und schwindelfreien Bergsteigern angeraten werden. Wegen des mehrfach verzweigten Gratverlaufs ist die Orientierung bei Nebel auch für Geübte schwierig. In umgekehrter Richtung ist der Gratübergang unschwieriger, weil man die schwierigsten Stellen im Auf- und nicht im Abstieg begeht. Sowohl aus dem Untschele wie vom Häfnerjoch führen Not-Abstiege in die Täler beiderseits des Kammes. Lit.: Das Schöne Allgäu 1953, Heft 3 (Baader Bergumrahmung).

2. Schwarzwassergebiet

Es umfaßt die Berge, die das bei Egg gegenüber Riezlern in die Breitach einmündende Tal des Schwarzwasserbachs umrahmen. Weltberühmtes Skigebiet! Nicht zu verwechseln mit dem nördlich unterm Hochvogel entspringenden und bei Forchach in den Lech mündenden Tiroler Schwarzwassertal.

● 878 **Grünhorn,** 2039 m. (Geo.: Fly. der Üntschendecke.) Vom Starzeljoch in 1/2 st oder von der Neu-Hornbachhütte (siehe R 164 b) in 1 1/4 st zu erreichen, über den grasigen Südrücken, zuletzt über Schrofen, I—.

● 879 Von der Schwarzwasserhütte (1 st) zur Ochsenhofer Scharte und über den grasigen **Ostgrat** zum Gipfel. Skiweg, nicht ganz lawinensicher, I—.
Hübsch ist der vom Steinmandl herüberziehende lange Nordwestkamm mit einigen Felsköpfen, die unschwierig überklettert werden. 1 1/2 st (vgl. R 884) (I).

● 880 **Ochsenhofer Köpfe,** 1950 und 1960 m, und **Lüchlekopf** (Geo.: Fly. der Üntschendecke) sind über die aus der Ochsenhofer Scharte nach Osten hinaufziehende Grasschneide ohne Schwierigkeit zu erreichen (I—).

● 881 **Walmendinger** (Mittelberger) **Horn,** 1999 m, besonders lohnender Aussichtsgipfel mit hochalpiner Szenerie, gutes Skigebiet in der Gipfelregion, Zugang durch die Ende 1966 in Betrieb genommene bis unmittelbar unter den Gipfel führende Kabinenbahn (2 Stützen) sowie durch den Ende 1973 eröffneten, ab Mittelberger Alp, 1620 m, zur Gipfelstation laufenden Doppelsessellift erleichtert. Zusätzlicher Skischlepplift im Gipfelbereich (Muttelberglift 1650 m bis 1900 m).

a) Von der Bühlalp oberhalb Mittelberg (hierher auch von Baad) **auf bez. Pfad 2 1/2 st. Durch Wald und über Matten, zuletzt durch die grasige SW-Flanke auf den kreuzgeschmückten Gipfel. Schöne, nicht ganz leichte Skiabfahrt.** Bei ungünstigen Verhältnissen lawinengefährdet.

b) Interessanter ist die Überschreitung des Berges von Osten nach Westen: Mit dem Heuberg-Sessellift (Hirschegg) zur Bergstation, dann auf Pfadspuren durch Wald auf den **Heuberg,** 1793 m. Weiter stets dem teilweise mit Bergerlen und rund 30 Zirben, die die Jahrhunderte überlebten, bewachsenen Kamm folgend über zwei ausgeprägte Erhebungen auf einen beiderseits steil abfallenden Grat, der zum grasigen Gipfelaufbau führt. Trittsicherheit und Schwindelfreiheit nötig. 3 st. Der

c) **Abstieg** (nur für Geübte) über den W-Grat führt vom Gipfelkreuz über mehrere brüchige und ausgesetzte Steilstufen — geologisch wie botanisch hochinteressant — zum Sattel zwischen Walmendinger Horn und Lüchlekopf, 1 st, II. Von hier leicht zur Muttelbergalp.
Leichter ist die Überschreitung des Berges in umgekehrter Richtung, da dann die drei teilweise überhängenden Gratstufen im unteren Drittel aufsteigend bezwungen werden. Die Schwierigkeiten kann man in der Südflanke umgehen.

d) Von der **Auenalp durch** Wald (bez. Steig) zur Walmendinger Alp, über die darüber liegenden steilen Matten auf die Kammhöhe südl. des Gipfels und in wenigen Min. auf diesen, 2 st. Schöne Skiabfahrt!

e) **Höhenwanderweg** Walmendinger Horn — Schwarzwasserhütte durch die Südflanken des Lüchlekammes 2 st, auch mit Kindern ab 8 J., landschaftlich herrlich.
Bemerkung zur **Lawinengefahr** im Raum Walmendinger Horn: Trotz den imponierenden Lawinenverbauungen in der breiten Südostflanke des zum Heuberg hinabziehenden Kammes wird insbesondere auf den üblicherweise bei der Skiabfahrt berührten sonnseitigen Steilhängen bei unsicheren Verhältnissen stets mit Lawinengefahr zu rechnen sein.
Geo.: Fly. der Üntschendecke.

● **882 Heuberg,** 1793 m, von Hirschegg in knapp 2 st über den Nordostrücken wie R 881 b).
Der steile Südanstieg durch die Lawinenverbauungen ist mühsam und nicht lohnend. Die Besteigung des Berges ist durch die bei R 61, 62 genannten Einrichtungen fühlbar erleichtert.
Geo.: Fly. der Üntschendecke.

● **883 Steinmanndl,** 1981 m!
Hähle-(Helle-)Kopf, 2059 m; **Didamskopf,** 2092 m;
Pellinger Köpfl, 2003 m

Bekannte Skiberge in der Umgebung der Schwarzwasser-Hütte. Auch im Sommer ist die Besteigung wegen der leichten Erreichbarkeit, der prächtigen Fernsicht und der üppigen Flora lohnend.

Das unmittelbar südlich des Hochgerachsattels liegende **Steinmanndl** (Geo.: Fly der Üntschendecke) gewinnt man von dort aus über den Nordgrat (I+). Unschwieriger ist die Besteigung von der Schwarzwasserhütte aus über den Ostrücken oder die linke (südlich) davon eingebettete Mulde; in der letzteren die Skiabfahrt. — Vom Steinmanndl in wenigen Minuten aufs **Kreuzmanndl,** 1975 m (Geo.: Fly. der Üntschendecke). Beide Gipfel erreicht man bequem in je 1½ st von der Neu-Hornbachhütte (siehe R 164 b).

● **884** Der **Übergang vom Grünhorn** über den grasigen, mit mehreren Felsköpfen versehenen Südostkamm bietet zuweilen wenig schwierige Kletterei (vgl. R 879) (I). 1½ st.

● **885** Vom Hochgerachsattel, wo sich das geologische Bild wandelt, sind auch **Hählekopf** (¾ st über den Südhang) und **Didamskopf** (1½ st mit kurzem Abstieg in den Kessel der Hochalp) bequem erreichbar; die Skifahrt auf letzteren kann man mit der Besteigung des P. 1973 westlich des Hornbacher Jochs verbinden.
Nach Norden fällt der Didamskopf mit brüchigen Steilwänden (touristisch uninteressant) zur Schönenbachalp ab. Der aus diesen Wänden herausspringende Nordgrat trägt die Murenköpfe, 1623 m.
Nach Süden entsendet der Didamskopf schöne steile im unteren Teil walddurchsetzte Weidehänge — großartiges Skigebiet, erschlossen durch die Sessellifte Didamskopf I und II (s. R 157 c).
Geo.: Hählekopf Kr. der Säntisdecke, Schrattenkalk, Didamskopf dgl.

● 886 Das Pellinger Köpfl erreicht man entweder über den Gratrücken vom Hählekopf her in einer ½ st, oder wie den Hählekopf von der Melköde (2 st, schönste Skifahrten des Gebietes) auf einem zunächst am nordwestlichen Talhang zur Oberen Ifersgundalp führenden Alpweg, später über welliges, flaches Gelände.
Geo.: wie Didamskopf.
Nom. zu R 885, 886: vom Familiennamen der Besitzer.

● 887 **Hoher Ifen,** 2230 m; **Obere Gottesackerwände,** 2035 m; **Torkopf,** 1929 m; **Untere Gottesackerwände,** 1856 m

Einer der eigenartigsten Gebirgsstöcke der Alpen. Er stürzt in drei übereinandergelagerten senkrechten Wänden nach Norden ins Tal. Zwischen Ifenmauer und Oberen Gottesackerwänden dehnt sich das etwa 9 qkm umfassende Gottesackerplateau. Dieses öde, zerrissene Karrenfeld erweckt mit seinen unzähligen kleinen Erhebungen den Eindruck eines plötzlich zu Stein erstarrten Gletschers (Scherzer). Seiner Friedhofeinsamkeit verdankt es den Namen. (Schrifttum: „Das schöne Allgäu" 1937, S. 251; Winter, 15. 1. 1969; Schönes Allgäu, März 1970; Jahrbuch des Vereins zum Schutze der Alpenpflanzen und -tiere 1965). Landschaften ähnlichen Charakters finden

wir im „Steinernen Meer“ in den Berchtesgadener Alpen und im Hochköniggebiet (Salzburg).
Der gesamte Ifenraum ist **Naturschutzgebiet.** Es erstreckt sich von Hirschgund im Westen bis über die Kackenköpfe im Osten hinaus. Seine Südgrenze deckt sich mit der Landesgrenze. Zugang wesentlich erleichtert durch Doppelsessellift Auenhütte — Ifenalp, dessen Erweiterung bis hinauf zum Gottesackerplateau allerdings nur dem Skibetrieb dient.
„Karren“ oder „Schratten“ sind von tiefen Rillen durchzogene Kreidefelsen, die ihre Zerfurchung chemischer Auflösung durch Schmelzwasser und der mechanischen Wirkung fließenden Regenwassers verdanken. Im gesamten Ifengebiet ist das unter R 24 zu „Höhlen“ Gesagte zu beachten!
Streckenweise wird die Öde und Wildheit dieser Steinwüste durch einen überraschenden Blumenreichtum gemildert.
Geo.: Helvetische Kreide (Schrattenkalk).
Nom.: unkundlich bereits 1471 Hohenifer, vom ahd. Personennamen Ivo.

Bemerkungen für den alpinen Skiläufer (R 888—890):

● **888** Schlepplift Ifenalp—Hahnenköpfle unter dem Schlagwort „Ifen 2000“. Die Überwanderung des **„Gottesackers“** ist bei Nebel und Schlechtwetter wegen der schwierigen Orientierungsmöglichkeiten (alles wirkt gleichförmig!) für Ungeübte gefährlich. Dies gilt ganz besonders im Winter. Das Karrenfeld ist nur für erfahrene Läufer ein herrliches Skigebiet. Unter günstigen Bedingungen bietet auch der Ifengipfel selbst keine Schwierigkeiten. „Skigleitweg“ vom Gottesackerplateau hinab zur Auenhütte! Das ganze Gebiet ist im Sommer wie im Winter gut erschlossen durch die ab Auenhütte zur Ifenhütte laufende Sesselbahn und die sich nach oben anschließenden Schlepplifte. Schrifttum: BK 1967 (Januar). Besonders schöne Abfahrt über den Windecksattel durchs Mahdtal; Vorsicht vor dem Hölloch, einem nahe der Mahdtalalpe gelegenen 77 m tiefen senkrechten Schacht, der auf eine unterirdische, klammartige, mehrere hundert Meter lange Schlucht stößt! Öffnung durch Bergwacht abgedeckt.

● **889** Schöner, wenn auch wesentlich schwieriger und stark lawinengefährdet; die Abfahrt nach Schönenbach: Vom Hahnenköpfle, der dicht unterm Absturz des Ifengipfels am Westrande der Hochfläche liegenden runden Erhebung entlang der Grenze nach Nordnordwesten bis P. 1733. Nun in südwestlicher Richtung zum höchsten Sattel des Kälbelesgündle und weiter zu P. 1664 (Lawinengefahr!).

Abfahrt nach Süden zur Tiefen-Ifenalphütte, dort nach Westen umknickend zur Ifenalp, 1349 m, und durchs Subersachtal nach Schönenbach.
Oder (noch schwieriger):

● **890** Vom **Hahnenköpfle,** 2143 m, in nördlicher Richtung zum Hirscheck, 1919 m, dem Westpfeiler der Oberen Gottesackerwände; dann über den Sattel zwischen Roßkopf, 1958 m, und Hirscheck sehr steil in die Nordseite hinab, sogleich scharf nach Westen umbiegend und unterm Hirscheck durch zur Steilwanne über der Oberen Hirschgundalp, 1594 m, und von da zur 200 m tiefer gelegenen Unteren Hirschgundalp. Nun, dem Grenzverlauf folgend, etwa 200 m tiefer, dann westlich durch steilen Wald auf Ziehweg zu den freien Wiesen ober Hirschgund.

Schrifttum. Barth, Wegweiser, S. 212; ZAV 1877, S. 15; ZAV 1900, S. 52; ZAV 07, S. 174; Mitt. 86, S. 67; Eckert, Das Gottesackerplateau wissenschaftliche Ergänzungshefte zur Zeitschrift des DÖAV. Band 1, Heft 3; Schönes Allgäu, 1939, Nr. 1; 1937, Nr. 16.

Der **Hohe Ifen** selbst (R 891—897):

● **891** Von **Riezlern** über die **Nordseite,** 3³/₄ st, bez. Weg. Wie bei 158 ins Schwarzwassertal und zur Unteren Auenalp, 1260 m, 1¹/₄ st, Hotel (P). Nun nordwestlich auf schlechtem Steig den Hang hinauf zur Oberen Auenalp (Ifenalp), 1592 m, 50 Min., ganzjährig bew. Whs. Nachtlager, Sesselbahn ab Auenhütte, wintersüber mehrere Schlepplifte. Von hier empor zu der nordöstlich der Ifenmauer herabziehenden Mulde. An ihrem rechten (nordöstlichen) Rand entlang aufwärts, bis in der Mauer zur Linken eine breite, weniger geneigte Schrofenfläche sichtbar wird. Hier in Kehren empor zum Gipfeldach und auf ihm nordwestlich hinan zum noch ziemlich entfernten Gipfel (Grenzstein).

Weiter westlich führt unweit der Gipfelkante ein mäßig schwieriger Anstieg durch den „Kamin“ der Gipfelmauer; es ist eine durch eine schrofige Steilstufe gesperrte Rinne (Kletterei nur für Geübte).

● **892** Von **Süden.** Von der *Schwarzwasser-Hütte* 2¹/₂ st, teilweise bez., entweder über die Untere Ifersgundalp oder über den Hochgerachsattel zu der am Ostrücken des Hählekopfs gelegenen zur Gemeinde Egg im Bregenzerwald gehörenden Oberen Ifersgundalp, 1751 m. Hierher auch von der Melköde (R 157 a) über die Ifersflucht. Nun verschiedene Mulden ausgehend, in großem Bogen hinüber unter die Südwände des Ifens und durch eine weite Bresche in der Mauer über Schutt und steiles Gras mühsam hinan zum Gipfeldach und auf ihm zum Gipfel.

● 893 Von **Rohrmoos** über den **Gottesacker** 5½ st, mühsam, bei Nebel oder Schnee trotz teilweiser Bezeichnung schwer zu finden; auf den Karrenfeldern Trittsicherheit erforderlich. Von Rohrmoos auf dem Sträßchen nach Hirschgund etwa 12 Min. talein, dann links über eine sumpfige Wiese zu dem im Wald zur Unteren Gatteralp (auch Gatterschwangalp) emporziehenden Weg. Von der vom Weg aus nicht wahrnehmbaren Alp südlich (östlich führt der Weg über den Hörnlepaß nach Riezlern) in Kehren den steilen Hang empor zu einer ausgeprägten Scharte östlich des Gatterkopfs, 1659 m. Jenseits kurz hinab und auf deutlichem Steig durch den Abbruch der Unteren Gottesackerwand empor. (In umgekehrter Richtung bei Nebel schwer zu finden. Übergang im Winter in beiden Richtungen schwierig und lawinengefährlich, dringend zu widerraten.) Nach Überwindung des Abbruchs westlich auf der Kammhöhe aufwärts, bis der Steig links (sw.) hinab zum Windecksattel, 1752 m, mit Deutschlands höchstgelegenem Moor (knapp 100 m Höhenverlust) führt. (Quellen.)

Hierher führen auch Anstiege von Hirschgund und Riezlern. Von Hirschgund auf dem Sträßchen gegen Rohrmoos, ¼ st, nach einem Brücklein mit Gatter im Buschwerk rechts ab und auf Steg über den Schönbach durch Wald, später unter der Keßlerwand über die Keßler- und Bestlesgundalp; 2½ st. Von Riezlern über Schwende durch das Mahdtal, 2½ st.

Nun südwestlich durch die breite Senke zwischen dem

● 894 **Torkopf,** 1929 m (Geo.: Schrattenkalk), der von hier aus in ½ st unmittelbarem Anstieg schwierig von Süden jedoch unschwierig ersteigbar ist und dem **Mitteleck** zum Hochtal der Hochalp (Quellen) und südwestlich über den Hang hinan zur Scharte, 1967 m, in der Oberen Gottesackerwand; 40 Min., Grenzstein. Hier beginnt das Karrenfeld des Gottesackers, das sich hügelig mit vielen tiefen Trichtern und Mulden wenig übersichtlich bis zur Ifenmauer erstreckt. Südwestlich hinab zur vollständig verfallenen Gottesacker-Alphütte (1835 m, 20 Min.) und nun steigend und fallend hinüber, zuletzt etwas absteigend zur Hochmulde nordöstlich der Ifenmauer (1 st; hier auf Weg R 891 zum Gipfel 1 st).

● 895 Von **Schönenbach** (R 164 a, 225), 5 st, geht man östlich zur Subersach und überschreitet sie oberhalb der Mündung des Laublisbachs. Nun steigt man am Hang südlich des Laublisbachs auf Alpweg hinan zur Kalblegündlealp. Unterwegs, etwa 20 Min. vom Weg entfernt und schwer zu finden, liegt der Eingang zur rund 1 km langen, vielfach verzweigten und schwierig zu begehenden Schneckenlochhöhle. (Vgl. „Das schöne Allgäu", 1937, S. 270). Von P. 1664 aus kann man den **Sefi-Schrofen** mit schönem Blick auf die Umrandung des Schönbachkessels unschwierig erreichen (vgl. R 897). Von der Kalblegündlealp aus steigt man sodann ostwärts über steile Grashalden empor und am Rand des großen Ifentobels auf die Kammhöhe. Nun über das Gottesackerplateau südostwärts weiter, bis man die rote Bez. des Weges R 894 trifft. Auf ihm zum Gipfel.

● 896 Von **Hirschgund** (R 66), 5 st, führt außer dem Weg zum Windecksattel (R 893) noch ein anderer Anstieg, der über den Poluswasserfall zur Unteren und Oberen Hirschgundalp geht. Von der letzteren steigt man in südöstl. Richtung zur Oberen Gottesackeralp an, durch die der sog. Kamin zur Kammhöhe der Oberen Gottesackerwand leitet. Auf ihrer Südseite ziemlich waagrecht über Karren zur verfallenen Gottesackeralp und weiter wie bei R 894.

● 897 **Sefi-Schrofen**, 1664—2073 m.

Langer, aus dem Schönenbachtal in südöstlicher Richtung zum Ifen ziehender Schrattenkalk-Kamm. Die einzelnen Erhebungen sind von Norden unschwierig über Gras zu erreichen, nach Süden brechen sie in senkrechten Wänden ab. Hübsche Skitour.

Nom.: Ableitung von Sefen = Wachholderart. Die in alten Karten anzutreffende Bezeichnung „Seefisch-Schrofen" ist eine sinnlose Verballhornung.

● 898 **Kackenköpfe**, 1560 m, 1558 m, 1463 m.

Nom.: Ghagenköpfe = die Köpfe überm Rohrmooser Ghag (Gehag). Richtig wäre die Bezeichnung „Höchster Ghagenkopf" für P 1560. „Gernspitz" für P. 1558 und „Vorderer Ghagenkopf" für P. 1463, während der westlich davon gelegene Punkt 1422 in alten Karten den Namen „Mittagspitz" führt.
Drei auffallende Felsköpfe, die südlich des Rohrmooser Tals aus Wäldern aufstreben. Einsames, wildreiches Gebiet. Geo.: Schrattenkalk.

Schrifttum. „Das Schöne Allgäu", 1937, S. 369.

● 899 Von **Oberstdorf** 3 st, unschwierig, mühsam: zum Sessel (R 42). Nördlich unterhalb des Gasthauses führt ein Holzweg schräg ansteigend durch den Wald empor zu einer Lichtung, wo die Kackenköpfe und der weitere Anstiegsweg wieder sichtbar werden (links zu dem die Breitachklamm beherrschenden Engenkopf, 1285 m). Auf ihr mäßig ansteigend weiter, später einen sumpfigen Sattel überschreitend und jenseits ansteigend zur Alp „Unter dem Horn". Von ihr über zuletzt ziemlich steile Hänge aufwärts zu einer Rinne, die am Ostfuß des felsigen Vorderen Kackenkopfs nach links zur bewaldeten Kammhöhe hinaufleitet. Auf dieser zuletzt über Schratten zum Ostgipfel (Skiweg). Von ihm aus, der der höchste der drei ist, ist der Westliche über den Mittleren in mühsamer Wanderung in 3/4 st zu erreichen.

● 900 Ein anderer Anstieg führt von *Rohrmoos* in 1 1/4 st über den Hörnlepaß und die stark bewaldete steile Südflanke.

III. Vorberge

a) Westlich der Iller

1. Helvetische Kreide: Besler, 1680 m, 1653 m, 1602 m

Ein mehrgipfliger Kamm aus Schrattenkalk, burgenartig ins Illertal hinausgrüßend. Besuch seit Erbauung der Grasgehrenstraße (R 100 und 227, P. Schönberg-Paßhöhe) wesentlich erleichtert.

Schrifttum: „Das Schöne Allgäu" 1937, S. 85.

Nom.: vom Familiennamen Besler.

Geo.: Schrattenkalk.

● 901 Von **Tiefenbach/Oberstdorf** (R 39 a) (sonniger ↗). Über Tiefenbach auf der zum Hirschsprung führenden Straße, bis westlich ein Alpweg abzweigt, der durch das Lochbachtal zunächst steil in Windungen emporführt, um an der „Gehörlosen-Alp", Lochbach- und Schwabenalp vorbei zur Unteren Gundalp zu gelangen. Hier rechts den Hang empor und über die Mittlere und Obere Gundalp zum Kamm östlich des Gipfels. Ein nicht immer ganz intaktes Drahtseil leitet (Übung und Schwindelfreiheit erforderlich) rechts seiner Ostkante zu ihm empor, 3 st.
Statt hier hinaufzusteigen, kann man auch den Gipfelblock nördlich umgehen; von der Scharte westlich von ihm geht man sodann nach Süden und gewinnt, unter den Felswänden nach Osten querend, einen Pfad, der über eine Grashalde zum Gipfelkamm führt. Weiter, aber viel unschwieriger und auch für Schwindelige und Kinder ab 10 J. gangbar.

Etwa 20 Min. nach Verlassen der Talstraße führt beim Austritt aus einem kleinen Waldstück ein anfangs kaum kenntlicher Jagdsteig schräg am rechtsseitigen Hang durch Wald hinan zur Kammhöhe und auf ihr zur Schwarzenberg-Jagdhütte: weiter siehe R 902.

● 902 Von **Obermaiselstein,** 2½ st (sehr bequem und schattig), führt der sogenannte Königsweg, ein breiter Reitweg über Haubeneck durch Hochwald, mäßig ansteigend zur Jagdhütte am Schwarzenberg. Von ihr zunächst auf breitem Weg in der Nordflanke des Geiswiedenkopfs weiter; dann auf Fußpfad durch Gestrüpp und Unterholz in Kehren hinaus zur Kammhöhe. Auf der Südseite ziemlich eben weiter zur Oberen Gundalp und wie bei R 901 zum Gipfel.

● 903 Von **Rohrmoos** (R 66), 2 st, mühsam. Man steigt nördlich den freien Hang hinan und gewinnt einen Weg, der mäßig ansteigend zur östlichen Kindsbankertalp führt. Pfadlos über moorigen Boden nördlich weiter zur Einmündung des Gutswiesertals. In ihm nach Osten zur Freiburger

Alp und ohne Weg die steilen Südhänge des Beslers hinan zur Gipfelwand und unter ihrem Südabfall zum Gipfel.

● 904 Von **Balderschwang** 2½ st, unschwierig, teilweise steiles Gras; talein über die Mittelalp zur Schönbergalp. Von ihr südöstlich dem bez. Steig folgend über gerölldurchsetztes Gras empor, zum Fuß der Felswände. Nun o. querend zur Scharte westlich des höchsten Gipfels. Weiter wie bei R 902.

● 904 a Eine wesentliche Abkürzung des ↗ R 904 erreichen wir, zum **Riedbergpaß** (R 100) hinauffahrend; w. unter der Paßhöhe zweigt der zur Schönbergalp, 1345 m, führende Alpweg ab. Weiter wie R 904, 902. 1 st ab Paß.

● 905 Den **Mittelgipfel,** 1653 m, erreicht man aus der Scharte westlich des Hauptgipfels mühelos über Gras.
Beträchtliche Schwierigkeiten (IV) bereitet der Übergang zum Westgipfel (Schafkopf), 1602 m, auf der Grathöhe. Der senkrechte Gipfelabbruch wird rechts ausweichend in ausgesetzter Kletterei bezwungen.
Leicht, wenn auch mühsam zu erreichen, ist der bis oben hinauf bewaldete **Westgipfel** von der Schönbergalpe (nördlich) oder von der Dinigörgenalpe (südlich) aus, wobei man ihn von Westen her angeht.

● 905 a Die rund 800 m breite, mehrfach eingebuchtete, zwischen 30 und 60 m hohe N-Wand des Beslerkammes stellt eine ideale **Kletterschule** in festem Schrattenkalk dar. Hier sind nahezu alle Schwierigkeitsgrade vertreten. Unmittelbar am Wandfuß entlang läuft ein vom Schönbergalp-↗ (R 904) in wenigen Min. erreichbarer Gamswechsel, der den Einstieg vermittelt. Die schönsten Routen:

a) **In die Senke** zwischen W- und Mittel-Gipfel durch die unten mit leicht überhängendem kaminartigen Einriß abbrechende Grasmulde (bei Nässe heikel!), E III, dann I.

b) **Mittelgipfel-N-Kante:** E in Fallinie des Gipfelkreuzes. Auf kurze Linksquerung folgt eine gutgriffige Rampe (Schrattenkalk mit Gras). Über sie r. hinauf (III) und li. an den Fuß der zum Kreuz führenden nahezu senkrechten Kante, die über festen Fels direkt erklettert wird (IV—V).

c) **Mittelgipfel-N-Wand:** Etwas o. von b) führt ein schöner Stemmkamin (gutgegliederter Fels) zur Gipfelwand hinauf, die (teilweise brüchiges Gestein!) ebenfalls unmittelbar erklettert wird (IV).

d) Weiter o. fällt uns ein durch zwei gewaltige Überhänge gesperrter Kamin auf. Man überwindet beide durch Erkletterung der sie r. begrenzenden Kaminwände, den unteren III—IV, den oberen IV—V.

e) Je weiter wir nach O gehen, um so mehr legt sich das Gewänd über uns zurück; ein Durchkommen über den begrasten Schrattenkalk wird hier immer leichter möglich (Vorsicht bei Nässe!), bis wir schließlich gemeinsam mit dem Schönbergalpsteig in die Kammsenke zwischen Mittel- und O-Gipfel gelangen.

2. Flyschberge

Vorbemerkung: Die Ersteigung dieser Berge (bis R 917) ist durch die Hörnerbahn und die nach Balderschwang führende Riedbergstraße wesentlich erleichtert! Alle Wanderungen mit Kindern ab 8 J.

● 906 **Riedberger Horn,** 1787 m

Die höchste Erhebung der gesamten Gruppe, berühmter Skigipfel (mehrere Schlepplifte), dessen Besuch durch die Erbauung der Rechtlerstraße (jetzt Kreisstraße) Obermaiselstein — Balderschwang auf einen einstündigen Spaziergang verkürzt wurde.
Geo.: Fly der Hauptflyschzone. Lit.: BK Febr. 1969.

Am bequemsten durch die Grasgehrenmulde oder über den Südrücken von der Paßhöhe (1400 m), der die Ortschaften Obermaiselstein und Balderschwang verbindenden Riedbergstraße (R 100), 1 st.
Vom Hörnerhaus (bis dahin Sesselbahn) 1½ st, teilweise bez. Weg. Man geht nordwestlich in der breiten Mulde zwischen *Weiherkopf,* 1665 m, und *Bolsterlanger Horn,* 1583 m, zum Sattel zwischen diesen beiden Erhebungen hinan, 25 Min. (im Winter Schlepplift); ersterer von hier in 20 Min., letzterer in 10 Min. leicht zugänglich.
Vom Sattel führt ein Alpweg unter den Südhängen des Weiherkopfes und des *Großen Ochsenkopfs* (1662 m, Besteigung vom Weg aus über seine grasigen Hänge erfordert 20 Min.) entlang ziemlich waagrecht nach Westen; an der Hintereckalp vorbei gelangt man in die große Mulde der Bolgenalp östlich des Riedberger Horns; entweder links zum Ostrücken oder rechts haltend zum Nordostrücken und über ihn zum Gipfel.

● 907 Von **Obermaiselstein** 3 st. Nordwestlich des Dorfes ins Tal der Bolgenach und in ihm auf Alpweg an der Zunkleitenhütte, 1172 m, vorbei in die große Mulde der Bolgenalp; weiter wie bei R 906.

● 908 Von **Rohrmoos,** 2¾ st, wie bei R 903 zur östlichen Kindsbankertalp. Scharf links über den Taleinschnitt hinüber zur westlichen Alphütte und auf moorigem Wege nördlich zur Dinigörgenalp, 1280 m; wenig absteigend um den Westrücken des Beslers herum und wieder ansteigend zum Sattel westlich der Schönbergalp, R 227, 1/2 st. Von ihm über den im unteren Teil licht bewaldeten, breiten Südrücken des Riedberger Horns, teilweise auf Pfadspuren empor zum Gipfel, 1 1/4 st.

● 909 Von **Balderschwang,** 2 st, talein über Wäldle und Au bis vor den Schwabenhof. Hier steigt man auf dem Rücken südlich des Rauhbachs empor zur Alphütte Langeneck (Skilift!); dann entweder südöstlich den Bergrücken weiter verfolgend bis zum Gipfel, oder den Rücken nach links verlassend auf Steigspuren hinein in die große Mulde der Prinscheralp (Jagdhütte) und aus ihr über Alpenrosenhänge und durch Latschen beliebig hinan zum Gipfel.

● 910 Von **Gunzesried** 3 st, teilweise bez. Weg; talein zur Brücke über die Ache und bald darauf auf Alpweg links die Straße verlassend, den Hang schräg ansteigend hinein in das Ostertal; auch von der Gunzesrieder Säge führt ein Weg herein. Auf gut ausgebautem Alpweg zum Talschluß. Hier nach Belieben w. oder südwestlich die Hänge empor und über die Hällritzer, 1445 m, bzw. Printscher Alp, 1462 m, zum Nordrücken; auf ihm zum Gipfel.

● 911 **Bolgen,** 1686 m; **Wannenkopf,** 1712 m

Nom.: Bolgen von Bulge = muldenartige Form.
Ein breiter Bergzug mit langem flachen Gipfelgrat.
Geo.: wie Riedberger Horn.
Von **Obermaiselstein,** 2 1/4 st, zunächst eine kurze Strecke ins Tal der Bolgenach (R 907); dann links auf einem durch eine breite Alplichtung führenden Waldweg zu freien Hängen, über die man links ausbiegend den langen Gipfelkamm erreicht; Skiweg, besser als Abfahrt, bei unsicherem Schnee Anstieg von Süden — siehe nachstehend — vorzuziehen.

● 912 Ein anderer Anstieg führt von Obermaiselstein durch das **Schönberger Achtal;** 2 1/2 st. Bei der Abzweigung zur Lenzenberghütte steigt man nördlich über freie Hänge mit zahlreichen Heustadeln hinan zum Gipfelkamm.
Der aussichtsreiche **Übergang** vom Riedberger Horn bis zum Wannenkopf (Skiweg) erfordert 1 st.

● 913 **Ochsenkopf,** 1662 m

Der bei R 906 erwähnte Gipfel hat nur als Skiberg Bedeutung. Er vermittelt einen aufschlußreichen Blick ins Ostertal, dessen obere Gründe sein Nordausläufer trennt.

● 914 **Bleicherhorn,** 1669 m

Der schön geschwungene Doppelgipfel des Bleicherhorns, dessen südöstl. Ende auch **Hällritzereck** genannt wird, erhebt sich nordwestlich des Riedberger Horns; der flache Verbindungskamm zum letzteren trägt die unbedeutenden Erhebungen des **Grauensteins,** 1041 m, und des **Dreifahnenkopfs,** 1628 m (Name: Fahne = Farn). Dankbarer Skigipfel!

Das Bleicherhorn ist auch von Balderschwang über Wäldle — Vögelsalp zu erreichen (2 st), oder von Gunzesried durch das Ostertal und über Höllritzeralp (2½ st). Der Gratübergang Riedbergerhorn — Bleicherhorn über die eingangs genannten Erhebungen ist botanisch interessant und landschaftlich sehr schön.

Geo.: zu R 913, 914, wie Riedberger Horn.

Die Vorderen Hörner:

Weiherkopf, 1665 m; Rangiswanger Horn, 1615 m; Sigiswanger Horn, 1527 m; Ofterschwanger Horn, 1407 m

Die Überwanderung dieses das Illertal westlich begleitenden Kammes (Geo.: Fly. der Hauptflyschzone) ist leicht und bequem. Ausgangspunkt am besten Hörnerhaus. Im Winter beliebte Skifahrten. Das Gebiet ist durch die Hörnerbahn (Sessellift), durch den Gunzesrieder Sessellift und (im Winter) durch ein zum Skizirkus vereinigtes System von Schleppliften vorbildlich erschlossen. Der **„Panoramaweg West"** mit den Endpunkten Grasgehrenhütte im Süden und Seifriedsberg/Allgäuer Berghof im Norden verbindet alle Gipfel der Vorderen Hörnergruppe zu einem pausenlos aussichtsreichen, fast mühelosen Spaziergang 800 m überm Illertal von 4—5 st Dauer.

● **915** Von der Hütte wie bei R 906 zum **Weiherkopf,** ¾ st; statt zum Sattel zu gehen, kann man auch gleich den Ostrücken hinaufsteigen. Nun nördlich zu einem Sattel, 1563 m; mit Ski von rechts her hineinqueren, bei unsicherem Schnee Vorsicht! An der in ihm liegenden Melkhütte vorbei und in

● **916** gemächlichem Anstieg auf das **Rangiswanger Horn** (Signal, ½ st); östlich hinab gegen die Sigiswanger Alp und in einer Waldlichtung empor zum bewaldeten

● **917** **Sigiswanger Horn** (40 Min.). Nun nördlich ziemlich tief hinab in den breiten Sattel der Obern Badersalp und jenseits hinan zur runden flachen Kuppe des

● **918** **Ofterschwanger Horns,** ½ st. Weiter nördlich über den breiten, flachen Hang zur Eckalp und zum prächtig gelegenen Hotel Allgäuer Berghof.

3. Molasseberge

Das gefaltete Molassegestein (Nagelfluh), aus dem sich dieser Gebirgskamm zusammensetzt, ist ein Gemengsel vom Wasser rundgerollter Steine mannigfacher Herkunft, die fest miteinander verkittet sind. Weite Gebiete des Alpenvorlandes bestehen aus Molasse, die abgesehen von einigen Höhepunkten (Pfänder, Schwarzer Grat, Auerberg) vom Diluvialschutt der Eiszeiten meist verhüllt ist. Die am Gebirgsaufbau beteiligte subalpine Molasse beginnt westlich am Kojen und dehnt sich über die Rindalpen und die Wertacher sowie Nesselwanger Vorberge bis in die Gegend von Roßhaupten.

Der Boden scheint dem Wachstum besonders förderlich zu sein: An Mannigfaltigkeit und Schönheit kann sich die Flora dieser Berge mit jener des Schlappoltkammes messen!

aa) Die südliche Molassegruppe:

● 919 Siplingerkopf, 1746 m; Tennenmooskopf, 1628 m

Der **Siplingerkopf** ist ein felsiger Nagelfluhberg, bekannt wegen seiner schönen Spießwände, die mit steil gestellten Nagelfluhtafeln in seiner Ostflanke zum Aubachtal hinabziehen. Östlich von ihm erstreckt sich der Rükken des **Tennenmooskopfes** gegen die Gunzesrieder Säge.

Diese Erhebungen ersteigt man am unschwierigsten vom Sattel der Obern Wilhelminenalp, wobei man für den Tennenmooskopf 1/2 st, für den Siplingerkopf, der Trittsicherheit erfordert, 3/4 st rechnen kann. Zum Siplingerkopf gelangt man auch von Balderschwang in 2 st über die Balderschwanger Alp und seinen Südwestrücken, aus dem Aubachtal in 2 st über die Siplingeralp oder vom Scheidewangsattel, 1317 m (Mautstraße, P 30 Pkw) in 1 st. Der N-Kamm trägt die sowohl von der Hirschgundalp wie von der Sipplingeralp aus sichtbare

● 920 **Siplingernadel.** Einstieg: höchstes Rasenpolster links an der etwa 40 m hohen Nordwand. Einen kleinen Riß verfolgend über brüchiges Nagelfluhgestein etwas rechts haltend empor in die Scharte zwischen Wand und Nadel. An deren Südseite gutgriffig etwa 15 m schräg rechts in einen Kamin und durch diesen in eine Grotte, deren Abschluß ein Schartl bildet. Aus diesem luftig und brüchig auf und an der Gratschneide zum nadelförmigen Gipfel. 3 m unter diesem Standplatz (IV).

● 921 Heidenköpfe, 1685 m; Girenkopf, 1683 m

Zwei einsame Nagelfluhberge nördlich von Balderschwang, die man von dort aus in je 1 3/4 st über die Balderschwanger Alp und die Südhänge leicht erreicht (Skifahrten). Prächtige Nagelfluhflora! Seit Erbauung der von Gunzesried zur Scheidewangalp, 1317 m, führenden Alpstraße (Maut, siehe R 229) besonders bequem von Scheidewang aus (45 Min.) erreichbar. Fortsetzung der knapp 10 km langen Gratwanderung nach Hittisau über Stillberg, 1530 m, Samstenberg, 1515 m, Koppachstein, 1532 m, mühsam, schön, teilweise weglos (4 st).

● 922 Südlich von Balderschwang liegen als lohnende Skiberge der **Piesenkopf** von ahd. Personennamen Buoso), 1629 m, der **Hochschelpen**, 1552 m (Name von ahd. scelp = Hirtenhütte) und, schon auf österreichischem Gebiet, der **Feuerstätterkopf, 1647 m** (Name vom roten Hornstein). Des Besuchs wert ist auch der westlich vom Piesenkopf gelegene **Riesenkopf, 1470 m.**

● 923 bb) Die Rindalpen

(wie der vom Mittag zum Hochhädrich führende rund 20 km lange Kamm gemeinhin genannt wird) grüßen weit hinaus in die Schwäbische Hochebene. Bei der Fahrt von Lindau nach München treten Hochgrat und Rindalphorn schon lange vor Oberstaufen in den Gesichtskreis. Zumal im Frühling und im Frühsommer bieten die oft noch tiefverschneiten, nach Norden abfallenden Steilflanken überm satten Grün des Westallgäuer Voralpenlandes einen majestätischen Anblick. Während der Südabfall der Ketten ziemlich einförmig ist, zeigt die landschaftlich großartige Nordseite gegen das Weißachtal prächtige, sattgrüne Karmulden mit glitzernden Wasserfällen, lichtfrohe Ahorngruppen unter den seltsam geschichteten Steilwänden der Gipfel.

Schrifttum: Oberallgäuer Erzähler 1964, Nr. 1, BK März 1971.

Stützpunkt ist das Staufener Haus (R 177); außerdem sind die Talorte Oberstaufen, Immenstadt mit Almagmach, Gunzesried und Säge, Steibis, Balderschwang und Hittisau geeignete Ausgangspunkte.
Durch den Sessellift auf den Mittag ist der Besuch des Ostteils der Gruppe wesentlich erleichtert, während der für Kfz gegen Maut befahrbare Weg von der Lanzenbachsäge zur Unteren Lauchalp (P) den Aufstieg aufs Staufner Haus und auf die westlichen Gipfel der Gruppe fühlbar verkürzt. Die Kabinenbahn auf den Hochgrat (R 177) erleichtert auch den Zugang zum Westteil der Rindalpen.
Der gesamte Rindalpenkamm vom Hochgrat bis zum Steineberg wird vom **Europäischen Fernwanderweg 5** „Bodensee — Adria" überschritten. Spezialführer von H. Schmidt im Verlag J. Fink, Stuttgart.

● 924 **Mittag,** 1442 m und **Bärenkopf,** 1479 m

Von Immenstadt, Blaichach und Gunzesried unschwierig zu erreichende Aussichtsberge. Sessellift zum Mittaggipfel, dort schönes Skigelände mit Schlepplift. Name Mittag: vom Sonnenstand überm Gipfel (vgl. Elfer, Zwölfer!). Der ab Bergstation in 15 Min. zu erreichende **Bärenkopf** (in Erinnerung an die letzten im Allgäu hier heimisch gewesenen Bären) erfreut sich einiger Einsamkeit.

● 925 **Steineberg,** 1683 m

Von **Immenstadt** 2¾ st, teilweise bez. Weg: wie bei R 932 zur hölzernen Kapelle; über den Steigbach und jenseits über Alpböden und durch Wald empor zum Nordostrücken des Steinebergs, den man in einer Einsenkung südwestlich des Mittags (Ettensbergs) erreicht. Auf gutem Steig, an einer Gedenktafel vorbei, zum Gipfel, auch mit Kindern ab 10 J.

● 926 Von **Almagmach** 1¼ st, bez. Weg: südlich über den Bach, jenseits den freien Hang hinan zur Hintern Krumbachalp; weiter zum Grat und nordöstlich zum Gipfel.

● 927 Vom **Gunzesrieder Tal** benützt man am besten den Anstieg (R 933), der von der Gunzesrieder Säge in 2 st zum Gipfel führt. Ein weiterer

Aufstieg geht von Gunzesried über Obergschwend und westlich über den Reichenbachtobel.

● 928 Übergang vom Mittag. Von der Bergstation der Mittag-Sesselbahn hinab in die zwischen Mittag und Steineberg liegende Senke. Weiter wie R 925 (1½ st).

● 929 Der etwa 20 m hohe, nahezu senkrechte Steilabfall ist durch eine unmittelbar zum Gipfelkreuz führende Rinne schwierig zu erklettern.

● 930 Der **Übergang** vom **Steineberg** zum **Stuiben** über den Grat zeigt hübsche Felsbildungen. — Versicherte Steiganlage; 1 st, auch mit Kindern ab 12 J.

● 931 **Stuiben,** 1749 m

Name: von stieben, stauben, Staubbach! (Staufen)? oder: Steiber = Pfeiler! Wegen seiner Aussicht bekannter Berg; von der Schnellzugstation Immenstadt in 3 st zu erreichen, daher auch als Tagesausflug von Augsburg usw. geeignet. Ältester Allgäuer Skigipfel (1897).
Auf dem Gipfel ein steinerner Tisch mit Aufzeichnung der Rundsicht. Das Unterkunftshaus unter dem Gipfel abgebrannt.

● 932 Von **Immenstadt,** 3 st, bez. Weg, im Steigbachtobel hinauf, an einer hölzernen Kapelle vorbei nach *Almagmach,* etwa 1140 m, 1½ st (Whs.). Nach der Wirtschaft vom Fahrweg links ab und auf Fußweg über den Bach; jenseits hinan zur Kammhöhe, wo der Fahrweg wieder berührt wird, der auf der anderen Seite ins Weißachtal (Jagdhaus Ehrenschwang) hinabführt. Nun nach links auf Alpweg über Weideböden, am Krätzenstein vorbei zum Südwesthang des Gipfels und über Gras zu ihm empor, auch mit Kindern ab 10 J.

Dieser Weg kommt auch für den Skianstieg in Betracht. Die schönste Abfahrt führt von der Mittelberger Alp nicht in das Steigbachtal hinab, sondern nördlich leicht ansteigend über das Naturfreundehaus zum *Gschwender Horn,* 1441 m, und über seine schönen Nordhänge hinab nach Bühl am Alpsee.

● 933 Von der **Gunzesrieder Säge** (2 st, bez. Weg) nordwestlich über die Südosthänge des Bergzugs hinan, meist über freies Gelände, zuletzt in einer Rinne, der sogenannten Gratgasse, empor zum Grat zwischen Stuiben und Steineberg, und nach links auf versichertem Steig über den Nagelfluhgrat zum Gipfel.

● 934 **Sedererstuiben,** 1737 m; **Buralpkopf,** 1772 m; **Gündleskopf,** 1748 m

a) Die im Kammverlauf zwischen Rindalphorn und Mittag liegenden Gipfel begeht man am besten in unschwieriger, aber Übung erfordernder Wanderung über den gesamten Nagelfluh-Hauptkamm von Osten nach Westen (wenn man die Höhe des Mittag mit der Sesselbahn erreicht hat) oder von Westen nach Osten (wenn man im Staufner Haus übernachtet hat). Die gesamte Kammwanderung verlangt Ausdauer (6—8 st, keine Zwischenunterkunft. Kein Wasser, Höhenverlust Mittag bis Staufner Haus 1100 m, Gegenanstieg 1250 m). Notabstiege siehe b).

b) Verschiedene in umgekehrter Richtung als Notabstiege zu verwendende Steige führen sowohl von Norden wie von Süden auf einige Stellen des Nagelfluh-Hauptkammes, insbesondere die Zugänge aus dem Ehrenschwangtal in die Brunnenauscharte (zwischen Hochgrat und Rindalphorn), in die Gündlesscharte (zwischen Rindalphorn und Gündleskopf) und in die Gatterscharte (ostwärts des Buralpkopfes) und die Zugänge aus dem Gunzesrieder Tal in dieselben Scharten.
Der gesamte Kamm ist botanisch hochinteressant (u. a. einziger Fundort von Dianthus silvester, Waldnelke, in den Nördlichen Kalkalpen).
Nom.: Sederer: überm Sedel = Weideplatz.

Rindalphorn, 1822 m

Der formenschönste Gipfel der Kette. Botanisch interessant. Siehe auch die Anstiege zum Hochgrat, insbesondere jenen von Gunzesried (R 941).

● **935** Von der **Lanzenbacher Säge** 3 st: wie bei R 943 zum Sattel, 1624 m, und nordöstlich über den westlichen Vorgipfel zum Hauptgipfel.

● **936 Weitere Anstiege führen aus dem Weißachtal:**

a) Hinter Simatsgund rechts abzweigend zur Rindalpe, 1249 m, und über den zwischen Rindalphorn (westlich) und Gündleskopf (östlich) eingeschnittenen Sattel, 1542 m (3 st) — hierher auch von Süden, von der Aualpe im Gunzesrieder Tal in 2 st.
b) Ebenfalls hinter Simatsgund rechts abzweigend durch den Groppachwald zu den beiden Groppachalpen und über den felsdurchsetzten grasigen Nordwestkamm unmittelbar zum Gipfel (sehr schön, aber mühsam, 3 st).

● **937** Der *Übergang* vom *Hochgrat,* 1 st, hält sich meist auf dem Grat und seiner Südabdachung. Er ist von besonderem landschaftlichen Reiz — ebenso wie die Fortsetzung der Kammwanderung nach Osten Richtung Stuiben, auch mit kräftigen Kindern ab 12 J. — Bei guten Schneeverhältnissen Skifahrt für erfahrene Wintertouristen.

● **938** Auch die Nordabstürze des Gipfels sind durchstiegen worden; infolge des runden, brüchigen Nagelfluhgesteins schwierige und gefährliche Kletterei. (Näheres siehe Mitt. 1908, S. 157).
Von besonderem Reiz ist die Begehung des im oberen Teil ziemlich ausgeprägten Nordostgrates, der unmittelbar zum Hauptgipfel führt. Günstigster Ausgangspunkt: Rindalpe, 1245 m. Die durch überhängende Nagelfluhbänke charakterisierte Gipfelwand bereitet ernste Schwierigkeiten (IV), denen man leicht westlich ausweichen kann.

● 939 **Hochgrat,** 1833 m

Der höchste Berg der Allgäuer Nagelfluhkette. Seine Besteigung ist sommers wie winters durch das bew. Staufener Haus, ab Ende 1973 auch durch die Hochgratbahn (R 177), erleichtert. Prächtige Aussicht, insbesondere in die Schweizer Berge und zum Bodensee. FIS-Rennstrecke! Schrifttum: „Das Schöne Allgäu“, 1938, S. 354.

● 940 Vom **Staufner Haus** (R 177) 40 Min., bez. Weg, südlich zum Grat empor und nach links über Gras zum Gipfel (Skiroute).

● 941 Von **Balderschwang** 3½ st, teilweise Alpwege: nördlich empor zum Sattel zwischen Giren- und Heidenkopf; jenseits in einer breiten Mulde hinab, an einer Melkhütte vorbei zur Alp Scheidwang, 1317 m. Hierher Mautstraße von **Gunzesried** (R 921, 229, 30). Nördlich auf breitem Alpweg talauf zur Alp Untergelchenwang, 1417 m, über die Gütlealp zum Sattel, 1624 m, im Ostgrat und über ihn zum Gipfel. Von Scheidwang 1½ st, auch mit Kindern ab 10 J.

Bei guten Verhältnissen Skiweg, wobei man jedoch von Scheidwang westlich um den **Leiterberg,** 1615 m, herum ansteigt und nach kurzer Abfahrt zur Alp Obergelchenwang den Südostkamm des Hochgrats benützt.

● 942 Von **Hittisau** 4½ st zur Höflealp; hier das Lecknertal verlassend, im Obergelchenwanger Tal empor und über die Alpen Wäldle und Saugunden, 1419 m, zum Gipfelkamm, unter dem jenseits das Staufner Haus liegt; auf ihm nach rechts zum Gipfel (nicht lawinensicher!).

● 943 a) Von der **Lanzenbacher Säge,** 3 st, führt ein landschaftlich schöner Anstieg zunächst im Weißachtal einwärts zur Mittleren Simatsgundalp. Hier über die Hänge schräg links empor, zwei Tobel querend, zur Gratvorsäßhütte und weiter zur prächtig gelegenen Brunnenaualp, 1336 m, 1¾ st. Nun auf Fußsteig südl. hinan zum Sattel, 1624 m, 40 Min., am NO-Rücken des Hochgrats und westl. zum Gipfel.

b) Ebenfalls von Simatsgund aus (in der Kapelle ein wertvoller Barockaltar, 1649!) erreicht man die nördlich unterm Gipfel gelegene Fahnenalp, 1354 m. Von hier aus kann man (wegen Steinschlags gefährlich, sehr anstrengend, nicht lohnend) die steilen Nordabstürze in Richtung aufs Gipfelkreuz durchsteigen, wobei man der senkrechten Gipfelwand nach Belieben östlich oder westlich ausweicht.

● 944 Selekopf, 1663 m; Hohenfluhalpkopf, 1636 m Einegundkopf, 1641 m; Falk, 1564 m; Hochhädrich, 1565 m

Geo.: Molasse (Nagelfluh).
Nom.: Sele, auch Seele, Dim. von See. Namengebung wohl von S. — Einegund = einsam überm Gund. — Falk, Falken häufig für mit Borstgras (nardus stricta) bewachsene Gipfel. — Hochhädrich vom Unkraut Hederich (Kreuzblütler).
Die letzten Gipfel in der vom Hochgrat nach Westen absinkenden Nagelfluhkette, teilweise bereits bewaldet. Vielbesuchtes Skigebiet mit zahl-

reichen privaten Hütten und bew. Häusern. Den Besuch der Gipfel gestaltet man am besten als Kammwanderung auf dem teilweise versicherten AV-Weg; etwa 3 st vom Hochhädrich bis zum Staufner Haus oder umgekehrt. Skiaufzug Falkenalp—Falkengipfel.
Erleichtert ist der Besuch dieser Gipfel nicht nur (von O her) durch die Hochgratbahn, sondern auch (von W her) durch die Imbergsesselbahn Steibis — Ansbacher Hütte, 1214 m, unterm Imberg, 1325 m. Alle Gipfel auch mit Kindern ab 10 J.

● **945** Der **Selekopf** ist vom Staufner Haus über den Ostrücken in 25 Min. unschwierig erreichbar.

● **946** Das gleiche gilt vom **Hohenfluhalpkopf,** 1636 m (botanisch interessant).

● **947** a) **Einegundkopf** und **Falken** sind in Fortsetzung der Kammwanderung in westlicher Richtung ebenfalls unschwierig zu überschreiten.
b) Beide Gipfel erreicht man mühelos von Norden, indem man über die Lanzenbachsäge (R 177) die Untere Lauchalp und von hier aus die südlich gelegene Schilpern-Alpe, 1100 m, besucht (bis hierher Kfz. gegen Maut, P). Von der Schilpern-Alpe über Obersteig-Alp, 1177 m, zur Schneylochalp, 1293 m, und über die knapp unterm Kamm liegende Falkenalp nach Belieben (je 30 Min.) östlich zum Einegundkopf oder westlich zum Falken.
Die Fortsetzung der Kammwanderung zum **Hochhädrich** verlangt zuweilen Trittsicherheit und Schwindelfreiheit (1 st vom Falken, Kinder ans Seil).

● **948** a) Zum **Hochhädrich** gelangt man auch von Steibis in 2½ st auf dem Alpweg durch das Langholz über die Waltnersalp zum Sattel (1218 m, 1 st) westlich des Imbergs. Jenseits hinab über die Obermoosalp zum Lanzenbach und über die Hörmoosalp und das Hubertushaus zum Gipfel.
b) Weiter, aber schöner, ist der Weg über den Kojen, 1303 m; man verläßt hierbei den vom Sattel zum Lanzenbach hinabführenden Weg bald nach rechts und geht am Berghang entlang fast waagrecht an mehreren Alpen vorbei zur Schnapshütte (1 st) im breiten Sattel zwischen Kojen und Hochhädrich (vorübergehende Grenzüberschreitung).

● **949 Prodelkamm.** Der vom Immenstädter Horn, 1487 m, in weitem Bogen über den Rotenkopf, 1482 m, zum skiberühmten Gschwender Horn, 1441 m, ziehende und sich jenseits der Senke Scheid Möser, 1290 m, nach Westen übers Himmeleck, 1492, 1488 und 1470 m, und den Denneberg, 1423, 1401 und 1330 m, bis zum Steilabfall des Prodelwalds führende, etwa 12 km lange, teils bewaldete, teils freie Alpweiden tragende, aus Nagelfluh aufgebaute sog. **Prodelkamm** bietet für Freunde abseitiger und ruhiger Berg-

fahrten vielerlei Freuden. Im Winter ist er sowohl von Immenstadt/Bühl wie von Ratholz, Thalkirchdorf und Oberstaufen aus durch zahlreiche Skilift-Anlagen erschlossen.
(Schrifttum: „Das Schöne Allgäu", 1957, S. 54.)
Günstigste Ausgangspunkte:

a) Lanzenbachsäge (R 177): etwas unterhalb über die Weißachbrücke und auf schmalem Steig durch den Prodelwald zur Prodelalp, 1207 m, wo der eigentliche Kamm beginnt.

b) Hündle-Sessellift (R 985): Von der Bergstation über Hochwildealp zur Moosalp und auf steilem Pfad in den Sattel, 1334 m, östlich vom Denneberg. (Kfz-Benutzung nach Einholung einer Erlaubnis bis zu den oberen Moosalpböden!)

c) Oberes Weißachtal: Mehrere Aufstiegsmöglichkeiten über die Laubgundalp oder von Ehrenschwang aus zum Himmeleck.

d) Naturfreundehaus am Gschwenderhorn (R 176): Am schönsten und fotografisch am dankbarsten.

e) Sesselbahn Ratholz — Bärenfalle-Alp (R 97).
Gesamtzeitaufwand für die Wanderung Lanzenbachsäge — Naturfreundehaus oder umgekehrt 4—5 st.
Nom.: Gschwenderhorn von schwenden = roden, Denneberg = Tannenberg, Prodel = der Bergkamm, um den die Nebel ziehen (brodeln) — vgl. Nebelhorn!

b) Ostwärts der Iller

● 950 Grünten, 1738 m

Der formenschöne Wächter des Illertals, dank seiner dem Hauptkamm weit vorgelagerten Stellung ähnlich wie Herzogstand, Wendelstein oder Untersberg berühmt als Aussichtsberg. Die Aussicht reicht von der Donau bis zu den Gipfeln der Ostschweiz, vom Bodensee bis zum Wetterstein. Auf dem Gipfel steht das 1923 errichtete Gedächtnismal für die gefallenen Gebirgsjäger der beiden Weltkriege, auf dem Vorgipfel befinden sich Sendeanlagen des Bayerischen Rundfunks mit Gitterturm (Plattform 52 m; Spitze 92 m). Die Ersteigung des Grünten ist durch die bis zur Jörg-Alp, 1180 m, führende Mautstraße wesentlich erleichtert.
Die Besteigung auf meist schattigen Wegen ist leicht und überaus lohnend, auch mit Kindern ab 10 J. (R 953 a beachten!). Der senkrecht geschichtete Schrattenkalk der Stuhlwand ist eine beliebte Kletterschule. Seit dem Ausbau des Grüntenlifts, dessen oberstes Teilstück knapp unter dem Ostgipfel endet, erfreut sich die Ostabdachung des Grünten als Skiberg steigender Beliebtheit. Die Ersteigung des Ostgipfels selbst mit Ski ist meist durch sperrende Wächten (Lawinengefahr!) erschwert.
Geologisch ist der aus Kreideschichten aufgebaute Berg hochinteressant. Schrattenkalk, Brisisandstein, Drusbergschichten, Seewerkalk, Amdener Schichten und Nummulitenkalk sind die wesentlichen Bausteine. Der Kundige erfreut sich der zahlreichen Versteinerungen ebenso wie der vielfältigen Flora, die Seltenheiten zeigt, denen man in den bayerischen Alpen nur am Grünten begegnet, z. B. Sedum annuum = einjährige Fetthenne, oder Goodyera repens = kriechendes Netzblatt (vgl. Scherzer, S. 124 ff.). Häufiges Vorkommen von Calcid (Kalkspat), der in rhomboedrischen Einzelkristallen auftritt!
Name: der Krinnete, der Berg mit der großen Rinne. Lit.: Schönes Allgäu 1972, S. 129.

● **951** Herkömmlicher ↗: ab Burgberg wie R 180 zum Grüntenhaus. Ab hier entweder in der Mulde gerade empor oder links zum Grat ausbiegend zur Bergstation der Grünten-Seilbahn (daneben die nicht zugänglichen Sendeanlagen des Bayerischen Rundfunks) und weiter zum höchsten Punkt, dem Übelhorn (= Ibelhorn, Iben, Eiben) mit dem Jägerdenkmal.

● **952** Der weitaus schönste Aufstieg führt ab **Burgberg** vorbei am „Alpenblick" (Ghs.), 990 m, P 50 Kfz, über die vom Grünten zum Starzlachtal hinabziehenden steilen Hänge hinauf zur Zweifelsgern-Alp und hier rechts abbiegend auf die Südostschulter des Übelhorns, oberhalb derer man auf den von Kranzegg heraufkommenden Steig (R 953 a) trifft, 3½ st, auch mit Kindern ab 12 J.

● **953** Von **Rettenberg,** 2½ st, bez. Weg. Vom Bräuhaus über die Schwandenwiesen zur Kammereggalp und über den „Fürstensteig" auf den NO-Kamm und zur Vereinigung mit dem von Kranzegg kommenden Steig R 953 a. Ein anderer ↗ von Rettenberg ist der durch die steilen NO-Flanken führende, Trittsicherheit fordernde Berkmannweg.

● **953 a** Besonders beliebt ist der durch die Mautstraße zur Jörgalp, 1180 m, bequem gestaltete **Kranzegg-↗:** ab Jörgalp über Weidegras auf dem NO-Kamm (Grüntenalp, 1477 m) und diesem folgend zum steilen Gipfelgrat, dessen Schneide in der felsigen S-Flanke (Drahtseil!) umgangen wird. Auch mit Kindern ab 10 J., jedoch Vorsicht in der Gipfelzone (Steilabstürze!).

● **954** Von Wertach in genußreicher Wanderung über die Skihütte Nehr und die Kranzegger Grüntenalpe 3½ st (viel Wald).

● **955** Der Grüntengipfel entsendet nach SW zwei aus Schrattenkalk aufgebaute Kämme, die das Wustbachtälchen einschließen. Der s. trägt die **Stuhlwand,** deren steile Abstürze ähnlich wie die Besler-N-Wände (R 905 a) einen reizvollen Klettergarten mit teilweise sehr schwierigen Routen bergen. Der n. endet im weit gegen das Illertal vorgeschobenen **Burgberger Hörnle,** 1496 m (häufiges Vorkommen von Calcid!). Es ist durch eine Trittfestigkeit fordernde Steiganlage zugänglich gemacht und belohnt die kleine Mühe des Besuchs (15 Min. ab Grüntenhaus) mit einem großartigen Tiefblick ins Illertal. Seine ins Wustbachtal hinabstürzenden Gipfelfelsen sollten den Bergunerfahrenen nicht verführen: diese Kletterei ist schwierig und gefährlich.

Der Starzlachkamm:

● **956** Der 14 km lange, die Täler der Sonthofener und der Wertacher Starzlach s. begleitende, vornehmlich aus Flysch aufgebaute, reich bewaldete Kamm zieht von Sonthofen, dessen o. Vororte er trägt, no. übers weitgezogene Tiefenbacher Eck zum Wertacher Hörnle, mit 1695 m höchster Punkt des gesamten Kammes. Hier beginnt er mit den umfangreichsten Gebirgswaldungen des Landkreises Oberallgäu no. Richtung Wertach abzusinken, um in Wertach/Bichel überm Zusammenfluß von Wertach und Starzlach zu enden. Im Roßkopf entsendet er einen Ausläufer nach SO, der in weit gezogenem, ein schönes Skigebiet einschließenden NO-Bogen mit Spieser und Hirschberg nach Unterjoch ausläuft und als Eckpfeiler den das Oberjoch beherrschenden Jochschrofen trägt. Einsames Waldgelände ohne touristische Stützpunkte, alle Gipfel auch mit Kindern ab 8 J.

● **957** **Tiefenbacher Eck,** 1517 m, ein waldreicher, von allen Seiten unschwierig und wenig mühsam zu erreichender Rükken. Geo: w. Helvetische KR der Grüntenzone, o. Fly der Hauptflyschzone, Unterkreide und Feuerstätter Decke. Bequemer Steig ab Sonthofen/Fluhenstein über die Weiler **Walten** und **Unterried** zur aussichtsreich gelegenen Leni-Hütte (Ghs.), 1140 m. Nun über Mooswiesen auf die Kammhöhe, der wir bis zum bewaldeten Gipfel treu bleiben, 3 st.

● **957 a** Landschaftlich noch schöner ist der Aufstieg über die aussichtsreichen Sonthofener Weiler Staig — Walten — Tiefenbach — Breiten (bis hierher auch mit Kfz) — Oberried (die beiden letztgenannten schon über 1000 m hoch gelegen!) zur Wick-Kapelle und nun durch Wald auf die zum Tiefenbacher Eck führende Kammhöhe.

● **958** Lohnend wird das Tiefenbacher Eck erst richtig mit seiner Überschreitung zum **Roßkopf,** 1590 m, 30 Min. Geo: wie R 957: stets auf der Kammhöhe, der Wald lichtet sich und gibt den Blick auf die Hintersteiner Berge frei. Gegengewicht: die schier unübersehbaren Wälder in den beiden Starzlachtälern zur Linken. Geheimtip: zur Zeit der Hirschbrunft (Sept./Okt.) eindrucksvolles Röhrkonzert!

● **959** Weiterweg zum **Wertacher Hörnle,** 1695 m: Über den nahezu horizontalen NO-Kamm (li. dichte schattseitige Gebirgswälder, r. freier werdende Sonnenhänge) zum allseits von Gebirgswaldungen umschlossenen Doppelgipfel

(Geo: Fly der Hauptflyschzone (Reiselberger Sandstein, Piesenkopfdecke). In die Gipfelwanne eingebettet: der kleine, von Alpenrosenfeldern eingeschlossene **Hörnlesee,** 1600 m, Naturschutz beachten!).

● **960** ↘ nehmen wir der Abwechslung halber entweder:
a) ins Wertacher Starzlachtal über die **Schnitzlertalalp** (n. vom Hörnlesee) und den einen oder anderen der gemütlichen Alpwege, die (der eine n., der andere w.) zur Forstdiensthütte an der Burgberg mit Wertach verbindenden, für den allgemeinen Kfz-Verkehr gesperrten Fahrstraße hinabführen, 1 st. Hier haben wir die Wahl: die von Füssen/Pfronten/Wertach nach Sonthofen führende Autostraße anzusteuern, 2 km, Bus (P 100 Pkw) — oder uns nach SW zu wenden, um über die Forststraße die **Dreiangel**-Forsthütte, 984 m (3 km) zu erreichen. Ab hier drei Möglichkeiten: entweder auf der asphaltierten Forststraße an der Starzlach entlang über den „Alpenblick" (R 952) nach Burgberg (6 km) — oder hinauf zu dem die Sonnseiten des Grünten in 1100 m Höhe durchschneidenden, kurz vor Alpenblick auf die Forststraße mündenden Alpweg — oder li. hinauf in die waldigen Schattseiten des Tiefenbacher Ecks zu wandern, durch die uns ein bis 1060 m ansteigender Alpweg nach Sonthofen/Berghofen oder Winkel bringt. Die beiden letztgenannten (natürlich attraktiveren) Varianten kosten je 30 Min. mehr.

● **961** Oder b) nach **Unterjoch** über den so. durch den Edelsbergwald nach **Obergschwendt** hinabführenden bequemen Alpweg, 1½ st — oder schließlich

c) über die Schnitzleralp (R 960) auf einem der die Wälder des Wertacher Hörnles durchziehenden Holzabfuhrwege n. nach **Wertach,** 2 st.

● **962** Die bei R 960/961 vorgestellten Abstiege bieten sich natürlich auch mit den dort genannten Orten als Ausgangspunkte für den ↗ an. Besonders beliebt an heißen Tagen ist hierbei der Wander-P 1 km w. der Starzlachbrücke im Zuge der Autostraße (R 960) als hochgelegener Startplatz (1040 m). Dieser ↗ führt großenteils durch schattigen Wald.

● **963** Ist uns das Wertacher Hörnle als Annex zum Tiefenbacher Eck zu weitläufig, wählen wir den Weiterweg über den so. Seitenast des Hauptkamms: Wir steigen am Roßkopf (R 958) s. ab in den geräumigen Weidekessel des Schliebergs und gewinnen über den jenseits sacht aufsteigenden Grasrücken den als Aussichtsgipfel gerühmten **Kleinen Hirschberg,** 1500 m. (Geo: HD auf Oberkreide, Tannheimer Schichten und Fly der Aroser Zone), 40 Min. Prächtiger Tiefblick vom nach S vorgeschobenen Kreuz, 1456 m, ins Hindelanger Tal.

● **964** Der Kleine Hirschberg ist Hindelangs Hausberg. ↗ entweder (botanisch besonders interessant) vom O-Rand des Orts durch den **Hirschbachtobel** und über die anschließende Krähenwand oder vom w. Ortsrand, die nach Gailenberg führende Straße alsbald r. verlassend übers **Steinköpfle** unmittelbar hinauf zum Kreuz, steil und sonnig, je knapp 2 st, auch mit Kindern ab 8 J., jedoch Vorsicht am jäh abstürzenden Aussichtsplatz!

● **965** Mit dem Besuch des Kleinen Hirschbergs können wir bequem den des Geschwisterpaars **Spieser,** 1649 m, und **Großer Hirschberg,** 1644 m, verbinden, indem wir no. über Weidegras zur **Hirschbergalp,** 1493 m (Einkehr) hinüberqueren, 30 Min. Ab hier bequem über Grasböden auf die durch einen nahezu horizontalen Kamm miteinander verbundenen Gipfel, 30 Min. (Geo: HD mit Oberkreide und Tannheimer Schichten.) Ihr Talort ist **Oberjoch** (R 74), von wo eine Alpstraße auf die Hirschalp führt, 1 st.

● **966** Der Abstecher auf den **Jochschrofen,** 1625 m, lohnt sich wegen des schönen Blicks hinab zum Oberjoch und hinüber ins Iselergebiet: Ab Hirschalp o., den Steilabbruch des Gipfels li. umgehend auf Steigspuren durch Latschen zur Weidefläche in seinem NO-Kamm, dann scharf r. umknikkend zum höchsten Punkt, 30 Min. ↘ unmittelbar nach Oberjoch nicht ratsam, weglos, steiler Wald!

● **967** Der **Starzlachkamm im Winter:** Hat Bedeutung erst durch den von Unterjoch-Obergschwendt ins Skigebiet von Hirschberg/Spieser hinaufgeleiteten Schlepplift auf 1400 m Höhe (R 100 b). Auch der Tourenläufer findet hier lohnende, wenn auch bescheidene Ziele, ohne den üblichen Rummel ums Oberjoch: Spieser, Gr. Hirschberg, Roßkopf, Wertacher Hörnle gewähren abseits der Piste hübsche, technisch nicht ganz einfache, mit Waldeinlagen gewürzte Abfahrten nach Unterjoch, und die Skiüberschreitung des Tiefenbacher Ecks nach Sonthofen ist angesichts der Einsparung von rund 400

Höhenmetern eine ebenfalls erfreuliche Nebengabe der Technik.

● 968 **Sorgschrofen,** 1638 m

Ein die Südgrenze der deutschen Zollenklave Jungholz bildender Felsberg mit breitem, schrofigem Doppelgipfel. Der deutsche, auch „Zinken" genannte Südwestgipfel, 1613 m, ist mit dem österreichischen Nordostgipfel 1636 m, durch einen felsigen, teilweise bewaldeten Grat verbunden. Die das österreichische Mutterland mit dem Gemeindegebiet verbindende Nabelschnur ist genau 1 m breit!

Im Winter erleichtert der von Jungholz bis kurz unter den Nordostgipfel hinaufführende Schlepplift die Besteigung. Schönes Ski-Übungsgelände.

Nom.: von mhd. Sorge = Kummer, Gefahr.

Talorte: Jungholz (R 100 c) und Unterjoch (R 100 b). (Die vor dem 2. Weltkrieg begonnene Queralpenstraße zwischen Wertach und Oberjoch ist im Oktober 1976 für den Kfz-Verkehr freigegeben worden. Jungholz und Unterjoch sind damit unmittelbar an den Ostrachtaler Raum, aber auch ans Tannheimer Tal angeschlossen.) Von Jungholz 1½ st: südlich über feuchte Grashänge hinan zur Sorgalp: auf Steigspuren halblinks empor und in der östlich des Kreuz-(Nordost-)Gipfels herabziehenden schrofigen Grasmulde zum Grat: auf ihm, einen Felszacken links umgehend, zum **Nordost-Gipfel.**

● 969 Von **Unterjoch** 1½ st: etwa 15 Min. auf der Straße nach Schattwald; dann auf einem Fußweg links am Hang ansteigend nach **Steinenberg.** Nun auf Alpweg zunächst nordöstlich, dann mehr nördlich über steile, freie Hänge zu der o. vom SW-Gipfel, 1614 m, herabziehenden Mulde. In ihr zwischen seltsamen Felszacken steil zur Grathöhe, die zuletzt über ein mannshohes Felswandl unmittelbar o. vom SW-Gipfel erreicht wird.

● 970 Die Überschreitung des Gipfelgrates erfordert an einigen Stellen bei Beibehaltung der felsigen Grathöhe (die beschwerlich umgangen werden kann) beträchtliche Kletterfertigkeit (III).

Die Vorberge zwischen Wertach und Lech

● 971 Dieses weiträumige, größtenteils zum Landkreis Ostallgäu gehörende Gebiet (W-O-Ausdehnung: 20 km Luftlinie!) zwischen Reuter Wanne und Füssener Schloßberg hat im Wander- und Reiseführer „Allgäu und angrenzende Gebiete" (Waltenberger/Groth, 23. Aufl. 1975) und insbesondere im Kleinen Führer Ostallgäu (Groth, 1. Aufl. Anf. 1977) eingehende Würdigung gefunden. Die Einzeldarstellung dieses vorwiegend den Voralpenwanderer interessierenden Gebiets würde den einem AVF gezogenen Rahmen sprengen. Hier werden daher nur die wenigen ausgesprochen alpinen Bergsteigerziele ganz kurz herausgehoben, die diesem landschaftlich im übrigen außerordentlich schönen Raum angehören:

● 972 Die **Reuter Wanne,** 1542 m (Geo: Helvetische Kr der Grüntenzone), neben dem Sorgschrofen Hausberg der Jungholzer, beliebter Skigipfel, besuchen wir am liebsten (und bequemsten) von der Zollenklave aus (R 100 c) und zwar ab Jungholz/Langenschwand, 1126 m, über den unserem Ziel s. vorgelagerten **Pfefferberg,** 1455 m, auf Alpwegen, zuletzt wegelos über Weidegras, 1½ st, dankbarer Kindergipfel! — Ab Wertach ist der ↗ (über die Weiler Vorder- und Hinterreute oder über die im N-Hang des Berges liegende **Buronhütte,** 1250 m (im Winter Schlepplift, schönes Skigebiet!), wesentlich länger und anstrengender (3 st). — Weniger lohnend ist der nur durch seine Kürze ausgezeichnete ↗ von der auf der Sonnseite des Bergs liegenden Tonihütte, 1100 m (R 196) über einen steilen Ziehweg zum W-Rücken, 1½ st.

● 973 **Alpspitze,** 1576 m, und **Edelsberg,** 1630 m, sind die durch einen Sessellift bequem zugänglich gemachten Hausberge Nesselwangs, auf die jedoch auch aus verschiedenen Ortsteilen Pfrontens hübsche Wege führen, alle ↗ auch mit Kindern ab 8 J.; 2—3 st je nach Route, bei Benützung des Sessellifts ab Bergstation 20 bzw. 30 Min. Geo: Alpspitze wie Reutter Wanne. Edelsberg: Fly der Hauptflyschzone und Feuerstätter Decke neben KR der Liebensteiner Decke.

● 973 a **Kienberg,** langgezogener felsiger, unten steil abstürzender Kamm zwischen Vils- und Achental, höchster P. 1535 m. Geo: HD und WK. ↗ ist Ungeübten zu widerraten. Der einfachste, immer noch Trittsicherheit verlangende Steig führt ab Pfronten/Steinach durch die sonnseitigen Abstürze auf die Kammhöhe zwischen **Schnalskopf,** 1456 m, und dem nach O vorgeschobenen Vorposten P. 1384 (**„Pfrontner Berg“**), 2 st, auch mit Kindern ab 10 J., die wegen der Steilabbrüche ständiger Überwachung bedürfen. Die Überschreitung des gesamten Kamms zum Hauptgipfel im W sollten nur Bergerfahrene unternehmen (unwegsames Gelände, Felsabbrüche). Wer sich's zutrauen darf, wird an der hindernisreichen Kammwanderung hinunter ins „Himmelreich", einem breiten Alpsattel oberhalb der „Fallmühle" im Achental, viel Freude haben.

● **973 b** Den **Falkenstein,** 1277 m, w. Eckpfeiler des Pfronten und Füssen verbindenen Saloberkamms (R 973 c), Träger einer bis 1059 zurückreichenden Burgruine (Deutschlands höchstgelegene!) und potentieller Bauplatz des von König Ludwig II. geplanten, glücklicherweise nie ausgeführten romantischen Superschlosses, können wir auf verschiedenen Spazierwegen zu Fuß, auf der König-Ludwig-Straße sogar mit dem Auto, ersteigen. Bei der w. darunter liegenden Schloßangeralp ein Greifvogelpark. Bergsteigerisch von Interesse ist nur die etwa 150 m hohe, ungemein steile O-Wand, die von X. Schindele und Gef. 1963 erstiegen wurde (15 H, IV—V). Geo: WK.

● **973 c** Weit davon entfernt, als alpines Unternehmen eingestuft zu werden, wegen der außergewöhnlichen Schönheit seiner Begehung jedoch auch in diesem Rahmen erwähnenswert, ist schließlich der am Falkenstein beginnende und unterm Füssener Schloß endende **Saloberkamm,** auch Zirmgrat genannt, 1290 m (Geo: WK mit Raibl und HD). Was diese herrliche Höhenwanderung (auch mit Kindern ab 8 J.) auszeichnet, ist der stets wechselnde Blick übers Vilstal in die Vilser Bergwelt (s.) oder auf die Ostallgäuer Moränenlandschaft mit ihren zahlreichen Seen und Fischweihern (n.) 3 st.

IV. Die Tannheimer Berge

(Bearbeitung von Helmut Dumler und Josef Heine)

● 974 Touristische Vorbemerkungen

Mit der neuen Überarbeitung der Tannheimer Gruppe wird versucht, die Bewertung der UIAA-Norm anzupassen. Das bedeutet, daß ein strenger Maßstab angelegt wird. Die Bewertung gliedert sich in zwei Teile: in den freiklettertechnischen und in den hakentechnischen Teil. Sie gibt Aufschluß darüber, ob es sich um eine Freikletterei I bis VI, oder um eine technische Route A 0 bis A 4 handelt. Je nach Tourenart wird die Route mit diesen Ziffern und Buchstaben bewertet. Die jeweils vorn stehende Bezeichnung „Z. B. V+ A 1" sagt aus, daß es sich hier um eine überwiegende Freikletterei und an einzelnen Stellen um hakentechnische Kletterei handelt.

Besonders zu beachten ist in der Tannheimer Gruppe, daß vor allem auf der Südseite viele Touren übernagelt sind. Das führt zwangsläufig zu einer Verminderung der freiklettertechnischen Schwierigkeit und somit zu einer Abwertung der Touren.

Einige Touren verändern sich auf Grund immer wieder ausbrechender Haken. Durch Übernagelung und Ausnagelung von überflüssigen Haken können Veränderungen auftreten, so daß der angegebene Schwierigkeitsgrad nicht mehr dem tatsächlichen entspricht.

Schwierigkeitsbewertung in der Tannheimer Gruppe.

I	Gimpel-Normalweg
II	Kellespitze-Westgrat
III	Gimpel-Westgrat, eine Stelle A 0
III+	Rote Flüh, Alte Südwand
IV—	Gimpel-Südwand
IV	Rote Flüh-Südwestwand, eine Stelle A 0
IV+	Hochwiesler, Alte Südwand
V—	Gimpel, Neue Südwand A 0
V	Rote Flüh-Direkte Südwand
V+	Rote Flüh-Südverschneidung, Hochwiesler Schusterführe Gimpel-Nordwand, Schertelplatte (alle A 0 bis A 1)
VI—	Gimpel-Nordostwand Schräger Riß A 1
VI	Gehrenspitze-Nordostpfeiler A 1, 2

Bewertung technischer Kletterei in verschiedenen Routen

A 0	Gimpel, Neue Südwand V—
A 1	Hochwiesler-Südriß V
A 1	Hochwiesler, Geisenberger-Reisach-Route V+, früher war diese Route VI, z. Zt. übernagelt
A 2	Gimpel-Nordwand, Schreck-Hehl-Route V bis VI—
A 3	Aggenstein Direkte-Nordostwand V bis VI—, überwiegend A 1/2

Empfehlenswerte Touren:

Rote Flüh: Südverschneidung, Direkte Südwand, Südostwand.

Hochwiesler: Schusterführe, Geisenberger-Reisach-Weg, Südpfeiler.

Gimpel: Neue Südwand, Nordwand Schertelplatte, Nordkante, Nordwand, Heinl-Kajanne-Weg. Direkte Nordostkante. Schräger Riß, Direkte Nordwand, Lang-Schmid-Kamin. Gehrenspitze: Nordostpfeiler.

● 974a Der Name „Tannheim" bedeutet nichts anderes als „Heim im Tann" und wurde ursprünglich als Sammelname für die verschiedenen, um das Jahr 1300 zwischen Oberjoch und Haldensee entstandenen Siedlungen gebraucht. Die Gruppe bildet ein geographisch einheitliches, von den benachbarten Bergen deutlich abgegrenztes Gebiet. Die breite Rinne des Lechtales begrenzt östlich; der südliche Abschluß ist durch das Tannheimer Tal gegeben, während im Westen das von Grän nach Pfronten ziehende Engental und im Norden das Vilstal deutliche Grenzlinien darstellen.

Das Herzstück der Tannheimer Gruppe, das Reintal — im oberen Teil hufeisenförmig von mächtigen Wänden umschlossen — bricht steil ins Lechtal ab. Es gehört zu den schönsten Tälern der Nördlichen Kalkalpen. Dabei liegt das Schwergewicht nicht in Ausdehnung, Zahl und Höhe der Gipfel. sondern im formenschönen und gewaltigen Aufbau. — Das 15 km lange Tannheimer Tal auf der Südseite bietet dem Besucher eine ursprüngliche Landschaft, kleine Siedlungen, die sich an die Hänge kuscheln und den azurblauen Spiegel des Haldensees.

Erschließungsgeschichte: Die Tannheimer Berge sind keine Entdeckung des Bergsteigers. Bei der großen Zahl unschwierig zu erreichender Gipfel ist anzunehmen, daß sie schon vor Jahrhunderten von Jägern betreten wurden. So dürfte um die Wende des 18. Jahrhunderts nur noch der Kelleschrofen unerstiegen gewesen sein. Aus den ersten Jahrzehnten des 19. Jahrhunderts lassen sich Besteigungen verschiedentlich nachweisen. Besonders erwähnenswert sind die Unternehmungen der Königin Maria von Bayern, die um 1850 nicht nur Aggenstein und Schlicke, sondern auch Kellespitze und Gehrenspitze bestiegen hat. Als Hermann v. Barth 1869 Gimpel, Kelle- und Gehrenspitze bestieg, wurde das Gebiet bekannter und auch im alpinen Schrifttum erwähnt. Aber erst gegen Ende des 19. Jahrhunderts begann eine zusammenfassende erschließerische Tätigkeit, mit der die Namen Julius Bachschmid, August Weixler, Josef Enzensperger und Emanuel Christa eng verknüpft sind. Ihnen folgen die Gebrüder Heinrich und Robert Haff. Nach dem ersten Weltkrieg begingen Otto Leixl, v. Schwerin, v. Overkamp, Emil Gretschmann, Willy Merkel, Walter Stösser und der Füssener Hermann Schertel neue Führen. Nach dem zweiten Weltkrieg durchstiegen S. Schweiger und Karl Sohler den Nordwandsockel des Gimpels. Fast schien es, als seien alle Probleme gelöst. Das galt nicht für Albert Kleemaier, den „modernen Erschließer" der Tannheimer Berge. Zwischen 1953 und 1956 eröffnete der Kemptner mit Leo Schuster, Herbert Kettner, Max Nieberle und Dietmar Ohngemach Anstiege, die man bis zu dieser Zeit als „unmöglich" bezeichnete. Er leitete in der Tannheimer Gruppe die Epoche des VI. Schwierigkeitsgrades ein. Fünfzehn Jahre später wurden die letzten Probleme von Georg Ostler, Hermann und Reiner Loderer, Matthias Fenle und Leonhard Waitl zum Teil mittels Bohrhaken gelöst. Es gibt nicht mehr viel Felsneuland. So hat auch in den Tannheimer Bergen die Entwicklung ihren Höhepunkt erreicht; eine gesunde Entwicklung, die vor 70 Jahren begann und die in unserer Zeit ihre Vollendung findet.

Geologisch ist die Tannheimer Gruppe mit den benachbarten Allgäuer Bergen, denen sie orographisch zugerechnet werden darf, eng verwandt. Das Fundament bilden auch hier im wesentlichen die Lias-Formationen der älteren Jurazeit also Lias-Fleckenmergel und bunte Liaskalke. Jüngere Juraschichten (Tannheimer Schichten, Aptychenkalke und Radiolarite) gesellen sich ihnen bei. Auf diese jüngeren Schichten aufgeschoben finden wir — wie

im Allgäuer Hauptkamm zwischen Hochalppaß und Oberjoch — die der Trias angehörenden älteren Gesteinsmassen, nämlich Kössener Schichten, Rhätkalk, Hauptdolomit und Raibler Schichten. Sie sind Zeugen der durch Süd-Nord-Überschiebung zustandegekommenen Lechtaldecke.
Eine Besonderheit der Tannheimer Berge bilden die durch Ost-West-Überschiebung entstandenen, der älteren Trias angehörenden Erhebungen aus Wettersteinkalk. Dieser ideale Kletterfels bildet das Baugerüst für die stolzesten Gipfel unserer Gruppe zwischen Roter Flüh und Gehrenspitze. Er findet sich aber auch im Raum der Gaichtspitze, an der Schlicke und am Falkenstein. In den übrigen Allgäuer Alpen ist er bis auf ein geringes Vorkommen im Raume der Litnisschrofen unbekannt.
Die durch dieses mannigfache Gestein bedingte Gegensätzlichkeit der Landschaftstypen ist Wesensmerkmal auch der Tannheimer Berge und Ursache ihres Reichtums an Farbe und Form.

Die Tannheimer Berge im Winter. Die gleiche Vielfalt die die Tannheimer im Sommer bieten, wartet im Winter auf den Skiläufer, von den rasanten Pisten des Breitenbergs, des Neunerkopfs, der Krinnenspitze, des Füssener Jöchle und des Hahnenkammes bis zu den einsamen Hochkaren des Reintals.
Insbesondere im Frühsommer bietet das Reintal dem Tourenläufer herrliche Abfahrten über die nord- und ostseitigen Hänge der einzelnen Scharten. Eine Besteigung des Schartschrofens bietet schöne Abfahrt zur Otto-Mayr-Hütte. Ähnlich die Schlicke, die bis zum Gipfel mit Ski zu begehen ist. Sehr oft wird auch der Übergang vom Reintal über das Reintaljoch und die anschließende Abfahrt ins Lechtal durchgeführt. Auf der Südseite gibt es keine Tourenmöglichkeiten. Lediglich das Kar zwischen Gimpel und Hochwiesler ist bis spät ins Frühjahr hinein zu befahren.
Die Kletterführen durch die Südabstürze wurden alle schon im Winter begangen. Dagegen weisen erst wenige der Nordwandanstiege Winterbegehungen auf.
Die bisher bedeutendsten Winterunternehmungen waren die gesamte Überschreitung der Tannheimer Kette (Gehrenspitze — Breitenberg) von Georg Ostler und Gefährte in zwei Tagen sowie die erste Winterdurchsteigung der Direkten Nordwand des Gimpels durch Hias Fenle und Edi Pihusch im Winter 1964.
1. Winterbegehung Gimpel, Gerade Nordwand: Schreck-Heel, Georg Geisenberger, Josef Heinl, Februar 1971.
1. Winterbegehung Aggenstein, Direkte Nordostwand: Peter Vogler, Paul Vogler, Josef Heinl, Bernhard Günther, 25. bis 27. Dez. 1972.
1. Winterbegehung Aggenstein-Nordostwand: Leo Schuster u. Gef.

Schrifttum:

Die Erschließung der Ostalpen, Band I, Seite 94;
Hermann v. Barth, Aus den Nördlichen Kalkalpen, Seite 143;
Sendtner, Das Tannheimer Gebirge, Zeitschrift des DÖAV 1881, Seite 362—376;
Förderreuther und Weixler, Die Vilser und Tannheimer Berge, Zeitschrift des DÖAV 1899, Seite 227;
Frhr. v. Schwerin, Führer durch die Tannheimer Berge 1922 (vergriffen);
Rothpletz, Geologisch-Paläontologische Monographie der Vilser Alpen (Paläontographica, Bd. XXIII);
Kübler, Das Tannheimer Tal, Ethnographische Skizze, Zeitschrift des DÖAV 1898, Seite 143;
Kübler, Tannheimer Berg- und Flurnamen, Allgäuer Geschichtsfreund 1897, Seite 69.

Karten:
Siehe R 2 und R 24.

Talorte siehe R 78—83, 100 e und f.

Hütten und Übergänge: siehe R 183—191.

1. Westgruppe

● 975 **Schönkahler,** 1687 m, abgelegener Grasgipfel ohne touristische Bedeutung. Von der Fallmühle über die Hintere Pfrontener Alp, 1495 m, oder über die Bärenmoosalp auf Alpwegen in 2 st leicht zu erreichen.

● 976 **Einstein,** 1868 m, ein schöner aus Hauptdolomit gebildeter Felsklotz mit prächtiger Aussicht. Von Fallmühle durchs Wildbachtal in 3 st oder von Tannheim in 2 st (trocken!) leicht auf markiertem Pfad zu erreichen. *Name:* der Einsame. Vgl. Einegundkopf!

● 977 **Breitenberg,** 1838 m. Der nördliche Eckpfeiler der Tannheimer Gruppe, ein weitausladender, massiger, südlich von Pfronten hingelagerter Berg. Sein von West nach Ost verlaufender Gipfelkamm wirft die Punkte 1736, 1821 und den Hauptgipfel 1838 auf. Nach Osten senkt sich der Kamm in einem begrasten Ausläufer zu dem bei der Hochalpe gelegenen Punkt 1546. Der Gipfel zählt zu den meistbesuchten der Tannheimer Gruppe und ist auf bezeichneten Wegen von Pfronten, Steinach, Fallmühle und Grän ohne Schwierigkeiten in 3 Stunden zu erreichen. Die Breitenbergbahn verkürzt den Aufstieg erheblich. Schönes Skigelände.

● 978 **Aggenstein,** 1987 m. Der lohnendste Gipfel im westlichen Teil der Tannheimer Berge. Der markante, breitschulterige Hauptdolomit-Kegel bietet eine hervorragende Aussicht über das seengeschmückte Voralpenland und besonders auf die Hauptkette der Tannheimer.

a) Von der Pfrontener Hütte unschwierig.
(R 183) in 30 Min.

b) Vom Breitenberg 1¼ st.

c) Von Grän (R 79) 3 st.

d) Abgesehen von dem Anstieg über die Pfrontener Hütte kann man auch von Süden über sehr steile Grashänge den Gipfel gewinnen; 2½ st, I.

● 978 a **Nordostwand** (T. Ungelert, S. Maag, L. Kübler, 3. 8. 1946). V+/A 1, Zeit der Erstbegeher 7 st. Der Anstieg zählt zu den ernstesten Unternehmungen in den Tannheimer Bergen und hat erst wenige Begehungen. Der linke Teil des Wandsockels weist eine bogenförmige Einbuchtung auf. Der Einstieg befindet sich 10 m links des tiefsten Punktes der Einbuchtung (Steinmann).

Links über steile Schrofen hinauf zu Stand. Von hier einige Meter nach rechts unter einen senkrechten, teilweise überhängenden Riß. Durch den Riß (V+) und nach rechts auf ein Graspolster (Nische). 2 m nach links, dann gerade hinauf und rechtshaltend zu einem ausgesetzten Quergang, der unter einem Dach endet. Durch einen Rißkamin absteigen und nach rechts zu Stand. Links hinauf und Quergang in eine grasdurchsetzte Rinne. In der Rinne gerade hinauf bis kurz unterhalb der höchsten Stelle des großen, schon von unten sichtbaren Dreieckspfeilers (Holunderbusch). Bis hierher schöne Kletterei in festem Fels (teilweise V+).
Quergang an brüchigem Fels 20 m nach rechts, 4 m absteigen (Abseilhaken). Weiter rechts hinauf über einen Blocküberhang und nach rechts zum Ende des großen Querganges; 5 m gerade hinauf in eine Verschneidung zu Stand. In ihr 15 m in brüchigem Fels hinauf und über eine 8 m hohe Wandstelle (V+) zu Schlingenstand. Nun durch eine Rinne zu einer Grotte. Rechtshaltend 15 m hinauf über Graspolster und eine Platte (V) und nach rechts in brüchiges Gelände. Etwas links zu Stand. Durch eine brüchige Rinne erreicht man nach drei Seillängen den Grat und über ihn den Gipfel. Diese zweite Wandhälfte ist sehr brüchig und gefährlich.

● **978 b Direkte Nordostwand** (P. Albrecht, M. Bertle, J. Trenkle; 1965). V—VI/A 2/3. Schwierigste Route am Aggenstein; sollte nur bei trockenem Zustand begangen werden, 6—8 st.
Der Einstieg befindet sich dort, wo sich das Geröll am höchsten in die Wand hineinspitzt (Haken).
Zuerst 5 m gerade empor, dann nach rechts und an Holzkeilen und Haken überhängend hinauf zu Stand (schwierigste Seillänge). Nun Quergang 10 m nach rechts und von hier gerade hinauf in freier Kletterei zu Stand. Von hier in gutgriffigem Fels empor zum nächsten Stand. Nun Quergang 15 m nach rechts auf ein Band und gerade hinauf zu Schlingenstand (Vorsicht lose Platte!). Quergang 10 m nach links auf ein Band und leicht linkshaltend hinauf unter einen Dachriegel zu Stand. Von hier zuerst links, dann rechtshaltend den Haken folgend zu Stand. Nun immer gerade empor in die große Ausstiegsschlucht, in der nach einem kurzen Kamin bald der Normalanstieg erreicht wird.

● **979 Nordwand** (erste Begehung 15. 8. 1905 durch H. Maisel, O. und E. Hartmann). IV, 3 st E. Aus der Scharte zwischen Ostgipfel und den beiden auffallenden zwischen diesem und Hauptgipfel stehenden Zacken zieht eine Rinne hinab, die mit mächtigem Überhang über den Geröllhalden endet. Rechts davon über grasdurchsetzte brüchige Felsen steil empor, bis man einen kleinen Kessel in der erwähnten Rinne (nach links schwierig absteigend) erreichen kann. Nun links der Rinne über steile Grashalden unschwierig empor zur erwähnten Gipfelscharte.

● **980 Nordwestwand („Kleine Nordwand“).** III, 1 st E. Vom Breitenberg (R 977) bzw. von der Hochalpe (R 184) zur Bergstation des Sessellifts. Von dort links abwärts und anschließend auf dem Aggenstein-Normalweg in Kehren hoch, bis es möglich ist, rechts in den Gipfelaufbau zu queren. In grasdurchsetztem Fels schwach ansteigend zu Stand (H). Nun schwach rechtshaltend über eine griffige Wandstelle (II—III) und weiter in stellenweise grasdurchsetztem Fels in die Scharte zwischen vorletztem und letztem Turm im Südwestgrat (R 981) und über ihn vollends hinauf zum Gipfelkreuz.

● **981 Südwestgrat.** Ziemlich schwierig (III), 2 st E. Von Süden (aus der Enge) durch Wald steil ansteigend oder von der Hochalp (R 184) durch die Latschenfelder westlich des Hauptgipfels querend erreicht man den durch mehrere Abbrüche gekennzeichneten Grat oberhalb des untersten latschenbewachsenen Turmes. Nun — nach Bedarf südlich ausweichend — stets dem Grate folgend über drei weitere Türme zum Gipfel.

● 982 **Brenntejoch (Brentenjoch, Roßberg),** 2001 m.

Langgestreckter, nach Norden in wilden Gräben abbrechender, auf der Südseite bis oben hinauf latschenbewachsener Rücken ostwärts des Aggensteins. Von der Pfrontener Hütte (R 183) auf Jägersteig leicht über den latschenbewachsenen Westkamm (1¼ st) oder vom Vilser Jöchl (zwischen Brenntejoch und Sebenspitze) über den Südrücken (Weidegras und Schutt) leicht in 50 Minuten.

a) **Nordpfeiler** (III—IV), 600 m, 3—4 st.

Zugang: Vom Bahnhof Pfronten—Steinach durch die Reichenbachklamm auf markiertem Weg in ½ st zur Bergstation der Holztransportbahn. Weiter links dem oberen Ziehweg folgend, über eine Brücke zu auffallendem, kahlgeschlagenem Hang. Über ihn und über Steilgras zum Fußpunkt des Pfeilers. Vom Bahnhof 1 st.
Übersicht: Als Nordpfeiler wird der zwischen den beiden auffallenden Gräben hinaufziehende Rücken bezeichnet.
Führe: Über den Rücken etwa 100 m in teilweise kleinsplittrigem Fels hinauf. Dann 5 Seillängen durch Kamine und über gutgegliederten Fels (III) zu einem Gratrücken. Weiter auf dem Blockgrat zu einem steilen, teilweise überhängenden Plattenwandl. Über die Wandstelle 20 m hinauf (IV) und in der Folge beliebig über den Grat — die Türme können umgangen oder auch direkt überklettert werden — zu einer dunklen Platte. Über diesen Plattenschuß und um die Ecke (III) nach 30 m auf den Rücken, der ostwärts zum Gipfelkreuz führt.
Übergang zum Nordostgipfel, genannt **Vilser Schrofen, 1948 m,** auf dem schuttbedeckten Kamm, 30 Min., leicht.

Sefenspitzgruppe

Die zwischen Reintalumrahmung und Brenntejoch eingeschobene mehrgipflige Gruppe hat touristisch keine besondere Bedeutung. Doch finden Freunde stiller Berge hier manches nach ihrem Geschmack.

● 983 **Sebenspitze,** 1938 m. Name: Sefen = Wacholderart. Vgl. Seefisch-Schrofen. Vom Vilser Jöchl (R 982) über den Nordwestkamm, nach Bedarf links ausweichend, Steilgras, ½ st, leicht.
Der lange, teilweise latschenbewachsene Ostgrat bietet reizvolle Kletterei. Seine Zacken werden als Sebentürme bezeichnet, der östlichste (1750 m) als Sebenkopf (II—III).
Übergang von Sefenspitze siehe R 984.

● 984 **Sefenspitze,** 1950 m. Name: vgl. R 983. Vom Füssener Jöchl (zwischen Sefen- und Läuferspitze, Sesselbahn von Grän), 1816 m, unschwierig über Gras und Schutt in 25 Min.
Ebenso unschwierig von Südwesten aus dem die Verbindung zur Sebenspitze herstellenden begrasten Schutt-Sattel. Übergang zur Sebenspitze über deren brüchigen Südsüdostgrat, bei direkter Überkletterung des Steilaufschwungs III, 40 Min.

● 985 **Lumberger Grat,** 1867 m. Westlich des Füssener Jöchls vom Hauptkamm abzweigender nach Westen ziehender, später nach Norden umknikkender 2 km langer, teils grasiger, teils schrofiger Kamm mit dem **Seichenkopf,** 1880 m, als höchstem Punkt. Vom Verbindungsweg Pfrontener Hütte — Otto-Mayr-Hütte unschwierig (1 st), ebenso von der Sebenalp über die begrünten Nordhänge. Einen schönen Klettergarten bieten die nach NW abstürzenden rund 150 m hohen Gipfelwände des Seichenkopfmassivs (II bis IV).

2. Nordgruppe

● 986 **Hahnenkopf,** 1946 m. Der Beginn des bei der Läuferspitze vom Hauptkamm in nördlicher Richtung abstreichenden Seitenkammes, der die nördliche Reintalumrahmung bildet. Vom Reintaljoch (zwischen Läuferspitze und Hahnenkopf) mäßig schwierig über den Westgrat, am besten wie folgt: 5 Min. in Richtung Otto-Mayr-Hütte bis zu einem Gatterl. Hier links aufwärts über steilen Schutt und durch Latschen zum Westgrat, der beim Beginn des waagrechten Stückes vor dem letzten Aufschwung zum Gipfel erreicht wird. Über diesen zum Gipfel. 20 Min. Leichter von der Vilser Scharte (zwischen Hahnenkopf und Schlicke) über den Ostrücken (25 Min.).

● 987 **Schlicke,** 2060 m. Vielbesuchter Aussichts- und Frühjahrsskiberg mit prächtigem Blick auf die Hauptgruppe. Von der Vilser Scharte (R 986) auf bez. Weg unschwierig zum Gipfel (3/4 st) über die Kleine Schlicke, 1948 m. Von der Otto-Mayr-Hütte (R 187) und von der Musauer Alm (R 186) führen bez. Wege über die Südhänge des Berges in 1 1/2 bzw. 2 st unschwierig zum Gipfel. Vom Schlagsteinboden, 1544 m, aus gelangt man über eine breite sehr steile Grasrippe, später über grasdurchsetzten plattigen Fels in mäßig schwieriger Kletterei auf den Westgrat und von dort zum Gipfel (Nordwestflanke).

Die auf die Hundsarsch-Scharte, 1740 m (zwischen Schlicke und Wildböden), abstürzende **Nordschulter** zeigt brüchiges Gestein. Von der Scharte gerade über den Steilabsturz ziemlich schwierig (III) auf die „Grüne Achsel", von hier unschwierig zum Gipfel (1 1/2 st).

Die Nordwand (Gebr. Haff, 12. 6. 1905) bietet mehrere Möglichkeiten. Die beste: Durchs Hundsarschtal über die Hundsarsch-Alpe (Notunterkunft) südlich zu den senkrechten Abstürzen des Karetschrofens. Unter diesen nach Westen in eine plattige Schlucht, die man nach oben verfolgt bis sie sich erweitert. Nun weiter über brüchige Schrofenwandeln und griesbedeckte Platten zum Grat, der 20 m ostwärts des Gipfelkreuzes erreicht wird. Schwierig (III), steinschlaggefährlich. 2 st E. Nicht empfehlenswert ist der latschenbewachsene Ostrücken, der vom **Musauer Berg,** 1508 m, über **Pattjoch,** 1895 m, zum **Bugschrofen,** 1976 m, und **Karetschrofen,** 2036 m, führt.

● 988 3. **Wildböden,** 1796 m, ein zerhackter Grat in dem von der Schlicke über die Hundsarsch-Scharte nordwärts ziehenden Kamm. Die weder leichte noch lohnende Besteigung erfordert von der letztgenannten Scharte (südlich) 25 Min., vom Hundsarschjoch (nördlich) 45 Min.

● 989 4. **Vilser Kegel,** 1844 m. Endpunkt des R 988 genannten Kammes. Vom Hundsarschjoch (R 988), 1607 m, auf markiertem, steilem Steig unschwierig auf den Gipfel (35 Min.), wobei man anfangs nach Osten ausweicht bis eine grasige Rinne zum Grat führt.

Die Aufstiege über den Nordwestgrat (H. Haff, 13. 12. 1904) und durch die Ostwand sind nicht lohnend.

Läuferspitze, Schartschrofen und Gilmenkopf.
Diese drei Berge bilden den westlichen Abschluß des Reintals.

● 990 **Läuferspitze,** 1956 m

Wird vom Füssener Jöchl (R 984) in unschwieriger Kletterei über Gras und Blöcke erstiegen (1/2 st). Aufstieg von Süden: Vom Sattel (R 991) nördl. des Schartschrofens auf dem mark. Steig zum Reintaljöchl bis dahin, wo dieser den Kamm verläßt und nach Nordosten in die Flanke der Läuferspitze führt. Von hier auf dem Kamm weiter, über einen steilen Grashang aufwärts zu den Felsen. Den ersten Aufschwung links umgehen zu einer engen Scharte. Aus dieser (II) über ein 8 m hohes Wandl zum Gipfel oder (I) rechts abwärts (Rinne), bis nach wenigen Metern eine unschwierige Steilrinne links hinaufführt. Bequemer umgeht man das aus Rätkalk aufgebaute Gipfelmassiv w., bis eine drahtseilgesicherte Steilrinne den Aufstieg zum obersten Stück des N-Grats ermöglicht (I).

● 991 **Schartschrofen,** 1973 m

Lohnender Aussichtsgipfel zwischen Läuferspitze und Roter Flüh.
Normalweg: Aus dem Reintal westwärts zum Talschluß und ansteigen in die Scharte zwischen Läuferspitze und Schartschrofen (3/4 st). Von dort auf gutem Steig in 1/4 st über den Nordwestkamm zum Gipfel.

● 991 a **Friedberger Steig. Klettersteig;** Trittsicherheit und Schwindelfreiheit erforderlich, 1/2 st E.
Von den Hütten im Reintal in etwa 3/4 st auf AV-Weg in die südlich des Schartschrofens eingelagerte Gelbe Scharte. Rechts zum Schartschrofen und den Versicherungen der Steiganlage folgend zum Gipfel.

● 991 b **Ostwand.** Die streckenweise sehr brüchige Ostwand kann an verschiedenen Stellen durchstiegen werden, ist aber nicht empfehlenswert.

● 992 **Gilmenkopf,** 1940 m

Der zwischen Schartschrofen und Roter Flüh turmartig aufragende Gilmenkopf ist kein selbständiger Gipfel, sondern ein Gratzacken im Nordwestgrat der Roten Flüh. Wegen seiner geringen Wandhöhe und des festen Gesteins ist der Gilmenkopf bei Kletterern sehr beliebt. Die Anstiege sind Übungsklettereien und lohnen sich an Schlechtwettertagen.

a) **Südwand** (Schlupfkamin) (Fr. Moosauer, 1906), III, 15 bis 20 Min. E. auf der SO-Seite bei einer markanten Scharte. Unterhalb der Scharte über eine Wandstelle, III, und auf einem Band nach links zum „Schlupfkamin". Der Kamin wird 25 m verfolgt, III, bis man den Grat und linkshaltend den Gipfel erreicht.

b) **Nordwestgrat** (F. Bopp, E. Frey), IV—, 30 Min. Von der Gelben Scharte (R 911 a) gerade hinauf zum Grat. Man hält sich anfangs auf der Nordseite. Über eine steile Wandstelle, IV, 10 m hinauf und über die Kante zum Gipfel.

c) **Nordwand** (T. Deimler, R. Haff, 1905), II—III, 1 st.
Dieser Anstieg ist nicht empfehlenswert und wird nur selten begangen, da er größtenteils über brüchigen, grasdurchsetzten Fels führt.

d) **Südostgrat** (J. Bachschmid, W. Blenk, 1907). Schwierig (III), etwa 25 Min.

Einstieg bei der Scharte südöstlich des Gilmenkopfes. Über ein kleines Köpfl zum Grat. Nach der Überwindung des folgenden Überhanges (III) hält man sich stets an der Kante und gewinnt in schöner Kletterei über den Gipfelgrat den höchsten Punkt.

Rote Flüh, 2111 m

Die Rote Flüh bildet die westlichste Haupterhebung der südlichen Reintalumrahmung. Eine Überschreitung des Berges zählt zu den beliebtesten Wanderungen in diesem Gebiet. Die Südabstürze bieten dem Kletterer prächtige, teilweise äußerst schwierige Anstiege.

● **993** (Bild XXIX) Von der Judenscharte auf bez. Weg unschwierig in 15 Min. zum Gipfel (teilweise Drahtseilsicherungen).

● **993 a** (Bild XXXIII) **Nordwand** (Christ, Preß, Anhegger, Mossauer, 1904). Mäßig schwierig (II), 1 st.
Der Anstieg ist nicht empfehlenswert und wird fast nie begangen. Der Durchstieg ist an mehreren Stellen möglich.

XXVIII Der westliche Abschluß des Reintales mit Gilmenkopf (I), Gelber Scharte (II) und Schartschrofen (III). F = Friedberger Klettersteig.

I
III
F
II

● 993 b Nordwand „Großes Dach" (Gebrüder Rudolf)
VI— (etwa 30 m) A 2 und A 3 am großen Dach, kurze Strecken A 1, stellenweise V+ und IV+, Einstieg und Ausstieg III und II.
Vom E. bis unter das große Dach (II und III, 50 m IV+). Schlingenstand. Über das Dach (A 3 und A 2, danach A 1) und einige Meter aufwärts zu erneutem Schlingenstand (unangenehme Seilreibung). Von hier eine kurze Seillänge (V+/A 1) gerade hinauf und weiter im Zickzack (VI—) etwa 20 m. Nun in leichterem Gelände (II und I) bis zum Gipfel.

● 994 Von der **Gelben Scharte** (J. Bachschmid, A. Weixler, 1895). Gewöhnlicher Aufstieg, unschwierig, 1 st.

Von der Gelben Scharte (R 911 a) auf gutbezeichnetem Steig an der Südwand des Gilmenkopfes vorbei zum Nordwestgrat der Roten Flüh. Wieder auf die Südseite; eine Wandstelle wird an Eisenstiften überwunden. Zuletzt in kurzen Kehren (Drahtseile) zum Gipfel.

● 995 aa) Geht man vom Reintal zu den Südwandanstiegen, kann man von der Scharte östlich des Gilmenkopfes südlich durch eine brüchige Schlucht („Gelbe Gänge") absteigen (II). Vor einem steilen Abbruch am Ende der Schlucht verläßt man sie östlich.

● 995 **Südwestwand-Routen:**

a) **Winklerschlucht.** Mäßig schwierige Führe (II) von links her zum Gratweg. Einstieg wie bei b) zum vorstehenden Pfeiler und über diesen oder an seinem Fuß querend in die Geröllschlucht, welche die breite Südwestwand links abschließt. Durch die Schlucht, entweder bis zu ihrem Ende auf den Grat oder oben nach rechts, über gute Bänder zum Grat herausquerend. Weiter auf dem bez. Weg zum Gipfel (guter Anstieg, wenn ostseitig Schnee liegt).

aa) **Westwand** (Hannes Hörmann, 1927). IV, 3 st.
Einstieg etwa 100 m links der Südwestwand, etwas links der Fallinie der großen Höhle, die 200 m über dem Einstieg sichtbar ist.
Durch eine grasdurchsetzte Rinne zu gelber Gufel. Links der Gufel hinauf zu brüchiger Kanzel. Nun etwa 4 m abwärts nach rechts zu einem Geröllband, das bis zu seinem Ende verfolgt wird. Von hier über eine glatte Platte 10 m leicht rechtshaltend hinauf und mittels Spreizschritt nach rechts zu überhängendem Block. Nach seiner Überwindung links empor zu Köpfl und Quergang zu gutem Stand. Weiter in eine Geröllrinne und gerade hinauf zu einer Höhle. Aus ihr rechts heraus und anschließend gerade hoch durch einen Kamin zu gutem Stand. Weiter einige Meter über eine Kante und zum Normalweg.

b) **Westverschneidung** (A. Kleemaier, M. Nieberle, 30. 10. 1955). V+ A 1, 2—3 st.

Zum Einstieg zunächst wie bei R 996 und am Wandfuß weiter zu einem vorstehenden Pfeiler. Rechts in einem Riß (III) auf den Pfeilerkopf. Über eine Wandstelle zuerst gerade, dann

XXIX Normalanstiege Rote Flüh und Gimpel
Links R 993, rechts R 1000.

Gimpel
Rote Flüh
Judenscharte

links (V+) in schwach ausgeprägte Rinne und rechtshaltend zu Stand. Das nach rechts aufwärtsziehende Band wird eine Seillänge verfolgt (III). Weiter zum Ende der Rampe und in brüchigem Fels nach links in eine enge Nische. Überhängend aus der Höhle und gerade hinauf (A 1) zu Stand bei Wandbuch. Einige Meter gerade weiter, dann rechts über eine Rampe (A 1). Von ihrem Ende nach links und gerade hinauf in das Schrofengelände und weiter über den Normalweg zum Gipfel.

c) **Südwestpfeiler** (H. Loderer, L. Waitl, 1960). A 1/2, V bis V+, 4—5 st.

Einstieg etwa 30 m links der Südwestwand. Von links nach rechts über eine Rampe ansteigend (III) zu auffallender Höhle. In dem folgenden Kamin in herrlicher Stemmarbeit nach 30 m zu Stand auf einem Klemmblock. Weiter rechts im Kamin (IV) und linkshaltend zu Stand. Die Rampe wird nach links verfolgt. Nun gerade, dann nach rechts zu Stand in einer Höhle (V). Aus der Höhle (V+) zuerst rechts, dann nach links (A 1) und gerade hinauf zu Schlingenstand. Einige Meter gerade hoch, dann rechtshaltend über eine Rampe (V+). Unter einem Dach quert man nach links (A 1) und weiter gerade hinauf zum Normalweg.

Direkter Einstieg: D. Bachstein, M. Fenle. **A 1/2,** V. Einige Meter auf der Einstiegsrampe nach rechts. Nun über teilweise sehr schlechte Haken zuerst linkshaltend, dann gerade hinauf zu Stand am Beginn der Rampe.

d) **Südwestwand** (Bild XXX) (H. Kadner, v. Schwerin, v. Overkamp; 1919). IV, 2 st E. Vielbegangene, lohnende Tour.
Zugang: Von der Gimpelhütte (R 189) kurz auf dem Weg in Richtung Judenscharte. Bei der folgenden Almhütte links und Steigspuren folgend weglos ansteigen bis kurz unterhalb der Basis der Hochwiesler-Südabstürze. Unter ihnen links auf Wegspuren schwach nordwestwärts zur Südwand der Roten Flüh bis zu einer Rippe, welche die Süd- und Südwestwand trennt.

Einstieg:

Etwas links dieser Kante über Schrofen 30 m hinauf, dann Querung 10 m nach rechts. Weiter 15 m schräg links aufwärts, anschließend über grasige Schrofen zum Fuß eines Kamins, der in schöner Kletterei überwunden wird (25 m).

Er mündet in einen schwierigen, 15 m hohen, nach links emporziehenden Riß. Anschließend an diesen 5 m über eine glatte Platte (H) zu einem Eck. Weiter über grasdurchsetzten Fels zu einem bei einer Höhle (Wandbuch) beginnenden nach rechts ziehenden Band, das bis zu seinem Ende verfolgt wird. Nun 6 m besonders schwierig (IV, A 0, Schlüsselstelle) rechts aufwärts zu Stand (H). Von hier nach rechts 3 m auf ein aus der Wand vorspringendes kleines Horn. Von diesem sehr schwierig 18 m schräg aufwärts nach rechts querend (schlechte Sicherungsmöglichkeiten), bis an der Kante guter Sicherungsplatz erreicht wird (Latschenbusch). Dann unschwierig über Gras zum Fuß eines 12 m hohen schluchtartigen Kamins. Dieser wird durchstiegen (III) und unter dem ihn abschließenden Überhang nach rechts verlassen. Weiter nach rechts über grasdurchsetzte Schrofen zur Kante und über diese ohne besondere Schwierigkeiten auf den grasigen Rücken. Von hier auf dem Normalanstieg, R 994, in wenigen Min. zum Gipfel.

e) **Südwest-Kante** (H. Schertel, 1932), 2—3 st (IV+, III—IV, A 0). Einstieg wie R 995 d. Vor Erreichung des Kamins rechts aufwärts über Schrofen unter einen Überhang. Über diesen (H) bis zu gutem Stand (H). Leicht rechts durch rißartige Verschneidung zu herausdrängendem Loch und links aufwärts über Wulst rechts zu Stand. Links aufwärts zu Überhang und über diesen (einige H) zu Stand. Noch eine Seillänge bis zum Latschenbusch der Südwestwand-Führe und auf dieser weiter.

● **996 XXX** a) **Südwand** (alter Weg; Braß, Männer, v. Schwerin, 1919). II—III, eine Stelle III+, 2 st E.

Einstieg: Wenige Meter ostwärts der Süd- und Südwestwand trennenden Kante. Dort zieht ein grasdurchsetztes Band (II) schräg rechts hoch. An seinem Ende (Standhaken) gerade hoch etwa 5 m (Sanduhr) und auf gebänderten Schrofen nach rechts zum Fuß eines turmartigen Pfeilers (Standhaken). Rechts in den Riß, der nach 25 m (III+, 2 H) auf ein Köpfl führt (Standhaken). Nun über Geröll in eine Nische und auf einer Leiste nach links zu Haken. Noch kurz linksquerend, dann gerade hoch, zuletzt über ein abdrängendes Wandl (III, H). Links um eine Kante und über Schrofen in eine Verschneidung (H). Anschließend durch einen schluchtartigen Kamin in Schrofengelände. Nach 1 Seillänge rechts in eine große Nische mit Haken. Links heraus und über geneigte Platten (II—III) in eine Scharte des Westgrats. Von dort unschwierig den Steigspuren folgend rechtshaltend zum Gipfel.

b) (Bild XXX) **Südverschneidung** (A. Kleemaier, L. Schuster, 16. 5. 1954). V+, A 0/1, besonders schwierig, 3—4 st.

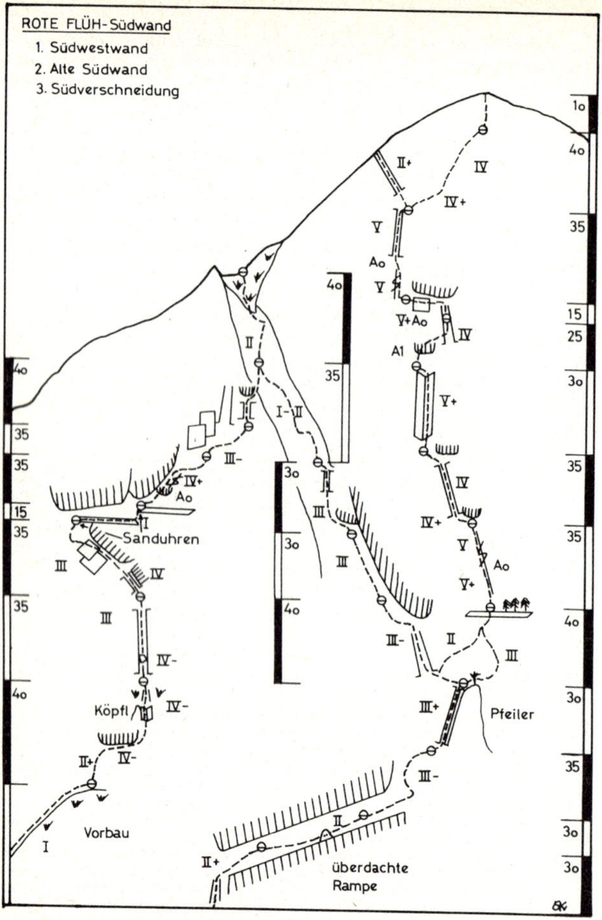

Anstiegsskizze Rote Flüh-Südwand

Rechts: Abb. XXX Rote Flüh und Hochwiesler ►

998c
999cc
997b
997b
997a
997a
996c
996b
996a
995e
995d

Über die Alte Südwand (R 996) zu den drei Tannen. Hier beginnen die Schwierigkeiten. Einige Meter in einer gelben Verschneidung (A 0), dann durch einen Riß (V+) weiter. Am Rißende nach links auf eine Platte und linkshaltend zu Stand. Quergang nach links und über kurze Wandstelle (IV+) in einen Kamin, der bis zu gutem Stand am Fuße einer Verschneidung verfolgt wird. Gerade in der Verschneidung hinauf (V+) und kurz vor ihrem Ende nach links auf eine Platte zu dürftigem Stand. Rechts über einen Überhang (A 1) und nach rechts in eine Rinne, die bis zu einer brüchigen Nische verfolgt wird (IV). An der linken Kante zu Haken und 7 m nach links (V+) zu Stand. Gerade hinauf (V) und in einem Kamin zum Wandbuch. Weiter im Kamin (V) zu kleinem links und zum Normalweg oder, einige Meter links ansteigend, dann rechts querend (IV) in die Gipfelfallinie und Schrofenkessel. Nun entweder über eine Rampe (III) nach gerade hinauf (teilweise brüchig) zum Gipfelkreuz.

c) (Bild XXX) **Direkte Südwand** (O. Leixl, v. Overkamp, v. Schwerin, 1920). Besonders schwierig (V), 3 st.

E in der Schlucht von 996 a. Dorthin auch vom Wandfußpfad in Gipfelfallinie durch einen Rißkamin (V) zu Stand. Weiter gerade hinauf zu 996 a. Dritte Möglichkeit:
Etwa 40 m rechts von c über glatte Wand von links nach rechts zu Haken. Einige Meter gerade hinauf (V) und nach links zu Pfeiler. Mittels Piaztechnik auf den Pfeiler und nach links zu Stand in Gufel. Weiter nach links und über Schrofen entweder linkshaltend zu 996a oder rechts zu 997a bzw. 997b. Vom unteren Ende der großen Schlucht in brüchigem Fels nach rechts über eine Rippe ansteigend zu Geröllplatz. Weiter über brüchigen Fels zum Beginn des markanten, kaminartigen Risses, der die Gipfelwand durchzieht. Über eine glatte Platte und durch den anschließenden Riß (V—) in eine Gufel. Hier verliert sich der Riß in der Wand. Über den folgenden Überhang (V) und eine glatte Platte zum zweiten Überhang. Nach seiner Überwindung (V) nach rechts in die Fortsetzung des Risses. Nun immer im Riß, V, bis man weniger schwieriges Gelände erreicht, das zum Gipfel führt.

● 997 Ostwand-Routen.

a) (Bild XXX) **Südostwand** (H. Schertel, 1929). IV bis V, 3 st E. Einstieg wie bei R 996 a. Bis zu dem Felsköpfl, dann 20 m rechts absteigen und etwa 30 m leicht ansteigend nach rechts zum Beginn des breiten, von unten gut sichtbaren Kamins. Über eine meist nasse und griffarme Platte zu Stand im Kamingrund. Nun im Kamin 30 m hinauf (H) bis zu seinem Ende, dann 5 m nach links zu gutem Stand. Von hier 20 m gerade hoch zu weiterem Stand. Nun 5 m Quergang nach rechts (V) über eine glatte Platte zu Stand. In der Folge 3 m gerade hoch, leicht rechtshaltend über einen kleinen Überhang und durch eine schwach ausgeprägte Verschneidung (H) zum Beginn der Gipfelschlucht. Von hier unschwierig zum höchsten Punkt.

b) (Bild XXX) **Südostriß** (A. Kleemaier, D. Ohngemach, 8. 9. 1956). V+ A 1, Einstieg VI—, 3—4 st.
Einstieg im rechten Teil der Südostwand bei einer schwarzen, meist sehr nassen Verschneidung.

Zuerst in der Verschneidung (VI—), dann linkshaltend in geneigteres Gelände und weiter zum Riß, etwa 5 m rechts des Südostwand-Einstieges (H). Im Riß, dann rechts über eine Platte (V) zu Stand nach 20 m. Nun im Riß 30 m hinauf (A 1) zu Stand in einer Nische. Links im Riß gerade hinauf (V) zu kleiner Kanzel. Quergang nach rechts und wieder linkshaltend (III) unter einen gelben, brüchigen Überhang (Stand). Über den Überhang (V+) und im Riß (Wandbuch) 30 m gerade hinauf (A 1) zu gutem Stand in einer Nische. Auf der nach rechts (östlich) ziehenden Rampe (IV+) zu einem Kamin. Durch ihn (IV) erreicht man die große Gipfelschlucht, die unschwierig bis zum höchsten Punkt verfolgt wird.

c) **Südostgrat** (J. Enzensperger, 1897), II, 1/2 st E. Der Grat fußt in der Scharte zwischen Roter Flüh und Hochwiesler. Zugang: Entweder vom Hochwiesler (R 998) in die kleine Scharte oder von der Gimpelhütte (R 189) in Richtung Judenscharte, bis man den Hochwiesler im Rücken hat. Dann scharf links über Schrofen in den Sattel. Absteigen durch Steilrinne in die tiefe Einschartung. Von dort durch einen versteckten, kaminartigen Einriß (II) etwa 30 m hoch in noch weniger schwieriges Gelände und vollends zum Gipfel.

● 998 Hochwiesler

Der Hochwiesler ist kein selbständiger Gipfel, sondern nur der östliche Ausläufer der Roten Flüh. Bedingt durch die Steilabstürze der Südseite, hat er sich in den letzten Jahren zum bevorzugten Kletterberg der Tannheimer entwickelt. Die Anstiege sind relativ kurz und schon im Frühsommer begehbar. Nach Norden weist der Hochwiesler steile Gras- und Felsschrofen auf. Seine Besteigung über den Normalweg lohnt nur in Verbindung mit einer Begehung des Südostgrates der Roten Flüh.

a) **Normalweg.** Stellenweise I. Erstes Ziel ist die von der Gimpelhütte sichtbare Schrofenrinne im östlichen Teil des Berges: Am besten direkt über Wiesen- und Latschenhang in 1/4 st zum Beginn der Rinne. Über ein Schrofenwandl (I) und anschließend durch die Rinne zum Grat, dem man links zum Gipfel folgt.

b) **Abstieg:** Vom Gipfel östlich über den teilweise felsdurchsetzten Grat erreicht man über steile Grasschrofen eine markante Scharte. Weiter südlich durch eine Rinne absteigend und über den Jägersteig zur Hütte. Vom Gipfel 30 Minuten.

Man kann auch, besonders im Winter oder im Frühsommer, über den Normalanstieg absteigen, oder über den Südostgrat der Roten Flüh auf deren Gipfel steigen.

c) (Bild XXX) **Südwestwand** (A. Kleemaier, L. Schuster, 25. 7. 1954). V, A 1/0. Über den Jägersteig (R 995 d) zu den Südabstürzen. Man quert sie bis zum westlichsten Rand.

Am Fuße der gelben, überhängenden Südwestwand ist ein schwarzer Streifen zu erkennen. Der Vorbau rechts von ihm vermittelt den Einstieg. Über eine Platte und durch einen kaminartigen Riß (IV+) auf den Vorbau und 20 m nach rechts zu gutem Stand. (Hierher gelangt man auch, wenn man den Vorbau von links unten nach rechts oben ansteigend quert (IV) und dann linkshaltend zum Stand klettert.) Über die folgende Wandstelle V, und auf einer Rampe, V, nach links. Dann rechts ansteigend über einen brüchigen Überhang, V, in eine Rinne, die zu gutem Stand in einer Nische führt. Hier mündet eine Direktvariante (D. Bachstein, W. Rudolf, H. Eicher, 1965), die links des Einstieg durch die gelbe Wand führt (A 2—A 3); lohnende Hakenkletterei.

Auf einer Rampe nach links (V) und über eine graue Platte gerade hinauf. Weiter nach links und über eine verschneidungsartige Rampe auf ein Felsköpfl und nach links zu Stand (Wandbuch). Nun gerade durch die senkrechte Verschneidung hinauf (A 1) und durch einen kurzen, überhängenden Riß zu Stand. Links über eine Wandstelle (III) und rechtshaltend in 3 Seillängen über steile Grashänge zum Gipfel.

cc) „Allgäuer Weg". Das Wandbuch kann auch direkt durch die gelben, kleinsplittrigen Wandzonen links der Originalroute erreicht werden (Dietmar Bachstein und Gef.), A2—A3. Weniger lohnend als die Originalführe.

A 2/3, V, Einstieg IV+, VI, Hakenkletterei.

d) (Bild XXXI) **Südwand:** Wandhöhe 180 m, 1—2 st.

Einstieg bei einem Felsvorbau, der die Südwestwand und die Südwand trennt, links einer auffallenden Schlucht.

Einige Meter gerade hinauf, dann nach rechts (IV+) und über Schrofen zu Stand. Quergang 5 m nach links IV+, und über Schrofen zu Stand. Zuerst 2 m gerade hinauf, dann Quergang über eine Platte IV+, und zum linken Ende der Schlucht (im Sinne des Aufstiegs). Etwa 15 m gerade hoch, III, und nach links auf den Vorbau. Von seinem oberen Ende gerade über gutgriffigen Fels nach einer Seillänge zu gutem Stand. Weiter durch einen Riß und nach links zu einem kleinen Wulst, über den man, III+, unschwieriges Gelände, erreicht. Rechtshaltend über steiles Gras zum Gipfel.

e) (Bild XXXI) **Südpfeiler** (A. Kleemaier, L. Schuster, 10. 10. 1954). Wandhöhe 200 m, V+, A 0/1, besonders schwierig, 3 st.

Einstieg in Gipfelfallinie bei einem Schrofenvorbau. Linkshaltend zu einem Grasplatz. Rechts einer Höhle 5 m gerade hinauf (V), 7 m nach links und durch einen brüchigen Riß gerade hinauf in geneigtes Gelände. Weiter zum eigentlichen Wandmassiv. Über eine kurze Wandstelle (V), dann 3 m nach rechts um eine Kante und gerade hinauf zu schlechtem Stand unter gelben Überhängen. Etwas nach links und durch einen Riß (A 1) zum Beginn des Hakenquerganges (Schlüsselstelle) A 1. Quergang 15 m nach rechts (A 1), 2 m gerade hinauf und nach rechts, V, zu Stand. Über Schrofen gerade hinauf zu Überhang. Von rechts nach links (V+) und wieder nach rechts über eine glatte Platte (V+). Nun leicht linkshaltend (V) zu Stand in einer Nische. Von hier querten die Erstbegeher weiter nach links und stiegen über brüchigen Fels zum Gipfel.

Direkter Ausstieg: H. Kettner und Gefährte, V+. Die meisten Begeher des Südpfeilers klettern auf dieser Route weiter. Von der erwähnten Nische nach rechts (V) und im Riß zu Stand (Wandbuch). Weiter im Riß und links in dem folgenden Riß (V+) zu Haken. Einige Meter absteigend zu schlechtem Stand. Ansteigender Quergang (V+) nach links zu Kante. Nun gerade hinauf und über Schrofen nach 40 m zum Gipfel.

f) (Bild XXXI) **Gerade Südwand** (Leo Schuster u. Gef., V+, sehr lohnend, 3 st). Einstieg wie beim Südpfeiler. An den zwei Haken an der Wandstufe hoch und 30 m links aufwärts, dann rechts querend zu Stand (Sanduhr). Etwas links aufwärts und gleich nach rechts im Zickzack zu einer Schuppe. Quergang zum Riß und gerade hinauf. Über Risse und kleine Verschneidungen, bis man nach links zur markanten Kante hinaufsteigen kann. Auf ihrem oberen Teil Stand. Nun links um die Kante und hinter ihr hinauf zum überhängenden, bogenförmigen Kamin, dessen Unterer Teil von einer sehr glatten Platte gebildet wird. Durch den Kamin und nach rechts um das Eck und dann gerade hinauf (Seilreibung!), zu Stand und immer gerade hinauf zum Gipfel.
Es besteht die Möglichkeit unter dem Kamin nach links zu queren und in äußerst schwieriger Kletterei (VI) über brüchigen Fels die Gipfelschrofen zu erreichen.

g) (Bild XXXI) **Südriß** (G. Beckmann, E. Scholaster, M. Weise, 1. 11. 1963). V, A 1, 2—3 st. Einstieg am Fuß des markanten Risses, der sich rechts der Geraden Südwand befindet und den überhängenden Wandabbruch des Hochwieslers durchzieht. Einstieg über grasdurchsetzte Schrofen zu erreichen.
Über eine Wandstufe (8 m) in den Riß und durch ihn weiter (A 1) zu Stand. Links über eine brüchige Wandstelle und nach 15 m zu einer Nische (Stand). Nach einem Überhang (V) über eine steile Platte zu einer kurzen Wandstufe und zu einer Rampe, die bis zu einer Nische verfolgt wird (1 Seillänge). Unter einem Dach nach rechts (A 1) an eine Kante und nach wenigen Metern zu Stand. Nach einer weiteren Schrofenseillänge auf den Grat.

● **998 h** (Bild XXXI) Geisenberger-Reissach-Führe 2—3 st, V+, A 1. Einstieg beim Kreuz am Beginn des Südrisses. Rechtshaltend schwierige glatte Stellen hinauf zum Stand. Etwa 10 m unter dem auffallenden nasenförmigen Dach. Durch den Riß darüber gelangt man unter das Dach, an Haken quert man nach links und steigt anschließend gerade hoch. Mit einer Rechts-Links-Schleife überwindet man den nächsten Teil der Wand. Bis man sich ca. 10 bis 15 m unter einem großen Wulst befindet. Schräg nach rechts und über

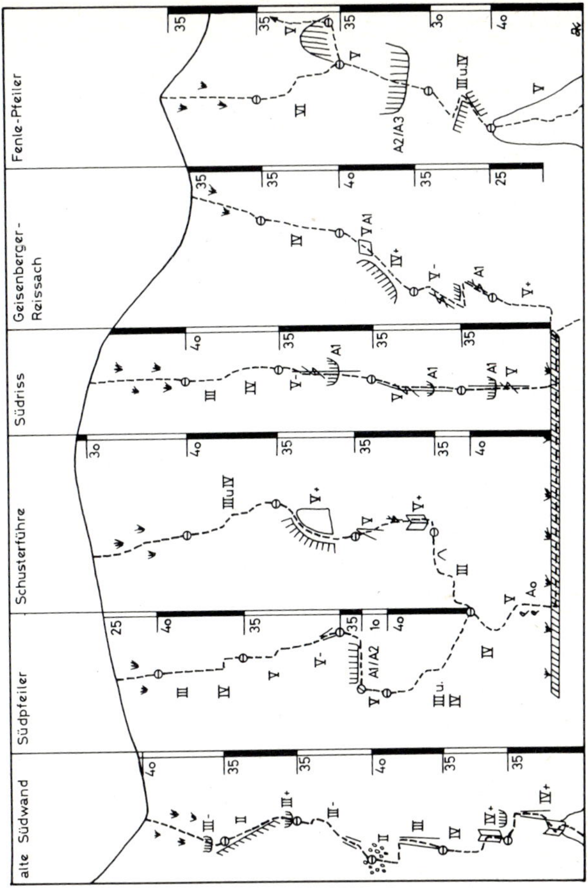

Anstiegsskizze Hochwiesler-Südwand

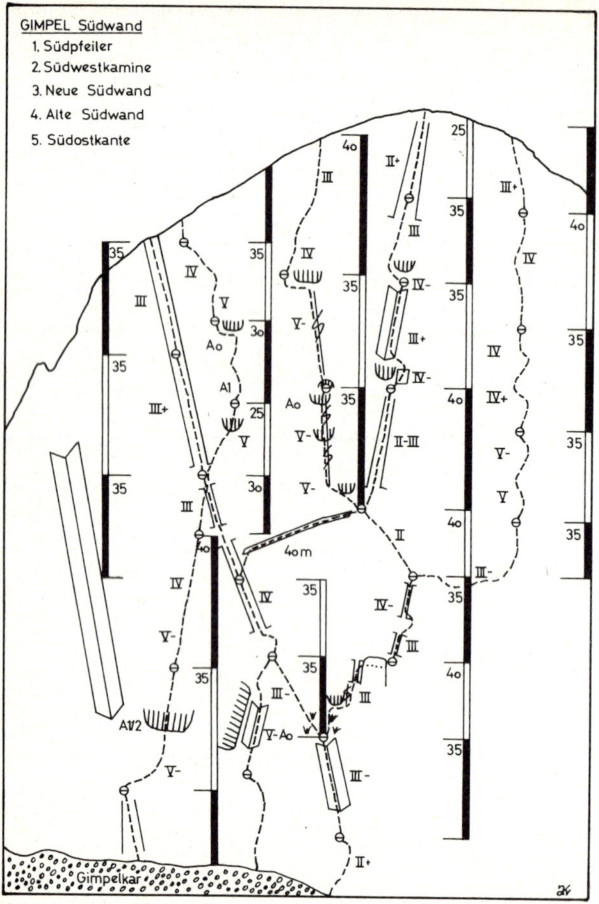

Anstiegsskizze Gimpel-Südwand

Rechts: **Abb. XXXI Hochwiesler-Südwand (unten), Gimpel-Südwand**

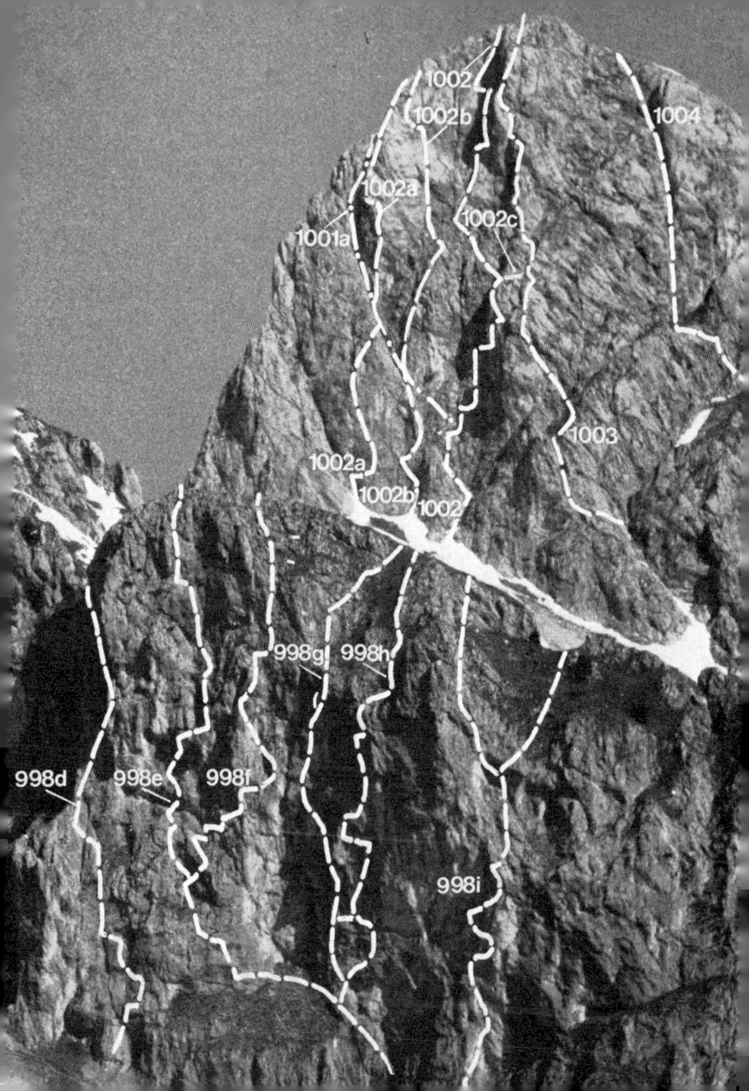

1002
1002b
1004
1002a
1001a
1002c
1003
1002a
1002b
1002
998g
998h
998d
998e
998f
998i

eine sehr glatte Platte und um das Eck. Danach gerade aufwärts in leichteres Gelände.

i) (Bild XXXI) **Südostpfeiler** (M. Fenle, X. Schindele, O. Riedle, 28. 8. 1960). A 2, V+, 2—3 st.

Durch einen Felsausbruch ist der Direkte Einstieg (X. Schindele, H. Loderer, VI) nicht mehr begehbar.

Der Südostpfeiler bildet die rechte Begrenzung der Südwand. Rechts der Kante über Schrofen zu einem Riß und durch ihn (V+) zu Stand rechts der Kante. Etwas absteigend, über eine Wandstufe (IV), und linkshaltend zu Stand auf einer Rampe. In brüchigem Fels (V) gerade hinauf und Quergang nach rechts zu gutem Stand in einer Mulde. Weiter rechts über eine Wandstelle (IV) und einen Rißüberhang (A 2). Im Riß gerade hinauf (A 1) zu gutem Stand. Weiter über Schrofen in die schon von der Hütte sichtbare Gufel. Drei Meter unter Wacholderbusch nach links zur Kante und links ansteigend (V+) in teilweise brüchigem Fels zum Grat. Direkter Ausstieg VI.

Man kann auch von der Gufel rechts ansteigen (A 1). Nach einer Wandstelle (V+) erreicht man geneigtes Gelände.

● 999 **Gimpel,** 2176 m

Die geschlossenste Berggestalt der Tannheimer Berge aus Wettersteinkalk, die nach Norden und Süden mit steilen Wänden abbricht. Die einzelnen Anstiege bieten abwechslungsreiche Klettereien in meist gutem Fels. Der Name Gimpel ist auf die Gimpelalpe in der „Mulde" (keltisch comba) zurückzuführen.

In der Folge sind die wichtigsten Anstiege auf den beliebtesten Tannheimer Gipfel aufgeführt.

● 1000 (Bild XXIX) **Normalanstieg von Südosten** (Weixler, Bachschmid, 1896).

Von der Gimpelhütte bzw. von der Tannheimer Hütte zunächst auf dem zur Judenscharte führenden Weg. Nach knapp 30 Minuten zweigen Steigspuren durchs Geröll nach rechts ab zum Gipfelmassiv. Dieses wird von mehreren zum Ostgrat hinaufleitenden Grasbändern durchzogen, die von unten kaum zu erkennen sind. Man erreicht über steile Felsstufen das untere Ende dieser Grasbänder und kann nun nach Belieben schräg rechts aufwärts zum Ostgrat steigen, wobei ein schon von unten sichtbarer auffallender Felszacken im Ostgrat Richtpunkt ist. Nach Erreichen des Grates auf ihm selbst oder etwas unterhalb auf der Nordseite über Grasstufen zum Gipfel. 1 st E., unschwierig, Trittsicherheit und Geländeerfahrung erfordernd, bei Nässe Vorsicht!

● 1001 (Bild XXXI) **Westgrat** (J. Bachschmid, E. Christa, 1896), II—III, 1½ st E. Meistbegangene Kletterroute in den Tannheimer Bergen. Einstieg in der Judenscharte zwischen Roter Flüh und Gimpel; von der Gimpelhütte ¾ st, von den Hütten im Reintal 1¼ st.
Route: Zunächst auf der Südseite des Grates etwa 40 m ansteigen (II). Dann über eine Wandstufe zum Grat. Anschließend in der Nordwestflanke rechtshaltend hoch und über den Grat, zum Schluß rechts davon empor in ein Schärtchen (Stand), über dem sich der „Nur Mut, Johann" aufschwingt. Auf dem höchsten Zacken stehend, erreicht man den notwendigen Haken (A 0) und zieht sich daran hoch. Wenige Meter weiter oben (III) guter Stand bei einer Schuppe. Danach kurz rechts, dann gerade empor zu einem Riß. Bei einer Leiste Quergang nach rechts (nicht im Riß gerade weiter!) zu kurzem Rißaufschwung (III—) und zu Stand darüber. Nun gerade hoch (II) und schwach linkshaltend auf den flacher werdenden Grat und zu einer Schrofenterrasse. Rechts in eine Schlucht, in ihr kurz hoch, dann rechts auf die Gratschneide (II) und weniger schwierig zum Gipfel.

● 1001 a (Bild XXXI) **Südwestkaminreihe,** III bis IV—, 2 st E. Zunächst 2 Seillängen auf der „Alten Südwand" (R 1002). Wo diese bei einem Grasfleck rechts abzweigt, hält sich die Südwestkaminreihe links. Noch etwa 35 m wenig schwierig, dann durch einen rißartigen Kamin (IV—, H). Anschließend durch eine Rinne weiter, etwas später links über Schrofen und nach 20 m zurück (zu Standhaken) in den Kamin. Links an der Kante hoch (H) und weiter durch die kaminartigen Einrisse, abschließend durch eine Verschneidung (IV—, H) in eine Scharte des Westgrates und in wenigen Minuten zum Gipfel.

Direkter Einstieg (V— und A 0): Der Einstieg befindet sich etwas links der Südwandführe (R 1002) bei einem glatten Wandl. Über das Wandl (H) hinauf zu Standhaken auf einem Grasband. Von dort in einem rißartigen Kamin (V— und A 0, H) etwa 35 m empor zu Stand auf einem Grasfleck. Weiter zur Südwestkaminreihe.

● 1002 (Bild XXXI) **Südwand** (Gebr. Haff, 1905). IV—, 2 st E. Einer der beliebtesten Anstiege in den Tannheimer Bergen.

Einstieg: Kurz unterhalb der Stelle, wo das Geröll am höchsten gegen die Südwand hinaufzieht.

Zunächst durch eine schwach ausgeprägte schrofige Rinne 25 m empor, bis ein breiter Riß schräg links aufwärts zu zu einem Grasfleck. Etwas rechts ansteigen und Querung nach rechts über grasdurchsetzten Fels zu einer Rinne, durch sie gelangt man zum Aufschwung, an dessen rechter Seite sich ein enger, plattiger Kamin (Durchschlupf) befindet. Dieser vermittelt den Weiterweg zu einem kleinen Kessel, der sich an der Basis der Kaminreihe befindet. Zuerst im linken Riß hoch, dann rechts in leichteres Gelände, von ihm aus linkshaltend Hangelgriffe in den senkrechten Kaminaufschwung (Haken). Das letzte Stück wird spreizend überwunden. Stand im Geröllkessel darüber. Nun 50 m linkshaltend über leichtes Gelände zum Fuß eines steilen Aufschwunges, an dessen rechter Seite sich eine Steilrinne befindet. Gute Standmöglichkeit an der Sanduhr am Aufschwung. Durch die Rinne aufwärts, bis sie durch einen Überhang gesperrt wird (Haken). Die Rinne wird nun nach rechts verlassen. Über eine glatte Platte in ausgesetzter Kletterei steigt man bogenförmig rechts vom Überhang hoch und gelangt über ihm nach links in die auffallende Verschneidung (Haken). Der Überhang kann auch direkt überwunden werden (IV+, A 0). Durch die Verschneidung gelangt man unter einen Überhang. Stand an zwei Haken. Quergang an kleinen Griffen nach links und an der Begrenzung des Überhangs hoch in leichteres Gelände. Schließlich durch die Rinne zum Gipfel.

● 1002 a (Bild XXXI) **Südpfeiler** (A. Kleemaier, H. Kettner, 29. 9. 1959). A 1, V, 2—3 st.

Der Einstieg befindet sich dort, wo das Geröll am höchsten in die Südwand hinaufzieht, bei einer nach links aufwärts ziehenden Rinne. In ihr 10 m hinauf. Nun rechts ansteigend zu seichter Nische. Quergang nach rechts (V) in gelbem Fels. Gerade hinauf, etwas nach links und wieder rechtshaltend in Verschneidung (A 1). An ihrem Ende nach links über einen kleinen Überhang und durch eine kurze Rinne zu Schlingenstand. Links zum Beginn eines nach rechts aufwärts ziehenden Risses. Durch ihn (V) und über einen Block in eine kaminartige Rinne, die bis zu ihrem Ende verfolgt wird (IV). Nach links und gerade hinauf zu Stand (H) in Schrofen. Weiter eine Seillänge gerade hinauf (III) zur Südwestkaminreihe. Diese wird 15 m verfolgt, dann quert man nach rechts (IV) zu gutem Stand (H). Rechts über eine Wandstelle und weiter nach rechts in eine kurze Verschneidung (A 1). Quergang nach rechts (V) auf eine Rampe und über sie zu gutem Stand. Von links nach rechts in die folgende Rißverschneidung. In ihr 15 m hinauf (A 1). Nach einem kleinen Überhang Spreizschritt nach rechts in einen Riß, durch den man einen kleinen Stand erreicht (Wandbuch). Rechts über brüchigen Fels und nach einer glatten Platte (V) linkshaltend in Schrofengelände, über dieses unschwierig zum Gipfel.

● **1002 b** (Bild XXXI) **Neue Südwand** (M. Schweiger u. Gef., 1938). Überwiegend III—IV, im oberen Teil V—, eine Stelle V+, A 1.

Sehr schöne Kletterei in den rißdurchzogenen Platten der letzten beiden Sl. Unterer Teil der Führe weniger reizvoll; er kann über die Alte Süd umgangen werden. Mehrfach Ausweichmöglichkeiten in leichtere Touren. Alle ZH sowie SH vorhanden, Kletterstrecke 7 Sl. 2—2½ st.

Übersicht: Die Neue Führe leitet durch die markante, von zwei Dachriegeln durchzogene Plattenwand links des Gipfels. Diese Plattenwand wird über größtenteils leichten Fels erreicht, wobei zwei wenig schöne Schrofenseillängen zu überwinden sind.

Zugang: Auf dem Weg zur Judenscharte bis unter die Südwand empor. Einstieg nach knapp 40 m oberhalb der Alten Süd, wo in etwa 20 m Wandhöhe eine markante, überdachte Rampe nach rechts hinaufzieht.

Führe: 1. Sl: Der Einstieg erfolgt direkt über ein glattes Wändchen (H). Danach linkshaltend über Geröll zu einer steilen überdachten, nach rechts hochziehenden Plattenrampe. Sie mittels etwa 6 ZH (A 0, 1 st IV) hoch und über Schrofen zu 2 SH (A 0, IV, 6—7 ZH). **2. Sl:** Vom Stand kurz nach rechts, dann links über einen engen Kamin (3 ZH, IV—) zu Absatz mit 2 SH hoch (IV—, 3 ZH). **3. Sl:** Vom Stand direkt rechts über grasdurchsetzten, etwas brüchigen Fels empor. Nach etwa 22 m schlechter Haken, rechts von ihm hoch in leichteren Fels (H) und zu Standköpfl (III, 2 ZH). **4. Sl:**

Über Felsstufen (teilweise Gehgelände, 1 H) gerade 40 m hoch, bis an der linken Felswand an guter, großer Sanduhr Stand gemacht werden kann (I—II, 1 ZH). **5. Sl:** Von der Sanduhr nach links auf Rampe (V+, sehr abdrängend). Über sie nach rechts ansteigend zu Rißverschneidung und über diese (V—, 3—4 H) zu größerem Überhang. Über ihn hinweg (A 1) zu schlechtem Stand in enger Rinne, eine Stelle V+, meist IV+ und V—, Überhang A 1. **Variante zur 5. Sl:** Anstatt die Rampe direkt zu erreichen (V+), kann man einige Meter nach links absteigen und von dort (H mit Schlinge, A 1/V—) auf sie gelangen. **6. Sl:** Vom Stand der sich zum Riß verengenden Rinne zwischen Platten folgend unter ein Dach. Sehr eleganter Plattenquergang nach links zu gutgriffigem Piazriß (IV—), der in leichtes Gelände führt (IV+ und V—, etwa 10 ZH). **7. Sl:** Gerade über leichten Fels zum Westgrat und über diesen nach kurzer Zeit zum Gipfel (I—II).

● 1002 c (Bild XXXI) **„Wüstendorfer-Kamin"** (Wüstendorfer und Gef., 1925). IV—V—.

Vom kleinen Kessel, R 1002 (statt nach links) rechts zu gutem Stand am Beginn eines Kamins.

Nun im Kamin hinauf, bis ein Klemmblock den Weiterweg versperrt. Rechts über eine Wandstelle (V) und wieder nach links in den Kamin, den man über zwei weitere Klemmblöcke (V—) verfolgt. Kurz vor seinem Ende auf schmaler Leiste nach rechts und gerade hinauf zu dem geröllbedeckten Köpfl; von hier weiter wie R 1003.

● 1003 (Bild XXXI) **Südostkante** (W. Siemens, Freytag, Ehrensberger, v. Schwerin, 1922). Unterer Teil III—IV, oberer Teil IV+ bis V—, eine Stelle V, 2—3 st.

E etwa 100 m links des Normalweg-Einstiegs.

Durch eine Rinne (R 1004) über Steilschrofen zu einem Absatz unter einer gelben Wand, die rechts umgangen wird, worauf man ein Köpfl an der Kante erreicht. In der Folge immer auf der Kante, oder rechts von ihr — einmal einen kurzen Kamin (IV—) benützend — zu der geneigten, die ganzen Südabstürze durchziehenden Wandzone.

Nun auf der Südostseite der Kante, indem man sich so nahe wie möglich an die Kante hält und durch einen kurzen Kamin auf das in R 1002 c erwähnte, geröllbedeckte Köpfl.

Von hier 5 m durch einen Riß (V) auf eine Kanzel. Gerade über eine Wandstelle (V—) und etwas rechts zu Stand. Weiter gerade hinauf von rechts nach links in einen senkrechten Riß (V—, 10 m), dann über Schrofen zum Gipfel.

● 1004 (XXXI) **Südostkamine** (Adam, Fiedler, Wittwer, v. Schwerin, 1921). IV, 1½ st E.
Die Südostwand, die mit steilen Platten auf den bei R 1000 erwähnten, zum Ostgrat hochziehenden Grasbändern fußt, wird von einem ausgeprägten Kamin durchzogen, der kurz unterhalb des Gipfels in den Ostgrat (Normalweg) mündet. Anfangs auf dem Normalweg, weiter oben linkshaltend über steile Schrofen zum Beginn der markanten Kaminverschneidung Standhaken. Mit einer Linksschleife erreicht man eine Nische (H). Von dort schräg rechts aufwärts, bis es möglich ist, links zu einem Standhaken im Kamin zu queren. Im Kamin 8 m gerade hoch (H) und rechts über eine kleingriffige Platte (IV) in eine weitere Nische (H). Nun über einen Überhang (IV) zu Stand (H, Sanduhr) auf einen Absatz. Weiter durch eine Kamin- und Rißreihe, anschließend über einen Überhang (H, Sanduhr) zur Scharte im Ostgrat.

● 1005 **Nordwestwand.**
Diese Wand setzt in ihrer ganzen Breite mit Überhängen auf eine etwa 60 m unterhalb der Judenscharte befindliche Geröllterrasse ab. Zu dieser gelangt man, von der Judenscharte durch die ins Reintal ziehende Schlucht wenige Min. abwärts steigend und sie sodann nach rechts verlassend. Von der Otto-Mayr-Hütte aus verfolgt man den zur Judenscharte führenden Weg (mäßig schwierig) bis über die zweite Steilstufe in der Schlucht, dann links über Schrofen zur Terrasse (1 st).
Von hier zwei Möglichkeiten (aa = Haff-Dilenius, 1904), III.

aa) linker Weg: man quert über das linke (nordwestliche) Ende der Terrasse hinaus bis zu einem kleinen grasdurchsetzten Vorsprung. Nun etwa 10 m hinab und weiter 5 m nach links querend. Dann gerade empor, bis ein Ausweichen nach rechts unterhalb des auffallenden Gratturms im Nordnordwestgrat möglich ist. Unter den Abstürzen dieses Grates weiter schräg rechts aufwärts, bis ein unschwieriger Kamin den Durchstieg nach oben ermöglicht. Fortsetzung wie bei bb).

bb) rechter Weg (J. Schmitt, 1909). Über dem linken Ende der Terrasse baut sich eine Wand auf, die in etwa 30 m Höhe einen auffallenden gelben Fleck zeigt. Über diesen führt der sehr schwierige Aufstieg. Über eine weitere gutgriffige Steilwand erreicht man eine kleine Plattform und von dieser in wenigen Schritten nach rechts einen überhängenden engen Riß. Nach dessen Überwindung führt weniger schwieriges Gelände schräg links aufwärts zu einer gelbgestreiften Wand mit dem bei aa) erwähnten Kamin. Nach Überwindung dieses Kamins schräg rechts über steile Schrofen empor, bis man eine vom Nordnordwestgrat herabziehende Rinne erreicht, die ihren Ursprung in der R 1006 erwähnten unmittelbar vor dem Gipfel gelegenen Scharte hat. Jenseits dieser Rinne über glatte griffarme Platten schwierig rechts querend, dann gerade empor zu einem Riß, der links oberhalb eines kleinen Gratturms bei einem gelben Fleck auf den Nordnordwestgrat mündet. Durch diesen Riß, zuletzt überhängend empor zum Grat und in wenigen Min. über Gras zum Gipfel. 2 st E, IV.

● 1005 a **Gimpelturm.** Von der Judenscharte aus gesehen ein markanter Turm im Nordwestwandmassiv. Seine Westwand (H. Schertel, 1927) bietet eine kurze, anregende Kletterei, die sehr oft durchgeführt wird. 1—2 st, V, A 0/1.

Wie in R 1005 zur Terrasse. Nun entweder in Fallinie des Turmes durch eine Riß- und Kaminreihe zur Scharte, oder linkshaltend durch einen kurzen Kamin (III) und wieder rechts querend zur Scharte am Fuße des Gimpelturmes. An grauem Fels einige Meter hinauf und nach rechts zu gutem Stand (IV). Quergang nach links zum Beginn der Schwierigkeiten. Gerade hinauf (V, A 0/1) und am Ende der Wandstelle nach rechts zu Stand. Weiter rechts in eine Rinne. In ihr gerade hinauf (IV) und durch eine weitere auf den Grat des Turmes und über diesen zum „Blenkkamin“ (R 1006 b).

● 1006 (Bild XXXII) **Nordwand** (H. Haff, 1904). Diese über 600 m hohe Wand bildet das Schaustück der Otto-Mayr-Hütte. Der Aufstieg wird mit Hilfe des mächtigen Plattenbandes vollzogen, das den unteren Wandteil steil von links unten nach rechts oben durchzieht. Von der Otto-Mayr-Hütte folgt man zunächst dem Wege zur Gelben Scharte (zwischen Schartschrofen und Gilmenkopf). Man verläßt ihn, ehe er auf den oberen Reintalboden hinaustritt, nach links, geht die Talsohle in großem Bogen aus und steigt durch Latschen zu dem den Fußpunkt des erwähnten Plattenbandes bildenden Geröllkegel, der den Einstieg vermittelt (30 Min.). Von der Tannheimer Hütte über die Judenscharte bis ans untere Ende der von dieser herabziehenden Schlucht. Von hier über Geröll unter den Gimpelfelsen nach rechts — zunächst fallend — zum Geröllkegel, der den Einstieg vermittelt (1/2 st). Nun zunächst in der Mitte des Bandes über die geröllbedeckten Platten aufwärts. Weiter oben quert man zur rechten Kante des Bandes hinaus. Man verfolgt es solang, bis es unter einer Steilstufe fast eben nach rechts in die Wand hinauszieht. Nun nicht in dieser verlockenden Richtung weiter, sondern leicht linkshaltend über die 20 m hohe Steilstufe. Weiter auf einem Band, dann links über plattigen Fels und durch einen Riß gutgriffig empor zu einer zweiten Terrasse, die nach oben in eine mächtige Platte übergeht. 3—4 m über die Platte hinauf, dann an kleinen Griffen an ihre rechte Kante hinaus und ausgesetzt um eine Felsecke herum in kleinen Geröllkessel. Weiter einem nach rechts aufwärts ziehenden leicht geneigtem Bande folgend bis an dessen Ende und dann nahezu senkrecht links empor. So gelangt man in einen mit großen Steintrümmern gefüllten Kessel. Über die Blöcke nach rechts aufwärts kletternd gewinnt man eine kleine Scharte (Blick auf die Rote Flüh). Wenige Schritte nach links bringen an den Fuß einer stark geneigten Platte, die von einem Riß durchzogen wird. Dieser leitet wieder auf eine kleine Scharte (Blick auf Otto-Mayr-Hütte). 2—3 m empor, dann Quergang nach links zu einem natürlichen Felsentor und einige Meter abwärts zu einem Band, das in die große von der Otto-Mayr-Hütte sichtbare Schlucht mündet. Etwas weiter oben verläßt man diesen Ast der Schlucht nach links und gewinnt über ein Felsköpfl einen Parallelast, der sich zu einem Kamin mit schwierigem Überhang verengt. Durch diesen oder über die Schrofen rechts davon auf den Nordnordwestgrat. Über diesen zum Fuß der senkrechten, etwa 30 m hohen Wand des Vorgipfels.

Nun mehrere Möglichkeiten:

a) Mitten durch die Wand zieht ein enger Riß herab, der nach unten in eine schwach ausgeprägte an ihrem gelben brüchigen Gestein kenntliche Rinne übergeht. Diese vermittelt den Aufstieg, der besonders schwierig (IV+) zum Vorgipfel und (absteigend) über die Scharte, in die der Nordwestwandweg mündet, ohne weitere Schwierigkeit zum Gipfel führt.

b) Durch den ebenso schwierigen, aber weniger ausgesetzten Blenkkamin: Aus der Scharte vor der Gipfelwand wenige Schritte nach rechts und über eine kleine Wandstufe in den Kamin hinein, der die Nordwestwand durchschneidet und oben durch einen mächtigen überhängenden Block gesperrt ist. Im Kamin empor und entweder über den Klemmblock hinweg (V—, Rücken an linker Wand, Griff sehr hoch) oder (weniger schwierig) einige Meter unter ihm aus dem Kamin heraus nach links und in Schleife (H) oberhalb des Blockes wieder in den Kamin zurück.

c) Man kann auch von der oben erwähnten Scharte 25 m in die Nordwestwand hinabsteigen und die Wand des Vorgipfels auf dem letzten Teil des Nordwestwandweges (R 1005) umgehen. IV, Gipfelwand des Vorgipfels V—, E 3 st.

● **1006 a** (Bild XXXIII) **Nordkante** (Willy Merkl, Toni Leiß, 5. 8. 1923). IV bis V, 4—6 st. Lohnend.

Man steigt zunächst auf dem N-Wandband hinauf und hält sich dann links zu einem dreieckigen, schwarzgelben Überhang. Von hier Quergang nach links und gerade hinauf in eine Nische. Nun 8 m rechtshaltend hinauf in eine Verschneidung und 5 m nach links zu gutem Stand. Durch die folgende Verschneidung und über ein Plattenband links hinauf. Einige Meter hinauf zu Haken, dann über zwei Rippen nach links querend in eine steile Rinne, die von der großen Schlucht westlich des Vorgipfels herabzieht. Durch diese Rinne zu einem Absatz. Auf dem Band links absteigend hinter einen abgesprengten Felskopf, und über eine Steilrampe zu gutem Stand. Von hier durch eine Verschneidung nach links auf einen Felskopf. Weiter um eine Ecke nach links und über einen Überhang und rechtshaltend zur Kante. Auf der Kante unschwierig zu einem Band. Nun in den links der Kante eingeschnittenen Rissen zum nächsten Band (IV), auf dem man 35 m nach links zu einem etwa 35 m hohen Kamin quert. Nach seiner Durchsteigung erreicht man steile Schrofen. Über Graspolster nach 50 m in einen Kamin, durch den man über die sich zurücklegende Kante den Vorgipfel und später den Hauptgipfel erreicht.

● **1006 b** (Bild XXXIII) **Nordwestkante** (Willy Merkl, Toni Leiß, 20. 9. 1925). V. Kantenhöhe 400 m, 4 st.

Einstieg: Etwa 50 m unterhalb der Stelle, wo der Judenschartenweg aus dem Geröll in die Felsen übergeht, ragen auf der Gimpelseite (links) zwei große Felsblöcke aus dem Schutt. Etwas unterhalb dieser Blöcke der E.

Führe: Über eine Wandstelle und durch eine kurze Verschneidung hinauf (30 m) auf ein Felsköpfl. Rechts in einer Steilrinne und durch den folgenden Kamin zu Stand. Rechts über einen Überhang (V) in eine Rinne und auf ihrer rechten Begrenzungskante zu einem brüchigen Wandl. An der rechten Kante hinauf (V) und Quergang in eine weitere Rinne. Links in ihr hinauf zu einem Schuttfleck. Nun linkshaltend zum Fuß von zwei Kaminen. Im rechten hinauf und über eine Plattenwand (V) in ein Schärtchen. Von hier zuerst gerade hinauf, dann kurzer Quergang nach links in eine rißdurchzogene Plattenverschneidung und durch sie zur Kante (V), die man 20 m verfolgt. Zwischen zwei Kaminen gerade hinauf zu markanter Scharte in der Kante. Der hier ansetzende Kantenpfeiler wird links über eine Platte und durch einen überhängenden Riß (V) erklettert. Über gezackten Fels zum Gimpelturm. Rechts hinab in eine Scharte und stemmend auf einen Felszahn. Dann mittels Spreizschritt an die Turmwand und an ihr einige Meter hinauf (V), dann um eine Kante auf ein Band. Etwas absteigend und ansteigend um die Westkante des Turmes. Durch eine Rinne und in dem folgenden Kamin 30 m hinauf. Nun nach links über einen Überhang und links ansteigend zur Kante queren (V) und über diese auf den Gimpelturm. Weiter auf der Schertel-Führe der Gimpelturm-Westwand zum Ende des „Blenkkamines". Unterhalb des letzten Gipfelaufschwungs zu dessen Kante und über sie zum höchsten Punkt.

● 1006 c (Bild XXXIII) **Nordostwand** (Willy Merkl, Hans Kraus; 7. 6. 1925). V, 5—6 st.

Übersicht: Die Nordostwand des Gimpels bricht in ihrem unteren Teil mit einer steilen, fast senkrechten Wandflucht ab. In der Mitte der Wand ist ein großes begrüntes Kar eingebettet, das sich trichterförmig gegen den unteren Steilabbruch zuspitzt.

Führe: Etwa 20 m links (östlich) vom Beginn des Nordwandbandes über steilen rißdurchzogenen Fels gerade hinauf (III) zu Stand auf einem Rasenfleck. Von hier links über ein Band und in einer Verschneidung links hinauf zu einem Felsköpfl. Links weiter in eine auffallende Rinne in Fallinie des Trichters, den man als Wandscharte sieht. In der Rinne hinauf zu einem Loch. Nun nach rechts (V) und gerade hinauf zu einem nach rechts ansteigenden schmalen Plattenband (V). Weiter zu einem Band und links hinauf zu Stand. Durch einen brüchigen Riß (IV) auf den Pfeilerkopf. Absteigend in eine glatte, weiter unten überhängende Rinne zu schlechtem Stand. Von hier links hinauf (V) zu einer Höhle. Aus ihr westl. um eine Ecke (IV) in eine halbrunde Plattenrinne, die weiter oben in einen Schlupfkamin übergeht. Durch das Loch zu glatten Platten, über die man nach 60 m die rechte Begrenzungskante gewinnt. Auf der Kante und über geneigten Fels rechtshaltend in einen Kamin. Weiter im Kamin, bis man gezwungen wird, ihn nach links zu verlassen. Über Felsstufen und Schrofen in Richtung der großen Schlucht zwischen Vor- und Hauptgipfel. Unterhalb der Stelle, wo diese Schlucht abbricht, erreicht man durch einen „Torbogen" linkshaltend unschwieriges Gelände. Weiter zum Ostgrat, den man kurz unter dem Gipfel erreicht.

● 1007 (Bild XXXII) **Nordwand, neuer Weg** (V+), Höhe ab Gimpelband 350 m (Gesamthöhe 550 m), 3 st. 1. Begehung 1919 Konstantin Schnetz, Josef Keller.

Auf der alten Nordwand-Route etwa 200 m auf dem Gimpelband hinauf, bis es sich zurücklegt und verhältnismäßig flache Platten aufweist. Hier links einige Meter durch Schrofen em-

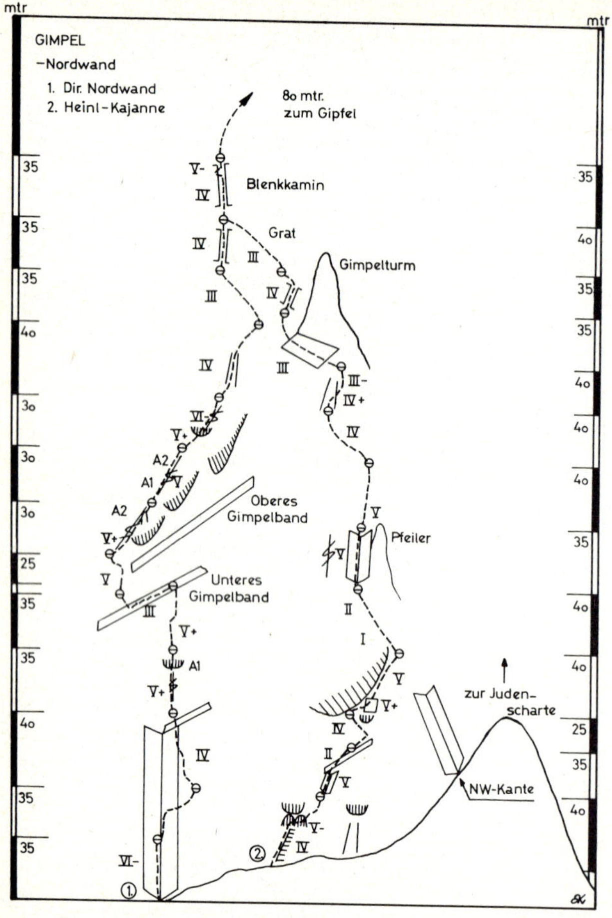

Anstiegsskizze Gimpel-Nordwand
1 = Dir. Nordwand, 2 = Heinl-Kajanne-Weg.

XXXII Gimpel-Nordwand
1 = NO-Kante, R 1008; 2 = Direkter Einstieg zur NO-Kante, R 1008; 3 = Schräger Riß, R 1008b; 4 = Schertel-Platte, R 1007b; 5 = Alte N-Wand, R 1006; 6 = Neue N-Wand, R 1007; 7 = Direkte N-Wand, R 1007a; 8 = Lang-Schmid-Kamin, R 1008c.

por und 20 m links querend zu gutem Stand unter einer kleinen Rißverschneidung. Durch sie auf einen kleinen Pfeilerkopf, einige Meter nach links und über einen Überhang (H) sehr schwierig in eine weitere Verschneidung. Durch diese, teils überhängend, zu einem schmalen Band (H), das nach links auf eine Schutterrasse unter der von unten gut sichtbaren riesigen Verschneidung führt. Im Grunde dieser Verschneidung mehrere Seillängen durch den schluchtartigen Kamin bis zu einem flachen, schuttbedeckten Wandstück. Hier rechts empor durch einen gelben Kamin zum „Blenkkamin“ (alte Nordwand-Route) und durch diesen auf den Grat, den man rechts bis zum Gipfel verfolgt.

● **1007 a** (Bild XXXII) **Direkte Nordwand,** Höhe 550 m, 7—10 st, VI— und V, A 1 und A 2. 1. Begehung Juli 1959 durch Reiner Loderer und Georg Ostler.

Etwa 100 m rechts des alten Nordwand-Einstiegs zieht sich eine große, schluchtartige Verschneidung hinauf. Genau in ihrem Grund befindet sich der Einstieg. 2 Seillängen über meist nassen Fels in der Verschneidung empor. Über einen leicht ansteigenden Quergang 30 m nach rechts zu griffigen und festen Felsen, die ein genußreiches Klettern bis zu den gelben Überhängen im mittleren Wandteil ermöglichen. Nun 10 m gerade hinauf, dann 5 m nach rechts und wieder schräg links aufwärts (H) in unschwierigeres Gelände (Gufel). Dann links um die Kante und 1 Seillänge schräg links aufwärts bis zu einem schuttbedeckten Band. Über einen senkrechten, äußerst schwierigen Riß (H) erreicht man eine breite Schutterrasse, auf der man 30 m nach rechts quert. Von hier zieht eine etwa 80 m hohe senkrechte Verschneidung empor, die durch ein Dach abgeschlossen wird. In der Verschneidung in genußvoller, im oberen Teil äußerst schwieriger Kletterei (H) hinauf; oberhalb des Daches guter Stand. Nun einige Meter gerade hinauf, dann in einem Riß schräg rechts hangelnd bis unter einen kleinen Überhang. Über eine kleingriffige Platte äußerst schwierig 2 m nach rechts in einen Riß und durch diesen auf ein Band. 10 m nach links querend erreicht man das große Gimpelband.

Man befindet sich hier unmittelbar unter den gelben Überhängen, die von einem markanten Riß schräg von links nach rechts oben durchzogen sind. Der Riß vermittelt den weiteren Durchstieg.

Nach Überquerung des Gimpelbandes steigt man durch Schrofen erst senkrecht, dann rechts haltend zum Beginn einer gelben Verschneidung. In ihr empor zu gutem Stand. Jetzt rechts hinauf (H) zu einer brüchigen, aber relativ unschwierigen Schuppe, die man nach rechts verfolgt. Über den anschließenden Überhang auf eine Rampe und 10 m gerade empor zu gutem Stand (H). Nun nach rechts in eine kurze Verschneidung. Durch sie äußerst schwierig (H, Schlüsselstelle) auf eine Kante und rechts in eine Schlucht (Ende der Hauptschwierigkeiten). Über 2 senkrechte Seillängen (V) gelangt man in unschwierigeres Gelände. Nun einige Seillängen immer gerade hinauf, bis sich die Wand erneut senkrecht aufbäumt. Hier mündet die neue Nordwand-Route. Rechts hinauf durch einen gelben Kamin zum „Blenkkamin" (alte Nordwand-Route) und durch diesen 2 Seillängen bis auf einen Grat, über den man 40 m nach rechts den Gipfel erreicht.

● 1007 aa **Gerade Nordwand** (V—VI—, A 1, A 2, 7—10 st, Wandhöhe 550 m. Peter Heel, Manfred Schreck, 5.—6. 7. 1969. Die Erstbegeher ließen sämtliche Haken in der Wand. Einstieg: Etwa 80 m links von 1007 a bzw. 15 m links der Fallinie einer markanten Verschneidung.

Führe: 30 m leicht rechtshaltend hinauf (H, IV—V) zu Stand. Mit der folgenden Seillänge wird wiederum leicht rechtshaltend nach 25 m die erwähnte, markante Verschneidung gewonnen (H). In ihr 4 m gerade empor und rechts (V) in eine kleine Gufel zu Stand. Nun im Riß rechts der Gufel hoch (Holzkeile, V und A1) und an einem brüchigen Köpfel vorbei. Nach etwa 30 m in brüchigem Fels 5 m links ansteigen (H) zu Stand. Weiter in plattigem Fels 15 m gerade hoch (IV+) und in einer Verschneidung 10 m weiter zu Haken. Jetzt waagrechter Quergang (V) an die rechte Kante und über sie zu Stand unter einem kleinen Überhang. Über den Überhang (V) und Quergang 8 m nach rechts auf schmaler Rampe. Dann wieder gerade hoch in geneigteres Gelände. Dort erst 10 m nach rechts, dann links bis man wieder die Fallinie der bisherigen Route erreicht, Stand (H). In brüchigem Fels 15 m rechtshaltend ansteigen (IV+) und auf ein Köpfel (Stand) am Gimpelband.

Man verfolgt das Band bis zum Ende der großen Plattenverschneidung und quert es (2 Seillängen nach dem Erreichen des Bandes). Nun 1 Seillänge in anfangs schlechtem, dann sehr gutem Fels an die linke Begrenzung (V+) der gelben Wandzone des großen Turmes (Stand). Von hier 4 m links hinaus am senkrechten Wandl und 3 m gerade empor zu einem 25 m hohen Riß (Haken und Holzkeile, V+ und A1—A2), der bis zu einem Schlingenstand an seinem Ende verfolgt wird. Vom Stand 3 m waagrecht nach rechts um die Kante (infolge der anfangs schlechten Haken empfiehlt es sich, die Bohrhaken als Sicherung zu verwenden) und den Haken folgend (A2) 15 m hinauf und leicht ansteigend 8 m nach rechts über lose Blöcke zu gutem Fels (Bohrhaken). Den Haken folgend zu abschüssiger Rampe und auf sie (VI—) bzw. über sie zu Bohrhaken. Weiter nach links in eine Gufel zu gutem Stand unter einem schwarzen Überhang.

Nun 4 m im Riß hinauf zu Bohrhaken und den Haken folgend (A 2) über den Überhang. Nach ihm weiter an Haken (A 1) 10 m empor. Nun 5 m frei (V) zu Bohrhaken. An diesem weiter und nach 8 m nach Überwindung eines kleinen Absatzes auf dem „Halbmond“ (V und A 1) zu Stand. Der „Halbmond“ wird in Fallinie überschritten und in der Folge die große Verschneidung, die nach 40 m an die linke Kante des großen Turmes führt, als Anstieg benützt (V+ und VI—, A 2). Mit dem Erreichen der Kante sind die technischen Schwierigkeiten zu Ende.

Vom Stand im Riß 10 m empor, dann einige Meter nach links (V) und zu einem kleinen Wulst der von links nach rechts überwunden (H) wird. Nun 5 m Quergang rechts in eine schwach ausgeprägte Verschneidung und in ihr etwa 10 m empor (IV+). Anschließend zu gutem Stand unmittelbar an der Turmkante. Die nächsten Meter direkt an der Kante (V—) hinauf, um dann linkshaltend in kleinen, verschneidungsähnlichen Felsformationen in Richtung des großen Höckers kurz unterhalb des Turmgipfels weiterzusteigen (IV+). Vom Stand 10 m rechts unterhalb des Höckers an plattigem Fels gerade aufwärts 4 m (V), dann 5 m nach rechts und zuerst schräg links und dann gerade empor. Nach etwa 10 m in brüchigem Fels (IV+) wird der Turmgipfel erreicht.

Der sehr brüchige Kamm des Turmes wird soweit begangen, bis es möglich ist, ihn nach Westen zu verlassen. Um den Blenkkamin zu erreichen, steigt man etwa 20 m im Geröll empor, durchschreitet eine große Felsspalte und gelangt nach 1 Seillänge zu einer Schulter, die der Gimpelturm unterhalb des Blenkkamines bildet. Über Geröll zum Beginn des Kamines und weiter wie bei R 1006 b.

● 1007 b (Bild XXXII) **„Schertel-Platte“** (V+), Höhe ab Gimpelband 400 m (Gesamthöhe 550 m), 3—5 st.
1. Begehung Max Neher und Hermann Schertel, 1931.
Die etwa 60 m hohe Schertelplatte liegt über dem Unterteil des Gimpelbandes zwischen der neuen Nordwand-Route und dem Lang-Schmid-Kamin. Sie ist nach Nordwesten geneigt und von der Otto-Mayr-Hütte nicht einzusehen. Eine der schönsten Kletterführen im Reintal.
Einstieg über das untere Gimpelband, bis es sich nach 150 m etwas verflacht. Nun links wenige Meter senkrecht empor, dann über eine nach rechts ziehende Rampe und wieder senkrecht hinauf bis zu einem bequemen Stand unter einer kurzen Verschneidung. Diese 5 m empor, dann nach links auf ein Band mit gutem Stand. Nun schräg links aufwärts zu einer gelben Wand (H). Nach dieser rechts haltend und durch einen kurzen Kamin auf ein weiteres Band, das nach links zu einem Stand unter der Schertel-Platte leitet. Einige Meter über die graue Platte gerade empor zu einem H. Mittels Piaz-Technik über eine Verschneidung zu Stand in einem Kamin. Hierauf weiter gerade empor, dann im linken von zwei Rissen bis zum Ende der Platte.

Die anschließende Nordkante verfolgt man etwa 100 m durch unschwierigeres Gelände bis auf eine Terrasse. Von hier etwa 8 m genau auf der Kante senkrecht empor, dann links haltend zu einem H. Von hier aus entweder zur Kante zurück und über sie oder links davon bis zum Grat.

● 1007 c **Gimpel-Nordwand,** Heinl-Kajanne-Weg, 10. Sept. 1972, Wandhöhe 500 m, Schwierigkeitsgrad V+, Kletterzeit 4—6 st.
Einstieg am Steinmann ca. 60 m rechts von der markanten, schluchtartigen Verschneidung (Einstieg Direkte Nordwand). Über eine schwach ausgeprägte Rampe rechts ansteigend etwa 25 m, dann gerade hinauf zur Nische unter Überhängen. Stand. Quergang nach rechts über die Rampe zur 5-m-Verschneidung, über sie auf das rechte ansteigende Band. Stand. Unter den sperrenden Wülsten hindurch, bis das Übersteigen nach links, zur Nische unter Überhängen möglich ist. Vom Stand über den rauhen Aufschwung nach rechts hinauf, in die rampenartige Verschneidung, über sie in leich-

teres Gelände (40 m schlechte Zwischenstandmöglichkeit). Eine halbe Seillänge aufwärts und über das nach links ziehende Band zum gelblichen birnenförmigen Pfeiler. Unter ihm Stand. Weiter in die links vom Pfeiler hochziehende Rißverschneidung zum Pfeilerkopf, Stand. Nun in der Verschneidungsfortsetzung gerade hinauf zu Stand. 40 m. Nun noch 10 m gerade hinauf, dann 50 m linkshaltend über gestuftes Gelände zur überdachten Steilrinne. An ihrer rechten Seite über einen griffarmen Kamin und den mit Türmen besetzten Blockgrat unter den Gimpelturm. Von hier ab über die alte Nordwand links hinauf über den Riß in der großen Platte zum Blenkkamin. Über den Grat unschwierig zum Gipfel.

● 1008 (Bild XXXII) **Nordostkante** (V), Höhe 480 m, 4—5 st.
1. Begehung Karl Lang und Hans Schmitt, 1927.
Am Fuß der Kante zieht ein Schuttband etwa 40 m nach links in die Wand hinein. Von seinem Ende etwa 150 m durch Kamine und Verschneidungen schräg rechts hinauf, bis man die auffallende, mit Löchern durchsetzte Rißreihe erreicht, die in der Fallinie der Kante bis ins Kar hinunterzieht. Hier 1 Seillänge gerade hoch, dann durch ein gelbes Felsloch schlüpfend und kurz rechts querend zum Beginn eines sich gabelnden Risses. Im rechten Ast zu einem kleinen Überhang, der den zweiten der bereits von unten sichtbaren markanten drei „Wülste" bildet. Der Überhang wird an seiner niedrigsten Stelle überwunden. Dann wenige Meter nach links querend zu einem Riß, der schräg nach rechts den dritten Wulst durchzieht. Nun legt sich die Kante zurück. Man folgt entweder der Kante oder (unschwieriger) dem Schrofengelände links davon und erreicht nach mehreren Seillängen den Normalweg.

● 1008 a (Bild XXXII) **Nordostkante, direkter Einstieg** (VI—), 3 st (Gesamtzeit bis zum Gipfel 4—6 st).

1. Begehung 1957 Rudolf Hoffmann und Fritz Lang.
Die Kante ist im unteren Teil wenig ausgeprägt. In ihrer Fallinie befindet sich dort eine markante, über 100 m hohe Rißreihe, die mit Löchern durchsetzt ist. Zunächst 1 Seillänge in der Fallinie der Rißreihe bis zu ihrem Beginn empor (Stand). Nun rechts vom Riß (links alte Irrhaken) etwa 20 m (VI) zu einer auffallenden Schuppe hinauf (Stand). Dann einige Meter mittels Seilzug nach links in den Riß (H) und in diesem nach

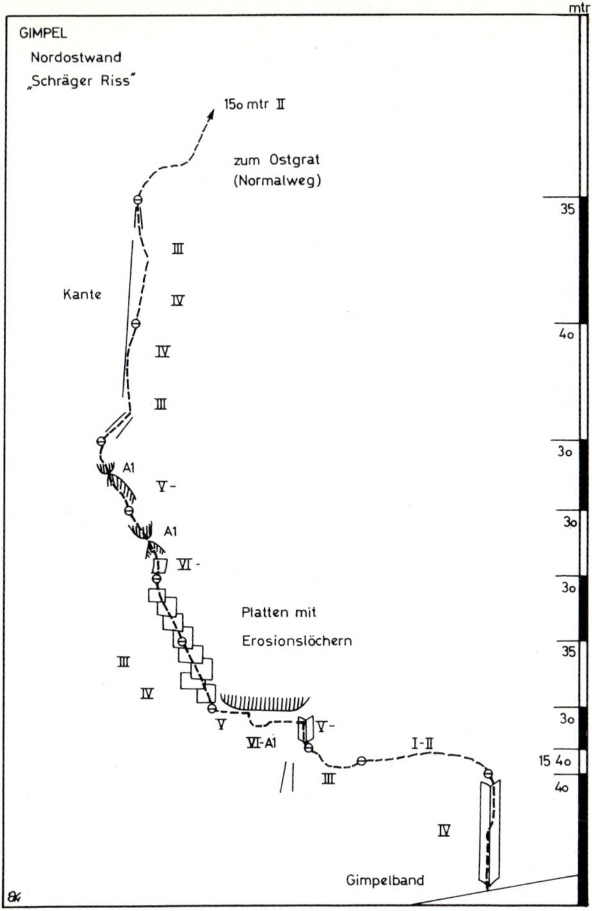

Anstiegsskizze Gimpel-Nordostwand, „Schräger Riß"

5 m ins erste Loch. Aus diesem rechts heraus (H), einige Meter senkrecht hinauf und wieder nach links ins zweite Loch (Stand). Nun verläßt man den Riß nach links und steigt haltend empor, bis man in einem flacheren Wandstück die Originalroute erreicht.

● **1008 b** (Bild XXXII) **„Schräger Riß"**, Höhe 420 m, 4—6 st. VI—, A 1. 1. Begehung Karl Lang und Hans Schmitt, 1927. Die Nordwand des Gimpels wird in ihrem östlichen Teil zwischen Gimpelband und Nordostkante von rechts unten nach links oben von einem Riß durchzogen, der oberhalb der „drei Wülste" in die Nordostkante mündet. Diese Route gehört zu den schwersten in der Tannheimer Gruppe. Sie sollte nicht nach Schlechtwetter begangen werden, weil der große, zum Beginn des schrägen Risses führende Quergang bei Nässe unangenehme Schwierigkeiten aufweist.

Einstieg in einer kleinen Verschneidung, etwa 20 m links vom Schuttkegel zu Füßen des Gimpelbandes. In der Verschneidung eine knappe Seillänge empor zu Stand (H), dann noch etwa 10 m weiter bis in flacheres Gelände. Hier unschwierig 40 m nach links und zunehmend schwieriger 1 Seillänge zu einer kleinen Kanzel hinauf (Stand, H). In der folgenden schwarzen Verschneidung 10 m senkrecht bis zu einem alten H mit Schlinge hinauf. Von dort auf abschüssiger Leiste 20 m nach links (2 H, VI—) zu gutem Stand. Nach weiteren 15 m Linksquerung erreicht man den Beginn des schrägen Risses. in diesem (später etwas links vom Riß) einige Seillängen empor, bis sich die Wand erneut senkrecht aufbäumt. Hier senkrecht hinauf (H, A 1) und im Riß erst etwas querend, dann links aufwärts kletternd (VI—) erreicht man die Nordostkante. Über diese in etwas unschwierigerer und schöner Kletterei weiter (R 1008).

● **1008 c** (Bild XXXIII) **Gimpel-Nordostwand,** „Lang-Schmid-Kamin" (längste Klettertour am Gimpel), ideale Variante zu R 1006 a, V.

Einstieg etwa 30 m links des Gimpelbandes.

Über eine angedeutete, schmale Rampe zu einem abgesprengten Felszacken. Etwas unter seiner Spitze nach rechts hinauf (H). Von hier Quergang nach links um die Ecke in einen Riß und in ihm empor in leichtes Gelände. Stand. Weiter eine volle Seillänge rechtshaltend zu einem Zacken. Stand.

Die folgende Seillänge führt leicht rechts über Platten und Risse zu Stand auf einem kleinen Absatz. (Nicht zu weit nach rechts in die Verschneidung.) Weiter rechts zum Beginn des Kamins. Stand. Im Kamin empor (1 Klemmblock, 1 Haken). Unter einem großen Überhang (H) spreizt man an zwei Leisten hinaus. Dann in eleganter Kletterei höher in leichteres Gelände. Nun klettert man etwa 10 m in den Berg hinein bis zu einem kleinen Geröllplatz. Stand. Darüber erweitert sich der Kamin. Oberhalb befinden sich zwei Löcher. Zuerst klettert man an der linken Wand in Richtung oberes Loch (2 H) empor; in etwa halber Höhe des unteren Loches schöner Hangelquergang nach links zu Piazschuppen. Zuletzt zum Loch hinaufspreizen. Danach schöner Standplatz. In großem Bogen klettert man von links nach rechts hinauf (2 Sanduhren). Über eine Leiste in den rechten Teil der großen Platte. Mit Platten- und Piazkletterei über einen Riß (3 H) in leichteres Gelände (Ausstieg der Schertelplatte). Dann links der Kante 2 Seillängen über leichtes Gelände hinauf (Nordkante). Sehr lohnende Route.

● 1009 **Nordnordostflanke** (H. v. Barth), I. Von dem durchs Reintal zur Otto-Mayr-Hütte führenden Weg bei einer größeren ebenen Lichtung auf den zur Nesselwängler Scharte führenden Steig. Diesen verfolgt man bis nahe zur ersten mit Drahtseil versicherten Stelle. Nun pfadlos schräg rechts aufwärts über Gras und Schrofen zum Ostgrat, den man bei dem R 1010 erwähnten ebenen Gratstück erreicht. Weiter wie bei R 1010. Vom Reintal $2^1/_2$ st.

● 1010 **Gratübergang vom Schäfer** (Gimpelgrätle; A. Weixler, 1904). Vom Gipfel des Schäfer (R 1011) über Schrofen südlich zum mittleren der drei in seine Südwestflanke eingeschnittenen Kamine. Der etwa 5 m hohe oben überhängende Kamin leitet (sehr schwierig) auf Schrofen, von denen aus ein Band über grasdurchsetzten Fels zur Scharte westlich des Schäfers führt. Von hier über Gras und Schrofen auf die nächste Graterhebung. Dann wieder absteigend zu einem längeren eben verlaufenden Gratstück. Der nächste grasbewachsene Kopf wird ohne Schwierigkeit überstiegen, ein darauffolgender in einer Scharte stehender Zacken nördlich umgangen. Dann steil auf den nächsten Gratkopf und von ihm über Graspolster wenig absteigend zu der Stelle, wo der gewöhnliche Aufstieg den Ostgrat erreicht. Weiter wie R 1000.

Schäfer (Kleiner Gimpel), 2060 m

Grasbewachsene Erhebung zwischen Kellespitze und Gimpel, die nach Süden mit steilen Wänden abbricht, durch die mehrere, jedoch sehr wenig begangene Anstiege führen.

● 1011 **Ostgrat:** Von der Nesselwängler Scharte über grasige Steilstufen. Eine felsige Steilstufe unterhalb des Gipfels läßt sich in der Südseite umgehen. Von der Nesselwängler Scharte 15 Min.

● **1011 a Nordostflanke:** I, nur für den Abstieg zu empfehlen.
Vom Gipfel über steil hinabziehende Grashänge zum Weg von der Nesselwängler Scharte ins Reintal.

● **1012 Südwand** (E. Gretschmann, O. Leixl, v. Schwerin, 1920). V—, 1 st.
Der Anstieg verläuft durch den auffallenden Kamin, der von der Scharte westlich des Gipfels nach Süden herabzieht und mit einer seichten, glattgewaschenen Rinne im Schrofengelände endet.
Unschwierig zu einem kleinen Schrofenvorsprung östlich der Rinne. Nun ansteigender Quergang (IV—) in die westliche Rinne und links hinauf zu Stand. Über eine Wandstelle rechts in den meist feuchten Kamin, den man bis zur Scharte verfolgt. Weiter wie bei R 1014 zum Gipfel.

● **1012 a Südwand „Graf-Iseler-Riß“** (Albert Graf, Iseler, 19. 7. 1943). V+/A 1, 3—4 st.
Übersicht: Von der Gimpelalm aus gesehen zieht ein feiner Riß in der linken Wandhälfte von rechts unten nach links oben und endet im Grat.
Einstieg: 20 m rechts des zur Scharte zwischen Schäfer und Gratübergang hochziehenden Risses.
Führe: Zuerst durch einen Kamin, der sich nach 10 m zu einer Rinne erweitert. Eine Seillänge rechts hinauf zum Beginn des schon von unten sichtbaren Risses. Nun über einen Überhang (Steigbaum) in eine kleine Nische (H) und weitere 8 m hinauf (VI) in weniger schwierigen Fels. Man verfolgt ein links aufwärtsziehendes Band, das sich nach 20 m zu einem Riß verengt. Im Riß 8 m hinauf (VI), weitere 5 m gerade empor und Quergang 2 m nach links in eine kleine Gufel.
Über den folgenden Überhang (H) in der Rinne 25 m linkshaltend hinauf in schrofiges Gelände. Weiter durch den links ansetzenden Riß (H). Nach 6 m nicht nach links, sondern gerade hoch auf den Grat und über ihn zwei Seillängen zum Gipfel.

● **1013 Südwand „Holzkeilriß“** (A. Kleemair, L. Schuster, 25. 11. 1953). V+/A 1, 2—3 st.
Der rechte Teil der Südwand wird von einem feinen Riß durchzogen.
Zuerst über den Schrofenvorbau, dann durch einen kurzen, glatten und engen Riß zu Stand.
Nun durch den rechts ansetzenden Riß etwa 10 m hinauf (Holzkeile), dann Quergang nach links in den Hauptriß zu Stand (Wandbuch). In der Folge immer im Riß bis zum Grat.

● **1013 a Südwand „Schräger Riß“.** V+/A 1, 2—3 st.
Den Anstieg vermittelt der markante, von rechts nach links hochziehende Riß im linken Teil der Südwand.
Etwas links der Wandmitte über Grasschrofen hinauf, dann Quergang nach links zum Fuß des Risses. Über eine kurze Wandstelle (V) in den nach links ziehenden Riß. In der Folge im Riß, der von kurzen Wandstellen unterbrochen wird, bis man die Gipfelschrofen erreicht.

● **1013 b Südkante.** V, 3 st.
Einstieg links der Kante, die die Südwand östlich begrenzt. Über Grasschrofen und über eine Rinne nach rechts zu Riß. Durch den Riß 25 m hinauf (V) zu Stand. Weiter rechtshaltend in einem Riß und gerade hinauf zum zweiten Steilaufschwung der Kante. Über ihn (V) und immer an der Kante zum Ostgrat und über ihn zum Gipfel.

● **1014 Gratübergang vom Gimpel** (H. und R. Haff, 1910). II, eine Stelle IV—, 1½ st.

Vom Gipfel über den Normalanstieg bis zur Scharte, von der er weiter nach Süden abwärts führt. Von hier östlich ansteigend und weiter auf dem Grat oder auf der Nordseite. Über steilen Grashang, leicht nördlich haltend zu einer Scharte. Ein Turm wird nordseitig umgangen. Ansteigend zu auffallendem Kamin (IV), der in die Gipfelschrofen führt.

Kellespitze, 2247 m

Der höchste Gipfel der Tannheimer Gruppe, umfassende Fernsicht. Er fußt mit dem gezackten Nordgrat im Reintal. Die Kellespitze wurde 1820 bei Vermessungsarbeiten erstmals bestiegen.

Name: Kelle = tiefes Kar (mhd.).

● **1015** (Bild XXXIII) Aus der **Nesselwängler Scharte.** Man wendet sich von der Scharte ostwärts, um diesen Absturz auf der Nordseite zu umgehen. Pfadspuren folgend, erreicht man über grasige Schrofen „Lenzles Anstand", eine kleine Kanzel. Von hier durch eine kaminartige Rinne hinab in einen tief eingerissenen Graben. Jenseits über Geröll und Schrofen aufwärts (stets in den Nordhängen des Westgrats) bis in die aus der Scharte zwischen Gipfel und höchstem Westgratzacken herabziehende Steilrinne. Von hier aus wendet man sich scharf nach links und erreicht nach kurzer Querung den Fuß einer nach Westen geöffneten breiten Rinne, die das ganze Gipfelmassiv durchzieht und sich unten kaminartig verengt. Durch die Rinne empor (Klemmblock) zur Scharte nördlich des Gipfels. 1 st E. Unschwierig (I), jedoch steinschlaggefährdet.

● **1016** (Bild XXXIII) **Westgrat** (J. Enzensperger, 1897). (II). Von der Nesselwängler Scharte zunächst wie R 1015, dann unschwierig rechts über Grasschrofen an den Fuß des ersten Abbruchs. Dieser wird an guten Griffen ausgesetzt (II+) erklettert. Weiter auf dem breiten Gratrücken und einige Meter hinunter in eine Scharte. Der folgende Aufschwung (II) wird nordseitig umgangen. Nun immer auf dem Grat (I—II), bis kurz vor dem Gipfelaufbau eine Scharte zum Abstieg zwingt. Über plattigen Fels in die Scharte (II), dann südseitig etliche Meter hinauf und durch einen Riß (II+) zu Stand. Weiter in dem nun gutgriffigen Riß und anschließend über Platten wieder zur Gratschneide. Etwas später rechts zu einer Kante über der Südwandschlucht. Um die Kante (II) nach rechts und in der Folge immer auf dem Grat in die Gipfelschrofen und zum Gipfel.

● **1017 Südwand** (Gebr. Haff, 1907).
Der linke Teil der Südwand wird von einer breiten, unten geröllbedeckten Schlucht von rechts unten nach links oben durchzogen. Diese Schlucht endet in der Scharte zwischen höchstem Westgratzacken und Gipfel. Aufstieg zur Scharte ziemlich schwierig (III).
Man verfolgt die über Geröll zu erreichende Schlucht etwa 60 m, bis ein grasiges Band Ausweichen nach rechts in die im untersten Teil überhängende Wand ermöglicht. Weiter schräg rechts aufwärts durch einen sich oben teilenden Kamin, dessen linke Seite nach einigen Metern Ausstieg in die Wand ermöglicht. Einige Meter nach links queren, dann 10 m sehr schwierig gerade empor. Es folgt ein Quergang nach rechts, der nach 12 m in eine die Fortsetzung des verlassenen Kamins bildende Rinne führt. In dieser aufwärts bis zu einem kleinen Felsvorsprung. Sodann über eine die linke Begrenzung eines Risses bildende Platte in weniger schwieriges Gelände. Nun gerade empor zu einem breiten, die Südwand von rechts unten nach links oben durchziehenden Band, auf das die gelbe Gipfelwand aufsetzt. Sie wird in ihrem linken weniger geneigten Teile durchstiegen. Man erreicht den Grat wenige Meter ostwärts des Gipfels. IV, 2 st E.

● **1018 Ostgrat** (Teufelsgrat) (J. Bachschmid, E. Christa, 1898). Der vom Kelleschrofen zur Kellespitze führende Ostgrat bietet schöne ausgesetzte Kletterei.
Vom Ostgipfel des Kelleschrofens (R 1029) nach Nordwesten hinab in die Scharte, in die der Südkamin (R 1017) mündet. Dann über den Westgipfel dem Grate folgend, bis er steiler abfällt. Nun in der Nordseite etwa 20 m hinab, bis ein Quergang nach links in die Scharte vor dem Babylonischen Turm leitet. In dessen Nordflanke in wenig abfallendem Quergang weiter auf einen kleinen Felsabsatz und von hier über einen steilen etwa 12 m hohen Abbruch zur Scharte westlich des Turms. Auf dem Grat weiter zu einem hohen Zacken, der jenseits etwa 4 m senkrecht abbricht. Er wird

XXXIII Die Nordabstürze der Tannheimer Hauptkette ins Reintal
I = Kellespitze, II = Schäfer, III = Gimpel, IV = Gimpelturm, V = Judenscharte, VI = Rote Flüh.
1 = R 1024, 2 = R 1025, 3 = R 1015, 4 = R 1016, 5 = R 187, 6 = R 1006c, 6a = R 1006a, 7 = R 1006b, 8 = Aufstieg vom Reintal zur Judenscharte, 9 = R 993a, 10 = R 1007c, 11 = R 993b.

I
II
III
IV
V
VI
1
2
3
4
5
6
6a
7
8
8
9
10
11

auf der Südseite mittels 5 m langen Quergangs umgangen. Nun ständig auf dem Grat weiter bis zur tiefsten Stelle, an der der Ostgrat der Kellespitze beginnt.
Hier mündet der Aufstieg aus der Kelle (R 1019). Auch von Süden kann man über steile Schrofen hierher gelangen. Nun über steile Grashalden, vorteilhaft etwas rechts unter der Gratschneide in deren Nordseite ohne Schwierigkeit zum Gipfel. 2 st. II bis III—.

● 1019 **Aus der Kelle** (E. und O. Hartmann, H. Staudinger, 1921).
Unter „Kelle" versteht man das kleine zwischen Kelleschrofen und Kellespitze unter den Nordwänden des Teufelsgrats eingebettete Kar. Hierher von der Musauer Alm in 1 st.
Aus dem innersten Karwinkel zieht ein tief eingeschnittener Kamin in die Höhe. An seiner linken Begrenzung über kleinstufigen Fels emporsteigend erreicht man weniger geneigte Schrofen und schuttbedeckte Platten. Diese führen zu einer breiten, flachen, von rechts herabkommenden Rinne. Zunächst in dieser aufwärts. (Rechts ein sehr steiler erdiger Riß, der kurz vor Erreichen der Rasenhänge der Kellespitze-Nordostflanke nach links umbiegt.) Nun in Richtung gegen den Kelleschrofen, zunächst kaum an Höhe gewinnend, dann etwas absteigend zu einer kleinen schuttbedeckten Terrasse neben einer seichten Runse queren. Diese liegt in etwa derselben Höhe wie die oben erwähnte Umbiegung des erdigen Risses. Weiter zunächst ein kurzes Stück gutgriffig links hoch, dann über schwierige Wandstufe und weniger schwierig an den zum Kelleschrofen führenden Kamin. Nun auf immer besser gangbarem Fels bis unter einen großen gelben Wandfleck. Jetzt rechts haltend, zuletzt über einen sehr steilen, rasendurchsetzten Hang zur tiefsten Scharte zwischen Babylonischem Turm und Kellespitze. (Weiter wie R 1018). III, E. 3½ st.

● 1020 **Nordostschlucht** (H. Daumüller, W. Herz, J. Schmitt, 1905).
Wie R 1019 in die Kelle. Einstieg in die Schlucht aus dem westlichen Eck des Kars. In der Schlucht und über ihre rechte Begrenzungsflanke bis zu einer kesselartigen Vertiefung. Nun links hinaus auf die Rippe, die die Schlucht von einer Parallelrinne trennt. Auf der Rippe hinauf, bis man wieder nach rechts in die Schlucht quert. In ihr rechts haltend empor bis zu der ihren Abschluß bildenden Wand. In deren rechtem Teil durch einen Kamin, dann rechts hinaus auf grasdurchsetzte Schrofen und wieder zurück in die Schlucht. Zunächst weniger schwierig, dann über zwei plattige Überhänge bis zur Teilung der Schlucht. Durch den linken Ast zur Scharte zwischen Vor- und Hauptgipfel, in die der übliche Weg (R 1015) mündet. Nach links in wenigen Minuten zum Gipfel.
3½ st vom Einstieg; IV.

● 1021 **Nordostwand:**
Von der Musauer Alm kommend strebt man dem im nördlichsten Wandteil eingelagerten breiten Band zu, das in seinem unteren Drittel mit Latschen bewachsen ist. Es durchzieht den größten Teil der Wand von rechts unten nach links oben und wird bis zu seinem Ende verfolgt. Von hier schräg nach links über den Vorgipfel auf den Hauptgipfel. 4 st von der Musauer Alm; III.

● 1022 **Nordgrat** (v. Schwerin, M. Wittwer, 1921).
Großzügigste Fahrt in den Tannheimer Bergen.

Die Kellespitze entsendet nach Norden einen wildzerrissenen Grat, der in einer ein gleichschenkeliges Dreieck bildenden Wand zum Reintal abbricht (Nordabbruch). Die über diesem Abbruch befindlichen Türme werden als Löwenzahn, erster, zweiter und dritter Kelle-Turm bezeichnet. Nordabbruch und Kelletürme können unabhängig voneinander bestiegen und mit anderen Aufstiegen verbunden werden.
Einstieg zum Nordabbruch an jener Stelle des vom Reintal zur Nesselwängler Scharte führenden Weges, wo der den Weg links begleitende Bach durch eine steile Felsstufe unterbrochen ist. (Der Weg wendet sich scharf nach rechts.) Hier überschreitet man den Bach und steigt über Schrofen und durch Latschen schräg links aufwärts bis nahe an eine von oben herabkommende tief eingeschnittene schluchtartige Rinne. Rechts der westlichen Begrenzungskante dieser Rinne über steile Schrofen hoch und hinter einem großen Block nach links in eine durch eine kleine verdorrte Latsche gekennzeichnete Rinne. Zunächst in dieser aufwärts, dann schräg links etwa 30 m ansteigend zu einem links von einem grasigen Hang eingeschnittenen Kamin. In schöner Spreizarbeit 25 m empor in ein Schartl (Tiefblick in die Nordschlucht). Ein Meter unterhalb des Schartls mit Spreizschritt an die gegenüberliegende Wand, rechts um die Kante herum (sehr schwierig) und jenseits hinauf auf ein Köpfl. Von hier nach links in die Schlucht hinein und einige Meter in ihr hinauf. Dann rechts der Schlucht auf einer steilen abwärts geschichteten Rampe etwa 30 m empor bis 3 m unter die das Ende der Rampe bildende Scharte. Nun äußerst schwierig nach links 8 m in Kamin queren. Durch diesen in schöner Stemmarbeit (15 m) auf eine Gratscharte. Aus dieser durch 6 m hohen Riß auf weniger schwierige Schrofen. Über diese schräg rechts haltend an der in der Mitte herabziehenden Gratrippe westl. vorbei, zuletzt über Gras auf ein Schartl mit schönem Überblick über die „Wanne", die unterhalb der Nesselwängler Scharte eingebetteten Mulde.
Nun auf den höchsten grasbewachsenen Punkt, wo der Grat beginnt. Zunächst über eine sehr schwierige Wandstufe gerade empor und durch einen überhängenden Riß auf einen Grasfleck. Von diesem schräg rechts aufwärts etwa 30 m, dann gerade auf die Spitze des ersten Gratzackens. Mit wenigen Schritten in die Scharte hinab, aus der sich der „Löwenzahn" mit eindrucksvoller Plattenwand aufbaut.

Hierher auch unmittelbar aus der „Wanne“ über steile Schrofen oder von der Nesselwängler Scharte.
Weiterweg entweder über die Kelletürme (R 1023) oder durch die Nordwestrinne (R 1024), die man unter den Türmen durchquerend erreicht.

● 1023 **Kelletürme:**
Auf den „Löwenzahn“ führen verschiedene Anstiege. Am einfachsten ist es, in der Flanke des zweiten Turmes einzusteigen und über Schrofen schräg links aufwärts steigend die breite Rinne zu erreichen, die in die Scharte südlich des Löwenzahnes leitet (ziemlich schwierig).
Schwieriger ist der **Rißaufstieg,** bei dem man den in der Nordwestseite des Turms rechts der Rampe befindlichen tiefen Riß bis zu dem seinen Abschluß bildenden Überhang durchklettert. Dann links in die stark hinausdrängende Wand und über diese in die zur Scharte führenden Rinne oder (weniger schwierig) aus dem Riß in halber Höhe rechts hinaus und auf seiner rechten Begrenzungsrippe aufwärts in die erwähnte Schlucht. (Sehr schwierig.)
Noch schwieriger ist der **Rampenaufstieg** (K. Braß, v. Schwerin, L. v. Weech, 1919):
Links des erwähnten Risses zieht auf der Nordwestseite ein rampenartiges Band schräg links aufwärts. Über dieses zu einem in eine Gufel führenden Riß, dann aus der Gufel links hinaus und gerade aufwärts zu kleinem Geröllplatz. Man verläßt ihn nach rechts über eine überhängende Wandstufe und erreicht so die in die Scharte hinterm Löwenzahn führende Rinne. Aus der Scharte in großer Linksschleife zum Gipfel des Löwenzahns.

Westverschneidung (H. Schertel, 1930), V+.
Nordwestkante (M. Schweiger und Gef.), 1939), V+.
Direkte Nordwand, VI.

Weiterweg: Zurück in die Scharte und an der gegenüberliegenden Wand hinauf. Der folgende Gratzacken wird in halber Höhe rechts umgangen. So gelangt man in die Scharte vor dem ersten Kelleturm. Nach einigen Blöcken kommt eine steile Wandstufe, die an guten Griffen überwunden wird. Dann unschwierig auf die Spitze des Turms. Jenseits hinab in die Scharte vor dem zweiten Kelleturm. Aus dieser einige Meter nach links queren, dann durch einen schwierigen, 6 m hohen überhängenden Riß und einen anschließenden 10 m

hohen Stemmkamin empor, zuletzt weniger schwierig auf den Gipfel des zweiten Turms.
Von hier etwas nach rechts (westl.) abwärts und durch eine Verschneidung über zwei überhängende Stellen hinab in die Scharte vor dem dritten Kelleturm. Von hier gegen Westen absteigend ohne Schwierigkeit zur Nordwestrinne (R 1024). Aus der Scharte etwa 10 m nach Norden (links) absteigend, dann an der Turmwand einige Meter aufwärts kletternd und schließlich nach links querend in eine Rinne, die über der Wand abbricht. Die Rinne verengt sich nach wenigen Metern zu einem sehr schwierigen überhängenden Riß, von dessen oberem Ende ein rampenartiges Band schräg nach rechts zu einer Scharte zieht (vom Beginn der Rinne 30 m). Weiter durch einen überhängenden Riß, dann nach rechts an die Kante und über einen kleinen Überhang empor. Den nächsten Gratzacken rechts umgehend gelangt man in eine Geröllrinne und durch diese auf den Gipfel des dritten Kelleturms.

Von hier auf dem Grat weiter und südwestlich hinab zu einem engen senkrechten Kamin unter auffallenden Gratzacken. Dieser Kamin führt in die Nordwestrinne (R 1024). Jenseits der Rinne über grasige Schrofen hinan zum Grat. Hart unter diesem in seiner Nordwestflanke, dann auf dem Grat selbst unschwierig auf den Vorgipfel und über die Gipfelscharte (R 1015) zum Hauptgipfel. 7 st E. Teilweise sehr schwierig (III bis IV).

● 1024 (Bild XXXIII) **Nordwestrinne** (J. Keichle, A. Nentwig, 1901).

Es ist die schluchtartige Rinne, die aus der Scharte zwischen drittem Kelleturm und Vorgipfel gegen die „Wanne" hinabzieht. Vom Reintal kommend verläßt man den Weg zur Nesselwängler Scharte am günstigsten beim Geröllfeld unter der Scharte, um über Schrofen und kleine Felsstufen nach links zu queren.
In der Rinne zunächst ohne Schwierigkeit aufwärts. Eine Steilstufe umgeht man in der rechten Begrenzungswand. Weiter oben teilt sich die Rinne in drei Äste. Man verfolgt den rechten bis zu seinem Ende und steigt von da über rasendurchsetzte brüchige Schrofen zum Grat empor. Weiter wie R 1023, 2 st E., III.

● 1025 (Bild XXXIII) **Nordwestwand** (Gebr. Haff, 1905).

Aus dem Reintal kommend verfolgt man den Weg zur Nesselwängler Scharte bis über die erste drahtseilversicherte Stelle hinaus und quert dann nach links an die Wand. Über steile Schrofen und kleine Wandl steigt man schräg aufwärts bis zu einem schon von unten aus sichtbaren großen hellgelben Fleck. Unter diesem quert man von rechts nach links, womit man den Einstieg in die oberen Wandteile gewinnt. Durch diese empor bis zum obersten Wandabbruch, der durch einen hohen und schwierigen Kamin bewältigt wird. Unschwierig weiter in wenigen Minuten zum Gipfel. 2 st E., III.

Babylonischer Turm, 2050 m

Obwohl kein selbständiger Gipfel — er steht im Verbindungsgrat Kelleschrofen—Kellespitze —, verdient er wegen seines nach Süden selbständigen Aufbaues eine gesonderte Behandlung. Die Südwestkante zählt zu den beliebtesten Anstiegen der Tannheimer Berge und bietet herrlichen Wettersteinkalk.

● 1026 **Nordflanke:** Der Anstieg über die Nordflanke (III) ist nicht lohnend und wird selten als selbständige Fahrt durchgeführt.

● 1027 **Ostgrat** (O. Bauriedl, K. Grießl, A. Holzer, 1903). II. Aus der Scharte östlich des Turmes (man erreicht die Scharte über R 1033) zuerst über große Blöcke, dann über eine kurze Wandstelle (II) zum Grat und über ihn zum Gipfel. Aus der Scharte 20 Min.

● 1028 **Südwestkante** (O. Leixl, K. v. Overkamp, v. Schwerin, 1921). III bis IV, eine Stelle IV+, 2 st.
Rechts der Kante (östlich) über Steilschrofen gerade hinauf zu Stand. Dann quert man nach links zu einem westlich der Kante verlaufenden Riß. Durch den Riß (IV) in eine kleine Scharte hinter einem Turm. 20 m gerade über eine Wand (IV) hinauf. Weiter in weniger schwierigem Fels, teils an der Kante oder rechts von ihr zu einem Steilaufschwung. Zuerst 2 m gerade hinauf und über ein schwach ausgeprägtes Band nach links (IV+) zur Kante zurück. An ihr einige Meter hinauf, dann ansteigender Quergang (IV) nach rechts zu einem Kamin, der nach 35 m in die Gipfelschrofen leitet.

● 1028 a **Westwand** (V/A 1): Diese Führe wird nur selten begangen. Sie bietet in erster Linie hakentechnische Schwierigkeiten. Der Anstiegsverlauf ist durch mehrere Haken vorgezeichnet.

Kelleschrofen, 2091 m

Dieser Gipfel bildet ein nach Süden offenes Hufeisen, dessen östlicher Teil höher ist als der westliche. Name: vgl. R 1015.

● 1029 **Südostflanke (Führerkamin)** (J. Schmitt, 1904).
Gebräuchlichster Anstieg. Die auf die Rasenhänge nördlich des Sabachjoches absetzende Südostflanke wird von zwei auffallenden tief eingeschnittenen Kaminen durchzogen. Der linke (südliche) heißt Führerkamin, der rechte etwas schwierigere Bachschmidkamin.
Vom Sabachjoch wenig ansteigend über Geröll zum rinnenartigen Beginn des Kamins. Durch diesen ohne Schwierigkeit hinauf, dann nach rechts über steile Schrofen zu einem steilen

Grashang und über diesen und anschließende weitere Schrofen zum Gipfel. 1½ st E. II+.

● 1030 **Bachschmidkamin** (J. Bachschmid, A. Weixler, Probst, 1897).

Vom Sabachjoch quert man die Südostflanke wenig ansteigend über den großen Geröllstrom hinüber bis zu einer tief herunterreichenden geröllerfüllten steilen Felsrinne. Einstieg bei einem auffallenden Felsturm. In der Rinne aufwärts über mehrere Steilabbrüche, deren erster links umgangen wird. Nach etwa 60 m erreicht man einen 15 m hohen Stemmkamin mit glatten Wänden. Aus dem anschließenden kleinen Geröllkessel steigt man nach links hinaus, womit man den bei R 1029 erwähnten steilen Grashang erreicht. Weiter wie dort zum Gipfel. 2 st E. III.

● 1031 **Südostgrat** (Ehrensberger, Freytag, Siemens, v. Schwerin, 1922). Vom Sabachjoch westlich auf dem begrasten und stellenweise schrofigen Rücken ansteigend zum wandartigen Gratbeginn. Unmittelbar rechts von einer kleinen Höhle an einer ausgebauchten Wand 5 m empor und nach rechts querend zu einem schon von unten auffallenden schwarzen überhängenden Riß. Durch ihn besonders schwierig in schrofiges Gelände und nach links auf den Grat. Diesem folgend auf den Gipfel des ersten Turms und über eine Scharte auf den zweiten Turm. Aus der nächsten durch einen Zacken geteilten Scharte an der sehr brüchigen Wand des nächsten Turms zuerst rechts, dann links der Kante aufwärts zu einer begrasten Terrasse. An ihrem linken oberen Ende über eine plattige dunkelgefärbte Wand von rechts unten nach links oben ansteigend und anschließend über gutgestuften Fels unmittelbar auf den Gipfel. 2 st E., V—. Brüchig!

● 1032 **Südkamin** (Koegel, 1907).

Dieser Kamin durchreißt den oberen Teil der Südwand in senkrechter Linie. Er mündet in die Mitte des vom Gipfel gebildeten Hufeisens. Man steigt etwa in Gipfelfallinie über steile Grashalden gerade an, um dann unter den steilen Südwandabstürzen über Gras und Schrofen schräg nach links aufwärts zu queren. In der Fallinie des Kamins in schwieriger Wandkletterei über teilweise brüchigen Fels gerade aufwärts bis zu einer nach rechts aufwärts ziehenden grasigen Rinne. (Hierher auch (einfacher) vom Einstieg zur Südrinne (R 1033) unter zwei zwischen diesem und dem unteren Kaminende befindlichen auffallenden schwarzen Höhlen hindurch in die erwähnte grasige Rinne.)

Man folgt der Rinne einige Meter, bis ein Quergang nach links in den Kamin leitet. Durch diesen in anregender Klet-

terei (fester Fels) empor zur Scharte und aus dieser mit weiten Schritten nach rechts zum Gipfel.
$1^1/_2$ st E. IV—.

● 1033 **Südrinne** (Lampart, 1902).
Dies ist die kaminartige Rinne, die von Süden her zur Scharte zwischen Babylonischem Turm und Kelleschrofen hinaufzieht (vgl. R 1018).
Einstieg wie R 1032. Rechts querend erreicht man den unteren Beginn der Rinne. In ihr über zwei Überhänge (der untere kann links umgangen werden) gerade hinauf zur Scharte. Von hier wie R 1018 zum Gipfel. $^1/_2$ st E., III.

● 1034 **Westgrat (Teufelsgrat).** II, eine Stelle III—. $1^1/_2$ bis 2 st von der Kellespitze. Lohnende Tour im Anschluß an R 1016. In umgekehrter Richtung s. R 1018.
Vom Gipfel der Kellespitze über steile Grashänge in der Nordseite des Ostgrates hinunter zu den Felsen des Teufelsgrates. Weiter (stellenweise reitend) auf dem schmalen, ausgesetzten Grat über mehrere Zacken hinweg zu einem überhängenden Felsturm. Er versperrt den direkten Weiterweg. Dieser Abbruch wird südlich (rechts) umgangen (II). Es geht in eine Scharte, in der ein kantenartiger Aufschwung fußt. Durch eine steile Rinne hoch zu Haken und von dort an der ausgesetzten Kante (III—) zurück an die Gratschneide. In der Folge durch die Nordflanke des Babylonischen Turmes (Aufstieg über den Ostgrat, R 1027) und weiter, ein Stück mit Steigspuren, zuletzt über wenig schwierigen Fels zum Kelleschrofen.

● 1035 **Nordostflanke** (J. Dorr, E. Platz, K. Sterner, 1904).
Sie ist von der Südostflanke durch die scharf ausgeprägte Ostrippe getrennt, und steigt über den Weideböden der Sabach-Galtalpe auf.
In der breiten Gasse, die vom Weideboden zum Südostkamin hinaufzieht, wenige Meter empor. Wo die gelben Wände der rechten Begrenzung enden, führt über den schrofigen Ausläufer der Ostrippe ein Grasband nach rechts aufwärts, das über kleingestuften Fels von rechts nach links erreicht wird und unter einem Überhang der Ostrippe herumzieht. Jenseits auf Gamswechsel etwas nach rechts abwärts, dann ansteigend an dem dort einzigen Latschenfleck (für Abstieg beachten!) hart links vorbei und über steiles Gras gerade aufwärts zu einer schwarzen Gufel. (1 st E.)
Nun nach links gegen die felsige Ostrippe zu haltend und neben ihr gerade empor zu ihrer Vereinigung mit dem Nordgrat, der bei einem kleinen Zacken nahe dem Gipfelaufbau erreicht wird. Aus dem Schartel wenige Meter rechts hinab, dann über grasdurchsetzten Fels zum Gipfel. $1^1/_2$ st E., II.

● 1036 **Nordnordostgrat:**
Er läuft in einen latschenbewachsenen Kegel, den „Gamsschrofen" aus, der am besten umgangen wird, indem man aus der Kelle (R 1019) oder aus dem Weideboden der Sabach-Galtalpe unmittelbar zum Grat ansteigt.

Aus der Kelle:
Man hält sich im östlichen Teil des Kars und strebt ziemlich hoch oben über steiles Gras und Schrofen dem in südöstlicher Richtung ansteigenden Nordnordostgrat zu. Man erreicht ihn kurz unterhalb des steilen Gratabbruchs (rechts davon in der Westflanke des Grates eine sehr hohe steile gelbe Felswand). Nach Umgehung dieses Abbruchs auf der Ostseite wendet man sich wieder rechts ansteigend dem Grate zu, auf dem man über steile Stufen den Gipfel erreicht. 1½ st E., II.

● 1037 Vom Weideboden der Sabachgaltalp (nicht empfehlenswert): Auf dem Wege zum Sabachjoch bis zu den ersten Geröllfeldern, die vom Nordnordostgrat gegen O herabziehen. In der ersten von N nach S ziehenden Rinne sehr steil empor bis zu einer Wandunterbrechung. Nach deren Überwindung verläßt man die Steilrinne nach rechts und steigt in einer kaminartigen Rinne schwierig gerade aufwärts. Ein weiterer Quergang nach rechts bringt in eine Parallelrinne, die schwierig zum Grat hinaufleitet. Nun über steile Stufen zum Gipfel. 1¾ st E., III.

● 1038 **Nordwand** (Gebr. Haff, Mayerhofer, v. Pieverling, 1905).
Aus der Kelle (R 1019) zunächst etwa 50 m wie bei R 1036. Nun langer Quergang nach rechts aufwärts bis zu einer grasdurchsetzten Terrasse, die sich unterhalb des auffallenden gelben Wandabbruchs des Nordnordostgrats befindet. Jetzt Quergang nach rechts in die am nächsten befindliche Rinne und in ihr aufwärts bis zu einem sperrenden Plattenschuß. An dessen rechter Begrenzungskante sehr schwierig hoch und nach links in die Rinne zurück. In ihr solange hinauf, bis ein Erklettern der linken Begrenzungswand möglich ist. Nun weiter bis zu dem vom auffallenden Gratturm des Nordnordostgrates herabziehenden Grate, der die linke Begrenzung des gewaltigen Nordkamins bildet. Dieser verschiedene Steilabbrüche aufweisende Grat wird soweit verfolgt, bis ein Ausweichen nach rechts in den Nordkamin möglich wird. Über diesen hinüber und jenseits durch die Wand ohne besondere weitere Schwierigkeiten zum Gipfel. 4 st E. IV—.

● 1039 Schneide, 2009 m

Eine grasige nach Süden steil abfallende Erhebung, die in weit nach Süden geschwungenem Bogen die Verbindung zwischen Kelleschrofen und Gehrenspitze herstellt. Vom Sabachjoch (zwischen Schneide und Kelleschrofen), II—, und etwas ausgesetzt in 25 Min. zunächst südlich ausweichend zum Gipfel.
Dorthin vom Gehrenjoch (zwischen Schneide und Gehrenspitze) in 20 Min. über Grashalden.

Gehrenspitze, 2164 m

Eleganter Wettersteinkalk-Gipfel, den Talkessel von Reutte beherrschend. Prächtige Aussicht. Name: gerspitzenförmig, scharf dreieckig.

● **1040 Westgrat:**
Er löst sich im unteren Teil in mehrere teilweise von wilden Türmen gekrönte Rippen auf. Günstigster Aufstieg über die südlichste dieser Rippen.
Vom Gehrenjoch (R 1039) auf dem grasigen Grat zunächst unschwierig über den Vereinigungspunkt mit dem von links kommenden Nebengrat hinweg zu einer großen von oben herabkommenden Geröllzunge. Hier beginnt die eigentliche Kletterei. An der die Geröllzunge rechts (südlich) begrenzenden Rippe hinauf und über festen Fels zu einer Stelle, wo sich der Grat kurz messerscharf zusammenschnürt. Schwierig und ausgesetzt empor auf den nächsten mit einem Steinmann versehenen Gratkopf. Von diesem unschwierig in die folgende Scharte, in die von Süden her die beim gewöhnlichen Aufstieg benützte Rinne (vgl. R 1041) mündet. Jenseits der Scharte über festen Fels stellenweise luftig gerade aufwärts und zuletzt wie bei R 1041 zum Gipfel. $1^1/_2$ st E. II bis III—.
gewinnt. 1 st E. I.

● **1041 Südwestflanke** (gebräuchlichster Aufstieg, Gümbel, 1854).
Vom Gehrenjoch folgt man den Steigspuren, die durch die Südflanke der Gehrenspitze ostwärts ansteigend führen. Nach etwa 30 Min. erreicht man das untere Ende einer tief eingeschnittenen bis zum W-Grat hinaufführenden Geröllrinne. In ihr empor bis zur Scharte. Nun in der Nordflanke des Grates gegen die große vom Gipfel herabziehende Schlucht queren. Ehe man ihren Grund erreicht, wendet man sich wieder nach rechts aufwärts zum Grat, über den man dann den Gipfel gewinnt. 1 st E. Wenig schwierig (I).

● 1042 **Südostflanke:**
Zunächst auf dem von der Gehrenalp zum Gehrenjoch hinaufziehenden Wege ein kurzes Stück empor. Sodann rechts ab und über steile Grashalden — schräg links haltend — in die vom Ostgrat der Gehrenspitze herabziehende schluchtartige Rinne. Sie mündet in der tiefen Einsenkung ostwärts des Gipfels auf den Grat. Über diesen nach links zum Gipfel. 1 st von der Gehrenalp, I.

● **1043 Südwand** (O. Leixl, v. Overkamp, v. Schwerin, 1920).
In dem gegen das Gehrenjoch gewandten Teil der Südwand zieht sich zwischen zwei scharf hervortretenden Kanten eine Wandeinbuchtung zum Gipfel empor. In ihr hält sich der Aufstieg.

Zunächst wie bei R 1041 bis zum Beginn der großen zum Westgrat hinaufführenden Rinne. Von hier erreicht man durch kurzen Quergang nach Osten bei einem Grassattel das untere Ende der erwähnten Wandeinbuchtung. An ihrer westlichen Seite in einer grasigen Rinne hinauf. Sie verengt sich bald zu einem Kamin, der auf einen kleinen ebenen Platz leitet. Zuerst in der linken der hier ansetzenden beiden Rinnen (brüchig), dann auf der Rippe zwischen ihnen etwa 20 m empor zu einer kleinen senkrechten Wandstufe. Über diese hinweg, dann schräg rechts 30 m aufwärts zum Beginn eines tief eingeschnittenen Kamins. In ihm 8 m und dann in der seine Fortsetzung bildenden Rinne hoch. Nach 3 m links aufwärts über die Wand in eine Gufel. Aus ihr 2 m nach rechts und 3 m hinauf zu einem Mauerhaken. Von hier in ansteigendem 5 m langem Quergang an brüchiger Wand um ein Eck in eine Rinne, die nach 20 m zum Gipfel leitet. 2 st E. III bis IV.

● 1044 **Südwestwand** (A. Maisel und Gefährte, 23. 7. 1922). IV bis V—, 1½ st.

In der Südrinne 15 m hinauf. Bei einer kleinen, von der Südwestwand sich abhebenden Felsrippe, steigt man in die Wand ein. Über schrofigen Fels etwa 10 m rechtshaltend hinauf, dann gerade zu einer überhängenden Leiste, die man nach links verfolgt. Nun 7 m linkshaltend über eine Platte unter einen kleinen Überhang, nach dessen Überkletterung von rechts nach links man ein terrassenartiges Schrofenband erreicht.

Über diesem Band beginnt ein Plattenschuß. Etwa 3 m neben einer Verschneidung 6 m hinauf (V—). Nun entweder weiter über die Platte (V—) zu gutem Stand unter einer Verschneidung (Weg der Erstbegeher), oder man umgeht die Platte mittels eines 3-m-Querganges nach links (V—) und gelangt dann rechtshaltend zum Stand (Variante Phil. Risch, 2. Begeher). Nach der Verschneidung erreicht man ein flacher werdendes, grasdurchsetztes Wandstück, das den Plattenschuß unterbricht. Nun in einem Riß in der Mitte der folgenden Plattenzone 11 m hinauf unter einen Überhang. Über den Überhang (IV) und nach 6 m zu einer von der Südwestkante herabziehenden Leiste, die man nach links zur äußersten Begrenzung des Plattenschusses verfolgt. An dieser Begrenzung über plattigen Fels hinauf zum Westgrat.

● 1044 a **Südwestpfeiler.** IV—V, 3—4 st.

Es empfiehlt sich, mehrere Haken mitzunehmen, da nur Zwischenhaken und keine Standhaken vorhanden sind.

Dort, wo der Pfeiler am weitesten ins Kar reicht, befindet sich der Einstieg. Gerade 20 m hinauf und Quergang 3 m rechts zu Stand in einer Höhle. In einer Verschneidung 10 m hinauf, dann schräg nach links und über lose Blöcke nach rechts zu Stand. Der folgende Riß wird 20 m verfolgt und 10 m weiter zu Stand. Linkshaltend (V—) in eine Verschneidung. Durch sie und an ihrem Ende nach links zu Stand. Rechts über Platten und einen kleinen Überhang zum Beginn eines Querganges. Von hier 15 m nach rechts zu Stand. Weiter über einen kleinen Überhang und durch einen Riß in schrofiges Gelände, über das man den Gipfel erreicht.

● 1044 b **Südwestkante** (A. Maisel und Gefährte, 2. 7. 1922). III—IV, 2 st.

Am Fuß der überhängend abbrechenden Kante (östlich des Normalweges) befinden sich zwei schwarze, grottenartige Nischen. Einen Meter links davon in einem grasdurchsetzten Riß bis zu seinem Ende. Dann nach links bis unter einen gelben Überhang. Bei einem kleinen gelben Felszacken 4 m Quergang nach links in einen nach links hochziehenden Riß, der bis zu seinem Ende verfolgt wird (IV). Von hier nach rechts an die Kante, die man bis zum Westgrat verfolgt. Im oberen Teil der Kante kommt man über einer kleinen Scharte zu einem gelben Überhang, den man direkt (IV—) überklettert.

● 1044 c **Südostwand** (Willy Merkl, Toni Leiß, 15. 7. 1923). V—, 2—2½ st.

Übersicht: Links der Gipfelfallinie zieht von einer kleinen Scharte eine durch Überhänge unterbrochene Kaminreihe durch die Südostwand herab, die den Durchstieg vermittelt. Zu ihrem untersten Abbruch leitet eine begrünte, im oberen Teil kaminartige Rinne.

Führe: Durch die oben erwähnte Rinne etwa 80 m hinauf zum senkrechten Abbruch. Nun 12 m gerade hinauf (V—) und links über einen Überhang (V—) zu einer Nische. Linshaltend über einen weiteren Überhang und in die rißartige Fortsetzung des Kamins, die unter einen Überhang nach links in die Wand führt. In dem folgenden Kamin hinauf zu einer Nische (Stand) unter einem Überhang. Über eine glatte Platte nach links und nach einer 15 m hohen Wandstufe wieder in den Kamin, der in einem Geröllkessel endet. Von

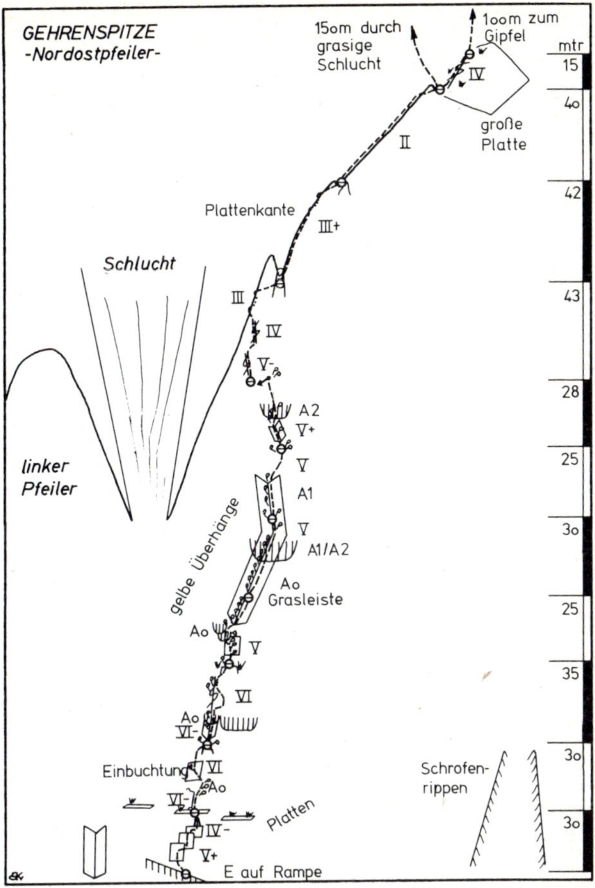

Anstiegsskizze Gehrenspitze-Nordostpfeiler

hier in schrofigem Fels nach wenigen Metern unschwierig auf den Gipfel.

● **1044 d Südostkante** (A. Maisel und Gefährte, 20. 8. 1922). V—, 2—3 st. Der Fels ist teilweise brüchig und abwärtsgeschichtet.

Übersicht: Das untere Drittel, der gegen die Ortschaft Reutte gerichteten Kante ist vorwiegend grasdurchsetzt und bietet keine schöne Kletterei. Diesen Teil kann man jedoch von links her umgehen, indem man vom Fuß der Südostwand aus schräg nach rechts hinaufsteigt, bis man die Kante am Fuß des großen Überhangs, der schon vom Einstieg aus sichtbar ist, gewinnt.

Führe: Man umgeht die überhängende Kante rechts. Gerade 3 m hinauf, dann wieder zur Kante und auf ihr unter einen weiteren Überhang (kleine Höhle). Dieser Überhang wird rechts umgangen. Vom Stand 3 m hinauf (V—) und nach links über eine brüchige, etwas überhängende Felsnase zu gutem Stand an der Kante. An ihr, anfangs durch eine Verschneidung, bis man ein fast waagrechtes, die Kante unterbrechendes Stück erreicht (links Grasplatz). Nun entweder direkt an der Kante, oder weniger schwierig neben der Kante über eine Platte. An ihrem Ende legt sich der Fels zurück, und man erreicht über Schrofen nach wenigen Metern den Gipfel.

● 1045 Ostgrat:

Er kommt nur in Verbindung mit einer Überschreitung der Durren- und Blachenspitze in Betracht (R 1052). Siehe dort!

● **1046 Nordostwand** (Adam, v. Schwerin, 1921).

Die gegen das Sulztal abfallende Wand besteht in ihrem linken Teil aus gewaltigen Plattenschüssen. Rechts von diesen zieht eine Schlucht empor, die mit einem auffallenden schwarzen Kamin auf eine nach Norden ziehende Rippe mündet. Diese Schlucht bildet den Einstieg.

Vom Sulztaljöchl (zwischen Gehrenspitze und Hahlenkopf) auf dem zur Gehrenspitze ziehenden latschenbewachsenen Rücken, zuletzt schräg links ansteigend in die erwähnte Schlucht. In dieser zunächst über Gras und Schrofen bis zum Beginn des oben erwähnten Kamins. Nun durch eine nach links abzweigende Rinne etwa 18 m hinauf. Die darauf folgende 5 m hohe Steilstufe wird sehr schwierig überwunden. Weiter der Rinne folgend, bis nach etwa 30 m eine Seitenrinne auf die linke Begrenzungsrippe führt. Über deren Kante aufwärts in grasiges Gelände, das unschwierig zum Ostgrat wenig unterhalb des Gipfels leitet. 1³/₄ st vom Sulztaljöchl. (III).

● 1046 a **Rechter Nordostpfeiler** (Philipp Albrecht u. Ludwig Bertle). VI A 1 und A 2, längere Stellen V und A 0. Höhe des Pfeilers ohne Gipfelschrofen 300 m, Kletterstrecke etwa 400 m. Kletterzeit 4—5 st. Die Route ist mit der Oberreintaldom-Nordverschneidung (Gonda) vergleichbar. Elegante und schwierige Reibungskletterei.

Übersicht: Die Gehrenspitze bricht nach Nordosten Sulztal mit einer steilen plattigen Wand ab. Über den Platten erheben sich zwei Pfeiler, zwischen denen sich eine Schlucht befindet. In Fallinie der Schlucht verläuft der untere Teil der Route. Der mittlere Teil führt durch teilweise überhängende Verschneidungen zum Schlußüberhang. Mit einem Seilzugquergang erreicht man die Kante. Der obere Teil verläuft über die Kante und den Grat, der in die Gipfelschrofen mündet. (Gras)

Die Führe: Über die Rampe bis etwa 15 m vor die kleine grasdurchsetzte Verschneidung. Kurze kleine Risse und Auswaschungen leiten in ausgesetzter Reibungskletterei mit zwei Rechts-Links-Schleifen zum Band. Stand. Neben ihm setzt ein Piazriß an. In diesem hoch zu einem weiteren Riß (H) gelangt man in die glatte Einbuchtung. Links über ihr befindet sich der nächste Haken. In der Folge ziemlich gerade hinauf (H) bis man nach rechts hinüber queren kann. Stand unter dem nächsten Aufschwung. Über die graue Verschneidung und den kleinen Überhang in den gerade hochziehenden Riß. Nach einigen Metern verläßt man ihn nach rechts. Riß. Etwas höher steigt man wieder nach links und quert schließlich nach rechts zu Stand unter der glatten Platte, die sich etwa 10 m unter dem Überhang befindet. Über die glatte Platte (H) zu einem kleinen Wulst (H). Von hier Querung an Haken nach rechts in die Verschneidung und in ihr empor bis zu den 3 Haken. Stand. Guten Stand findet man etwa 3 m unter den Haken auf einer kleinen Leiste. Von hier in der Verschneidung aufwärts (mehrere Haken A 0) bis zum Überhang über den kaminähnlichen Spalt. Schlechter Standplatz. Den Haken folgend. Anschließend Quergang rechts zu Stand auf kleinem Absatz unter dem Abschlußüberhang. Zuerst gerade hoch (H) in die kleine

Verschneidung. Darüber 2 Haken. Man steigt nach links auf den kleinen Absatz unter dem Überhang. Ein weiterer Haken sowie ein Klemmkeil oder Holzkeil ermöglichen es den nächsten Haken über dem Überhang zu erreichen. Nun folgt ein Hangelriß nach links zum Quergangshaken. Seilzugquergang über die Platten nach links in den Riß. Stand. Gerade hinauf 2 Risse. Weiter hinter die Kante, hinauf bis zu einem steilen Aufschwung und die kleine Verschneidung aufwärts nach rechts bis in die Rinne mit Klemmblock. Stand. Dann über die Plattenkante bis zu einem kleinen Köpfl. Stand. Nun über den Grat zu einer kleinen Einschartung. Von hier zwei Möglichkeiten zum Gipfel: a) über den grasdurchsetzten Riß durch die Platte und darüber grasdurchsetzte Schrofen zum Gipfel — oder: b) Querung nach links in die Schlucht und über Grashänge zum Gipfel.

● 1046 b Linker Nordostpfeiler.

1. Begehung am 13. und 20. 9. 1976 durch K. Metterlein und D. Elsner aus Marktoberdorf in 8 st Kletterzeit. V+, 10 m VI—, eine Stelle A 1, Pfeilerhöhe 300 m. Die 10 geschlagenen Zwischenhaken wurden belassen, die Standhaken teilweise wieder entfernt, so daß die Mitnahme von einigen Haken und Klemmkeilen empfohlen wird. **Zeit für Wiederholer:** 3—4 st.

Übersicht: Beim „Linken Nordostpfeiler" handelt es sich um den schlanken, im unteren Teil in die geschlossene Wand übergehenden Pfeiler, der links (östlich) von steilen Schrofen begrenzt wird.

Talort: Wängle bei Reutte.

Zum Einstieg vom Frauensee über Sulztaler Alpe und Hahlhütte (bez. Weg) in 1½—2 st. E. in Fallinie der unteren, auffallenden schwarzen Nische.

Führe: 1. Sl: Über den Vorbau zu kleiner Tanne hinauf, weiter leicht links haltend zu Stand (2 Sanduhren) auf Graspolster (II, 45 m). 2. Sl: Nun 8 m hinauf (IV) zu kleiner Sanduhr, weiter über die senkrechte Wandstelle (A 1) zu Nische (H). Über die linke Kante in den über der Nische ansetzenden Riß, durch ihn 10 m empor (VI—, 3 H). Vom Ende des Risses 5 m nach links um die Kante zu Stand (40 m). 3. Sl: Rechts haltend im leichteren Gelände 20 m hinauf zu Bonghaken, dann linkshaltend über kurze Steilstufe zu gutem Sicherungsblock (35 m). 4. Sl: Das hier ansetzende Grasband wird 10 m nach links verfolgt (Stand bei 4 Sanduhren). 5. Sl: Vom Stand über plattigen Fels 10 m gerade hinauf (V+, A 0, 2 H), weiter in der hier nach links ziehenden Verschneidung (IV) über eine senkrechte Wandstelle auf eine Rampe, die zu Stand auf bequemem Absatz direkt an der Pfeilerkante leitet (2 H, 35 m). 6. Sl: Die Rampe wird bis zu ihrem Ende verfolgt (H), einige Meter über plattigen Fels gerade hinauf (V+, mehrere Sanduhren), dann Querung nach rechts an die Pfeilerkante (Sanduhr) und 8 m empor zu Stand (H, 35 m, Wandbuch). 7. Sl: Vom Stand 10 m gerade hinauf (III—IV). Unter dem wulstartigen Überhang Querung (H) 8 m nach rechts und 20 m die brüchige Rinne hinauf (III) zu Stand (2 H, 40 m). 8. und 9. Sl: Nun 2 Sl den Grat entlang (II—III) bis zu steilen Grashängen, die nach 15 Min. direkt zum Gipfel führen.

Abstieg: Vom Gipfel zuerst westlich, kurz in die Nordflanke ausweichend zu einer Scharte, von der eine Geröllrinne nach Süden hinabzieht und weiter auf deutlichem Weg zur Gehrenalpe (45 Min.). Von dort zwei Möglichkeiten: 1. Auf markiertem Weg nach Wängle (1 st), oder 2. in 1 st auf nicht markiertem kleinem Pfad direkt zum Frauensee (sehr schwer zu finden).

● 1047 **Nordostkamin** (W. Böld, 1904).

Er durchzieht nahe dem Nordnordostgrat den westlichsten Teil der Nordostwand, und besteht aus mehreren längeren und kürzeren in eine verborgene Schlucht eingeschnittenen Kaminen.
Vom Sulztaljöchl auf dem zur Gehrenspitze ziehenden Rücken hinan, bis man sich etwas höher befindet als der Felsansatz des Nordnordostgrates. In der Richtung auf diesen quert man etwas absteigend bis zu einem von links herabziehenden Geröllstreifen. Diesem aufwärts folgend gelangt man in die (vorher nicht sichtbare) Schlucht. Die Kaminreihe wird in schöner Kletterei bis an ihr Ende verfolgt, wobei man sich bei Gabelungen links hält. Die Kaminreihe endet in einer kurzen auf ein Schartel mündenden Rinne. Nun in wenigen Schritten nach links aufwärts durch eine Geröllrinne zu einer weiteren Scharte (Steinmann). Aus dieser über Grashalden zum Ostgrat und über diesen zum Gipfel. 1½ st E. Ziemlich schwierige genußreiche Kletterei in festem Fels (III).

Abstieg: zunächst auf den nach Osten führenden Pfadspuren bis dorthin, wo sie — aus der Nordflanke kommend die Schneide des Ostgrats treffen. Hier nach links den Grashang hinab, an der durch einen kleinen Zacken kenntlichen Einmündung der großen Nordwandschlucht vorbei zur nächsten Scharte (Steinmann). Einige Meter in der hier heraufziehenden Geröllrinne abwärts, dann nach rechts in die den Einstieg in die Kaminreihe bildende Rinne hinab. Sodann durch die Kaminreihe hinunter bis an ihr Ende.

● 1048 **Nordnordostgrat:**

Vom Reintal aus erscheint dieser zum Sulztaljöchl abstürzende Grat als linke Begrenzung der Nordwand. Vom Sulztaljöchl zunächst auf dem bei R 1046 und R 1047 erwähnten Rücken ansteigend, dann nach rechts querend erreicht man den felsigen Gratansatz. Hierher auch von der Musauer Alp durchs Gehrenkar (R 1049). In dem R 1049 erwähnten Latschenfeld hält man sich jedoch weiter nach links aufwärts und strebt dem am weitesten nach oben reichenden Grasstreifen zu. Von seinem Ende gerade aufwärts über Geröll an die Felsen und unter ihnen auf schwachem Steig zu einem Schartl. Jenseits wenige Schritte hinab und auf ein zweites Schartl. (Von hier aus kann E. zu R 1047 in wenigen Min. unschwierig erreicht werden.) Nun umgeht man den untersten Gratabbruch auf der linken Seite über Schrofen, quert jedoch sobald wie möglich wieder nach rechts zur Gratschneide zurück. Auf dieser unschwierig über steile Schrofen bis zu einer Scharte, wo der eigentliche Grat beginnt. Unmittelbar rechts neben der Gratkante durchzieht ein gutgriffiger Riß das feste Gestein. Nach seiner Durchkletterung nach links zur Kante und über diese zu einem Steilaufschwung, der in ausgesetzter Wandkletterei sehr schwierig überwunden wird. Weiter auf der Schneide zu einem Gratkopf mit prachtvollem Blick in die Nordschlucht. Von ihm hinab in die nächste Scharte und einige Meter in der von Nordosten heraufziehenden Rinne bergab. Nun an der gutgriffigen Wand des Felsturms einige Meter grade empor und nach links querend in eine mit Graspolstern versehene Verschneidung. Zunächst in ihr hoch, dann schräg rechts aufwärts durch einen kleinen Kamin und unschwierig auf den grasbewachsenen Gipfel des Turms. Wenige Schritte hinab in das bei R 1047 erwähnte Schärtchen, in das die Ausstiegsrinne der Nordostkamine mündet. Weiter wie R 1047.

2 st E. Teilweise IV—.

● 1049 **Nordwand, Alter Weg** (Blenk, Wagner, 1905).
Über den Geröllströmen des Gehrenkars baut sich die Wand in mächtigen Plattenschüssen auf. Ihr östlicher Teil wird von der gewaltigen auf den Nordnordostgrat mündenden Nordschlucht durchrissen. Im westlichen weniger geneigten Teile hält sich der alte Nordwandweg.
Von der Musauer Alp auf dem Wege zum Sabachjoch (zwischen Kelleschrofen und Schneide) etwa 30 Min. bis man den Wald verläßt und die Weideböden der Sabach-Galtalp betritt. Nun links ab zu einem abwärts führenden Steiglein, dem man 10 Min. folgt, um sodann nach rechts ansteigend den weiten Kessel des Gehrenkars zu erreichen. Nun erst am Westrande des Latschenfeldes hoch, dann in dieses hinein und schräg links aufwärts zu seinem oberen Ende. Von hier rechts haltend zum E., der etwas westlich der Gipfelfallinie bei einem ins Geröll vorspringenden Felssporn (links ein auffallendes schwarzes von Überhängen durchzogenes Felsstück) liegt (1 st). (Hierher auch vom Sulztaljöchl in umgekehrter Richtung wie bei R 1048.)

Vom E. zunächst etwa 50 m gerade empor. Mit einer Rechtsschleife umgeht man dann ohne Schwierigkeit das steilere brüchige Stück des untersten Wandgürtels. So gelangt man auf das breite vom Tal aus sichtbare Geröllfeld der ersten Terrasse. Über dieses gerade empor. Eine überhängende Wand drängt nach rechts auf ein breites nach oben schmäler werdendes Band. An seinem Ende über einen sehr schwierigen Überhang gerade empor. Weiter schräg links aufwärts über brüchiges Gestein. Überhängende Wände drängen wieder nach rechts. Dies wiederholt sich noch mehrmals, bis man einen tief eingerissenen Kamin erreicht. Man verläßt ihn an seinem oberen Ende nach links und erreicht schräg links aufwärts über mehrere Rippen und grasdurchsetzte Schrofen die Scharte, in die von Süden der unschwierige Anstieg R 1041 mündet. Wie dort zum Gipfel. 3 st E. IV.

● 1050 **Direkte Nordwand** (W. Maisel, Munz, 1921).
Sehr luftige, durch abwärts geschichtetes und stellenweise brüchiges Gestein besonders erschwerte Fahrt.
Von der Musauer Alp aus gesehen scheinen die oberen zwei Drittel der Wand in Gipfelfallinie von einem feinen Riß durchzogen. Er beginnt bei einer gelben brüchigen Platte, hängt im unteren Drittel stark über und erweitert sich nach oben zum Kamin, um als tiefeingerissener überhängender Schlund auf die grasdurchsetzte dritte Terrasse wenig westlich der Gipfelfallinie zu münden.
Wie bei R 1049 auf die erste Terrasse. Man verläßt das Geröllfeld an seinem südöstlichen Teil, wo ein kurzes Band von rechts her in eine Rinne leitet. Durch diese 10 m empor, bis plattige Felsen nach links in eine kleine Höhle hinausdrängen (Stand). Man verläßt sie nach rechts oben, um über einen

besonders schwierigen Überhang (H) hinweg in eine Plattenverschneidung zu gelangen. Durch diese etwa 25 m empor und über ihr überhängendes Ende sehr luftig (H) zu einem Köpfel (Stand). Weiter über überhängende Wandstufen zur zweiten Terrasse bis unter die senkrecht aufstrebenden Platten des dritten Wandgürtels. Mittels Quergang nach links zu einem Überhang, über den man in ausgesetzter Kletterei die muldenartige Vertiefung etwa 30 m unterhalb des oben erwähnten Kamins erreicht. Die Mulde nach rechts aufwärts querend zu einem kurzen überhängenden Riß (brüchig), über diesen hinweg noch 10 m aufwärts bis in die Höhe des Kaminbeginns. Jetzt sehr ausgesetzt und besonders schwierig um eine plattige Rippe nach links und nach 6 m dicht unter dem gelben Überhang weit spreizend zu einem Grasschopf am Rande des stark überhängenden Kamins (Schlüsselstelle).
Nun in den Kamin hinein und stemmend über den Überhang zum ersten Stand vom Beginn des Quergangs weg (25 m). Der etwa 150 m hohe von zahlreichen Überhängen unterbrochene Kamin wird zunehmend schwieriger. Er leitet auf die dritte Terrasse. Von hier in der vom Gipfel herabziehenden Rinne oder über die bei R 1041 genannte Scharte unschwierig zum Gipfel. 6 st E. V.

● 1050 a **Nordwand, „Battertriß"** (W. Stösser, L. Hall, F. Schütt, 1928), V+, A 1. Eine Begehung sollte nur bei trokkenem Fels durchgeführt werden. Der Durchstieg ist durch den großen Rißkamin vorgezeichnet, der die Nordwand von rechts nach links oben durchzieht.
Vom Einstieg der Maisel-Führe schräg links zum Riß. In ihm etwa 12 m hinauf, dann rechts zu kleinem Stand. Von hier quert man etwas absteigend nach links unter den Überhang (Nische, H). Nach dem Überhang erst im Riß, dann über die linke Wand etwa 5 m zu kleinem Stand (H). Weiter im Riß, bis nach etwa 25 m ein Quergang nach rechts zu einem weiten Kamin möglich ist. Durch den Kamin zu Stand (H). Im Riß links weiter zum Ausstieg in die Nordschlucht (H). Ende der Schwierigkeiten.
In der Nordschlucht zu einem engen glatten Kamin. Durch ihn zu kleinem Geröllkessel. Die folgende Steilrinne querend in einen Riß in der linken Begrenzungswand der Schlucht. Durch den Riß in eine Scharte. Über eine Wandstufe 5 m hinauf zu Stand. Rechtshaltend durch eine enge Rinne zurück in die Schlucht. In ihr weiter durch ein Felsentor zu einer großen

Höhle. Über die rechte Begrenzungswand rechtshaltend über Schrofen zum Gipfel. Gesamtzeit 4—6 st.

● 1051 **Nordwestschlucht** (Reichert, J. und H. Zametzer, 1881). Von der Sabachgaltalp zieht ein breiter mit Krummholz bewachsener Schuttstrom gegen die Schlucht empor, die in schwieriger nicht empfehlenswerter Kletterei nach etwa 250 m auf den Westgrat leitet. 2 st E., III.

Blachenspitze, 1955m; **Durrenspitzen,** 1850 m; **Hahlenkopf,** 1761 m

Die zwei erstgenannten sind Erhebungen im langen Ostgrat der Gehrenspitze und nur in Verbindung mit dieser von touristischer Bedeutung. Der Hahlenkopf ist der Schlußpunkt im Nordnordostgrat der Gehrenspitze.

● 1052 **Blachenspitze-Westgrat:**
Von der Gehrenspitze zunächst auf deren Ostgrat oder in seiner Nordflanke hinab zum auffallenden Gratkopf, vor dem der Aufstieg R 1042 mündet. Dieser wird in seiner Nordflanke auf halber Höhe umgangen. Weiter auf dem Grat selbst über steiles Gras hinab. Aus der vor der Blachenspitze eingeschnittenen Scharte unter Umgehung der nächsten Erhebung auf der Nordseite zum Gipfel. 1 st, II.

● 1053 **Blachenspitze-Ostgrat:**
Vom Westgipfel der Durrenspitze (R 1054) auf dem Grat nach Westen weiter, bis er in einer steilen Wand abbricht. Hier durch einen Kamin in der Südseite hinab und die Felsen umgehend in die kleine Scharte westlich der Durrenspitze. Auf einem breiten Grasband in der Südostseite der Blachenspitze aufwärts und über steile plattige Schrofen zu deren Gipfel. 30 Min., III.

● 1053 a **Blachenspitze-Südkante** (Eugen Herb, Lothar Gratl, 26. 8. 1967), V+/A 1, 3 st E.

Von der Gehrenalm aus gesehen, weist die Blachenspitze an ihrer linken Seite eine auffallende Kante auf. Über sie verläuft die Route.

Von der Alm zuerst auf dem Steig, der zur Gehrenspitze führt bis zu einer Quelle (5 Min.). Nun über Wiesen und Schrofen gerade empor bis zum Beginn der Kante; ½ st von der Alm.

Führe: Zuerst gerade 2 m hinauf, dann Quergang nach rechts über eine glatte Platte (V+) zu schmaler Rampe und auf ihr hinauf zu einem Überhang. Nach seiner Bewältigung (V+/A 1) durch einen Riß 5 m hinauf zu Stand. Jetzt befindet man sich auf der eigentlichen Kante.

Über die Kante (IV) zu Stand in einer Scharte. Von hier Spreizschritt (V) und 15 m hinauf zu einer senkrechten Wandstufe. Über sie empor (V+) zu schlechtem Stand hinter einem Felskopf. Weiter über einen brüchigen Turm in eine Scharte (V) und empor zu senkrechter Platte (V+). Es empfiehlt sich, unter der Platte Stand zu machen (Sanduhr)! Über die Platte zuerst gerade empor, dann links überhängend auf ein Köpfl (schlechter Stand). Weiter über einen brüchigen Turm in eine Scharte, nach der die Kante sehr schmal wird (Reitsitz). Vom Stand direkt auf der Kante weiter bis unter einen Überhang, Linksquergang und wieder zurück auf die Kante, die man nun zum Gipfel verfolgt.

● **1054 Durrenspitze-Ostgrat:**

Vom Durrenjöchl ohne Schwierigkeit auf dem Grat zum Ostgipfel. Von hier auf ausgesetzten Bändern in der Nordseite zur Scharte zwischen Ost- und Westgipfel und aus dieser auf letzteren. 30 Min., II.

● **1055 Hahlenkopf:**

Vom Sulztaljöchl oder unmittelbar von der Hahlalp in 20 bzw. 40 Min. ohne Schwierigkeit auf den touristisch unbedeutenden wald- und latschenbewachsenen Gipfel.

4. Ostgruppe

Sie zieht sich vom Hochjoch, 1755 m (südlich der Schneide), begrast und teilweise latschenbewachsen über den Dützel und Hahnenkamm in südlicher Richtung zur Gaichtspitze. Durch die Hahnenkammbahn — Reuttener Bergbahn — (Kabinenbahn, Talort Höfen bei Reutte) erschlossen. Sie bietet im Winter schönes Skigelände, im Sommer bequeme Spaziergänge auf die umliegenden Gipfel.

● 1056 **Dützel**, 1820 m

Zwischen Hochjoch (nördlich) und Tiefjoch (südlich) aufragender Grashügel ohne touristische Bedeutung. Das Hochjoch erreicht man von der Schneide (R 1039), indem man von deren Gipfel zunächst nordöstlich gegen das Gehrenjoch absteigt, um dann etwa in halber Höhe den Berg in Richtung gegen das Hochjoch zu umkreisen.

● 1057 **Hahnenkamm**, 1940 m

Begraste Erhebung zwischen Tiefjoch (nördlich) und Voralpjoch (südlich). Von beiden aus in je knapp 30 Min. unschwierig zu erreichen. Schöner Skiberg.

● 1058 **Gachtspitze (Gaichtspitze)**, 1988 m

Durch seine prächtige Aussicht ausgezeichneter Berg. Vom Voralpjoch (oberhalb der Bergstation der Hahnenkammbahn) auf dem südlich ziehenden Kamm zum Gipfelaufbau. Unter diesem durch zu dem nach Osten ziehenden Kamm und auf diesem westlich zum Gipfel. 30 Min. Unschwierig.

Hierher auch vom Weiler Gaicht (Gacht) am Gaichtpaß über steile Bergwiesen und durch Wald, leicht, wenn auch mühsam, in 2 st.

● **1059** Die den Schlußpunkt des langen Ostgrats bildende **Gundenspitze**, 1785 m, ist kaum lohnend. Man erreicht sie mühelos von der Gaichtspitze her über den Grat.

Randzahlenverzeichnis

A

Aach 98, 99
Abkürzungen: vor 1
Achental 73
ADAC-Skiwanderpisten
Birgsau 55
Oberstdorf 40
Oytal 45
Spielmannsau 51
Älpealp 727
Älpele 214
Älpelekopf (Höfatsgrat) 662
Älpelekopf (Rauhhornzug) 456—458
Älpeleskopf (Geißfuß) (Baad) 858—860
Agathazell 28
Aggenstein 978—981
Ahorn (Weiler) 61
Aigis 47
Albelsee 201
Allgäuer Berghof 165
Almagmach 176c, 932
Alpe Eck 35, 165
Alpe-Eck-Lift 165
Alpenrosengern 639
Alpenskala 8
Alpenvereinshütten 14
Alpgundkopf 826 ff.
Alphorn 25 c
Alphütten 15
Alpiner Benimm 17
Alpsee Gr. 27
Alpsee Kl. 27
Alpspitze 973
Alpwege 25 e
Alpwirtschaft 25 e
Alpwirtschaft 25 c
Altes Höfle (Gunzesried) 193 a
Altstädten 36, 38, 39 b
Altstädter Hof 182, 732
Am Gampl 772
Am Gängele 133
Am Schänzle 118
Annatswald 55
Angereralp, Obere (Schafalpengruppe) 102, 103
Angererkopf 800—805
Angerhütte (Ostertal) 173 b
Ansbacher Hütte (Steibis) 179 g, 945
Aualp 229
Auele 72
Aueleswände 72
Auenalpen 157 a, 160
Auenhütte (Hotel) 157 a, 160
Auf dem Falken (Daumen) 712
Ausrüstung 7
Außerwaldalp 226

B

Baad 64
Baader Bergumrahmung 853 ff
Babylonischer Turm 1026—1028 a
Bach 90
Bacheralp 124, 252
Bachergwänd 57
Bacherloch 54
Bachgries 215
Bachtel 32
Baldersalp (Ofterschwanger Horn) 917
Badershütte (Balderschwang) 228
Badeseen (Allgäuer alpine und voralpine mit Badeeinrichtungen)
Alatsee (868 m) 100 g
Gr. Alpsee (725 m) 27
Kl. Alpsee (724 m) 27
Attlesee (874 m) 100 g
Bannwaldsee (786 m) 100 g
Forggensee (780 m) 100 g
Frauensee (996 m) 100 g
Freibergsee (930 m) 41
Grüntensee (883 m) 100 a, d
Haldensee (1123 m) 79
Hopfensee (784 m) 100 g
Niedersonthofner See (704 m) 27
Oberstdorfer Moorweiher (855 m) 40

Rottachspeicher (im Bau)
(860 m) 29
Schmuttersee (860 m) 100 g
Schwaltenweiher (836 m) 100 g
Schwarzenberger Weiher
(860 m) 100 c
Seeger See (821 m) 100 g
Vilsalpsee (1168 m) 78
Weißensee (787 m) 100 e
Bad Oberdorf 69
Bärenkopf (Steineberg) 924
Bärenkopf (Widderstein) 784
Bärenmoosalpe 197, 975
Bärengündelealp 139
Bärgündelebach 26
Bärgündelealp 139
Bärguntalp 161, 223
Bärguntbach 223
Bäumenheimerweg 415
Balderschwang 30, 100, 227, 228
Balderschwanger Alp 228
Balken 405, 405 a
Balkenscharte 141, 414
Balkenspitzen 405—407
Balschtebach 149
Balschtebachhütten 149
Balschtekar 203
Balschtesattel 203
Balschtespitze 203, 563—567
Balschteturm 563, 565 a
Balschte-Winterscharte 482
Barth-Hütte siehe Hermann-von-Barth-Hütte
Bei dem Speicher 207
Bei den Ställen 133
Beilenbergerhof 732
Beim Herrgott 757
Bekleidung 7
Berg (Weiler) 78
Bergangertobel 635
Bergbahnen (Mehrmann-Kabinen):
Mittelberg
Walmendingerhornbahn 62, 881
Oberstaufen-Steibis
Hochgratbahn 177, 923, 939
Oberstdorf
Fellhornbahn 40
843, 852
Nebelhornbahn 40, 45, 129
Söllereckbahn 40, 58, 112, 831, 852
Pfronten
Breitenbergbahn 100 e
Reutte—Höfen
Hahnenkammbahn 190, 1055
Riezlern
Kanzelwandbahn
60, 831, 838, 841
Berge der Guten Hoffnung 301, 302
Berggächtle 678—680
Berghofen 32
Bergkristall 41, 58, 204
Bergrettungsdienst s. Rettungswesen
Bergstatt 27
Bergsteigerschulen (Alpinschulen)
Burgberg 34
Hindelang 68
Mittelberg (Kleinwalsertal) 62
Oberstdorf 40
Tannheim 78
Berkmannweg 953
Bernhardseck 210
Bernhardseckhütte 152
Bernhardstal 210, 211
Besiedelung 25 c
Besler 901—905 a
Bestlesgundalp 893
Bettenried 39 a
Bettlerrücken 349
Bezau 157 b
Biberalpen 118, 207
Biberkopf 230—236
Bichl 90
Biehlerdorf 30
Bierwangalp 109
Binswangen 33, 67
Birgerkar 203, 210, 211
Birgsau 54, 55, 56, 207—209
Barkental 81, 201
Bischofsmann 474
Blachenspitze 1052, 1053
Blässe 173 c (Berghaus)
765 b (Schochenspitze)
Blaichach 30, 31
Bleicherhorn 914
Blenkkamin 377
Blockau 84

Blodigkessel 304
Bockkar 204
Bockkarkopf 204, 264, 264 b
Bockkarscharte (Mädelegabelgruppe) 204
Bockkarscharte (Prinz-Luitpold-Haus) 200, 444
Böck-Sportheim 193
Bödmen 63
Bolgen 911, 912
Bolgenach 227
Bolgenalp 906
Bolsterlang 37, 39, 167
Bolsterlanger Horn 906
Bonndorfer Kante 705 a
Brauchtum 25 c
Bregenzer Ache 157 b
Breitach 26, 59
Breitachklamm 42, 59
Breiten 957 a
Breitenberg (Hinterstein) 727, 727 a, 728
Breitenberg (Pfronten) 100 e, 977
Breitenbergbahn (Pfronten) 100 e
Breitengernalp 102
Brenntejoch (Brentenjoch) 982
Bretterspitze 606—610
Bruck 70
Brunnenaualp 944
Brunnenberg 799
Bschießer 474, 475
Bschießerkante 476
Bsonderach 26
Buchraineralp 115, 207
Bühl 27, 97
Bühlalp 157 d
Bugschrofen 987
Buralpkopf 934
Burgberg 34
Burgberger Hörnle 180, 955
Buronhütte 192, 972

C

Christlessee 50, 52
Camping
  Aach 99
  Bühl-Immenstadt 27
  Grän 79
  Grüntensee 100 a
  Hindelang 68
  Jungholz 100 c
  Missen 97
  Nesselwang 100 a
  Oberstaufen/Aach 98
  Oberstdorf 40
  Pfronten 100 e
  Sonthofen 32
  Wertach 100 a

D

Däumling 717
Danalp 773
Daumengruppe 664 ff.
Daumen, Großer 710—715
Daumen, Kleiner 716—723
Daumenscharte 712, 713
Deiserspitze s. Wasserfallkarspitze
Dellerbach 59
Denneberg 949
Didamsalpen 157 b
Didamskopf 885, 157 c
Dienersberg 40
Diepolz 27
Dietersbach 26
Dietersbachalp 214
Dietersbachtal 46, 214
Dietersberg 47
Dinigörgenalp 908
Dinserhütte 195
Dornbündt 100
Dörrenjöchl 864—867
Drachenflug
  Immenstadt 27
  Nesselwang 100 d
  Oberstdorf 40
  Pfronten 100 e
  Schattwald 76
  Tannheim 78
Drähütten 203
Dreiangelhütte 960
Dreifahnenkopf 914
Dresenberg 475 a
Drusenkopf 209
Dummelsmoos 44
Dürrenau 92
Düsseldorfer Weg 211
Dützel 1056

Durrach 349
Durrenspitzen 1054

E

Eck, Alpe 35, 165
Eckalp 30, 35, 917
Edelsberg 973
Ehleswasserfall 69
Ehrenschwangtal 99
Eibelealp 66
Eineckalp 947
Einegundkopf 944, 947
Einödsbach 57, 209
Einödsberg 209
Einödsbergalp 209
Einstein 976
Eisenbreche 26, 72
Eissee 202
Eitländalp 772
Elbigenalp 89, 210, 211
Elferkopf (Schafalpen) 795—797
Elferspitze (Hornbachkette) 618—621 c
Ellbognerspitze 266—270
Elmen 87
Emmereis 29
Enge 78, 100 g
Engenkopf 899
Engetal 73
Engeratsgundhof 219, 713
Engeratsgundsee 712, 713
Entschenkopf 729
Enzensperger-Weg 203
Erlenboden 157 c
Erschließungsgeschichte 13, 974 a
Erstbegeher 13
Erwerbsstruktur 25 d
Erzbergalp 200
Erzberghof 72
Erzweg 446
Ettensberg 27, 31
Europäischer Fernwanderweg Nr. 5 126 f., 923 ff.

F

Faistenoy 40
Falk (Hochgratzug) 944, 947
Falken, Auf dem Kl. Daumen und Pfannhölzer) 712, 721 f.
Falken, Auf dem (Haseneck) 714
Falken (Älpeleskopf) 456—458
Falkenalp (Hochgratzug) 947
Falkenalp (Schnippenkopf) 136, 729
Falkenjoch 729
Falkenstein (Rottachberg) 29
Falkenstein (Pfronten) 973 b
Fallmühle 73, 78, 973 a
Faltenbach 26, 130
Faltenbachtobel 130
Faltenbachwasserfall 26
Faulenwand 203
Faulewandspitzen 504—507 b
Faulholzerkar 617
Fauna 25 b
Fellhorn 843—846
Fellhornbahn 40
Fellhornlifte (Sch) 11
Ferlewang 65
Fernwanderweg Nr. 5 (Bodensee — Adria) 23, 126 f., 923 ff.
Feuerstätterkopf 929
Fichtlhütte 194
Fiderepaß 103, 221, 823, 824, 832
Fiderepaßhütte 113, 206
Fiderescharte = Saubuckelscharte
Fischen 36, 38
Flexenpaß 96
Flora 25
Flugplätze
  Agathazell/Burgberg (Segel) 34
  Durach/Kempten (Sport) 26
Fluhenstein 32
Flutlicht
  Fischen (Langlauf) 38
  Nesselwang (Langlauf) 100 g
  Oberstdorf (Abfahrt) 40
Föhn 25
Forchach 84
Freibergsee 41
Freiburger Alp 170 a
Fremdenverkehr 25 f
Friedberger Klettersteig 198 f, 991 a
Fuchsensattel 141
Fuchsfarm 157 a
Fuchskarspitze 424—440
Führer, Gedruckte 23
Führerwesen 18

Fürschießer 355, 356
Fürschießersattel 202
Fürstensteig 953
Füssen 83
Füssener Jöchle 79, 183, 198 a, 229 a
Fugenbach 66

G

Gaicht (Weiler) 82
Gaichtpaß 82
Gaichtspitze 1058
Gängele 133
Gailenberg 68
Galtochsenkopf 157 a
Gampl, Am 772
Gamsbollar 728
Gamsfuß 853, 857 a
Gamswanne 386
Gappenfelder 758, 762
Gappenfeldscharte 201
Gatterkopf 893
Gatterschwangalp 226
Gebietsreform 25 a
Gefahren 9
Gehrenjoch 1039 ff.
Gehrenspitze (Walsertal) 845
Gehrenspitze (Tannheimer) 1040—51
Geierköpfl 759 a
Geißalp 44, 132, 135, 729
Geißalpenhorn s, Rubihorn!
Geißalpsee, Oberer 132
Geißalpsee, Unterer 132
Geißbachtobel (Oytal) 140
Geißeck (Rauhhornzug) 468
Geißeckjoch 200, 216
Geißfuß (Älpeleskopf) (Baad) 857—860
Geißfuß (Rubihorn) 702
Geißhorn (Rauhhornzug) 466—470
Geißhorn (Schafalpengruppe) 786—790 a
Geiswiedenkopf 902
Gelände-Eigenart 10
Gelbe Scharte 991, 992
Gelbe Wand 432, 433
Gelchenwang 941
Gemstelalpen 222
Gemstelpaß 222
Gemsteltal 59, 222
Genhofen 98
Geologie 24, 974 a
Gerachalp 225
Gerachsattel siehe Hochgerachsattel
Gernkopf 733
Gerstruben 46—50, 214
Gerstrubner Älpele 659
Gerstrubner Alp 639
Geschützte Pflanzen 25
Gesprengten, Beim (Gemstelpaß) 222 149
Gesprengten, Beim (Hornbachkette)
Getting 79
Ghagenköpfe siehe Kackenköpfe
Giebel 678—680
Giebelhaus 72, 144, 219
Giebelmähder, Obere 358
Gieselerwand 655
Gilmenkopf 992
Gimpel 999—1010
Gimpelhütte 189
Girenkopf 921
Glasfeld 710
Glasfelderkopf 444, 445
Gleit 131
Gliegerkar 203
Gliegerkarspitze 600—605
Gliegerscharte 203
Gottenried 53
Golfplätze
Oberstdorf (9 L) 40
Ofterschwang/Sonthofen (18 L) 32, 39 a
Gottesacker 887, 888, 893
Gottesackerwände 887—889, 891—896
Grän 79, 183, 229 a
Grasgehrenhütte 100, 170
Grasgehrenstraße 100, 227
Grauenstein 914
Grenzverhältnisse 16
Griesgundalp 826 ff.
Griesgundkopf 826 ff.
Griesscharte 203
Groppachalp 936
Groppachwald 936
Große Steinscharte 119, 204
Großer Daumen 710—715

Großer Hirschberg 962
Großer Roßzahn 742—744
Großer Seekopf 681
Großer Wilder 383—393
Großkar 617
Großkarlspitze s. Schwellenspitze
Grottenalp 773
Grottenspitze (Luchsköpfe) 768, 769
Grubachspitze 756 a
Gruben 48
Grüner 205, 208
Grünhorn 878, 879
Grünkarkopf s. Roßzahn
Grünten 950—955
Grüntenalp 180 a
Grüntenhaus 180
Grüntensee 100 a
Grüntenseilbahn 28, 950
Gsässel 349, 211
Gsäßle 211
Gschlief 55
Gschnitzelböden 200
Gschwender Horn 27, 949 a
Gsprengter Weg 222
Gündelealp 936
Gündleskopf 934
Gündlesspitze 866—869
Gütlealp 941
Gufel (Höfats) 636
Guggerseele 103, 206 c
Gumpensattel 203, 210
Gund 132
Gundalp (Stuiben) 175 b, 901
Gundenspitze 1059
Gundkopf (Kanzelwand) 845
Gundkopf (Nebelhorn) 690—93
Gundsbach 56
Gunzesried 30, 228, 229
Gunzesrieder Ache 26
Gunzesrieder Säge 30, 228, 229
Gutenalp siehe Wildenfeldhüttchen
Guten Hoffnung, Berge der 301, 302
Gutswiesertal 903
Gutscharkante 440

H

Häblesgund 726, 727
Häfnerjoch 868, 869
Hägerau 92
Hählekopf (Hellekopf) 885
Hällritzeralp 172, 228, 910, 914, 919
Hällritzereck 914
Häselgehr 88, 203
Häußlergschwend-Hütte 179 b
Hafnerlesloh 130
Haglertal 203
Hahlenkopf 1055
Hahnenkamm 1057
Hahnenkammbahn (Reutte) 190, 1055
Hahnenköpfle (Ifen) 889, 890
Hahnenkopf (Höfats) 659
Hahnenkopf (Tannheimer) 986
Haldenkar 736
Haldensee 79
Haldenseehaus 191 b
Haldenspitze 756 c
Haldenwanger Alp (Obere) 107
Haldenwanger Eck 54
Haldenwanger Höfle 207
Hallenbäder (öffentliche)
  Blaichach/Gunzesried 30
  Immenstadt 27
  Oberstdorf (Brandung) 40
  Pfronten 100 e
  Reutte 83
  Sonthofen 32
  Steibis/Oberstaufen (Ozon) 99
  Tannheim (78)
Haller (Weiler) 79
Hammerschmieden 69
Hammerspitze 206 b, 831—836
Hangweg (Hörner) 206 g
Hanswurstengrat 544
Haseltopf 47
Haseneck 728
Haseneckalp 713
Haslacher Alp 192 a
Heckbach siehe Höhenbach
Heidelbeerkopf 731
Heidenköpfe 921
Heilbronner Törl 204
Heilbronner Weg 204
Heilklimatische Kurorte
  Hindelang 68
  Hirschegg 61
  Oberstaufen 98
  Oberstdorf 40
Heimatmuseen
  Immenstadt 27
  Oberstdorf 40
  Riezlern 60
  Sonthofen 32
  Wertach 100 a
Heiterberg 857, 858, 859, 861
Hengst 723
Hennenmühle 67
Hermann-von-Barth-Hütte 148—151, 203
Hermannskar 203
Hermannskarscharte 486, 490
Hermannskarsee 203
Hermannskarspitze 515—519
Hermannskarturm 520—526
Herrgott, Beim 757
Herzenberghütte 912
Heubaum 252
Heuberg 882
Himmeleck (Oytal) 140, 202, 215
Himmeleck (Prodelkamm) 949
Himmelhorn 670—675
Himmelreich 973 a
Himmelschrofen 327
Himmelschrofenzug 327
Hinang 36, 39 b
Hindelang 68
Hindelanger Klettersteig 198 c
Hinterarsch 228
Hinterbachhof 71
Hintere Mutten 256
Hintereckalm 906
Hinterer Riffenkopf 660, 661
Hinteres Heidach 71
Hinterhornbach 85, 203, 213
Hinterstein 67, 71, 215, 218
Hirenalp 356
Hirschalp 962
Hirschbach 961
Hirschbachtobel 964
Hirschberg, Großer 965
Hirschberg, Kleiner 962

Hirschbergalp 965
Hirsch-Eck 890
Hirschegg 61
Hirschgund 66
Hirschgundalp 896
Hirschsprung 39, 42, 43
Hittisau 30, 66, 100, 229
Hochalp (Hoher Ifen) 894
Hochalp (Hohes Licht) 239, 261
Hochalpe (Breitenberg) 184
Hochalpgrat 274
Hochalppaß 223, 877
Hochalptal 119, 239, 261
Hochbühlalp 179 c
Hochfrottspitze 295—300
Hochgehrenspitze s. Hammerspitze!
Hochgerachsattel 225
Hochgrat 939—944
Hochgratbahn 99, 177, 923
Hochgundspitze 244—247
Hochhädrich 944, 948, 949
Hochjoch 198
Hochkrumbach 96, 207, 222, 223
Hochleite 110 a, 850
Hochlichtgruppe 256
Hochrappenkopf 238—241
Hochschelpen 922
Hochstarzel 872
Hochvogel 413—423
Hochvogelgruppe 404
Hochwarte 950, 951
Hochwies-Hütte 179 e
Hochwiesler 998 e-k
Höfatsgipfel 635—650
Höfatsgruppe 634
Höfatsgufel 636
Höfats, Kleine 651—654
Höfatsscharte 635
Höfatstobel, Äußerer 639
Höfatstobel, Innerer 636
Höfatswanne 636
Höfen/Reutte 190
Hö fersee 217
Höfle 104
Höflealp (Hittisau) 229
Höflealm (Hindelang) 961
Höhenbach 91
Höhenunterschied 3
Höhenwege (Allgäuer)
allgemein 198, 198 d
Aufzählung 198 e bis 206 g
Höhlen:
allgemein 24
Gottesacker 895
Hölloch im Mahdtal 24, 888
im Wilden Mann 264
im Himmelschrofenzug (Wurmloch) 327
Löwenhöhle 24
Schneckenlochhöhle unterm Gottesacker 895
Sturmannshöhle 43
Hölle (Hinterstein) 91
Hölle (Oberjoch) 74
Höllhörner 361—371
Hölloch 888
Höllritzer = Hällritzer
Hölltobel 49
Hörmoosalp 179 f., 949
Hörner, Hint. 906—914
Hörner, Vord. 915 ff.
Hörnerbahn 167, 906
Hörnergruppe (Verwaltungsgemeinschaft) 36, 39 a
Hörnerhaus 167
Hörnlealp, Untere 227
Hörnlepaß 226
Hörnlesee 959
Hofen 220
Hoferspitze 854—856
Hoffer (mundartl.) 301
Hohe Gänge (Breitenberg) 724, 728
Hohe Gänge (Schneck) 669
Hohenegg-Alp 179 e
Hohenfluhalpkopf 946, 944
Hoher Ifen 887—896
Hohes Licht 204, 256—263
Holzgau 91
Holzgauer Haus 108, 207
Holzschlagalp 910
Horn (Immenstädter) 27, 949 a
Hornalp 735
Hornbachalp (Staufner Haus) 177
Hornbachalp, Neue (Didamskopf) 164 b
Hornbacherjoch (Didamskopf) 885
Hornbachjoch 213

Hornbachkar 736
Hornbachkette 482 ff.
Hornbachspitze 483—487
Hornweg (Immenstadt) 27
Huberlesschwand 850
Hühnermoos 732
Hündlekopf 98
Hütten siehe Schutzhütten!
Hüttenberg 35
Hüttenberger Eck 206 g
Hüttenkopf (Höfats) 658
Hüttenkopf (Seealpsee) 685—687
Hundepension Oberstdorf 40
Hundsarsch-Scharte 987, 988, 989
Hundskopf 231
Hundskopfalp 231, 233

I

Ifen, Hoher 887—896
Ifenalp 889
Ifenhütte 160 a
Ifenkar 527
Ifersflucht 892
Ifersgundalp 892
Ilfenspitzen 527—536
Illertal 26
Imberg (bei Sonthofen) 33, 220
Imberg (bei Steibis) 945
Imbergbahn (Steibis) 945
Imberger Horn 734, 735
Imberghaus (Steibis) 179 g
Immenstadt 27
Immenstädter Horn 949 a
Im Peischel 256
In der Wanne (Schafalpengruppe) 816
Iseler 477—479

J

Jagd 25 a
Jauchen 59
Jochbach 383, 394
Jochbachalpen 213
Jochschrofen 966
Jochspitze 352, 353
Jochumkopf 747—750
Jöchelspitze 503
Jörgalp 950
Jubiläumsweg 200
Judenscharte 993 ff.
Jugendherberge
  Füssen 83
  Hindelang 68
  Kempten 26
  Kornau/Oberstdorf 40, 59
  Reutte 83
  Sonthofen 32
  Spielmannsau/Oberstdorf 51
  Weiler 98
Jungholz 100 c, 964

K

Kackenköpfe 899—900
Kälbelespitze 453, 454, 455 b
Kälbelesgündle 890
Käseralp (Daumen) 712
Käseralp (Wildengruppe) 140, 214
Kahlrückenalp 166
Kalkofen 59
Kalte Rinne 130, 132
Kalter Winkel 414
Kalvarienberg (Hindelang) 68
Kalvarienberg (Immenstadt) 27
Kalvarienberg (Sonthofen) 32, 33
Kammereggalp 953
Kanzalp, Hintere 353
Kanzberg 328, 354 a
Kanzelwand s. Warmatsgundkopf!
Kanzelwandbahn 60, 831 ff.
Kanzelwandbergstation 164, 206
Kanzelwandhaus 110
Karalp 210
Karetschrofen 987
Karjoch 210, 203
Karköpfl 154
Karten 2, 23, 22
Kartenblätter 509
Kartographie 2, 974 a
Kastenalp 201
Kastenjoch 201
Kastenkopf 451—453
Kaufbeurer Hütte 153—156, 203
Kegelköpfe 357—359
Kelle 1019
Kelleschrofen 1029—1038
Kellespitze 1015—1025
Kelletürme 1023
Kemptner Köpfl 811

Kemptner Hütte 125—127, 202, 203, **204**
Kessel 203
Kesselkopf 441, 441 a, 442
Keßleralp 47
Keßlerwand 893
Kienberg 972
Kienbichlalp, Hintere 770
Kierwang 39 a
Kindergarten für Gäste
Grän 79
Oberstaufen 98
Oberstdorf 40
Pfronten 100 e
Schattwald 76
Kindsbankertalp 908
Kirchdachscharte 201, 455 a
Kirchendach 455, 455 a
Kirchl (Pfannhölzer) 721 f
Klämmle 210
Klausenwald 226
Kleine Höfats 651—654
Kleine Steinscharte 120, 204
Kienberg 973 a
Kleiner Daumen 716—720
Kleiner Hirschberg 961
Kleiner Roßzahn 745, 746
Kleiner Seekopf 681
Kleiner Wilder 372—382
Kleines Walsertal 59
Klettersteige
Klettersteige
allgemein 198, 198 a
Friedberger Steig 198 f
Hindelanger Klettersteig **198 c**, 706 ff, 728
Mindelheimer Klettersteig 198 b, 206 a, 812 a, b
Rauhhornsteig 200, 462
Klimspitze 629—633 b
Klingellöcher 210
Klupperkarkopf 737—741
Klupperkarturm 739 a
Knappenkopf 455
Kneippkurorte
Füssen 83
Hindelang 68
Oberstdorf 40
Bad Oy 64, 100 c
Knottenried 97
Koblat 703, 711
Kögelen 89
Kölle (Vordere) 180 b
Köllesattel 217
Königsweg 902
Köpflesulztal 751
Körberholzstube 117
Körbertobel 118, 208
Kojen 949
Konstanzer Tal 97
Koppachstein 921
Kornau 59
Krähenwand 961
Krankenhäuser
Hindelang 68
Immenstadt 27
Oberstaufen 98
Oberstdorf 40
Pfronten 100 e
Sonthofen 32
Kranzegglift 953
Kratzer 319—326
Krautersalp 349
Kreuzeck 202, 347—351
Kreuzkarspitze 568—573 a
Kreuzkopf 400
Kreuzmandl 883
Kreuzspitze 408—412
Krinnespitze 767 c, d
Krottenköpfe, siehe Luchsköpfe!
Krottenkopf, Großer 488—495
Krottenkopf, Kleiner 489
Krottenkopfscharte 203
Krottenspitze 340—346
Krottenspitzen (Luchsköpfe) 768, 769
Krottenspitzgruppe 328
Krumbachalp 926
Krumbacher Höhenweg 103, 106
Krummer Stein 356
Krummer Turm 342, 343
Kühgehrenalp 834
Kühgundalp 103, 221
Kühgundkopf 480, 481
Kugelhorn 459, 460
Kuhgehrenspitze 842

Kuhkar 404
Kuhplattenalp 681
Kuhrücken 714
Kunsteisbahn
Füssen 83
Oberstdorf 40
Pfronten 100 e
Sonthofen 32
Kurhaus
Hindelang 68
Oberstaufen 98
Oberstdorf 40
Pfronten 100 e
Kurkonzert
Hindelang 68
Oberstaufen 98
Oberstdorf 40
Kurmittelhaus
Hindelang 68
Oberstaufen 98
Oberstdorf 40
Kurpark
Hindelang 68
Oberstaufen 98
Oberstdorf 40
Pfronten 100 e
Wertach 100 a
Kurzschule Baad 64

L

Lache 201
Lachenjoch 201
Lachenkopf 681
Lachespitze 760—763
Lärchwand 445
Läuferspitze 990
Lahnerkopf 450
Lahnerscharte 200, 201
Landsberger Hütte 78, 191, 201
Landschaftspflege 25 a
Landschaftsschutzgebiete 25 a
Landwirtschaft 25 e
Langenwang 36
Langholz 949
Lanzenbach 177
Laubenberg 27
Laublisbach 895
Lauchalpen 177
Laufbacher Eck 200 a, 202, 677
Laufbachereck-Sattel 200 a, 677
Laufbachtal 681
Laufbichlalp 142
Laufbichler Kirche 722
Laufbichler See 711, 712
Lawinengefahr 6
Lech (Ort) 96
Lechleiten 94, 233
Lechleitner Alpen 118, 208
Lechtal 83
Lechtaler Grätle 762
Leckner See 229
Lecknertal 229
Lehrbücher, Lehrschriften 22, 23
Leilach-Gruppe siehe Vilsalpsee-Gruppe
Leilachspitze 770—773
Leiterberg 941
Lenzenberghütte 169
Lichtalp 200
Liebenstein 67
Liechelkopf 792—794
Lifte (Sch = Schlepplift, S = Sessellift):
Aigis (Sch) 97
Allgäuer Berghof (S) 30, 35
Baad (Sch) 64
Balderschwang (Sch) (S) 100
Bödmen (Sch) 63
Bolsterlang (S) 39
(Sch) 39
Bühl (Sch) 27
Burgberg (Sch) 32, 34
Didamskopf (S) (Sch) 157 b, 885
Fischen (Sch) 38
Grän (S, Sch) 79, 182, 198 a, 229 a
Grasgehren (Sch) 100
Gunzesried (S) 30, 35
(Sch) 35, 30
Hindelang
Hornalp (S) 68
Polite (Sch) 68
Straußberglift (Sch) 32, 67, 68
s. auch Oberjoch!
Hinterstein (Sch) 71
Hirschegg
Heuberg (S) 61

Ifen (Sch) 61
Olympia (Sch) 61
Schlößle (Sch) 61
Söller (Sch) 61
Hochgrat (Sch) 177
Immenstadt (S) (Sch) 27
Jungholz
Sorgschrofenlifte (Sch) 100 c
Übungslift I 100 c
Übungslift II 100 c
Kranzegg
Adelharzlift (Sch) 28
Breitensteinlift (Sch) 28
Grüntenlift I (Sch) 28
Grüntenlift II (Sch) 28
Grüntenlift III (Sch) 28
Kammeregglift (Sch) 28
Übungslifte (Sch) 28
Liebenstein
Straußberglift
(Sch) 67
Missen (Sch) 97
Mittelberg
Ahorn (Sch) 62
Maisäß (Sch) 62
Mittelberger Alp (S) 62, 881
Muttelberg (Sch) 881
Walmendinger Horn (S, Sch) 881
Zaferna (S) 62
Nesselwängle
Krinnenalplift (S) 80
Tennenberglift (Sch) 80
Nesselwang
Alpspitzlift (Sch) 100 d
Stellenbichl I (S) 100 d
Stellenbichl II (S) 100 d
Oberjoch
Gundlift (Sch) 74
Iselerlift (S. u. Sch) 74
Übungslifte (Sch) 74
Wiedhaglift (Sch) 74
Grenzwieslift (Sch) 74
Obermaiselstein
Grasgehren (Sch) 100
Sonderdorflift (Sch) 39 a
Oberstaufen
Henseköpfle (Sch) 98

Hündlealp (S) 98
Hündlealp (Sch) 98
Oberstdorf
Bierenwanglift (Sch) 111
Fellhornlifte (Sch) 111
Höflelift (Sch) 111
Höllwieslift (Sch) 40, 112
Karatsbichl (Sch) 40
Kuchenbachlift (Sch) 111
Nebelhorn I (S) 40
Nebelhorn II (S) 40
Nebelhorn (Sch) 40
Schönblick (Sch) 40, 58
Schrattenwang (Sch) 40, 58
See-Ecklift (Sch) 111
Söllereckbahn (S) 40, 58
Söllerecklifte (Sch) 40, 58
Wanklift (Sch) 111
Ofterschwang
Ofterschwangerhornlifte (Sch) 39 b
Westerhofnerlift (Sch) 39 b
Pfronten
Familienlift (Sch) 100 e
Hochalpbahn (S) 100 e
Mittaglift (Sch) 100 e
Standardlift (Sch) 100 e
Ratholz (S) (Sch) 97
Rettenberg s. Kranzegg
Riezlern
Ideal (Sch) 60
Kanzelwand (Sch) 60
Keßlerhang (Sch) 60
Parsenn (Sch) 60
Schwand (Sch) 60
Schwarzwassertal (siehe dort)
Sonnenhang (Sch) 60
Westegg (Sch) 60
Schattwald (Sch) 76, 481 a
Schöllang (Sch) 39
Schönblick s. Oberstdorf
Schoppernau (S) (Sch) 157 b
Schwarzwassertal
Auenhütte (Sch) 157 a, 891
Hahnenköpfl (Sch) 157 a, 891
Ifenalp (S) 157 a, 891
Sibratsgfäll (Sch) 225
Söllereckbahn s. Oberstdorf
Sonderdorf s. Obermaiselstein
Sonthofen
Allgäuer Berghof (S) (Sch) 30, 35
Hornalpe (S) 68
Köpflelift Burgberg (Sch) 32, 34
Schwäbeleholz (Sch) 32
Straußberglift (Sch) 32, 67
Westerhofen (Sch) 32
Steibis
Aulift (Sch) 99
Hochgrat (S und Sch) 177
Imbergbahn (S) 99
Imberglift (Sch) 99
Kirchhanglift (Sch) 99
Sonnenlift (Sch) 99
Straußberglift (Sch) 67
Tannheim (S) 78
(Sch) 78
Thalkirchdorf
Klamm-Skilift (Sch) 97
Prodellift (Sch) 97
Schwandlift (Sch) 97
Unterjoch
Spießerlifte (Sch) 100 b
Übungslift (Sch) 100 b
Vils (Sch) 100 f
Wagneritz (Sch) 28
Wertach
Bichlerhang (Sch) 100 a
Buronlift I (Sch) 100 a
Buronlift II (Sch) 100 a
Westerhofen (Sch) 32
Wiederhofen (Sch) 97
Wilhams (Sch) 97
Zöblen (Sch) 77
Linke Gumpe 777
Linkersalp 122, 251
Linkerskopf 250, 253
Literatur siehe Schrifttum!
Litnisschrofen 767 ff.
Lochbachalp 901
Lochbachtal 901
Lochertsgund 445
Lochgehrenkopf 766 a
Löwenbachtal 220
Loretto 47
Luchsköpfe 768, 769
Lüchlealp 157 d
Lüchlekopf 880

Luftkurorte
Altstädten 39 b
Fischen 38
Füssen 83
Hindelang 68
Kleinwalsertal 59
Nesselwang 100 d
Bad Oy 100 c
Pfronten 100 e
Schöllang 39 b
Sonthofen 32
Tiefenbach 39 a
Wertach 100 a
Luftrettungsdienst 19 a
Lugenalpen 639
Luitpoldhaus siehe Prinz-Luitpold-Haus
Lumberger Grat 985
Luxnachersattel 203
Luxnacher Wintersattel 482

M

Madonna 439—440
Mädelealpen 125, 209
Mädelegabel 288 ff.
Mädelegabel-Gruppe 287 ff.
Mädelejoch 127, 202, 203
Mädelegabelkar 304
Mädelekopf 319
Mahdtal 893
Mahdtalhaus 159
Mahdtalalphütte 158
Märzle 202, 211
March 202, 211
Marchalphütte 211
Marchergang 484
Marchscharte 203, 211
Marchspitze 508—514 a
Martinau 86
Mautstraßen
Allgäuer Berghof (ab Gunzesried/Halden 4 km) 164
Altstädter Hof (ab Altstädten 7 km) 182, 732
Bildstöckle (ab Breiten 1,2 km)
Dreiangelhütte (ab Sonthofen/Winkel 5,6 km) 959
Eck Alpe (ab Gunzesried/Halden 4 km) 165
Großer Wald (ab Burgberg 7 km)
Haslacher Alp (ab Grüntensee 4 km)
Höllritzen Alp (ab Gunzesrieder Säge 10 km) 172, 918 f.
Hörmoos Alpe (ab Steibis 7 km) 179 f, 749
Hohengschwand Alp (ab Bühl/Reuter 2,8 km)
Jörg Alpe (ab Kranzegg 1,9 km) 180 a
Königsalpe (ab Kalzhofen 11,5 km)
Pfarr Alpe (ab Missen 2,25 km)
Salmaser Höhe (ab Salmas 4,9 km)
Scheidwang Alpe (ab Gunzesrieder Säge 7,5 km) 30, 229, 941
Schilpere Alpe (ab Weißachtal 2 km) 177, 947
Schnitzler Alp (ab Gartenhütte/Großer Wald 10,5 km)
Schwand Alpe (ab Thalkirchdorf 3,7 km)
Semmel Alpe (ab Thalkirchdorf/Osterdorf 5 km)
Sessel Alpe (ab Tiefenbach/Winkel 4,3 km) 42
Sonthofener Hof (ab Altstädten 7 km) 182, 732
Straußberg (ab Sonthofen/Imberg 2,6 km) 182 a, b, 220
Tanne Alp (ab Rettenberg/Bommen) 1,2 km)
Toni Alpengasthaus (ab Wertachtal 1,8 km) 196
Trabers (ab Kalzhofen 11,5 km)
Meldestellen 18, 19
Melköde 157 a
Mindelheimer Hütte 101—106, 205
Mindelheimer Klettersteig 198 b 206 a, 812 ff.
Mindelheimer Köpfel 806—810
Mineral- und Moorbad
Füssen 83
Bad Oberdorf 69
Mittag 924, 928

Minigolf
Altstädten 39 b
Blaichach/Gunzesried 30
Bolsterlang 39 a
Burgberg 34
Fischen 38
Hindelang 68
Hinterstein 71
Immenstadt 27
Jungholz 100 c
Missen 97
Nesselwang 100 d
Bad Oberdorf 69
Oberstaufen 98
Oberstdorf 40
Pfronten 100 e
Riezlern 60
Sonthofen 32
Tiefenbach 39 a
Vorderburg 29
Wertach 100 a
Missen 97
Mittagspitzl (Pfannhölzer) 721 f.
Mittelalp 227
Mittelberg (Kl. Walsertal) 62, 103, 104 a, 157 c
Mittelbergalpen (Stuiben) 175 a
Mittelberger Alp 62
Mittelberger Horn 881
Mitteleck 140, 202
Mitterhaus 133, 220
Mitterhof 446
Möslealp 712
Molassekamm 923 ff.
Moore 25
Moorweiher 40
Moosalplift (Thalkirchdorf) 97
Moosbach 29
Morphologie 10
Mummen 30
Murenköpfe 885
Musau 83
Musaueralp 186
Musauer Berg 987
Mußkopf 118
Muttekopf (Krottenspitzgruppe) 354
Muttekopf (Peischelgruppe) 281—284
Muttergotteskante 440
Muttlerkopf 329—332
Mutzenkopf 117, 118
Mutzentobel 118

N

Nachtböden 202
Namenkunde 2 e
Naturdenkmäler 25 a
Naturfreundehaus Freibergsee 100 b
Naturfreundehaus (Immenstädter Horn) 176
Naturfreundehaus (Musauer Alp) 186
Naturfreundehütte (Straußberg) 182 b
Naturfreundehaus (Warmatsgundtal = Kanzelwandhaus) 110
Naturfreundehütte (Altstädter Hof) 182
Naturschutz 17, 25 a
Naturschutzgebiete 25 a
Nebelhorn 682—684
Nebelhornbahn 40, 45, 129
Nebelhorn-Gipfelhütte 134
Nebelhornhaus 129—133, 200 a, 219
Nepomuk 833
Nesselwang 100 d
Nesselwängle 80
Nesselwängler Scharte 198 a, 229 b, 1008 ff., 1015 ff.
Neuhornbachhütte 164 b
Neunerköpfl 191 a, 201, 966
Nickenalp 712
Niedereck 702
Nom. siehe Namenkunde
Noppenkar 203
Noppenspitze 582—588 a
Notlend, Nothländ siehe Notländ
Notländkopf (Leilach) 772
Notländsattel (Jubiläumsweg) 200, 443
Notländwand (Jubiläumsweg) 200
Notzeichen 21

O

Oberau 126, 209
Oberbergalpe 174

Oberdorf, Bad 69
Oberes Tal 404
Obergelchenwang 941
Obergrumau 90
Obergschwand
Gunzesrieder Tal 927
Unterjoch 961
Oberjoch 74, 199
Oberloch 635
Obermädelealp 125
Obermädelejoch siehe Mädelejoch!
Obermaiselstein 36, 39 a, 100, 227
Oberried 957 a
Oberstaufen 98
Oberstdorf 40
Obertal 26, 219
Obertalbach 26
Ochsenalp 200 a
Ochsenhoferköpfe 880
Ochsenkopf 906, 913
Ochsenloch 815
Ödenalp, Obere 767 a
Ödenbachalp 201, 966
Öfnerspitze 333—339
Ofterschwang 35 bis 39 a
Ofterschwanger Horn 35, 918
Ornachalp 167
Orographie 4
Ostallgäu 100 g
Osterbach 228
Ostertal 173
Ostertalhütte 173
Ostlerhütte (Pfronten) 185
Ostrach 26, 32, 67
Ostrachtal 67
Otto-Mayr-Hütte 187, 198 a
Oyb 42
Oytal 45, 214, 215
Oytalhaus 45

P

Palmwand 477
Panorama nach Seite 224
Panoramaweg Ost 206 e
Panoramaweg West 206 f, vor 915
Peischelgruppe 265 ff.
Peischelspitze 271—274
Pellinger Köpfl 886
Petersalp 115, 252
Petersthal 29
Pfannenhölzer 721, 721 a-f
Pfannenhölzerturm 721 f, g
Pfefferberg 972
Pfeiffermühle 100 b
Pflanzennamen 25
Pflanzenschutz 25
Pfronten 100 e
Pfrontener Alp 975
Pfrontener Berg 973 a
Pfrontener Hütte 183, 198 a
Piesenalp 65
Piesenkopf 65, 922
Pisialp 157 b
Pistenrecht 40
Plattenspitzen 537—547
Plattjoch 987
Plattnersgündlealp 663
Pointhütte 139, 215
Poluswasserfall 896
Ponten 471—472
Prinscheralp 174, 909, 910
Prinzenkreuz 140
Prinz-Luitpold-Bad 69, 200, 200 a, 201, 202
Prinz-Luitpold-Haus 138—141, 200, 202
Prodel 949
Profilgummisohle 7
Putzscharte 513

Q

Quellen 12
Queralpenstraße 74, 100 a, 968

R

Rabennest (Immenstädter Horn) 176 a
Rädlergrat (Himmelhorn) 673, 674
Ramstallkopf 496—500
Rangiswanger Horn 916
Rappenalpbachtal 54
Rappenalpen 230, 102
Rappengschwend Hütte 172 a
Rappenköpfle 237
Rappensee 232
Rappenseehütte 114—121, 204, 205
Rappenseekopf 242, 243
Ratholz 97

Rauhbach 909
Rauheck 202, 348
Rauhenhalstobel 635
Rauhenzell 28
Rauhhorn 200, 461—465
Rauhhornzug 443
Rautalp 357
Rauteralp 767 d
Rautersteg 210
Rauth 81
Rehbach 75, 100 b
Reichenbach 38, 39 b, 44
Reichenbachtobel 927
Reintal 974 a
Reintaljoch 198 a
Reitgerntobel 443
Renksteg 41
Reithalle
  Aigis/Missen 97
  Blaichbach/Ettensberg 31
  Burgberg/Winkel 32, 34
  Oberstaufen 98
  Oberstdorf 40
  Ofterschwang 39 a
  Tiefenbach 39 a
Reitschule
  Blaichach/Ettensberg 31
  Burgberg/Winkel 34
  Fischen 38
  Jungholz 100 c
  Kleinwalsertal 59
  Missen/Aigis 97
  Nesselwang 100 d
  Obermaiselstein 39 a
  Oberstaufen 98
  Oberstdorf 40
  Ofterschwang 39 a
  Pfronten 100 e
  Rettenberg 28
  Sonthofen 32
  Tiefenbach 39 a
Renktobel (Riedberger Horn) 227, 906
Rennersblock 47, 52
Rettenberg 28
Retterschwang 133, 220
Rettungsdienst 18
Rettungsgerät 20
Rettungsstellen 19
Reuter Wanne 971
Reuthe 37, 59
Reutte 83
Reuttener Bergbahn 83, 190, 198, vor 1056
Rhonenspitze (auch Rohnenspitze) 473
Richtungsangaben 3
Riedberger Horn 906—910
Riedbergpaß 100, 227
Rieden 30
Riedhölzchen 55
Riesenkopf 922
Riezleralpen 845
Riezlern 60
Riffenköpfe 660—663
Rindalp 936
Rindalpen (Molassekamm) 923 ff.
Rindalpertobel 936
Rindalphorn 935—938
Ringang 56, 221
Ringersgundalp 327
Rodelbahn
  Altstädten 39 b
  Grän 79
  Hindelang 68
  Immenstadt/Bühl 27, 97
  Oberstdorf 40, 58
  Nesselwang 100 d
  Pfronten 100 e
Rohrmoos 66, 226
Rohrmoosertal siehe Starzlachtal
Roßalp 217
Roßberg 982
Roßbichl 695
Roßgumpenalp 127
Roßgumpenbach 127
Roßgumpenkar 334
Roßgundkar 103
Roßgundkopf 826 ff.
Roßkar 404
Roßkarspitzen 751—753
Roßkopf (Wertacher Horn) 958
Roßkopf (Rauhhornzug) 446
Roßkopf (Ifen) 890
Roßzahn, Großer 742—744
Roßzahn, Kleiner 745—746
Roßzahngruppe 736 ff.

Rote Flüh 198 a, 993—998 d
Roter Kopf (Prodelkamm) 949
Rotes Loch 635
Rotespitze 201, 759, 759 b
Rotgundspitze 248—249
Rothenfels 27
Rothornspitze 502
Rotkopf 676
Rotmoosalp 729
Rotnase 284, 285, 286
Rotspitze 724—726 a
Rottachberg 29
Rottach-Speichersee 29
Rotthennalp 200 a
Rotwand 581
Rotwand siehe Hammerspitzen!
Rubi 38, 39, 44
Rubihorn 694—702
Rücksicht 17
Ruinen
  Burgberg 34
  Ettensberg 31
  Fluhenstein 32
  Laubenbergstein 27
  Rothenfels 27
  Schöllang 39 b
  Vorderburg 29

S

Saalfelder Weg 201
Sabacherjoch 80, 198, 1039
Sättele 141, 414
Saldeinerspitze 757
Salober (Daumengruppe) 678—680
Salober (Pfronten) 973
Salzboden 141
Salzbühel 54, 208
  Samstenberg 921
Sattele 755
Sattelebene 266
Sattelhütte 446
Sattelkar 203
Sattelkarspitze 589—596
Sattelköpfe 445—448
Satteltal 256
Saubach 443

Saubuckel 103
Saubuckelkopf 824, 826, 827, 827 a
Saubuckelscharte 106, 206 c
Saugundenalp 943
Sauwald 72
Schäfer 1009, 1011—1014
Schänzle 118, 208
Schänzlekopf 449
Schänzlespitze 449
Schärtele 635
Schärtelekamin 643
Schafalp 118
Schafalpen 774 ff.
Schafalpenköpfe 812—826
Schafalpenkopf:
  Mittlerer 812 b, 816—820 a
  Nordöstlicher 812 b, 821—825
  Südwestlicher 812 b, 813—815 a
Schaferloch 202, 336
Schafschartl 203
Schafwanne 200
Schartenbach 202
Schartenkopf (Söllereck) 850
Schartenkopf (Griesgund) 826, 830 a
Schartschrofen 198 f, 991—991 b
Schattenberg 688
Schattwald 76
Schattwaldalp 65
Schattwaldhaus 191 c
Scheidewang 30, 229, 919, 921, 941
Schelpen 922
Schienenhütte 456
Schießmauer 154, 600
Schilpernalp 177, 947
Schlappolt (Berg) 847, 848, 852
Schlappoltalp 111, 844
Schlappolthöfle 844
Schlappoldsee 111
Schlechtenbrücke 42
Schlicke 987
Schloßwand 118
Schmalhorn 327
Schnalskopf 973 a
Schnapshütte 949
Schnatterbachkopf 755
Schneck 665—669
Schneckenlochhöhle 895
Schneeloch 124
Schneylochalp 179, 947
Schneide 1039, 1056
Schnippenkopf 730, 731
Schnitzkurs
  Jungholz 100 c
  Pfronten 100 e
Schnitzleralp 960
Schnur 414
Schnurschrofen 217, 469
Schochen 681
Schochenalp 120
Schochenalpjoch 120
Schochenalpsee 120
Schochenalptal 120, 264
Schochenspitze 764, 765
Schochensattel 201
Schöldernfeld 772
Schöllang 39 b, 44
Schöllanger Burg 38, 39 b
Schönau 88
Schönberger Ache 26, 227
Schönbach 65
Schönbergalp (Besler) 227
Schönbergalp-Paßstraße 227, 906
Schönbergeralp (Hinterstein) 202, 200 a, 215
Schönblick 112
Schönenbach 164 a, 225
Schöneckerhütte 203, 211
Schöneckerkar 203, 562
Schöneckerkopf 562
Schönecker-Scharte 203, 212, 562
Schönbach 895, 225
Schönenbach 895, 225
Schönisbodenalp 796
Schönkahler 975
Schöntal 157 a, 157 b
Schoppernau 224
Schrättlealp 211
Schrattenberg 72
Schrattenwang 58
Schrattenwand-Skihütte 112 a
Schreckbach 157 b
Schrecksee 200
Schreierkopf 563
Schrifttum 11, 22, 23, 974 a
Schrinealp 66
Schröcken 207
Schröflersäge 157 a
Schrofenpaß 54, 207

Schrothkurorte
Oberstaufen 98
Pfronten 100 e
Schulter (Hochvogel) 414
Schüsser (siehe auch Hammerspitzen) 837—840
Schutzhütten 14, 15, vor 101 ff
Schwabeggalp 141
Schwabenhof 227
Schwabenhütte am Ochsenkopf 171
Schwäbeleholz 32
Schwäbisch/Allgäuer Wanderweg 100 g
Schwändle 104
Schwärzer-Scharte 155, 203
Schwand 56
Schwandenwiesen 953
Schwangere Bettlerin 825
Schwarze Milz 204
Schwangere Bettlerin 825
Schwarze Wand 430
Schwarzenbach 32
Schwarzenbergalp (Gunzesried) 172 b, 228
Schwarzenberghütte (Besler) 901, 902
Schwarzenberghütte (Giebelhaus) 143
Schwarzer Riß 312
Schwarzkar 736
Schwarzmilzferner 204
Schwarzwasseralp (Leilach) 773
Schwarzwassergebiet 878 ff.
Schwarzwasserhütte 157—157 c, 225
Schwarzwassertal (Roßzahngruppe) 743
Schwarzwassertal (Kleines Walsertal) 157 a
Schwellenkar 617
Schwellenspitze 622—628 a
Schwende 60, 226
Schwierigkeitsgrade 8
Schwierigkeitstabelle 8
Schwimmbäder (Frei-) d. h. betonierte oder sonst befestigte künstliche Becken mit Einrichtung (b = beheizt):
Altstädten 39 b
Blaichach 31 (b)
Burgberg 34 (b)
Elbigenalp 89
Fischen 38 (b)
Häselgehr 88
Hindelang 68 (b)
Hinterstein 71
Immenstadt 27 (b)
Jungholz 100 c (b)
Missen 97
Mittelberg 62
Nesselwang 100 d (b)
Oberjoch 74
Oberstaufen 98 (b)
Oberstdorf 40
Pfronten 100 e (b)
Rettenberg 28 (b)
Reutte 83 (b)
Riezlern 60 (b)
Schöllang/Reichenbach 39 a
Sonthofen 32 (b)
Steibis 99
Thalkirchdorf 97 (b)
Weißenbach 82 (b)
Wertach 100 a (b)
Sebenalp 198 a
Sebenspitze 983
Sechszinkenspitze 808, 809
Sedererstuiben 934
Seealp 130, 131
Seealpfall 131
Seealpsee 131
Seealpseehütte 137
Seealptal 130, 687
Seebachtal 198 a
Seebichl 115
Seefischschrofen 897
Seekar 617
Seeköpfl 685—687
Seekopf, Großer 681
Seekopf, Kleiner 681
Seelekopf s. Selekopf
Seenübersicht 24
Seewände 131, 689
Sefenspitze 984
Sefenspitzgruppe 983 ff.
Sefi-Schrofen 897

Segelflugplatz
  Burgberg 34
Segelschule
  Immenstadt/Bühl 27
Seichenkopf 985
Seichereck 202
Seifriedsberg 35
Seilhenker 655, 656
Seite (Riezlern) 157 a
Selekopf 944, 945
Senkrecht 3
Sesssel 42
Sesselbahnen s. Lifte (S)
Sibratsgfäll 66, 225
Siedlungsgeschichte 25 c
Siegelalp 743
Siemannsgundalp 944
Sigiswang 37
Sigiswanger Horn 917
Simswasserfall 120
Siplinger Alp 172 c, 919
Siplinger Kopf 919
Sixtkamin 326
Skibobschule
  Oberstaufen 48
  Oberstdorf 40
Skiflugschanze 40, 55
Skigleitweg Ifen 888
Skilanglaufschule
  Oberstdorf 40
Skilift s. Lift
Skiloipe
  Balderschwang 100
  Bolsterlang 39
  Fischen 38
  Hindelang 68
  Hinterstein 67
  Knottenried/
  Diepolz/Missen 97
  Nesselwang 100 d
  Oberstaufen 98
  Oberstdorf 40
  Ofterschwang 35 bis 39 a
  Pfronten 100 e
  Rohrmoos 66, 226
  Sonthofen 32
  Tannheimer Tal 73
Skipaß
  Hirschegg 61
  Kleinwalsertal/Oberallgäu 40, 60 ff
  Mittelberg 62
  Nesselwang 100 d
  Oberstaufen 98
  Oberstdorf/Kleinwalsertal 40,
  60 ff
  Ostallgäu 100 e
  Pfronten 100 e
  Ratholz 97
  Riezlern 60
Skischule
  Altstädten 39 b
  Balderschwang 100
  Bühl 97
  Fischen 38
  Haldensee 79
  Hindelang 68
  Hinterstein 71
  Immenstadt 97
  Jungholz 100 c
  Nesselwang 100 d
  Oberjoch 74, 199
  Oberstaufen 98
  Oberstdorf 40
  Ofterschwang 39 a
  Pfronten 100 e
  Ratholz 97
  Schöllang 39 a
  Sonthofen 32
  Steibis 99
  Tannheimer Tal 73 ff
  Thalkirchdorf 97
  Unterjoch 100 b
  Wertach 100 a
Skisprungschanze
  Birgsau (Flug) 55
  Füssen 83
  Immenstadt 27
  Nesselwang 100 d
  Oberstaufen 98
  Oberstdorf 40
Skitouren (hochalpin) 6
Socktal 256
Socktalscharte 204
Sölleralp 849

Söller-Berghaus 112 a
Söllereck 849, 850, 852
Söllereckbahn 40, 58, 112, 831, 852
Söllerköpfe (Fellhornzug) 851, 852
Söllerköpfe (Hornbachgruppe) 574—580
Sonderdorf 39 a
Sonneck-Bergheim (Immenstädter Horn) 175
Sonnenkopf 732
Sonthofen 32
Sonthofener Hörnle 733
Sonthofener Hof 181, 220, 732
Sorgalp 968
Sorgschrofen 968 ff.
Spätengundkopf 327
Speicher, Bei dem 207, 205
Sperrbach 126
Sperrbachtobel 126
Spichererkopf 721 b, c, d, f
Spiehlerscharte 507
Spielmannsau 51, 52, 53
Spießer 965
Spießwände 919
Sprache 25 c
Stallkarspitze 754—756
Stallmähder 756
Stanzach 85
Starkartsgundalp (Gschwender Horn) 176 b
Starzelalp 157 c
Starzelbach 45
Starzeljoch 224, 877
Starzlach (Wertacher) 26
Starzlachkamm 956 ff.
Starzlachklamm 34
Starzlachtal (Rohrmooser) 65
Staufner Haus 177
Steeg 92, 119, 261
Steibis 99, 177
Steigbachtal 932
Steigbachtobel 932
Steigeisen 9
Steineberg 925—930
Steinkaralp 773
Steinkarspitze 759, 759 c
Steinköpfe 964
Steinmanndl 883, 884
Steinscharte, Gr. 119, 204
Steinscharte, Kl. 120, 204
Steinschartenkopf 204, 264
Stellenbichellift (Nesselwang) 971
Sterzerhütte 785
Stiege (Höfats) 635
Stierbach 202, 215
Stierlochalp 859
Stillach 26
Stillachhaus 58
Stillberg 921
Stizel 44
Stockach 90
Strahlkopf 501
Straußbergalp 182 b, 220
Straußberghütte 182 a
Straußbergsattel 182 b, 220
Strindenalp 201
Strindenscharte 201
Stubenbachalpen 228
Stubenbachtal 172, 228
Stuhlwand 955
Stuiben 27, 930—933
Stuibenalp (Roßzahn) 743
Stuibenbachfall 140
Stuibenkopf 475 a
Stuibtal 218
Stundenstein 55
Sturmannshöhle 43
Stutzalp 157 d
Subersach 225, 890
Sulzspitze 201, 766 ff.
Sulztaljöchl 1046 ff.

T

Täle, Im 200
Täschlefall 445
Tagweidle 209
Tannachwäldchen 27
Tannheim 78, 216
Tannheimer Tal 73, 974 a
Tannheimer Gruppe 974 ff.
Tannheimer Hütte 188
Taufersalp 200
Taufersberg 103
Taufersbergalp 103
Taufersbergsteig 102, 103, 206 c
Tennenmooskopf 919
Tennishalle
Blaichach 31

Bödmen 63
Fischen 38
Immenstadt 27
Oberstdorf 40
Sonthofen 32
Tannheim 78
Tennisplatz
Altstädten 39 b
Balderschwang 100
Blaichach 31
Burgberg 34
Fischen 38
Hindelang 68
Immenstadt 27
Jungholz 100 c
Nesselwang 100 d
Oberstaufen 98
Oberstdorf 40
Ofterschwang 39
Pfronten 100 e
Riezlern 60
Sonthofen 32
Tiefenbach 39 a
Wertach 100 a
Teufelsgrat 1018
Teufelshütte 102, 117, 207
Thalkirchdorf 97
Thorbündt 100
Thür 710, 712, 716 a
Tiefenbach 39, 39 a, 43
Tiefenbacher Eck 956
Tiefjoch 80
Thorbündt 100
Toni-Berghaus 196
Torkopf 894
Tosenbach 712
Touristenzonen (zollrechtlich) 16
Tragbahren 20
Traualp 191
Traualpsee 191, 201
Traufbachtal 52, 53, 211, 356, 358, 359
Trettach 26
Trettachrinne 291
Trettachscharte 291, 306
Trettachspitze 303—318
Trifthütte 107

U

Übelhorn 950, 951
Übergänge vor 207, dann 207 bis 229 b
Üntscheller 869—871 a
Üntschenspitze, Hintere 862—865
Üntschlepaß 863, 862, 859
UIAA-Skala 8, 974
Umweltschutz 25 a
Unfälle 18—21
Unspitze 873—876
Unteralp 754
Unterellenbogen 93
Untergelchenwang 941
Unterjoch 100 b
Unterkünfte 14, 15, 101 ff
Untermädelealp 209
Unterried 957
Urbeleskar 203
Urbeleskarspitze 611—617
Usseralp 766

V

Vaterlandsweg 69
Verbandkästen 20
Verborgenes Kar 256, 268
Verhalten 17
Viehscheid 25 c, 47, 55
Vils 100 f,
Vilsalp 216
Vilsalpsee 78, 191, 216
Vilser Alp 191 d, 229 a
Vilser Jöchle 229
Vilser Kegel 989
Vilser Schrofen 982
Vilsrain 75
Vilstal 73
Vogelhorn 201, 766
Voralpe 190
Vorbemerkungen 1
Vorderburg 29
Vorderhornbach 85

W

Wäldlealp 227
Wändle 124
Wängle 198
Wagneritz 28

Waldlehrpfad
Blaichach 31
Immenstadt 27
Oberstaufen 98
Oberstdorf 40
Sonthofen 32
Wald 59
Waldesruh 58
Waldhaus 42
Wallrafweg 44
Walmendinger Alp 157 a
Walmendinger Horn 881
Walmendingerhorn-Bahn 62, 881
Walserkarle 231, 234
Walserschanz 59
Walsertal, Kl. 59, 222—226, 853 ff.
Walten 957
Waltenberger-Haus 123, 124, 204
Waltnersalp 178, 949
Wanderwege 23
Wankalp 221
Wankhütte 133
Wane, In der 812, 816
Wanne (Höfatswanne) 636
Wannealp 834
Wannenjoch 76
Wannenkopf 911, 912
Wannenkopfhütte 168
Warmatsgundalp 221
Warmatsgundkopf 840—842
Warmatsgundtal 221
Warth 95
Wasach 40, 43, 65
Wasserfallkar 617
Wasserfallkarspitze 618—621 a
Wasserskilauf
Blaichach 31
Immenstadt 27
Wegbeschreibungen 5
Weidach 42, 43, 65
Weidachauen 42
Weidachsäge 42
Weiherkopf 915
Weiler 98
Weißach 98, 99
Weißachtal 98, 99
Weißenbach 82
Weißer Schrofen 856
Weitwanderweg
Augsburg — Sonthofen 23, 100 g
Wendelinkapelle 55
Wengenalpen 219
Wengenköpfe 703—709
Wertach 100 a
Wertach (Fluß) 100 g, 480 a
Wertacher Hörnle 959 ff.
Westegg 59
Wick-Kapelle 957 a
Westerhofen 35
Widderstein, Gr. 775—781
Widderstein, Kl. 782, 783
Widdersteinalp 162, 222
Wiedemer 399, 401—403
Wiederhofen 97
Wiedhagalp 480 a
Wiesenbaude 166
Wiesl 217
Wieslekar 119, 204
Wieslesstein 70
Wildbach 26
Wildbachtobel 69
Wildbestand 15
Wildböden 988
Wilde Gräben 287
Wildenalp 104, 104 a
Wildenfeldhüttchen 128, 202
Wildenfeldscharte 360
Wilden-Gruppe 360
Wildengundkopf (Mädelegabel) 327
Wildengundkopf (Schafalpen) 791
Wildental 104, 221
Wilder, Großer 383—393
Wilder, Kleiner 372—382
Wilder, Vorderer 394—398
Wilder Kasten 275—277 a, 286
Wilder Mann 204, 264, 264 a
Wildes Männle 254, 255
Wildfräuleinstein 71
Wildgundköpfe 327
Wildmahdalp 265
Wildmahdkar 278
Wildmahdspitze 278—280 a
Wildschutz 15
Wildtobel 812
Wildwasserfahrschule
Oberstdorf 40
Wilhams 97

Wilhelminenalp 228, 919
Willersalp 145, 146, 199, 200, 216, 217
Windecksattel 893, 896
Windsurfing
  Immenstadt/Bühl 27
  Nesselwang 100 d
  Wertach 100 a
Winkel 65
Winterbergfahrten 6, 974 a
Wintercamping
  Aach 99
  Grän 79
  Jungholz 100 c
  Nesselwang 100 d
  Oberstdorf 40
  Sonthofen 32
  Wertach 100 a
Winternis 231, 234, 239
Wintersport 6, 9, 10
  (siehe auch Ski . . .)
Wolekleskar 203
Wolekleskarspitze 597—599 b
Wolfebnerkar 203
Wolfebnerschartl 482, 538
Wolfebnerspitzen 543—561
Wustbach 180
Wustbachschlucht 34

Z

Zargenalp 210
Zeiger 681
Zeitangaben 3
Zell 98
Zelleralp 180 a
Zereralp 968
Zererköpfl 468
Zimmeroybrücke 55, 221
Zipfelalp 218
Zirleseck 217
Zirmgrat 973 c
Zöblen 77
Zwerchwand 200 a
Zwerenalp 846
Zwerenbach 834
Zwiebelesträng 198 c, 708
Zwingbrücke 47—49
Zwingsteg 42, 59
Zwölferkopf (Schafalpen) 798, 799
Zwölferspitze (Hornbachkette) 618—621 b

Was pack ich ein? (Eine Liste, die Ärger erspart)

für eine Tageswanderung

- ☐ Proviant
- ☐ Thermosflasche
- ☐ Pullover
- ☐ Sonnenmütze
- ☐ Taschentuch
- ☐ Taschenmesser
- ☐ Geld/Ausweise
- ☐ Sonnenbrille
- ☐ Sonnencreme
- ☐ Führer/Karten
- ☐ Fotoapparat
- ☐ Fernglas
- ☐ Heftpflaster
- ☐ Sicherheitsnadeln
- ☐ Klopapier
- ☐ Signalpfeife
- ☐ Rettungsdecke
- ☐ Regenschirm
- ☐ Regen-Umhang
- ☐ ....
- ☐ ....

zusätzlich mit Kindern:

- ☐ Brustgeschirr
- ☐ 10 m Reepschnur
- ☐ Viel zu trinken
- ☐ ....
- ☐ ....
- ☐ ....

zusätzlich für Wochenend-Wanderungen:

- ☐ Reservewäsche
- ☐ Reservesocken
- ☐ eiserner Proviant
- ☐ Dosen-Öffner
- ☐ Biwaksack
- ☐ Kocher m. Zub.
- ☐ Taschenlampe
- ☐ Kerze
- ☐ Streichhölzer
- ☐ Reserve-Filme
- ☐ Rucksack-Apotheke
- ☐ Handschuhe
- ☐ Notizbuch
- ☐ Kugelschreiber
- ☐ Schlafsack
- ☐ ....
- ☐ ....

zusätzlich für Frühsommer-Touren:

- ☐ Grödeln oder
- ☐ Leichtsteigeisen

persönliche Ergänzungen:

- ☐ ....
- ☐ ....
- ☐ ....

zusätzlich für mittlere Kletterfahrten:

- ☐ Seil (11 mm / 46 m)
- ☐ 10 Karabiner
- ☐ Sich.-Autom.
- ☐ Klettersitzgürtel
- ☐ Steinschlaghelm
- ☐ Haken-Sort.
- ☐ Felshammer
- ☐ 4-5 Reepschnur-Schlingen

zusätzlich für schwierige Kletterfahrten:

- ☐ Zusatzseil (9 mm / 46 m)
- ☐ 2 Trittleitern
- ☐ Griff-Fiffi
- ☐ Hakenfänger
- ☐ 2 Steigklemmen
- ☐ Stirnlampe

zusätzlich für Biwak in Eis und Fels:

- ☐ Firnschaufel
- ☐ Biwakschuhe
- ☐ Daunen-Fußsack
- ☐ Daunenjacke
- ☐ Kleinzelt

zusätzlich für Gletschertouren:

- ☐ Seil (11 mm / 40 m)
- ☐ 10 Karabiner
- ☐ Klettersitzgürtel
- ☐ 4 Reepschnur-Schlingen à 4 m
- ☐ Eispickel
- ☐ Steigeisen
- ☐ Kompaß
- ☐ Höhenmesser
- ☐ Gamaschen
- ☐ Gletscherbrille
- ☐ Lippenschutzsalbe
- ☐ Wollhaube
- ☐ Wollschal
- ☐ Fäustlinge
- ☐ ....
- ☐ ....

zusätzlich für schwierige Eisfahrten:

- ☐ Eishammer
- ☐ Eisbeil
- ☐ Eisstichel
- ☐ 4 Eisschrauben
- ☐ 5 Eisspiralen
- ☐ Steinschlaghelm
- ☐ Firnanker
- ☐ ....

Rückseite beachten

Berichtigung

(bitte im Umschlag einsenden an Bergverlag Rudolf Rother GmbH, 8 München 19, Postfach 67)

Die Randzahl .... des Alpenvereinsführers Allgäuer Alpen, Auflage 1979, bedarf folgender Verbesserung bzw. Neufassung:

....

....

....

....

....

bitte wenden!

....

....

Absender: ....

Postleitzahl, Ort: ....

Straße: ....

Die Bergverlag Rudolf Rother GmbH ist berechtigt, diese Berichtigung dem Verfasser zur Bearbeitung der neuen Auflage zuzustellen. Der Verlag wird bei Erscheinen dieser neuen Auflage dem Einsender ein Exemplar zum Vorzugspreis mit 50% Nachlaß anbieten.

Rückseite beachten

Berichtigung

(bitte im Umschlag einsenden an Bergverlag
Rudolf Rother GmbH, 8 München 19, Postfach 67)

Die Randzahl .... des Alpenvereinsführers Allgäuer Alpen, Auflage 1979, bedarf folgender Verbesserung bzw. Neufassung:

....

....

....

....

....

bitte wenden!

Absender: ....

Postleitzahl, Ort: ....

Straße: ....

Die Bergverlag Rudolf Rother GmbH ist berechtigt, diese Berichtigung dem Verfasser zur Bearbeitung der neuen Auflage zuzustellen. Der Verlag wird bei Erscheinen dieser neuen Auflage dem Einsender ein Exemplar zum Vorzugspreis mit 50 % Nachlaß anbieten.

Rückseite beachten

Berichtigung

(bitte im Umschlag einsenden an Bergverlag Rudolf Rother GmbH, 8 München 19, Postfach 67)

Die Randzahl .... des Alpenvereinsführers Allgäuer Alpen, Auflage 1979, bedarf folgender Verbesserung bzw. Neufassung:

....

....

....

....

....

bitte wenden!

....

....

Absender: ....

Postleitzahl, Ort: ....

Straße: ....

Die Bergverlag Rudolf Rother GmbH ist berechtigt, diese Berichtigung dem Verfasser zur Bearbeitung der neuen Auflage zuzustellen. Der Verlag wird bei Erscheinen dieser neuen Auflage dem Einsender ein Exemplar zum Vorzugspreis mit 50 % Nachlaß anbieten.

Schmetterlinge und Falter unserer heimatlichen Berge

Bild: Josef Rehle, Werner Zepf (Alpenapollo); Text: Dr. Wolfgang Dierl

In unseren Alpen gibt es eine Anzahl von Schmetterlingsarten, von denen sich einzelne sogar noch auf kahlen Stellen in der Schneeregion finden. Viele Arten kommen auch im Flachland vor und steigen bis über die Baumgrenze empor. Andere können nur in den Tälern gefunden werden und eine weitere Gruppe, die die eigentlichen alpinen Arten umfaßt, fliegt nur von der Nadelwaldregion an aufwärts bis zu den obersten besiedelbaren Höhenstufen. Schließlich gibt es noch eine Gruppe von Faltern, die als Wanderer weit herumfliegen und gelegentlich bis in große Höhen gefunden werden können, dort aber nicht auf Dauer zu existieren vermögen. Der Bergwanderer wird hauptsächlich die Arten der Tagfalter beobachten, die die Wärme der Sonne lieben. Es gibt aber unter den sogenannten Nachtfaltern auch tagfliegende Arten, von denen einige hier aufgenommen wurden.

In den Begleittexten werden Höhenverbreitung und Lebensstätten genannt. Die römischen Ziffern bedeuten die Monate der Flugzeit (z. B. IV—X bedeutet April bis Oktober). Wenn von Überwinterung gesprochen wird, bedeutet das, daß die Falter in einem Versteck den Winter überdauern und im nächsten Frühjahr nochmals erscheinen.
(m = Männchen, w = Weibchen).

Schwalbenschwanz (Papilio machaon).
Auf offenem Gelände bis 2000 m,
IV—X.

Alpenapollo (Parnassius phoebus).
In den Hochalpen über der
Baumgrenze, VII—VIII.

lpenkohlweißling
Pieris bryoniae), (m). Wiesen und
Matten über 1000 m, V—VIII.

Kleiner Kohlweißling (Pieris rapae), (m).
Auf offenem Gelände bis über die
Baumgrenze, IV—X.

itronenfalter (Gonepteryx rhamni),
m). Wald und Waldnähe, bis 2000 m,
'I—IX, nach Überwinterung IV—V.

Aurorafalter
(Anthocharis cardamines), (m). Wald-
ränder und Wälder bis 2000 m, V—VI.

Gelbbindiger Kernaugen-Mohrenfalter (Erebia meolans).
Bergwiesen und Matten, VII—VIII.

Schachbrett (Melanargia galathea).
In Paarung. Wiesen der Täler, VI—VII.

Braunauge (Lasiommata maera).
Trockene Fluren in Waldnähe bis 1000 m, V—IX.

Waldbrettspiel
(Pararge aegeria).
Laubwälder, V—IX.

Kleines Wiesenvögelchen (Coenonympha pamphilus). Wiesen, V—IX.

Admiral (Pyrameis atalanta). Offenes Gelände, als Wanderfalter bis in große Höhen, VI—IX.

Distelfalter (Cynthia cardui). Offenes Gelände, als Wanderfalter bis in große Höhen, VI—IX.

Pfauenauge (Inachis io). Off. Gelände, im Sommer bis über Baumgrenze, VII—IX, nach Überwinterung III—V.

Kleiner Fuchs (Aglais urticae).
Offenes Gelände, wandert im Sommer bis 3000 m, IV—IX (überwinternd).

C-Falter (Polygonia c-album). Wald u. Waldnähe, als Wanderfalter b. ü Baumgr., VI—IX, überwinternd bis

Veilchenscheckenfalter
(Euphydryas cynthia), (m).
Krummholz und Matten, V—VIII.

Perlmutterfalter
(Boloria pales).
Mattenregion, VII—VIII.

Veilchen-Perlmutterfalter
(Clossiana euphrosyne).
Wiesen bis 2000 m, IV—VIII.

Großer Perlmutterfalter
(Mesoacidalia aglaja). Waldwiesen bis zur Baumgrenze, V—VIII.

Kaisermantel
(Argynnia paphia), (m).
Waldwiesen, VI—IX.

Brauner Feuerfalter
(Heodes tityrus), (w). Wiesen bis zur montanen Stufe, IV—IX.

Heller Alpenbläuling
(Albulina orbitulus), (m). Hochalpen über der Baumgrenze, VII—VIII.

Silbergrüner Bläuling
(Lysandra coridon). Bis 2000 m auf trockenen Kalkhängen, VII—VIII.

Erdeichel-Blutströpfchen
(Zygaena filipendulae), in Paarung. Wiesen, VI—VIII.

Wegerich-Bär
(Parasemia plantaginis), (w). Wiesen im Bergland, V—VII.

ammaeule (Autographa gamma).
ls Wanderfalter weit verbreitet
ı offenem Gelände, V—IX.

Gelbgebänderter Flachstirnspanner
(Psodos quadrifaria).
Bergwälder, VII.

elber Fleckenspanner
Venilia macularia).
Valdwiesen, V—VI.

Schwarzbindiger Blattspanner
(Cidaria montanata).
Wälder, V—VI.